Mircea Eliade

Geschichte der religiösen Ideen

Band 4200

Das Buch

„Eine gewaltige geistige Unternehmung, fesselnd und allgemeinverständlich aufbereitet. Eine moderne Art von Religionsforschung. An ihr wird man in Zukunft Religionswissenschaft messen" (Süddeutsche Zeitung). Mircea Eliade, der Altmeister der Religionsgeschichte, führt mit diesem Band die „Geschichte der religiösen Ideen" bis in die Neuzeit hinein fort. Der Band 3/1 dieses Standardwerkes behandelt die Religionen und ihre Traditionen vom ausgehenden Altertum über das Hochmittelalter bis hin zur Reformationszeit und zur Aufklärung. Die Geschichte der drei großen monotheistischen Religionen – der Siegeszug des Islam, das Weiterleben des Judentums nach der Zerstörung Jerusalems und die Entwicklung im Christentum – steht im Mittelpunkt. Darüber hinaus werden die Urreligionen Asiens und Europas und die tibetischen Religionen dargestellt. Außerdem beschäftigen den Autor neben der Entwicklung der Großkirchen auch die sonst meist nur flüchtig behandelten Heterodoxien, das Hexenwesen, die Alchemie und die Esoterik. Für alle religiös und kulturell Interessierten ein höchst informatives und zugleich packend geschriebenes Jahrhundertbuch.

Der Autor

Mircea Eliade, 1907 in Bukarest geboren, 1928 Doktorat in Philosophie, 1928–1932 Studium des Sanskrit und der indischen Philosophie in Kalkutta, 1933–1945 Dozent in Bukarest, 1945–1958 in Paris, ab 1958 Professor für vergleichende Religionswissenschaften in Chicago. Dort 1986 gestorben. Zahlreiche fachwissenschaftliche, aber auch belletristische Veröffentlichungen, viele in deutscher Übersetzung bei Herder.

Mircea Eliade

Geschichte der religiösen Ideen

III/1. Von Mohammed bis zum Beginn der Neuzeit

Herder
Freiburg · Basel · Wien

Titel der Originalausgabe:
Histoire des croyances et des idées religieuses III.
De Mahomet à l'âge des Réformes
© Editions Payot, Paris 1983, 1992

Aus dem Französischen übersetzt von Cl. Lanczkowski

2. Auflage

Alle Rechte der deutschen Ausgabe vorbehalten – Printed in Germany
© Verlag Herder Freiburg im Breisgau 1983
Religionskundliches Institut der SOD Freiburg im Breisgau
Herstellung: Freiburger Graphische Betriebe 1994
Umschlaggestaltung: Joseph Pölzelbauer
Umschlagmotiv: Lehrer und Schüler, Syrien, 1. Hälfte des 13. Jh.,
Istanbul, Bibliothek des Topkapisaray
ISBN 3-451-04200-2

Vorwort

Das verspätete Erscheinen des dritten Bandes hat hauptsächlich gesundheitliche Gründe: seit einiger Zeit läßt mein Augenlicht nach, und wegen einer hartnäckigen Arthritis kann ich nur unter Schwierigkeiten schreiben. Daher bin ich gezwungen, den letzten Teil der „Geschichte der religiösen Ideen" unter Mitarbeit mehrerer Kollegen, ehemaliger Schüler, abzufassen.

Wie der Leser feststellen wird, habe ich den Plan, den ich im Vorwort zum zweiten Band ankündigte, geändert. Im vorliegenden Band III/1 verfolge ich die Geschichte der christlichen Kirchen bis zum Beginn der Neuzeit, während ich die Kapitel über die Entfaltung des Hinduismus, das mittelalterliche China und die japanischen Religionen in den Schlußband III/2 hineinnehme. Vier Kapitel sind der Geschichte der Glaubensvorstellungen, Ideen und religiösen Institutionen in Europa zwischen dem 4. Jahrhundert und dem ausgehenden Mittelalter gewidmet. Hierbei konzentriere ich mich weniger auf diejenigen Vorgänge, die dem westlichen Leser vertraut sind (z. B. die Scholastik und die Reformation), um mich einigen Phänomenen, die allgemein mit Schweigen übergangen oder in den Lehrbüchern nur flüchtig behandelt werden, widmen zu können: den Heterodoxien, den Häresien, den volkstümlichen Mythologien und Praktiken, dem Hexenwesen, der Alchemie sowie der Esoterik. Untersucht man diese religiösen Erscheinungen in dem ihnen eigenen spirituellen Rahmen, so sind sie von Interesse und weisen manchmal auch eine gewisse Größe auf. In jedem Falle aber sind sie integrierender Bestandteil der Religions- und Kulturgeschichte Europas.

Ein bedeutender Teil des Schlußbandes der „Geschichte der religiösen Ideen" wird der Vorstellung der archaischen und traditionellen Religionen Amerikas, Afrikas und Ozeaniens gewidmet sein. Im letzten Kapitel schließlich will ich den Versuch einer Analyse der religiösen Kreativität in den modernen Gesellschaften unternehmen.

Ich danke Herrn Professor Charles Adams, der die Freundlichkeit hatte, die Kapitel 33 und 35 zu lesen, und mir zahlreiche wichtige Hinweise gab. Meinem schmerzlich vermißten Freund Henry Corbin bin ich verpflichtet, weil meine Interpretation des Schiismus und der islamischen Mystik auf seiner Deutung fußt. Ferner bin ich meinem Freund und Kollegen Prof. André

Lacocque für die Sorgfalt, mit der er den ganzen Text des vorliegenden Bandes gelesen und korrigiert hat, zu Dank verpflichtet sowie meinem Verleger und Freund Jean-Luc Pidoux-Payot für die Geduld und das Interesse, mit dem er der Entstehung dieses Bandes folgte.

Anwesenheit, Zuneigung und Hingabe meiner Frau siegten schließlich über Ermüdung und Entmutigung, die mein Leiden und mein schlechter Gesundheitszustand verursacht hatten. Ihr ist es in besonderem Maße zu verdanken, daß dieses Buch vollendet werden konnte.

Universität Chicago, im April 1983   *Mircea Eliade*

Abkürzungsverzeichnis

ANET	J. B. Pritchard, Ancient Near Eastern Texts Relating to the Old Testament (Princeton 1950, ²1955)
Ar Or	Archiv Orientální (Prag)
ARW	Archiv für Religionswissenschaft (Freiburg–Leipzig)
BEFEO	Bulletin de l'École Française de l'Extrême-Orient (Hanoi–Paris)
BJRL	Bulletin of the John Rylands Library (Manchester)
BSOAS	Bulletin of the School of Oriental and African Studies (London)
CA	Current Anthropology (Chicago)
HJAS	Harvard Journal of Asiatic Studies
HR	History of Religions (Chicago)
HTR	The Harvard Theological Review (Cambridge)
IIJ	Indo-Iranian Journal (Den Haag)
JA	Journal Asiatique (Paris)
JAOS	Journal of the American Oriental Society (Baltimore)
JAS	Bombay Journal of the Asiatic Society, Bombay Branch
JIES	Journal of Indo-European Studies (Montana)
JNES	Journal of Near Eastern Studies (Chicago)
JRAS	Journal of the Royal Asiatic Society (London)
JSS	Journal of Semitic Studies (Manchester)
OLZ	Orientalistische Literaturzeitung (Berlin–Leizig)
RB	Revue Biblique (Paris)
REG	Revue des Études Grecques (Paris)
RGG	Die Religion in Geschichte und Gegenwart (Tübingen)
RHPR	Revue d'Histoire et de Philosophie religieuses (Straßburg)
RHR	Revue de l'Histoire des Religions (Paris)
SBE	The Sacred Books of the East (Oxford)
SMSR	Studi e Materiali di Storia delle Religioni (Rom)
VT	Vetus Testamentum (Leiden)
W.d.M.	Wörterbuch der Mythologie (Stuttgart)
ZDMG	Zeitschrift der deutschen morgenländischen Gesellschaft (Leipzig)
ZRGG	Zeitschrift für Religions- und Geistesgeschichte (Marburg)

Inhalt

Vorwort 5

Einunddreißigstes Kapitel:
Religionen Alteurasiens
(türkisch-mongolische/finnisch-ugrische/baltisch-slawische) 13

241. Jäger, Nomaden, Krieger 13 – 242. Tängri: Gott ist Himmel 15 – 243. Bau der Welt 17 – 244. Peripetie der Schöpfung 19 – 245. Schamane und Einweihung ins Schamanentum 22 – 246. Schamanistische Mythen und Rituale 27 – 247. Sinn und Bedeutung des Schamanismus 30 – 248. Religionen nordasiatischer und finnisch-ugrischer Völker 33 – 249. Die Religionen der Balten 35 – 250. Das slawische Heidentum 39 – 251. Riten, Mythen und Glaubensvorstellungen der alten Slawen 43

Zweiunddreißigstes Kapitel:
Die christlichen Kirchen bis zum Bildersturm (8.–9. Jahrhundert) 47

252. Roma non pereat . . . 47 – 253. Augustinus: Von Thagaste nach Hippo 50 – 254. Origenes, der große Vorgänger des Augustinus 51 – 255. Die kämpferische Position Augustins – seine Lehre von der Gnade und der Prädestination 54 – 256. Heiligenverehrung: Märtyrer, Reliquien, Wallfahrten 59 – 257. Die Ostkirche und der Aufstieg der byzantinischen Theologie 62 – 258. Verehrung der Ikonen und Bildersturm 66

Dreiunddreißigstes Kapitel:
Mohammed und der Aufstieg des Islams 69

259. Allah, deus otiosus der Araber 69 – 260. Mohammed, Apostel Gottes 73 – 261. Die ekstatische Fahrt zum Himmel und das Heilige Buch 76 – 262. Der Auszug nach Medina 78 – 263. Vom Exil zum Triumph 80 – 264. Die Botschaft des Koran 83 – 265. Der Einfall des Islam in den Mittelmeerraum und den Vorderen Orient 86

Vierunddreißigstes Kapitel:
Der westliche Katholizismus von Karl dem Großen bis Joachim von Fiore . . 90

266. Christentum im Hochmittelalter 90 – 267. Übernahme und Neuinterpretation vorchristlicher Traditionen: Sakralkönigtum, Rittertum 94 –

268. Die Kreuzzüge: Eschatologie und Politik 97 – 269. Religiöse Bedeutung der romanischen Kunst und der Minne 101 – 270. Esoterik und literarische Schöpfungen: Minnesänger, Fedeli d'Amore, Gralsdichtungen 105 – 271. Joachim von Fiore: eine neue Geschichtstheologie 111

Fünfunddreißigstes Kapitel:
Islamische Theologie und Mystik 115
272. Grundlagen der Theologie der Mehrheit 115 – 273. Schiismus und esoterische Hermeneutik 117 – 274. Ismaelismus und Verherrlichung des Imām. Die große Wiederkehr. Der Mahdī. 121 – 275. Sufismus, Esoterik und mystische Erfahrung 123 – 276. Einige Sūfī-Meister: von Dhū'n–Nūn bis Tirmidhī 126 – 277. Al-Hallādsch: Mystiker und Märtyrer 128 – 278. Al-Ghazzālī und der Ausgleich zwischen Kalām und Sufismus 130 – 279. Die ersten Metaphysiker. Avicenna. Philosophie im islamischen Spanien 133 – 280. Die letzten und größten Denker Andalusiens: Averroës und Ibn Arabī 137 – 281. Suhrawardī und die Mystik des Lichts 140 – 282. Dschelāl – ad-Dīn Rūmī: Musik, Poesie und heilige Tänze 143 – 283. Triumph des Sufismus und Reaktion der Theologen. Die Alchemie 146

Sechsunddreißigstes Kapitel:
Das Judentum seit der Revolte von Bar Kochba bis zum Chassidismus 150
284. Die Kompilation der Mischna 150 – 285. Der Talmud. Die gegenrabbinische Bewegung: die Qaräer 152 – 286. Jüdische Theologen und Philosophen des Mittelalters 155 – 287. Maimonides zwischen Aristoteles und Tora 156 – 288. Erste Ausdrucksformen jüdischer Mystik 159 – 289. Die Kabbala des Mittelalters 163 – 290. Isaak Luria und die neue Kabbala 167 – 291. Der abtrünnige Erlöser 171 – 292. Der Chassidismus 173

Siebenunddreißigstes Kapitel:
Religiöse Bewegungen in Europa: vom frühen Mittelalter bis zum Vorabend der Reformation 175
293: Die dualistische Häresie im Byzantinischen Reich: der Bogomilismus 175 – 294. Der westliche Bogomilismus: die Katharer 178 – 295. Der heilige Franziskus von Assisi 182 – 296. Der heilige Bonaventura und die mystische Theologie 185 – 297. Der heilige Thomas von Aquin und die Scholastik 187 – 298. Meister Eckhart: von Gott zur Gottheit 190 – 299. Volksfrömmigkeit und Risiken der Frömmelei 195 – 300. Unheil und Hoffnung: von den Flagellanten zur devotio moderna 198 – 301. Nikolaus von Cues und der Untergang des Mittelalters 201 – 302. Byzanz und Rom: das Problem des filioque 205 303. Die hesychastischen Mönche. Der heilige Gregor Palamas 207

Achtunddreißigstes Kapitel:
Religion, Magie und hermetische Traditionen vor und nach den Reformen . . 212
304. Das Überleben vorchristlicher religiöser Traditionen 212 – 305. Symbole und Riten eines kathartischen Tanzes 215 – 306. Die „Hexenjagd" und die Wandlungen der Volksreligion 219 – 307. Martin Luther und die Reforma-

tion in Deutschland 226 – 308. Die Theologie Luthers. Auseinandersetzung mit Erasmus 230 – 309. Zwingli, Calvin und die katholische Reform 234 – 310. Humanismus, Neuplatonismus und Hermetik in der Renaissance 239 – 311. Neue Wertschätzung der Alchemie: von Paracelsus bis Newton 243

Neununddreißigstes Kapitel:
Die tibetischen Religionen 249

312. Die „Religion der Menschen" 249 – 313. Traditionelle Auffassungen: Kosmos, Menschen, Götter 251 – 314. Bon: Konfrontation und Synkretismus 254 – 315. Entstehung und Entwicklung des Lamaismus 258 – 316. Lamaistische Lehren und Praktiken 260 – 317. Ontologie und mystische Physiologie des Lichtes 264 – 318. Die Aktualität bestimmter religiöser Schöpfungen Tibets 267

Forschungsstand. Kritische Bibliographie 269

Register 321

EINUNDDREISSIGSTES KAPITEL

Religionen Alteurasiens
(türkisch-mongolische / finnisch-ugrische / baltisch-slawische)

241. Jäger, Nomaden, Krieger

Von den Hunnen im 4. Jahrhundert bis zu Tamerlan (1360–1404) ließen sich die türkisch-mongolischen Stämme bei ihren verderbenbringenden Einfällen vom mythischen Vorbild der urzeitlichen Jäger Eurasiens leiten: vom Raubtier, das das Wild über die Steppe verfolgt. Die Plötzlichkeit und die Schnelligkeit ihrer Schläge, die die Vernichtung ganzer Völkerschaften und die Zerstörung der sichtbaren Zeichen einer seßhaften Kultur (Städte und Ortschaften) bewirkten, macht die Reiterscharen der Hunnen, Awaren, Türken und Mongolen Wolfsrudeln vergleichbar, die die Hirsche auf der Steppe erjagen oder die Herden wandernder Hirten angreifen. Sicherlich waren strategische Bedeutung und politische Konsequenzen solchen Tuns der militärischen Führung wohlbekannt, aber der mystische Nimbus des Jägervorbildes, des Raubtiers, spielte eine große Rolle. Eine Vielzahl altaischer Stämme glaubt so, einen übernatürlichen Wolf zum Stammvater zu haben (vgl. § 10 [Bd. I, 43f]).

Das blitzartige Auftauchen der „Reiche der Steppe" und ihre mehr oder minder kurze Dauer faszinieren bis heute die Historiker. Im Jahre 374 trieben die Hunnen die Ostgoten über den Dnjestr und lösten ihre überstürzte Auswanderung aus, in die eine ganze Reihe weiterer germanischer Stämme hineingerissen wurde. Schließlich verwüsteten sie von der ungarischen Steppe an mehrere Provinzen des Römischen Reiches.

Es gelang Attila, einen Großteil Zentraleuropas unter seine Herrschaft zu zwingen, aber schon kurz nach seinem Tod (453) verschwanden die versprengten und führerlos gewordenen Hunnen von der Bühne der Geschichte.

Ebenso fiel das gewaltige mongolische Imperium, das durch Dschingis Khan in zwanzig Jahren geschaffen (1206–1227) und von seinen Nachfolgern ausgeweitet worden war (Osteuropa wurde nach dem Jahre 1241, Persien, Irak und Anatolien nach 1258, China im Jahre 1279 zurückerobert) nach der mißglückten Besetzung Japans (1281) in sich zusammen. Der

Türke Tamerlan (1360–1404), der sich als Nachfolger Dschingis Khans fühlte, war der letzte große Eroberer, der sich vom Vorbild des Jäger-Raubtieres leiten ließ.

Wir sollten natürlich im Blickwinkel behalten, daß allen diesen „Barbaren", die aus den Steppen Zentralasiens kamen, manche kulturellen Errungenschaften und religiöse Bräuche der zivilisierten Welt wohlbekannt waren. Wie wir heute wissen, hatten sich auch deren Ahnen, die prähistorischen Jäger und nomadisierenden Hirten, die Entdeckungen, welche in verschiedenen Gebieten Südasiens gemacht wurden, zunutze gemacht.

Die Völker altaischer Sprache hielten ein gewaltiges Territorium besetzt: Sibirien, das Wolgagebiet, Zentralasien, Nord- und Nordostchina, die Mongolei und die Türkei. Man pflegt drei Hauptzweige zu unterscheiden: 1. den allgemeintürkischen (Uiguren/Tschagatai), 2. den mongolischen (Kalmücken/Mongolen/Burjäten), 3. den mandschu-tongusischen[1].

Der urtümliche Siedlungsraum der altaischen Völker waren wahrscheinlich die Steppen rings um die Berge Altai und Ch'ing-hai zwischen Tibet und China, in der weitesten Ausdehnung im Norden bis an die sibirische Taiga reichend. Diese verschiedenen Gruppen der Altaier – wie übrigens auch die finnisch-ugrischen Bevölkerungsgruppen – lebten im nördlichen Teil ihrer Besitzungen von Jagd und Fischfang, in Zentralasien vom nomadisierenden Hirtentum und, im geringen Maße, vom Ackerbau in der südlichen Zone.

Seit prähistorischen Zeiten war das nördliche Eurasien von der Bodenkultur, dem Gewerbe und den religiösen Ideen des Südens beeinflußt. Die Domestikation des Ren in den sibirischen Breiten wurde von der des Pferdes, die höchstwahrscheinlich aus der Steppe stammt, angeregt. Die vorzeitlichen Handelsmetropolen (so zum Beispiel die Insel der Hirsche auf dem Onega-See) und Zentren der Metallverarbeitung (Perm) spielten eine bedeutende Rolle in der Entwicklung sibirischer Kulturen. In der Folge nahmen Zentral- und Nordasien Schritt für Schritt religiöse Ideen auf, die ihren Ursprung in Mesopotamien, im Iran, in China, Indien und Tibet (Lamaismus), im Christentum (Nestorianismus) und im Manichäismus hatten, schließlich Einflüsse aus dem Islam und zuletzt auch solche aus dem russisch-orthodoxen Christentum.

Natürlich muß man dahingehend präzisieren, daß diese Einflüsse nicht immer die eingewurzelten religiösen Strukturen fühlbar geändert haben. Gewisse Glaubensvorstellungen und Gebräuche, die für die Jäger des Paläolithikums spezifisch sind, haben bis in die heutige Zeit im nördlichen Eurasien überlebt. In einer Vielzahl von Fällen kann man Mythen und reli-

---

[1] Die Hypothese einer ural-altaischen Sprachfamilie, die sowohl das Finnische als auch das Ungarische umfaßt, ist aufgegeben worden.

giöse Vorstellungen des archaischen Typus unter der lamaistischen, muslimischen oder christlichen Hülle noch immer aufspüren[2].

In der Folge heißt das, daß man trotz verschiedener synkretistischer Einflüsse bestimmte charakteristische Vorstellungen unterscheiden kann: den Glauben an einen Himmelsgott, den Herrn der Menschen, eine spezifische Art von Kosmogonie, eine mystische Solidarität mit den Tieren und den Schamanismus. Indes besteht das Hauptanliegen der Religionen Zentral- und Nordasiens in den Herausbildungen synkretistischer Strukturen.

242. Tängri: Gott ist Himmel

Mit Sicherheit ist Tängri (Tengri bei den Mongolen und Kalmücken, Tengeri bei den Burjäten, Tängere bei den Tataren der Wolga, Tingir bei den Beltiren) von allen Göttern der altaischen Völker der bedeutendste und bekannteste. Der Name Tängri in der Bedeutung von „Gott" und „Himmel" stammt aus dem türkischen und mongolischen Wortschatz. Seit vorgeschichtlicher Zeit in Asien existent, hatte er eine einzigartige Geschichte. Seine Verbreitung durch Raum und Zeit und innerhalb verschiedener Kulturkreise ist gewaltig: seit über zwei Jahrtausenden bekannt, wird oder wurde dieser Name im ganzen asiatischen Kontinent, von den Grenzen Chinas und Südrußlands, von Kamtschatka bis zum Marmarameer, verwendet. Den altaischen „Heiden" diente er als Bezeichnung ihrer Götter und des obersten Gottes. Beibehalten wurde er in allen großen Universalreligionen, denen sich Türken und Mongolen im Laufe ihrer Geschichte Schritt für Schritt zugewandt haben (Christentum, Manichäismus, Islam usw.)[3].

Das Wort Tängri bezeichnet das Göttliche. Als großer himmlischer Gott wird Tängri bei den Hiong-nu im 2. Jahrhundert v.Chr. bezeichnet. Die Texte stellen ihn als „erhaben" (üzä) „weiß und himmlisch" (kök), „ewig" (möngkä) und als mit „Kraft" begabt (küç) vor[4]. In einer der alttürkischen Orkhon-Inschriften (7.–8. Jahrhundert) ist zu lesen: „Als der blaue Himmel in der Höhe, als die dunkle Erde in der Tiefe gemacht wurden, da wurden zwischen ihnen die Söhne des Menschen gemacht (die menschlichen

---

[2] Schriftliche Zeugnisse sind wenig vorhanden und auch erst spät entstanden: gewisse Anspielungen in den chinesischen Annalen des 2. Jahrhunderts v. Chr. und bei manchen lateinischen und byzantinischen Historikern des 4. Jahrhunderts n. Chr., die die Feldzüge Attilas betreffen; außerdem alttürkische Inschriften aus Orkhon und Inschriften aus der Mongolei (7. und 8. Jahrhundert), die in der Folge auf die Eroberungen des Dschingis Khan entstandene Literatur, der man die Reiseberichte des Marco Polo hinzufügen muß (12. Jahrhundert), und die Relationen der ersten katholischen Missionare. Erst vom 18. Jahrhundert an berichten Werke europäischer Autoren über die Glaubensvorstellungen und Gebräuche Eurasiens.
[3] *J.-P. Roux*, Tängri. Essai sur le Ciel-Dieu des peuples altaïques, erste Folge 49.
[4] Ebd. zweite Folge 200.

Wesen)."⁵ Die Trennung von Erde und Himmel kann man als kosmogonisches Werk auffassen. Auf eine Kosmogonie im eigentlichen Sinne, die Tängri als Schöpfer ansieht, wird nur angespielt. Doch bezeichnen die Tataren des Altai und die Jakuten ihren Gott als Schöpfer. Und nach den Burjäten schufen die Götter (tengeri) die Menschen, die glücklich lebten bis zu dem Moment, in dem die bösen Geister Krankheit und Tod auf der Erde verbreiteten⁶.

In jeder Weise hängt die kosmische Ordnung und damit der Aufbau der Welt und der Gesellschaft sowie das Schicksal der Menschen von Tängri ab. Daraus ergibt sich, daß ein jeder Herrscher vom Himmel eingesetzt sein mußte. In den Orkhon-Inschriften ist zu lesen: „Tängri, der meinen Vater zum Kaghan (Groß-Khan) erhoben hat." „Tängri, der das Reich gegeben hat, dieser Tängri hat mich selbst zum Kaghan eingesetzt."⁷ Tatsächlich wird der Kaghan nach dem chinesischen Vorbild als *Sohn des Himmels* angesehen (vgl. § 128). Der Herrscher ist ein Gesandter oder ein Vertreter des Himmelsgottes. Die kultische Verehrung des Tängri wird in aller ihrer Wirksamkeit und Unantastbarkeit durch den Herrscher gewährleistet. „Wenn die Anarchie herrscht, wenn die Stämme zersplittert sind, wenn es kein einheitliches Reich mehr gibt (wie das in unseren Tagen der Fall ist), dann beginnt der ehedem so ausgezeichnete Tängri ein *deus otiosus* zu werden, er beginnt, seinen Platz zweitrangigen Himmelsgottheiten zu räumen oder in einzelne Teile zu zerfallen (Vervielfältigung des Tängri). Wenn es keinen Herrscher mehr gibt, gerät der Himmelsgott langsam in Vergessenheit. Der volkstümliche Kultus wird stärker und tritt an den ersten Platz."⁸ (Die Mongolen kennen 99 Tängri, die Mehrzahl mit genauen Namen und Funktionen.) Die Umformung eines Himmelsgottes und himmlischen Herrschers in die Figur eines *deus otiosus* ist ein weltweit bezeugtes Phänomen. Im Falle des Tängri scheint seine Aufsplitterung in viele Teile oder seine Ersetzung durch andere Gottheiten auf den Zusammenbruch des Reiches gefolgt zu sein. Aber derselbe Vorgang findet sich in unzähligen historischen Zusammenhängen wieder (vgl. Traité d'histoire des religions [dt.: Die Religionen und das Heilige] §§ 14ff).

Tängri wurde nicht in Tempeln verehrt, und es ist überhaupt zweifelhaft, ob von ihm Bildnisse in Form von Statuen existieren. In seiner berühmten Unterredung mit dem Imām von Buchara sagt Dschingis Khan zu diesem:

---

⁵ Ebd. 221.
⁶ Vgl. die Quellen in: *M. Eliade*, Schamanismus und archaische Ekstasetechnik (Suhrkamp Taschenbuch Wissenschaft 126) (Frankfurt a. M. ³1982) 193, Anm. 26; S. 78f. Im Volksglauben der Mongolen hat Tängri „alles geschaffen", Feuer, Milch usw. (vgl. *W. Heissig*, Die Religionen der Mongolei 404). Es handelt sich aber nicht um eine Kosmogonie im eigentlichen Sinne.
⁷ *J.-P. Roux*, a.a.O. dritte Folge 27. Dieselben Vorstellungen findet man in mongolischer Zeit. „Er wurde durch die Macht und die Kraft des ewigen Himmels zum Khan"; *R. Grousset*, L'Empire des Steppes 182.
⁸ *J.-P. Roux*, La religion des Turcs de l'Orkhon des VIIᵉ et VIIIᵉ siècles 20.

„Das ganze Universum ist das Haus Gottes, warum also einen einzelnen Ort, z. B. Mekka auswählen, um sich dorthin zu begeben?"

Wie auch sonst überall, so ist der Himmelsgott der Altaier allwissend. Die Eidesformel bei den Mongolen lautete: „Möge das der Himmel wissen." Militärische Führer stiegen auf die Gipfel der Berge (ein bevorzugtes Bild für das Zentrum der Welt), um zu Gott zu beten. Oder aber sie zogen sich vor den Feldzügen in ihre Zelte zurück (zuweilen bis zu drei Tagen, wie das Dschingis Khan tat), währenddessen die Truppen den Himmel anriefen. Tängri zeigte seine Unzufriedenheit durch himmlische Zeichen: Kometen, Hungersnöte, Überschwemmungen. Man betete zu ihm (beispielsweise bei den Mongolen, den Beltiren usw.), opferte ihm Pferde, Rinder und Hammel. Das Opfer für die Götter des Himmels ist weltweit bezeugt, hauptsächlich in Not- und Katastrophenzeiten.

Es folgt nun in Zentral- und Nordasien – wie auch an anderen Orten – auf die Aufsplitterung des Tängri in viele Teile deren Angleichung an andere Gottheiten (der des Sturmes, der kosmischen Fruchtbarkeit usw.). So wurde bei den Altaiern Bai Ülgän (der „Gewaltige") an die Stelle von Tengere Kaira Khan (des „mitleidsvollen Herrn des Himmels") gesetzt. Und so bringt man nun diesem Pferdeopfer dar[9].

Weltferne und Tatenlosigkeit waren Charakteristika anderer himmlischer Götter: so genoß zum Beispiel der Gott Buga („Himmel"/„Welt") der Tongusen keine kultische Verehrung. Zwar ist auch er allwissend, doch er mischt sich nicht in die Angelegenheiten der Menschen ein, nicht einmal die Bösen bestraft er. Urün ai tojon der Jakuten bewohnt den siebenten Himmel, herrscht über alles, tut aber nur Gutes – will sagen: er bestraft nicht[10].

243. Bau der Welt

Kosmologie und Kosmogonie der altaischen Völker sind von großem Interesse. Einerseits bewahren sie urzeitliche Elemente, die in vielen traditionellen Kulturen bezeugt sind, zum anderen zeugen die Formen, in denen sie uns überliefert sind, von einem langen synkretistischen Prozeß der Angleichung und der Neuinterpretation gewisser Ideen, die von außen aufgenommen wurden. Zudem entspricht die Kosmologie nicht immer dem in Asien am weitesten verbreiteten kosmogonischen Mythos. Dabei muß man sich allerdings über die Uneinheitlichkeit der uns zur Verfügung stehenden Quellen im klaren sein: ein wichtiger Punkt, auf den wir noch zu sprechen kommen werden, ist, daß der kosmogonische Mythos hauptsächlich unter dem niederen Volk verbreitet war.

---

[9] Bezüglich der Namen der Himmelsgottheiten: „Chef", „Meister", „Vater", „Schöpfer", „Der Große", „Licht" usw. s. Die Religionen und das Heilige § 18; vgl. *U. Harva*, Die religiösen Vorstellungen der altaischen Völker 140 ff.
[10] Siehe Die Religionen und das Heilige § 18; *U. Harva*, a. a. O. 151 ff.

In Asien wird, wie überhaupt auf der Welt, die Struktur des Universums im großen und ganzen als dreistufig angesehen – Himmel, Erde und Hölle, die untereinander durch eine zentrale Achse verbunden sind. Diese Achse läuft durch eine „Öffnung", ein „Loch" – ein Loch, durch das auch die Götter auf die Erde herabsteigen und die Toten hinabsteigen in die unterirdischen Regionen. Durch diese Öffnung kann auch die Seele des Schamanen bei seinen Reisen in den Himmel oder in die Unterwelt hochfliegen oder hinabsteigen. Man stellt sich die drei Welten – die der Götter, der Menschen und des Herrschers der Unterwelt mit den Toten – wie drei übereinanderliegende Ebenen vor [11].

Viele altaische Völker stellen sich den Himmel wie ein Zelt vor: die Milchstraße ist der Zelthimmel, die Sterne sind die Löcher, durch die das Licht kommt. Zuzeiten öffnen die Götter das Zelt, um auf die Erde zu schauen; das sind dann die Meteore. Der Himmel wird auch wie eine Haube verstanden; so kommt es vor, daß er nicht völlig dicht mit der Erde abschließt, und durch diesen Zwischenraum dringen dann starke Winde ein. Durch diesen Zwischenraum können auch die Helden oder andere Privilegierte schlüpfen und in den Himmel gelangen. Inmitten des Himmels strahlt der Polarstern, der das himmlische Zelt wie eine Zeltstange hält. Er wird „Goldpfeiler" (bei den Mongolen und Burjäten), „Eisenpfeiler" (bei den Tataren und sibirischen Völkern) und „Sonnenpfeiler" (bei den Teleuten) genannt [12].

Wie zu erwarten hat die Kosmologie ihr Abbild im Mikrokosmos gefunden, der von den Menschen bewohnt wird. Die Weltachse wird entweder durch Pfähle dargestellt, die die Behausung tragen oder durch isolierte Pfosten, die „Weltenpfeiler" genannt werden. Als die Form der Behausung sich änderte (von der Hütte mit konischem Dach zur Jurte), da änderte sich auch die mythisch-religiöse Form des Pfeilers und wandelte sich zur oberen Öffnung, durch die der Rauch abzieht. Diese Öffnung entspricht der des „Himmelshauses", die wiederum dem „Loch" entspricht, das der Polarstern in den Himmelsbogen macht. Diese Symbolik ist weit verbreitet [13]. Ihr Grundgedanke ist der Glaube an die Möglichkeit einer direkten Verbindung mit dem Himmel. Auf makrokosmischer Ebene wird diese Verbindung durch eine Achse verbildlicht (Pfeiler, Berg, Baum usw.), auf mikrokosmischer durch den Zentralpfeiler der Behausung oder durch die

---

[11] Dies Bild wird vervollständigt durch die Vorstellung, daß die Welt durch ein Tier gestaltet wird (Schildkröte oder Fisch), das sie daran hindert, im Ozean zu versinken. Vgl. *U. Harva*, a.a.O. 22 ff.

[12] Vgl. die Quellen in: *M. Eliade*, Schamanismus 249 ff. Die Burjäten stellen sich die Sterne als eine Herde Pferde vor. Der Polarstern ist der Pflock, an dem sie angebunden sind. Diese Idee findet sich durchweg bei den altaischen und ugrischen Völkern. Vgl. ebd. 250, Anm. 6.

[13] Dies findet sich in vielen urtümlichen, aber auch in höher entwickelten Kulturen: Ägypten, Indien, China, Mesopotamien, Griechenland usw. Vgl. einige bibliographische Angaben in: ebd. 250 ff, bes. Anm. 5–9.

obere Öffnung des Zeltes. Dies heißt auch, daß *jede menschliche Behausung ins Zentrum der Welt gestellt ist* oder daß jeder Altar, jedes Zelt oder jedes Haus den Bruch in den Ebenen deutlich macht und teilhat an der Kommunikation mit den Göttern. Siehe hierzu (im Falle der Schamanen) den Aufstieg zum Himmel.

Wie schon mehrfach dargelegt, sind die am weitesten verbreiteten mythischen Bilder für das „Zentrum der Welt", die schon in vorgeschichtlicher Zeit auftraten (vgl. § 7), der kosmische Berg und der Weltenbaum. So kennt man diese Bilder bei den altaischen Stämmen und fast überall in Asien. Die altaischen Tataren stellen sich Bai Ulgän inmitten des Himmels vor, auf einem goldenen Berg sitzend. Die Tataren am Abakan nennen ihn „Eisenberg". Die Tatsache, daß die Mongolen, die Burjäten und die Kalmücken ihn unter den Namen Sumbur, Sumur oder Sumer, die sicherlich von indischem Einfluß zeugen (Meru, der mythische Berg), kennen, läßt notwendigerweise darauf schließen, daß sie dies urzeitliche und allgemein verbreitete Symbol nicht kannten [14]. Der Weltbaum ist überall in Asien bezeugt und spielt im Schamanismus eine bedeutende Rolle. In der Kosmologie erhebt sich der Weltenbaum im Zentrum der Welt, in ihrem „Omphalos", und seine höchsten Zweige berühren den Palast von Bai Ülgän.

Der Weltenbaum verbindet die drei kosmischen Regionen, da seine Wurzeln sich bis ins Innere der Erde erstrecken. Bei den Mongolen und Burjäten ernähren sich die Götter (tengeri) von den Früchten des Baumes. Andere altaische Stämme glauben, daß die Seelen der ungeborenen Kinder wie kleine Vögel in den Zweigen des kosmischen Baumes sitzen und daß die Schamanen sie von dort holen [15]. Man meint, daß der Schamane seine Trommel aus dem Holz des Weltenbaumes schneidet. Vor seiner Jurte und im Inneren derselben finden sich Abbilder dieses Baumes, die er auch auf seine Trommel zeichnet. Darüber hinaus erklettert der Schamane, wie noch darzulegen (§ 275), tatsächlich den kosmischen Baum, wenn er rituell eine Birke besteigt.

244. Peripetie der Schöpfung

Der bei den Stämmen Zentral- und Nordasiens am meisten verbreitete kosmogonische Mythos ist fast überall anzutreffen; doch kann er die verschiedensten Formen annehmen. Seine Altertümlichkeit (vgl. § 7), seinen

---

[14] Vgl. Beispiele und Bibliographie in: ebd. 255 ff.
[15] Vgl. ebd. 261 ff. Man findet dies mythische Motiv auch in Afrika und Indonesien. Vgl. hierzu ebd. 262, Anm. 39. Ein anderes, wahrscheinlich aus Mesopotamien stammendes Motiv ist das des Baumes bzw. des Buches des Schicksals. Vgl. ebd. 262 f.

beachtlichen Verbreitungsgrad – er wird auch außerhalb Asiens im arischen und vorarischen Indien und Südwestasien wie in Nordamerika bezeugt – und die vielgestaltigen Veränderungen, die er im Laufe der Zeit erfahren hat, machen ihn zu einem der faszinierendsten Probleme für den Religionshistoriker. Um die spezifischen Züge der zentralasiatischen Versionen (und derjenigen Osteuropas, § 250) klar herauszustellen, sei zuerst das genannt, was man als die Urform des Mythos bezeichnen kann. Der Schauplatz ist immer der gleiche: die Großen Wasser vor der Schöpfung. Die Szene besitzt einige Varianten: 1. Gott taucht selbst in Tiergestalt in den Abgrund, um von dort ein Stück Schlamm heraufzuholen, aus dem er die Welt macht; 2. er schickt eine Amphibie (einen Wasservogel) dorthin; 3. er läßt ein zuweilen vogelgestaltiges Tier, das er bis zu diesem Zeitpunkt nicht kannte und das sich später als sein Gegenspieler herausstellen wird, tauchen. Die erste Version wird im Hinduismus bezeugt: ein großer Gott, Prajāpati, Brahma, Vishnu wird in ein Wildschwein verwandelt, steigt auf den Grund der Wasser und holt dort die Erde hervor (vgl. Bd. I, 393). Die zweite Version ist weit verbreitet: im vorarischen Indien, Assam, Nordamerika usw. (dabei sollte klargestellt sein, daß es zwischen den tauchenden Tieren und dem Schöpfer keinen Gegensatz gibt, denn nur in Asien und Osteuropa entwickelt sich der weltschaffende Tauchvorgang in einem „dualistischen" Sinn).

Bei verschiedenen türkischen Stämmen verschmelzen zuweilen die beiden letzten Versionen. Ein burjätischer Mythos zeigt Sombol-Burkan über dem urzeitlichen Ozean. Er bemerkt einen Wasservogel und befiehlt ihm, in die Tiefe zu tauchen. Aus dem vom Vogel gebrachten Schlamm formt er die Erde. Anderen Versionen zufolge formt Burkan unmittelbar darauf den Menschen ebenfalls aus Schlamm[16]. In einem tatarischen Mythos taucht Lebed, ein weißer Schwan, auf den Befehl Gottes und bringt ihm in seinem Schnabel ein wenig Erde. Plan und glatt formt Gott daraus die Erde. Erst viel später kommt schließlich der Teufel, der die Sümpfe macht[17]. Den altaischen Tataren zufolge schwammen Gott und der „Mensch" anfangs, als es nur die Wasser gab, zusammen in der Gestalt schwarzer Gänse. Gott schickte ihn, ihm Schlamm zu suchen. Aber der „Mensch" behielt ein wenig Schlamm im Mund, und als die Erde zu wachsen begann, fing auch der Schlamm an, sich aufzublähen. Daher war er genötigt, ihn auszuspucken, wodurch er die Sümpfe schuf. Gott sprach zu ihm: „Du hast gesündigt, und deine Werke werden schlecht sein. Meine Werke werden fromm sein; sie werden die Sonne sehen und das Licht, und ich werde Kurbystan (Ohr-

---

[16] Vgl. *M. Eliade*, Le Diable et le Bon Dieu, 106 ff, in: ders., Von Zalmoxis zu Dschingis-Khan (Köln – Lövenich 1982), wo eine Anzahl von burjätischen und yakutischen Varianten analysiert wird.
[17] *W. Radlov*, zitiert nach *M. Eliade*, Diable 103.

mazd) genannt werden. Du wirst Erlik sein."[18] Augenfällig ist hier die Vermischung mit iranischen Ideen, doch ist das Bild des weltenschöpfenden Tauchvorganges fast überall erhalten. Die Übereinstimmung zwischen dem „Menschen" und dem Herrn der Unterwelt, Erlik Khan, erklärt sich aus der Tatsache, daß der erste Mensch, der mythische Urahn, auch der erste Tote war (eine mythische Überzeugung, die in der ganzen Welt bekannt ist).

Bei den Mongolen sind die Varianten noch komplexer. Očirvani (Vajarapani) und Tšagan-Šukurty steigen vom Himmel herab auf das urzeitliche Meer, Očirvani befiehlt seinem Gefährten, hinabzutauchen und ihm Schlamm zu bringen. Nachdem er den Schlamm auf eine Schildkröte gebreitet hat, schlafen sie alle beide ein. Es kommt Šulmus, der Teufel, der versucht, sie zu ertränken, aber in dem Maße, in dem er sie umwälzt, vergrößert er die Erde. Nach einer zweiten Variante will Očurman, der im Himmel lebt, die Erde schaffen und sucht einen Gefährten. In Tšagan-Šukurty findet er ihn, und er schickt ihn, in seinem Namen Lehm zu suchen. Dieser aber wird überheblich und sagt: „Ohne mich wirst du keinen Lehm bekommen." Dann zerrinnt ihm der Stoff unter den Fingern. Er taucht ein zweites Mal und nimmt diesmal den Schlick im Namen Očurmans. Nach der Schöpfung erscheint Šulmus und fordert für sich genau den Teil der Erde, den er mit der Spitze seines Stabes berühren kann. Šulmus schlägt mit einem Stock auf den Erdboden, und Schlangen erscheinen[19]. Der Mythos vereint und überlagert zwei dualistische Motive: 1. die Vereinigung des rivalisierenden Gegners mit dem Helden des Tauchvorganges, 2. das Böse, das von irgendwoher nach der Schaffung der Erde kommt und einen Teil fordert oder sie zu vernichten droht.

Der weltenschaffende Tauchvorgang ist auch bei den finnisch-ugrischen Völkern, bei den nördlichen Slawen und in Osteuropa vertreten. Wir kommen daher auf die „dualistische" Verhärtung des Mythos und auf die Hypothese zurück, die über ihren Ursprung aufgestellt wurde (§ 250). Hier sei nur festgestellt, daß mit dem Beginn der dritten Phase – wenn der Schöpfer menschengestaltige Helfer tauchen läßt – sich die dramatischen Möglichkeiten des kosmogonischen Tauchvorgangs auftun, die in letzter Instanz „dualistisch" sind. Der Umschwung in der Vorstellung des Tauchprozesses und des ihm folgenden weltenschöpferischen Werkes werden seither als Ausdruck der Unvollkommenheit der Schöpfung und als Entstehung des

---

[18] *W. Radlov,* zitiert nach *M. Eliade,* Diable 104. Der Mythos erzählt dann die Schöpfung der Menschen. Erlik Khan fordert soviel Erde, wie er mit seinem Stock abdecken kann. Er durchschlägt die Erde, und die schädlichen Tiere erscheinen. Schließlich schickt ihn Gott unter die Erde. Der Antagonismus zwischen Erlik Khan und Gott bedingt nicht zwingend einen Dualismus. In den alttürkischen Inschriften ist Erlik Khan ein Gott der Toten. Vgl. *A. v. Gabain,* Inhalt und magische Bedeutung der alttürkischen Inschriften.
[19] *Pontanin,* zitiert nach *M. Eliade,* Diable 105.

Todes angesehen. Durch sie wird auch die Schöpfung von Bergen und Sümpfen, die Geburt des Teufels und die Existenz des Bösen erklärt. Da es sich nicht mehr um den *Schöpfer selbst* handelt, der hinabtaucht, um sich den Erdstoff zu verschaffen, da dies Geschäft vielmehr durch einen Helfer oder Diener besorgt wird, ist es möglich, in den Mythos dank dieser Episode ein Element der Unterordnung, des Gegensatzes oder des feindlichen Gegenüberstehens einzufügen. Die „dualistische" Sicht der Schöpfung wurde durch eine fortschreitende Umwandlung des theriomorphen Helfers Gottes in seinen Diener, seinen Gefährten und schließlich seinen Gegner möglich[20].

In der volkstümlichen Theodizee hat diese Interpretation weitreichende Bedeutung, wie noch zu zeigen sein wird (§ 250).

Die Mythen über die Erschaffung des Menschen machen ebenfalls die verhängnisvolle Rolle des Gegners deutlich. Wie in vielen Mythologien formt Gott den Menschen aus Lehm und haucht ihm die Seele ein. In Zentral- und Nordasien hat diese Szene aber einen dramatischen Aspekt: nachdem er die Körper der ersten Menschen geformt hatte, bestellt Gott einen Hund zu ihrem Schutz und steigt in den Himmel, um ihnen eine Seele zu suchen. Während seiner Abwesenheit erscheint Erlik und verspricht dem Hund, der in diesem Moment nackt ist, einen wolligen Pelz, wenn er ihn – Erlik – näher kommen läßt. Dann besudelt er die Körper mit seinem Speichel. Die Burjäten glauben, daß die Menschen ohne die Befleckung des Cholm (des Feindes) Krankheiten und Tod nicht kennen würden. Nach einer anderen altaischen Überlieferung zog Erlik Nutzen aus der Abwesenheit Gottes, und während er den Hund verführte, erweckte er die Körper zum Leben[21]. In diesem Falle handelt es sich um den verzweifelten Versuch, Gott nicht nur von der Existenz der Krankheiten und der Sterblichkeit des Menschen, sondern auch vom Bösen in der menschlichen Seele freizusprechen.

245. Schamane und Einweihung ins Schamanentum

Der höchste Himmelsgott ist ein *deus otiosus* geworden, oder er hat sich unendlich vervielfältigt (Tängri und die 99 Tengri). Ein Schöpfergott, dessen Werke (Welt und Mensch) aber durch den raffinierten Eingriff eines satanischen Widersachers verdorben sind; die Ungewißheit der menschlichen Seele, Krankheiten und Tod, die durch Dämonen und böse Geister hervor-

---

[20] Vgl. *M. Eliade,* Diable 126 ff.
[21] *U. Harva,* a.a.O. 114 ff. Man findet bei den finnisch-urgischen Völkern ähnliche Vorstellungen.

gerufen werden; ein dreigeteiltes Universum – Himmel, Erde, Unterwelt –, das eine manchmal sehr schwierige mythische Geographie mit sich bringt, denn die Vielgestaltigkeit der himmlischen und unterirdischen Regionen fordert genaue Kenntnis der Wege, die in den Himmel oder in die andere Welt führen: es genügt, sich diese essentiellen Fakten ins Gedächtnis zu rufen, um die beachtliche Rolle, die der Schamane in den Religionen Zentral- und Nordasiens spielt, zu würdigen. Tatsächlich ist der Schamane in einer Person Theologe und Dämonologe, Spezialist der Ekstase und Medizinmann, Helfer bei der Jagd und Beschützer der Gemeinschaft und der Herden, Seelenführer und bei manchen Gemeinschaften Gelehrter und Dichter.

Das, was man mit dem Wort Schamanismus bezeichnet, ist ein uraltes religiöses Phänomen: es scheint schon seit dem Paläolithikum bezeugt zu sein. Der Schamanismus ist universell verbreitet, ist aber in Afrika eher eine Ausnahmeerscheinung. Im strengen Sinne des Wortes ist er hauptsächlich in Zentral- und Nordasien und den arktischen Gebieten vorherrschend. In Asien unterlag der Schamanismus zahlreichen Einflüssen (iranisch-mesopotamischen, buddhistischen und lamaistischen), ohne aber seine Eigenständigkeit zu verlieren.

Die vielgestaltigen Fähigkeiten des Schamanen sind das Ergebnis seiner Erfahrungen bei der Einweihung. Dank der Prüfungen während der Dauer der Einweihungszeit erlernt der Schamane, die Vergänglichkeit der menschlichen Seele auszuloten, und kennt die Mittel, die Seele zu verteidigen. Ebenso kennt er aus Erfahrung die Leiden, die durch die verschiedenen Krankheiten hervorgerufen werden, und er kann ihre Urheber ausfindig machen. Er erleidet einen rituellen Tod, steigt in die Unterwelt hinab und manchmal auch in den Himmel empor. Schließlich hängen alle Fähigkeiten des Schamanen von seinen Erfahrungen und seiner Kenntnis „spiritueller" Dinge ab. Es gelingt ihm, sich mit allen „Geistern" zu verbrüdern: mit den Seelen der Lebenden und der Toten, mit den Göttern und Dämonen, mit den zahllosen Wesenheiten, die, unsichtbar für den Rest der Menschheit, die drei kosmischen Regionen bevölkern.

Schamane wird man 1. durch plötzliche Berufung, durch „Anruf" oder „Wahl", 2. durch erbliche Übertragung des Schamanenamtes oder 3. durch persönliche Entscheidung oder – seltener – durch die Wahl des Clans. Welche Art der Wahl auch vorliegen mag, als Schamane wird man erst anerkannt, wenn man eine zweifache Unterweisung durchgemacht hat: 1. eine Unterweisung der ekstatischen Ordnung (Träume, Visionen, Trance usw.) und 2. eine Unterweisung der Tradition (schamanistische Techniken, Namen und Funktionen der Geister, Mythologie und Genealogie des Clans, Geheimsprache usw.). Diese zweifache Unterweisung, die Aufgabe der Geister und der alten Schamanenmeister ist, stellt die Einweihung dar. Sie kann öffentlich sein, aber Abwesenheit einer solchen Zeremonie heißt nicht

Abwesenheit eines Einweihungsritus, der sehr gut im Traum oder in der ekstatischen Erfahrung des Neulings vollzogen werden kann.

Die Begleiterscheinungen der mystischen Berufung lassen sich leicht erkennen. Der zukünftige Schamane sondert sich durch fremdartiges Verhalten ab, er wird ein Träumer, sucht die Einsamkeit, liebt es, durch Wälder oder verlassene Gegenden zu streifen, hat Visionen, singt während des Schlafes usw. Manchmal zeitigt dieser Reifungsprozeß auch ziemlich schwerwiegende Symptome: bei den Yakuten kommt es vor, daß der junge Mann rasend wird und leicht das Bewußtsein verliert, daß er sich in die Wälder zurückzieht, sich von Baumrinde ernährt, in Wasser und Feuer stürzt und sich mit Messern verletzt[22]. Wenn es sich aber um erblichen Schamanismus handelt, geht der Wahl des zukünftigen Schamanen ein Wechsel im Gebaren voran: die Seelen der Urväterschamanen wählen einen jungen Mann aus der Familie aus. Dieser wird geistesabwesend und wird zum Träumer, er wird von einem Verlangen nach Einsamkeit ergriffen, hat prophetische Visionen und unterliegt manchmal Ausnahmezuständen, die bis zur Bewußtlosigkeit führen. Während dieser Zeit sei die Seele durch die Geister weggetragen, meinen die Burjäten. Aufgenommen in den Palast der Götter, wird die Seele von den Urväterschamanen in die Geheimnisse des Berufes, die Gestalten und Namen der Götter, die Namen und den Kult der Geister usw. eingeführt. Erst nach dieser ersten Einweihung kehrt die Seele in den Körper zurück[23].

Die mystische Berufung bedeutet oftmals eine tiefgreifende Krise, die die Rolle der Einweihung übernimmt. Denn eine jede Einweihung, in welchen Orden auch immer, bringt eine Periode der Absonderung und eine gewisse Zahl von Prüfungen und Qualen mit sich. Das Leiden, das den jungen Schamanen, in der Angst, er sei ein „Erwählter", befällt, gewinnt in diesem Zusammenhang die Bedeutung einer „Initiationskrankheit". Unsicherheit und Einsamkeit, die eine jede Krankheit mit sich bringt, sind in diesem Falle durch den Symbolismus des mystischen Todes verschlimmert, denn die Annahme der übernatürlichen „Berufung" bedingt das Gefühl, von göttlichen oder dämonischen Mächten verlassen zu sein, das heißt, einem ständig drohenden Tod gegenüberzustehen. Die „Verrücktheit" der zukünftigen Schamanen, ihr „psychisches Chaos", bedeutet, daß der profane Mensch sich „aufzulösen" beginnt und daß eine neue Persönlichkeit im Entstehen begriffen ist. Häufig folgen die Krankheitssyndrome sehr

---

[22] Siehe die in: *M. Eliade*, Schamanismus 81 ff, aufgeführten Beispiele.
[23] Seit der Mitte des vergangenen Jahrhunderts hat man mehrfach versucht, das Phänomen des Schamanismus in Sibirien und der Arktis durch eine Geisteskrankheit zu erklären. Diese Problemstellung war falsch. Einerseits sind die zukünftigen Schamanen nicht *durchweg* Nervenkranke, zum anderen finden sich unter ihnen Kranke, die Schamanen geworden sind, *weil sie schließlich geheilt wurden*. Der Einweihungsritus entspricht einer Heilung. Unter anderem versteht er sich als neue psychische Integration. Siehe *M. Eliade*, Schamanismus 43 ff; *ders.*, Mythen, Träume und Mysterien 105 ff.

schnell auf das klassische Initiationsritual. Die Leiden der „Erwählten" ähneln in jeder Hinsicht den Qualen bei der Initiation. Ebenso wie der Novize bei den Pupertätsriten durch die dämonischen „Meister der Einweihung" getötet wird, so sieht sich der zukünftige Schamane durch die „Krankheitsdämonen" zerschnitten und zerstückelt. Der rituelle Tod wird durch den Kranken in Form eines Abstiegs zur Unterwelt erfahren. Im Traume wohnt er seiner eigenen Zerstückelung bei, er sieht, wie ihm die Dämonen den Kopf abschneiden, die Augen ausreißen usw. Nach Ansicht der Yakuten tragen die Geister den zukünftigen Schamanen in die Unterwelt und sperren ihn drei Jahre in ein Haus ein. Dort nimmt er den Einweihungsritus auf sich: die Geister schneiden ihm den Kopf ab, den sie beiseite legen (denn der Novize muß mit seinen eigenen Augen seiner Zerstückelung zusehen). Dann schneiden sie ihn in Stücke, die den verschiedenen Krankheitsdämonen zugeteilt werden. Nur unter dieser Voraussetzung erlangt der zukünftige Schamane die Fähigkeit zu heilen. Die Knochen werden schließlich mit frischem Fleisch umkleidet, und in manchen Fällen wird ihm neues Blut gegeben. Andere Schamanen berichten, daß die alten Schamanen sie während dieser Zeit der Einweihungskrankheit mit Pfeilen durchbohrten, das Fleisch abschälten und die Knochen aus dem Leibe rissen, um sie zu reinigen, wenn sie ihnen nicht den Bauch öffneten und ihr Fleisch aßen, das Blut tranken, ihren Körper kochten und ihren Kopf auf einem Amboß schmiedeten. Während dieser Zeit von drei bis zu neun Tagen lagen sie bewußtlos, fast tot in ihrer Jurte oder an einem einsamen Platz. Manche schienen sogar nicht mehr zu atmen und wären beinahe begraben worden. Schließlich wurden sie erweckt, aber mit einem völlig neuen Körper und der Gabe zu schamanisieren [24].

Im allgemeinen wendet sich die Familie, während der Novize in der Hütte bewußtlos daliegt, an einen anderen Schamanen, der später die Rolle des Unterweisenden übernimmt. In anderen Fällen geht der Novize nach seiner „initiatorischen Zerstückelung" auf die Suche nach einem Meister, um die Geheimnisse des Berufes zu erfahren. Die Unterweisung ist esoterischer Natur und wird manchmal im Zustand der Ekstase erfahren. Mit anderen Worten: der Meisterschamane unterweist seinen Schüler in der gleichen Weise wie die Dämonen und Geister. Bei den Yakuten nimmt der Meister die Seele des Novizen auf eine lange ekstatische Wanderung mit. Sie besteigen einen Berg. Von da oben zeigt der Meister dem Neuling die Gabelung des Weges, von wo andere Pfade auf den Kamm führen. Da wohnen die Krankheiten und quälen die Menschen. Schließlich geleitet der Meister seinen Schüler in ein Haus. Dort ziehen sie die Schamanengewänder an und vollziehen gemeinsam schamanistische Riten. Der Meister zeigt dem Novizen, wie man Krankheiten, die die verschiedenen Körperteile be-

---

[24] Siehe die Beispiele in: *M. Eliade,* Schamanismus 51 ff, 62 ff, 102 ff.

fallen, erkennt und heilt. Schließlich geleitet er seinen Schüler in die obere Welt, zu den himmlischen Geistern. Der neue Schamane verfügt von da an über einen „geheiligten Körper" und kann seinen Beruf ausüben[25]. Daneben gibt es öffentliche Einweihungszeremonien, hauptsächlich bei den Burjäten, den Golden, den Altaiern, den Tongusen und den Mandschus. Zu den interessantesten Zeremonien gehören die der Burjäten. Der Hauptritus besteht in einem Aufstieg. In der Jurte stellt man eine kräftige Birke auf, die Wurzel in die Feuerstelle, die Spitze so, daß sie aus dem Rauchloch hinausreicht. Diese Birke wird der „Wächter der Pforte" genannt, da sie dem Schamanen den Eingang in den Himmel öffnet. Der Schüler steigt auf die Birke und ruft laut die Hilfe der Götter an, wenn er durch das Rauchloch steigt. In der Folge gehen die Begleiter geschlossen zu einem vom Ort entfernten Platz, an dem am Vorabend dieser Zeremonie eine große Zahl Birken gepflanzt wurde. In der Nähe einer Birke opfert man einen Ziegenbock, und der Prüfling wird mit nacktem Oberkörper am Kopf, an Augen und Ohren mit dem Blut gesalbt, während die anderen Schamanen ihre Trommeln schlagen. Der Meisterschamane steigt dann auf eine Birke und schneidet diese am Gipfel neunmal ein. Der Schüler steigt in der gleichen Weise hinauf. Die anderen Schamanen folgen ihm. Beim Aufstieg fallen sie alle in Ekstase, oder sie geben dies vor. Einer Quelle zufolge muß der Prüfling neun Birken ersteigen, die wie die neun Einkerbungen die neun Himmel versinnbildlichen[26]. Aus diesem Initiationritus kann man ersehen, daß der Schamanenschüler annimmt, er steige zum Himmel empor, um geweiht zu werden. Wie noch darzulegen, stellt das Hinaufsteigen mittels eines Baumes oder eines Pfostens auch den wesentlichen Ritus der Seancen altaischer Schamanen dar. Birke und Pfeiler werden dem Baum oder dem Pfosten gleichgesetzt, der sich vom Mittelpunkt der Welt aus erhebt und die drei kosmischen Zonen miteinander verbindet. Der Baum der Schamanen genießt also in allem das gleiche Ansehen wie der kosmische Baum.

---

[25] *M. Eliade*, Schamanismus 120f.
[26] *M. Eliade*, Schamanismus 122ff (nach *N. N. Agapitov, M. N. Changalov* und *J. Partanen*). Wie auch schon *U. Harva* (a. a. O. 492ff) festgestellt hat, erinnert dieser Ritus an gewisse Zeremonien des Mithraskultes. Ebenso erinnert die Reinigung des Probanden durch das Blut eines Rindes an das *Taurobolium*. Sein Besteigen der Birke erinnert an den Mithraskult, wo eine Leiter von sieben Stufen, die die sieben planetarischen Himmel darstellt, bestiegen wird (vgl. § 217). Wie bereits dargestellt, sind die Einflüsse des alten Vorderen Orients überall in Zentralasien und Sibirien unleugbar, und der Initiationsritus der burjätischen Schamanen gehört sehr wahrscheinlich in den Beeinflussungskreis dieser Vorstellungen. Man muß aber hinzufügen, daß der Symbolismus des Weltenbaumes und der Ritus des einweihenden Besteigens der Birke den kulturellen Einflüssen Mesopotamiens und des Iran *zuvorkamen*.

246. Schamanistische Mythen und Rituale

Die Mythen über den Ursprung der Schamanen legen zwei sehr bezeichnende Aspekte klar: 1. Der „erste Schamane" wurde von Gott geschaffen (oder durch die himmlischen Götter), 2. weil er aber böse war, beschnitten die Götter seine Machtbefugnisse in hohem Grade.

Den Burjäten zufolge beschlossen die Tengri, der Menschheit einen Schamanen zu geben, um gegen Krankheit und Tod, die durch die bösen Geister veranlaßt wurden, anzukämpfen. Sie sandten einen Adler. Dieser bemerkte eine schlafende Frau und verkehrte mit ihr. Die Frau schenkte ihm einen Sohn, der der „erste Schamane" wurde. Die Yakuten glauben das gleiche. Der Adler trägt auch den Namen des höchsten Wesens, Ajy (Schöpfer) oder Ajy Tojon (Schöpfer des Lichts). Die Kinder Ajys stellt man sich als Geistervögel vor, die auf den Zweigen des Weltenbaumes sitzen; auf seinem Wipfel befindet sich der Adler mit den beiden Köpfen, der wahrscheinlich Ajy Tojon selbst repräsentiert[27]. Die Seelen der Schamanenahnen spielen eine Rolle bei der Wahl und der Initiation des Schamanenschülers, der als Abkömmling dieses „ersten Schamanen" gilt; dieser wurde seinerseits vom Höchsten Wesen in Gestalt eines Adlers geschaffen. Indes wird die Meinung vertreten, die Rolle der Urahnen im gegenwärtigen Schamanismus befände sich im Niedergang. Nach burjätischer Tradition erhielten die Schamanen in alter Zeit ihre Kräfte direkt von den himmlischen Geistern, nur in unserer Zeit erhalten sie sie von den Ahnen[28]. Diese Meinung spricht für die Vorstellung vom Niedergang des Schamanismus, die in ganz Asien und den arktischen Gebieten vorherrschend ist. Ehedem flogen die „ersten Schamanen" *tatsächlich* auf ihren „Pferden", d.h. ihren Trommeln, durch die Wolken. Sie konnten jede beliebige Gestalt annehmen und Wunder vollbringen, die ihre Nachkommen nachzuvollziehen unfähig sind. Die Burjäten erklären diesen Verfall durch den Hochmut und die Bösartigkeit des „ersten Schamanen": als er in Konkurrenz zu Gott trat, verminderte dieser seine Fähigkeiten erheblich[29]. In diesem ätiologischen Mythos kann man den indirekten Einfluß der dualistischen Glaubensvorstellungen erkennen.

Der Schamane spielt im religiösen Leben der Gemeinschaft eine beacht-

---

[27] Vgl. die Quellen in: *M. Eliade*, Schamanismus 77f. Als Ajy Tojon den ersten Schamanen schuf, pflanzte er auch eine Birke mit acht Zweigen in seinem himmlischen Aufenthaltsort und setzte Nester auf die Zweige, in denen sich die Kinder des Schöpfers fanden. Darüber hinaus pflanzte er drei Bäume auf der Erde. In Erinnerung daran besitzt auch der Schamane einen Baum, von dessen Leben er in gewisser Weise abhängig ist. Vgl. ebd. 79f, Anm. 7, 8, 9. Während der Einweihungszeit werden manche Schamanen in ihren Träumen in die Nähe des Weltenbaumes versetzt, in dessen Gipfel sich der Herr der Welt befindet.
[28] *L. Sternberg*, Divine Election 495. Bei den Mongolen sind die Schamanen ausschließlich von ihren Ahnen abhängig. Vgl. *W. Heissig*, Die Religionen der Mongolei 354ff.
[29] Vgl. *M. Eliade*, Schamanismus 77f.

liche Rolle, aber er füllt es nicht aus. Er ist nicht derjenige, der das Opfer darbringt[30], und er schreitet im Altai bei den Geburts- und Heiratszeremonien nicht ein, wenn nicht etwas Unvorhergesehenes geschieht. Also beispielsweise im Falle von Sterilität oder schwieriger Entbindung. Im Gegensatz dazu ist er bei einer jeden Zeremonie, die Erfahrungen der menschlichen Seele betrifft, unersetzlich: so bei Krankheiten (Verlust der Seele oder Besitz derselben durch die bösen Geister) und Tod (solange die Seele in die andere Welt geführt werden muß). In anderen Teilen Asiens ruft man die Schamanen an, wenn das Wildbret knapp zu werden droht, oder ihrer meisterlichen ekstatischen Techniken halber (Wahrsagen, Hellsehen usw.)[31].

Radlov hat eine klassisch gewordene Beschreibung des altaischen Pferdeopfers gegeben. Von Zeit zu Zeit wird dieses Opfer für eine jede Familie dargebracht. Die Zeremonie dauert zwei bis drei aufeinanderfolgende Abende. Der *Kam* (Schamane) errichtet auf einer Wiese eine neue Jurte; in ihrem Innenraum richtet er eine zweiglose Birke auf, die mit neun Kerben markiert ist. Nach zahlreichen Einweihungsriten weiht er das Pferd und tötet es mit Hilfe einiger Assistenten, indem er ihm das Rückgrat so bricht, daß kein Blutstropfen heraustritt. Nachdem er Opfergaben für die Ahnen und die Schutzgeister dargebracht hat, bereitet man das Fleisch zu und ißt es zeremoniell.

Der zweite und bedeutendere Teil des Rituals findet am folgenden Abend statt. Mit seinem Schamanengewand angetan, ruft der *Kam* eine Vielzahl von Geistern. Es handelt sich dabei um eine lange und schwierige Zeremonie, die mit dem „*Aufstieg*" endet. Der Schamane schlägt seine Trommel und ruft laut, er macht Bewegungen, um anzuzeigen, daß er sich in dem Himmel erhebt. In „Ekstase" (?!) steigt er über die ersten Kerben der Birke, wobei er nach und nach durch die unterschiedlichen Himmel gelangt bis zum neunten, oder, wenn er wirklich große Kräfte besitzen sollte, bis zum zwölften oder noch höher. Wenn er den seiner Kraft entsprechenden Gipfel erreicht hat, macht der Schamane halt und ruft Bai Ülgän an:

Du schufst alle Menschen, Ülgän,
Alles Vieh hast du verliehen, Ülgän!
Übergib uns nicht dem Unglück,
Laß uns dem Bösen widerstehen!
Zeige uns nicht Körmös (den bösen Geist),
Gib uns nicht in seine Hand!
Verurteile mich nicht ob meiner Sünden!

---

[30] Wie wir sogleich sehen werden, ist es bei den altaischen Stämmen der Schamane selbst, der das Opfer fordert. Er tut es, weil er berufen ist, die Seele des Opfers zu Bai Ülgän zu bringen.
[31] Siehe die Bezugsstellen in: *M. Eliade,* Schamanismus.

Der Schamane erfährt von Bai Ülgän, ob das Opfer angenommen wurde, und er erhält Vorhersagen über das Wetter und die neue Ernte. Folgendes Ereignis stellt den Höhepunkt der „Ekstase" dar: der Schamane stürzt erschöpft zu Boden. Nach einiger Zeit reibt er sich die Augen, scheint aus einem tiefen Schlaf zu erwachen und grüßt die Anwesenden wie nach langer Abwesenheit[32].

Der himmlische Aufstieg hat sein Gegenstück im Abstieg des Schamanen in die Unterwelt. Diese Zeremonie ist viel schwieriger. Der Abstieg kann sich in vertikaler Richtung vollziehen oder horizontal sein. Schließlich kann er in doppelter Hinsicht vertikal sein (Aufstieg, der auf einen Abstieg folgt). Im ersten Fall scheint der Schamane nacheinander die sieben Treppen oder unterirdischen Gegenden, die *pudak* („Hindernisse") genannt werden, hinabzusteigen. Er wird von seinen Ahnen und von Hilfsgeistern begleitet. Immer wenn er ein neues „Hindernis" durchbrochen hat, beschreibt er eine neue unterirdische Erscheinung. Beim zweiten „Hindernis" scheint er auf metallischen Lärm anzuspielen, beim fünften hört er Wellen und das Pfeifen des Windes, beim siebten schließlich sieht er den Palast von Erlik Khan, der aus Stein und schwarzem Ton gebaut ist. Dieser ist von allen Seiten befestigt. Der Schamane spricht ein langes Gebet vor Erlik (in dem er auch Bai Ülgän, „den von oben", erwähnt). Schließlich kehrt er in die Jurte zurück und berichtet den Helfern die Ergebnisse seiner Reise.

Die zweite Art des Abstiegs – erst horizontal und dann vertikal – ist viel komplizierter und dramatischer. Der Schamane reitet über Wüsten und Steppen, ersteigt den Eisenberg und kommt nach einem weiteren Ritt vor das „Rauchloch der Erde", den Eingang in die andere Welt. Beim Abstieg trifft er auf ein Meer, überquert eine haarbreite Brücke[33], geht vorüber an dem Ort, an dem die Sünder Qualen erleiden, und erreicht nach einem neuerlichen Ritt die Behausung von Erlik Khan, in die er schließlich trotz der Hunde, die sie bewachen, und trotz des Wächters eindringen kann. Das Treffen mit dem König der Toten, das sehr aufwendig vorgespielt wird, weist viele erschreckende und auch groteske Episoden auf. Der Schamane bietet Erlik verschiedene Geschenke an, schließlich auch Alkohol. Der Gott wird darauf betrunken und wohlwollend, segnet den Schamanen und verspricht die Vermehrung des Viehs usw. Der Schamane kehrt freudig auf die Erde zurück, wobei er kein Pferd, sondern eine Gans reitet. Er reibt sich die Augen, wie wenn er erwache. Man fragt ihn: „Hattest du Erfolg? Hattest du einen guten Ritt?" Und er antwortet: „Ich habe eine wundervolle Reise hinter mir. Ich wurde sehr gut aufgenommen."[34]

---

[32] *W. Radlov*, Aus Sibirien, Bd. II 20 ff. Zusammengefaßt in: *M. Eliade*, Schamanismus 191 ff.
[33] Um einen fühlbaren Eindruck seines Übergangs zu geben, schwankt er, fällt beinahe. Auf dem Grund des Meeres findet er die Knochen der Schamanen, die dorthin gesunken sind, denn ein Sünder kann die Brücke nicht überschreiten.
[34] *Potanin*, zusammengefaßt in: *M. Eliade*, Schamanismus 195 ff.

Wie wir noch sehen werden, haben diese ekstatischen Abstiege zur Hölle eine beachtliche Stellung in der Religion und der Kultur der altaischen Stämme besessen. Die Schamanen unternahmen sie, um von dem Herrn der Toten den Segen für das Vieh oder die Ernte zu erhalten (wie im obengenannten Beispiel gezeigt), hauptsächlich aber, um die Verstorbenen zu geleiten oder die Seele eines Kranken, die von Dämonen gefangen ist, zu suchen und zu befreien. Die Szene ist immer dieselbe, aber die dramatischen Geschehnisse ändern sich von einem Stamm zum anderen. Der Schamane spielt die Schwierigkeiten des Abstiegs allein oder in Begleitung seiner Helfer. Bei der Ankunft verweigern die Seelen der Toten dem Neuankömmling den Zutritt, und er muß ihnen Lebenswasser anbieten. Die Szene belebt sich und wird manchmal grotesk. In anderen Fällen kommt er nach zahlreichen Abenteuern im Land der Toten an und sucht in der Menge der Geister die nächsten Verwandten der Seele, die er mitbringt, um sie ihnen anzuvertrauen. Nach seiner Rückkehr richtet er jedem der Anwesenden die Grüße der toten Eltern aus und verteilt sogar kleine Geschenke von diesen[35].

Die vorrangigste Aufgabe des Schamanen ist die des Heilers. Im allgemeinen rechnet man die Krankheiten der Verirrung oder dem „Diebstahl der Seele" zu. Der Schamane sucht sie, nimmt sie fort und läßt sie sich wieder in den Körper des Kranken eingliedern. Manchmal hat die Krankheit zwei Gründe: den Raub der Seele, der aber dadurch, daß sie böse Geister besitzen, erschwert ist. Dann gehören zur Heilung durch den Schamanen die Suche nach der Seele und die Austreibung der Dämonen. In vielen Fällen stellt die Suche nach der Seele ein Schauspiel für sich dar. Der Schamane unternimmt die ekstatische Reise zuerst in horizontaler Richtung – um sicherzugehen, daß die Seele nicht irgendwo in der näheren oder weiteren Umgebung „verirrt" ist –, dann aber steigt er in die Hölle hinab, erkennt den bösen Geist, der die Seele gefangenhält, und es gelingt ihm schließlich, diesem die Seele zu entreißen[36].

247. Sinn und Bedeutung des Schamanismus

Alles in allem spielen die Schamanen in der Verteidigung der psychischen Integrität der Gemeinschaft eine wesentliche Rolle. Die Schamanen sind die Dämonenbekämpfer schlechthin, sie kämpfen gegen Dämonen und Krankheiten ebenso wie gegen schwarze Magie. Die kriegerischen Elemente, die bei gewissen Typen des asiatischen Schamanismus eine große Rolle spielen (Panzer, Lanze, Bogen, Schwert usw.), erklären sich aus der

---

[35] Siehe die Beispiele in: *M. Eliade*, ebd. 197 ff.
[36] Siehe die Beispiele in: ebd. 208 ff.

Notwendigkeit des Kampfes gegen die Dämonen, die eigentlichen Feinde der Menschheit. Allgemein gesprochen kann man sagen, daß der Schamane das Leben, die Gesundheit, die Fruchtbarkeit und die Welt des Lichts gegen den Tod, die Krankheiten, die Unfruchtbarkeit, das Unglück und die Welt der Dunkelheit verteidigt. Es scheint uns nur schwer verständlich, was ein solcher Vorkämpfer für eine archaische Gesellschaft bedeuten kann. Da ist zum einen die Gewißheit, daß die Menschen nicht allein in einer fremden Welt sind, umgeben von Dämonen und den Kräften des Bösen. Daß sie nicht getrennt sind von den Göttern und den übernatürlichen Wesen, an die man Gebete richtet und denen man Opfer bringt. Daher gibt es „Spezialisten für das Heilige", Menschen, die in der Lage sind, die Geister zu „sehen", in den Himmel aufzusteigen und die Götter zu treffen, in die Hölle hinabzusteigen und gegen die Dämonen, gegen die Krankheit und gegen den Tod zu kämpfen. Die wesentliche Rolle des Schamanen für die Verteidigung der psychischen Integrität der Gemeinschaft rührt hauptsächlich daher, daß die Menschen versichert sein können, jemanden unter sich zu haben, der in der Lage ist, ihnen in kritischen Zeiten, die die Bewohner der unsichtbaren Welt hervorgerufen haben, zu helfen. Es ist beruhigend und tröstend zu wissen, daß ein Mitglied der Gemeinschaft das für andere Verborgene und Unsichtbare sehen und direkte und genaue Nachrichten aus den übernatürlichen Welten bringen kann.

Dank seinen Fähigkeiten, in die übernatürlichen Welten zu reisen und die übermenschlichen Wesen (Götter, Dämonen) und die Geister der Toten zu *sehen*, hat der Schamane entscheidend zur *Kenntnis des Todes* beigetragen. Es ist wahrscheinlich, daß viele Züge einer „Geographie jenseits des Grabes" ebenso wie eine gewisse Zahl mythologischer Aspekte des Todes das Ergebnis ekstatischer Erfahrungen der Schamanen sind. Die Landschaften, die der Schamane sieht und die Personen, die er im Verlauf seiner ekstatischen Reisen in das Jenseits trifft, werden von ihm selbst während oder nach der Trance genauestens beschrieben. Die unbekannte und schreckenerregende Welt des Todes nimmt Gestalt an: mit bestimmten Typisierungen bildet sie eine geschlossene Welt. Schließlich nimmt sie eine Struktur an und wird mit der Zeit vertraut und annehmbar. Auf diese Weise werden auch die Bewohner der Todeswelt *sichtbar*, sie bekommen Gesichtszüge, werden Persönlichkeiten und haben eine Geschichte. Nach und nach wird die Welt der Toten erkennbar, und der Tod selbst wird hauptsächlich als ein Übergangsritus in eine *Welt geistiger Wesen* angesehen. Im ganzen tragen die Berichte der ekstatischen Reisen der Schamanen dazu bei, die Welt der Toten zu „vergeistigen", indem sie sie mit wunderbaren Formen und Figuren anreichern.

Die Abenteuer in der anderen Welt, die Prüfungen, die der Schamane auf seinen ekstatischen Abstiegen in die Hölle und seinen himmlischen Aufstiegen durchmachen muß, erinnern an die Abenteuer der Gestalten in

Volkserzählungen und an die Helden der epischen Literatur. Es ist wahrscheinlich, daß eine große Zahl der Stoffe, der Motive, der Personen, der Bilder und der Klischees in der epischen Literatur in letzter Analyse ekstatischen Ursprungs sind. Dies in dem Sinne, daß sie den Berichten der Schamanen, die ihre Reisen und Abenteuer in den übermenschlichen Welten erzählen, entliehen sind. Dies trifft beispielsweise für die Abenteuer des burjätischen Helden Mu Monto zu, der in die Unterwelt zu seinem Vater stieg und, wieder auf der Erde angekommen, die Qualen der Sünder beschreibt. Die Tataren besitzen hierüber eine beachtliche Literatur. Bei den Tataren der Sajansteppe steigt Kubaiko, ein mutiges junges Mädchen, in die Unterwelt, um von dort das Haupt ihres von einem Ungeheuer geköpften Bruders zu holen. Nachdem sie zahlreiche Abenteuer bestanden hat und bei den Qualen, die die verschiedenen Sünder als Strafe erhalten, zugegen war, befindet sich Kubaiko vor dem König der Unterwelt selbst. Dieser verspricht ihr, daß sie den Kopf ihres Bruders mitnehmen könne, wenn sie aus einer bestimmten Prüfung siegreich hervorgehe. Andere Helden der tatarischen Epik müssen solche einweihenden Prüfungen auf sich nehmen, die immer mit einem Absteigen in die Unterwelt verbunden sind [37].

Ebenso ist es wahrscheinlich, daß die vorekstatische Euphorie eine der Quellen der lyrischen Dichtung ist. In der Vorbereitung seiner Trance schlägt der Schamane die Trommel, ruft seine Hilfsgeister, spricht eine „Geheimsprache" oder die „Sprache der Tiere" und macht Tierlaute, hauptsächlich den Gesang der Vögel, nach. Schließlich gelangt er in einen „zweiten Zustand", der Sprachschöpfungen und Rhythmen der lyrischen Dichtung auslöst. Man muß sich an den dramatischen Charakter der schamanistischen Seance erinnern, die ein *Schauspiel* ohnegleichen in der Welt der alltäglichen Erfahrungen ist. Das Zurschaustellen magischer Heldentaten (die Tricks mit dem Feuer und andere „Wunder") enthüllen eine andere Welt, die Wunderwelt der Götter und der Magier, *die Welt, in der alles möglich ist,* die Welt, in der die Toten zurückkehren zum Leben und die Lebenden sterben, um sogleich wiederaufzuerstehen. Eine Welt, in der man verschwinden und sofort wiedererscheinen kann, in der die „Naturgesetze" nicht mehr gelten und eine übermenschliche „Freiheit" in augenfälliger Weise sichtbar und *gegenwärtig* ist. Die Resonanz eines solchen *Schauspiels* in einer „primitiven" Gemeinschaft ist verständlich. Die „Wunder" der Schamanen festigen die Strukturen der traditionellen Religion nicht nur, sondern sie regen die Vorstellungskraft an und nähren sie. Sie lassen die Barrieren zwischen Traum und Wirklichkeit verschwinden, öffnen das Tor zu der Welt der Götter, der Toten und der Geister [38].

---

[37] Vgl. ebd. 210 ff.
[38] Vgl. ebd. 395 ff.

248. Religionen nordasiatischer und finnisch-ugrischer Völker

Die Anlage dieses Buches, das sich hauptsächlich die Analyse von *Religionsschöpfungen* zur Aufgabe gestellt hat, erlaubt nur eine zusammenfassende Darstellung der Religionen von Völkern, die zur paläosibirischen, uralischen und finnisch-ugrischen Sprachgruppe gehören. Nicht daß ihre Religionen des Interesses ermangelten, aber eine Vielzahl ihrer charakteristischen Elemente (wie Himmelsgötter, *dei otiosi,* der Mythos vom weltenschaffenden Tauchvorgang und seine dualistische Verhärtung sowie der Schamanismus) ähneln denjenigen der altaischen Stämme.

Beispielsweise Es bei den Jenisseern (Keten), ein Name, der zugleich Himmel und Himmelsgott (vgl. Tängri) bedeutet. Nach Anutchin ist Es unsichtbar, unsichtbar in dem Sinne, daß niemals jemand Es gesehen hat, und wer Es sieht, wird blind. Es ist Schöpfer und Herr des Universums. Es hat auch den Menschen geschaffen. Es ist gut und allmächtig, aber Es kümmert sich nicht um menschliche Angelegenheiten. Es überläßt dies den „zweitrangigen Geistern, den Helden und den großen Schamanen". Es kennt keinen Kult. Man bringt ihm keine Opfer dar und richtet keine Gebete an ihn. Trotzdem schützt Es die Welt und hilft den Menschen[39]. Kudjü (Himmel) der Jukagiren ist ein wohlwollender Gott, aber er spielt im religiösen Leben keine Rolle[40]. Die Korjaken nennen ihn ihren höchsten Gott, „der Eine da oben", „der Meister in der Höhe", „der Wächter" und „Der, der ist"[41], aber er ist eher untätig.

Bedeutender und bekannter scheint der Gott Num der Samojeden zu sein. Den ältesten Forschungen (A. M. Castrén) zufolge bewohnt Num den Himmel, beherrscht die Winde und die Regenfälle, weiß und sieht alles, was auf der Erde vor sich geht. Er entlohnt die, die Gutes tun und bestraft die Sünder[42]. Andere Beobachter unterstreichen seine Güte und seine Macht, fügen aber hinzu, daß Num, nachdem er die Welt, das Leben und den Menschen geschaffen hat, seine Macht an andere Gottheiten, die ihm untergeordnet sind, abgetreten hat. Erst kürzlich hat Lethisalo neue Forschungsergebnisse hinzugefügt: Num bewohne den siebenten Himmel, die Sonne sei sein Auge, es gäbe keine Bilder von ihm, und man bringe ihm als Opfer Rentiere dar[43]. Bei der Christianisierung der Samojeden (1825–1835) haben Missionare Tausende von Götzenbildern in Menschengestalt vernichtet, wovon manche drei oder sieben Gesichter hatten. Da ja nach der

---

[39] Anutchin, übersetzt und herausgegeben von *Paulson,* Les religions des Asiates Septentrionaux 50 ff.
[40] *Jochelson,* zitiert und kommentiert von *Paulson,* a.a.O. 53 ff.
[41] Vgl. Die Religionen und das Heilige 87. Dort finden sich auch andere Beispiele von Namen für himmlische Götter (bei den Tscheremissen, Ostjaken usw).
[42] *Castren,* Reiseerinnerungen 253 ff.
[43] *A. C. Schrenk – Lehtisalo,* zusammengefaßt von *Paulson,* a.a.O. 61.

Mehrheit der Zeugnisse Num keine Bilderverehrung kannte, hat man zu Recht geschlossen, daß diese Standbilder Ahnen oder verschiedene Geister darstellen sollen. Es ist aber wahrscheinlich, daß die Vielköpfigkeit – d. h. die Fähigkeit, alles zu sehen und alles zu wissen – schließlich auf die Sonne übertragen wurde, die Hauptmanifestation Nums[44].

Der volkstümlichste Mythos der Weltenschöpfung ist, wie fast überall in Zentral- und Nordasien, der des „Untertauchens". Ein vogelgleiches Wesen, das Helfer oder Gegner Gottes ist, taucht unter. Num schickt nach und nach Schwäne, Gänse, den Polartaucher und den Vogel *lguru*, um ihm Erde zu bringen. Nur der letzte hatte Erfolg und bringt einen Schnabel voll Schlamm mit. Als Num die Erde „irgendwie" geschaffen hatte, kam ein „Greis", der ihn fragte, ob er sich ausruhen dürfe. Schließlich stimmte Num zu, fand aber am Morgen den Greis am Strand der Insel damit beschäftigt, diese zu zerstören. Auf die Aufforderung, wegzugehen, bat der Alte um soviel Erde, wie er mit der Spitze seines Stockes bedecken könne. Er erhielt die Erde. Dann verschwand er in dem Loch, nachdem er erklärt hatte, daß er künftig dort wohnen und die Menschen entführen werde. Verstört erkannte Num seinen Irrtum. Er hatte angenommen, daß der Alte sich *auf* der Erde, nicht *unter* ihr niederlassen wollte[45]. In diesem Mythos ist Num nicht allwissend. Er kannte die Existenz und die Absichten des „Alten" nicht, des Bösen, der den Tod in die Welt brachte. Gewisse Varianten, die bei den Tscheremissen und den Wogulen bezeugt sind, unterstreichen den dualistischen Charakter der Schöpfung[46]. Viel deutlicher aber ist der Dualismus bei den Finnen, den Esten und den Mordwimen: es ist der Teufel selbst, der auf Befehl Gottes taucht. Er verheimlicht, daß er ein wenig Lehm in seinem Mund hat und läßt so Berge und Sümpfe entstehen[47].

Der Schamanismus trägt hier im großen und ganzen die gleichen Züge wie der asiatische Schamanismus, den wir oben skizziert haben (§§ 245–247). Erwähnenswert ist, daß es aber in Finnland eine literarische Schöpfung, die von schamanistischer Geisteshaltung inspiriert ist, gibt. Sie erreicht hier ihren Höhepunkt. Im *Kalevala*, dem finnischen Nationalepos, das Elias Lönnrot zusammengestellt hat (Erstausgabe 1832), ist die Hauptperson Väinämöinen, der „ewige Weise". Von übernatürlicher Herkunft ist Väinämöinen ein ekstatischer Seher, der mit zahllosen magischen Fähigkeiten begabt ist. Darüber hinaus ist er Sänger und Harfenspieler. Seine Abenteuer wie auch die seiner Gefährten, des Schmiedes Ilmarinen und des

---

[44] Vgl. *Pettazzoni*, L'onniscienza di Dio 383. Bezüglich der Solarisation der Himmelsgötter vgl. Die Religionen und das Heilige § 37.
[45] *Lehtisalo*, zitiert nach Von Zalmoxis zu Dschingis-Khan 107. Ein anderer samojedischer Mythos stellt von Anfang an einen Gegensatz zwischen Num und dem Tod (ngaa) dar; *ders.*, Von Zalmoxis zu Dschingis-Khan 108.
[46] Vgl. ebd. 106f.
[47] Ebd. 91 ff.

Kriegers Lemmikäinen, erinnern oft an die Heldentaten asiatischer Schamanen und Zauberer[48].

In der Gesellschaft der Jäger und der Fischer spielen die Schutzgeister in Gestalt verschiedener Tiere und die Herren der Tiere eine beachtliche Rolle. Das Tier ist dem Menschen ähnlich; jedes Tier besitzt eine Seele. Einige Völker, wie zum Beispiel die Jukagiren, glauben, daß man ein Tier nicht töten könne, ohne vorher seine Seele gefangengenommen zu haben[49]. Die Ainus und die Giljaken schicken die Seele eines erschlagenen Bären zu ihrem „Ursprung" zurück. Der Herr der Tiere beschützt zugleich Wild und Jäger. Die Jagd selbst stellt ein ziemlich komplexes Ritual dar, weil man annimmt, daß das Wild mit einer übernatürlichen Fähigkeit ausgestattet sei[50]. Das Hauptinteresse an solchen Glaubensvorstellungen und Ritualen besteht in ihrer ausgesprochenen Urtümlichkeit. (So trifft man sie auch in beiden Teilen Amerikas und in Asien an usw.) In ihrer mystischen Einheit zwischen Mensch und Tierwelt zeigen sie uns eine magisch-religiöse Auffassung, die schon bei den Jägern des Paläolithikums vertreten ist (vgl. § 2).

Bezeichnend ist, daß der Glaube an die Schutzgeister und an die Herren der Tiere, die in den Ackerbaukulturen fast verschwunden sind, in Skandinavien noch überlebt hat. Mehr noch: eine Vielzahl von übernatürlichen Personen und mythologischen Themen verdeutlichen die magisch-religiöse Macht der Tiere und finden sich in den Glaubensvorstellungen der Hirtenvölker, hauptsächlich aber in der Folklore der ackerbautreibenden Völker wieder, wie auch im Rest Europas und in Westasien. Diese Tatsache bestätigt, daß archaische Vorstellungen in verschiedenen ländlichen Gemeinschaften Europas zumindest bis zum Beginn des 20. Jahrhunderts überlebt haben.

249. Die Religion der Balten

Von den drei baltischen Völkern, den Litauern, den Letten und den alten Preußen (oder Pruzzen) sind die letzteren in einem langen Bekehrungs- und Eroberungskrieg des Deutschritterordens schließlich verschwunden und aufgegangen in der Masse der deutschen Kolonisten. Die Letten und Litauer wurden auch von den Deutschen unterworfen und, zumindest nominell, im 14. Jahrhundert zum Christentum bekehrt. Trotzdem gelang es ihnen, ihre religiösen Traditionen zu bewahren. Erst zu Beginn des 16. Jahrhunderts unternahmen die lutherischen Missionare einen unauf-

---

[48] Vgl. *M. Haavio*, Väinämöinen, Eternel Sage. Im besonderen 83 ff, 140 ff, 230 ff. Bezüglich des Schamanismus der ugrischen Völker vgl. *M. Eliade*, Schamanismus 213 ff.
[49] Vgl. *Paulson*, Die primitiven Seelenvorstellungen der nordasiatischen Völker 174 ff; *ders.*, The Animal-Guardian, u.ö.
[50] *E. Lot-Falck*, Les rites de chasse chez les peuples sibériens, u.ö.; *Paulson*, Les religions des Asiates Septentrionaux 71 ff; *ders.*, Les religions des peuples finnois 170 ff.

hörlichen Feldzug gegen das Heidentum. Trotzdem haben sich Ethnographie und Folklore der baltischen Völker erhalten. Diese bewahren teilweise uraltes Erbe und stellen folglich eine ausgezeichnete Quelle für die Kenntnis der traditionellen Religionen dar[51]. Besonders wichtig sind die *dainas* (kurze Gesänge von vier Versen) und die Rituale, die sich auf den Ackerbau, auf Hochzeit und Tod beziehen, sowie die Volkslegenden. Die geographische Lage der Balten hat ihren Konservativismus begünstigt (wenn man an die zahlreichen archaischen Glaubensvorstellungen und Gebräuche, die in den Pyrenäen, in den Alpen, den Karpaten und auf dem Balkan überlebt haben, denkt). Dies schließt natürlich in keiner Weise die Einflüsse ihrer germanischen, estnischen und slawischen Nachbarn aus, wie auch – in den letzten vier Jahrhunderten – den Einfluß des Christentums nicht. Obwohl es zwischen den einzelnen Pantheons, den religiösen Anschauungen und Praktiken der drei Völker Unterschiede gibt, sollen sie hier, um die Darstellung zu erleichtern, zusammen vorgestellt werden. Zuerst ist hervorzuheben, daß die Balten den Namen des alten indoeuropäischen Himmelsgottes, *Deiuos*, beibehalten haben. Auf lettisch heißt er *Dievs,* auf litauisch *Dievas,* auf altpreußisch *Deivas.* Nach der Bekehrung zum Christentum wurde der gleiche Gottesname auch für den biblischen Gott verwandt. Nach dem lettischen Volksglauben wohnt Dievs, der Vater einer Götterfamilie, in seinem Hof auf einem Berg im Himmel. Er besucht jedoch die Erde und nimmt an den Arbeiten der Bauern und den jahreszeitlichen Festen, die ihm geweiht sind, teil. Dievs hat die Weltordnung begründet, er bestimmt auch das Geschick der Menschen und wacht über ihr moralisches Leben[52]. Dennoch ist Dievs nicht der oberste Gott und hat nicht die größte göttliche Bedeutung.

Der Gott des Donners, Perkūnas (litauisch) oder Pērkons (lettisch)[53] bewohnt gleichermaßen den Himmel, steigt aber häufig auf die Erde hinab, um gegen den Teufel oder gegen die anderen Dämonen zu kämpfen. (Dies sind Züge, die christlichen Einfluß aufweisen.) Als gefürchteter Krieger und Schmied der Götter bestimmt er über den Regen und damit über die Fruchtbarkeit der Felder. Im bäuerlichen Leben spielt Perkūnas/Pērkons die größte Rolle, und man bringt ihm in Zeiten der Trockenheit oder von Epidemien Opfer dar. Einer Überlieferung des 16. Jahrhunderts zufolge brachte man ihm während eines Gewitters ein Stück Fleisch dar und rich-

---

[51] Die schriftlichen Quellen (Chroniken, Zeugnisse von Missionaren und kirchlichen Würdenträgern usw.) beinhalten zuweilen nützliche Informationen, sollten aber kritisch betrachtet werden. Die Mehrheit der Autoren war der baltischen Sprache unkundig. Zudem stellen sie das volkstümliche Heidentum gemäß den Klischees und der Propaganda der christlichen Geschichtsschreibung dar.
[52] Siehe *H. Biezais,* Die Gottesgestalt der lettischen Volksreligion, bes. 90 ff, 182 ff.
[53] Perkūnas ist in der Chronik von Malalas (1261) erwähnt, des öfteren auch bei christlichen Autoren des 16. Jahrhunderts. Bezüglich Pērkons s. die Zeugnisse und die kritische Würdigung bei *H. Biezais,* Die himmlische Götterfamilie der alten Letten 92 ff, 103 ff.

tete das folgende Gebet an ihn: „O Gott Perkūnas, erschlag mich nicht, ich bitte dich, o Gott! Ich gebe dir dies Fleisch." Es handelt sich dabei um ein uraltes Ritual, das von den primitiven Völkern während des Gewitters zu Ehren himmlischer Götter vollzogen wurde (vgl. Die Religionen und das Heilige, § 14).

Einen beachtlichen Platz im baltischen Pantheon nimmt die Sonnengöttin Saule ein, auf deren Ähnlichkeit mit dem vedischen Sūrya schon vor langer Zeit hingewiesen worden ist. Sie stellt man sich zugleich als Mutter und als junges Mädchen vor. Auch Saule besitzt einen Bauernhof auf dem Himmelsberg, nahe dem Hof des Dievs. Manchmal kämpfen diese beiden Gottheiten miteinander, und der Kampf dauert drei Tage. Saule segnet die Scholle, hilft den Leidenden und bestraft die Sünder. Ihr Hauptfest wird zur Sommersonnenwende gefeiert[54]. In der lettischen Volksreligion ist Saule die Frau des Mēness, des Mondgottes, der eine Rolle als Kriegsgott zu spielen scheint. Alle Himmelsgottheiten haben Pferde. Sie reiten über die Berge des Himmels und fahren mit dem Wagen auf die Erde herab.

Die größte Zahl der chthonischen Gottheiten ist weiblich. Die Erdmutter wird bei den Letten *Zemen māte*, bei den Litauern *Zemyna* genannt. Letztere kennen auch den „Herrn der Erde", Zemēpatis. Die Anzahl der „Mütter" ist beachtlich: Die Mutter des Waldes (*Meza māte*, litauisch *Medeine*) vervielfältigt sich durch Emanation in eine Mutter der Gärten, der Felder, der Buchten, der Blumen, der Pilze usw. Der gleiche Vorgang ist bei den Wassergottheiten bekannt (die Mutter der Wasser, der Wellen usw.) Aber auch von anderen Personifikationen meteorologischer Erscheinungen (Mutter des Regens, der Winde usw.) und menschlicher Aktivitäten (Mutter des Schlafes usw.) ist dieser Vorgang bekannt. Wie schon Usener[55] bemerkt hat, erinnert die starke Zunahme solcher mythologischer Wesenheiten an ein charakteristisches Phänomen der römischen Religion (vgl. § 163). Die bedeutendste Göttin der Letten ist *Laima*, deren Name sich aus der Wurzel *laime* (Glück, glücklicher Zufall) ableitet. In erster Linie ist sie eine Schicksalsgöttin; bei der Geburt der Menschen bestimmt sie deren Los. Aber Laima herrscht auch über die Ehe, die Üppigkeit der Ernten, das Wohl der Tiere. Trotz ihrer Vermischung mit der Jungfrau Maria stellt Laima eine urzeitliche religiöse Gestalt dar, die wahrscheinlich aus der ältesten Zeit des lettischen Heidentums stammt[56].

Vor der Konversion zum Christentum spielten sich die öffentlichen Kulthandlungen hauptsächlich in den Wäldern ab. Gewisse Bäume, Quellen oder andere Orte galten als heilig, als von Göttern bewohnt. Demzufolge war es verboten, sich ihnen zu nähern. Die Gemeinschaft brachte die Op-

---

[54] Siehe *Biezais*, ebd. 183 ff, 303 ff (Kult der Saule).
[55] Vgl. *Usener*, Die Götternamen 79–122.
[56] Vgl. die vergleichende Studie von *H. Biezais*, Die Hauptgöttinnen der alten Letten, bes. 179 ff. Bezüglich des Synkretismus mit der Jungfrau Maria vgl. ebd. 279 ff.

fergabe unter freiem Himmel, in einem Wäldchen oder an anderen geheiligten Plätzen dar. Das Badehaus stellt auch einen geheiligten Raum dar, ebenso wie der „Herrgottswinkel" der Häuser. Über Tempel im eigentlichen Sinne sind unsere Kenntnisse ziemlich summarisch. Ausgrabungen haben die Grundrisse von heiligen Räumen ans Tageslicht gebracht, die aus Holz gebaut waren und die Form eines Umgangs von etwa 5 m Durchmesser aufwiesen. Das Götterbild stand im Mittelpunkt.

Die gleiche Unsicherheit besteht bezüglich eines Priesterstandes. Die Quellen bezeugen „Zauberer", Wahrsager und Ekstatiker. Ihr Ansehen war beachtlich hoch. Der Vertrag, der im Jahre 1249 den alten Pruzzen von den Deutschordensrittern aufgezwungen wurde – es handelt sich um das erste schriftliche Dokument über die baltische Religion –, verpflichtete die Besiegten dazu, auf die Feuer- oder Erdbestattung der Toten zusammen mit Pferden oder Dienern, mit Waffen, Kleidern oder anderen wertvollen Gegenständen zu verzichten[57]. Er verpflichtete sie, nicht mehr nach der Ernte dem Götzen Cruche zu opfern, auch nicht anderen Göttern. Ebenso sollten sie nicht mehr die seherisch begabten Barden *(Tulissones* oder *Ligaschones)* um Rat fragen, die die Totenrede bei den Leichenbegängnissen hielten und vorgaben, die Toten zu Pferde durch die Luft in Richtung auf die andere Welt reiten zu sehen.

In den „seherisch begabten Barden" kann man eine Klasse von Ekstatikern oder Magiern sehen, die der der Schamanen in Asien ähnlich ist. Es ist sehr wahrscheinlich, daß sie gegen Ende der Bestattungen die Seele des Toten in die andere Welt begleiteten. Die kirchlichen Autoritäten hielten die ekstatischen Techniken und magischen Praktiken bei den Balten, wie anderswo, als vom Teufel eingegeben. Aber die Ekstase und die ekstatische Tiergestaltigkeit stellten für gewöhnlich eine religiöse Handlung dar (oder „weiße Magie"): der Schamane nimmt Tiergestalt an, um mit den bösen Geistern zu kämpfen. Eine ähnliche Glaubensvorstellung ist für die Litauer des 17. Jahrhunderts bezeugt. Angeklagt, Wolfsgestalt annehmen zu können, bekannte ein Greis, daß er ein Werwolf sei und in den Nächten von St. Lucia, Pfingsten und St. Johannes mit seinen in Wölfe verwandelten Kameraden zu Fuß an das „Ende des Meeres", d. h. die Unterwelt, gelange, und sich dort mit dem Teufel und den Hexenmeistern eine Schlacht liefere. Die Werwölfe, so erklärte der alte Mann, verwandelten sich in Wölfe und stiegen in die Unterwelt, um die von den Zauberern gestohlenen Güter, Vieh, Getreide und andere Früchte, zurückzuholen. In der Todesstunde steige die Seele der Werwölfe in den Himmel auf, während der Teufel die der Zauberer zu sich nehme. Die Werwölfe sind die „Hunde Gottes". Gäbe es

---

[57] Diese urtümliche Gepflogenheit (die im vorgeschichtlichen Mesopotamien, in China, bei den Skythen usw. bezeugt ist) hat dennoch bis ins 15. Jahrhundert bestanden.

nicht ihr aktives Eingreifen, der Teufel hätte die Erde verwüstet[58]. Die Ähnlichkeiten zwischen den Begräbnisritualen und denen der Hochzeit stellt nochmals einen Beweis für die Urtümlichkeit der Glaubensvorstellungen der Balten dar. Eine solche rituelle Gleichheit von Hochzeit und Tod fand sich noch zu Beginn dieses Jahrhunderts in Rumänien und auf der Balkanhalbinsel. Ebenso urtümlich ist die Vorstellung, daß Dievs, Saule und Laima sich zuzeiten wie Bauern kleideten und diese auf ihre Felder begleiteten. Eine solche Vorstellung ist auch im Volksglauben Südosteuropas bezeugt.

Zusammengefaßt sind die charakteristischen Züge der baltischen Religion folgende: 1. die Kenntnis mehrerer göttlicher Familien, 2. die dominierende Rolle der Sonnengottheit und des Gewittergottes, 3. die Bedeutung der Gottheiten der Geburt und des Schicksals (Laima), der Erdgottheiten und ihrer Hypostasen, 4. die Vorstellung eines rituellen wie in Trance vollzogenen Kampfes zwischen den „guten Magiern", die Gott ergeben sind, und den „Hexenmeistern", den Dienern des Teufels. Trotz ihrer Vermischung mit christlichen Glaubensinhalten sind diese religiösen Formen archaischer Natur. Sie stammen aus indoeuropäischem Erbe (Dievs, Perkūnas, Saule) oder aus Eurasien (Laima, Zemenmāte). Die baltische Religion ist wie die der Slawen und der finnisch-ugrischen Völker von großem Interesse, weil ihr Archaismus mittels der Ethnographie und der Folklore zutage gebracht werden kann. Schließlich ist der vorchristliche Ursprung des baltischen Volksglaubens, wie es Marija Gimbutas sagt, „so alt, daß er sicherlich aus prähistorischer Zeit stammt, zumindest aus der Eisenzeit, wenn nicht in manchen Elementen aus Zeiten, die Tausende von Jahren früher lagen"[59].

250. Das slawische Heidentum

Slawen und Balten sind die letzten Völker des arischen Sprachraumes, die nach Europa zogen. Nacheinander von den Skythen, den Sarmaten und den Goten beherrscht, wurden die Slawen gezwungen, über tausend Jahre lang in einem zwischen dem Dnjestr und der Weichsel gelegenen Gebiet zu wohnen. Erst durch die Verwüstungen der Hunnen, Bulgaren und Awaren seit dem Beginn des 5. Jahrhunderts war es den slawischen Völkerschaften möglich, auszubrechen und sich schrittweise in Zentral- und Osteuropa niederzulassen[60]. Ihr Name, *Sclavini*, ist zum erstenmal im 6. Jahrhundert

---

[58] Siehe die Quellen in: *M. Eliade*, Occultisme, sorcellerie et modes culturelles 103 ff.
[59] *Gimbutas*, The Ancient Religion of the Balts 98. Eine solche Auffassung der Folklore wird von manchen Wissenschaftlern nicht geteilt. Siehe den Streit über den altertümlichen Wert der dainas weiter unten.
[60] Manche slawische Gruppen waren Teil der Horden Attilas. Vgl. *Gimbutas*, The Slavs 98 ff.

bezeugt. Ausgrabungen haben eine Vielzahl von Informationen über die materiellen Lebensumstände und gewisse religiöse Bräuche und Glaubensvorstellungen der in Rußland und dem Baltikum lebenden Slawen gebracht. Die einzigen schriftlichen Quellen über die Religion der alten Slawen stammen aber aus nachchristlicher Zeit. Wenn sie auch wertvoll sind, so zeigen sie uns doch einen Zustand des im Niedergang begriffenen volkstümlichen Heidentums. Trotzdem wird uns im folgenden eine aufmerksame Analyse der volkstümlichen Riten und Glaubensvorstellungen erlauben, spezifische Züge der ursprünglichen slawischen Religion aufzuspüren. Wertvolle Nachrichten entnehmen wir der *Chronica Slavorum* des Helmold, die zwischen 1167 und 1172 geschrieben wurde. Ehe er Namen und Funktionen einiger Götter aufzeigt, die wir später vorstellen werden, versichert Helmold, daß die Slawen „die Existenz eines einzigen Gottes im Himmel nicht bestritten", daß sie aber meinten, „dieser Gott interessiere sich einzig für die himmlischen Aufgaben" und habe die Herrschaft über die Welt untergeordneten Gottheiten abgetreten, die er geschaffen habe. Helmold nennt diesen Gott *prepotens* und *deus deorum,* aber er ist kein Gott für die Menschen: er herrscht über die anderen Götter und hat keine Beziehung mehr zur Erde[61]. Es handelt sich also um einen Himmelsgott, der ein *deus otiosus* geworden ist – ein Vorgang, den wir bei den altaischen und finnisch-ugrischen Stämmen aufgezeigt haben, der aber auch bei den Indoeuropäern bezeugt ist (vgl. den vedischen *Dyaus,* § 65).

Was nun die anderen Götter betrifft, so findet sich die vollständigste Liste in der *Chronik von Kiew,* die *Nestor-Chronik* genannt wird und im 12. Jahrhundert redigiert wurde. In einem knappen, empörten Abriß führt uns der Chronist das Heidentum der russischen Stämme zur Zeit des Großfürsten Wladimir (978–1015) vor Augen. Er nennt sieben Götter – Perun, Wolos, Chors, Dazhbog, Stribog, Simarglu und Mokosch – und behauptet, „das Volk bringe ihnen Opfer dar ... es bringe ihnen seine Töchter und Söhne und opfere sie diesen Dämonen"[62].

Dank dieser zusätzlichen Informationen ist es uns möglich, zumindest teilweise die Struktur und Funktion einiger dieser Götter aufzuzeigen. Perun war bei allen slawischen Stämmen bekannt. Man findet Erinnerungen an ihn in den volkstümlichen Überlieferungen und in Ortsnamen. Sein Name ist indoeuropäischer Abkunft (aus der Wurzel *per/perk,* die „schlagen", „aufblitzen" bedeutet). Er gilt als Gott des Gewitters, analog dem vedischen Perjanya und dem baltischen Perkūnas. Wahrscheinlich ähnelte er Perkūnas. Man stellt ihn sich als großen und kräftigen Mann mit rotem Bart vor, der eine Axt oder einen Hammer in der Hand hält, den er gegen

---

[61] *Helmold* (ungefähr 1108–1177), Chronica Slavorum 83.
[62] Diese Abschnitte sind von *Brückner* übersetzt, vgl. Mitologia Slava 242 f; ders., Die Slawen 16 f.

die bösen Geister schwingt. Ein gewisser germanischer Stamm identifizierte Perun mit Thor. Die Etymologie des Namens findet sich in *piorum*, einem polnischen Ausdruck für „Donner" und „Blitz". Auch tritt sie oft in Ortsnamen der slawischen Völker auf[63]. Wie auch andere Gewittergottheiten des vorchristlichen Europa war ihm die Eiche heilig. Nach dem byzantinischen Historiker Prokop opferte man ihm Hähne und anläßlich großer Feste Stiere und Böcke. Im christlichen Volksglauben wurde Perun durch den hl. Propheten Elija ersetzt, der als Greis mit weißem Bart vorgestellt wird und der den Himmel mit seinem feurigen Wagen durchquert.

Volos oder Veles, der Gott des Hornviehs, findet seine Parallele im Litauischen (*Velnias*, was jetzt „Teufel" bedeutet, und *vele:* „Schatten des Todes") und im Keltischen (wo Tacitus von Velda, der Seherin der Kelten, spricht)[64]. Roman Jakobson[65] zufolge stammt er aus dem allgemeinen indoeuropäischen Pantheon und kann mit Varuna verglichen werden. Chors ist ein vom iranischen Khursid, der Personifikation der Sonne, entliehener Gottesname. Ebenfalls iranischer Herkunft ist Simarglu, den Jakobson in der Nähe des persischen Simurg, des göttlichen Greifs, rückt. Die Slawen haben ihn möglicherweise von den Sarmaten übernommen, die ihn unter dem Namen Simarg kannten.

Etymologisch bedeutet Dazhbog „Verteiler von Reichtümern" (slawisch *dati*, geben, *bogu*, Reichtum, aber auch „Gott, Quelle des Reichtums"). Dieser Gott wird auch mit der Sonne gleichgesetzt. Von Stribog weiß man so gut wie nichts. Ein alter russischer Text, das *Igorslied*, behauptet, die Winde seien seine Enkel[66]. Mokosch, die letzte Gottheit, die in der Nestorchronik erwähnt wird, war wahrscheinlich eine Fruchtbarkeitsgöttin. Im 17. Jahrhundert fragten die russischen Priester die Bauern: „Bist du schon zu Mokosch gegangen?" Die Tschechen riefen sie in Dürreperioden an[67]. Gewisse mittelalterliche Quellen erwähnen den Gott Rod (ein Gottesname, der mit dem Verb *roditi*, zeugen, zusammenhängt und mit *rozhenitsa*, Mutter, Gebärmutter, Glück, auch Feen, die den skandinavischen Nornen gleichen). Wahrscheinlich sind die *rozhenitsa* Epiphanien oder Hypostasen der alten chthonischen Gottes-Mutter, *Mati syra zemlja* (Mutter feuchter Erde), deren Kult bis ins 19. Jahrhundert überlebt hat.

Ebenso kennt man rund fünfzehn Götternamen des Baltikums, einer Gegend, in der sich das slawische Heidentum bis zum 12. Jahrhundert gehal-

---

[63] Siehe die von *E. Gasparini*, Il matriarcato slavo 537 ff aufgeführten Beispiele.
[64] Veles wird in der christlichen Dämonologie des 15. und 16. Jahrhunderts bezeugt und lebt fort in den Ortsnamen. *Gimbutas*, The Slavs 167; *ders.*, The Lithuanian God Velnias 87 ff.
[65] Vgl. The Slavic God Veles and his Indo-European Cognates, s. aber auch *J. Puhvel*, Indo-European Structure of the Baltic Pantheon 85.
[66] Seine Etymologie ist nicht gesichert. Man hat auch die slawische Wurzel *srei* (Farbe) oder das iranische *srira* (schön), allgemein ein Beiwort für „Wind", aber auch „Sonnenstrahl" vorgeschlagen. Vgl. *Gimbutas*, The Slavs 164.
[67] *Brückner*, Mitologia Slava 141 ff.

ten hat. Der bedeutendste war Svantevit (Svetovit), der Schutzgott der Insel Rügen, der sein Heiligtum in Arkona hatte, und dessen Statue 8 m hoch war[68]. Die Wurzel *svet* bedeutet ursprünglich Kraft, stark sein. Svetovit war zugleich Kriegsgott und Schutzherr der Felder. Auf der gleichen Insel wurden Jarovit, Rugievit und Porovit verehrt. Die Namen der beiden ersten implizieren eine kalendarische Funktion: *Jaro* (vergleichbar mit *jaru*, jung, brennend, kühn) bedeutet Frühling[69]. *Ruenu* ist der Name des Herbstmonats, der Zeit bis zur Tierbrunft; *Pora* bedeutet Mittsommer.

Die Vielköpfigkeit findet sich bei gewissen indoeuropäischen Völkern (z. B. der dreiköpfige Gallier, der „Ritter Thrace", der auch mit zwei oder drei Köpfen vorgestellt wird usw.). Sie ist aber auch bei den finnisch-ugrischen Völkern bezeugt (§ 248), mit denen die Protoslawen viel gemein haben. Die Bedeutung der Vielköpfigkeit liegt auf der Hand: sie drückt die göttliche visuelle Allwissenheit aus, ein Attribut, das speziell den himmlischen Göttern zugeteilt ist, sich aber auch bei den Sonnengottheiten findet. Man kann vermuten, daß der höchste Gott der Nordslawen in seinen unterschiedlichen Formen (Triglav, Svantevit, Rugievit) eine Sonnengottheit war[70]. Dabei sollte man sich in Erinnerung rufen, daß auch bei den Ostslawen Chors und Dazhbog mit der Sonne identifiziert wurden. Ein anderer Gott, Svarog (bei den Westslawen Svarožic), war der Vater Dazhbogs. Thietmar von Merseburg hielt ihn zu Beginn des 11. Jahrhunderts für den höchsten Gott („primus Zuararasici dicitur"). Der Tradition nach war das himmlische, aber auch das Herdfeuer der Sohn des Svarog. Im 10. Jahrhundert schrieb der arabische Reisende Al-Masudi, daß die Slawen die Sonne anbeteten. Sie hätten einen Tempel mit einer Öffnung im Gewölbe, damit sie den Aufgang der Sonne sehen könnten[71]. Dennoch spielt in den Gebräuchen und Glaubensvorstellungen der slawischen Völker der Mond (der männlich ist) eine größere Rolle als die Sonne (die Neutrum und vielleicht von einem femininen Namen abgeleitet ist). Man richtet Gebete an den Mond, der „Vater" oder „Großvater" genannt wird, um Überfluß und Gesundheit zu erhalten, und man beklagt sich bei ihm, wenn Mondfinsternis ist[72].

---

[68] Der Tempel wurde 1168 zerstört. Andere Heiligtümer der Insel Rügen, wie ein Tempel, der auf dem Hügel von Ridegost (Rethra) errichtet war, wurden im 12. und 13. Jahrhundert während der zwangsweisen Konversion zum Christentum zerstört.
[69] Der Priester des Jarovit verkündete in seinem Namen: „Ich bin euer Gott, der das Feld mit Kraut überzieht, der die Wälder mit Blättern füllt. Die Früchte des Feldes und der Wälder und alle anderen Dinge, die dem Menschen nützlich sind, entstammen meiner Macht" (*Helmold*, Chronica Slavorum, III, 4).
[70] R. *Pettazzoni*, L'onniscienza di Dio 343 ff. Diese Hypothese wird durch die Rolle des heiligen Pferdes in der Wahrsagung erhärtet.
[71] F. *Haase*, Volksglaube und Brauchtum der Ostslaven 256.
[72] Siehe das Dokumentationsmaterial von E. *Gasparini*, a.a.O. 597 ff.

251. Riten, Mythen und Glaubensvorstellungen der alten Slawen

Es wäre müßig, eine Rekonstruktion der slawischen Religionsgeschichte zu versuchen. Dennoch kann man die wesentlichen Schichten und deren Bedeutung für die slawische Spiritualität erkennen. Jenseits des indoeuropäischen Erbes und über die ugrischen und iranischen Einflüsse hinaus kann man noch ältere Züge herausstellen. Die Übernahme der iranischen Vokabel *bog* (Reichtum, aber auch Gott) hat den indoeuropäischen Gottesnamen *Deivos*, der auch von den Balten (vgl. § 248) beibehalten wurde, verdrängt. Weiter oben sind andere Lehnwörter iranischen Ursprungs aufgezeigt[73]. Die Ähnlichkeit mit den Glaubensvorstellungen und Sitten der finnisch-ugrischen Völker können entweder durch Kontakte während der Vorgeschichte oder aus ihrer Ableitung durch eine gemeinsame Tradition erklärt werden. Beispielsweise hat man Analogien in der Struktur der Heiligtümer von Ostslawen und finnisch-ugrischen Völkern herausgestellt, wie auch die Ähnlichkeit in der Vielköpfigkeit der Gottheiten und Geister[74]. Ein panslawischer Brauch, der den Indoeuropäern fremd ist, ist die zweifache Bestattung[75]. Nach drei, fünf oder sieben Jahren gräbt man die Knochen aus, wäscht sie und wickelt sie in ein Tuch *(ubrus)*. Dieses bringt man ins Haus und legt es vorerst in den „Herrgottswinkel", dorthin, wo die Ikonen aufgehängt sind. Der magisch-religiöse Wert dieses Tuches besteht im Kontakt mit den Knochen und dem Schädel des Toten. Ursprünglich legte man in den „Herrgottswinkel" einen Teil der ausgegrabenen Knochen. Dieser extrem urtümliche Brauch (man findet ihn auch in Afrika und Asien) ist auch bei den Finnen anzutreffen[76].

Eine andere slawische Einrichtung, die die Indoeuropäer nicht kennen, ist das *snochačestvo*, d. h. das Recht des Schwiegervaters, mit den Verlobten seiner erwachsenen Söhne und mit seinen Schwiegertöchtern zu schlafen, wenn die Ehemänner lange Zeit abwesend waren. Otto Schrader hat das *snochačestvo* mit der indoeuropäischen Praxis des *adiutor matrimonii* verglichen. Bei den Indoeuropäern aber wird die zeitweise Übereignung der Tochter oder der Ehefrau durch den Vater oder den Ehemann bewirkt, die so ihre väterliche oder eheliche Autorität ausübten. In Unkenntnis oder gegen den Willen des Ehemannes fand eine Übereignung nicht statt[77].

---

[73] Es bliebe der Ausdruck *ray* hinzuzufügen, der vor dem christlichen Sinne von „Paradies" die gleiche Bedeutung hatte wie *bog* (Reichtum).
[74] Siehe *E. Gasparini*, a.a.O. 553 ff. Wir haben aber gesehen, daß die Vielköpfigkeit (vgl. § 248 S. 33 ff) auch bei anderen indoeuropäischen Völkern bezeugt ist.
[75] Sie trifft man einzig bei den durch die Slawen beeinflußten Völkern an. Also bei den Deutschen, den Rumänen und anderen Völkern Südosteuropas.
[76] Vgl. *E. Gasparini*, Studies in Old Slavic Religion: *Ubrus*; ders., Matriarcato 597 ff.
[77] Ebd. 5 ff. Gasparini erinnert an andere nicht indoeuropäische Züge. An die mutterrechtlichen Ehen (232 ff) und an die zumindest bei den Südslawen vorhandenen Mutterklans (252 ff), an die Autorität des Onkels mütterlicherseits (277 ff) und die periodische Rückkehr der Ehefrau zu ihren Eltern (299 ff).

Nicht weniger charakteristisch ist, daß in altslawischen Gesellschaften alle Menschen gleichberechtigt waren. Die ganze Gemeinschaft war in alle Rechte eingesetzt. Daher wurden Entscheidungen einstimmig gefällt. Ursprünglich bezeichnete die Vokabel *mir* sowohl die Gemeindeversammlung als auch die *Einstimmigkeit* ihrer Entscheidungen. Das erklärt, daß *mir* zugleich die Bedeutung von *Frieden* und *Welt* gewann. Nach Gasparini geht der Ausdruck *mir* auf eine Zeit zurück, in der jedes Mitglied einer Gemeinschaft, *Frauen wie Männer,* die gleichen Rechte hatten[78].

Wie bei anderen europäischen Völkern, so bewahrten auch die Glaubensvorstellungen und Gebräuche der Slawen ein mehr oder weniger christianisiertes heidnisches Erbe[79]. Von besonderem Interesse ist die panslawische Vorstellung von einem Geist des Waldes (russisch *leshy,* weißrussisch *leshuk* usw.), der den Jägern die notwendige Anzahl Wild anzeigt. Es handelt sich um einen Typus archaischer Göttlichkeit, den Herrn der Tiere (vgl. § 4). *Leshy* wird in der Folgezeit der Schutzherr der Herden. Ebenso urzeitlich ist die Vorstellung, daß manche Waldgeister *(domovoi)* in die im Bau befindlichen Behausungen dringen. Diese guten oder schlechten Geister ließen sich hauptsächlich im tragenden Gebälk nieder.

Die Volksmythologie trägt sehr zur Verdeutlichung des Überlebens alter vorchristlicher Auffassungen bei. Wir wollen nur ein Beispiel, das bekannteste und bedeutendste, anführen. Es handelt sich um den Mythos vom weltenschaffenden Tauchvorgang, der, wie wir gesehen haben (vgl. § 244), in ganz Zentral- und Nordasien vertreten ist. In einer mehr oder minder christianisierten Form findet man ihn in den Legenden der slawischen und südosteuropäischen Völker. Der Mythos beinhaltet das wohlbekannte Schema: über dem urzeitlichen Meer trifft Gott Satan an und befiehlt ihm, auf den Grund der Wasser zu tauchen, um ihm Lehm zu bringen, damit er die Erde schaffen könne. Aber der Teufel behält ein wenig Lehm (oder Sand) in seinem Mund oder seiner Hand, und sobald die Erde zu wachsen beginnt, wird dies bißchen Lehm zu Bergen oder Sümpfen. Ein Charakteristikum der russischen Versionen ist in gewissen Fällen das Erscheinen des Teufels – manchmal auch vor Gott – in Form eines Wasservogels. Nun ist die Vogelgestalt des Teufels ein urtümlich zentralasiatischer Aspekt. In der „Legende vom Meer von Tiberias" (einem nichtauthentischen Text, der aus Manuskripten des 15. und 16. Jahrhunderts besteht) fliegt Gott in den Lüften und sieht Satan in Form eines Wasservogels. Eine andere Version stellt Gott und den Teufel in Form von weißen und schwarzen tauchenden Enten vor[80].

Im Vergleich zu den zentralasiatischen Versionen des gleichen kosmogo-

---

[78] Ebd. 472ff.
[79] Siehe auch die durch *Gasparini,* ebd. 493ff, 597ff, vorgelegten erweiterten Dokumente.
[80] *M. Eliade,* Von Zalmoxis zu Dschingis-Khan 104f.

nischen Mythos betonen die slawischen und südosteuropäischen Varianten stärker den Dualismus Gott – Satan. Manche Gelehrte haben diese Auffassung eines Gottes, der die Welt mit Hilfe des Teufels schafft, als einen Ausdruck der bogomilischen Glaubensvorstellungen interpretiert. Diese Auffassung stößt aber auf Schwierigkeiten, denn man findet in diesem Mythos keinen bogomilischen Text. Mehr noch: der Mythos ist in den Gebieten, in denen der Bogomilismus jahrhundertelang verbreitet war (Serbien, Bosnien, Herzegowina, Ungarn[81]), nicht bezeugt. Andererseits wurden diese Varianten in der Ukraine, in Rußland und in den baltischen Gebieten vorgefunden, in die die bogomilischen Glaubensvorstellungen niemals eingedrungen waren. Schließlich haben wir gesehen (S. 19 ff), daß die deutlichste Manifestation dieses Mythos bei den Stämmen Zentral- und Nordasiens vorgefunden wurde. Man hat einen iranischen Ursprung angenommen, aber der Mythos des weltschaffenden Tauchvorgangs findet sich im Iran nicht[82]. Darüber hinaus trifft man, wie wir gezeigt haben (S. 20 ff), in Nordamerika, im arischen und vorarischen Indien und in Südostasien auf diesen Mythos.

Zusammenfassend kann man sagen, daß es sich um einen archaischen Mythos handelt, der vielfach aufs neue interpretiert und aufgewertet wurde. Sein beachtlicher Verbreitungsgrad in Eurasien und Zentral- sowie Südosteuropa zeigt, daß er einem tiefgreifenden Bedürfnis der Volksseele entsprang. Zum einen legt er Rechenschaft über die Unzulänglichkeit der Welt und die Existenz des Bösen ab und bringt Gott mit den schwersten Fehlern der Schöpfung nicht in Verbindung. Zum anderen deckte er die Gottesvorstellungen auf, die den archaischen Menschen in der religiösen Vorstellungswelt schon immer gequält haben: die Vorstellung von einem Gott als *deus otiosus*. Dies wird hauptsächlich in den Legenden des Balkan deutlich. Man erklärte so auch die Widersprüche und Leiden im menschlichen Leben und die Kameradschaft oder – mehr noch – die Liebe Gottes mit und zum Teufel.

Diesen Mythos haben wir aus verschiedenen Gründen mehrfach erzählt. Zunächst stellt er in seinen europäischen Versionen einen *totalen Mythos* dar: er erklärt nicht nur die Schöpfung der Welt, sondern auch den Ursprung des Todes und des Bösen. Sodann zeichnet er, wenn man sich Rechenschaft über all seine Varianten ablegt, eine dualistische Verhärtung auf, die man anderen religiösen Schöpfungen gleichsetzen kann (vgl. In-

---

[81] Auch in Deutschland und im Osten sind zahlreiche Motive der Folklore, die manichäischen oder bogomilischen Ursprungs sind, unbekannt, obwohl sie die Katharer und die Patarier bis nach Mittelfrankreich und in Deutschland und den Pyrenäen verbreitet haben. Vgl. *M. Eliade,* ebd. 98 ff.
[82] Dennoch findet man in iranischen, als zervanistisch (vgl. § 213) geltenden Traditionen zwei grundsätzliche Motive: die Verbrüderung Gottes (Christus) mit dem Teufel und, in den Legenden des Balkans, die geistige Trägheit Gottes, nachdem er die Welt geschaffen hatte. Vgl. *M. Eliade,* ebd. 119 ff.

dien § 195, Iran §§ 104, 213). Dennoch haben wir es diesmal mit *folkloristischen* Legenden zu tun, welches auch immer ihr Ursprung sei. Mit anderen Worten: das Studium dieses Mythos erlaubt uns, bestimmte Auffassungen der Volksreligion zu erkennen. Noch lange nach ihrem Übertritt zum Christentum rechtfertigten die Völker Osteuropas noch mittels dieses Mythos die gegenwärtige Weltlage und Situation des Menschen. Die Existenz des Teufels wurde durch das Christentum niemals bestritten. Doch die Rolle des Teufels erfuhr in der Schöpfung der Welt eine neue Auffassung im dualistischen Sinne, die den enormen Erfolg und die herausragende Verbreitung dieser Legenden sicherstellte.

Es ist schwierig festzustellen, ob die alten Slawen auch an anderen dualistischen Konzeptionen iranischen oder gnostischen Typs teilhatten. Für uns genügt es, die Kontinuität der mythisch-religiösen Strukturen arischen Ursprungs in den Glaubensvorstellungen der Völker des christlichen Europas einmal aufgezeigt zu haben, zum anderen die Bedeutung eines uralten religiösen Erbes für die Geschichte der Religionen und dessen Aufwertung im folkloristischen Bereich angedeutet zu haben.

ZWEIUNDDREISSIGSTES KAPITEL

Die christlichen Kirchen bis zum Bildersturm (8.–9. Jahrhundert)

252. Roma non pereat ...

Hugh Trevor Roper schreibt: „Das Ende des Altertums, der schlußendliche Zusammenbruch der großen Kulturen am Mittelmeer – der griechischen und der römischen –, ist eines der wesentlichen Probleme der europäischen Geschichte. Über die Gründe und erst recht über das Datum des Beginns ist man sich uneins. Alles, was man feststellen kann, ist ein schleichender Vorgang, fatal und augenscheinlich irreversibel, der im 3. Jahrhundert zu beginnen scheint und im 5. Jahrhundert in Nordeuropa zum Stillstand kommt."[1]

Zu den Gründen für den Niedergang des Imperiums und den Ruin der antiken Welt hat man das Christentum gerechnet und rechnet es immer noch. Genauer gesagt: seinen Aufstieg und seine Stellung als offizielle Staatsreligion. Wir werden uns diesem schwierigen und delikaten Problem nicht zuwenden. Es genügt, sich in Erinnerung zu rufen, daß, wenn das Christentum nicht das Militär und die militärischen Tugenden gefördert hätte, die antiimperialistische Polemik der ersten Apologeten seine Existenzberechtigung nach der Konversion Konstantins zunichte gemacht hätte (vgl. § 239 [Bd. II, 348 ff]). Darüber hinaus machte die Entscheidung Konstantins, das Christentum anzunehmen und eine neue Hauptstadt auf dem Bosporus erbauen zu lassen, die Bewahrung der klassischen griechisch-lateinischen Kultur möglich[2]. Aber augenscheinlich konnten die Zeitgenossen diese positive Auswirkung der Christianisierung Europas nicht wahrnehmen, hauptsächlich als Alarich, der Führer der Goten (selbst

---

[1] *Hugh Trevor Roper*, The Rise of Christian Europe 33.
[2] „Wer kann schon erahnen, was mit der Welt oder mit dem Christentum geschehen wäre, wenn das römische Reich nicht christlich geworden wäre oder wenn Konstantinopel nicht das römische Recht und die griechische Kultur in der Zeit der Barbaren und der Besetzung durch die Muslime bewahrt hätte? Die Wiederentdeckung des römischen Rechts im 12. Jahrhundert stellt einen Markstein bei der Neublüte Europas dar. Das römische Recht aber, das wiederentdeckt wurde, war das Recht, das in der großen byzantinischen Kompilation des Justinian bewahrt wurde" (ebd. 33 ff). Ebenso hat die Wiederentdeckung der griechischen Werke im 15. Jahrhundert die Renaissance geschaffen.

Christ, aber Anhänger der Häresie des Arius), im August 410 Rom einnahm und verwüstete und einen Teil der Bevölkerung grausam umbrachte. Von militärischer und politischer Seite her betrachtet, stellte das Ereignis trotz seiner Schwere keine Katastrophe dar, da Mailand die Hauptstadt war. Doch erschütterte die Nachricht das ganze Reich. Wie zu erwarten war, erklärten die religiöse Elite und die führenden kulturellen und politischen Kreise des Heidentums diesen Vorgang ohnegleichen mit der Aufgabe der traditionellen römischen Religion und der Konversion zum Christentum[3].

Um dieser Anschuldigung entgegenzutreten, schrieb Augustinus, der Bischof von Hippo, zwischen 412 und 426 sein Hauptwerk: *De civitate Dei contra Paganos*. In erster Linie handelt es sich um eine Kritik am Heidentum, d. h. an den Mythologien und religiösen Institutionen der Römer; dieser Kritik folgt eine Geschichtstheologie, die das christliche Denken in Westeuropa wesentlich beeinflußt hat. Augustinus beschäftigt sich nicht mit einer Universalgeschichte, wie sie zu dieser Zeit verstanden wurde: unter den Imperien des Altertums zitiert er nur Assyrien und Rom (z. B. XVIII 27, 23). Bei aller Vielfalt der Themen und bei all seiner Gelehrsamkeit wird Augustinus allein von zwei Ereignissen bestimmt, die für ihn als Christen den Lauf der Geschichte in Gang gesetzt haben und die Geschichte selbst bestimmen: dem Sündenfall Adams und der Erlösung der Menschen durch Christus. Er verwirft die Theorien der Ewigkeit der Welt oder der ewigen Wiederkehr, aber er macht sich nicht die Mühe, sie zu widerlegen. Die Welt ist von Gott geschaffen und hat ein Ende, da die Zeit linear und begrenzt ist. Nach dem Sündenfall war die einzige wesentliche Neuerscheinung die Inkarnation. Die historische Heilswahrheit ist in der Bibel offenbart, denn das Schicksal des jüdischen Volkes zeigt auf, daß die Geschichte einen Sinn hat und ein Ziel verfolgt: das Heil der Menschen (IV,3; V,12; 18,25 usw.). Im ganzen besteht die Geschichte im Kampf zwischen den geistigen Nachfahren Abels und denen Kains (XV,I).

Augustinus unterscheidet sechs Epochen: 1. von Adam bis zur Sintflut, 2. von Noach zu Abraham, 3. von Abrahm zu David, 4. von David bis zur Babylonischen Gefangenschaft, 5. vom Exil bis zu Jesus. Die sechste Epoche wird bis zur Wiederkunft Christi dauern[4]. Alle diese historischen Abschnitte gehören der *Civitas terrena* an, die mit dem Verbrechen Kains eröffnet wurde und der sich die *Civitas Dei* entgegenstellt. Die Gesellschaft der Menschen, die sich unter dem Signum *vanitas* entfaltet hat, ist sterblich und von kurzer Dauer, und sie perpetuiert sich durch die Fortpflanzung. Die Gemeinschaft in Gott ist ewig und unsterblich; erhellt durch die *veritas,* stellt sie den Ort dar, an dem sich die geistige Wiedergeburt vollzieht. In

---

[3] Siehe P. de Labriolle, La réaction païenne, und W. E. Kaegi, Byzantium and the Decline of Rome 59 ff, 99 ff.
[4] Augustin spekuliert nicht über das Datum der Parusie, die sein Landsmann Laktanz (240–320) in die Zeit um das Jahr 500 gelegt hatte.

der Welt der Geschichte *(saeculum)* sind die Gerechten wie Abel Pilger auf dem Weg zum Heil. So gesehen, ist es Aufgabe und Rechtfertigung des Römischen Reiches, den Frieden und die Gerechtigkeit sicherzustellen, damit das Evangelium überall verkündet werden kann[5]. Augustinus teilt nicht die Meinung mancher christlicher Autoren, die das Gedeihen des Imperiums mit dem Fortschritt der christlichen Kirche gleichsetzen. Unaufhörlich wiederholt er, daß die Christen am Ende nur den Triumph des Gottesstaates über die Gesellschaft der Menschen erwarten dürfen. Dieser Triumph wird sich nicht zu geschichtlicher Zeit vollziehen, wie das die Chiliasten und die Millenaristen annahmen. Zu sagen bleibt, daß, auch wenn die ganze Welt christlich würde, Erde und Geschichte nicht verwandelt würden. Bezeichnend ist, daß das letzte Buch des *Gottesstaates* (XXII) der Auferstehung im Fleisch gewidmet ist.

Was nun die Verwüstung Roms durch Alarich betrifft, so erinnert Augustinus daran, daß die Stadt in ihrer Geschichte schon andere Katastrophen erlebt hat. Er betont auch, daß die Römer unzählige Völker versklavt und ausgebeutet haben. In jedem Falle gelte – verkündet Augustinus in einer berühmten Passage – : *Roma non pereat si Romani non pereant!* Mit anderen Worten, es hängt vom Wert der Menschen ab, ob eine Institution bestehenbleibt, und nicht umgekehrt.

Im Jahre 425, fünf Jahre vor seinem Tod, beendet Augustinus die *Civitas Dei*. Die Tat Alarichs war vergessen, aber das Weströmische Reich näherte sich seinem Ende. Hauptsächlich für die Christen, die in den folgenden vier Jahrhunderten die Zersplitterung des Reiches und die „Barbarisierung" Westeuropas erleben mußten, war das Werk des hl. Augustinus von großer Bedeutung. Die *Civitas Dei* hatte mit dem Consensus zwischen der Kirche und dem untergehenden Römischen Reich radikal gebrochen: denn die wahre Aufgabe des Christen sei es, sein Heil zu suchen, und die einzige Gewißheit sei schließlich der endgültige Triumph der *Civitas Dei*. Vom geistlichen Standpunkt aus erscheinen letztlich alle historischen Katastrophen unbedeutend.

Zwischen dem Sommer des Jahres 429 und dem Frühjahr 430 kamen die Vandalen über die Meerenge von Gibraltar und zerstörten Mauretanien und Numidien. Sie nahmen auch Hippo, als Augustinus am 28. August 430 starb. Ein Jahr später wurde die Stadt evakuiert und teilweise niedergebrannt. Das römische Afrika hatte aufgehört zu existieren.

---

[5] Vgl. Civitas Dei XVIII, 46. Nach Augustinus sind die Staaten und Herrscher nicht das Werk des Teufels, wenn sie auch Folge der Erbsünde sind.

253. Augustinus: Von Thagaste nach Hippo

Wie bei vielen Religionsgründern, Heiligen oder Mystikern (so bei Buddha, Mohammed, Paulus, Milaraspa, Ignatius von Loyola u. a.) hilft uns auch beim hl. Augustinus die Biographie weiter, um gewisse Aspekte seiner Gedankenwelt zu verstehen. Er wurde im Jahre 354 in Thagaste, einer kleinen Stadt im römischen Afrika, geboren. Der Vater war Heide, die Mutter Christin. Zuerst wurde er rhetorisch ausgebildet. Später schloß er sich dem Manichäismus an, dem er neun Jahre treu blieb. Eine Konkubine gebar ihm seinen einzigen Sohn, Adeodatus. Im Jahre 382 ging er nach Rom, in der Hoffnung, dort eine Stelle als Lehrer zu finden. Zwei Jahre später schickte ihn sein Gönner, Symmachus, der Führer einer heidnischen geistigen Elite war, nach Mailand. Inzwischen hatte Augustinus die Religion Manis aufgegeben, und er widmete sich leidenschaftlich dem Neuplatonismus. In Mailand begegnete er dem Bischof Ambrosius, der in der Kirche wie am kaiserlichen Hof großes Ansehen genoß. Seit einiger Zeit hatten die Gemeinden jene Strukturen angenommen, die bis ins 10. Jahrhundert beibehalten wurden: Ausschluß der Frauen vom Priesteramt und von der Ausübung religiöser Tätigkeiten wie Spendung der Sakramente, Religionsunterricht u. a.; Trennung von Klerikern und Laien, Vorrangstellung der Bischöfe.

Bald besuchte ihn seine Mutter Monika. Sie war es wohl, die Augustinus überredete, sich von seiner Konkubine zu trennen. Er nahm sich aber sehr schnell wieder eine andere. Die Predigten und das Beispiel des Ambrosius, aber auch die Vertiefung in den Neuplatonismus brachten Augustinus schließlich dazu, seine hedonistische Triebhaftigkeit zu überwinden. Im Sommer des Jahres 386 hörte er eines Tages im Nachbargarten eine Kinderstimme sagen: „Tolle, lege – Nimm und lies!" Augustinus öffnete das Neue Testament, und seine Augen fielen auf eine Stelle des *Römerbriefes* (13,13 f): „Lasset uns anständig wandeln, nicht mit Gelagen und Zechereien, nicht mit Unzucht und Üppigkeit ..., sondern ziehet an den Herrn Jesus Christus, und pfleget nicht die Lust des Fleisches." Ostern 387 wurde er von Ambrosius getauft. Er entschloß sich, mit seiner Familie nach Afrika zurückzukehren, doch starb Monika in Ostia. (Adeodatus starb drei Jahre später.) In Thagaste gründete Augustinus mit seinen Freunden eine halbmönchische Gemeinschaft in der Hoffnung, sich der Meditation und den Studien widmen zu können. Als er im Jahre 391 Hippo besuchte, wurde er aber zum Priester geweiht und zum Stellvertreter des Bischofs berufen, dem er im Jahre 396 nachfolgte. Bis zu seinem Tode widmete sich Augustinus in seinen Predigten, seinen Briefen und unzähligen Schriften der Verteidigung der kirchlichen Einheit und der Vertiefung der christlichen Lehre. Mit Recht sieht man in ihm den größten und einflußreichsten Theologen des Westens. In der Ostkirche genießt er jedoch nicht das gleiche Ansehen.

In der Theologie des Augustinus kann man Züge seines Temperaments und seiner persönlichen Biographie wiedererkennen. Obwohl er den Manichäismus aufgab, behielt er, wie noch darzulegen ist, eine materialistische Auffassung der „schlechten Natur" des Menschen bei, die eine Konsequenz der Ursünde sei und durch die Sexualität übertragen werde. Entscheidend war der Einfluß des Neuplatonismus. Der Mensch ist für Augustinus „eine Seele, die sich eines Leibes bedient. Als Christ war er bemüht, den Menschen als Einheit von Seele und Leib darzustellen, wenn er aber philosophierte, verfiel er in die Definitionen Platons."[6] Hauptsächlich aber sind es sein emotionales Temperament und sein beständiger Kampf (der ziemlich ergebnislos verlief) gegen die Begehrlichkeit, die zu einer maßlosen Übersteigerung der göttlichen Gnade und – hauptsächlich in fortschreitender Verhärtung seiner Ideen – zu seiner Prädestinationslehre beigetragen haben (vgl. § 255).

Schließlich lebte Augustinus, nachdem er auf das kontemplative Leben verzichtet und die Verantwortung eines Priesters und Bischofs auf sich genommen hatte, in einer Gemeinschaft der Gläubigen. Mehr als jeder andere große Theologe hat Augustinus den Weg zum Heil mit der Kirche gleichgesetzt. Deshalb trat er bis in die letzten Stunden seines Lebens für die Einheit der Großkirche ein. Eine Kirchenspaltung wäre für ihn die größte Sünde gewesen. Er sagte ohne Zögern, daß er den Evangelien glaube, weil ihm die Kirche zu glauben befehle.

254. Origenes, der große Vorgänger des Augustinus

Als Augustinus seine Werke schuf, war eine Zeit der Hochblüte für die christliche Theologie. In der Tat stellt die zweite Hälfte des 4. Jahrhunderts das goldene Zeitalter der Kirchenväter dar. Große und weniger große, wie Basilius von Caesarea, Gregor von Nazianz, Gregor von Nyssa, Johannes Chrysostomus, Evagrius Ponticus und noch andere kamen zu Ehren und vollendeten ihre Werke, wie auch Ambrosius, im Frieden der Kirche. Die Theologie wurde noch von den griechischen Kirchenvätern beherrscht. Gegen die Häresie des Arius hatte Athanasius die Lehre von der Konsubstantialität (homoousia) geschaffen, die auf dem ökumenischen Konzil von Nizäa (325) angenommen wurde. Währenddessen spielte der genialste und kühnste unter ihnen, Origenes, der einzige, der Augustinus vergleichbar ist, nicht die Rolle, die ihm zukam, obwohl sein Ansehen und sein Einfluß nach seinem Tode zunahmen.

In Alexandria als Sohn christlicher Eltern geboren, zeichnete sich Origenes durch außergewöhnliche Intelligenz, Tiefe und Kreativität des Geistes

---

[6] *É. Gilson*, La philosophie au moyen âge 128. Diese von Platon stammende Definition (in: *Alkibiades*) wurde von Plotin aufgegriffen, wo Augustinus sie vorfand.

aus. Mit Fachwissen, Eifer und Bildung widmete er sich dem Kirchendienst (zuerst in Alexandria, später in Caesarea). Überzeugt davon, daß die biblische Offenbarung und das Evangelium die platonische Philosophie nicht zu fürchten brauchen, studierte er bei dem berühmten Ammonius Saccas, der 20 Jahre später der Lehrer Plotins wurde. Origenes meinte, daß der Theologe die griechische Kultur kennen und überschauen müsse, damit er sich sowohl mit der intellektuellen Elite der Heiden verständigen könne als auch mit den neuen Christen, die von der klassischen Kultur geprägt waren. (Hierbei nahm er einen Prozeß vorweg, der vom 4. Jahrhundert an Allgemeingut wurde.)

Sein Werk ist gewaltig[7]. Es ist sowohl philologischer Natur (Grundlegung der Bibelkritik durch die Hexapla) als auch apologetischer (Contra Celsum), exegetischer (mehrere große Kommentare), homiletischer, theologischer und metaphysischer. Dieses beachtliche Werk ist aber zum großen Teil verlorengegangen. Außer *Contra Celsum* und einigen großen Kommentaren und homiletischen Werken sind *De oratione,* die *Exhortatio ad martyrium* und das theologische Werk *De Principiis* (Peri archon) zweifellos seine bedeutendsten Schriften. Origenes, der, um sich von den Trieben zu befreien, „eine Stelle des Matthäusevangeliums allzu wörtlich in einem extremen Sinne verstand" (Eusebius)[8], verherrlichte während seines ganzen Lebens die Prüfungen und den Tod der Märtyrer.

Während der Christenverfolgung unter Decius wurde er ins Gefängnis geworfen und starb nach Folterungen im Jahre 254.

Mit Origenes beeinflußt der Neuplatonismus eindeutig das christliche Denken. Das theologische System des Origenes ist ein geniales Gedankengebäude, das die späteren Generationen nachhaltig beeinflußt hat. Wie noch darzulegen ist, wurden aber einige Spekulationen, die allzu kühn waren, böswillig aufgenommen. Nach Origenes schuf der transzendente und unfaßliche Gottvater ewig einen Sohn, sein Bild, das zugleich faßlich und unfaßlich ist. Aus dem Logos schuf Gott eine Vielzahl der reinen Geister *(logikoi)* und gab ihnen Leben und Bewußtsein. Mit Ausnahme von Jesus aber entfernten sich alle reinen Geister von Gott. Origenes erklärt den wahren Grund dieser Trennung nicht. Er spricht von Vernachlässigung, Langeweile und Vergessen. Alles in allem erklärt sich die Krisis durch den Verlust der Unschuld der reinen Geister. Sie entfernten sich von Gott und wurden Seelen *(psychai,* vgl. *De Principiis* II, 8, 3). Der Vater versah sie mit realen Körpern, welche sich nach dem Gewicht ihrer Fehler richteten: Körper von Engeln, von Menschen oder von Dämonen.

---

[7] Hieronymus zitiert 800 Werke, fügt aber hinzu, daß Pamphilius eine Liste von 2000 angegeben hat.
[8] „Manche sind von Geburt an zur Ehe unfähig, manche sind von den Menschen dazu gemacht; und manche haben sich selbst dazu gemacht um des Himmelreiches willen" (Matth. 19, 12). Es geschah vor 210.

Dann begannen die gefallenen Geister aus freiem Entschluß, aber auch aus göttlicher Vorsehung, eine Pilgerschaft, die sie schließlich zu Gott führen wird. So glaubte Origenes, daß die Seele nach dem Sündenfall nicht die Freiheit des Entschlusses zu Gut oder Böse verloren habe. (Ein Gedanke, der von Pelagius wiederaufgenommen wurde, vgl. weiter unten S. 56 f.) Gott ist allwissend und erkennt im voraus die Handlungen, die in unserer Freiheit vollzogen werden (*De Oratione* V–VII). Indem er die erlösende Funktion der Freiheit unterstreicht, verwirft Origenes den Fatalismus der Gnostiker und mancher heidnischer Philosophen. Sicherlich stellt der Körper eine Bestrafung dar, er ist aber auch das Mittel, durch das Gott sich offenbaren kann. Auch unterstützt er die Seele bei ihrer Erhebung.

Das Weltdrama kann als ein Weg vom Unwissen zu Erfahrung dargestellt werden. Es ist ein Weg, der durch die Prüfungen der Seele auf ihrer Pilgerfahrt zu Gott führt. Das Heil entspricht so der ursprünglichen Vollkommenheit, es ist die *Apokatastasis* (die Wiederherstellung aller Dinge). Diese endgültige Vollkommenheit ist aber der des Anfangs überlegen, denn sie ist unverwundbar, ist definitiv (*De Principiis* II, 11, 7). In diesem Augenblick haben die Seelen „Auferstehungskörper". Der geistige Weg des Christen ist durch die Metaphern der Reise, des natürlichen Glaubens und des Kampfes gegen das Böse beschrieben. Origenes glaubte, daß der vollkommene Christ Gott erkennen und sich mit ihm in Liebe vereinen könne[9].

Schon früh, zu Lebzeiten wurde Origenes von einigen Theologen kritisiert und lange nach seinem Tod auf Befehl des Kaisers Justinian auf dem fünften ökumenischen Konzil (553) definitiv verurteilt. Hauptsächlich störte viele Theologen seine Anthropologie und seine Auffassung von der Apokatastasis. Man warf ihm vor, mehr Philosoph und Gnostiker denn christlicher Theologe zu sein. Die Apokatastasis bedeute das Heil aller, also auch des Teufels. Mehr noch, es stelle das Werk Christi in einen kosmischen Rahmen. Natürlich muß man sich über die Zeit, in der Origenes schrieb, und des vorläufigen Charakters seiner Synthese klar sein. Er selbst sah sich ausschließlich im Dienst der Kirche; er war es, wie klare und bestimmte Äußerungen und sein Martyrium unter Beweis stellen[10]. Unglücklicherweise ist durch den Verlust vieler Schriften des Origenes die Unterscheidung zwischen seinen eigenen Ideen und denen seiner Epigonen schwierig. Trotz der Mißachtung durch Teile der kichlichen Hierarchie hatte Origenes auf die kappadozischen Kirchenväter großen Einfluß. Durch Basilius von Kappadozien, Gregor von Naziance und Gregor von

---

[9] Siehe die Ausgabe und Übersetzung von „De Principiis" in: Sources Chrétiennes, Bd. 252, 253, 268, 269. Von *Rowan A. Greer*, Origen, stammt eine jüngst herausgegebene Auswahl der übersetzten und kommentierten Texte. Über das theologische System vgl. ebd. 7–28.
[10] Siehe z. B. in „De Principiis" (I. praef. 2). „Wir behaupten, daß die einzige Wahrheit, die man glauben kann, die ist, die in keiner Weise der Tradition der Kirche oder der der Apostel widerspricht."

Nyssa wurde der Wesensgehalt der Theologie des Origenes in der Kirche bewahrt. Außer den Kappadoziern hat er Evagrius Ponticus, Pseudo-Dionysius Aeropagita und Johannes Cassianus beeinflußt. Der Einfluß richtet sich hauptsächlich auf deren Vorstellungen der mystischen Erfahrung und des christlichen Mönchtums.

Die definitive Verdammung des Origenes beraubte die Kirche der einzigartigen Möglichkeit, ihren Universalismus zu wahren, durch den sich die christliche Theologie anderen religiösen Gedankensystemen (zum Beispiel dem indischen religiösen Denken) hätte öffnen können. In all ihrer kühnen Spekulation zählt die Vision von der Apokatastasis zu den größten eschatologischen Schöpfungen[11].

255. Die kämpferische Position Augustins – Seine Lehre von Gnade und Prädestination

Wenige Jahre nach seiner Bischofsweihe gab Augustinus seine *Confessiones* heraus. Durch die allzu lebendigen Erlebnisse seiner Jugend ist er sehr deprimiert, „tief erschüttert durch das Gewicht seiner Sünden" (X, 43, 10). Denn „der Teufel stellt sich meinem Willen entgegen, er hat ihn zu einer Kette gemacht, mit der er mich eng einschnürt" (VIII, 5, 1). Der Aufbau des Werkes kommt einer Therapie gleich: es geht darum, mit sich selbst wieder eins zu werden. Es ist zugleich eine geistige Autobiographie und ein langes Gebet, mit dessen Hilfe Augustinus in das Mysterium der Gottheit einzudringen sucht. „Ich bin Staub und Asche, aber laß mich reden! Deiner Gnade, nicht den Menschen verdanke ich es, sprechen zu können" (I, 6, 7). In Form von Gebeten wendet er sich an Gott: „Gott meines Herzens", „O Freude meiner späten Jahre!", „*Deus dulcedo mea*", „Befiehl, was du willst!", „Gib, was ich liebe!"[12]

Augustinus stellt die Sünden und tragischen Ereignisse seiner Jugend dar – als er Birnen stahl, als er eine Konkubine verließ, seine Verzweiflung nach dem Tod eines Freundes –; dies aber nicht, um Anekdoten zu erzählen, sondern um sich Gott zu öffnen und auch die Schwere der Sünden eher zu begreifen. Der gefühlsbetonte Ausdruck der *Confessiones* beeindruckt bis heute die Leser, wie er auch Petrarca und Schriftsteller späterer Jahrhunderte beeindruckt hat[13]. Außerdem handelt es sich um das einzige Werk Au-

---

[11] Tausend Jahre später widerstand die Kirche im Westen den kühnen Spekulationen Joachim von Fiores und Meister Eckarts und verlor damit die Möglichkeit der Einflußnahme auf die Zeitgenossen.

[12] Siehe die Bezugsstellen bei *P. Brown*, Augustine of Hippo 167, 180. Sogar der Titel „*Confessiones*" ist von Bedeutung: für Augustinus bedeutete der Titel Selbstanklage, Lobpreisung Gottes.

[13] Hauptsächlich nach Petrarca wird die berühmte Stelle zitiert: „Ich liebte nicht mehr, aber ich liebte die Liebe ... ich suchte einen Gegenstand für meine Liebe" (III, 1, 1).

gustins, das heutzutage noch für die Leser in aller Welt von Interesse sein kann. Oft hat man gesagt, die *Confessiones* seien „das erste moderne Buch".

Für die Kirche des 5. Jahrhunderts war Augustinus viel mehr als nur der Autor der *Confessiones*. Vor allem war er der große Theologe und der herausragende Kritiker von Häresien und Schismen. Seine ersten Streitschriften richteten sich gegen die Manichäer und die Donatisten. In seiner Jugend war Augustinus von Mani betört, weil der Dualismus ihm die Möglichkeit gab, die augenscheinlich unbeschränkte Macht des Bösen zu erklären. Einige Zeit später gab er den Manichäismus auf, aber das Problem des Übels verfolgte ihn noch immer. Seit Basilius dem Großen hatten die christlichen Theologen dieses Problem insofern gelöst, als sie die ontologische Realität des Bösen verneinten. Basilius definierte das Übel als „Abwesenheit des Guten". Folglich ist das Übel nicht an einen Stoff gebunden, sonder es entsteht aus der „Verstümmelung der Seele" (*Hexameron* II, 5). Ebenso war das Übel auch für Titus von Basra (gest. 370) und für Johannes Chrysostomos (ca. 344–407) die „Abwesenheit des Guten" *(steresis, privatio boni).*

Augustinus übernimmt die gleichen Argumente in seinen fünf Traktaten, die er gegen den Manichäismus zwischen 388 und 399 schrieb. Alles das, was Gott geschaffen hat, ist *wirklich,* es hat Anteil am Leidenden und ist mithin *gut.* Das Übel hat keine Substanz, denn es trägt keinen Zug des Guten in sich. Das ist ein verzweifelter Versuch, die Einheit, die Allmacht und die Güte Gottes zu bewahren, indem man sie von der Existenz des Bösen in der Welt trennt. (Einen ähnlichen Versuch, Gott von dem Erscheinen des Bösen zu trennen, findet man in den kosmologischen Legenden Osteuropas und Zentralasiens [vgl. § 251].) Die Lehre von der *privatio boni* hat die Theologen bis in unsere Tage beschäftigt, sie wurde aber niemals von den Gläubigen verstanden oder geteilt. Bei Augustinus trug die antimanichäische Polemik[14] dazu bei, seine Auffassung von der totalen Verkommenheit des Menschen zu verhärten. In seiner Theologie der Gnade (vgl. S. 57 ff) finden sich gewisse Züge des manichäischen Pessimismus und Materialismus.

Das Schisma des Donatus, eines Bischofs von Numidien, begann 311 und 312 und hielt in der Friedensperiode, die auf die Verfolgungen durch Diokletian folgte, an. Die Donatisten hatten diejenigen Kleriker aus ihren Kirchen ausgeschlossen, die in der einen oder anderen Weise während der Verfolgung geschwankt hatten. Sie meinten, daß die Vermittlung der Gnade durch die Sakramente verderbt würde, wenn der, der sie verwaltete, gesündigt habe. Aber, so antwortete Augustinus, die Heiligkeit der Kirche hinge nicht im mindesten von der Integrität des Klerus und der Gläubigen

---

[14] Die wesentlichen Texte sind von *C. Tresmontant,* La metaphysique du Christianisme 528 ff, herausgegeben.

ab, sondern von der Gnade, die durch die Sakramente übertragen werde, ebenso wie übrigens die heilbringende Kraft der Sakramente nicht vom Glauben dessen abhinge, der sie empfinge. Um ein Schisma zu vermeiden, bemühte sich Augustinus über Jahre hinweg, die Donatisten mit der Großkirche zu versöhnen, blieb aber ohne Erfolg.

Eine sehr heftige Auseinandersetzung, die erhebliche Nachwirkungen zeitigte, hatte er mit Pelagius und seinen Schülern. Pelagius, ein schon betagter britischer Mönch, kam im Jahre 400 in Rom an. Sein Eindruck von Lebensweise und Moral der Christen war ausgesprochen negativ, und er versuchte, sie zu reformieren. Seine asketische Strenge und seine Bildung verschafften ihm bald großes Ansehen. Im Jahre 410 zog er sich mit einigen Anhängern nach Nordafrika zurück, konnte aber Augustinus dort nicht treffen. Denn er wandte sich den östlichen Provinzen zu, in denen er den gleichen Erfolg hatte wie in Rom und wo er zwischen 418 und 420 starb.

Pelagius hatte einen grenzenlosen Glauben an die Möglichkeiten der menschlichen Intelligenz und hauptsächlich des menschlichen Willens. Wenn er die Tugend der Askese praktiziert, dann ist jeder Christ in der Lage, die Vollkommenheit und damit die Heiligkeit zu erreichen. Allein der Mensch ist für seine Sünden verantwortlich, da er über die Fähigkeit verfügt, Gutes zu tun und das Böse zu meiden. Mit anderen Worten: er verfügt über die Freiheit, hat einen „freien Willen". Aus diesem Grunde nahm Pelagius die Vorstellung, daß die Ursünde überall und automatisch von den Nachkommen Adams geteilt werde, nicht hin. „Wenn die Sünde angeboren ist, entspringt sie nicht dem Willen, entspringt sie dem Willen, dann ist sie nicht angeboren." Ziel der Kindertaufe ist es nicht, die Erbsünde abzuwaschen, sondern den Neugeborenen durch Christus zu heiligen. Für Pelagius besteht die Gnade in den Offenbarungen Gottes durch das Gesetz und hauptsächlich durch Jesus Christus. Die Lehre Christi ist ein Vorbild, das durch die Christen nachgelebt werden kann. Im ganzen stellt sich der Mensch in der Theologie des Pelagius im gewissen Sinne als Urheber seines Heils dar[15].

Die Geschichte des Pelagianismus war kurz, aber ziemlich bewegt. Pelagius wurde von verschiedenen Synoden und Konzilen einerseits exkommuniziert, andererseits aber für unschuldig erklärt. Erst im Jahre 579 wurde der Pelagianismus auf der Synode von Orange definitiv verurteilt, und dies hauptsächlich auf der Basis der Streitschriften des Augustinus, die zwischen

---

[15] Es ist wahrscheinlich, daß sein bester Schüler, Coelestinus, die Thesen des Pelagius noch verhärtete. Nach Paulinus von Milano, der im Jahre 411 oder 412 diese Häresie zurückwies, behauptete der Pelagianismus, daß Adam sterblich geschaffen wurde, daß er gestorben wäre, auch wenn er nicht gesündigt hätte. Adam allein wurde durch seinen Fehler verdammt, nicht die Menschheit zur Gänze. Die Kinder finden sich in der gleichen Lage wie Adam vor dem Sündenfall. Mehr noch: selbst vor Christus gab es vollkommen reine Menschen ohne irgendeine Sünde.

413 und 430 entstanden waren. Wie auch in seiner Polemik gegen die Donatisten griff Augustinus vor allem den asketischen Rigorismus und den moralischen Perfektionismus an, der von Pelagius verkündet wurde. Sein Sieg war hauptsächlich der Sieg einer durchschnittlichen kirchlichen Laiengemeinde gegen ein Ideal der Strenge und der Reform[16]. Die entscheidende Bedeutung, die Augustinus der Gnade und der Allmacht Gottes zuweist, leitete sich aus der biblischen Tradition her und störte die volkstümliche Frömmigkeit nicht. Was die Prädestinationslehre betrifft, so interessierte sie nur die Elite.

Schon Origenes hatte gelehrt, daß die göttliche Vorsehung (d. h. das Wissen Gottes um Zukünftiges) nicht der Grund für die Handlungen des Menschen sein kann, Handlungen, die er in völliger Freiheit verübt und für die er verantwortlich ist (vgl. S. 52 ff). Die Verlagerung des Dogmas von der göttlichen Vorsehung, die die Freiheit des Menschen nicht hindert, zur Theologie der Prädestination vollzog sich mit Hilfe des theologischen Begriffs der Erbsünde. Ambrosius hatte den ursächlichen Zusammenhang zwischen der Parthenogenese Jesu Christi und der Idee aufgezeigt, die Erbsünde werde durch Sexualverkehr fortgesetzt. Für Cyprian (200–258) war die Kindertaufe deshalb notwendig, weil sie die Erbsünde wegwische.

Augustinus nimmt die Überlegungen seiner Vorgänger auf, erweitert und vertieft sie. Vor allem besteht er auf der Tatsache, daß die Gnade Gottes Freiheit ist, ohne jede äußere Notwendigkeit zu handeln. Und da Gott unabhängig ist – schließlich wurde *alles* von ihm aus dem *Nichts* geschaffen – ist auch die Gnade unabhängig. Diese Auffassung der Unabhängigkeit, der Allmacht und der Gnade Gottes finden ihren geschlossensten Ausdruck in der Prädestinationslehre. Augustinus definiert die Prädestination als „Ordnung zukünftiger Werke durch Gott", die weder vereitelt noch geändert werden können (*Perseverantia* 17, 41). Die Prädestination hat aber – so fügt Augustinus hinzu – nichts mit dem Fatalismus der Heiden zu tun. Gott straft, um seinen Zorn und seine Allmacht zu zeigen. Die Weltgeschichte ist der Raum, in dem seine Handlungen stattfinden. Manche Menschen erlangen das ewige Leben, manche die ewige Verdammnis, unter diesen sind auch die Kinder, die ungetauft sterben. Diese doppelte Prädestination, zum Himmel und zur Hölle, ist nach Augustinus unbegreiflich. Durch die geschlechtliche Fortpflanzung verbreitet[17], ist die Erbsünde überall vorhanden und unvermeidbar wie das Leben selbst. Die Kirche besteht in einer festgelegten Zahl von Menschen, die schon vor der Schöpfung zum Heil vorherbestimmt sind.

Geschult vom polemischen Denken, formulierte Augustinus gewisse

---

[16] Vgl. *P. Brown*, Augustine of Hippo 348.
[17] Wie eine Geschlechtskrankheit, bemerkt *Y. Pelikan,* The Emergence of the Catholic Tradition (100–600) 300.

Lehrsätze, die, wenn sie auch von der katholischen Kirche nicht vollständig angenommen wurden, dennoch endlose Streitigkeiten unter den westlichen Theologen provoziert haben. Diese strenge Theologie hat man mit dem heidnischen Fatalismus verglichen. Außerdem störte die augustinische Prädestinationslehre den christlichen Universalismus, dem zufolge es Gottes Wille ist, *alle* Menschen zum Heil zu führen. Man warf ihm nicht die Lehre von der Gnade vor, sondern die Gleichsetzung der Gnade mit einer ganz bestimmten Prädestinationslehre. Zu Recht bemerkte man, daß die Lehre von der göttlichen Vorsehung die Vorwürfe unberücksichtigt ließ, die gegen die augustinische Interpretation der Prädestination erhoben wurden[18]. Wir zitieren die Schlußfolgerungen eines bekannten zeitgenössischen katholischen Theologen: „Augustinus hat die Freiheit und Verantwortung der Menschen gegen den Manichäismus verteidigt. Augustinus warf den Manichäern vor, die Verantwortung des Menschen zu verwerfen und auf eine ‚Natur‘ oder ein ‚mythisches Prinzip‘ zu reduzieren. Hierin verhielt sich Augustinus im positiven Sinne christlich. Ist aber die Theorie, die Augustinus an die Stelle des Manichäismus setzte, voll befriedigend? Ruft die Vorstellung, die Augustinus der Nachwelt von der Erbsünde vermittelt, nicht fast die gleiche Kritik hervor? Ist das Schlechte, das der Mensch heute tut ... auch nach der augustinischen Hypothese das, für das der Mensch von heute verantwortlich ist? Ist es nicht vielmehr eine schlechte Natur, die dem Menschen durch die Schuld des ersten Menschenpaares überliefert wurde? Im ersten Menschen, sagt der hl. Augustinus, hat die Menschheit im Fleische die *Gewohnheit* angenommen zu sündigen. Handelt es sich dabei nicht um eine materialistische Auffassung der Erblichkeit der Sünde, eine physische Vorstellung, die vom gleichen Determinismus getragen ist? Es ist nicht die Biologie, die auf dem Menschen lastet, und weder im Zellgewebe noch in der Psyche eines Kindes, welches geboren wird, findet sich die Sünde eingebrannt. Die Erblichkeit der Sünde wird das Kind durch die Erziehung erlangen, die es genießen wird, durch die Denkformen und moralischen Verhaltensweisen, die es annehmen wird. Die erschreckende Theorie des Augustinus von der Verdammung ungetaufter Kinder zeigt, daß die größten Genies, die größten Lehrmeister in der Kirche nicht ohne bedauerliche Ambivalenz sind ... Seit sechzehn Jahrhunderten tragen wir in der Kirche Gewinn und Last der Größe und der Schwäche des hl. Augustinus."[19]

---

[18] Siehe die zutreffende Bemerkungen von *Pelikan,* ebd. 325 f, hier hauptsächlich das Kapitel über die Natur der Gnade 278 ff.
[19] Vgl. *C. Tresmontant,* La métaphysique du christianisme 611. In Fußnote 40, 1 zitiert der Autor einen Text von Leibniz, der beweist, daß die Problematik in keiner Weise aufgehoben ist: „Wie kann die Seele die Erbsünde auf sich nehmen, die die Wurzel aller Sünden der Gegenwart ist, wenn es nicht eine Ungerechtigkeit Gottes gibt, der sie ihr auferlegt?" usw. (Essais de Théodicée 86).

256. Die Heiligenverehrung: Märtyrer, Reliquien, Wallfahrten

Lange Zeit erhob Augustinus seine Stimme gegen den Märtyrerkult. An die Wunder der Heiligen glaubte er nicht sonderlich und verurteilte den Handel mit Reliquien[20]. Als aber Reliquien des hl. Stephanus nach Hippo gebracht wurden (425) und wundersame Heilungen erfolgten, änderte er seine Meinung. In seinen zwischen 425 und 430 gehaltenen Predigten und in dem 12. Buch der *Civitas Dei* erklärte und rechtfertigte Augustinus die Reliquienverehrung und verzeichnete sorgfältig die durch sie vollbrachten Wunder[21].

Der Märtyrerkult wurde seit dem Ende des 2. Jahrhunderts praktiziert und von der Kirche akzeptiert. Hauptsächlich aber während der Zeit der großen Christenverfolgungen und nach dem durch Konstantin geschaffenen Frieden gewannen die Reliquien der „Zeugen" Christi eine beunruhigende Bedeutung. Manche Bischöfe sahen in dieser haltlosen Verehrung die Gefahr eines Rückfalls ins Heidentum. In der Tat gibt es einen Zusammenhang zwischen den Begräbnispraktiken der Heiden und dem christlichen Totenkult. So zum Beispiel die Festessen am Grabe nach dem Tag der Bestatttung und seiner jährlichen Wiederkehr. Dennoch ist die „Christianisierung" dieses uralten Ritus spürbar: für die Christen nahm das Fest nach der Bestattung das endzeitliche Fest im Himmel vorweg. Der Märtyrerkult verlängert diese Tradition mit dem Unterschied, daß er sich nicht nur auf den Familienkreis beschränkt, sondern die Gemeinschaft im ganzen betrifft und sich in Anwesenheit des Bischofs abspielt. Darüber hinaus stellt der Märtyrerkult ein neues Element dar, das sich in den nichtchristlichen Gemeinden nicht findet. Die Märtyrer hatten die menschlichen Gegebenheiten überschritten; sie waren zugleich auch bei Gott im Himmel und hier auf der Erde. Ihre Reliquien verkörpern das Heilige. Die Märtyrer konnten nicht nur allein bei Gott vermitteln – sie sind seine „Freunde" –, sondern auch ihre Reliquien sind in der Lage, Wunder und spektakuläre Heilungen zu vollbringen. Grab und Reliquien der Märtyrer bilden einen außergewöhnlichen Ort, an dem der Himmel paradoxerweise mit der Erde in Berührung tritt[22].

Ein Vergleich mit dem Heldenkult erübrigt sich. Bei den Heiden waren die beiden Kulte, der der Götter und der der Heroen, deutlich geschieden (vgl. § 95). Durch seinen Tod war der Heros endgültig von den Göttern geschieden, während der Leib des Märtyrers diejenigen, die ihn kultisch verehren, Gott näher bringt. Diese religiöse Erhöhung des Fleisches war in

---

[20] Um das Jahr 401 mißbilligt er einige Mönche, die „die Körperteile der Martyrer verkaufen, auch wenn es sich immer um Martyrer handelt". „De opere monachorum", zitiert von *V. Saxer*, Morts, martyrs, reliques 240.
[21] Vgl. ebd. 255 ff.
[22] *P. Brown*, The Cult of the Saints 3 ff.

gewisser Weise der Lehre von der Inkarnation verpflichtet. Da Gott in Jesus Christus Fleisch geworden ist, wurde jeder Märtyrer, der für den Herrn gefoltert und getötet wurde, in seinem eigenen Fleisch geheiligt. Im Ansatz stellt die Heiligkeit der Reliquien eine rudimentäre Parallele zum Mysterium der Eucharistie dar. Ebenso wie das Brot und der Wein in den Leib und das Blut Christi verwandelt wurden, wurde der Leib des Märtyrers geheiligt durch einen beispielhaften Tod, der die wahre *imitatio Christi* darstellte. Verstärkt wurde dies durch das schrankenlose Zerstückeln der Märtyrerleichen und durch die Tatsache, daß man die Reliquien unendlich vermehren konnte. Es gab Kleider, Gegenstände, Öl oder Staub, von dem man behauptete, er sei mit dem Grab oder der Leiche des Heiligen in Verbindung gewesen.

Dieser Kult wurde im 6. Jahrhundert äußerst populär. Im Ostreich wurde diese exzessive Hingabe für die kirchlichen Vorgesetzten manchmal sehr lästig. Im 4. und 5. Jahrhundert gab es in Syrien zwei Kirchentypen: die Basiliken und die *Martyria*[23], die „Kirchen der Märtyrer". Die letzteren, die sich durch ihre Kuppel unterschieden[24], hatten in ihrem Zentrum den dem Heiligen geweihten Altar, in dem man die Reliquien aufbewahrte. Lange Zeit hindurch wurden trotz des Widerstandes des Klerus spezielle Zeremonien, hauptsächlich Opfergaben, Gebete und Hymnen zu Ehren des Märtyrers um diesen zentralen Altar *(mensa)* herum vollzogen. Der Kult brachte auch lange Nachtwachen mit sich, die bis zum Sonnenaufgang dauerten. Es handelte sich dabei sicherlich um eine erregende und rührende Zeremonie, denn alle Gläubigen erwarteten Wunder. Um den Altar *(mensa)* herum fanden Liebesmahle und Festessen statt[25]. Die kirchlichen Würdenträger bemühten sich unablässig, die Heiligenverehrung und den Reliquienkult dem Dienst für Jesus Christus unterzuordnen. Schließlich verschafften sich im 5. und 6. Jahrhundert zahlreiche Basiliken Reliquien. In manchen Fällen hatte man im Inneren zu ihrer Ehre eine eigene Kapelle errichtet, ein *Martyrium*. Zur gleichen Zeit versuchte man eine schrittweise Umwandlung der *Martyria* in reguläre Kirchen[26].

Zwischen dem Ende des 5. und dem Beginn des 6. Jahrhunderts verbreitete sich die Verehrung der Reliquien ins ganze Westreich. Der Kult wurde aber allgemein – zuweilen entschieden – durch die Bischöfe unter Kontrolle gehalten, die wahre *Impresarios* (Peter Brown) dieses volkstümlichen Glaubenseifers wurden. Die Märtyrergräber, die immer die eindrucksvollsten auf den Friedhöfen am Stadtrand waren, wurden Zentren des religiösen Le-

---

[23] Siehe hauptsächlich *H. Grabar,* Martyrium.
[24] Vgl. *E. B. Baldwin Smith,* The Dome 95 ff.
[25] Dies ein Brauch, an dem man lange festhielt, wenn ihm auch die Kirche entgegenstand. Im Jahre 692 untersagte das zweite Trullanum neuerlich die Liebesmahlzeiten und die Zubereitung von Nahrung auf dem Altar.
[26] *E. B. Smith,* a. a. O. 151, 137.

bens der Gegend. Die Friedhöfe bekamen ein außergewöhnliches Ansehen. Paulinus von Nola beglückwünscht sich, um das Grab des hl. Felix Bauwerke errichtet zu haben, die solche Dimensionen annahmen, daß Fremde sie als eine zweite Stadt ansehen konnten. Die Macht der Bischöfe lag in solchen neuen „Städten außerhalb der Städte"[27]. Der hl. Hieronymus schreibt, daß die „Stadt in der Heiligenverehrung eine andere geworden sei"[28].

Genau wie im Orient fanden zahlreiche Zeremonien in der Nähe der Gräber statt, die zum Prozessions- und Wallfahrtsziel par excellence geworden waren. Prozessionen und Pilgerfahrten stellten eine einzigartige Neuerung in der Religionsgeschichte des Mittelmeerraumes dar. Tatsächlich schuf das Christentum in den öffentlichen Zeremonien einen Platz für die Frauen und die Armen. Die rituellen Umzüge und Prozessionen verdeutlichten die Aufhebung der Trennung nach Geschlecht und Stand. Sie vereinten Männer und Frauen, Aristokraten und Sklaven, Reiche und Arme, Einheimische und Fremde. Wenn man Reliquien offiziell in eine Stadt einführte, kamen ihnen die gleichen Ehren zu wie den Besuchen von Herrschern.

Eine jede Entdeckung *(inventio)* von Reliquien, die in der Folge eines Traumes oder einer Vision geschah, löste große religiöse Begeisterung aus. Man hielt sie für eine göttliche Amnestie[29]. Ein solcher Vorgang konnte in kirchlichen Streitigkeiten eine entscheidende Rolle spielen. Dies war bei der Entdeckung der Reliquien der heiligen Märtyrer Gervasius und Protasius, auch bei Ambrosius der Fall. Die Kaiserin Justina beanspruchte die neue Basilika allein für die Arianer, aber Ambrosius obsiegte, als er die Reliquien unter den Altar stellte.

Der Heiligenkult entwickelte sich hauptsächlich unter den Asketen (Brown, S. 67). Für Paulinus von Nola war der hl. Felix *Patronus et amicus.* Sein Todestag wurde für Paulinus der Tag seiner zweiten Geburt. Am Grab las man die *Passio* des Märtyrers. Dadurch frischte man das Beispielhafte seines Lebens und seines Todes auf – die Zeit war vergessen und der Heilige von neuem gegenwärtig. Und die Menge erwartete neue Wunder: Heilungen, Dämonenaustreibungen, Schutz gegen Feinde. Das Ideal eines jeden Christen aber war die Beerdigung *ad sanctos*. Man versuchte, das Grab so nahe wie möglich an denOrt, wo der Heilige ruhte, zu plazieren,

---

[27] Siehe die Texte bei *P. Brown,* a.a.O. 8.
[28] *Movetur urbs sedibus suis* (Ep. 107, I); *P. Brown,* a.a.O. 42. Man kann diese „Städte außerhalb der Städte" mit den Megalith-Nekropolen Maltas verglichen, vor allem aber mit der berühmten Nekropole von Hal Safliene (vgl. Bd. I, 132). Die Analogie wird deutlicher, wenn man sich vor Augen hält, daß die zeremoniellen Zentren der Megalithkultur nicht nur Nekropolen waren, sondern auch Kapellen enthielten, Tempel oder Terrassen, die für die Prozessionen oder andere rituelle Handlungen dienten. Trotzdem ist hinzuzufügen, daß eine solche morphologische Analogie die Ähnlichkeit der Glaubensvorstellungen nicht impliziert.
[29] Vgl. *P. Brown,* a.a.O. 92.

und hoffte, daß er den Verstorbenen vor Gott verteidigen werde. Unter den Martyria oder in ihrer unmittelbaren Nachbarschaft fand man eine große Zahl von Gräbern, die eng aneinander gedrängt waren.

Die unaufhörliche Zerstückelung der Reliquien und ihre *translatio* von einem Ort des Reiches zum anderen haben zur Verbreitung des Christentums und zur Einheit christlichen Gemeinschaftsbewußtseins beigetragen. Sicherlich nahmen der Mißbrauch, der Raub, der Betrug und die kirchlichen und politischen Rivalitäten mit der Zeit zu. Nach Gallien und Germanien, wo Reliquien ziemlich selten waren, brachte man sie von anderswoher, hauptsächlich aus Rom. Unter der Regierung der ersten Karolinger (740–840) wurde eine große Zahl römischer Heiliger und Märtyrer nach dem Westen geholt. Man kann annehmen, daß alle Kirchen zum Ende des 9. Jahrunderts Reliquien besaßen oder besitzen wollten[30].

Trotz des „volkstümlichen" Charakters, der mit der Zeit vorzuherrschen begann, entbehrte der Reliquienkult niemals einer gewissen Größe. Schließlich verdeutlicht er die *Verklärung der Materie,* wobei er in gewisser Weise die kühnen Theorien von Teilhard de Chardin vorwegnahm. Andererseits brachte der Reliquienkult in der gläubigen Hingabe der Anhänger nicht nur Erde und Himmel, sondern auch Gott und die Menschen einander näher, denn es ist immer Gott, der die Entdeckung der Reliquien *(inventio)* bestimmte und Wunder gestattete. Darüber hinaus machten die Gegensätzlichkeiten, die in dem Kult vorhanden waren, z. B. die gleichzeitige Gegenwart des Märtyrers im Himmel und seinem Grab oder in einem Teil seines Körpers, die Gläubigen mit dem paradoxen Denken vertraut. In der Tat kann man sagen, die Reliquienverehrung war eine leichtverständliche (d. h. auch den Laien zugängliche) Parallele zu den Dogmen der Inkarnation, der Trinität und der Theologie der Sakramente.

257. Die Ostkirche und der Aufstieg der byzantinischen Theologie

Im Verlauf des 4. Jahrhunderts wurden zwischen den Kirchen des Westens und denen des Ostens gewisse Differenzen spürbar. Zum Beispiel errichtete die byzantinische Kirche das Patriarchentum, eine hierarchische Stufe, die über den Bischöfen und Metropoliten lag. Auf dem Konzil von Konstantinopel (381) proklamierte die Ostkirche sich als aus vier regionalen Jurisdiktionsbezirken bestehend, von denen jeder einen Patriarchensitz hatte. Es kam hinzu, daß das Verhältnis zwischen Konstantinopel – oder indirekt zwischen dem Kaiser – und Rom in ein kritisches Stadium geriet. Im Besitz der Reliquien des hl. Andreas, des „ersten Berufenen", der somit Vorrang

---

[30] Vgl. *P. I. Geary,* The Ninth Century Relic Trade 10 ff. Die Päpste waren zu den Übereignungen gerne bereit, denn die römischen Reliquien steigerten das Ansehen Roms als Hauptstadt des Reiches und Zentrum der Christenheit.

vor dem hl. Petrus hatte, verlangte Konstantinopel zumindest die Gleichstellung mit Rom. In den folgenden Jahrhunderten haben christologische oder kirchliche Auseinandersetzungen die beiden Kirchen zum wiederholten Male konfrontiert. Hier sei nur an die erinnert, die das Schisma hervorgerufen haben (§ 302).

Bei den ersten ökumenischen Konzilien waren nur wenige Vertreter des „Papstes" anwesend. Dies ein Titel, den sich Siricius (384–399) gegeben hatte, als er sich als „Vater" und nicht als „Bruder" der anderen Bischöfe bezeichnete. Rom aber hatte die neuerliche Verdammung des Arius (auf dem 2. ökumenischen Konzil zu Konstantinopel im Jahr 381) unterstützt, wie auch die des Nestorius (auf dem 3. ökumenischen Konzil zu Ephesus, 431). Auf dem 4. ökumenischen Konzil (Chalcedon, 451) gegen den Monophysitismus[31] hatte Papst Leo I. eine Formel für das neue Glaubensbekenntnis vorgeschlagen, die von den Vätern der Ostkirche gebilligt wurde, da sie sich mit der Vorstellung des hl. Kyrill von Alexandrien deckte. Man bekannte sich zu „einem und demselben Christus, dem Sohn, dem Herrn, dem Einziggeborenen in zwei Naturen unvermischt, unverwandelt, ungetrennt und ungesondert, da der Unterschied der Naturen durch die Einigung keineswegs aufgehoben, vielmehr die Eigentümlichkeit jeder Natur gewahrt ist und beide in einer Person und einer Hypostase sich vereinigen".

Diese Formulierung vervollständigte die klassische Christologie, ließ aber gewisse Schwierigkeiten, die durch die Monophysiten gekommen waren, ohne Antwort. Schon vor dem Ende des 5. Jahrhunderts und hauptsächlich im folgenden rief diese Formulierung Reaktionen hervor. *In toto* wurde sie von einem Teil der Christenheit des Ostens nicht akzeptiert und führte unvermeidlich zur Abspaltung der monophysitischen Kirchen[32]. Unfruchtbar und ärgerlich wurden die Streitigkeiten rund um den Monophysitismus und dessen Spekulationen durch die Jahrhunderte weitergeführt.

Hier seien einige Entwicklungen aufgezeigt, die dazu beigetragen haben, der Ostkirche ihre eigene Struktur zu geben. Zuerst einmal die ungleiche Entwicklung der byzantinischen Liturgie, ihr priesterlicher Prunk, ihr ritueller und künstlerischer Glanz. Die Liturgie spielt sich wie ein Mysterium ab, das den Eingeweihten vorbehalten ist. Pseudo-Dionysius Areopagita warnt denjenigen, der die göttlichen Geheimnisse überprüft: „Hüte dich, die heiligen Mysterien in entweihender Weise mit anderen Mysterien zu vermischen. Sei klug und ehre das göttliche Geheimnis ... (*Perì tēs ekklesiastikēs hierarchías* I, 1). In gewissen Augenblicken wurden die Vorhänge vor der Ikonostase weggezogen. In den folgenden Jahrhunderten wurde die

---

[31] Die Monophysiten glaubten, wenngleich Jesus Christus *aus* zwei Naturen, der göttlichen und der menschlichen, gebildet wurde, bestehe *in* der Einheit nur noch die eine gottmenschliche Natur; folglich: „einzig ist die Natur des fleischgewordenen Wortes".
[32] Das fünfte und sechste Konzil von Konstantinopel (553 und 680) machte den Monophysiten Zugeständnisse.

Ikonostase vollständig von den Kirchenschiffen getrennt. Religiöse Dichtung und Gesänge erlebten einen einzigartigen Höhepunkt mit dem Dichter und Komponisten Romanus dem Sänger (6. Jahrhundert). Schließlich ist die Rolle des Diakons, der der Mittler zwischen den Klerikern und den Gläubigen ist, erwähnenswert. Der Diakon lenkt die Gebete und zeigt den Anwesenden die entscheidenden Augenblicke der Liturgie an.

Die bemerkenswertesten Schöpfungen des Ostchristentums traten aber in der Theologie, und dort vor allem in der Mystik, hervor. Tatsächlich verhüllte das byzantinische religiöse Denken in gewisser Weise seine „Ursprünglichkeit". Denn jeder Lehrmeister bemühte sich, die von den Vätern übernommene Lehre zu wahren, zu schützen und zu verteidigen. Die Theologie erstarrte. Neuheiten erschienen als Häresien. „‚Neuerung' und ‚Blasphemie' wurden fast Synonyme."[33] Diese augenscheinliche Monotonie (in den Wiederholungen der durch die Väter geschaffenen Ideen) konnte als Zeichen der Verknöcherung und Unfruchtbarkeit angesehen werden – die sie über Jahrhunderte war.

Dennoch ist die Zentraldoktrin der östlichen Theologie, die Idee der Gottwerdung *(theosis)* des Menschen, von großer Eigenständigkeit, wenn sie sich auch auf Paulus, das Johannesevangelium und andere biblische Texte stützt. Die Gleichwertigkeit des Heils und der Gottwerdung entstammte dem Mysterium der Inkarnation. Nach Maximus Confessor hat Gott den Menschen mit einer göttlichen, immateriellen Möglichkeit der Vermehrung geschaffen. Sexualität und Tod sind Folge der Erbsünde. Die Fleischwerdung des Logos hat die *theosis* möglich gemacht, trotzdem bleibt es aber der Güte Gottes überlassen, sie zu bewirken[34]. Dies erklärt die Notwendigkeit des inneren Gebets (das später das „ununterbrochene Gebet" wurde) wie auch die Bedeutung des Kontemplativen und des mönchischen Lebens in der Ostkirche. Der Gottwerdung geht die Erfahrung eines mystischen Lichtes voraus, das sie selbst begleitet. Schon bei den Vätern der Wüste zeigte sich die Ekstase in Lichterscheinungen. Die Mönche „strahlten vom Licht der Gnade". Wenn ein Einsiedler ins Gebet versunken ist, dann ist seine Zelle gänzlich in Licht gehüllt[35]. Dieselbe Überlieferung (Gebet – mystisches Licht – *theosis*) findet sich tausend Jahre später bei den Hesychasten des Berges Athos. Die Polemik, die durch ihre Behauptung veranlaßt wurde, sich des unerschaffenen Lichtes zu erfreuen, brachte den großen Denker Gregor Palamas (14. Jahrhundert) dazu, eine mystische Theologie um das unerschaffene Licht des Berges Athos zu schaffen.

In der Ostkirche bestanden zwei komplementäre Strömungen, die (augenscheinlich gegeneinanderstehend) mit der Zeit hervortraten. Einmal der

---

[33] Vgl. die von Y. Pelikan, The Spirit of the Eastern Christendom 10 ff, zitierten und kommentierten Texte.
[34] Vgl. Y. Pelikan, ebd. 11.
[35] Siehe die in Méphistophélès et l'Androgyne 68 ff zitierten und kommentierten Texte.

kirchliche Rang und die Rolle der Gemeinschaft der Gläubigen, andererseits die vollständige Vormachtstellung der Asketen und der Kontemplativen. Während sich im Westen die kirchliche Hierarchie gegenüber den Kontemplativen und den Mystikern zurückhaltend zeigte, genossen diese im Osten bei den Gläubigen und den kirchlichen Vorgesetzten hohes Ansehen.

Die einzige bedeutende östliche Einflußnahme auf die westliche Theologie war diejenige des Pseudo-Dionysius Areopagita. Seine eigentliche Person und Biographie kennt man nicht. Es handelt sich wahrscheinlich um einen syrischen Mönch des 5. Jahrhunderts, der aber, da man ihn als Zeitgenossen des Apostels Paulus ansah, ein fast apostolisches Ansehen genoß. Die Theologie des Areopagiten wurde vom Neuplatonismus und von Gregor von Nyssa inspiriert. Für Dionysius ist das höchste Prinzip, wenn auch unaussprechlich, absolut und über dem Persönlichen und Unpersönlichen stehend, dennoch mit der sichtbaren Welt durch eine Hierarchie der Wesenheiten verbunden. Die Trinität ist vor allem ein Zeichen der letztgültigen Einheit zwischen dem Einen und den Vielen. Dionysius vermeidet so zugleich den Monophysitismus und die Formulierungen des Konzils von Chalcedon. Die Manifestationen des Göttlichen sieht er in den *göttlichen Zahlen* und ihren Ausdruck durch die Vermittlung der Engel in der *Hierarchie des Himmels*. Sein außergewöhnlicher Ruf gründet sich hauptsächlich auf eine kleine Abhandlung, die *Mystische Theologie*. Zum erstenmal finden wir in der Geschichte der christlichen Mystik die Ausdrücke „Göttliche Unwissenheit" und „Unkenntnis", die sich auf den Aufstieg der Seele zu Gott beziehen. Der Pseudo-Areopagite beschwört „die überweltliche Helle der göttlichen Dunkelheit", „die Dunkelheit, die über dem Licht ist". Jedes Attribut für Gott verwirft er, „denn es ist nicht wahrer zu behaupten, Gott sei Leben oder Güte, als zu behaupten, er sei Luft oder Stein". Dionysius legt so den Grundstein zu der negativen Theologie (oder der theología apophatikē), die an die berühmte Formulierung der Upanishaden: *neti! neti!* erinnert (vgl. § 81).

Gregor von Nyssa hatte einige seiner Ideen tiefschürfender und in viel systematischerer Weise vorgetragen. Das Ansehen des Dionysius aber trug gewaltig dazu bei, sie bei den Mönchen populär zu machen. Schon sehr bald wurden seine Werke ins Lateinische übersetzt und noch einmal im 9. Jahrhundert von dem irischen Mönch Scotus Eriugena. In dieser Version wurde Dionysius im Westen bekannt. Seine Ideen waren von Maximus Confessor aufgenommen und vertieft worden, dem „vielleicht universellsten Geist des 7. Jahrhunderts und letzten eigenständigen Denker unter den Theologen der byzantinischen Kirche"[36]. Maximus Confessor hatte in Form von *scholia* einen Kommentar der mystischen Abhandlungen des Dio-

---

[36] *H.-G. Beck,* zitiert nach *Y. Pelikan,* a. a. O. 8. „Vielleicht der einzige schöpferische Geist des Jahrhunderts", schreibt *W. Elert;* „der wahre Vater der byzantinischen Theologie" *(Meyerdorff).*

nysius herausgegeben, der auch durch Eriugena übersetzt wurde. Tatsächlich verbreitete dieses Werk – das Original und die Erklärungen durch Maximus Confessor – den Text des Pseudo-Areopagiten, der das Denken zahlreicher westlicher Mystiker und Theologen von Bernhard von Clairvaux und Thomas von Aquin bis zu Nikolaus von Kues beeinflußte[37].

258. Verehrung der Ikonen und Bildersturm

Die schwere Krise, die durch den Ikonoklasmus (8.–9. Jahrhundert) hervorgerufen wurde, hatte soziale, politische und theologische Gründe. Gemäß dem Bilderverbot des Dekalogs hatten die Christen in den ersten beiden Jahrhunderten keine Bilder geschaffen. Im Ostreich aber wurde das Verbot zu Beginn des 3. Jahrhunderts nicht beachtet, als eine religiöse Ikonographie (Bilder und Szenen, die durch die heiligen Schriften inspiriert waren) auf den Friedhöfen und in den Versammlungsräumen der Gläubigen auftauchte. Diese Neuerung folgte dem Reliquienkult auf dem Fuße. Im 4. und 5. Jahrhundert nahmen die Bilder zu, und ihre Verehrung trat deutlicher hervor. Im Verlauf dieser beiden Jahrhunderte wurden Kritik und Verehrung der Ikonen deutlicher. Das Hauptargument der Ikonenanhänger betraf ihre pädagogische Bedeutung für die Analphabeten und die heilbringenden Eigenschaften dieser Bilder. Erst gegen Ende des 6. und während des 7. Jahrhunderts wurden die Bilder Objekte der Verehrung und des Kultes in Kirchen wie auch in Privatwohnungen[38]. Man betete vor ihnen, man warf sich vor ihnen nieder oder umarmte sie und trug sie bei gewissen Zeremonien mit sich. Während dieser Zeit ist eine Vervielfältigung der wundertätigen Bilder zu beobachten. Sie waren Quellen einer übernatürlichen Macht, die Städte, Paläste und Armeen schützte[39].

Wie Ernst Kitzinger bemerkt, setzte der Glaube an diese übernatürliche Macht der Bilder einen gewissen Zusammenhang zwischen dem Bild und der Person, die es darstellt, voraus. Dies ist der bedeutendste Zug des Ikonenkultes im 6. und 7. Jahrhundert. Die Ikone ist ein „Organ, eine Ausweitung der Göttlichkeit selbst"[40].

Der Bilderkult wurde durch Kaiser Konstantin V. im Jahre 726 offiziell verboten und im Jahre 754 durch die ikonoklastische Synode von Konstantinopel mit dem Bannfluch belegt. Dabei bestand das theologische Haupt-

---

[37] D. J. Genakoplos, Interaction of the „Sibling" Byzantine and Western Cultures in the Middle Ages and Italian Renaissance 133 ff.
[38] Vgl. E. Kitzinger, The Cult of Images in the Age before Iconoclasm 89.
[39] Unter den bekanntesten war die Christusikone der Stadt Edessa. Man glaubte, sie sei in der Lage, den Angriff der persischen Armee zurückzuwerfen. Die Wegnahme des Christusbildes über dem großen Bronzetor des Kaiserpalastes und in der Folge seine Zerstörung im Jahre 727 sollten den Beginn des Bildersturms darstellen.
[40] Kitzinger, a. a. O. 104. Die Bilder der Heiligen sind vom Heiligen Geist bewohnt; a. a. O. 140 ff.

argument in der Vergötterung der Ikonen. Im Namen der Christologie verwarf die zweite ikonoklastische Synode im Jahre 815 den Bilderkult. Denn es ist unmöglich, Christus abzubilden, ohne damit gleichzeitig die Darstellung der göttlichen Natur zu meinen, was Blasphemie ist. Es ist ebenso unmöglich, die beiden untrennbaren Naturen zu malen, indem man nur die menschliche Natur darstellt, was Häresie ist[41]. Im Gegensatz dazu stellt die Eucharistie das wahre Bild Christi dar, da sie vom Heiligen Geist inspiriert ist. So besitzt die Eucharistie im Gegensatz zur Ikone eine zugleich göttliche und materielle Dimension[42].

Unter der ikonophilen Theologie ist die systematischste und am meisten ausgearbeitete die des Johannes Damascenus (675–749) und des Theodor von Studion (759–826). Sie stützen sich auf den Pseudo-Areopagiten und unterstreichen den Zusammenhang zwischen dem Geistigen und dem Materiellen. „Wie könnt ihr, die ihr sichtbar seid", schreibt Johannes Damascenus, „Dinge verehren, die nicht sichtbar sind?" Der ausufernde „Spiritualismus" der Ikonoklasten ordnet sie der gleichen Kategorie zu wie die alten Gnostiker, die meinten, daß der Leib Christi nicht körperlich sei, sondern himmlisch[43]. Aufgrund der Inkarnation wurde die Vergegenwärtigung Gottes sichtbar und hob so das Verbot des Alten Testamentes auf, Gott nicht abbilden zu dürfen. Also verneinten diejenigen, die sagen, Christus sei nicht durch eine Ikone darzustellen, auch die Wahrheit der Inkarnation. Jedoch betonten die beiden Autoren, daß das Bild in Wesen und Substanz nicht mit seinem Vorbild identisch sei. Das Bild stellt eine Ähnlichkeit dar, während es das Vorbild spiegelt, hält aber den Unterschied zu ihm aufrecht. Daher sind die Ikonoklasten der Blasphemie schuldig, wenn sie die Eucharistie als ein Bild ansehen, denn die Eucharistie ist in Essenz und Substanz identisch mit Christus selbst und nicht nur mit seinem Bild[44]. Bezüglich der Heiligenbilder schreibt Johannes Damascenus: „Zu Lebzeiten waren die Heiligen vom Heiligen Geist erfüllt. Und nach ihrem Tod ist die Gnade des Heiligen Geistes nicht weit von ihren Seelen, ihren Gräbern und von ihren heiligen Bildern."[45] Natürlich dürfen die Ikonen nicht in der gleichen Weise verehrt werden, in der man auch Gott verehrt. Doch gehören sie zur gleichen Kategorie der durch die Gegenwart Jesu Christi geheiligten Objekte wie Nazaret, Golgata, das Holz des Kreuzes. Diese Orte und Gegenstände „nahmen die göttliche Energie auf", denn durch sie bewirkt Gott unser Heil. In unserer Zeit nahmen die Ikonen den Platz der Wunder und der anderen Handlungen Jesu Christi ein, die seine Jünger zu

---

[41] Siehe *J. Pelikan*, a.a.O. 129. Vgl. *S. Gero*, Byzantine Iconoclasm during the Reign of Constantine V 74.
[42] *S. Gero*, ebd. 78; *J. Pelikan*, a.a.O. 109.
[43] Vgl. *Pelikan*, a.a.O. 122.
[44] *Pelikan*, a.a.O. 119; *N. Baynes*, Idolatry and the Early Church 135.
[45] Dieser Text wurde von *G. Mathew*, Byzantine Aesthetics 103 ff zutreffend kommentiert.

sehen und zu bewundern das Vorrecht hatten[46]. Im ganzen lassen die Ikonen *illud tempus* wieder aufleben, in der Christus, die heilige Jungfrau und die heiligen Apostel unter den Menschen lebten, wie die Reliquien die Verbindung zwischen Himmel und Erde möglich machen. Wenn auch in der Wirkung auf die Gläubigen nicht den Reliquien gleich, so waren die Ikonen ihnen doch leichter zugänglich: man fand sie in den bescheidensten Kirchen und Kapellen und in den Privathäusern. Mehr noch: ihre Betrachtung öffnete den Weg in ein Universum der Symbole. Folglich waren die Ikonen in der Lage, die religiöse Unterweisung der Schriftlosen zu vervollständigen und zu vertiefen. (Tatsächlich erfüllte die Ikonographie bei allen bäuerlichen Völkern Osteuropas diese Funktion.)

Darüber hinaus ging das ikonoklastische Fieber aus politischen und sozialen Gründen fehl. Auf der einen Seite erkannten die Ikonoklasten die symbolische Funktion der heiligen Bilder nicht oder wiesen sie zurück, auf der anderen nutzten die Anhänger der Ikonen diese für ihren eigenen Profit, um ihr Ansehen, die Vorrangstellung oder den Reichtum mancher kirchlicher Einrichtungen zu sichern.

---

[46] Siehe die von *J. Pelikan,* a.a.O. 121, analysierten Texte. Wie die Evangelisten über Christus in Worten geschrieben haben, so ist es auch möglich, im Gold der Bilder von ihm zu schreiben (vgl. ebd. 135).

DREIUNDDREISSIGSTES KAPITEL

Mohammed und der Aufstieg des Islams

259. Allah, deus otiosus der Araber

Mohammed ist von allen Stiftern der Weltreligionen der einzige, dessen Biographie man in groben Zügen kennt[1]. Dies bedeutet aber nicht, daß man auch seine innere Entwicklung kennen würde. Dennoch sind die historischen Informationen, über die wir einerseits bezüglich seines Lebens und seiner religiösen Erfahrungen, die seine Berufung zum Propheten vorbereitet und entschieden haben, andererseits aber auch bezüglich der arabischen Gesellschaft seiner Zeit und der soziopolitischen Strukturen Mekkas verfügen, äußerst wertvoll. Sie erklären zwar nicht das Wesen Mohammeds noch den Erfolg seiner Verkündigung, aber sie erlauben uns, seinen prophetischen Einsatz besser zu würdigen. Es ist sehr wichtig, zumindest über den Stifter einer der großen Weltreligionen ausreichend geschichtliches Material zu besitzen, weil man dann noch mehr die Macht eines religiösen Genies verstehen kann; mit anderen Worten, man wird sich darüber klar, inwieweit ein religiöses Genie die geschichtlichen Gegebenheiten nutzen kann, seine Botschaft zum Erfolg zu führen, und so selbst den Lauf der Geschichte ändern kann.

Mohammed, zwischen 567 und 572 in Mekka geboren, entstammte dem einflußreichen Stamm der Quraischiten. Im Alter von sechs Jahren wurde er Waise und zunächst von seinem Großvater, dann von seinem Onkel mütterlicherseits, Abū Ṭālib, erzogen[2]. Mit 25 Jahren trat er in die Dienste ei-

---

[1] Die bedeutendsten Quellen sind der Koran (arabisch „al-Qur'ān – die Verkündigung") und die mündlichen Überlieferungen (arabisch „al-Ḥadīth – der Ausspruch, das Gesprochene").
[2] Geburt und Kindheit des Propheten wurden bald dem mythologischen Schema des typischen Heilbringers angepaßt. Während ihrer Schwangerschaft hörte seine Mutter eine Stimme, die ankündigte, ihr Sohn werde der Herr und Prophet seines Volkes sein. Im Moment seiner Geburt erleuchtete ein aufblitzendes Licht die ganze Welt. (Vgl. die Geburt Buddhas, Zarathustras, Mahavīras §§ 101, 147, 152.) Er wurde wie ein Lamm geboren, schon beschnitten, und die Nabelschnur war bereits durchtrennt. Kurz nach seiner Geburt nahm er eine Handvoll Erde und schaute zum Himmel. Ein Jude aus Medina erfuhr, daß der Retter auf die Erde gekommen sei, und teilte dies seinen Glaubensbrüdern mit. Im Alter von vier Jahren warfen zwei Engel Mohammed auf den Boden, öffneten seine Brust und nahmen einen Tropfen schwarzes Blut aus seinem Herzen. Sie wuschen seine Eingeweide mit geschmolzenem Schnee,

ner reichen Witwe, Chadīdscha, und nahm an verschiedenen Karawanenreisen nach Syrien teil. Trotz des Altersunterschiedes (Chadīdscha war zu dieser Zeit 40 Jahre alt) heiratete er kurze Zeit später – um das Jahr 595 – seine Herrin. Die Ehe war glücklich. Mohammed, der nach dem Tod Chadīdschas noch neun andere Frauen heiratete, nahm sich zu Lebzeiten Chadīdschas keine andere Frau. Sie hatten sieben Kinder: drei Söhne, die schon jung starben, und vier Töchter, deren jüngste, Fatima, später Alī, den Cousin Mohammeds, heiratete. Die Rolle Chadīdschas im Leben des Propheten darf nicht unterschätzt werden: sie ermutigte ihn während der Prüfungen, die ihm seine prophetische Begabung auferlegte.

Über das Leben Mohammeds vor seinen ersten Offenbarungen um 610 ist wenig bekannt. Nach der Überlieferung gingen diesen lange Zeiträume der „geistigen Abwesenheit" *(tahanuth)* in Höhlen oder anderen einsamen Orten voraus – eine Praxis, die dem arabischen Polytheismus fremd war. Sehr wahrscheinlich war Mohammed von den Nachtwachen, den Gebeten und den Meditationen bestimmter christlicher Mönche beeindruckt, denen er begegnet war oder von denen er auf seinen Reisen gehört hatte. Ein Cousin Chadīdschas war Christ. Außerdem gab es einen gewissen Widerhall der christlichen, sowohl der orthodoxen als auch der Verkündigungen sektiererischer Gruppen (Nestorianer und Gnostiker), ebenso wie Ideen und Praktiken der Hebräer in den arabischen Städten bekannt waren. Es gab aber wenig Christen in Mekka, von denen ein Großteil in sehr niedrigen Stellungen (vermutlich abbessinische Sklaven) und ungebildet war. Juden aber gab es in großer Zahl in Yathrib (dem späteren Medina); wir werden später sehen (§ 262), bis wieweit der Prophet auf ihre Unterstützung rechnete.

Dennoch schien zur Zeit Mohammeds die Religion Zentralarabiens nicht durch jüdisch-christliche Einflüsse tangiert zu sein. Trotz ihres Verfalls wahrte sie noch immer die Strukturen des semitischen Polytheismus. Religiöses Zentrum war Mekka (Makkah). Der Name ist im Corpus Ptolemaicum (im 2. Jahrhundert n. Chr.) in der Form Makoraba erwähnt, ein Wort, das von dem sabäischen Makuraba („Heiligtum") abgeleitet ist. Mit anderen Worten: zu Anfang war Mekka ein Heiligtum, um das zunehmend eine Stadt wuchs[3]. Inmitten des geheiligten Bezirkes, Hima, befand sich das Heiligtum der Ka'ba (wörtlich „Würfel"), ohne Dach, zum Himmel offen. In einen seiner Flügel ist der berühmte schwarze Stein eingebaut, von dem

---

den sie in einer goldenen Tasse mitgebracht hatten (vgl. Koran, Sure 94, 8 ff. „Haben wir nicht dein Herz geöffnet?" usw. Dieser Initiationsritus bestimmt auch die schamanistischen Einweihungsriten.) Im Alter von zwölf Jahren begleitete er Abū Tāhib mit einer Karawane nach Syrien. In Bostra erkannte ein christlicher Mönch auf der Schulter Mohammeds die geheimnisvollen Zeichen seiner prophetischen Berufung. Siehe hierzu die von Tor Andrae zitierten Quellen: *T. Andrae,* Mohammed, The Man and his Faith 34 ff; *W. Montgomery Watt,* Muhammad at Mecca 34 ff.

[3] Dieser Vorgang ist ebenso von allgemeiner Bedeutung. Siehe *P. Wheatley,* The Pivot of the Four Quarters (Chicago 1971).

man annimmt, er sei himmlischer Herkunft. Das Umschreiten des Steins stellte in vorislamischer Zeit wie auch heute den Höhepunkt der jährlichen Pilgerfahrt *(haddsch)* nach Arafāt dar, das einige Kilometer von Mekka entfernt liegt.

Für den Herrn der Ka'ba hielt man Allah (wörtlich „Gott", der gleiche Gottesname, der auch von den arabischen Juden und Christen benutzt wurde, um Gott zu bezeichnen.) Doch war Allah schon seit einiger Zeit ein *deus otiosus* geworden; sein Kult beschränkte sich auf gewisse pflanzliche und tierische Erstlingsgaben – Gaben, die man ihm in Verbindung mit den örtlichen Gottheiten darbrachte[4]. Die mit Abstand berühmtesten drei Göttinnen Zentralarabiens waren *Manāt* (Schicksal), *Allāt* (feminine Form von Allah) und *Al'Uzzā* (die Mächtige). Man hielt sie für Töchter Allahs, und sie waren derart populär, daß Mohammed sie zu Beginn seiner Verkündigung irrtümlicherweise für Mittler zwischen Gott und den Menschen hielt. Dies korrigierte er später.

Die vorislamische Religion war also der volkstümlichen Religion Palästinas im 6. vorchristlichen Jahrhundert nahe, die zum Beispiel in den Zeugnissen der jüdisch-aramäischen Kolonie von Elephantine am oberen Nil belegt ist. Neben Jahwe-Jahu verehrte man Bethel und Harambethel, die Göttin Arat und einen Gott der Fruchtbarkeit[5]. In Mekka lagen die priesterlichen Aufgaben in den Händen einflußreicher Familien. Sie wurden hoch entlohnt und vererbten sich vom Vater auf den Sohn. Eine eigentliche Priesterschaft scheint nicht vorhanden gewesen zu sein. Wenn auch mit der Vokabel „kōhēn" verwandt, die bei den Hebräern den „Priester" bezeichnet, so bedeutet der arabische Ausdruck „kāhin" der „Sehende", der Wahrsager, der, von einem *dschinn* besessen, in der Lage ist, die Zukunft vorherzusehen oder verlorene Gegenstände und entlaufene Kamele zu finden[6]. Die einzigen Monotheisten unter den Zeitgenossen Mohammeds waren einige Dichter und Seher, die man *hanīf* nannte. Manche waren vom Christentum beeinflußt, aber die Eschatologie, die für das Christentum und später für den Islam von großer Bedeutung war, war ihnen fremd, wie sie den Arabern allgemein fremd zu sein schien[7].

Die prophetische Mission Mohammeds keimte nach zahlreichen ekstatischen Erfahrungen auf, die in gewisser Weise Vorspiel seiner Offenbarung waren. In Sure 53, 1–18 nennt er die erste dieser Erfahrungen[8]: „Aufrecht

---
[4] Siehe *J. Henninger,* Les fêtes de printemps chez les Sémites 42 f.
[5] Siehe *A. Vincent,* La religion des Judéo-Aramées d'Eléphantine (Paris 1937) 593 ff, 622 ff, 675 ff.
[6] Zu Beginn seiner Berufung wurde Mohammed häufig angeklagt, von einem Dschinn inspiriert zu sein.
[7] Vgl. *T. Andrae,* Les origines de l'Islam et le Christianisme 41 ff. Die monotheistische Tendenz der altarabischen Religion wurde schon vor längerer Zeit von *J. Wellhausen,* Reste arabischen Heidentums 215 ff, herausgestellt.
[8] Der Koran, übers. von *M. Henning,* hrsg. von Annemarie Schimmel, Stuttgart 1976 (Anm. d. Übers.).

stand er im höchsten Horizont; alsdann nahte er sich und näherte sich und war zwei Bögen entfernt oder näher und offenbarte seinem Diener, was er offenbarte" (6–8)[8a].

Mohammed schaute dies das zweitemal in der Nähe eines Lotosbaumes: „Er sah von den Zeichen seines Herrn die größten" (11–18). In Sure 81,22–23 kommt Mohammed auf diese Vision zurück:

„Und nicht euer Gefährte ist besessen.
Wahrlich, er sah ihn am klaren Horizont."

Es handelt sich um Visionen, die den auditiven Offenbarungen vorausgegangen sind, denen allein der Koran einen göttlichen Ursprung zuerkennt. Die ersten mystischen Erfahrungen, die über sein Leben als Prophet entschieden haben, wurden in den durch Ibn Ishāk (gest. 786) überlieferten Berichten festgehalten. Als Mohammed in der Grotte, in die er sich alljährlich zurückzog, schlief, kam der Engel Gabriel zu ihm, hielt ein Buch in der Hand, und befahl ihm: „Lies!" Als sich Mohammed weigerte, da drückte der Engel ihm „das Buch auf den Mund und auf die Nasenlöcher" so fest, daß er beinahe erstickt wäre.

Als der Engel zum vierten Male wiederholte: „Lies!", fragte Mohammed: „Was soll ich lesen?" Da antwortete ihm der Engel:

„Lies! Im Namen deines Herrn, der erschuf,
Erschuf den Menschen aus geronnenem Blut,
Lies, denn dein Herr ist allgütig,
Der die Feder gelehrt,
Gelehrt den Menschen, was er nicht gewußt" (96,1–5).

Mohammed las, und der Engel entfernte sich schließlich von ihm. „Ich bin erwacht, und das Erwachen war, als wenn er etwas in mein Herz geschrieben hätte." Mohammed verließ die Höhle. Kaum in den Bergen angekommen, hörte er eine himmlische Stimme, die ihm sagte: „O Mohammed, du bist der Apostel Allahs, und ich bin Gabriel. Ich hob den Kopf, um zu schauen, und siehe da, Gabriel saß in der Gestalt eines Menschen am Horizont, der die Beine übereinandergeschlagen hatte." Der Engel wiederholte die gleichen Worte, und Mohammed schaute ihn, ohne sich von der Stelle bewegen zu können." Keinen Punkt des Himmels konnte ich ausmachen, ohne ihn zu sehen."[9]

Die Authentizität dieser Erfahrungen scheint gesichert[10]. Die anfängli-

---

[8a] Zitat der Sure 53,1–18 (bzw. 6–8) wurde auf seinen wesentlichen Inhalt gekürzt (Anm. d. Übers.).
[9] Ibn Ishāk in der Übersetzung von *T. Andrae,* Mohammed 43 f. Eine andere Übersetzung findet sich bei *Blachère,* Le problème de Mahomet 39 f.
[10] Manche moderne Historiker meinen, daß die beiden Phasen – die Traumvision in der Höhle und die Vision des Engels Gabriel am Horizont – nicht zum gleichen Erlebnis gehören (vgl. *T. Andrae,* Mohammed 45 f). Diese Behauptung ist aber nicht zwingend.

che Weigerung Mohammeds erinnert an die Unschlüssigkeit der Schamanen und an die zahlreicher Mystiker und Propheten, ihre Berufung anzunehmen. Wahrscheinlich erwähnt der Koran die Traumvision Mohammeds in der Höhle nicht, um der Anklage zu entgehen, der Prophet sei von einem Dschinn besessen gewesen. Andere Anspielungen im Koran bestätigen aber die Wahrheit dieser Eingebung[11]. Das „Diktat" des Engels ist häufig von heftigen Zuckungen, von Fieberanfällen oder von Schüttelfrost begleitet.

260. Mohammed, Apostel Gottes

Über ungefähr drei Jahre teilte er die ersten göttlichen Botschaften lediglich Chadīdscha und einigen engen Freunden mit. So seinem Cousin Alī, seinem Adoptivsohn Zaïd und den beiden späteren Kalifen Othmān und Abū Bakr.

Einige Zeit später wurden die Offenbarungen des Engels unterbrochen, und Mohammed machte eine Zeit der Angst und der Entmutigung durch. Doch gab ihm eine neue himmlische Botschaft sein Vertrauen zurück: „Dein Herr hat dich nicht verlassen und nicht gehaßt ... Und wahrlich, geben wird dir dein Herr, und du wirst zufrieden sein" (93,3–5).

Nach einer Vision im Jahre 612, in deren Verlaufe Mohammed den Befehl erhielt, seine Offenbarungen der Öffentlichkeit mitzuteilen, begann er, seinen missionarischen Auftrag auszuführen. Von Anfang an wies er auf die Macht und die Barmherzigkeit Gottes hin, der den Menschen „aus geronnenem Blut erschuf" (96,1; vgl. 80,17–22; 87,1), der ihn im Koran unterwiesen und ihn „deutliche Sprache gelehrt hatte" (55,1–4), „der den Himmel, die Berge, sowie das Kamel geschaffen hatte" (88,17–20) –; die Güte des Herrn beschwor er, indem er sich auf sein eigenes Leben bezog: „Fand er dich nicht als Waise und nahm dich auf?" usw. (93,38). Die Kurzlebigkeit jeder Existenz stellte er der Ewigkeit des Schöpfers gegenüber: „Alle auf ihr (der Erde) seid vergänglich. Aber es bleibt das Angesicht deines Herrn voll Majestät und Ehre" (55,26f). Dennoch ist es überraschend, daß Mohammed die Einheit Gottes in seinen ersten Verkündigungen nur an einer einzigen Stelle betont. („Setzt nicht neben Allah andere Götter" 51,51. Hier handelt es sich wohl um einen späteren Einschub[12].)

Ein anderes Thema seiner Verkündigung ist das nahe bevorstehende Gericht und die Auferstehung der Toten. „Und wenn ins Horn geblasen wird,

---

[11] Sure 75,16–17: „Rühre nicht deine Zunge, (die Offenbarung) zu beschleunigen. Siehe, uns obliegt seine (des Koran) Sammlung und Vorlesung." Mit anderen Worten ist ihm jede persönliche Improvisation verboten.
[12] Siehe *Bell*, The Qur'ān, z. St.; *W. Montgomery Watt*, a.a.O. 64. Zu Beginn wurden die Suren memoriert. Später begann man sie aufzuschreiben, als sich der Widerstand der Polytheisten verschärfte (vgl. *Blachère*, a.a.O. 52f).

so ist das an jenem Tage ein schwerer Tag, für die Ungläubigen nicht leicht" (74, 8–10). In den ältesten Suren gibt es andere Bezugsstellen und Anspielungen, aber die vollständigste findet sich zu Beginn einer deutlich jüngeren Sure:

> „Wenn der Himmel zerreißt ...
> Und wenn die Erde sich streckt
> Und herauswirft, was sie birgt und sich leert ...
> O Mensch, siehe, du bemühtest dich in Mühe um deinen Herren und sollst ihm begegnen.
> Und was den anbelangt, dem sein Buch in die Rechte gegeben wird,
> Mit dem wird leichte Abrechnung gehalten.
> Was aber den anbelangt, dem sein Buch hinter seinem Rücken gegeben wird,
> Der wird nach Vernichtung rufen.
> Doch in der Flamme wird er brennen" (vgl. 99, 2).

In einer Vielzahl der späteren Suren entwickelt Mohammed die Beschreibung der Apokalypse: „Die Berge werden versetzt und werden allesamt geschmolzen, sie werden Staub und Asche; das Himmelsgewölbe platzt auf, Mond und Sterne erlöschen und werden schwach." Der Prophet spricht auch von einem kosmischen Brand, „und Blitze aus Feuer und geschmolzenem Erz werden auf die Menschen niedergehen" (nach Sure 55, 35).

Beim zweiten Erschallen der Trompete werden die Toten auferstehen und werden ihre Gräber verlassen. Die Auferstehung wird sich von einem Augenblick auf den anderen vollziehen. Hinter dem eingestürzten Himmel wird der Thron Gottes erscheinen, der von acht Engeln getragen und umsäumt wird von den himmlischen Heerscharen. Die Menschen sind vor dem Thron versammelt, die Guten zur Rechten, die Schlechten zur Linken. So wird das Gericht beginnen, das auf den Eintragungen im Tatenbuch der Menschen fußt. Die Propheten der Vergangenheit werden zusammengerufen, um Zeugnis abzulegen, daß sie den Monotheismus verkündet und ihre Zeitgenossen gewarnt haben. Die Ungläubigen werden zu den Martern der Hölle verdammt[13].

Indes besteht Mohammed mehr auf der Glückseligkeit, die die Gläubigen im Paradies erwartet. Diese Glückseligkeit besteht hauptsächlich in materiellen Dingen: kühlende Flüsse, Bäume, die ihre fruchtbeladenen Zweige neigen, Fleisch aller Art, junge Menschen, „schön wie Perlen", die ein wohlschmeckendes Getränk auftischen, die Huri, keusche Jungfrauen, die eigens von Allah geschaffen sind (vgl. 56, 23–43). Mohammed spricht nicht von „Seelen" oder „Geistern", die in der Hölle leiden oder im Himmel

---

[13] Man sollte bedenken, daß sie weniger schreckenerregend sind als manche buddhistische oder christliche Beschreibungen.

frohlocken. Die Auferstehung im Fleische ist in der Tat eine Neuschöpfung. Da der Zeitraum, der zwischen Tod und Gericht liegt, ein solcher der Bewußtlosigkeit ist, hat der Auferstandene den Eindruck, das Gericht finde unmittelbar nach dem Tode statt[14].

Mit der Verkündung: Es gibt keinen anderen Gott als Allah, hatte Mohammed nicht die Gründung einer neuen Religion im Auge. Er wollte seine Mitbürger schlicht und einfach erwecken, sie überzeugen, einzig und allein Allah zu verehren, den sie schon als Schöpfer des Himmels und der Erde, als Garant der Fruchtbarkeit (vgl. 29, 61 ff) kannten. In Krisenzeiten und in großer Gefahr riefen sie ihn an (29, 65; 31, 17; 69), und Urteile sprachen sie: „Im Namen Gottes und ihrer heiligsten Schwüre" (35, 42; 16, 38). Darüber hinaus war Allah der Herr der Ka'ba. In einer der älteren Suren fordert Mohammed von den Mitgliedern seines eigenen Stammes, den Quraischiten, sie sollten „dem Herrn dieses Hauses dienen, der sie mit Speise versieht gegen den Hunger und sicher macht vor der Furcht" (106, 3–4). Währenddessen hielt sich die Gegenseite nicht zurück. Zahlreich sind die Anklagen und Scheingründe. Ibn Ishaq behauptet, daß die Mitbürger sich dem Propheten, wenn dieser im Islam (der Unterwerfung) die wahre Religion verkünde, so lange nicht entgegenstellen würden, wie dieser über ihre Götter nichts Schlechtes sage. Nach der Tradition sollen sich die folgenden Verse über die drei Göttinnen Allāt, Al-'Uzzā und Manāt dem Vers 20 der Sure 53 des Korans anschließen: „Sie sind Göttinnen des Himmels, sicherlich ist ihr Eingreifen zu wünschen." Aber wenig später wird sich Mohammed darüber klar, daß ihm diese Worte durch Satan eingegeben waren. Anstelle dieses Ausspruchs setzte er ein: „In Wahrheit sind sie nur Namen, die ihr und euere Väter ihnen gegeben habt. Gott aber weist ihnen keine Macht zu."

Dieses Vorkommnis ist aus zwei Gründen instruktiv. Vor allem zeugt es von der Aufrichtigkeit des Propheten: er erkennt, daß er beim Vortrag der durch göttliche Inspiration gegebenen Worte durch Satan getäuscht worden ist[15], und er rechtfertigt den Austausch der beiden Verse durch die Allmacht und absolute Freiheit Gottes[16]. In der Tat ist der Koran das einzige heilige Buch, das die Freiheit zur Absetzung gewisser Passagen seiner Verkündigung kennt.

Für die reiche Oligarchie der Quraischiten kam ein Verzicht auf das Hei-

---

[14] Die Sünder werden zu dem Schwur, daß sie keinen oder keine einzige Stunde in ihren Gräbern geblieben sind, bereit sein (vgl. 10, 46 ff, 46, 34 ff usw.).

[15] Es ist sehr wahrscheinlich, daß Mohammed die drei Göttinnen als fürsprechende Engel auffaßte. Tatsächlich wurde der Glaube an Engel vom Islam akzeptiert, und die Angelologie spielte später im Schiismus eine bedeutende Rolle (vgl. § 273). Als er sich aber des Risikos bewußt wurde, das die Fürsprache durch die Göttinnen (= Engel) für seine strikt monotheistische Religion mit sich brachte, hob Mohammed die beiden Verse auf.

[16] Sure 2, 100: „Was wir auch an Versen aufheben oder in Vergessenheit bringen, wir bringen dafür bessere oder gleiche. Weißt du nicht, daß Allah über alle Dinge Macht hat?"

dentum einem Verlust der Privilegien gleich. Mehr noch: in Mohammed den wahren Apostel Gottes zu erkennen brachte gleichzeitig die Erkenntnis seiner politischen Überlegenheit mit sich. Für einen großen Teil der Bevölkerung ging es zuerst einmal darum, daß Mohammed durchaus im Alltäglichen lebte. „Was hat der Prophet schon? Er ernährt sich von normaler Speise, er läuft auf den Märkten herum. Wenn wenigstens ein Engel aus ihm träte, der mit ihm zusammen uns ein Warner wäre" (25,7). Man verlachte seine Erleuchtungen, meinte, daß sie entweder von Mohammed erfunden oder die Eingebung eines Dschinn wären. Hauptsächlich rief die Ankündigung des Weltendes und der Auferstehung im Fleische beißenden Spott hervor. Die Zeit schritt fort, und die endzeitliche Katastrophe ließ auf sich warten[17].

Man warf ihm auch das Fehlen von Wundern vor: „Nimmer glauben wir dir, bis du uns aus der Erde eine Quelle hervorbrechen läßt, oder bis du einen Palmen- und Rebengarten besitzest, in dessen Mitte du die Bäche hervorströmen läßt... oder Allah und die Engel als Bürgschaft bringst... oder in den Himmel steigst; und wir wollen nicht eher dein Himmelaufsteigen glauben, als bis du uns ein Buch herabgesandt hast, das wir lesen können" (17,92–95).

261. Die ekstatische Fahrt zum Himmel und das Heilige Buch

Kurzum: man verlangte von Mohammed, die Wahrheit seiner prophetischen Berufung zu beweisen, indem er zum Himmel aufsteige und von dort ein Heiliges Buch mitbringe. Mit anderen Worten: Mohammed sollte sich dem berühmten Vorbild des Mose, des Daniel, des Henoch, des Mani und anderer göttlicher Boten anschließen, die bei ihrem Aufstieg zum Himmel Gott begegnet waren und aus seiner eigenen Hand das Buch der göttlichen Offenbarung erhalten hatten. Diese Vorstellung gab es bei den orthodoxen Juden und in der jüdischen Apokalyptik ebenso wie bei den Samaritanern, bei den Gnostikern und den Mandäern. Ihren Ursprung hat sie bei dem legendären mesopotamischen König Emmenduraki und ist eng mit der Königsideologie verbunden[18].

Antworten und Rechtfertigungen des Propheten entwickelten sich in dem Maße, wie sich die Anklagen der Ungläubigen präzisierten. Wie so viele andere Propheten und Apostel vor ihm, wie auch mancher seiner Rivalen, sah Mohammed sich als den Apostel, den Gesandten Gottes *(rasūl Al-*

---

[17] Mohammed bestand auf der Unausweichlichkeit des Weltendes. Er hatte nicht festgelegt, wann das Ereignis eintreten werde, wenn auch manche Suren den Schluß zulassen, es werde sich während seines Lebens ereignen.
[18] Siehe G. *Widengren*, The Ascension of the Apostle and the Heavenly Book 7 ff; *ders.*, Muhammad, the Apostle of God, and his Ascension 115 f u. ö.

lah)[19], der seinen Mitbürgern eine göttliche Offenbarung brachte. Der Koran ist die „Verkündigung in klassischer arabischer Sprache" (26,193); den Bürgern Mekkas ist er vollständig verständlich, und wenn sie dennoch in ihrem Unglauben verharren, dann ist es – aus Hochmut oder aus Leichtsinn – ein Zeichen von Blindheit gegenüber dem göttlichen Zeichen (23,68; 27,14; 33,68 usw.). Überdies wußte Mohammed genau, daß solche Prüfungen bereits andere gottgesandte Propheten auf sich genommen hatten: Abraham, Mose, Noach, David, Johannes der Täufer (21,66ff; 76ff). Denn immer noch ist der Aufstieg zum Himmel *(mi'rädsch)* ein eindeutiger Beweis für die Ungläubigen. „Preis dem, der seinen Diener des Nachts entführt von der heiligen Moschee zur entferntesten Moschee, deren Umgebung wir gesegnet haben, um ihm unsere Zeichen zu zeigen" (17,1). Der Überlieferung nach fand die nächtliche Reise um das Jahr 617 oder 619 statt. Auf der geflügelten Stute al-Burāq reitend, besuchte Mohammed das irdische Jerusalem und gelangte bis in den Himmel. Spätere Quellen berichten ausführlich von dieser ekstatischen Reise. Die Schilderung ist nicht immer die gleiche. Manchen Berichten zufolge betrachtet der Prophet von seinem geflügelten Pferd aus die Unterwelt und das Paradies, nähert sich schließlich dem Throne Allahs. Die Reise dauert nur einen Moment: die Kruke, die Mohammed bei der Abreise ausgeschüttet hatte, hatte sich noch nicht vollständig geleert, als er wieder in sein Zimmer gelangte.

Eine andere Überlieferung wählt als Bild eine Leiter, die Mohammed, geführt vom Engel Gabriel, bis zu den Pforten des Himmels hinansteigt. Er kommt vor Allah und erfährt aus dessen Mund, daß er ihn vor allen anderen Propheten auserwählt habe, daß er, Mohammed, sein „Freund" sei. Gott selbst vertraut Mohammed den Koran und manches Wissen über überweltliche Dinge an, das er den Gläubigen nicht mitteilen darf[20].

Diese ekstatische Reise spielt in der Mystik und der Theologie der späteren Muslime eine zentrale Rolle. Sie zeigt einen spezifischen Zug im Geiste Mohammeds und des Islams auf, dahingehend, von nun an wissentlich und gewollt Handlungen, Ideen und mythisch-rituelle Vorstellungen aus früheren Überlieferungen in die Form einer neuen religiösen Synthese zu gießen. Wir haben gerade gesehen, wie die islamische Tradition das uralte Motiv des Heiligen Buches, das von einem Apostel auf seiner himmlischen Reise in Empfang genommen wurde, von neuem mit Wert und Sinn füllt. Später

---

[19] Vgl. *G. Widengren,* The Apostle of God 16 f. Es handelte sich um eine im Vorderen Orient oft verwendete Formel, die von den schiitischen Imāmen wiederaufgenommen werden sollte (vgl. ebd., Kapitel 2).
[20] Siehe die von *G. Widengren,* Muhammad, the Apostle of God 102 ff, übersetzten und kommentierten Texte. Die Übersetzung langer Auszüge aus al-Baghawī und Suyūti findet man bei *A. Jeffrey,* Islam 35 ff. Manche Gelehrten meinen, daß Dante aus der Übersetzung des arabischen Textes über den *mi'rädsch* ins Lateinische eine Menge Details übernommen habe, als er die Göttliche Kommödie schrieb. Siehe *E. Cerulli,* Il „Libro della Scala"; s. *A. Palacios,* La escatologia musulmana en la Divina Comedia.

werden wir die Ergebnisse der Auseinandersetzung mit dem Judentum und anderen religiösen Traditionen sehen, Auseinandersetzung auch mit der heidnischen und vergessenen Tradition, der der Ka'ba.

262. Der Auszug nach Medina

Die Position Mohammeds und seiner Anhänger wurde beständig schwieriger. Die Würdenträger Mekkas beabsichtigten, sie von den Rechten ihrer jeweiligen Stämme auszuschließen. Denn der einzige Schutz für die Araber war die Zugehörigkeit zu einem Stamm. Trotzdem wurde Mohammed von seinem Onkel Abū Tālib verteidigt, wenn dieser auch nie den Islam annahm. Nach dessen Tod gelang es aber seinem Bruder, Abū Lahab, Mohammed seiner Rechte zu entheben. Das durch die immer heftigere Opposition von seiten der Quraischiten aufgeworfene Problem wurde theologisch gelöst: Allah selbst war es, der dies wollte. Die blinde Verfallenheit an den Polytheismus war seit Ewigkeit von Allah beschlossen (vgl. 16, 39; 10, 75; 6, 39). Daher war der Bruch mit den Ungläubigen unvermeidbar. „Ich verehre nicht das, was ihr verehrt, ihr verehrt nicht das, was ich verehre" (109, 1–2).

Um das Jahr 615 ermutigte Mohammed eine Gruppe von siebzig bis achtzig Muslimen, in ein christliches Land, Abessinien, auszuwandern, da er sie vor Verfolgern schützen wollte und weil er auch eine gewisse Art Schisma fürchtete[21]. Der Prophet, der anfangs meinte, nur gesandt zu sein, um die Quraischiten zu bekehren, nahm jetzt Verbindung zu den Nomaden und den Bewohnern der beiden Oasenstädte Ta'if und Yathrib auf. Bei den Nomaden und Beduinen von Ta'if blieb er erfolglos, aber die Beduinen von Yathrib, dem späteren Medina, waren aufgeschlossener. Mohammed beschloß, sich nach Yathrib ins Exil zu begeben, wo die traditionelle Religion nicht durch wirtschaftliche oder politische Interessen beeinträchtigt war und wo sich auch viele Juden, also Monotheisten, befanden. Darüber hinaus waren die Kräfte dieser Oasenstadt durch einen langen Bürgerkrieg erschöpft. Manche Stämme meinten, daß ein Prophet, dessen Autorität sich nicht auf das Geblüt, sondern auf die Religion gründete, von Rücksichtnahmen auf seinen Stamm frei sein müßte und die Rolle eines Schiedsrichters übernehmen könnte. Einer der dominierenden Stämme hatte bereits den Islam angenommen und war überzeugt, daß Gott Mohammed mit einer Botschaft an alle Araber gesandt hätte.

Anläßlich einer Pilgerfahrt nach Mekka im Jahre 622 sprachen 75 Männer und zwei Frauen aus Yathrib ihr Vertrauen zu dem Propheten aus und verpflichteten sich durch einen heiligen Eid, für ihn zu kämpfen. Die Gläu-

---

[21] *Watt,* a.a.O. 115 ff.

bigen verließen dann Mekka in kleinen Gruppen in Richtung Yathrib. Der Weg durch die Wüste dauerte neun Tage (mehr als 300 km). Mohammed war einer der letzten, der in Begleitung seines Schwiegervaters Abū Bakr aufbrach. Am 24. September kamen sie in Qobā, einem kleinen Ort in der Gegend von Medina, an. Die Emigration, die Hedschra (arabisch *al-Hijra*), wurde dann erfolgreich beendet. Wenig später kam der Prophet in Medina an und ließ seine Kamelstute den Ort des künftigen Verweilens wählen. Das Haus, das auch als Versammlungsort der Gläubigen bei gemeinsamen Gebeten diente, war erst nach einem Jahr fertiggestellt, da man auch Unterkünfte für die Frauen des Propheten bauen mußte.

Die religiöse und politische Aktivität Mohammeds in Medina unterschied sich deutlich von der der mekkanischen Periode. Manifestiert ist dieser Wechsel in den Suren, die nach der Hedschra diktiert wurden. Sie beziehen sich hauptsächlich auf die Organisation der Gemeinde der Gläubigen *(umma)*[22] und auf ihre sozioreligiösen Einrichtungen. Die theologische Struktur des Islams war in dem Moment, als der Prophet Mekka verließ, festgeschrieben. In Medina aber verdeutlichte er die kultischen Regeln (Gebete, Fasten, Almosen und Wallfahrten). Von Anfang an legte Mohammed eine außergewöhnliche politische Vernunft an den Tag. Er verwirklichte die Vereinigung der Muslime, die von Mekka gekommen waren (die Emigranten) mit den Übergetretenen aus Medina (den Helfern), indem er sich zu ihrem einzigen Herrn ausrief. Die Stammesverpflichtungen gab man also auf. Von nun an gab es nur noch eine Gemeinschaft der Muslime, die als theokratisch geführte Gesellschaft organisiert war. In der wahrscheinlich im Jahre 623 gegebenen Verfassung bestimmte Mohammed, daß die Emigrierten und die Helfer (d. h. die *umma*) ein einziges, von allen anderen unterschiedenes Volk bilden sollten. Währenddessen präzisierte er die Rechte und Pflichten der anderen Stämme, auch die der jüdischen. Sicherlich waren nicht alle Einwohner Medinas mit den Unternehmungen Mohammeds einverstanden, doch sein politisches Ansehen wuchs in dem Maße, wie seine militärischen Erfolge zunahmen. Hauptsächlich sicherten aber die neuen Offenbarungen, die ihm durch den Engel mitgeteilt wurden, den Erfolg seiner Entscheidungen[23].

Die größte Enttäuschung Mohammeds in Medina war die Reaktion der drei jüdischen Stämme. Vor der Auswanderung hatte Mohammed Jerusalem als Orientierungspunkt *(quibla)* für Gebete gewählt, wie es der jüdi-

---

[22] Bezüglich der Bedeutung und Geschichte dieses Ausdrucks siehe das jüngst erschienene Werk *F. M. Denny*, The Meaning of Ummah in the Qur'ān".
[23] Als die Mediner anläßlich des ersten Raubzuges der „Emigrierten" von Sakrileg sprachen, da sie die Ruhe des heiligen Monats verletzt hatten (rajab, Dezember 623), erhielt Mohammed diese göttliche Botschaft: Sure 2, 214: „Kämpfen in ihm (dem heiligen Monat) ist schlimm; aber Abwendigmachen von Allahs Weg und ihn und die heilige Moschee verleugnen und sein Volk daraus vertreiben, ist schlimmer bei Allah, und Verführung ist schlimmer als Totschlag."

schen Praxis entsprach. Einmal in Medina angekommen, übernahm er andere israelitische Rituale. Die Suren, die in den ersten drei Jahren der Hedschra diktiert wurden, legen Zeugnis ab von seiner Anstrengung, die Juden zum Übertritt zu bewegen.

„O Volk der Schrift, gekommen ist nunmehr zu euch unser Gesandter, euch aufzuklären über die Zwischenzeit zwischen dem Erscheinen der Propheten, damit ihr nicht sagt: Zu uns kommt weder ein Freudenbote noch ein Warner" (5,22). Mohammed wollte den Juden erlauben, ihre rituellen Traditionen zu wahren, wenn sie ihn als Propheten anerkennen würden[24]. Doch die Juden zeigten sich immer feindseliger: sie zeigten Irrtümer im Koran auf und bewiesen, daß Mohammed das Alte Testament nicht kannte.

Der Bruch fand am 11. Februar 624 statt, als der Prophet eine neue Offenbarung erhielt, dahingehend, die Muslime sollten ihre Gebete nicht mehr nach Jerusalem, sondern nach Mekka ausrichten (2,136). Mit genialer Intuition verkündete Mohammed, daß die Ka'ba von Abraham und seinem Sohn Ismael gebaut worden sei (2,127). Nur infolge der Sünden der Ahnen befände sich das Heiligtum nun in den Händen der Götzendiener. Von nun an „hat die arabische Welt ihren Tempel, der älter ist als der Jerusalems. Die Welt hat ihren Monotheismus, den *Hanifismus* (...). Auf diese Weise kehrte der Islam, der einen Moment von seinen Ursprüngen abgewandt war, zu diesen zurück."[25]

Die religiösen und politischen Konsequenzen dieser Entscheidung waren beachtlich: einerseits war die Zukunft der arabischen Einheit gesichert, andererseits führen die späteren Gedanken bezüglich der Ka'ba[26] zu einer Theologie des Heiligtums unter dem Vorzeichen des ältesten, also des wahren Monotheismus. Von diesem Augenblick an setzte sich Mohammed vom Judentum wie auch vom Christentum ab. Die beiden Buchreligionen konnten ihre ursprüngliche Reinheit nicht wahren, deshalb hatte Gott seinen letzten Boten gesandt, und deshalb ist der Islam dazu bestimmt, dem Christentum nachzufolgen, wie dieses dem Judentum gefolgt war.

263. Vom Exil zum Triumph

Um bestehen zu können, waren Mohammed und die Exilierten gezwungen, Überfälle auf Karawanen aus Mekka zu unternehmen. Ihr erster Sieg fand bei Badr im März des Jahres 627 (vgl. 3,123) statt. Sie verloren 14 Männer, die Götzendiener 70 und 40 Gefangene. Die beachtliche Beute wie auch das Lösegeld für die Gefangenen wurden von Mohammed seinen Mitkämpfern

---

[24] Vgl. *Watt,* Mohammad at Medina 199 ff.
[25] *Blachère,* a. a. O. 104.
[26] Siehe beispielsweise *H. Corbin,* Die Gestalt der Ka'ba als Geheimnis des geistlichen Lebens.

zu gleichen Teilen übergeben. Einen Monat später zwang der Prophet einen der drei jüdischen Stämme, Medina zu verlassen. Sie mußten ihre Häuser und Besitztümer zurücklassen. Im folgenden Jahr wurden die Muslime bei Uhud von einer mekkanischen Armee, die auf 3000 Mann geschätzt wird, geschlagen. Mohammed selbst wurde verletzt. Das entscheidende Ereignis in diesem religiösen Kleinkrieg aber war die „Graben"-Schlacht. Man hatte nämlich auf den Rat eines Persers hin Gräben vor die Wege, die in die Oasenstadt führten, gezogen. Nach der Überlieferung hatten 4000 Mekkaner Medina vergeblich zwei Wochen lang belagert. Ein Tornado versprengte sie. Während der Belagerung fiel Mohammed das seltsame Gebaren einiger scheinbarer Konvertiten und der Qoraïza, des letzten in Medina verbliebenen jüdischen Stammes, auf. Nach dem Sieg klagte er die Juden des Verrats an und befahl ihre Tötung.

Im April 628 gab eine neue Offenbarung (48,27) Mohammed die Gewißheit, daß die Gläubigen die Pilgerfahrt zur Ka'ba unternehmen könnten. Obwohl einige zögerten, näherte sich die Karawane der Gläubigen der Heiligen Stadt. Es gelang ihnen nicht, Mekka zu betreten, aber der Prophet münzte diese halbe Niederlage in einen Sieg um: er verlangte von den Gläubigen den Schwur absoluter Treue (48,10) gegenüber ihm als dem direkten Vertreter Gottes. Ein solcher Schwur war nötig, denn wenige Zeit später schloß er mit den Mekkanern einen Waffenstillstand, der demütigend erscheinen konnte, ihm aber erlaubte, die Pilgerfahrt nach Mekka im folgenden Jahr durchzuführen. Mehr noch: die Quraischiten sicherten den Muslimen einen zehnjährigen Frieden zu.

Tatsächlich betrat der Prophet im Jahre 629, begleitet von 2000 Gläubigen, die Stadt, die zeitweise von den Polytheisten verlassen worden war und vollzog das Ritual der Pilgerschaft. Der Triumph des Islam war augenfällig. Darüber hinaus entschlossen sich zahlreiche Beduinenstämme und auch Vertreter der quraischitischen Oligarchie zur Konversion. Im selben Jahr sandte Mohammed eine Expedition nach Muta, das an der Grenze des byzantinischen Reiches liegt. Der Mißerfolg dieser Expedition minderte sein Ansehen in keiner Weise. Muta stellte die Grundrichtung dar, in welche der Islam verkündet werden müsse. Die Nachfolger Mohammeds haben das wohl verstanden.

Im Januar 630 brach Mohammed mit (der Tradition nach) 10000 Männern unter dem Vorwand, die Mekkaner hätten einen feindlichen Stamm unterstützt, den Waffenstillstand und besetzte die Stadt ohne Schwertstreich. Die Götzenbilder der Ka'ba wurden vernichtet, das Heiligtum gereinigt und alle Privilegien der Polytheisten abgeschafft. Einmal Herr der Heiligen Stadt, zeigte Mohammed sich von großer Toleranz. Mit Ausnahme von sechs seiner ärgsten Feinde, die exekutiert wurden, verbot er den Seinen, sich an den Einwohnern zu rächen. Von seinem bewundernswerten politischen Instinkt geleitet, richtete Mohammed die Hauptstadt seines theokratischen Staates nicht in Mekka ein, sondern kehrte nach seiner Pilgerfahrt nach Medina zurück.

Im folgenden Jahr 631 begab sich Mohammed nicht selbst auf die Pilgerfahrt, sondern schickte als seinen Vertreter Abū Bakr. Bei dieser Gelegenheit verkündete Mohammed durch eine neue Offenbarung den totalen Krieg gegen den Polytheismus. „Gott und sein Prophet verachten die Götzendiener ... Wenn die heiligen Monate verflossen sind, so erschlagt die Götzendiener, wo ihr sie findet ... So sie jedoch bereuen und das Gebet verrichten und die Armensteuer zahlen, so laßt sie ihres Weges ziehen. Allah ist verzeihend und barmherzig. So einer der Götzendiener dich um Zuflucht angeht, so gewähre ihm Zuflucht, auf daß er Allahs Wort vernimmt. Alsdann laß ihn die Stätte seiner Sicherheit erreichen. Solches, weil sie unwissendes Volk sind" (9, 3–6)[27].

Wie von einer Vorahnung getrieben, begab sich Mohammed im Februar und März des Jahres 632 nach Mekka. Es war dies seine letzte Pilgerfahrt. Bei dieser Gelegenheit schrieb er minutiös alle rituellen Einzelheiten der Hadsch vor, die bis in unsere Zeit verfolgt werden. Und der Engel diktierte ihm folgende Worte Gottes: „Heute habe ich euch vollendet eueren Glauben und habe erfüllt an euch meine Gnade, und es ist mein Wille, daß der Islam euer Glauben sei" (5, 3). Der Tradition zufolge hat Mohammed am Ende dieser „Abschiedspilgerfahrt" ausgerufen: „Mein Herr! Habe ich meine Mission gut erfüllt?", und die Menge soll geantwortet haben: „Ja! Du hast sie gut erfüllt."

Nach Medina zurückgekehrt, wurde Mohammed in den letzten Maitagen des Jahres 632 krank. Er starb am 8. Juni in den Armen seiner Lieblingsfrau Ā'ischa. Die Verwirrung war groß. Manche glaubten nicht an den Tod des Propheten. Sie glauben, daß Mohammed wie Jesus in den Himmel aufgestiegen sei. Seine Leiche wurde nicht auf dem Friedhof beigesetzt, sondern in einem Teil des Zimmers von Ā'ischa, wo sich heute ein Grabdenkmal erhebt, das für die Muslime fast genauso heilig ist wie die Ka'ba. Abū Bakr wurde zum Kalifen gewählt, d. h. zum Nachfolger des Propheten. Er wandte sich an die Gläubigen mit den Worten: „Wenn irgend jemand Mohammed verehrt, so ist Mohammed tot. Wenn aber jemand Gott verehrt, dann lebt Mohammed fort und stirbt nicht."

---

[27] Monotheisten und Völkern, die ein Buch besaßen, rief Mohammed bei anderer Gelegenheit in Erinnerung, daß sie erfüllen sollten „die Thora und das Evangelium und was hinabgesandt ward zu euch von eurem Herrn ... Siehe, die Gläubigen und die Juden und die Sabäer und die Nazarener – wer da glaubt an Allah und an den Jüngsten Tag und das Rechte tut –, keine Furcht soll über sie kommen und nicht sollen sie traurig sein" (= Sure 5, 72–73).

264. Die Botschaft des Koran

Die Religionsgeschichte und die Universalgeschichte kennen keine Beispiele, die dem Unterfangen Mohammeds vergleichbar wären. Die Besetzung Mekkas und die Gründung eines theokratischen Staates beweisen, daß das politische Genie Mohammeds nicht geringer als sein religiöses war. Es ist wahr, daß die Umstände, besonders die Dekadenz der Oligarchie Mekkas für den Propheten günstig waren. Aber sie erklären weder die Theologie noch die Verkündigung oder den Erfolg Mohammeds. Auch erklären sie nicht die Beständigkeit seiner Schöpfung: den Islam und die muslimische Theokratie.

Es ist unzweifelhaft, daß der Prophet gewisse religiöse Vorstellungen und Gebräuche der Juden und der Christen direkt oder indirekt kannte. Vom Christentum besaß er nur ungenaue Kenntnisse. Er spricht von Jesus und Maria, unterstreicht aber, daß sie nicht göttlicher Natur waren (5, 16–20), daß sie geschaffen wurden (3, 59). Bei verschiedenen Gelegenheiten macht er Anspielungen auf die Kindheit Jesu, auf seine Wunder und seine Getreuen (Apostel). Gegen die Auffassungen der Juden und in Übereinstimmung mit den Gnostikern und den Doketen verneint Mohammed die Kreuzigung und den Tod Jesu[28]. Deswegen erkennt er seine Rolle als Erlöser, die Botschaft des Neuen Testamentes, die Sakramente und die christliche Mystik nicht an. Der Prophet nennt die christliche Trias: Gott-Jesus-Maria. Seine Informationen stammten wahrscheinlich aus der monophysitischen Kirche Abessiniens, in der die heilige Jungfrau in besonderer Weise verehrt wird[29]. Andererseits erkennt man gewisse Einflüsse des Nestorianismus, beispielsweise seinen Glauben, daß der Tod die Seele vollkommen bewußtlos mache und daß die des Glaubens wegen Gestorbenen sofort ins Paradies kämen. Die Auffassung von einer sukzessiven Offenbarung teilen auch viele jüdisch-christlich-gnostische Sekten.

Aber die Berufung Mohammeds und die Struktur seiner Verkündigung wird durch keinen äußeren Einfluß erklärt. Indem er das drohende Gericht verkündete und daran erinnerte, daß der Mensch vor dem Throne Gottes allein ist, zeigte Mohammed die religiöse Nichtigkeit der Stammesbeziehungen auf. Er hat aber die Menschen in eine neue Gemeinschaft integriert, die religiöser Natur war, in die *umma*. Er schuf also die arabische Nation, erlaubte aber auch der muslimischen Ausbreitung, die Gemeinschaft der Gläubigen über die ethnischen und rassenmäßigen Grenzen auszudehnen. Die in den Stammeskämpfen vergeudete Energie wurde in

---

[28] Sure 4, 156: „Und nicht töteten sie ihn in Wirklichkeit, sondern es erhöhte ihn Allah zu sich."
[29] Vgl. *T. Andrae*, Les origines de l'Islam et le Christianisme 209 f. Man muß auch der Tatsache Rechnung tragen, daß die Vokabel, die den „Geist" bezeichnet, in den semitischen Sprachen femininum ist.

auswärtige Kriege gegen die Heiden gelenkt, in Kriege, die im Namen Allahs und für den totalen Triumph des Monotheismus unternommen wurden. Dennoch erreichte Mohammed in den Feldzügen gegen die Nomadenstämme und hauptsächlich gegen die Mekkaner durch Verhandlungen mehr als durch Waffen. Dies stellte ein exemplarisches Modell für seine Nachfolger, die Kalifen, dar.

Schließlich hob er seine Mitbürger, indem er ihnen den Koran gab, in den gleichen Rang wie die beiden anderen „Schriftvölker". Das Arabische machte er sowohl zur literarischen als auch zur theologischen Sprache und erwartete, daß es die Sprache einer ökumenischen Kultur werden sollte.

Von der religiösen Morphologie aus betrachtet, ist die Botschaft Mohammeds, so wie sie im Koran formuliert ist, der vollkommenste Ausdruck eines absoluten Monotheismus. Allah ist Gott, der einzige Gott. Er ist vollständig frei, allwissend und allmächtig. Er ist der Schöpfer der Erde und der Himmel, der Schöpfer aller Dinge. Der Schöpfung „fügt er das hinzu, was er will" (35,1). Dank dieser fortschreitenden Schöpfung „folgen die Nächte auf die Tage, fällt der Regen vom Himmel" und „das Schiff fährt auf dem Meer" (2,164). Mit anderen Worten: Allah beherrscht nicht nur die kosmischen Rhythmen, sondern auch die Taten der Menschen. Dennoch sind alle seine Handlungen frei und in letzter Instanz seinem Willen entstammend, da sie einzig und allein von seiner Entscheidung abhängen. Allah besitzt die Freiheit, sich zu widersprechen, was in der Streichung einiger Suren deutlich wird (vgl. S. 75 Anm. 15).

Der Mensch ist schwach. Seine Schwäche ist nicht die Folge einer Erbsünde, sondern besteht darin, daß er nur ein Geschöpf ist. Dennoch findet er sich in einer Welt, die infolge der Offenbarung, die Gott seinem letzten Propheten gab, wieder heilig geworden ist. *Jede Handlung,* sei sie physiologisch, psychisch, sozial oder historisch, fällt unter das Gericht Gottes, einfach deswegen, weil sie durch die Gnade Gottes entstanden ist. In der Welt gibt es *nichts,* was frei und unabhängig von Gott wäre. Aber Allah ist mitleidsvoll, und sein Prophet hat eine Religion, die viel einfacher ist als die beiden vorhergehenden monotheistischen Religionen, verkündet. Der Islam besitzt keine Kirche und kennt keine Opfer. Der Kult kann überall ausgeübt werden. Es ist nicht nötig, ihn in einem Heiligtum auszuüben[30]. Das religiöse Leben wird durch Institutionen geregelt, die auch juridischen Charakter haben, hauptsächlich durch die fünf „Pfeiler des Glaubens". Der bedeutendste „Pfeiler" ist die *salāt,* das Pflichtgebet, das die täglichen fünf Prosternationen beinhaltet. Der zweite ist die *zakāt* oder die gesetzmäßigen Almosen. Der Dritte ist die *sawn,* die während des ganzen Monats Ramadan befolgte Enthaltsamkeit vom Sonnenaufgang zum Sonnenuntergang. Der

---

[30] Es wird aber empfohlen, daß sich die Gläubigen freitags an einem öffentlichen Platz treffen sollen (vgl. 62,9).

vierte ist die Pilgerfahrt nach Mekka *(haddsch)*. Der fünfte beinhaltet das Glaubensbekenntnis *shahādat),* das heißt die Wiederholung der Formel: Es gibt nur Gott, und Mohammed ist sein Prophet."[31]

Da er die Schwäche der Menschen als gegeben hinnimmt, ruft der Koran nicht zur Askese oder zum Mönchtum auf. „O Kinder Adams, leget euren Putz an bei jeder Moschee und esset und trinket und schweifet nicht aus" (7, 31). In jedem Falle wendet sich der Koran nicht an Heilige oder Vollkommene, sondern er wendet sich an alle Menschen. Mohammed begrenzt die Zahl der Frauen auf vier rechtmäßige (4, 3), ohne aber die Zahl der Konkubinen und die der Sklavinnen festzulegen[32]. Soziale Unterschiede werden akzeptiert, aber alle Gläubigen sind in der umma gleich. Die Sklaverei ist zwar nicht abgeschafft, aber die Lage der Sklaven ist besser als im Römischen Reich.

Die Politik Mohammeds ähnelt der, die in den verschiedenen Büchern des Alten Testaments beschrieben ist. Sie wird direkt oder indirekt von Allah eingegeben. Die Weltgeschichte ist die ununterbrochene Manifestation Gottes. Sogar die Siege der Ungläubigen sind von Gott gewollt. Der totale und andauernde Krieg ist aber für die Konversion der ganzen Welt zum Monotheismus unerläßlich. In jedem Fall ist der Krieg dem Apostatentum oder der Anarchie vorzuziehen.

Offensichtlich scheinen die Rituale, die mit der Ka'ba – die als „Haus Allahs" angesehen wird – im Zusammenhang stehen, dem von Mohammed verkündeten absoluten Monotheismus zu widersprechen. Der Prophet wollte aber, wie wir weiter oben gezeigt haben (vgl. S. 83 ff), den Islam in die Tradition Abrahams einreihen. Zusammen mit den Symbolen und den Bildern, die im Koran verwendet werden – das Heilige Buch, die Auffahrt Mohammeds zum Himmel, die Rolle des Erzengels Gabriel – sollte die Pilgerfahrt von der späteren Theologie und Mystik beständig neu interpretiert und bewertet werden. Man muß auch der mündlichen Überlieferung in der *hadīthen* (den Dicta des Propheten) Rechnung tragen, die ebenfalls zahlreiche Interpretationen und Spekulationen zuläßt. Allah sollte immer seine Stellung als einziger Gott beibehalten und Mohammed stets der Prophet schlechthin sein. Wie das Judentum und das Christentum sollte aber auch der Islam eine gewisse Zahl von Vermittlern und Zwischengliedern akzeptieren.

---

[31] Diese Formulierung ist wörtlich im Koran nicht zu finden, aber ihr Sinn ist allgegenwärtig (vgl. *Watt,* Mohammad at Medina 308).
[32] Auf Kritik aus Europa antworteten manche Orientalisten, daß es sich im Vergleich zu der totalen sexuellen Freizügigkeit des vorislamischen Heidentums bereits um einen Fortschritt handelte. Diese Rechtfertigung des Islams, die auf soziologischem und moralischem Gebiet gültig ist, ist falsch, ist fast ein Sakrileg aus der Sicht der Korantheologie. Kein einziger Teil der Offenbarung bedarf einer Rechtfertigung.

265. Der Einfall des Islam in den Mittelmeerraum und den Vorderen Orient

Wie Hebräer und Römer, so sah der Islam – hauptsächlich in seiner ersten Phase – historische Ereignisse als Episode einer heiligen Geschichte an. Spektakuläre militärische Erfolge der ersten Kalifen sicherten das Überleben und schließlich den Triumph des Islam. Denn der Tod des Propheten leitete in der Tat eine Krise ein, die für die neue Religion fatal hätte enden können. Einer Tradition zufolge, die schließlich von der Mehrheit der Muslime angenommen wurde, hatte Mohammed keinen Nachfolger bestimmt. Abū Bakr, der Vater seiner Lieblingsfrau Ā'ischa, wurde schon vor der Beerdigung Mohammeds zum Kalifen gewählt. Andererseits kannte man aber die Vorliebe Mohammeds für Alī, den Mann seiner Tochter Fātima und den Vater seiner einzigen lebenden Enkel Hasan und Husain. Daher erschien es wahrscheinlich, daß Mohammed Alī als seinen Nachfolger auserwählt habe. Um aber die Einheit der *umma* zu wahren, nahmen Alī und seine Anhänger die Wahl Abū Bakrs hin. Da dieser aber alt war, zweifelte Alī nicht, daß er ihm bald nachfolgen werde. Im Augenblick ging es darum, eine tiefgreifende Krise des Islam zu vermeiden. Denn die Beduinenstämme begannen bereits sich abzuspalten, dennoch gelang es den Feldzügen Abū Bakrs, sie zu unterwerfen. Kurz danach organisierte der Kalif Raubzüge gegen Syrien, eine reiche Provinz unter byzantinischer Herrschaft.

Abū Bakr starb zwei Jahre später, 634, hatte aber als seinen Nachfolger bereits einen seiner Generäle, Omar, bestimmt. Als dieser große Stratege Kalif war (634–644), folgten die Siege der Muslime einander mit schwindelerregender Schnelligkeit. Im Jahre 636 verloren die Byzantiner, die in der Schlacht von Yarmuk besiegt worden waren, Syrien. Antiochia fiel im Jahre 637, und im gleichen Jahr brach das Reich der Sassaniden zusammen. Ägypten wurde im Jahre 642 erobert, Karthago im Jahre 694. Vor dem Ende des 7. Jahrhunderts beherrschte der Islam Nordafrika, Syrien und Palästina, Kleinasien, Mesopotamien und den Irak. Nur Byzanz leistete noch Widerstand, aber sein Territorium war beträchtlich reduziert[33].

Trotz dieser unvergleichlichen Erfolge wurde die Einheit der *umma* ernstlich gefährdet. Von einem persischen Sklaven tödlich verwundet, hatte Omar noch Zeit, sechs Gefährten des Propheten zur Wahl für seine Nachfolge zu bestimmen. Die sechs wählten den anderen Schwiegersohn des

---

[33] Zu Recht hat man diesen unaufhaltsamen Einbruch der Araber als eine letzte Welle der barbarischen Invasion in das Weströmische Reich aufgefaßt. Im Gegensatz zu den Barbaren ließen sich die Araber jedoch in den neuen Garnisonsstädten am Rand der Wüste nieder. Wenn sie Tribut zahlten, durften die unterworfenen Völker ihre Religion und ihre Sitten beibehalten. Die Situation wandelte sich spürbar, als ein großer Teil der städtischen Bevölkerung, voran die Funktionäre und die Intellektuellen, den Islam annahmen.

Propheten, Othmān, und übergingen Alī und seine Anhänger. (*Schīat Alī*, Partei des Ali oder *Schīa*, der Schiismus). Othmān gehörte dem aristokratischen Klan der Umayah an, die ehedem Feinde Mohammeds gewesen waren, und verteilte die Schlüsselpositionen des Reiches an die Würdenträger Mekkas. Nach seiner Ermordung durch Beduinen der ägyptischen und irakischen Garnison wurde Alī von den Medinensern zum Kalifen ausgerufen. Für die Schiiten, die außerhalb der Familie des Propheten und seiner Nachfolger keinen „Thronfolger" anerkannten, war Alī der erste wirkliche Kalif.

Währenddessen klagten Ā'ischa und eine Anzahl von Führern Mekkas Ali als Komplizen bei der Ermordung Othmāns an. Die beiden Parteien standen sich in der Kamelschlacht gegenüber, die so genannt wurde, weil sie sich um das Kamel der Ā'ischa abspielte. Alī machte eine Garnisonstadt des Irak zu seiner Hauptstadt. Sein Kalifentum wurde aber von Mu'āwiya, dem Gouverneur Syriens, Schwiegervater des Propheten und Cousin Othmāns bestritten. Der Armee Mu'āwiyas, die die beste des Reiches war, konnte Alī nur wenige disziplinierte Stämme entgegenstellen. Er wurde gezwungen, um den Titel zu verhandeln. Nach diesem Zeichen von Schwäche wurde Alī von einigen seiner Parteigänger verlassen, die seitdem als Chāridschiten, „Ausziehende", bekannt sind. Im Jahre 661 wurde Alī ermordet, und seine wenigen Anhänger proklamierten seinen ältesten Sohn Hasan als Kalifen. Mu'āwiya war von den Syrern bereits in Jerusalem zum Kalifen gewählt worden, und er überzeugte Hasan, zu seinen Gunsten abzudanken.

Mu'āwiya war ein fähiger militärischer Leiter und ein durchtriebener Politiker. Er organisierte das Reich neu und gründete die erste Dynastie der Kalifen, die Omayyaden (661-750). Die letzte Chance, die *umma* wieder zu einen, ging verloren, als Husain, der zweite Sohn Alīs, im Jahre 680 in Kerbela im Irak mit fast allen Familienmitgliedern getötet wurde. Dieses Massaker verziehen die Schiiten nie. Es löste in den folgenden Jahrhunderten Revolten aus, die von den regierenden Kalifen blutig unterdrückt wurden. Erst zu Beginn des zehnten Jahrhunderts erhielten die Schiiten das Recht, während der ersten zehn Tage des Monats Muharran öffentliche Feiern zur Erinnerung an den tragischen Tod des Imām Husain abzuhalten[34].

So war die *umma* dreißig Jahre nach dem Tode des Propheten gespalten. Dies ist sie heute noch. Es gibt drei Parteien: die Mehrheit der Gläubigen, die Sunniten, d. h. die Parteigänger der *sunna* (der Gewohnheit), die unter der Leitung des regierenden Kalifen stehen; die Schiiten, die der Linie des ersten „wahren" Kalifen, Alī, folgen und die Chāridschiten (die Ausziehenden), die glauben, allein die Gemeinschaft habe das Recht, ihren Leiter zu wählen, und die Pflicht, ihn abzusetzen, wenn er sich schwerwiegender

---

[34] Siehe das jüngst erschienene Werk *E. H. Waugh*, Muharram Rites: Community Death and Rebirth.

Vergehen schuldig mache. Wie noch darzulegen ist (vgl. Kap. 35), trug jede der Parteien zur Entwicklung der religiösen Institutionen, der Theologie und der Mystik der Muslime mehr oder weniger bei.

Hinsichtlich der Geschichte des von den ersten Kalifen begründeten Reiches sollte eine Darstellung der Hauptereignisse genügen. Die militärische Ausdehnung setzte sich bis ins Jahr 715 fort, als die Türken eine arabische Armee zwangen, auf die Gegend am Oxus zu verzichten. Im Jahre 717 endete die erste Expedition zur See gegen Byzanz mit schweren Verlusten. 732 vernichtete Karl Martell, der Herrscher der Franken, die Araber in der Nähe von Tours und zwang sie, sich auf die andere Seite der Pyrenäen zurückzuziehen. Dies war das Ende der militärischen Überlegenheit des arabischen Reiches. Die späteren Einfälle und Eroberungen des Islam waren das Werk von Muslimen, die aus ethnisch anderen Stämmen hervorgegangen sind.

Der Islam veränderte dann selbst einige seiner ursprünglichen Strukturen. Seit einiger Zeit schon wurde der Heilige Krieg im Sinne Mohammeds – als Bekehrung der Ungläubigen – mehr und mehr vernachlässigt. Die arabischen Armeen unterwarfen die Polytheisten, ohne sie zu bekehren, nur um ihnen höhere Steuern aufzuerlegen. Mehr noch: die Konvertiten hatten nicht die gleichen Rechte wie die Muslime. Seit 715 verstärkte sich die Spannung zwischen den Arabern und den Neuübertretenden ständig. Diese waren bereit, jede Revolution zu unterstützen, die ihnen die rechtliche Gleichstellung mit den Arabern versprach. Nach vielen Jahren Unruhe und militärischer Auseinandersetzung wurde die Dynastie der Omayyaden gestürzt und durch einen anderen einflußreichen mekkanischen Stamm, den der Abbasiden, ersetzt. Der neue Kalif erwies sich als siegreich, und dies nicht zuletzt durch die Hilfe der Schiiten. Aber die Lage der Schiiten änderte sich nicht: der zweite abbassidische Kalif, Al-Mansūr (554), ertränkte eine schiitische Revolution in Blut. Im Gegensatz dazu verringerte sich der Gegensatz zwischen den Arabern und den Neukonvertiten unter der Regierung der Abbasiden merklich.

Die ersten vier Kalifen hatten den Sitz der Regierung in Medina belassen. Mu'āwiya aber machte Damaskus zu seiner Hauptstadt. Von dieser Zeit an wurden die griechischen, persischen und christlichen Einflüsse unter der ganzen Dynastie der Omayyaden immer stärker. Sie lassen sich besonders in der religiösen und profanen Architektur nachweisen: die ersten großen Moscheen in Syrien übernahmen die Kuppel der christlichen Kirchen[35], und die Paläste, Villen, Gärten, der Mauerschmuck, die Mosaiken ahmten die Vorbilder aus dem hellenistischen Vorderen Orient nach[36].

Die Abbasiden vertieften diesen Prozeß der Angleichung an das kultu-

---

[35] Vgl. *E. B. Smith*, The Dome 41 ff.
[36] Vgl. *U. Monneret de Villard*, Introduzione allo studio dell'archeologia islamica 23 ff, 105 ff.

relle Erbe des Orients und des Mittelmeerraumes und entwickelten es weiter. Der Islam schuf eine städtische Kultur auf der Basis der Bürokratie und des Handels. Die Kalifen verzichteten auf ihre religiöse Funktion. Sie lebten isoliert in ihren Palästen und vertrauten den *ulemā*, den Theologen und Spezialisten des kanonischen Rechts, die Sorge um die täglichen Probleme der Gläubigen an. Im Jahre 762 wurde eine neue Hauptstadt, Bagdad, gegründet, die das Ende der arabischen Vorherrschaft bedeutete. Die Stadt ist in der Form eines Kreises, der durch ein Kreuz unterteilt ist, angelegt, sie ist eine *imago mundi* und das Zentrum des Reiches: die vier Tore deuten die vier Himmelsrichtungen an. Die Gründung Bagdads stand unter dem glückbringendsten Stern, dem Jupiter; ein persischer Astrologe hatte den Tag für den Beginn der Bauarbeiten bestimmt[37].

Al-Mansūr und seine Nachfolger wurden mit allem Prunk der sassanidischen Herrscher in ihr Amt eingesetzt. Die Abbasiden stützten sich hauptsächlich auf die Bürokratie, die in erster Linie persischen Ursprungs war, und auf die königliche Armee, die aus der iranischen militärischen Elite zusammengesetzt war. Die Iraner waren in großer Zahl zum Islam übergetreten und kehrten zu den politischen und verwaltungsmäßigen sowie höfischen Modellen der Sassaniden zurück. Die Architektur wurde vom sassanidischen und byzantinischen Stil geprägt.

Dies war auch eine Epoche, in der, über das Zwischenglied des Syrischen, philosophische, medizinische und alchimistische Werke der Griechen übersetzt wurden. Unter der Herrschaft Hārūn Ar-Raschīds (788–809) und der seiner Nachfolger erfuhr die Zivilisation der Spätantike des Mittelmeerraumes eine erste Renaissance arabischer Prägung. Sie vollendete, manchmal im Widerspruch zu iranischen Werten, den Ausgleichsprozeß, der durch die Abbasiden angeregt wurde[38]. Weiter unten (Kap. 35) wird von den Auswirkungen dieser Entdeckungen auf die Entwicklung der muslimischen Spiritualität und den durch sie geschaffenen Zwistigkeiten die Rede sein.

---

[37] Siehe die von *C. Eendell*, Baghdād: Imago Mundi 122, zitierten Quellen.
[38] Im eigentlichen Sinne handelt es sich um Schöpfungen eines unerschöpflichen iranischen Synkretismus (vgl. § 212).

VIERUNDDREISSIGSTES KAPITEL

Der westliche Katholizismus von Karl dem Großen bis Joachim von Fiore

266. Christentum im Hochmittelalter

Im Jahre 474 wurde Romulus Augustulus, der letzte Kaiser des Weströmischen Reiches, von einem Barbaren, Odowakar, abgesetzt. Während langer Zeit hielten die Historiker das Jahr 474 allgemein für das Ende des Altertums und den Anfang des Mittelalters. Das 1937 posthum erschienene Buch Henri Pirennes, *Mahomet et Charlemagne,* sah das Problem von einer ganz anderen Warte aus. Der große belgische Historiker lenkte die Aufmerksamkeit auf gewisse augenfällige Fakten. Einerseits bestanden die sozialen Strukturen des Kaiserreiches noch über zwei Jahrhunderte weiter, andererseits übernahmen die Barbarenkönige des 6. und 7. Jahrhunderts die römischen Methoden und hielten die vom Kaiserreich übernommenen Titel in Ehren. Mehr noch: die Handelsbeziehungen mit Byzanz und Asien blieben bestehen. Der Bruch zwischen Orient und Okzident vollzog sich nach Pirenne im 8. Jahrhundert, und maßgeblich hierfür war der Einbruch des Islam. Getrennt von den Kulturzentren im Mittelmeerraum, ruiniert durch die unaufhörlichen Einfälle und die Kriege im Inneren, verfiel der Okzident in die Barbarei. Die neue Gesellschaft, die sich aus den Ruinen erhob, basierte auf der ländlichen Autonomie; ihr Ausdruck wurde der Feudalismus. Dies war die neue Welt – das Mittelalter –, das zu organisieren Karl dem Großen schließlich gelang.

Die Hypothese Pirennes rief eine lange Kontroverse[1] hervor, und auch heutzutage wird sie nur zum Teil akzeptiert. Ihr kommt aber das Verdienst zu, die Wissenschaftler dazu gezwungen zu haben, den komplexen historischen Vorgang neu zu überdenken, der dazu führte, daß sich das westliche Mittelalter herauskristallisierte. Pirenne trug den tiefgreifenden Veränderungen, die durch das Christentum in den Okzident gebracht wurden, nicht Rechnung. Oder, wie es W. C. Bark gezeigt hat, daß das westliche Europa zwischen ungefähr 300 und 600 das Ergebnis zweier Faktoren ist: erstens des Christentums und zweitens des Aufeinanderprallens verschiedener Ge-

---

[1] Siehe die von *W. C. Bark,* Origins of the Medieval World 7ff, 114ff, zitierten Kritiken.

gebenheiten, so des schrittweisen Zusammenbruchs der römischen Wirtschaft und Provinzverwaltung, der Unruhe, die durch wiederholte Einfälle aufkam, der fortschreitenden Selbstgenügsamkeit einer Agrargesellschaft. Tatsächlich hätte der Einfluß der Kirche, wenn der Westen nicht geteilt, nicht arm und schlecht organisiert gewesen wäre, niemals so groß sein können[2].

Zu Anfang war die mittelalterliche Gesellschaft eine Gemeinschaft von Pionieren. Das Vorbild hierzu findet sich in etwa bei den Benediktinermönchen. Der Patriarch des westlichen Mönchtums, der hl. Benedikt (ungefähr 480–540) hatte eine Reihe kleiner Gemeinschaften organisiert, die wirtschaflich vollkommen selbständig waren. Wenn ein Kloster oder mehrere Klöster zerstört wurden, bedeutete dies nicht den Untergang der gesamten Institution. Die Einfälle der barbarischen Nomaden, auf die die Wikingerüberfälle folgten, hatten die Städte und damit die letzten Zentren der Kultur vernichtet. Die Überreste des Erbes der klassischen Kultur lebten in den Mönchsgemeinden fort[3]. Aber nur wenige Mönche hatten Muße, sich Studien zu widmen. Ihre Hauptaufgabe war es, das Christentum zu predigen und den Armen beizustehen. Darüber hinaus waren sie Baumeister, Ärzte, Metallarbeiter und hauptsächlich Landarbeiter. So haben die Mönche Werkzeuge und Methoden der Landwirtschaft in beachtlichem Maße verbessert[4].

Man hat die Mönchsgemeinschaften, die sich vollständiger wirtschaftlicher Selbständigkeit erfreuten, mit dem Feudalsystem der Besitzenden verglichen[5], das heißt mit den Ländereien, die der Grundherr seinen Vasallen als Lohn oder Vorausgabe für ihre militärischen Dienste zuteilte. Diese beiden „Keimzellen", die in der Lage waren, historische Katastrophen zu überstehen, bildeten die Grundsteine einer neuen Gesellschaft und einer neuen Kultur. Karl Martell hatte eine Vielzahl von Besitzungen, die der Kirche gehörten, säkularisiert, um sie seinen Untergebenen zuzuteilen. Dies war die einzige Möglichkeit, eine ergebene und schlagkräftige Armee zu einer Zeit zu bilden, in der kein Herrscher die Mittel hatte, seine Truppen selbst auszurüsten.

Wie bei der Behandlung des Rittertums zu zeigen sein wird (§ 267), sind das Feudalsystem und seine Ideologie germanischer Herkunft[6]. Dank dieser Einrichtung konnte der Westen die Folgen der zahllosen Krisen und Katastrophen, die seit dem Beginn des 5. Jahrhunderts aufeinanderfolgten, überstehen. Die Krönung Karls des Großen in Rom durch den Papst (800)

---

[2] Ebd. 26 f.
[3] Um das Jahr 700 hatte sich die westliche Kultur in die irischen und nordhumbrischen Klöster zurückgezogen. Von dort kamen hundert Jahre später die Gelehrten, die Theologen und Künstler.
[4] Siehe den Abriß über diese Neuerungen bei *Bark,* a. a. O. 80 ff.
[5] Vgl. *H. Trevor-Roper,* The Rise of Christian Europe 98 ff.
[6] Vgl. *C. Stephenson,* Medieval Feudalism 1 ff.

zum Kaiser des „Heiligen Römischen Reiches" hätte man sich ein halbes Jahrhundert zuvor noch nicht vorstellen können. Da zwischen den Herrschern und den Päpsten Spannungen vorhanden waren und schließlich zwischen manchen Königen und Fürsten der folgenden Jahrhunderte Eifersüchte, waren Rolle und Bedeutung des Römischen Reiches gefährdet und im allgemeinen begrenzt. Wir wollen aber nicht die politische und militärische Geschichte des Hochmittelalters berichten. Wesentlich scheint aber die Bemerkung zu sein, daß von nun an alle Institutionen – Feudalismus, Ritterschaft, Reich – religiöse Neuschöpfungen angeregt haben, die entweder unbekannt waren oder in der byzantinischen Welt nicht ausgestaltet wurden.

Geht man von der Anlage dieses Werkes aus, dann sind die liturgischen und sakramentalen Neuerungen[7] und diejenigen religiösen Elemente, die man als „Karolingische Renaissance" des 9. Jahrhunderts bezeichnet, zu vernachlässigen[8]. Doch scheint es erwähnenswert, daß die westliche Kirche in fünf Jahrhunderten wechselweise Perioden der Reform und des Verfalls, des Aufstiegs und des Niedergangs, der schöpferischen Fähigkeit und der Verknöcherung, der Öffnung und der Toleranz durchmachte. Ein Beispiel: nach der „Karolingischen Renaissance" war die Kirche im 10. und in der ersten Hälfte des 11. Jahrhunderts von neuem Verfallserscheinungen ausgesetzt. Sie erlangte aber aufs neue Ruhm und Macht mit der „Gregorianischen Reform", die von Gregor VII., im Jahre 1073 zum Papst gewählt, eingeleitet wurde.

Es ist schwierig, in wenigen Sätzen tiefer gehende Gründe dieses Wechsels aufzuzeigen. So mag die Anmerkung genügen, daß die Zeitabschnitte des Aufstiegs genau wie die des Niedergangs einerseits mit der Treue zur apostolischen Tradition, andererseits mit den eschatologischen Hoffnungen und der Rückbesinnung auf eine unmittelbare und tiefer gehende christliche Erfahrung im Zusammenhang stehen. Seit seinem Beginn hat das Christentum unter dem Zeichen der Apokalyptik gestanden. Mit Ausnahme des hl. Augustinus diskutierten die Theologen und Seher das Weltende und spekulierten über dessen Datum. Die Mythen vom Antichristen und dem endzeitlichen Kaiser faszinierten Kleriker wie Laien. Um die Jahrtausendwende wurde die Weltenderwartung auf dramatische Weise aktuell. Zu den Schrecken eschatologischer Art gesellten sich alle Arten von Unglück: Epidemien, Hungersnöte, dunkle Vorzeichen (Kometen, Sonnen- und Mondfinsternisse usw.)[9]. Die Gegenwart des Teufels war überall spür-

---

[7] Zum Beispiel die Aufgabe des Hochzeitslammes, die Bedeutung der Messe, die man von da an für die Lebenden und die Toten feiern konnte. Das Meßbuch, in dem die Gebete standen usw.
[8] Eine den Klerikern mehr gleichkommende Gruppe, das vertiefte Studium der korrekten lateinischen Sprache, verschiedene Reformen nach benediktinischem Vorbild usw.
[9] Siehe die von *G. Duby*, L'An Mil 105 ff, wiedergegebenen Texte.

bar. Die Christen führten diese Plagen auf ihre Sünden zurück. Der einzige Schutz waren die Buße und die Rückbesinnung auf die Heiligen und ihre Reliquien. Die Bußübungen waren von solcher Art, wie sie sich Sterbende auferlegen[10]. Auf der anderen Seite bemühten sich Bischöfe und Äbte, das Volk vor den Reliquien neu zu einen, „um den Frieden und den heiligen Glauben neu zu schaffen", wie es der Mönch Rodulf Glaber schreibt. Die Hand auf den Reliquien, schworen die Ritter den Friedensschwur: „Keine wie auch immer geartete Kirche werde ich überfallen ... weder Kleriker noch Mönche werde ich angreifen ... Rinder, Kühe und Schweine und Hammel werde ich nicht wegnehmen ... Bauern und Bäuerinnen werde ich nicht festnehmen ..." usw.[11]. Der „Gottesfriede" bedingte die Einstellung aller Kämpfe während der heiligsten Zeiten des liturgischen Jahres.

Gemeinsame Pilgerfahrten nach Rom, nach Jerusalem oder nach Santiago de Compostela erfuhren gewaltigen Aufschwung. Rodulf Glaber versteht die „heilige Reise" nach Jerusalem als eine Art der Todesvorbereitung und der Heilsversprechung. Die große Zahl der Pilger künde vom Erscheinen des Antichristen und dem nahen Weltende[12].

Als das Jahr 1033, das tausendste seit der Passion Christi, vergangen war, merkten die Christen, daß Bußübungen und Reinigungen ihr Ziel erreicht hatten. Rodulf Glaber zeigt die Zeichen der göttlichen Liebe auf: „Der Himmel begann zu lachen, er hellte sich auf, und es wehten günstige Winde ... Die ganze Erde kleidete sich in liebliches Grün, und es gab einen Überfluß an Früchten, der augenblicklich alle Hungersnot linderte ... Zahllose Kranke wurden gesund in Gemeinschaft mit allen Heiligen ... Die Menschen hoben die Hände zu Gott und riefen mit einer Stimme: Frieden! Frieden!"[13] In Übereinstimmung damit gab es gewisse Bemühungen, die Kirche wieder zu einen – hauptsächlich in der Benediktinerabtei Cluny. Überall im Westen baute man die Heiligtümer wieder auf, erneuerte die Basiliken, deckte die Reliquien auf. Missionen wurden nach Norden und Osten unternommen. Bezeichnender sind aber die Veränderungen, die unter dem Druck der Volksfrömmigkeit in der Kirche vorgenommen wurden. Die Feier der Eucharistie gewann außerordentliche Bedeutung. Mönche wurden zu Priestern geweiht, damit sie „an der Zurichtung des Leibes und Blutes Christi teilhaben konnten", damit sie „in der sichtbaren Welt das Heilige mehren konnten"[14]. Die Kreuzesverehrung nahm zu, denn sie ist das Zeichen der Menschwerdung Christi par excellence. Diese Höherwertung des

---

[10] „Genau im Jahre 1000 nahm die Kirche schließlich die drei alten Glaubensvorstellungen von der Gegenwart der Toten, von ihrem unsichtbaren Weiterleben, das aber dennoch von der fleischlichen Existenz wenig geschieden war, an" (*Duby*, ebd. 76).
[11] Siehe den Predigttext bei *G. Duby*, ebd. 171 ff.
[12] Der Text ist wiedergegeben bei *G. Duby*, ebd. 179.
[13] Siehe den Text bei *G. Duby*, ebd. 183 f.
[14] *G. Duby*, ebd. 219.

„fleischgewordenen Gottes"[15] wurde bald durch die Marienverehrung vervollständigt.

Der religiöse Vorstellungskomplex, der sich um die Schrecken und Hoffnungen des Jahres eintausend scharte, nahm in gewisser Weise die Krisen und Schöpfungen vorweg, die die folgenden fünf Jahrhunderte charakterisierten.

267. Übernahme und Neuinterpretation vorchristlicher Traditionen: Sakralkönigtum, Rittertum

Für die meisten germanischen Stämme war das Königtum vom Ursprung und Charakter her heilig. Die Gründer einer Dynastie kamen von den Göttern, hauptsächlich von Wotan[16]. Das „Glück" des Königs war der beste Beweis seiner heiligen Natur. Der König selbst brachte die Opfer für die Ernten und den Kriegserfolg dar. Er war ein charismatischer Mittler zwischen dem Volk und der Gottheit. Wenn er vom „Glück", d. h. von den Göttern, verlassen wurde, konnte er abgesetzt oder sogar getötet werden. Dies geschah in Schweden mit Domaldr nach einer Reihe von Mißernten[17]. Auch nach der Konversion zum Christentum war die Genealogie der Herrscher, d. h. ihre Abstammung von Wotan, von entscheidender Bedeutung[18].

Wie sonst überall, so bemühte sich die Kirche, diese Glaubensvorstellungen in die Heilsgeschichte des Christentums zu integrieren. So erklären sich auch einige Geneaologien Wotans als Sohn Noahs, der auf der Arche geboren sei, oder sie hielten ihn für einen Abkömmling einer Kusine der Jungfrau Maria[19]. Die auf dem Schlachtfeld gefallenen Könige – auch die der Heiden – wurden mit den heiligen Martyrern gleichgesetzt. Die christlichen Herrscher behielten zumindest teilweise das magisch-religiöse Ansehen ihrer Ahnen: sie berührten die Saat der späteren Ernte oder Kranke und Kinder[20]. Um die Verehrung der Königshügel einzudämmen, begrub man die Könige in den Kirchen.

Die augenfälligste Aufwertung des heidnischen Erbes bestand darin, daß

---

[15] Siehe die von *G. Duby*, ebd. 216 ff, zitierten Texte.
[16] Ein Großteil der angelsächsischen Könige leiteten ihren Ursprung von Wotan ab (vgl. die zitierten Texte bei *W. A. Chaney*, The Cult of Kingship in Anglo-Saxon England 33 ff). Die skandinavischen Könige stammten vom Gott Yngwi ab, der Frey gleichgesetzt wurde. Nach dem „Lai de Rig" war Heimdal (oder Rig) der Ahn aller Könige (ebd. 19), über das Königtum der alten Germanen siehe dieses Werk, Bd. II, 397 f.
[17] Siehe Ynglingasaga, Kap. 15 (18); vgl. ebd., Kap. 43 (47). Die Geschichte des letzten Sprößlings von Yngling, der wegen schlechter Ernten Odin geopfert wurde. Andere Beispiele bei *W. A. Chaney*, a. a. O. 86.
[18] Von acht Geschlechtern der englischen Königshäuser stammten sieben von Wotan ab; *W. A. Chaney*, a. a. O., 29.
[19] Siehe die bei *W. A. Chaney*, a. a. O., 42 zitierten Beispiele.
[20] Vgl. *M. Block*, Les rois thaumaturges; *W. A. Chaney*, a. a. O., 86 ff.

man den König zum *Christus Domini*, zum „Gesalbten des Herrn", erhob. Der König wurde so unverletzlich; jeder Anschlag gegen seine Person wurde als Sakrileg angesehen. Von nun an entstammte das religiöse Ansehen des Herrschers nicht mehr seiner göttlichen Abstammung, sondern seiner Heiligkeit, die ihn zum Gesalbten des Herrn machte[21]. „Ein christlicher König ist der Abgesandte Christi inmitten seines Volkes", behauptete ein Autor des 11. Jahrhunderts. „Durch die Weisheit des Königs wird das Volk glücklich *(gesaelig)*, reich und siegreich"[22]; dies eine Erhöhung des Gesalbten des Herrn, in der man den alten heidnischen Glauben erkennt. Indes ist der König nur noch der geheiligte Beschützer des Volkes und der Kirche, seine Mittlerfunktion zwischen den Menschen und der Gottheit wurde von da an durch die kirchliche Hierarchie ausgeübt.

Einen ähnlichen symbiotischen Beeinflussungsprozeß findet man auch bezüglich der Ritterschaft. Tacitus beschreibt knapp die militärische Rekrutierung bei den alten Germanen: inmitten der Versammlung der bewaffneten Krieger gibt ein Anführer oder der Vater dem jungen Mann Schild und Wurfspeer. Seit seiner Jugend hatte der junge Mann mit den Genossen *(comites)* eines Anführers *(princeps)* geübt, aber erst nach dieser Zeremonie wurde er als Krieger und Mitglied des Stammes anerkannt. Tacitus fügt hinzu, daß es schmachvoll für einen Anführer ist, wenn andere auf dem Schlachtfeld tapferer sind, und für seine Genossen ist es schmachvoll, weniger tapfer zu sein als er. Der, der den *princeps* überlebt und sich vom Schlachtfeld zurückzieht, fällt sein ganzes Leben in Ungnade. Den Anführer zu verteidigen, ist die heiligste Aufgabe aller seiner Genossen. „Die Anführer kämpfen um den Sieg, die Genossen für den Anführer." Als Gegenleistung werden sie vom Anführer verköstigt und erhalten die militärische Ausrüstung und einen Teil der Beute[23].

Diese Einrichtung bestand auch nach der Konversion der germanischen Stämme zum Christentum. Sie ist die Grundlage des Feudalismus und des Rittertums[24]. Im Jahre 791 erhielt Ludwig, der älteste Sohn Karls des Großen, dreizehnjährig von seinem Vater das Kampfschwert. 47 Jahre später übergab Ludwig seinem fünfzehnjährigen Sohn „die männlichen Waffen, das Schwert". Dies ist der Ursprung des Ritterschlages, des für das Rittertum typischen Einführungsritus.

Es ist müßig, den Anfang dieser Einrichtung, die in der militärischen, sozialen, religiösen und kulturellen Geschichte des Westens eine beachtliche Rolle gespielt hat, genauer darzulegen. In jedem Falle konnte das Rittertum

---

[21] Dies impliziert den Gehorsam des Herrschers gegenüber dem Bischof.
[22] Grundzüge eines politischen christlichen Regimes, eine dem Erzbischof Wulfstone (gestorben 1023) zugeschriebene Abhandlung (zitiert bei *W. A. Chaney*, a. a. O., 257.
[23] Germania 13–14. Bezüglich der militärischen Einweihungsriten der alten Germanen siehe § 175.
[24] Den Feudalismus kann man als eine Verbindung des Vasallentums mit dem Lehnsherren-

seine klassische Form erst im 9. Jahrhundert erreichen, als man in Frankreich große und kräftige Pferde einführte, die in der Lage waren, gepanzerte Reiter *(cathafracti)* zu tragen. Obwohl die wesentliche Tugend eines jeden Ritters zunächst die absolute Loyalität zu seinem Herrn[25] war, sollte er die Armen und hauptsächlich die Kirche verteidigen. Die Zeremonie des Ritterschlages beinhaltete auch die Weihe der Waffen (das Schwert wurde auf den Altar gelegt usw.). Aber der Einfluß der Kirche wurde – wie noch darzulegen ist – hauptsächlich seit dem Beginnn des 12. Jahrhunderts bedeutsam.

Nach einer mehr oder minder langen Lehrzeit und verschiedenen Prüfungen schritt man zur öffentlichen Zeremonie des Ritterschlages. Der Herr zeigte dem Junker rituell die Waffen: Schwert, Lanze, Sporen, Kettenhemd und Schild. Der Junker befand sich dabei vor seinem Paten mit gefalteten Händen, manchmal auf den Knien mit gesenktem Haupt. Zum Schluß gab der Herr dem Junker einen kräftigen Schlag mit der Faust oder der flachen Hand auf den Hals. Ursprung und Bedeutung dieses Ritus, der „colée", sind umstritten.

Das Rittertum erreichte seine Hochblüte im 11. und in der ersten Hälfte des 12. Jahrhunderts. Mit dem Beginn des 13. Jahrhunderts trat der Verfall ein; und nach dem 15. Jahrhundert war das Rittertum nur noch eine Zeremonie und ein Adelstitel. Paradoxerweise wurde das Rittertum hauptsächlich in der Zeit des Niederganges und der Dekadenz Objekt zahlreicher kultureller Schöpfungen, deren Ursprung und religiöse Bedeutung sich leicht aufzeigen lassen (§ 270).

Diese von Tacitus kurz beschriebene Einrichtung hatte sicherlich religiöse Dimensionen: die Beförderung eines jungen Mannes zeigte die Vollendung seiner militärischen Initiation an. Die absolute Treue zum Anführer trägt ein religiöses Element in sich. Die Konversion zum Christentum schuf die Möglichkeit, für viele Neuinterpretationen und Aufwertungen der Traditionen der Vorfahren. Sie konnte aber niemals die heidnische Herkunft verleugnen. Über drei Jahrhunderte hinweg begnügte sich die Kirche bei der Weihe der Ritter mit einer eher bescheidenen Rolle. Seit dem Beginn des 12. Jahrhunderts aber spielte sich die Zeremonie zumindest in Anwesenheit, meist aber unter Kontrolle der Kirche ab. Nach seinem Bekenntnis verbrachte der junge Ritter die Nacht betend in der Kirche. Am Morgen nahm er das Abendmahl in beiderlei Gestalt zu sich und sprach, als er seine Waffen erhielt, nicht nur den Eid auf den Ritterkodex[26], sondern auch ein Gebet.

---

tum bezeichnen (das Einkommen aus den Ländereien, die der Vasall für seinen Herrn verwaltet).

[25] Roland hielt man für den Helden katexochen, weil er uneingeschränkt unter Aufopferung seines Lebens die Gesetze des Vasallentums achtete.

[26] Der Kodex umfaßt, einigen Quellen zufolge, vier Gesetze: tägliche Messe, eventuell das Opfer des eigenen Lebens für den heiligen Glauben, Schutz der Kirche, Verteidigung der Wit-

Nach dem ersten Kreuzzug bildeten sich im Heiligen Land zwei Orden, die die Pilger verteidigten und für die Kranken sorgten: die der Templer und der Johanniter. Von da an führten Mönche eine militärische, dem Rittertum ähnelnde Ausbildung ihrer religiösen Erziehung hinzu. Vorläufer der Ritterorden kann man im Heiligen Krieg (*dschihād;* vgl. S. 85 f) der Muslime sehen. Auch sind sie in den Einweihungsriten des Mithraskultes (§ 217) und in Sprache und Metaphern der christlichen Asketen, die sich als Soldaten einer *militia sacra* ansahen, zu erblicken. Man muß aber auch der religiösen Bedeutung des Krieges bei den alten Germanen Rechnung tragen (§ 175)[27].

268. Die Kreuzzüge: Eschatologie und Politik

Historiker und Philosophen der Aufklärung – von Gibbon und William Robertson zu Hume und Voltaire – haben die Kreuzzüge als ein schmerzhaftes Aufflackern von Fanatismus und Wahnsinn charakterisiert. Dies Urteil wird in abgewandelter Weise von einer gewissen Anzahl Autoren der Gegenwart geteilt. Dennoch waren die Kreuzzüge ein zentrales Ereignis in der mittelalterlichen Geschichte. „Von seinem Beginn an befand sich das Zentrum unserer Kultur in Byzanz und den Ländern des arabischen Kalifats. Vor den allerletzten Kreuzzügen war die kulturelle Vorherrschaft nach Westeuropa verlagert worden. Aus dieser Ortsverlagerung ist die moderne Geschichte entstanden."[28] Der sehr hohe Preis dieser Vorherrschaft Westeuropas wurde aber von Byzanz und den Völkern Osteuropas gezahlt.

Hier geht es aber um die religiöse Bedeutung der Kreuzzüge, deren Ursprung und eschatologische Struktur jüngst von Paul Alphandéry und Alphonse Dupront erhellt worden sind. „Für das Wissen um die Kreuzzüge ist es von zentraler Bedeutung, daß bei Klerikern und Nichtklerikern die Verpflichtung vorrangig war, Jerusalem zu befreien ... Am deutlichsten drückt sich im Kreuzzug die doppelte Erwartung eines Endes aus: das der Zeit und das der menschlichen Rasse. In diesem Sinne bedeutet sie für den Raum, der auch die Erfüllung der Zeit impliziert, die Einigung der Nationen um die heilige Stadt und Mutter der Welt, um Jerusalem."[29]

Der eschatologische Charakter wird in dem Maße deutlich, in dem Mißerfolge auf den Kreuzzügen von den Vasallen und dem Kaiser durchlitten

---

wen, der Waisen und der Armen. Andere Versionen fügen hinzu, daß der Ritter „den Damen oder Jungfrauen, die seiner bedürfen, helfen müsse", „die Frauen verehren und ihr Recht verteidigen müsse".

[27] Es sei bemerkt, daß die Einrichtung einer religiösen Ritterschaft sich auch im Islam entwickelte; vgl. H. *Corbin,* En Islam iranien II, 168 ff.

[28] St. *Runciman,* A History of the Crusades I, IX.

[29] A. *Dupront,* Croisades et eschatologie 177.

wurden. Der erste spektakuläre Kreuzzug, der vom byzantinischen Kaiser Alexios und von Papst Urban II. befohlen wurde, wurde von Peter von Amiens im Jahre 1095 gepredigt. Nach vielen Abenteuern (Mord an Juden in Städten am Rhein und der Donau, Zusammentreffen dreier fränkischer Armeen in Konstantinopel) durchquerten die Kreuzfahrer Kleinasien und besetzten trotz Intrigen und Mißgunst der Anführer Antiochia, Tripolis, Edessa und schließlich Jerusalem. Dennoch gingen die besetzten Städte eine Generation später wieder verloren, und der hl. Bernhard predigte in Vezelay im Jahre 1145 den zweiten Kreuzzug. Eine große Armee kam, vom französischen und vom deutschen König angeführt, in Konstantinopel an, wurde aber wenige Zeit später bei Ikonium und Damaskus vernichtet.

Der dritte Kreuzzug, der von Kaiser Friedrich Barbarossa im Jahre 1188 in Mainz ausgerufen wurde, war kaiserlich und messianisch. König Philipp August von Frankreich und König Richard I. Löwenherz von England folgten dem Ruf, aber „ohne den Enthusiasmus und den Eifer eines Barbarossa"[30]. Die Kreuzfahrer eroberten Akko und kamen vor Jerusalem an, das durch den legendären Sultan Ägyptens und Syriens, Saladin, verteidigt wurde. Auch diesmal endete der Kreuzzug in einer Katastrophe. Der Kaiser ertrank im Fluß Saleph in Anatolien. Philipp August kehrte nach Frankreich zurück, um seinem Verbündeten, dem König von England, in den Rücken zu fallen. Alleingelassen vor den Toren Jerusalems, erhielt Richard I. Löwenherz von Saladin die Erlaubnis, daß seine Truppen dem heiligen Grab die Ehre erweisen durften.

Manche Zeitgenossen erklären die Unfähigkeit der Fürsten, Jerusalem zu befreien, durch die Niedertracht der Großen und der Reichen. Unfähig zur Buße, konnten die Fürsten und die Reichen in das Königreich Gottes ebensowenig gelangen wie in das Heilige Land. Dies kam den Armen zu, den Auserwählten der Kreuzzüge. „Die Schwäche der kaiserlichen Versuche, die noch messianisch überhöht waren, zeigte, daß das Befreiungswerk nicht den Mächtigen der Erde zukam."[31] Als Innozenz III. den vierten Kreuzzug (1202–1204) proklamierte, schrieb er selbst an Fulco von Neuilly, den Anwalt der Armen, „eine der bemerkenswertesten Figuren in der Geschichte der Kreuzzüge", wie es Paul Alphandéry präzisiert. Fulco predigte Buße und moralische Reform als unabdingbare Voraussetzung für den Kreuzzug. Der aber ging 1202 zu Ende, als die Kreuzfahrer bereits in das Abenteuer verstrickt waren, das den vierten Kreuzzug zu einem der schmerzlichsten Ereignisse in der europäischen Geschichte machte. In der Tat hatten die Kreuzfahrer, von materiellen Gütern verlockt und durch Intrigen entzweit, anstatt sich nach dem Heiligen Land zu wenden,

---

[30] P. Alphandéry/A. Dupront, La chrétienté et l'idée de Croisade II, 19. „Keineswegs wegen des Erfolges der Expedition schloß sich Philipp August an, sondern für das Königreich, das er hinter sich lassen würde."
[31] Ebd. 40.

Konstantinopel besetzt, einen Teil der Bevölkerung getötet und die Schätze der Stadt geplündert. König Balduin von Flandern wurde zum lateinischen Kaiser von Byzanz ausgerufen und Thomas Morosini zum Patriarchen von Konstantinopel eingesetzt.

Sich bei den Teilerfolgen und zahlreichen Niederlagen der letzten Kreuzzüge aufzuhalten, ist müßig. Es genügt, sich in Erinnerung zu rufen, daß, ungeachtet der Exkommunikation durch den Papst, Friedrich II., der Enkel Barbarossas, im Jahre 1228 im Heiligen Land ankam und vom Sultan Jerusalem zum Besitz erhielt, wo er sich 1229 zum König krönte. Fünfzehn Jahre später, im Jahre 1244, fiel Jerusalem wieder in die Hände der Moslems und wurde nie mehr zurückerobert. Vor Ende des Jahrhunderts wurden noch mehrere Expeditionen unternommen, blieben jedoch ohne Erfolg.

Sicherlich haben die Kreuzzüge Westeuropa zum Osten hin geöffnet und Kontakte mit dem Islam ermöglicht. Die kulturellen Wechselbeziehungen hätten aber auch ohne diese blutigen Expeditionen stattfinden können. Die Kreuzzüge haben das Ansehen des Papsttums gestärkt und zum Fortschritt der Monarchien in Westeuropa beigetragen. Sie schwächten aber Byzanz und erlaubten den Türken, tief in die Balkanhalbinsel vorzustoßen. Auch haben sie die Beziehungen zur Ostkirche verschlechtert. Darüber hinaus brachte das rüde Betragen der Kreuzfahrer die Muslime gegen *alle* Christen auf, und zahlreiche Kirchen, die sechs Jahrhunderte muslimischer Herrschaft überstanden hatten, wurden zerstört. Trotz der Politisierung der Kreuzzüge behielt diese Kollektivbewegung immer einen eschatologischen Charakter. Ein Beweis dafür sind unter anderem die Kinderkreuzzüge, die plötzlich 1212 in Nordfrankreich und Deutschland entstanden. Die Spontaneität dieser Bewegungen steht außer Zweifel. „Nichts hatte sie dazu angetrieben, weder etwas aus dem Ausland noch etwas aus dem eigenen Land"[32], bezeugt ein Zeitgenosse. Kinder, die „manchmal – und das ist das Besondere – noch sehr jung und sehr arm waren, hauptsächlich junge Hirten"[33], machten sich auf den Weg, und die Armen folgten ihnen. Es waren vielleicht 30 000, die singend, wie bei einer Prozession, aufbrachen. Fragte man sie, wo sie hingingen, antworteten sie: „Zu Gott." Einem zeitgenössischen Chronisten zufolge „war es ihre Absicht, das Meer zu überqueren und das zu tun, was den Mächtigen und den Königen nicht gelang, das Grab Christi zurückzugewinnen"[34]. Der Klerus stellte sich dieser Erhebung der Kinder entgegen. Der französische Kreuzzug endete in einer Katastrophe: in Marseille angekommen, schifften sich die Kinder auf sieben großen Schiffen ein, von denen aber zwei infolge eines Sturms auf der

---

[32] Ebd. 118.
[33] Ebd. 119.
[34] *Reinier*, zitiert bei *P. Alphandéry/A. Dupront*, a. a. O. 120.

Höhe von Sardinien kenterten, so daß alle Passagiere ertranken. Die beiden verräterischen Schiffseigner brachten die anderen fünf Schiffe nach Alexandria, wo sie die Kinder den sarazenischen Anführern und den Sklavenhändlern verkauften.

Der „deutsche" Kreuzzug verlief nach dem gleichen Schema. Eine zeitgenössische Chronik berichtet, daß 1212 „ein Kind mit Namen Nikolaus auftauchte, das eine große Zahl von Kindern und Frauen um sich versammelte. Es behauptete, daß es auf den Befehl eines Engels sich mit ihnen nach Jerusalem begeben müsse, um das Kreuz des Herrn zu befreien, und daß das Meer sie ebenso trockenen Fußes durchlassen werde wie ehedem das Volk der Israeliten."[35] Zudem waren sie nicht bewaffnet. Sie brachen aus der Gegend um Köln auf, zogen rheinaufwärts, überquerten die Alpen und erreichten Norditalien. Manche kamen bis Genua oder Pisa, wurden aber zurückgedrängt. Denjenigen, die bis nach Rom kamen, machte man klar, daß keine Autorität hinter ihnen stehe. Der Papst mißbilligte ihr Unterfangen, und die jungen Kreuzfahrer mußten den Rückweg antreten. Wie der Chronist in der *Annales Carbasenses* sagt, „kamen sie ausgehungert und mit nackten Füßen einer nach dem anderen schweigend an". Niemand hatte ihnen geholfen. Ein anderer Zeuge berichtet: „Ein großer Teil von ihnen starb in den Orten, auf öffentlichen Plätzen Hungers, und niemand begrub sie."[36]

Zu Recht haben P. Alphandéry und A. Dupront in diesen Bewegungen die Bevorzugung des Kindes in der Volksfrömmigkeit erkannt. Es liegt zugleich der Mythos des Unschuldigen, die Hervorhebung des Kindes durch Jesus und die volkstümliche Reaktion auf die Kreuzzüge der Vasallen des Königs vor – die gleiche Reaktion, die in den Legenden zutage tritt, die sich um die „Tafurs" der ersten Kreuzzüge rankten[37]. „Die heiligen Stätten konnten nur durch ein Wunder wiedererlangt werden, und dies Wunder konnte nur durch die Reinsten, die Kinder und die Armen, bewirkt werden."[38]

Der Mißerfolg der Kreuzzüge hatte die eschatologischen Erwartungen nicht ausgelöscht. In seiner Schrift *De Monarchia Hispanica* (1600) schlug Tommaso Campanella dem König von Spanien vor, einen neuen Kreuzzug gegen das Türkenreich zu finanzieren und nach dem Sieg die Universalmonarchie zu errichten. Achtunddreißig Jahre später sagte Campanella in den *Eklogen,* die Ludwig XIII. und Anna von Österreich gewidmet waren und die Geburt des zukünftigen Königs Ludwig XIV. feierten, zugleich die *recuperatio Terrae Sanctae* und die *renovatio saeculi* voraus. Der junge König

---

[35] Annales Scheftlariensis, zitiert bei *P. Alphandéry/A. Dupront,* a.a.O. 123.
[36] Texte zitiert bei *P. Alphandéry/A. Dupront,* a.a.O. 127.
[37] Die Tafurs (Vagabunden) waren Arme, die, mit Messern, Keulen und Hacken bewaffnet, den Kreuzfahrern folgten (vgl. *N. Cohn,* The Pursuit of the Millenium 67 ff).
[38] *P. Alphandéry/A. Dupront,* a.a.O. 145.

würde in tausend Tagen die ganze Erde erobern, die Monster niederstrekken, d. h. die Königreiche der Ungläubigen unterwerfen, und Griechenland befreien. Mohammed würde aus Europa vertrieben, Ägypten und Äthiopien würden wieder christlich werden, Tataren, Perser, Chinesen und der ganze Orient konvertieren. Alle Völker würden eine einzige Christenheit bilden, und dies wiederhergestellte Universum würde nur ein Zentrum haben: Jerusalem. „Die Kirche hat in Jerusalem angefangen", schrieb Campanella, „und sie wird nach Jerusalem zurückkehren, nachdem sie um den ganzen Erdball gezogen ist."[39] In seinem Traktat *La prima e la seconda resurrezione* glaubte Tommaso Campanella nicht mehr wie der hl. Bernhard, daß die Besetzung Jerusalems nur ein Schritt zum himmlischen Jerusalem sei, sondern es handle sich bereits um die Errichtung des messianischen Reiches[40].

269. Religiöse Bedeutung der romanischen Kunst und der Minne

Die Epoche der Kreuzzüge ist zugleich ein Zeitalter größter geistiger Schöpfungen. Es ist die Zeit der romanischen Kunst und des Aufstiegs der gotischen, die Zeit der erotischen und religiösen Dichtung, der Artus-Romane und derjenigen von Tristan und Isolde. Es ist die Zeit des scholastischen Triumphes und die Zeit der Mystik, die Zeit der Gründung ruhmreicher Universitäten, die Zeit der Mönchsorden und der Wanderprediger. Es ist aber auch eine Zeit, in der asketische und eschatologische Bewegungen in außergewöhnlicher Weise aufkamen, die meisten an der Grenze der Orthodoxie angesiedelt oder offen heterodox.

Es geht nicht darum, sich mit der nötigen Sorgfalt all diesen Schöpfungen zu widmen. Rufen wir uns in Erinnerung, daß die größten Theologen und Mystiker (seit dem hl. Bernhard [1090–1153] und Meister Eckart [1260–1327]) ebenso wie die einflußreichsten Philosophen (seit Anselm von Canterbury [1033–1109] bis Thomas von Aquin [1223–1274]) ihr Werk in dieser Zeit vollendeten, die von Krisen geschüttelt und reich an Veränderungen war und die die geistige Welt des Westens tiefgreifend umgestaltete. Erinnern wir uns auch an die Gründung des Kartäuserordens im Jahre 1084 und des Zisterzienserordens 1098 in Citeaux in der Nähe von Dijon, dem die Prämonstratenserchorherrn 1120 in Prémontré folgten. Mit den vom hl. Dominikus (1170–1221) und Franz von Assisi (1182–1226) gegründeten Orden spielten diese mönchischen Gemeinschaften im religiösen und geistigen Leben der vier folgenden Jahrhunderte eine entscheidende Rolle.

Wir wollen versuchen, einige Strukturen der Symbolwelt des Mittelalters nach der Krise um das Jahr 1000 kurz aufzuzeigen. Dabei ist darzulegen,

---

[39] Eine Notiz Campanellas im Vers 207 seiner Ekloge, zit. bei *A. Dupront*, a. a. O. 187.
[40] Ebd. 189.

daß sich zu Beginn des 11. Jahrhunderts eine neue Gesellschaftsstruktur entfaltete. Bischof Adalbert von Laon wandte sich 1027 an seinen König und rief in Erinnerung, daß „die Gemeinschaft der Gläubigen nur einen Körper bilde, der Staat aber drei habe ... Das Haus Gottes, von dem man annahm, es sei eins, sei in drei Teile geteilt: die einen beten, die anderen kämpfen und wieder andere arbeiten. Diese drei zusammenlebenden Parteien sollten nicht getrennt sein ... So ist diese dreigeteilte Gesellschaft nicht weniger als eins, und deshalb konnte das Gesetz siegen und die Welt Frieden finden." [41]

Dieses Schema erinnert an die Dreiteilung der indoeuropäischen Gesellschaften, die von Georges Dumézil glänzend untersucht worden ist (§ 63). Was uns aber in erster Linie interessiert, ist der religiöse, vielmehr: der christliche Symbolismus, durch den diese soziale Einteilung getragen ist. Die profanen Gegebenheiten haben in der Tat am Heiligen teil. Diese Vorstellung charakterisiert alle traditionellen Kulturen. So gestaltet sich, um ein bekanntes Beispiel aufzugreifen, die religiöse Architektur seit ihren Anfängen und findet sich in der Struktur der christlichen Basiliken wieder (vgl. den Symbolismus der byzantinischen Kirche, S. 67 f). Die romanische Kunst hat an diesem Symbolismus teil und entwickelte ihn. Die Kathedrale ist eine *imago mundi*. Der kosmologische Symbolismus organisiert und heiligt die Welt zugleich. „Das Universum wird aus sakralem Blickwinkel gesehen, handelt es sich nun um einen Stein oder eine Pflanze, um Tiere oder den Menschen." [42]

In der Tat findet man alle Möglichkeiten der Existenz im Kosmos und alle Aspekte des Lebens und der Arbeit der Menschen, wie auch Personen und Geschehnisse der Heilsgeschichte und Engel, Monster und Dämonen. Die Ornamentik der Kathedralen verfügt über ein unerschöpfliches Reservoir an kosmischen Symbolen (Sonne, Tierkreis, Pferd, Lebensbaum usw.) neben biblischen und mythischen Themen (Teufel, Drachen, Phönix, Kentauern usw.) sowie didaktischen (Arbeiten, die jeden Monat anfallen, usw.) [43]. Man kann zwei sich gegenüberstehende Welten unterscheiden: einerseits die der häßlichen und verunstalteten, monströsen oder dämonischen Wesen [44], andererseits die des königlichen Christus in der Glorie, die Kirche

---

[41] Siehe den Text bei *G. Duby*, a. a. O. 71–75. Kritische Ausgabe von *R. Amerio* (Rom 1955) 72. Im 11. Jahrhundert ... „überlieferte dies Schema die Neugestaltung einer Gesellschaft, die sich aus dem Klerus, der vom mönchischen Modell und vom *Opus Dei* beherrscht wird, und aus einer militärischen Aristokratie, einer landwirtschaftlichen Elite von Bauern, die das Land urbar machten und durch ihre Arbeit das Recht auf geistigen Aufstieg erhielten, zusammensetzt" (*J. le Goff* in: Histoire des religions II, 817; s. *ders.*, Pour un autre Moyen Age 80 ff; *G. Duby*, Les trois ordres ou l'imaginaire du féodalism 62 ff).
[42] *M. M. Davy*, Initiation à la symbolique romane 19.
[43] Vgl. Ebd. 209 ff.
[44] Was den hl. Bernhard störte: „Was bedeuten in unseren Klöstern die lächerlichen Monster, die schrecklichen Schönheiten und die schönen Schrecken?", zit. bei *M. M. Davy*, a. a. O. 210 (= Apologie, XII, 29).

(die als Frau dargestellt wird) und der heiligen Jungfrau, die im 12. Jahrhundert in der Volksfrömmigkeit einen beachtlichen Platz einnimmt. Dieser Gegensatz ist ein wirklicher, und das Ziel ist evident. Das Genie der romanischen Kunst besteht genaugenommen in seiner glänzenden Vorstellungskraft und in dem Willen, alle Existenzweisen der heiligen, der weltlichen oder der imaginären Welt in *ein und demselben Ganzen* zu einen.

Hier interessiert nicht nur die Bedeutung dieser Ikonographie für die religiöse Unterweisung des Volkes, sondern auch ihre Rolle im Aufkommen und Erwachen der Vorstellungskraft und des symbolischen Denkens. In der Betrachtung einer solchen phantastischen Ikonographie wird der Christ mit einer Vielzahl symbolischer Welten, religiöser wie irreligiöser, vertraut. Der Gläubige gelangt so schrittweise in eine Welt von Werten und Bedeutungen, die für manche schließlich realistischer und wertvoller wurden als die Welt des täglichen Lebens.

Die Kraft der Bilder, der Gesten und der zeremoniellen Verhaltensweisen, die Wirkung der epischen Berichte, die der Poesie und der Musik, lag darin, den Menschen in eine Parallelwelt zu führen und ihm psychische Erfahrungen und geistige Erleuchtungen zu geben, die anders nicht zu erlangen wären. In den traditionellen Gesellschaften entstanden aus religiöser oder parareligiöser Wurzel literarische und künstlerische Schöpfungen[45]. Es obliegt uns nicht, die Schöpfungen der Troubadoure und ihre Lehre von der höfischen Minne darzustellen. Trotzdem sei bemerkt, daß die radikalen Neuerungen, die sie mit sich brachte, hauptsächlich die Erhöhung der Frau und der außerehelichen Liebe, nicht nur den Kulturhistoriker interessiert. Man darf die untergeordnete Rolle der Frau in der mittelalterlichen Aristokratie ebensowenig vergessen wie die finanziellen und politischen Interessen, die die Ehen bestimmten, und das brutale oder gleichgültige Verhalten der Ehemänner. Die „wahre Liebe", die man im 12. Jahrhundert entdeckte und feierte, bedingt eine höherwertige und komplexere Kultur, ja sogar eine Mystik und eine Enthaltsamkeit, die man nur bei gebildeten und feinsinnigen Frauen finden konnte.

Gebildete Frauen findet man hauptsächlich in Poitiers, im Schloß der berühmten Eleanore von Aquitanien, der Enkelin des ersten bekannten Minnesängers, Wilhelms von Poitiers (1071–1127). Sie war nacheinander Königin von Frankreich und England. Fürsten, Barone und Ritter, aber auch Fürstinnen und Gräfinnen wurden in dieser hochstehenden kulturellen Umgebung unter der Leitung der Tochter Eleanores, Maria de Champagne, erzogen. Man hatte sogar einen Liebesgerichtshof errichtet, ein eigenständiges Tribunal, dessen Codex und zahlreiche Urteilssprüche

---

[45] Wie die Tiefenpsychologie gezeigt hat, findet sich derselbe Prozeß, wenn auch verarmt und degradiert, in den heutigen säkularisierten Gesellschaften.

bekannt sind⁴⁶. Die Frauen glaubten, die Männer unterrichten zu können, „wobei sie ihre Macht in einer neuen und delikaten Weise ausübten. Die Männer mußten gebändigt, geleitet und erzogen werden. Eleanore zeigte den Weg zur Beatrice."⁴⁷

Das Thema der Gedichte war immer die Liebe, die in konventioneller, aber zugleich exaltierter und rätselhafter Form zum Ausdruck gebracht wurde. Die Dame (vom provenzalischen „dompna") ist verheiratet, weiß um ihren Wert und ist auf ihr Ansehen (pretz) bedacht. Daher spielt das *Geheimnis* eine entscheidende Rolle. Der Liebhaber ist von seiner Dame durch eine Vielzahl sozialer und gefühlsmäßiger Tabus getrennt. Indem er die Eigenschaften seiner Dame feiert, kann der Dichter seine eigene Enthaltsamkeit und seine Leiden, aber auch seine Hoffnungen artikulieren: sie zu sehen, sei es nur von Ferne, ihre Kleider zu berühren, einen Kuß zu erhalten usw.

Diese lange Vorbereitungszeit der Liebe besteht zugleich in der Askese, einem Lernprozeß und einer Fülle geistiger Erfahrungen. Die Entdeckung der Frau als dichterisches Motiv, die Übersteigerung ihrer physischen Schönheit und ihrer geistigen Tugenden bringt den Liebhaber in eine Welt, die der der Bilder und Symbole gleicht, in der sein eigenes Sein fortschreitend verändert wird. Eine solche Wandlung findet auch statt, wenn der Dichter in manchen Fällen die totale Hingabe seiner Dame erlangt⁴⁸. Denn dieser Besitz ist die Krone einer sorgsam gestalteten Zeremonie, die zugleich von der Askese, der geistigen Erhebung und dem Leiden beherrscht ist.

Der rituelle Charakter dieses erotischen Spiels ist nicht zu leugnen. Einerseits erkennt man die Nähe zu den tantristischen sexuellen Techniken (vgl. Bd. III/2, Kap. 40), die sowohl wörtlich als auch dem Zusammenhang nach entweder auf der Ebene der subtilen Physiologie oder rein geistig verstanden werden können. Andererseits ist es der Hingabe mancher vishnuistischer Schulen (vgl. ebd.) vergleichbar, in denen die mystische Erfahrung durch die Liebe einer verheirateten Frau Rādhā zu dem jungen Gott Krishna erklärt wird. Dieses letzte Beispiel ist besonders bedeutsam. Zunächst bezeugt es die Authentizität und den mystischen Wert des „Liebesleides". Darüber hinaus hilft es uns, die *unio mystica* der christlichen Tradition (welche die Terminologie, nämlich die Hochzeit der Seele mit

---

⁴⁶ Überliefert in: *A. LeChapelain*, De arte amandi. Diese kleine Schrift wurde übersetzt, kommentiert und überliefert in: *J. Lafitte-Houssat*, Troubadours et Cours d'Amour 43–65.
⁴⁷ *F. Heer*, The Medieval World 174.
⁴⁸ Siehe die Dokumentation und kritische Analyse von *M. Lazar*, Amour courtois et „Fin Amors" dans la littérature du XIIᵉ siècle. Übrigens hat Marie de Champagne unzweideutig den Unterschied zwischen der ehelichen Gemeinschaft und dem Einssein der Liebenden geschildert: „Die Liebenden stimmen schweigend gänzlich überein und tun es umsonst. Die Verheirateten sind durch die Pflicht gehalten, gegenseitig ihren Willen zu ertragen und sich niemals zu verweigern."

Christus, aus dem Bereich der Ehe übernimmt) von dieser speziellen hinduistischen zu unterscheiden, die das *Absolute,* das durch die mystische Erfahrung und die totale Absonderung von der Gesellschaft und ihrer moralischen Werte begründet ist, gerade dadurch unterstreicht, daß sie nicht das Bild einer schlechthin verehrungswürdigen Institution, der *Ehe,* verwendet, sondern das ihres Gegensatzes, des *Ehebruchs.*

270. Esoterik und literarische Schöpfung: Minnesänger, Fedeli d'Amore, Gralsdichtungen

Im Minnesang feierte man zum ersten Mal seit den Gnostikern des 2. und 3. Jahrhunderts die geistige Würdigung und den religiösen Wert der Frau[49]. Viele Wissenschaftler meinen, daß die Minnesänger der Provence von der arabischen Poesie Spaniens inspiriert waren, die die Frau und die geistige Liebe, die sie weckte, verehrte[50]. Man muß aber auch keltische, gnostische und orientalische Elemente, die im 12. Jahrhundert neu entdeckt und neu bewertet wurden, in Betracht ziehen. Andererseits heiligte die Marienverehrung, die in der gleichen Zeit vorherrschend ist, indirekt die Frau. Ein Jahrhundert später geht Dante (1265–1321) noch weiter: Beatrice, die er als junges Mädchen gekannt hatte und als Frau eines florentiner Adligen wiederfand, wurde von ihm vergöttlicht. Sie wird als den Engeln und den Heiligen überlegen dargestellt, gefeit gegen das Böse, fast mit der heiligen Jungfrau vergleichbar. Sie wird eine neue Mittlerin zwischen der Menschheit (die durch Dante verkörpert ist) und Gott. Als Beatrice bereit ist, sich in dem irdischen Paradies zu zeigen, ruft jemand aus: „Veni, sponsa del Libano – Komm doch mit mir, meine Braut vom Libanon" (Purgatorio, XXX, II). Dies ist die berühmte Stelle aus dem Hohenlied (4, 8), die die Kirche übernahm, allerdings nur in Anspielung auf die heilige Jungfrau oder die Kirche selbst[51]. Es gibt kein augenfälligeres Beispiel für die Vergöttlichung einer Frau. Beatrice verkörpert augenscheinlich die Theologie, das Mysterium des Heils in ihr.

Dante schrieb die *Göttliche Komödie,* um den Menschen zu retten, wobei

---

[49] Eine Vielzahl von gnostischen Texten feiert die Gottesmutter als „das Mystische Schweigen", den Heiligen Geist, die Weisheit schlechthin. „Ich bin der Gedanke, der das Licht bewohnt, das vor allen anderen Dingen bestand. In einem jeden Wesen bin ich. ... Ich bin das unsichtbare Eine in allem ... (Text zit. nach *E. Pagels,* The Gnostic Gospels 65 ff). In einem gnostischen Gedicht „Donner, vollkommener Geist", erklärt eine weibliche Macht: „Ich bin die erste und die letzte ... Ich bin die Ehefrau und die Jungfrau ... Ich bin Mutter und Tochter ..." (ebd. 66).
[50] Siehe hauptsächlich *M. Pidal,* Poesia arabe y poesia europea; *G. Gómez,* La lirica hispano-árabe y la aparición de la lirica romance; *C. Sánchez-Albornoz,* El Islam de España y el Occidente 178 f, Anm. 56.
[51] Übrigens (Purgatorio XXXIII, 10 f) bezieht Beatrice die Rede Christi auf sich selbst: „Nur kurze Zeit, dann seht ihr mich nicht mehr, und wieder eine kurze Zeit, dann werdet ihr mich sehen" (Joh 16, 16).

er dessen Umkehr nicht durch Theorien bewirkte, sondern indem er den Leser mit den Visionen der Hölle und des Paradieses schrecken und faszinieren wollte. Obwohl nicht der einzige, stellt Dante in exemplarischer Manier die herkömmliche Auffassung dar, nach der die Kunst, hauptsächlich die Dichtung, ein Mittel ist, nicht nur eine metaphysische Lehre oder eine Theologie zu vermitteln, sondern ein Mittel, den Menschen zu erwecken und zu retten.

Die Heilsfunktion der Liebe und der Frau wird durch eine andere Bewegung deutlich, die im Kern „literarisch" ist, die aber eine okkulte Gnosis und vielleicht einen Einweihungsritus enthielt. Es handelt sich um die *Fedeli d'Amore*[52], deren Vertreter im 12. Jahrhundert in der Provence, in Italien, aber auch in Belgien und Frankreich bezeugt sind. Die Fedeli d'Amore bildeten eine geheime, geistige Miliz, die als Ziel die „einzige Frau" und die Einweihung in das Mysterium der „Liebe" hatten. Alle verwendeten sie eine Geheimsprache *(parlar cruz)*, damit ihre Lehre dem „gemeinen Volk" nicht zugänglich sei, wie es einer der bekanntesten Vertreter der *Fedeli*, Francesco da Barberino (1264–1348), ausdrückte. Ein anderer *Fedele d'amore*, Jacques de Baisieux, fügt in seinem Gedicht: *C'est des fiez d'Amours* hinzu, „daß man die Ratschläge der Liebe nicht aufdecken, sondern sorgfältig geheimhalten sollte"[53]. Daß die Einführung in die Liebe spiritueller Natur war, bestätigt Jacques de Baisieux selbst, indem er die Bedeutung des lateinischen Wortes *A-mor* (Liebe) interpretiert:

„A-" für sich genommen bedeutet
ohne, und „mor" bedeutet *Tod;*
fügen wir's zusammen, bekommen wir *ohne Tod*[54].

Die Frau symbolisiert den transzendenten Intellekt, die Weisheit. Die Liebe zu einer Frau erweckt den Mann aus der Lethargie, in die die christliche Welt verfallen ist, da der Papst geistlich unwürdig war. In der Tat findet man in den Texten der *Fedeli d'Amore* die Anspielung auf eine Witwe, die nicht Witwe ist, es ist die *Madonna Intelligenza,* die Witwe ist, weil ihr Gemahl, der Papst, für das geistliche Leben gestorben ist, da er sich ausschließlich den weltlichen Angelegenheiten widmete.

Im eigentlichen Sinne handelt es sich nicht um eine Häretikerbewegung, sondern um eine Gruppe, die die Päpste nicht mehr als geistige Führer der Christenheit anerkennt. Über ihre Initiationsriten ist nichts bekannt, doch müssen solche existiert haben, da die *Fedeli d'Amore* eine Miliz bildeten und Geheimsitzungen abhielten.

---

[52] Vgl. *L. Valli,* Il linguaggio segreto di Dante e dei Fedeli d'Amore; *R. Ricolfi,* Studi sui „Fedeli d'Amore" I.
[53] „D'Amur ne doivent révéler Les consiaus, mais très bien celer..." (*J. de Baisieux,* C'est des fiez d'Amours, V. 499–500, zit. nach *R. Ricolfi,* a. a. O. 68 f).
[54] Zit. nach *R. Ricolfi,* ebd. 63.

Esoterik und literarische Schöpfung

Darüber hinaus verbreiteten sich seit dem 12. Jahrhundert in verschiedenen Gruppen der Gesellschaft ein Geheimwissen sowie die Kunst, es zu verbergen. „Der Liebhaber und die religiösen Sekten hatten ihre Geheimsprache. Die Mitglieder der kleinen esoterischen Zirkel gaben sich durch Zeichen und Symbole, durch Farben und Codewörter zu erkennen."[55] Die „Geheimsprachen" stellten ebenso wie die Erfindung legendärer zeichenhafter Personen und wunderbarer Begebenheiten parareligiöse Phänomene dar. Zeugnis davon legen die Romane der *Tafelrunde* ab, die im 12. Jahrhundert über den Kreis um König Artus geschrieben wurden. Die neuen Generationen, die direkt oder indirekt von Eleanor von Aquitanien und Marie de Champagne erzogen wurden, schätzten die alten *Chansons de Geste* nicht mehr. Der Platz Karls des Großen wurde von dem legendären König Artus eingenommen. In den *Matière de Bretagne* (dem Stoff aus der Bretagne) stand den Dichtern ein beachtlicher Fundus an Personen und Geschichten zur Verfügung[56], die zum großen Teil keltischen Ursprungs waren und in die fremde Elemente, christliche, gnostische und islamische, aufgenommen werden konnten.

Chrétien de Troyes, ein von Maria de Champagne begünstigter Dichter, löste allgemeine Begeisterung für den Artus-Zyklus aus. Über sein Leben weiß man fast nichts, bekannt ist nur, daß er um 1170 zu schreiben begann und fünf umfangreiche Romane verfaßte, deren bekannteste *Lancelot, Erea* und *Perceval* sind. Im Rahmen unserer Untersuchung kann man sagen, daß die Romane der Tafelrunde eine neue Mythologie schufen, insofern als sie dem Publikum ihre „heilige Geschichte" erzählten und exemplarische Handlungsmodelle anboten, die Ritter und Liebhaber leiten sollten. Die Mythologie des Rittertums hatte einen kulturellen Einfluß, der größer war als seine eigentliche Geschichte.

Darüber hinaus sei die Zahl und die Bedeutung der urtümlichen Elemente, d. h. der Einweihungsriten, vermerkt. Immer handelt es sich um eine lange und bewegte „Suche" nach außergewöhnlichen Dingen, eingeschlossen der Eintritt des Helden in die andere Welt. In den Zulassungsregeln zum Ritterstand kann man manche Eintrittsprüfungen in geheime Bruderschaften vom Typ der *Männerbünde* wiedererkennen. So muß Parsival die Nacht in einer Kapelle verbringen, in der ein toter Ritter liegt. Beim Grollen des Donners sieht er eine schwarze Hand, die die einzige brennende Kerze auslöscht[57]. Das entspricht der nächtlichen Einweihungswache. Die Prüfungen des Helden sind zahllos: er muß eine Brücke überschreiten, die ins Wasser stürzt oder schneidend scharf ist wie ein Schwert, oder er wird von Löwen und Monstern bewacht. An den Eingängen des Schlosses wa-

---

[55] F. Heer, The Medieval World 158.
[56] Artus, der Königliche Sünder, Perceval, Lanzelot. Das Thema des „Gaste Pays", prächtige Dinge aus der anderen Welt usw.
[57] Siehe die Analyse von *J. Marx*, La Légende arthurienne et le Graal 281 ff.

chen Feen oder Dämonen. All diese Szenen erinnern an den Weg ins Jenseits, an den gefahrvollen Abstieg in die Unterwelt. Immer, wenn solche Reisen von lebenden Menschen unternommen wurden, waren sie Teil eines Initiationsritus. Wenn der Held die Gefahren einer solchen Reise in die Unterwelt auf sich nimmt, dann will er die Unsterblichkeit oder ein anderes außergewöhnliches Ziel erreichen. Die zahlreichen Prüfungen, die die Helden des Artus-Zyklus erdulden, gehören zur gleichen Kategorie: am Ende ihrer Prüfungen heilen die Helden die mysteriöse Krankheit des Königs und regenerieren damit das „Ödland", oder sie werden selbst Herrscher. Zuweilen stößt man auf christliche Elemente, die aber nicht im herkömmlichen Kontext stehen. Hauptsächlich handelt es sich dabei um den Mythos von der Ritterehre und zuweilen um die auf die Spitze getriebene Höherbewertung der Frau[58]. Diese ganze Literatur, die mit Bildern und Motiven der Einweihungsriten überhäuft ist, ist für unsere Untersuchung wichtig, schon aufgrund ihres allgemeinen Erfolges. Da man diese romanhaften Geschichten, in denen die Initiationsriten bis zum Überdruß wiederkehren, gerne hörte, scheint uns, daß diese Abenteuer einem tiefer gehenden Bedürfnis des mittelalterlichen Menschen entspringen.

Man muß sich aber auch über die Absicht der Autoren im klaren sein, durch ihre Werke eine gewisse esoterische Tradition weiterzugeben, wie das die *Fedeli d'Amore* taten, oder eine Botschaft zu vermitteln, die auf die Erweckung des Lesers abzielte nach dem Modell, das später bei Dante Gestalt gewann. Dies ist der Fall beim Symbolismus und den Szenen der Gralssage, ein von den ersten bretonischen Romanen nicht beachtetes Thema des Artus-Zyklus. Erst im Jahre 1180 erscheint der Gral bei Chrétien de Troyes. J. Vendryès schrieb: „In keinem Werk der keltischen Literatur, wie reich sie auch sein mag, gibt es einen Bericht, der für die ungemein vielgestaltigen Kompositionen, die unsere mittelalterliche Literatur aus dem Gralsthema gezogen hat, als Modell hätte dienen können."[59]

Dennoch hat nicht Chrétien de Troyes die vollständigste Geschichte und die zusammenhängendste Mythologie des Grals geschrieben, sondern ein deutscher Ritter, Wolfram von Eschenbach. In seinem *Parzival,* der zwischen 1200 und 1210 geschrieben wurde, gibt Wolfram zu verstehen, daß er den Unterweisungen eines gewissen Kyot le Provençal gefolgt sei. Die Bücher drei bis zwölf und ein Teil des dreizehnten Buches gründen auf Chrétien, im vierzehnten aber tadelt Wolfram seinen berühmten Vorgänger, wahrscheinlich weil er die Art, in der Chrétien den Gral behandelt, nicht billigt. Erstaunlich am Roman Wolframs ist die Zahl und Bedeutung der

---

[58] Zum Beispiel im „Lanzelot" des Chrétien de Troyes. Die schöne und tragische Geschichte von Tristan und Isolde stellt nach *R. S. Loomis,* The development of Arthurian Romance 90, „die bei weitem verbreitetste profane Geschichte des Mittelalters" dar.
[59] *J. Vendryès,* Le Graal dans le cycle breton 74.

orientalischen Elemente[60]. Garmuret, der Vater Parzivals, hatte in der Armee des Kalifen von Bagdad gedient. Sein Onkel, der Eremit Trevrizent, war in seiner Jugend durch Asien und Afrika gereist. Der Neffe Parzivals war der Priester Johannes, der berühmte und geheimnisvolle Priesterkönig, der Indien beherrschte. Der erste, der die Geschichte des Grals geschrieben und sie Kyot mitgeteilt haben soll, war ein weiser „Heide" (Muslim/Jude) Flégétanis.

Heutzutage nimmt man an, daß Wolfram von Eschenbach über exakte weitreichende Kenntnisse orientalischer Gepflogenheiten in Syrien und Persien bis nach Indien und China verfügte. Er hatte sie wahrscheinlich durch Berichte der Kreuzritter und solche italienischer Händler erhalten, die aus dem Orient kamen[61]. Für unser Thema sind aber die Mythen, die Glaubensvorstellungen und die Riten, die in Beziehung zum Gral stehen und die Wolfram von Eschenbach aufzeigt oder wachruft, am wertvollsten[62]. Im Gegensatz zu Chrétien de Troyes hebt Wolfram die Rolle und die Würde des Amfortas, des sündigen Königs, hervor. Dieser ist Anführer eines Ritterordens, der Templeisen, die wie die Templer ein Keuschheitsgelübde abgelegt hatten. Sie sind von Gott auserwählt und nehmen gefährliche Aufgaben auf sich. Fünfundzwanzig adelige Damen dienen dem Gral.

Jüngst haben zwei amerikanische Forscher den Begriff *gral* (Schale, Vase, Bassin) von der griechischen Vokabel *kratēr* abgeleitet[63]. Diese Etymologie hat den Vorteil, die erlösende Funktion des Grals zu erklären. Tatsächlich hat dem vierten Teil des *Corpus Hermeticum* zufolge „Gott mit Geist einen großen Krater gefüllt, den er auf die Erde gesandt hat. Er hat einen Herold bestellt, mit dem Befehl, den Werken der Menschen folgendes mitzuteilen: Tauche, der du kannst, in diesen Krater hier, du, der du glaubst, zu Demjenigen aufzusteigen, der den Krater auf der Erde gemacht hat, du, der du weißt, warum du ins Dasein gesetzt bist. Alle die, die der Verkündigung zuhörten und die mit der Taufe des Geistes getauft wurden, haben Teil an der Erkenntnis (gnosis) und sie sind vollkommene Menschen geworden, weil sie den Geist empfangen haben."[64] Der hermetische Einfluß im *Parzival* scheint verständlich, da im 12. Jahrhundert sehr viele arabische Werke übersetzt wurden und so die Hermetik in Europa bekannt wurde[65]. Die ein-

---

[60] Übrigens haben 60% des Textes den Orient zum Schauplatz.
[61] Siehe *H. Goetz*, Der Orient der Kreuzzüge in Wolframs Parzival. Diesem Autor zufolge bringt der Roman neue und wichtige Informationen für die Kunstgeschichte mit sich. So berichtete Wolfram von Eschenbach z. B. über die Seidenstraße nach China (ein Jahrhundert vor Marco Polo), über den Palast der späteren Kalifen von Bagdad und den Stūpa von Kanishka usw.
[62] Auch ist die Etymologie der drei rätselhaften Namen – Kyot, Flégèstanis und Trevrizent – bezeichnend; siehe S. 291.
[63] *H. u. R. Kahane*, The Krater and the Grail: Hermetic Sources of the Parzival 13 ff. Diese Hypothese wurde von *H. Corbin*, En Islam iranien I–II, 143–154 angenommen.
[64] Corpus Hermeticum IV, 3–6; überliefert bei *Festugière*, I, 50.
[65] Vgl. *H. u. R. Kahane*, a. a. O. 130 ff.

weihende Funktion der Gnosis, die in den hermetischen Texten offenbart wird, haben wir in einem anderen Kapitel des vorliegenden Werkes (§ 210) bereits untersucht. Wir werden bei Gelegenheit darauf zurückkommen.

Andererseits hat der parsische Gelehrte Sir Jahangîr C. Coyajee in einem 1939 veröffentlichten Werk die Analogie zwischen dem Gral und der iranischen Königsglorie Hvarena aufgezeigt (vgl. Bd. I, 329 ff) sowie die Ähnlichkeiten zwischen den Legenden über König Artus und denen des sagenhaften Königs Kay Khosraw verglichen [66]. Henry Corbin hat seinerseits Vergleichspunkte zwischen den beiden – iranischen und westlichen – Komplexen bezüglich der Szenarien, der Ritterschaft und des Initiationswissens tiefschürfend aufgezeigt, wobei er aber die Hypothese historischer Kontakte, die von Coyajee aufgestellt worden war, nicht erwähnte [67]. Unter den zahlreichen Ähnlichkeiten sei die Struktur der beiden geistigen Ritterorden und die Überblendung Kay Khosraws durch König Artus aufgezeigt [68]. Es sei hinzugefügt, daß Lohengrin, der Sohn Parzivals, in den Werken Wolframs von Eschenbach den Gral, begleitet von edler Ritterschaft, nach Indien bringt.

Was nun auch die generelle Interpretation der Werke Wolframs und seiner Nachfolger sei, augenfällig ist der Symbolismus des Grals und der Szenen, die er beherrscht. Sie stellen eine neue geistige Synthese dar, in der man Beiträge verschiedener Traditionen finden kann. Hinter dem leidenschaftlichen Interesse für den Orient findet man die tiefgreifende Enttäuschung, die von den Kreuzzügen ausging und die Wendung zu religiöser Toleranz, die die Annäherung an den Islam begünstigte, sowie die Rückwendung zu einer „Ritterschaft des Geistes", nach dem Modell der *wahren* Templer (der *Templeisen* Wolframs) [69]. Es handelt sich hierbei wohl um eine Synthese: die Eingliederung christlicher Symbole (Eucharistie, Lanze) und die Anwesenheit von ursprünglich hermetischen Symbolen. Unabhängig von der Gültigkeit der von H. und R. Kahane vorgeschlagenen Etymologie (Gral – Krater) steht die Wiederentdeckung der Hermetik, die durch arabische Übersetzungen vermittelt wurde, außer Zweifel. Die alexandrinische Hermetik ließ die Hoffnung auf eine Einweihung mittels der Gnosis zu, d. h. die Hoffnung auf uralte und universelle Weisheit, eine Hoffnung, die ihren Höhepunkt in der italienischen Renaissance finden sollte (vgl. § 310).

Bei der gesamten Artus-Thematik ist es unmöglich zu wissen, ob die ein-

---

[66] Vgl. *Coyajee* in: Journal of the K. R. Cama Institute 37–194; diese Annäherung wurde auch von *J. Marx*, La Légende arthurienne 244, Anm. 9, angenommen.
[67] *H. Corbin*, En Islam iranien II, 155–210.
[68] Vgl. Ebd. 177 ff.
[69] Die Templer, die die ersten Bankiers der Zeit der Kreuzzüge wurden, hatten beträchtliche Reichtümer angesammelt. Sie hatten darüber hinaus großen politischen Einfluß. Um sich ihre Schätze anzueignen, klagte sie König Philipp IV. im Jahre 1310 schändlicherweise an, unmoralisch zu sein und Häresie zu betreiben. Zwei Jahre später hob Papst Clemens V. den Templerorden definitiv auf.

weihenden Prüfungen, die von den Rittern zu bestehen waren, Riten im wahren Sinne des Wortes entsprachen oder nicht. Ebenso ist es müßig, anzunehmen, daß man mit Hilfe der Schriften den Transport des Grals nach Indien oder anderswohin nach dem Osten beweisen oder nicht beweisen könne. Denn wie die Insel Avalon, auf die sich Artus zurückzog, oder wie das wunderbare Land Shambala der tibetischen Tradition, so gehört auch der Orient, in den der Gral gebracht wurde, der mythischen Geographie an. Wesentlich ist das Symbol der Verborgenheit des Grals: es drückt die Unnahbarkeit zu einer Tradition aus, die von einem gewissen historischen Zeitpunkt ab geheim geworden war.

Die geistige Botschaft, die sich aus dem Szenario um den Gral ergibt, regt auch noch die Vorstellung und Überlegung unserer Zeitgenossen an. Im ganzen gehört die Mythologie des Grals zur Religionsgeschichte des Westens, wenn es auch manchmal so scheint, als ob sie sich mit der Geschichte der Utopie vermische.

271. Joachim von Fiore: eine neue Geschichtstheologie

Joachim von Fiore (Gioachino da Fiore) wurde um 1135 in Kalabrien geboren und weihte nach einer Reise ins Heilige Land sein Leben Gott. Er trat in das Benediktinerkloster von Corazzo ein und wurde dort Abt. Über längere Zeit versuchte er, sein Kloster in den Zisterzienserorden zu überführen. Als dies 1188 gelang, lösten sich Joachim und seine Anhänger bereits von Corazzo. 1192 gründete er in San Giovanni di Fiore eine neue Abtei.

Joachim stand mit den Größten seiner Zeit in Verbindung: er hatte Unterredungen mit drei Päpsten (die ihn alle ermutigten, seine Prophetien aufzuschreiben) und traf mit Richard Löwenherz zusammen (dem er unter anderem die Geburt des Antichrists voraussagte). Zur Zeit seines Todes, am 30. März 1202, war der Abt von Fiore eine der bekanntesten und angesehensten Gestalten der christlichen Welt. Wie wir sehen werden, hatte er aber auch mächtige Feinde, denen es gelang, ihn in Mißkredit zu bringen. Sein umfangreiches und schwieriges Werk beinhaltet eine Reihe exegetischer Abhandlungen, die eine neue Deutung der Heiligen Schrift zum Gegenstand haben [70]. Wegen der Legende, die sich um die Prophetien Joachim von Fiores rankt, sind auch ziemlich viele apokryphe Schriften unter seinem Namen im Umlauf.

Joachim wies dennoch den Titel eines Propheten zurück, er erkannte nur an, die Gabe zu besitzen, Zeichen, die von Gott in der Geschichte und der Heiligen Schrift gesetzt seien, zu entschlüsseln. Die Quelle seines Wissens

---

[70] Die bedeutendsten wurden zu Beginn des 16. Jahrhunderts in Venedig veröffentlicht: Concordia novi ac veteri Testamenti (oder: Konkordien-Buch); Expositio in Apocalypsim et Psalterium decem cordarum.

um die Heilsgeschichte sah er in Momenten der Erleuchtung, die ihm von Gott geschenkt worden seien. Einmal am Abend vor Ostern[71], ein andres Mal an Pfingsten. Nach Joachim beherrschen und bestimmen zwei Zahlen (die Zwei und die Drei) die Epochen der Weltgeschichte[72]. Zwei Testamente, zwei von Gott erwählte Völker (die Juden und die Heiden) und drei Personen der Trinität. Die erste Epoche (er verwendet den Ausdruck: *status*) ist die des Alten Testaments; sie war von Gott beherrscht, und ihre Religion ist durch die Furcht bestimmt, die die absolute Autorität des Gesetzes bedingt. Die zweite Epoche, die unter dem Zeichen Christi steht, ist das Zeitalter des Neuen Testaments und der durch die Gnade geheiligten Kirche. Der Glaube ist der spezifische Charakterzug ihrer Religion. Diese Epoche wird 42 Generationen lang andauern, wobei jede ungefähr 30 Jahre umfaßt (genau wie nach Matthäus 1, 1–17 zwischen Abraham und Christus 42 Generationen liegen). Nach Joachim wird die zweite Epoche gegen 1260 zu Ende gehen, wenn die dritte aufkommt. Es ist die des Heiligen Geistes, in der das religiöse Leben die Fülle der Liebe, der Freude und der Freiheit des Geistes erfahren wird. Aber vor dem Beginn des dritten *status* wird der Antichrist dreieinhalb Jahre herrschen, und die Gläubigen werden ihre letzten, schrecklichsten Prüfungen bestehen müssen[73]. Ein sehr heiliger Papst und die *viri spirituales* (zwei Gruppen von Religiosen: die Prediger und die kontemplativen Einsiedler) werden dieser Versuchung widerstehen. Das erste Zeitalter wird von den verheirateten Männern, das zweite von den Klerikern und das dritte von den geistigen Mönchen beherrscht werden. Das erste Zeitalter ist das der Arbeit, im zweiten herrschen Wissenschaft und geistige Disziplin vor, der dritte *status* legt den meisten Wert auf die Kontemplation.

Sicherlich ist dieses dreistufige Schema der Weltgeschichte und seine Beziehung zur Trinität deutlich vielschichtiger, denn Joachim trägt auch binären Verbindungen Rechnung (so sind zum Beispiel die wesentlichen Geschehnisse der Geschichte des Christentums im Alten Testament vorweggenommen). Trotzdem ist die Originalität seiner Interpretationen unzweifelhaft. Zunächst glaubte der Abt entgegen der Meinung des hl. Augustinus, daß die Geschichte nach einer Vielzahl von Leiden eine Epoche der Schönheit und der geistigen Freiheit erfahren werde. Folglich steht die christliche Vollendung vor uns, in der *geschichtlichen Zukunft*. Dies ist eine Idee, die keine rechtgläubige Theologie annehmen kann. In der Tat handelt es sich um *Geschichte* und nicht um eine Eschatologie. Der Beweis liegt unter anderem darin, daß auch das dritte Zeitalter dem Verfall unterliegt und in Elend und Zerstörung zu Ende gehen wird; denn die einzige

---

[71] Die Texte sind wiedergegeben bei: *B. McGinn*, Visions of the End 130.
[72] Vgl. *M. Reevers*, The Influence of Prophecy in the Later Middle Age: A Study of Joachimism 7 ff.
[73] Es handelt sich um eine in der christlichen und jüdischen Apokalyptik wohlbekannte Szene.

unzerstörbare Vollendung wird erst nach dem jüngsten Gericht offenbar werden.

Hauptsächlich die konkreten historischen Gegebenheiten des dritten Weltzeitalters waren es, die den Widerstand der Kirche, die Begeisterung der Mönche und den Eifer des Volksglaubens hervorriefen. Joachim gehörte zu der großen Bewegung der Kirchenreform, die seit dem 11. Jahrhundert aktiv war. Er erwartete eine tatsächliche Reform, eine *reformatio mundi* in der Form eines neuen Eintritts des Göttlichen in die Geschichte, und nicht einen Rückschritt in die Vergangenheit[74]. Die traditionellen Einrichtungen, das Papsttum, die Sakramente, das Opfer, verwarf er nicht, maß ihnen aber eine deutlich bescheidenere Rolle zu. Funktion und Macht der Päpste wurden vollständig verändert[75]. Die Sakramente scheinen in der Kirche der Zukunft, die durch den Heiligen Geist beherrscht wird, nicht mehr unentbehrlich zu sein[76]. Die Priester werden zwar nicht verschwinden, aber die Leitung der Kirche wird auf die Mönche, die *viri spirituales*, übergehen. Eine rein geistige Leitung übrigens, keine Herrschaft mehr über die äußeren Einrichtungen der Kirche[77].

Der Abt meinte, daß im dritten Weltzeitalter das Werk Christi unter der Leitung des Heiligen Geistes vollendet würde. Würde aber eine solche Auffassung nicht die zentrale Rolle Christi in der Heilsgeschichte aufheben? Jedenfalls war die Bedeutung, die Joachim der Vorherrschaft des *Geistigen* über die *Institution* in der Kirche der Zukunft zuwies, deutlich den Kräften, die im 13. Jahrhundert dominierten, entgegengesetzt. So gesehen, stellte die Auffassung Joachims eine radikale Kritik an der Kirche seiner Zeit dar[78]. Der Abt von Fiore hatte für die Zukunft die Gründung zweier neuer Orden angekündigt, und der von Franz von Assisi gegründete Orden ist offenbar ein Spiegel der Ideen Joachim von Fiores. Tatsächlich glaubten die Franziskaner, daß der hl. Franziskus durch sein vorbildliches Leben in Armut, Demut und Liebe zu jeder Kreatur in seinem Leben selbst eine neue „Ankunft" Christi verwirklichte. Es gab im Jahre 1254 in Paris einen großen Skandal, als der Franziskaner Gerhard von Borgo San Donnino unter dem Titel *Einführung in das ewige Evangelium* drei Schriften des kalabrischen Abtes, mit Einführung und Kommentar versehen, publizierte. Er verkündete, daß die Autorität der katholischen Kirche ihrem Ende entgegengehen und die neue Geistkirche, die Kirche des Heiligen Geistes, bald (1280) erscheinen werde. Die Theologen der Universität Paris nutzten diese unver-

---

[74] Vgl. *B. McGinn*, Visions of the End 129.
[75] *B. McGinn*, Apocalypticism in the Middle Ages 282; bewahrheitet die Meinung *de Reevers*, a.a.O. 395ff.
[76] *B. McGinn*, Apocalypticism 282; vgl. die in der Anmerkung 82 zitierte Bibliographie.
[77] Das ist der Grund, weshalb die Franziskanerspiritualen ein halbes Jahrhundert nach dem Tode des Joachim von Fiore bestürzt waren, als man ihnen nicht die Freiheit gab, „das neue Leben" praktisch zu leben; *B. McGinn*, a.a.O. 282.
[78] *B. McGinn*, Visions of the End 129.

hoffte Gelegenheit, um die Häresie und die Gefahr, die von den Bettelorden ausgehe, zu verkünden. Zudem war Joachim bei den Päpsten seit einiger Zeit nicht mehr persona grata. Im Jahre 1215 wurde seine Lehre von der Trinität ordnungsgemäß verurteilt. Nach dem „Skandal" des *Ewigen Evangeliums* verurteilte Papst Alexander IV. 1263 die Kernideen des Abtes.

Dennoch gab es große Bewunderer Joachims, wie Dante, der ihn ins Paradies versetzte. Die Handschriften seiner Werke mehrten sich und kamen in fast ganz Westeuropa in Umlauf. Direkt oder indirekt hat Joachim von Fiore die Fraticelli, die Beghardhen und die Beginen beeinflußt. Man findet das Schema Joachims in den Schriften des Arnold von Villanova und seiner Schüler[79]. Später, gegen Ende des 16. und am Anfang des 17. Jahrhunderts, entdeckten die ersten Jesuiten die Bedeutung der joachimschen Auffassung vom dritten *status*. In der Tat sahen sie dies Drama in ihrer Zeit ablaufen, in der sich der Endkampf gegen das Böse (was mit Martin Luther [!] gleichgesetzt wurde)[80] nähern würde. Einige unerwartete Erweiterungen der Ideen des kalabrischen Propheten finden sich bei Lessing. In seiner *Erziehung des Menschengeschlechtes* entwickelt der Philosoph seine Thesen der kontinuierlichen und fortschreitenden Offenbarung, die in ein drittes Zeitalter münden werde[81]. Die Resonanz der Ideen Lessings war beachtlich: bei den Anhängern des Saint-Simon und bei Auguste Comte und seiner Lehre der drei Zustände. Fichte, Hegel und Schelling wurden, wenn auch auf verschiedene Weise, von der joachimitischen Idee eines bevorstehenden dritten Zeitalters beeinflußt, das die Geschichte erneuern und vervollkommnen werde.

---

[79] Vgl. *de Reevers*, a.a.O. 175–241.
[80] *de Reevers,* a.a.O. 274 ff.
[81] Lessing verstand das dritte Zeitalter in der Tat als Triumph der Vernunft, der dank der Erziehung zustande gekommen ist. Seiner Meinung nach war dies aber nicht die Erfüllung der christlichen Offenbarung. Er bezieht sich mit Sympathie und Verehrung auf „manche Enthusiasten des 13. und 14. Jahrhunderts, deren einziger Irrtum es war, das „neue ewige Evangelium" zu früh verkündet zu haben" (vgl. *K. Löwith,* Meaning in History 208).

FÜNFUNDDREISSIGSTES KAPITEL

Islamische Theologie und Mystik

272. Grundlagen der Theologie der Mehrheit

Wie schon dargelegt (S. 87f), ging die Einheit der islamischen Gemeinde *(umma)* infolge des Bruches zwischen dem Sunnismus (der sich auf die *sunna*, die „traditionelle Praxis", gründete) und dem Schiismus, der den Anspruch auf den ersten „wahren" Kalifen erhob, verloren. Darüber hinaus „hatte sich der Islam sehr früh in eine erstaunliche Vielfalt von Sekten oder Schulrichtungen aufgespalten, die sich häufig bekämpften oder manchmal gegenseitig verdammten, wobei sie sich alle für den eigentlichen Vertreter der geoffenbarten Wahrheit hielten. Viele sind im Laufe der Geschichte verschwunden, und der Untergang weiterer ist immer möglich. Viele (und zuweilen die ältesten) blieben aber auch bis in unsere Tage in erstaunlicher Vitalität bestehen, die sicherlich entschlossen sind, sich fortzusetzen und weiterhin durch den Gewinn an Glaubensvorstellungen und Ideen zu bereichern, die von ihren Ahnen hinterlassen wurden."[1]

Der Sunnismus stellte und stellt die Mehrheit des Islams. Er ist durch die Bedeutung, die er der wörtlichen Erklärung des Korans und der Tradition beimißt, sowie durch die wesentliche Rolle der Rechtspflege, der *sharī'at*, charakterisiert. Das Gebiet der *sharī'at* ist weitaus umfassender als das der westlichen Rechtsprechung. Einerseits hat sie nicht nur die Beziehungen des Gläubigen zur Staatsgemeinschaft, sondern auch zu Gott mit seinem eigenen Gewissen kodifiziert. Andererseits stellt die *sharī'at* den Ausdruck des göttlichen Willens dar, so wie er Mohammed geoffenbart wurde. So sind für den Sunnismus Rechtsprechung und Theologie eins. Ihre Quellen sind: die Auslegung des Korans, die *sunna* oder Tradition, die auf der Tätigkeit und den Worten des Propheten fußt, *idschmā'*, der Konsensus der Zeugnisse von Gefährten Mohammeds und ihrer Nachfahren und *idschtihād*, persönliche Überlegungen, wenn das heilige Buch und die *sunna* nicht ausreichen.

Für unsere Zwecke wäre es unnütz, die vier Rechtsschulen, die von der

---

[1] *H. Laoust*, Les schismes dans l'Islam V, f.

sunnitischen Gemeinschaft als kanonisch angesehen werden, aufzuzeigen[2]. Alle Schulrichtungen verwenden die rationale Methode, die als *kalām* bezeichnet wird, ein arabisches Wort, das „Rede, Unterredung" bedeutet, das aber schließlich auch die Theologie bestimmen sollte[3]. Die ältesten Theologen sind die Muʿtaziliten, eine Gruppe von Denkern, die sich seit der 1. Hälfte des 2. Jahrhunderts nach der Hedschra in Basra organisierte. Ihre Lehre setzte sich schnell durch, sie wurde für einige Zeit die offizielle Theologie des sunnitischen Islams. Die ersten beiden Thesen sind von den fünf Grundsätzen der Muʿtaziliten von größter Bedeutung: 1. Das *tawhīd* (die göttliche Einheit): „Gott ist einzig, und nichts ist ihm ähnlich. Weder ist er körperlich noch ein Individuum. Er hat weder Substanz noch auffällige Erscheinung. Er steht außerhalb der Zeit. Er kann an keinem Ort und in keinem Lebewesen sein. Mit kreatürlichen Attributen oder Fähigkeiten ist er nicht zu bezeichnen. Er ist nicht bedingt und begrenzt, er weder gezeugt, noch ist er gezeugt ... Er hat die Welt ohne ein Vorbild und ohne Hilfe erschaffen."[4] Folglich verneinen die Muʿtaziliten göttliche Eigenschaften und behaupten, daß der Koran geschaffen sei. 2. Die göttliche Gerechtigkeit, die den freien Willen und die Verantwortlichkeit des Menschen für seine Handlungen einbezieht.

Die letzten drei Thesen beziehen sich hauptsächlich auf die individuelle Moral und die politische Organisation der Gemeinschaft.

Zu einem gewissen Zeitpunkt nach der Thronbesteigung des Kalifen Al-Maʾmūn, der den Muʿtazilismus völlig übernahm und ihn zur Staatsdoktrin machte, erfuhr die sunnitische Gemeinschaft eine ziemlich schwere Krise. Die Einheit wurde durch Al-Aschʿarī gerettet (260–324/873–935)[5]. Obwohl er bis zum vierzigsten Lebensjahr ein Anhänger der Muʿtaziliten-Theologie war, schwor Al-Aschʿarī öffentlich in der Großen Moschee von Basra ab und widmete den Rest seines Lebens der Einigung der unterschiedlichen Tendenzen, die sich innerhalb des Sunnismus feindlich gegenüberstanden. Gegen die Buchstabengläubigen hob Al-Aschʿarī den Wert rationeller Überlegung hervor, kritisierte aber die absolute Vorherrschaft der Ratio,

---

[2] Es handelt sich um die hanafitischen, malikitischen, shafiʿitischen und hanbalitischen Schulen. Ein kurzer Abriß über ihre Gründer und ihre berühmtesten Vertreter findet sich bei *T. Fahd*, L'Islam et les sectes islamiques 31, ff.

[3] Siehe hauptsächlich das monumentale Werk von *H. A. Wolfson*, Philosophy of the Kalām. Wir sollten uns auch in Erinnerung rufen, daß das Wort „motakallim – der, der spricht", dem Ausdruck „motakallimūm – die, die sich mit der Wissenschaft des kalām beschäftigen, der Theologen" zugrunde liegt. Für manche Philosophen wie al-Fārābī und Averroës sind die „Motakallimūm hauptsächlich Apologeten, die sich nicht so sehr nach einer bewiesenen oder beweisbaren Wahrheit richten, sondern mit all ihren dialektischen theologischen Hilfsmitteln die Artikel ihres traditionellen Credo verteidigen" (*H. Corbin*, Histoire de la philosophie islamique 52 f).

[4] Al-Ashʿarī, übers. v. *H. Corbin*, a.a.O. 158. Vgl. die Zusammenfassung von *H. A. Wolfson*, Philosophy of the Kalām 129 ff; vgl. ferner *H. Laoust*, a.a.O., s. vor allem muʿtazilisme, muʿtazilite.

[5] Siehe *H. A. Wolfson*, a.a.O. 248 ff usw.; *H. Laoust*, a.a.O. 127 ff, 177 ff, 200 ff.

wie sie die Mu'taziliten verkündeten. Nach dem Koran ist der Glaube an *ghajb* (das Unsichtbare, Übersinnliche, Mysteriöse) für das religiöse Leben unabdingbar. Denn *ghajb* übersteigt die Vernunft. Ebenfalls gegen die Mu'taziliten räumte Al-Asch'arī ein, daß Gott die Attribute und Namen, die im Koran erwähnt seien, besitze „ohne sich zu fragen wie". Er ließe ohne Überlegung Glauben und Vernunft nebeneinanderstehen. Ebenso sei der Koran ungeschaffen, in dem Sinne als er göttliche Rede sei und keine „menschliche Verkündigung, die in der Zeit stehe"[6].

Obwohl es viele kritische Stimmen, hauptsächlich aus dem Lager der Mu'taziliten und der Buchstabengläubigen gab, beherrschte die asch'aritische Schule über Jahrhunderte fast den ganzen sunnitischen Islam. Die Analyse der Beziehungen zwischen Vernunft und Glauben verdient unter seinen Beiträgen eine besondere Erwähnung. Eine geistige Wahrheit kann gleichermaßen durch Glaube wie durch Vernunft erlangt werden. „Nichtsdestoweniger handelt es sich in jedem Falle um eine Methode, tiefer einzudringen, deren Bedingungen aber so unterschiedlich sind, daß man sie nicht vermischen und nicht eine der anderen überordnen kann. Auch kann man nicht die eine beiseite lassen und sich nur nach der anderen richten."[7] Und so schloß Corbin „bleibt der Asch'arismus, da er sich gleichzeitig den Mu'taziliten und den Buchstabengläubigen zuwandte, eine in beider Gebiet übergreifende Vorstellung"[8]. Und auf diesem Gebiet würde es schwer sein, eine geistige Exegese der Offenbarung zu erstellen, wenn man vom exoterischen zum esoterischen Sinn übergeht.

273. Schiismus und esoterische Hermeneutik

Der Islam ist wie das Judentum und das Christentum eine Buchreligion. Durch den Engelsboten, der dem Propheten die göttlichen Worte diktierte, hat sich Gott im Koran offenbart. Vom gesetzlichen und sozialen Standpunkt aus stellen die „fünf Pfeiler des Glaubens" (vgl. S. 84f) die Essenz des religiösen Lebens dar. Indes besteht das Ideal des Muslim darin, den „wahren" Sinn, die ontologische Wahrheit (die durch den Ausdruck *haqīqat* ausgedrückt wird), zu erfassen. Die Propheten, und hauptsächlich der letzte, Mohammed, haben in ihren vom göttlichen Gesetz inspirierten Texten die *sharī'at* verkündet. Aber es gibt für die Texte unterschiedliche Auslegungen, wobei die wörtliche am augenfälligsten ist. Nach dem Schwiegersohn Mohammeds, Alī, dem ersten Kalifen, „gibt es keinen Vers

---

[6] *H. Corbin,* a. a. O. 165 ff.
[7] *H. Corbin,* a. a. O. 177; s. ferner *F. Rahman,* Islam 91 ff; *H. A. Wolfson,* a. a. O. 526 ff.
[8] *H. Corbin,* a. a. O. 177 f: „Wenn der Asha'rismus so viele Angriffe und so viel Kritik überstanden hat, so muß man erklärend hinzufügen, daß sich das Bewußtsein des sunnitischen Islam in ihm wiederfand."

im Koran, der nicht vierfach deutbar ist: im exoterischen *(zāhir)* Sinne, im esoterischen *(bātin)*, im begrenzten *(hadd)* und im göttlichen *(mottala)*. Das Exoterische ist dem mündlichen Vortrag vorbehalten, das Esoterische gehört zum inneren Verständnis. Die begrenzte Deutung sind Verkündigungen über das Erlaubte und das Unerlaubte. Die göttliche Sicht bedeutet, daß sie Gott in einem jeden Vers im Menschen wirksam werden lassen will."[9] Diese Auffassung ist dem Schiismus spezifisch, aber sie wird von vielen Mystikern und islamischen Theosophen geteilt. So hat ein großer iranischer Philosoph, Nāsir-e Khosraw, im 5. bzw. 11. Jahrhundert geschrieben: „Die positive Religion *(sharī'at)* ist der exoterische Aspekt der Idee *(haqīqat)*, und die Idee ist der esoterische Aspekt der positiven Religion ... Die positive Religion ist das Symbol *(mithāl)*. Die Idee ist der Symbolismus *(manithūl)*."[10]

Die „Idee" *(haqīqat)* verlangt Lehrmeister, die sie den Gläubigen zugänglich machen, wenn sie sie einweihen. Für die Schiiten sind dies die geistigen Führer schlechthin, die Imāme[11]. Tatsächlich findet sich die älteste spirituelle Auslegung des Korans in der esoterischen Unterweisung, die die Imāme ihren Schülern gegeben haben. Diese Unterweisung wurde sorgfältig überliefert und stellt ein imposantes Werk von 26 Foliobänden (in der Majliseischen Edition) dar. Die durch die Imāme und die schiitischen Autoren vorgenommene Exegese stützt sich auf zwei komplementäre Schlüsselbegriffe: *tanzīl* und *ta'wīl*. Der erste bezeichnet die positive Religion, die Verkündigungsschrift, die aus einer höheren Welt durch das Diktat des Engels gekommen ist. Im Gegensatz dazu bezeichnet *ta'wīl* die *Rückkehr zum Ursprung*, also zum wahren und ursprünglichen Sinn des heiligen Textes. Nach einem ismaelitischen Text (vgl. § 274) heißt das: „eine Sache zu ihrem *Ursprung zurückkommen lassen*. Der, der *ta'wīl* praktiziert, führt die Verkündigung in der äußern Erscheinung (exoterisch, zāhir) zurück auf ihre Wahrheit, ihre *haqīqat*."[12]

Im Gegensatz zur orthodoxen Auffassung glauben die Schiiten, daß nach Mohammed von neuem ein Zyklus beginne, der der walāyat (Freundschaft, Schutz). Die „Freundschaft" Gottes enthüllt den Propheten und den Imāmen geheime Zeichen der Schrift und der Tradition und gibt ihnen da-

---

[9] In der Übersetzung von *H. Corbin*, a. a. O. 30; vgl. die Theorie der vier Sinne in der christlichen Theologie des Mittelalters (der literarische, der allegorische, der moralische und der analoge Sinn).
[10] In der Übersetzung von *H. Corbin*, a. a. O. 17. Einem Hadīth zufolge, das auf den Propheten selbst zurückgeht, „hat der Koran eine äußere Erscheinung, eine verhüllte Tiefe, einen exoterischen und einen esoterischen Sinn". Seinerseits verbirgt der exoterische Sinn einen esoterischen Sinn; so kommt man bis zu sieben verborgenen Sinngehalten (vgl. *H. Corbin*, 21).
[11] Erinnern wir uns, daß der arabische Terminus Imām ursprünglich jemanden bezeichnete, der das öffentliche Gebet leitete, also den Kalifen. Bei den Schiiten stellt der Imām außer seiner Rolle als geistiger Leiter auch die höchste politisch-religiöse Autorität dar.
[12] Kalām-e Pir, übers. v. *H. Corbin*, a. a. O. 27.

her die Möglichkeit, die Gläubigen in die göttlichen Mysterien einzuweihen. „So gesehen ist der Schiismus die Gnosis des Islams. Der Zyklus der *walāyat* ist der des Imām, der auf den Propheten folgt, d. h. des *bātin*, das auf *zāhir* folgt, des *haqīqat*, das nach *shari* kommt" (*Corbin*, a. a. O. 46). In der Tat wollten die ersten Imāme das Gleichgewicht zwischen der positiven Religion und der Idee aufrecht erhalten, ohne *bātin* und *zāhir* zu trennen. Die Umstände verhinderten aber, dies Gleichmaß beizubehalten, und in der Folge löste sich die Einheit der Schia auf.

Die Grundzüge der dramatischen Spaltung sind folgende: Mehr als unter der politischen Verfolgung durch die Omayyadenkalifen und die Feindschaft der Rechtsgelehrten hat der Schiismus unter seinen eigenen Spaltungen gelitten, die zahlreiche Sekten und Schismen hervorgerufen haben. Da der Imām der religiöse Leiter ist, d. h. ein direkter Nachfahre Alīs, brach eine Krisis beim Tode des sechsten Imām, Dscha'far as-Sādiqs (gest. 148/765), aus. Sein Sohn Ismā'il, der von seinem Vater schon eingeweiht worden war, starb vorzeitig. Ein Teil der Gläubigen scharte sich um dessen Sohn, Mohammed Ibn Ismā'il, den sie als den siebten Imām ansahen, dies sind die Ismaeliten oder die Anhänger des siebten Imām. Andre Gläubige sahen den Bruder Ismā'ils, Musa Kazem, der auch von Dscha'far as-Sādiq eingeweiht worden war, als Imām an. Seine Linie setzte sich bis zum zwölften Imām, Mohammed al-Madī fort, der auf ungeklärte Weise im Jahre 260/874 im Alter von fünf Jahren auf den Tag genau, als sein junger Vater, der letzte Imām, starb, verschwand[13]. Dies sind die Zwölferschiiten oder Imāmīya, die auch die zahlreicheren sind. Die Zahlen 7 und 12 sind von den Theosophen beider Richtungen der Schia ausführlich kommentiert worden[14].

Vom Standpunkt des Gesetzes aus sind die tiefgreifendsten Differenzen zwischen sunnitischer Orthodoxie und der Schia die folgenden: 1. Ehe auf Zeit, 2. die Erlaubnis, seine religiösen Auffassungen zu verheimlichen, die aus dem Zeitalter der Verfolgungen herrührt. Die Neuerungen der beiden Zweige der Schia sind auf theologischem Gebiet am ehesten augenfällig. Die Bedeutung der Exoterik und der Gnosis waren bereits dargelegt. Nach der Meinung gewisser sunnitischer Theologen und westlicher Autoren sind mehrere fremde Vorstellungen (hauptsächlich gnostischer und iranischer Natur) gerade dank der geheimen Unterweisung durch die Imāme in den

---

[13] Bezüglich des Verschwindens des 12. Imām und dessen Konsequenzen (hauptsächlich geistiger Natur) siehe *H. Corbin*, En Islam iranien IV, 303–389. Dieses Verschwinden stellt den Anfang einer „kleineren Verborgenheit" dar, die 10 Jahre andauern wird, in der sich der Imām mehrere Male mit gewissen Boten unterhält. Da er keinen Nachfolger bestimmt hatte, begann 329/940 die „Große Verborgenheit" oder die geheime Geschichte des 12. Imām.
[14] Hier sei ein dritter Zweig erwähnt, die Zaidīya, die nach dem 5. Imām Zaid (gest. 724) benannt sind. Sie sind weniger zahlreich und stehen dem Sunnismus nahe. In der Tat sprechen sie den Imāmen keine übernatürlichen Tugenden zu, wie das hauptsächlich die Ismaeliten tun (vgl. § 274).

schiitischen Islam eingeflossen, z. B. die Idee der göttlichen Emanation in aufeinanderfolgenden Stufen und die Einfügung der Imāme in diesen Prozeß. Sodann die Seelenwanderung und manche kosmogonische und anthropologische Theorien usw. Man sollte sich in Erinnerung rufen, daß ähnliche Vorgänge sich auch im Sufismus (§ 275), in der Kabbala (§ 289) sowie in der Geschichte des Christentums finden. Hierbei muß aber deutlich gemacht werden, daß in diesen Fällen nicht die Tatsache allein, also die Übernahme und Anwendung fremden Gedankenguts, sondern ihre Neuinterpretation und Artikulation in den assimilierenden Systemen von Bedeutung ist.

Darüber hinaus hat die Stellung der Imāme die Kritik der mehrheitlichen Orthodoxie herausgefordert. Dies hauptsächlich deshalb, weil manche Schiiten ihren Meister mit dem Propheten verglichen haben. Weiter oben haben wir (S. 69, Anm. 2) einige Beispiele der unvermeidlichen Mythologisierung der Biographie Mohammeds erwähnt. So ging vom Kopf seines Vaters ein Licht aus (dies eine Anspielung auf das Licht des Ruhmes Mohammeds); Mohammed war der perfekte Mensch *(īnsān kāmil)*, der Mittler zwischen Gott und den Menschen geworden ist. Ein *hadīth* berichtet, daß Gott ihm gesagt habe: „Wenn es dich nicht gäbe, so hätte ich die Sphären nicht geschaffen." Es ist hinzuzufügen, daß für eine Vielzahl von mystischen Bruderschaften letztes Ziel die Vereinigung mit dem Propheten war.

Für die Sunniten konnte der Islam aber nicht um Mohammed allein angelegt sein. Sie kannten ebenfalls die herausragende Stellung und den Adel Alīs an, verwarfen aber die Idee, daß außer ihm und seiner Familie keine legitimen Nachfolger vorhanden seien. Die Sunniten verneinten hauptsächlich die Vorstellung, daß der Imām von Gott inspiriert bzw. er eine Manifestation Gottes sei[15]. In der Tat erkannten die Schiiten in Alī und seinen Nachfahren einen Teil des göttlichen Lichts – oder wie manche sagen, eine göttliche Substanz –, ohne aber damit die Idee der Inkarnation zu verbinden. Korrekter kann man sagen, der Imām sei eine göttliche Epiphanie, eine Theophanie. So findet man ähnliche, aber nicht auf die Imāme übertragene Vorstellungen bei manchen Mystikern (vgl. S. 121 f). So wurde für die Zwölferschiiten und die Ismaeliten der Imām ein Mittler zwischen Gott und den Gläubigen. Er ersetzt den Propheten nicht, aber er vervollkommnet sein Werk und teilt sein Ansehen. Dies ist eine kühne und originelle Auffassung, weil sie die Zukunft der religiösen Erfahrung offenläßt. Dank der *walāyat*, der göttlichen Freundschaft, kann der Imām seinen Gläubigen noch ungeahnte Dimensionen des geistigen Islam aufdecken.

---

[15] Die Nusairier in Syrien, die von den Ismaeliten abstammen, sahen Alī dem Propheten gegenüber als höher stehend an. Manche haben ihn sogar vergöttlicht. Diese Auffassung wurde aber von den Schiiten verworfen.

*274. Ismaelismus und Verherrlichung des Imām.
Die große Wiederkehr. Der Mahdī*

Hauptsächlich dank der Werke von *W. Ivanow* beginnt langsam die Kenntnis des Ismaelismus. Aus der ersten Epoche sind nur wenig Texte vorhanden. Nach dem Tod des Imām Ismāʿil weist die Tradition drei verborgene Imāme auf. Im Jahre 487/1094 spaltete sich die ismaelitische Tradition in zwei Richtungen auf: in die „Orientalen" (d. h. die Perser), die als Zentrum die „Kommandozentrale" von Alamūt (eine Burg in den Bergen südwestlich des Kaspischen Meeres) hatten, und in die „Okzidentalen", diejenigen, die Ägypten und den Jemen bewohnten. Aus der Anlage des vorliegenden Werkes ergibt sich, daß nicht einmal eine summarische Zusammenfassung der Gesamtheit der kosmologisch-anthropologischen und eschatologischen Ansichten der Ismaeliten behandelt werden kann[16]. Es sei nur hervorgehoben, daß nach den ismaelitischen Autoren der Leib des Imām nicht fleischlich ist; wie der Leib Zarathustras (vgl. § 101) entstand er aus himmlischem Tau, der durch die Eltern aufgenommen wurde. Die ismaelitische Gnosis versteht unter der „Göttlichkeit" *(lāhūt)* des Imām seine „geistige Geburt", die ihn zum Träger des „Tempels des Lichts", einem rein geistigen Tempel, macht. „Sein Imāmtum, seine ‚Göttlichkeit' ist das *corpus mysticum,* das aus allen Formen des Lichts seiner Anhänger besteht" (*Corbin,* a. a. O. 134).

Kühner noch ist die von Alamūt reformierte Lehre des Ismaelismus[17]. Am 17. Ramadan 559 (8. 4. 1164) verkündete der Imām vor seinen Anhängern die große Wiederkehr. „Diese Proklamation bedeutete nichts weniger als die Ankunft eines rein geistigen Islams, der, von allem gesetzgeberischen Geist befreit, frei von aller Gesetzesdienerschaft, eine persönliche Religion wäre, weil sie den geistigen Sinn der prophetischen Enthüllungen entdecken und lebendig machen würde" (ebd. 139). Einnahme und Zerstörung der Burg Alamūt durch die Mongolen (654/1251) setzte der Bewegung kein Ende. Der geistige Islam setzte sich getarnt in den Bruderschaften der Sūfis fort.

Dem reformierten Ismaelitentum zufolge hat die Person des Imām Vor-

---

[16] Man spricht vom urzeitlichen Organisator, vom Mysterium der Mysterien, von der Entstehung des Seins aus der ersten Intelligenz, des geistigen Adam, der beiden Hierarchien – der irdischen und der himmlischen –, die einem Ausdruck Corbins zufolge sich gegenseitig symbolisieren, usw. (vgl. *H. Corbin,* Histoire 110–136, wo die Arbeiten, die in unserer Bibliographie erwähnt sind, zusammengefaßt werden [S. 292]). Die Geschichte des Ismaelismus wurde von *H. Laoust,* Les schismes dans l'Islam 140 ff, 184 ff, geschrieben.

[17] Das Schloß von Alamūt und der reformierte Ismaelismus haben im Westen eine Folklore über die „Assassinen" hervorgerufen (ein Ausdruck, der nach S. de Sacy von hashāshīn kommt, weil man annahm, daß die Gläubigen Haschisch einnahmen). Bezüglich der Legenden s. *L. Olschki,* Marco Polo's Asia 368 ff, und die anderen Werke, die in unserer Bibliographie zitiert sind, S. 293.

rang vor der des Propheten. „Was die Zwölferschia für eine eschatologische Frage hielt, das versetzte der Ismaelismus von Alamūt in die Gegenwart, indem er die Eschatologie vorwegnahm, die eine Auflehnung des Geistes gegen alle Knechtschaft ist" (ebd. 142). Der Imām ist der perfekte Mensch oder das „Gesicht Gottes". Die Kenntnis des Imām ist „die einzige Gotteserkenntnis, die dem Menschen möglich ist". Nach Corbin spricht in den folgenden Sätzen der ewige Imām: „Die Propheten kommen und gehen. Wir aber sind ewige Menschen." „Die Männer Gottes sind nicht von Gott selbst; dennoch sind sie nicht von Gott zu trennen" (ebd. 144). Folglich macht allein der ewige Imām, der einer Theophanie gleichkommt, eine solche Ontologie möglich. Da er der Offenbarte ist, ist er ein der Offenbarung gleiches Wesen. Er ist eine vollkommene Person, ist das ewige Gesicht Gottes, ist das höchste Attribut Gottes, das der erhabene Name Gottes ist. In seiner irdischen Gestalt ist er die Epiphanie des höchsten Wortes, die Pforte zur Wahrheit in einer jeden Zeit, das Ebenbild des ewigen Menschen, der das Gesicht Gottes darstellt" (ebd. 144f).

Von gleicher Bedeutung ist der Glaube, daß beim Menschen die Selbsterkenntnis die Kenntnis des Imām voraussetzt. Hierbei handelt es sich, wohl verstanden, um eine geistige Kenntnis, ein Wissen vom Zusammentreffen mit dem verborgenen Imām im *mundus imaginis*, der unsichtbar und den Sinnen nicht zugänglich ist. Ein ismaelitischer Text behauptet: „Der, der ohne Kenntnis seines Imāms stirbt, stirbt den Tod der Unwissenden." Zu Recht schließt Corbin aus den folgenden Zeilen, die vielleicht bedeutendste Botschaft der ismaelitischen Philosophie: „Der Imām sagt: Mit meinen Freunden bin ich überall, wo sie mich suchen, auf dem Berge, in der Ebene und in der Wüste. Der, dem ich mein Wesen offenbart habe, d. h. die mystische Erkenntnis meiner Person, braucht sich nicht mehr um die körperliche Nähe zu sorgen. Und dies ist die große Erweckung" (ebd. 149).

Der unsichtbare Imām spielte eine entscheidende Rolle in den mystischen Erfahrungen der Ismaeliten und der anderer Zweige der Schia. Es sei hinzugefügt, daß sich bezüglich der Heiligkeit, fast der „Göttlichkeit" der geistigen Lehrmeister bei anderen traditionellen Religionen Analogien finden (so in Indien, im Christentum des Mittelalters, im Chassidismus).

Es muß hervorgehoben werden, daß das legendenhafte Bild des verborgenen Imām in vielen Fällen mit dem eschatologischen Mythos des *Mahdī* (wörtlich: der Führer, der, der durch Gott geleitet ist) gleichgesetzt worden ist. Dieser Ausdruck findet sich nicht im Koran. Viele sunnitische Autoren haben ihn aber den historischen Persönlichkeiten zugesprochen[18]. Dennoch hat hauptsächlich sein eschatologisches Prestige die Phantasie ange-

---

[18] Siehe die Bezugsstellen in dem Artikel von *D. B. Mac Donald*, Shorter Encyclopaedia of Islam 310. Bezüglich der kompetentesten und detailliertesten Darstellungen der Legenden und Glaubensvorstellungen, die sich um die Figur des Mahdī ranken, vgl. *Ibn Khaldûn*, The Muqaddimah, übers. v. Rosenthal, II, 156–206.

regt. Für manche war Mahdī Jesus ('Īsā), aber die Mehrheit der Theologen sieht in ihm einen Abkömmling der Familie des Propheten. Für die Sunniten ist der Mahdī, wenn er auch die *Renovatio* aller Dinge auslöst, nicht der unfehlbare Führer, für den ihn die Schiiten halten. Letztere haben den Mahdī mit dem zwölften Imām gleichgesetzt.

Verborgenheit und Wiederauftreten des Mahdī am Ende aller Zeit spielten eine beachtliche Rolle in der Volksfrömmigkeit und den endzeitlichen Krisen. Für eine Sekte (die Kaisānīya) galt als Mahdī Mohammed, der Sohn Alīs, der eine andere Frau als Fātima habe. Obwohl er stets am Leben ist, liegt er begraben in seinem Grab auf dem Berg Radwā, von dem aus die Gläubigen seine Rückkunft erwarten. Wie auch in anderen Traditionen ist das Heraufkommen der Endzeit durch eine radikale Degeneration der Menschen und durch besondere Zeichen gekennzeichnet: die Ka'ba wird verschwinden, die Exemplare des Koran werden weiße Seiten sein, der, der den Namen Allahs ausspricht, wird getötet usw. Die Epiphanie des Mahdī eröffnet für die Muslimen eine Epoche der Gerechtigkeit und des Reichtums, wie es ihn niemals zuvor auf der Erde gab. Die Herrschaft des Mahdī wird fünf, sieben oder neun Jahre dauern. Augenscheinlich erreicht die Erwartung des Mahdī ihren Höhepunkt in Zeiten des Verfalls. Viele politische Führer versuchten, die Macht zu erreichen, und dies, indem sie sich in vielen Fällen als Mahdī ausgaben[19].

275. Sufismus, Esoterik und mystische Erfahrung

Der Sufismus ist die mystische Dimension des Islams und gleichzeitig eine der bedeutendsten Traditionen der islamischen Esoterik. Die Etymologie des arabischen Wortes *sūfī*, die sich wohl von *sūf* („Wolle") herleitet, spielt auf den wollenen Mantel an, der von den Sūfīs getragen wird. Man findet den Ausdruck seit dem Beginn des 3. (9.) Jahrhunderts. Der Tradition nach befanden sich die geistigen Ahnen des Sufismus unter den Begleitern Mohammeds. Zu ihnen zählte Salmān al-Fārīsī, ein persischer Barbier, der das Haus des Propheten bewohnte und zu einem Modellfall geistiger Adoption und mystischer Einweihung wurde, und Uways al-Qarinī, dessen Hingabe Mohammed bezeugte[20]. Ursprünge asketischer Richtungen[21] sind weniger bekannt, wahrscheinlich manifestierten sie sich unter der Dynastie der Omayyaden. Tatsächlich war eine große Anzahl der Gläubigen von der re-

---

[19] Zum Beispiel der Mahdī des Sudan, der 1885 von Lord Kitchener besiegt wurde.
[20] Siehe *L. Massignon,* Salman Pâk et les prémices de l'Islam iranien; *A. Schimmel,* Mystical Dimensions of Islam 28 ff.
[21] Im 3. Jahrhundert der Hedschra war die Mehrheit der Sūfīs verheiratet, zwei Jahrhunderte später war es nur noch eine Minderheit.

ligiösen Gleichgültigkeit der Kalifen enttäuscht, die einzig und allein an der kontinuierlichen Ausdehnung des Reiches interessiert waren[22].

Der erste mystische Asket, Hasan al-Basrī (gest. 110/728), war für seine Frömmigkeit und seine tiefe Traurigkeit bekannt. Er dachte nämlich beständig an den Tag des Gerichts. Ein anderer kontemplativer Vertreter der Sufiten, Ibrāhīm ibn Adham, soll die drei Stufen der Askese bestimmt haben *(zuhd):* 1. Weltverzicht, 2. Verzicht auf das Glücksgefühl, die Welt verlassen zu haben, 3. so weitgehende Weltverneinung, daß man sich ihrer nicht einmal mehr bewußt ist[23]. Rābi'a (gest. 185/801), ein von seinem Herrn freigelassener Sklave, führte die absolute Liebe zu Gott in den Sufismus ein. Der Liebende braucht weder an die Hölle noch an das Paradies zu denken. Als erster Sūfi spricht Rābi'a von der Eifersucht Gottes. „Du meine Hoffnung, meine Zuflucht und meine Erquickung, keinen anderen Gott außer dir kann das Herz lieben."[24] Das nächtliche Gebet wurde für Rābi'a eine lange und liebevolle Unterredung mit Gott[25]. Trotzdem hatte, wie die jüngsten Untersuchungen zeigen[26], bereits Dscha'far as-Sādiq, der sechste Imām und einer der größten Meister des alten Sufismus (gest. 148/765), der mystischen Erfahrung den Ausdruck „Liebe zu Gott" gegeben („ein göttliches Feuer, das den Menschen ganz verschlingt"). Dies ist ein Beispiel der engen Beziehung zwischen dem Schiismus und der ersten Phase des Sufismus.

Tatsächlich wurde die esoterische Dimension des Islam *(bātin),* die der Schia eigen war, von seiten der *sunna* hinfort mit dem Sufismus gleichgesetzt. Nach Ibn Khaldūn „waren die Sūfis gesättigt von den Theorien der Schia". Ebenso hielten die Schiiten ihre Lehre für die Quelle des Sufismus[27].

Jedenfalls waren die mystischen Erfahrungen und die theosophische Gnosis äußerst schwierig in den orthodoxen Islam einzufügen. Der Muslim wagte nicht, sich eine enge Beziehung in geistiger Liebe zu Allah vorzustellen. Ihm genügte es, sich Gott ganz hinzugeben, dem Gesetz zu gehorchen und die Unterweisung durch den Koran in der Tradition *(sunna)* zu vervollständigen. Die *ulamā* waren durch ihre theologische Bildung und ihre Be-

---

[22] Später setzten die Sūfis die Regierung mit dem Bösen gleich (vgl. *A. Schimmel,* a.a.O. 30). Man muß den Einfluß des christlichen Mönchtums berücksichtigen (vgl. *M. Molé,* Les mystiques musulmans 8ff).
[23] Vgl. *A. Schimmel,* a.a.O. 37.
[24] Überlieferung: *M. Smith,* Rābi'a the Mystic 55.
[25] Siehe die überlieferten Texte ebd. 27.
[26] Vgl. *P. Nwyia,* Exégèse coranique et langage mystique 160ff.
[27] Vgl. *S. H. Nasr,* Shi'ism and Sufism 105ff. Hier ist zu berücksichtigen, daß man in den ersten Jahrhunderten schwer unterscheiden konnte, ob ein Autor zu den Sunniten oder zu den Schiiten gehörte. Der Bruch zwischen der Schia und den Sūfis vollzog sich, als einige Sūfi-Meister eine Neuinterpretation der geistlichen Initiation und der „göttlichen Freundschaft" vorstellten (s. weiter unten). Der schiitische Sūfismus verschwand zu Anfang des 3./9. Jahrhunderts und kam erst im 7./12. wieder auf.

herrschung der Rechtsprechung in einer starken Stellung und hielten sich für die einzigen religiösen Leiter der Gemeinschaft. Demgegenüber waren die Sūfīs entschiedenste Gegner der Ratio: für sie war die einzige religiöse Erkenntnis Gottes in einer persönlichen Erfahrung, die zu einer momentanen Einheit mit Gott führte, möglich. In den Augen der *ulamā* bedrohten die sufitischen Interpretationen die ureigensten Grundlagen der orthodoxen Theologie.

Andererseits bedingte der „Weg" des Sufismus notwendigerweise Schüler, die eine lange Einweihungszeit und Unterweisung durch einen Meister erfuhren. Diese außergewöhnliche Beziehung zwischen einem Meister und seinen Schülern führte bald zur Verehrung des *sheikh* in Zusammenhang mit dem Heiligenkult. Al-Hudsch-wīri schrieb: „Du sollst wissen, daß sich Prinzip und Basis des Sufismus und der Erkenntnis Gottes auf die Heiligkeit gründen."[28]

Diese Neuerungen beunruhigten die *ulamā* nicht allein deshalb, weil sie ihre Autorität bedroht oder nicht geachtet sahen. Für die orthodoxe Theologie waren die Sūfīs der Häresie verdächtig. Wie noch darzulegen, kann man im Sufismus Elemente des Neuplatonismus, der Gnosis und des Manichäismus erkennen, die als Sakrilege und unheilvoll angesehen wurden. Der Häresie verdächtigt, wurden manche Sūfīs, wie der Ägypter Dhū'n-Nūn (gest. 245/859) und Al-Nūri (gest. 295/907), beim Kalifen angeklagt. Die großen Meister Al-Hallādsch und Suhrawardī wurden schließlich mit dem Tode bestraft (vgl. S. 272/280). Dies brachte die Sufiten dazu, ihre Erfahrungen und Auffassungen einzig und allein den Schülern und einem engen Kreis von Eingeweihten mitzuteilen.

Dennoch nahm die Bewegung, da sie „die religiösen Bedürfnisse der Bevölkerung erfüllte, welche zum Teil durch die abstrakte und unpersönliche Unterweisung der Orthodoxen erstarrt waren und die in dem mehr persönlichen und gefühlsbetonten religiösen Zugang der Sufiten Erleichterung fanden"[29]. Tatsächlich ermutigten die Meister außerhalb des einweihenden Unterrichts, der den Schülern vorbehalten blieb, öffentlich „religiöse Konzerte".

Religiöse Gesänge, Instrumentalmusik (mit Flöten aus Schilfrohr, Zimbeln und Trommeln), heiliger Tanz und unaufhörliche Wiederholungen des Namens Gottes *(dhikr)* sprachen das Volk gleichermaßen an wie die geistige Führerschicht. Später werden wir auf den Symbolismus und die Funktion von heiliger Musik und Tanz eingehen (§ 282). *Dihkr* erinnert an ein Gebet der Christen im Osten, den *Monologistos,* der beständig nur den Namen Gottes oder Jesu wiederholte[30]. Wie noch darzulegen (§ 283), war die

---

[28] Kashf al-Mahjūb, übers. bei *R. A. Nicholson,* 363; vgl. *H. A. Gibb,* Mohammedanism 138.
[29] *Gibb,* ebd. 135.
[30] Dieses Gebet ist einige Jahrhunderte vor dem *dhikr* bei vielen heiligen Vätern erwähnt (Nilus, Cassian, Johannes Climacus usw.). Es wurde hauptsächlich von den Hesychasten geübt.

Technik des *dhikr* (wie auch die hesychastische Praxis zu Beginn des 12. Jahrhunderts) sehr komplex. Sie beinhaltete eine „mystische Physiologie" und eine dem Yoga verwandte Methode, die in bestimmten Körperhaltungen, in Atemdisziplin und optischen und akustischen Manifestationen evident wurde. Hier sind vielleicht indische Einflüsse feststellbar.

Im Laufe der Zeit verschwand, von einigen Ausnahmen abgesehen, der Druck durch die *ulamā* vollständig. Selbst diejenigen Verfolger, die sich am unnachgiebigsten zeigten, erkannten schließlich den außergewöhnlichen Beitrag der Sufis zur Ausdehnung und geistigen Erneuerung des Islams.

276. Einige Sūfī-Meister: von Dhū'n-Nūn bis Tirmidhī

Der Ägypter Dhū'n-Nūn (gest. 245/859) verheimlichte bereits seine mystischen Erfahrungen. „O Gott. In der Öffentlichkeit nenne ich dich meinen Herrn. Wenn ich aber allein bin, dann nenne ich dich meine Liebe." Der Tradition zufolge war Dhū'n-Nūn der erste, der den Gegensatz zwischen *ma'rifa*, der intuitiven Gotteserkenntnis („Erfahrung") und *ilm*, der diskursiven Erkenntnis ausdrückte. „Mit jeder Stunde wird die Erkenntnis einfacher, denn jede Stunde führte sie näher an Gott heran ... Die Gnostiker sind nicht selbst Gott, aber in dem Maße, in dem sie existieren, existieren sie in Gott. Ihre Begegnungen sind von Gott initiiert, ihre Reden sind Reden Gottes, die er in ihrer Sprache hält."[31] Man muß das literarische Talent des Dhū'n-Nūn erwähnen. Seine langen Hymnen, die den Ruhm des Herrn feiern, haben zur mystischen Wertschätzung der Dichtkunst beigetragen.

Der Perser Abū Yazīd Bistāmī (gest. 260/874), einer der umstrittensten Mystiker des Islams, hat keine Bücher geschrieben. Seine Schüler aber überlieferten das Wesentliche seiner Unterweisungen durch Erzählungen und Leitsätze. Durch ausgesprochen strenge Askese und durch eine Meditation, die auf die Essenz Gottes gerichtet war, erlangte Bistāmī die Auslöschung seiner selbst *(fanā)*, die er als erster formulierte. Ebenso war er der erste, der seine mystischen Erfahrungen in den Ausdrücken des *mi'rādsch* (des nächtlichen Aufstiegs Mohammeds, vgl. § 261) niederschrieb. Er erreichte die „Vereinzelung" und glaubte zumindest zeitweise an die absolute Einheit zwischen dem Geliebten, dem Liebenden und der Liebe. In Ekstase verkündete Bistāmī „theopathische Reden", indem er sprach, als sei er Gott. „Woher kommst du? Ich habe mich aus meinem Ich geschält, wie die Schlange sich häutet, dann erkannte ich meine Essenz: ich war ich." Oder „Gott denkt an jedes Lebewesen im Universum. Er sieht, daß sie von ihm leer sind. Nur in mir sieht er sich in Fülle."[32]

---

[31] Siehe *M. Smith*, Readings from the Mystics of Islam, Nr. 20; vgl. ferner *A. Schimmel*, a. a. O. 43 ff.

[32] Übers. bei *L. Massignon*, Lexique technique de la mystique musulmane 276 ff; s. ferner *G.-C. Anawati – L. Gardet*, Mystique musulmane 32 f, 110 ff.

Nach anderen Orientalisten deutete Zaehner die mystische Erfahrung des Bistāmī als ein Ergebnis indischen Einflusses, speziell dessen des Vedānta Shankaras[33]. Angesichts der Bedeutung, die der Askese und den Meditationen beigemessen wird, würde mancher eher an Yoga denken. Wie dem auch sei: einige Meister der Sūfi bezweifeln, daß Bistāmī die Einheit mit Gott erreicht habe. Nach Junayd „ist er am Anfang stehengeblieben und hat den letzten Zustand der Fülle nicht erreicht". Al-Hallādsch meinte, er sei „lediglich an der Schwelle des göttlichen Wortes angekommen", und dachte, „daß diese Reden sicherlich von Gott eingegeben wären", der Weg sei ihm aber durch das Hindernis, das er selbst darstellte, blockiert gewesen. „Armer Abū Yazīd", sagte er, „der du nicht erkennst, wo und wie sich die Einheit der Seele mit Gott vollziehen wird."[34]

Abū Qāsim al-Junayd (gest. 298/910) war der eigentliche Meister der Sūfis Bagdads. Er hinterließ eine Vielzahl von theologischen und mystischen Abhandlungen, die hauptsächlich für die Analyse der geistigen Erfahrungen, die zur Aufnahme der Seele in Gott führen, wertvoll sind. In seiner Unterweisung unterstreicht Junayd die Bedeutung der Enthaltsamkeit *(sahw)*, der er den geistigen Rausch *(sukr)* des Bistāmī entgegenstellt. Nach der ekstatischen Erfahrung, die die Aufhebung des Individuums mit sich bringt, ist eine zweite Enthaltsamkeit vonnöten, solange der Mensch sich wieder seiner selbst und der Tatsache, daß seine Beschaffenheit ihn vergeistigt und verändert, bewußt ist und bewußt ist, daß dies durch die Gegenwart Gottes bewirkt wird. Letztes Ziel der Mystik ist es nicht, sich aufzuheben *(fanā)*, sondern es ist ein neues Leben in Gott *(baqā:* „das, was bleibt").

Junayd war davon überzeugt, daß die mystische Erfahrung nicht in einer rationalistischen Sprache ausgedrückt werden kann, und verbot seinen Schülern, vor Nichteingeweihten davon zu sprechen. Dieser Regel trat Al-Hallādsch entgegen und verwarf sie. Junayds Schriften und Briefe sind in einer Art Geheimsprache abgefaßt, die für den Leser, der mit seinem Unterricht nicht vertraut ist, unverständlich bleibt[35].

Ein anderer iranischer Meister, Husayn Tirmidhī (gest. 285/898), bekam den Beinamen *Al-Hakūn*, der Philosoph, weil er unter den Sūfis der erste war, der sich der hellenistischen Philosophie bediente. Er war ein sehr fruchtbarer Autor, schrieb etwa 80 Abhandlungen und wurde hauptsächlich wegen seines Werkes „Siegel der Heiligkeit" *(Khālam al-walāya)* bekannt[36]. In diesem Werk entwickelte er die Terminologie der Sūfis, die seitdem verwendet wird. An der Spitze der Hierarchie der Sūfis steht der *qutb* (Pol) oder *ghauth* (Helfer). Die Stufen der Heiligkeit, die er auf-

---

[33] R. C. Zaehner, Hindu and Muslim Mysticism 86–134.
[34] L. Massignon, a.a.O. 280; G.-C. Anawati / L. Gardet, a.a.O. 114.
[35] A. Schimmel, a.a.O. 57 ff; s. auch R. C. Zaehner, a.a.O. 135–161.
[36] Eine Liste der Kapitel findet sich bei L. Massignon, a.a.O. 289 ff.

schrieb, stellen aber keineswegs eine Hierarchie der Liebe dar. Sie beziehen sich auf die Gnosis und die Erleuchtung des Heiligen. Mit Tirmidhī wurde der Bezug zur Gnosis deutlicher. Er war auch Wegbereiter späterer theosophischer Spekulationen[37].

Tirmidhī bestand entschieden auf dem Begriff *walāyat* (der göttlichen Liebe, einer geistigen Einführung). Er unterschied dabei zwei Stufen: die allgemeine, die allen Gläubigen zukommt, und eine spezielle, die einer geistigen Elite vorbehalten ist, den „engen Freunden Gottes, die mit ihm in Kontakt sind und sich mit ihm unterhalten, denn sie befinden sich mit ihm in einem Zustand tatsächlicher und transzendenter Einheit". Henry Corbin bemerkt: „Der Begriff der doppelten *walāyat* stammt in erster Linie aus der schiitischen Lehre."[38] Bezüglich der Relationen zwischen *walāyat* und Prophetie glaubte Tirmidhī an eine Höherwertung der ersteren, da sie dauernd vorhanden und nicht an einen geschichtlichen Zeitpunkt geknüpft sei wie die Prophetie. So schließt sich der Kreis der Prophetie mit Mohammed, der der *walāyat* besteht aber bis an das Ende aller Zeiten[39].

277. Al-Hallādsch: Mystiker und Märtyrer

Al-Hallādsch (Husayn-ibn Mansūr) wurde 244/857 im südwestlichen Iran geboren und von zwei geistigen Lehrmeistern unterrichtet. Dann begegnete er in Bagdad dem berühmten Sheikh Al-Junayd und wurde sein Schüler (im Jahre 264/877). Hallādsch begab sich auf Pilgerfahrt nach Mekka, wo er fastete, im Schweigen verharrte und seine ersten mystischen Ekstasen erlebte. „Wie Moschus mit Ambra, wie Wein mit klarem Wasser, so ist mein Geist mit dem Seinen vermischt."[40] Von der Wallfahrt *(hadsch)* zurückgekehrt, entzweite sich Hallādsch mit Junayd und brach die Beziehungen zu den meisten Sūfis in Bagdad ab. Er verließ die Stadt über vier Jahre lang. Später begann er seine öffentliche Verkündigung und verstörte nicht nur die Traditionalisten, sondern auch die Sūfis, die ihn beschuldigten, „Geheimnisse" auch den Nichteingeweihten preiszugeben. Man warf ihm auch vor, Wunder zu vollbringen (wie die Propheten!), wobei er im Gegensatz zu den anderen *sheikhs* stand, die ihre Fähigkeiten nicht öffentlich, sondern nur vor Eingeweihten zeigten. Al-Hallādsch legte nunmehr das Sūfigewand ab, um sich frei unter das Volk zu mischen[41]. Im Jahre 291/905 begann er in

---

[37] *A. Schimmel*, a. a. O. 57.
[38] *H. Corbin*, Histoire de la philosophie islamique 274; s. auch *S. H. Nasr*, Shi'ism and Sufism 110 ff (= Sufi Essays).
[39] *H. Corbin*, a. a. O. 275, bemerkt die Analogie dieser Lehre mit der schiitischen Prophetologie.
[40] Dīwân, übers. bei *L. Massignon*, XVI.
[41] *L. Massignon*, La Passion d'al Hallâj I (2. Aufl.) 177 ff.

Begleitung von 400 Schülern seine zweite Pilgerfahrt. Dann brach er zu einer langen Reise nach Indien, Turkestan und bis an die Grenzen Chinas auf. Nach der dritten Wallfahrt nach Mekka, wo er zwei Jahre lang blieb, ließ sich Hallādsch endgültig in Bagdad nieder (294/908). Dort widmete er sich der öffentlichen Verkündigung (vgl. *Massignon*, Passion I, 268 ff). Er verkündete, das letzte Ziel für jeden Menschen sei die mystische Einheit mit Gott, die durch die Liebe *(ishq)* bewirkt werde. In dieser Einheit seien die Handlungen der Gläubigen geweiht und vergöttlicht. In der Ekstase verkündete er den berühmten Ausspruch: „Ich bin die Wahrheit (= Gott)", der ihm zum Verhängnis wurde. Diesmal hatte Hallādsch die Front der Rechtsgelehrten (die ihn des Pantheismus beschuldigten), der Politiker (die ihm Aufwiegelung der Massen vorwarfen) und der Sufis gegen sich. Überraschend ist der Wunsch Hallādschs, mit dem Bannfluch belegt sterben zu wollen. „Er wollte die Gläubigen dazu bringen, diesen Skandal eines Mannes, der sagte, er sei eins mit der Gottheit, zu beendigen, indem sie ihn tötete, als er ihnen in der Moschee Al-Mansūr zurief: „Gott hat euch zulässigerweise mein Blut gegeben: tötet mich ... Für die Muslime gibt es auf der ganzen Welt keine dringendere Aufgabe, als mich umzubringen."[42]

Dies eigenartige Gebaren Hallādschs erinnert an die *malāmatīyya*, eine Gruppe von kontemplativ lebenden Menschen, die der Liebe Gottes wegen den Verweis *(malāma)* ihrer Religionsgenossen suchten. Sie trugen nicht das Gewand der Sūfis und behielten ihre mystischen Erfahrungen für sich. Mehr noch: sie stießen die Gläubigen durch ihr exzentrisches und augenscheinlich unfrommes Gehabe vor den Kopf[43]. Diese Erscheinung ist auch bei gewissen christlichen Mönchen des Orients zu Beginn des 6. Jahrhunderts belegt. Ähnliche Vorgänge gibt es in Südindien.

Hallādsch wurde im Jahre 301/915 gefangengesetzt und nach fast neun Jahren Gefangenschaft 309/922 hingerichtet[44]. Augenzeugen berichten seine letzten Worte vor der Hinrichtung: „Dies ist genug für den Ekstatiker, wenn sich in ihm allein das Einzige bezeugt hat" (wörtlich: „Was für den Ekstatiker zählt, ist, daß der Einzige ihn zur Einheit führt")[45].

Sein Werk wurde nur zum Teil in Fragmenten eines Korankommentars, einigen Briefen und einer gewissen Anzahl von Leitsätzen und Gedichten, schließlich dem kleinen Buch *Kītāb at-tawasin*, das von der göttlichen Einheit und der Prophetologie handelt, überliefert[46]. Die Gedichte sind voll tiefer Sehnsucht nach der endgültigen Einheit mit Gott. Zuweilen findet

---

[42] Dīwān XXI.
[43] Später haben einige Malāmatīya-Gruppen ihre Verachtung der Normen bis zur Praxis der Orgie gesteigert (s. die Texte bei *M. Molé*, Les mystiques musulmanes 73 ff).
[44] Siehe *L. Massignon*, Passion I, 385 ff (die Anklage), 502 f (der Prozeß), 607 f (das Martyrium).
[45] Übers bei *L. Massignon*, Dīwān XXI f.
[46] Eine komplette und hinreichend kommentierte Liste findet sich bei *L. Massignon*, Passion I, 20 ff, III, 295 ff.

man Ausdrücke, die der Alchemie entnommen sind (vgl. *Massignon*, Passion III, 269 ff), und Anspielungen auf den geheimen Sinn des arabischen Alphabets.

Aus allen Texten und manchen Zeugenaussagen, die von Louis Massignon gesammelt, herausgegeben und untersucht wurden, spricht die Integrität des Glaubens Hallādschs und die Verehrung für den Propheten. Der Weg Hallādschs war nicht auf die Zerstörung der menschlichen Persönlichkeit gerichtet, suchte aber das Leid, um die leidenschaftliche Liebe zu erkennen *(ishq)* und das Wesen Gottes und das Mysterium der Schöpfung zu begreifen. Der Ausspruch: „Ich bin die Wahrheit" bedingt keineswegs den Pantheismus (dessen ihn manche angeklagt haben), da Hallādsch immer die Transzendenz Gottes betonte. Es ist vielmehr eine der wenigen ekstatischen Erfahrungen, in denen der Geist des Menschen die Einheit mit Gott erlangen konnte[47].

Der Begriff der „umformenden Einheit", den Hallādsch verkündete, ist ziemlich genau von einem gegnerischen Theologen trotz dessen tendenziöser Voreingenommenheit wiedergegeben worden. Dieser schreibt: „Hallādsch hatte behauptet, daß der, der seinen Leib durch Befolgung der Riten in Zaum hält, sein Herz den frommen Werken widmet, die Abwesenheit von Freuden erträgt und seine Seele beherrscht, wenn er sich der Gelüste enthält, sich schließlich einem Punkt nähert, wo diejenigen, die sich Gott genähert haben, sind. Schließlich zögert er nicht, wieder hinabzusteigen, damit seine Natur gereinigt wird von dem, was man fleischlich nennt. Dann kommt derjenige Geist Gottes auf ihn, aus dem Jesus, der Sohn der Maria, geboren wurde. Dann wird er zu dem, dem jede Sache folgt *(mutā')*; er will nur noch dem Befehle Gottes folgen, und von da ist jede seiner Handlungen eine Handlung Gottes und jede seiner Anordnungen ist eine Anordnung Gottes."[48]

Nach seinem Martyrium mehrte sich die Heiligkeit Hallādschs in fast der ganzen islamischen Welt[49]. Von gleich großer Wichtigkeit war sein posthumer Einfluß auf die Sūfis und auf eine gewisse mystische Theologie.

278. Al-Ghazzālī und der Ausgleich zwischen Kalām und Sufismus

Eine der Konsequenzen des Martyriums Hallādschs war es, daß die Sūfis in ihren öffentlichen Bekundungen darlegen mußten, sie widersprächen in

---

[47] Die Theologie des Hallādsch wurde von *L. Massignon*, Passion III, 9 ff analysiert; (mystische Theologie), 63–234 (Dogmatik). Eine knappe Übersicht siehe bei *A. Schimmel*, a. a. O. 71 ff.

[48] Übers. bei *L. Massignon*, Passion III, 48.

[49] Vgl. in der Einführung zum Dīwān, XXXVIII–XLV, das kurze Exposé von Massignon über die graduelle Wiedereingliederung von Hallādsch in die islamische Gemeinschaft.

keiner Weise der Orthodoxie. Manche verbargen ihre mysthischen Erfahrungen und theologischen Ideen unter einem exzentrischen Gehabe. Dies war bei Shiblī (247/861–334/945) der Fall, der den am Galgen hängenden Hallādsch nach dem Sinne der *Unio mystica* fragte und der ihn 23 Jahre überlebte. Um sich lächerlich zu machen, verglich sich Shiblī mit einer Kröte. In seinen Paradoxa und poetischen Äußerungen sorgte er für ein „Privileg der Immunität" (Massignon). Er sagte: „Der, der Gott wegen seiner gnädigen Handlungen liebt, ist ein Polytheist." Einmal befahl er seinen Anhängern, ihn zu verlassen, denn wo sie sich auch immer befänden, er sei bei ihnen und werde sie schützen[50].

Ein anderer Mystiker, der Iraker Niffarī (gest. 354/965) verwandte auch das Paradoxon, vermied aber die Geziertheit Shiblīs. Wahrscheinlich war er der erste, der verkündete, das Gebet sei ein göttliches Geschenk. „Ich bin es, der gibt. Wenn ich nicht auf dein Gebet gehört hätte, hätte ich dich nicht angeregt, es zu suchen."[51]

In dem Jahrhundert nach dem Martyrium Hallādschs vertraten viele Autoren die Lehre und die Praktiken des Sufismus. Wir wollen die klassisch gewordene Theorie der „Schritte" oder „Stationen" *(maqāmāt)*, der „Zustände" *(ahwāl)* und des „Weges" *(tarīq)* festhalten. Man unterscheidet drei grundsätzliche Schritte: das Noviziat *(murīd)*, das Fortgeschrittenenstadium *(sālik)* und das vollkommene Stadium *(kāmil)*. Unter Anleitung seines *sheikhs* muß der Novize verschiedene asketische Übungen von der Reue bis hin zu der heiteren Annahme all dessen, was ihm geschieht, auf sich nehmen. Askese und Unterweisung stellen einen inneren, sorgfältig durch den Meister überwachten Kampf dar. Während die *maqāmāt*, die „Stationen" das Ergebnis einer persönlichen Anstrengung sind, sind die „Zustände" eine freie Gabe Gottes[52].

Es ist wesentlich, aufzuzeigen, daß die islamische Mystik im 3./9. Jahrhundert drei Theorien der Vereinigung mit Gott kannte. „Die Einheit wurde folgendermaßen aufgefaßt: a) als eine Verbindung *(ittisāl* oder *wisāl)*, die die Idee einer völligen Gleichheit der Seele mit Gott ausschließt, oder b) als eine Identifizierung *(ittihād)*, die zwei Vorstellungen beinhaltete, deren erste gleichgesetzt ist mit der obengenannten und deren zweite eine Einheit der Naturen evoziert oder c) als eine Einwohnung *(hulūl):* der Geist Gottes bewohne ohne Vermischung der Naturen die gereinigte Seele des Mystikers. Die Gelehrten der Orthodoxie ließen eine Einheit nur im

---

[50] Siehe die zitierten Texte bei *A. Schimmel,* Mystical Dimensions of Islam 78 ff.
[51] *A. Schimmel,* a. a. O. 80 f, betont die Ähnlichkeit mit dem berühmten Satz Pascals.
[52] Ihre Anzahl variiert. Ein Autor, der von Anawati zitiert wird, gibt ein Dutzend an. Unter ihnen die Liebe, die Ehrfurcht, die Hoffnung, das Verlangen, die Ruhe des Geistes im Frieden, die Kontemplation, die Gewißheit (vgl. *G.-C. Anawati/L. Gardet,* Mystique musulmane 42; s. die übersetzten und kommentierten Texte ebd. 125–180 und bei *S. H. Nasr,* Sufi Essays 73 f, 77–83).

Sinne von *ittiṣāl* (oder dem ersten Sinn von *ittiḥād*) zu, wiesen aber heftig jeden Gedanken an *ḥulūl* zurück[53].

Dem berühmten Theologen Al-Ghazzālī gelang es aber dank seines Einflusses, den Sufismus für die Orthodoxie annehmbar zu machen. Abū Hāmid al-Ghazzālī wurde im Jahre 451/1059 in Ostpersien geboren, studierte den *kalām* und wurde Professor in Bagdad. Er beherrschte bald die Systeme von Fārābī und Avicenna, die von griechischer Philosophie beeinflußt waren, kritisierte sie und wies sie in seiner Schrift *Widerlegung der Philosophie* zurück[54]. Nach einer religiösen Krise gab Al-Ghazzālī im Jahre 1075 den Unterricht auf, reiste nach Syrien und besuchte Jerusalem und einen Teil Ägyptens. Er studierte das Judentum und das Christentum. Forscher haben in seinem religiösen Denken gewisse christliche Einflüsse festgestellt. Zwei Jahre lang praktizierte er in Syrien den Sufismus. Nach zehnjähriger Abwesenheit kam Al-Ghazzālī nach Bagdad zurück und nahm für kurze Zeit seine Lehrtätigkeit wieder auf. Schließlich zog er sich aber mit seinen Schülern in seine Heimatstadt zurück, in der er ein Seminar *(madrasa)* und einen Sūfī-Konvent gründete. Durch seine zahlreichen Werke war er seit langer Zeit berühmt, fuhr aber trotzdem fort zu schreiben. Allseits verehrt, starb er im Jahre 505/1111.

Es ist nicht bekannt, wer der geistliche Führer Al-Ghazzālīs war, und auch nicht, welche Art von Einweihung er empfing. Aber kaum zweifelhaft ist, daß er infolge einer mystischen Erfahrung die Unzulänglichkeit der offiziellen Theologie *(kalām)* erkannte. Humorvoll schrieb er: „Die, die in gewissen seltenen Formen der Ehescheidung sehr gut Bescheid wissen, können euch über die einfachsten Dinge des geistigen Lebens wie den Sinn der Aufrichtigkeit gegenüber Gott und den Glauben an ihn nichts sagen."[55] Nach seiner Wendung zur Mystik und seiner Einweihung in den Sufismus meinte Al-Ghazzālī, daß die Unterweisung der Sūfīs nicht geheim und einer geistigen Elite vorbehalten bleiben sollte, sondern für alle Gläubigen zugänglich sein müßte.

Authenzität und Kraft seiner mystischen Erfahrung[56] sind in seinem bedeutendsten Werk, der *Neubelebung der Religionswissenschaften,* bezeugt. Es handelt sich um einen Abriß in 40 Kapiteln, in denen Al-Ghazzālī Schritt für Schritt die rituellen Fragen, die Sitten, die Botschaft des Propheten, „die Dinge, die zur Zerstörung führen", und die, die zum Heil leiten, untersucht. In diesem letzten Abschnitt werden einige Aspekte des mystischen

---

[53] G.-C. *Anawati* / L. *Gardet,* a. a. O. 43.
[54] Ihrerseits wurde diese berühmte „Zurückweisung" von Averroës zurückgewiesen (vgl. § 280).
[55] Zit. bei A. *Schimmel,* a. a. O. 95.
[56] Nach seiner Konversion schrieb Ghazzālī eine geistige Autobiographie „Der Befreier vom Irrtum". Er stellte aber seine innersten Erfahrungen nicht dar, sondern bestand hauptsächlich auf einer Philosophiekritik.

Lebens untersucht. Al-Ghazzālī bemühte sich, nicht ins Extrem zu verfallen und vervollständigte das Recht und die Unterrichtstradition der Sūfis, ohne aber den mystischen Erfahrungen den Vorrang zu geben. Dank dieser Haltung wurde die *Neubelebung der Religionswissenschaften* von orthodoxen Theologen übernommen und genoß ein Ansehen ohnegleichen.

Al-Ghazzālī war ein fruchtbarer Autor, der sich auf allen Gebieten betätigte und auch ein großer Polemiker war. Den Ismaelismus und alle gnostischen Strömungen griff er schonungslos an. Trotzdem tragen die mystischen Lichtspekulationen in manchen seiner Werke einen gnostischen Zug.

Viele Wissenschaftler vertreten die Auffassung, Al-Ghazzālī sei mit seiner Absicht, das religiöse Denken des Islams zu beleben, gescheitert. „Wenn er auch glänzend schrieb, so konnte er in seinem Werk doch die Verhärtung, die zwei oder drei Jahrhunderte später im islamischen religiösen Denken eintrat, nicht vorhersehen."[57]

279. Die ersten Metaphysiker. Avicenna. Philosophie im islamischen Spanien

Die Werke und Überlieferungen der griechischen Philosophie und Wissenschaft haben die philosophische Reflexion des Islams angeregt und beeinflußt. Um die Mitte des 3./9. Jahrhunderts entstanden neben theologischen Disputen Schriften, die direkt unter dem Einfluß Platos oder Aristoteles' standen (die übrigens durch neuplatonische Interpretationen bekannt geworden waren). Der erste Philosoph, dessen Werke teilweise erhalten sind, ist Abū Yūsof al-Kindī[58], der von etwa 185/796 bis 260/873 lebte. Er studierte nicht nur griechische Philosophie, sondern auch Naturwissenschaften und Mathematik. Al-Kindī war bestrebt, die Möglichkeit und die Gültigkeit einer rein menschlichen Erkenntnis zu beweisen. Sicherlich ließ er das Wissen um übernatürliche Dinge, die Gott seinen Propheten gegeben hatte, zu, aber zumindest im Prinzip sei der menschliche Geist in der Lage, mit eigenen Mitteln die offenbarten Wahrheiten zu entdecken.

Die Überlegungen dieser Möglichkeiten der Erkenntnis – der menschlichen, die hauptsächlich durch die Antike vertreten war, und der geoffenbarten, die sich hauptsächlich im Koran fand – stellte Al-Kindī vor eine Serie von Problemen, die für die islamische Philosophie wesentlich werden

---

[57] *G.-C. Anawati,* a. a. O. 51. Siehe auch eine schwerwiegende Kritik Ghazzālīs bei *Zaehner,* Hindu and Muslim mysticism 126 ff. Corbin hat aber aufgezeigt, daß die philosophische Kreativität nach dem Tode von Averroës (1198) nicht nachgelassen hat. Die Philosophie entwickelte sich im Orient kontinuierlich weiter, hauptsächlich im Iran in verschiedenen Schulen und bei Suhrawardī.
[58] Im Westen war er durch einige im Mittelalter ins Lateinische übersetzte Schriften bekannt: De intellectu, De Quinque Essentiis usw.

sollten. Im folgenden seien die bedeutendsten genannt: die Möglichkeit metaphysischer und damit rationaler Auslegung des Korans und der Tradition *(hadīth)*, die Identifikation Gottes mit dem Sein an sich und der ersten Ursache, die von natürlichen Bedingungen unabhängige Schöpfung und die Emanation des Neuplatonismus, schließlich die Unsterblichkeit der Einzelseele.

Manche dieser Probleme sind für einen Philosophen, der zugleich Mystiker war, auf kühne Weise durch Al-Fārābī (250/872–339/950) gelöst worden. Er war der erste, der die philosophische Meditation dem Islam näherzurücken versuchte. Er hatte auch die Naturwissenschaften im Sinne Aristoteles', die Logik und die politische Theologie studiert. Er entwickelte unter dem Einfluß Plotins den Plan eines perfekten Stadtstaates und beschrieb den Herrscher katexochen, in dem alle menschlichen und philosophischen Tugenden zusammenkommen, wie ein „Plato im Gewand des Propheten Mohammed"[59]. Man kann sagen, daß Al-Fārābī mittels der politischen Theologie seinen Nachfolgern den Weg zur Abhandlung der Beziehungen zwischen Philosophie und Religion wies. Seine Metaphysik gründete sich auf dem Unterschied zwischen der Essenz und der Existenz der Geschöpfe.

Corbin schreibt, diese These bilde einen Markstein in der Geschichte der Metaphysik. Ebenfalls originell ist seine These von der Intelligenz und ihrem Fortschritt. Al-Fārābī war aber leidenschaftlich an der Mystik interessiert und verteidigte in seinen Schriften die Terminologie des Sufismus.

Nach eigenem Zeugnis verdanke der junge Avicenna einer Schrift von Al-Fārābī, daß er Verständnis für die *Metaphysik* des Aristoteles entwickelt habe.

Ibn Sīnā wurde in der Nähe von Bukhara geboren (370/980) und im Westen unter den Namen Avicenna bekannt, als einige seiner Werke im 12. Jahrhundert ins Lateinische übersetzt wurden. Seine frühe Reife und seine universale Bildung suchten ihresgleichen. Sein großes Werk „Kanon" beherrschte jahrhundertelang die europäische Medizin und ist im Orient noch heute aktuell. Ibn Sīnā war ein unermüdlicher Arbeiter (seine Bibliographie umfaßt 292 Titel), und er gab unter anderem Aristoteleskommentare, ein grundlegendes Werk über die Metaphysik, die Logik und die Physik *(Kitāb al-Shifā)* und zwei Werke, in denen er seine Philosophie darlegt, heraus[60]. Nicht zu reden von einer gewaltigen Enzyklopädie in zwanzig Bänden, die mit Ausnahme einiger Fragmente verschwand, als Isfahan von Mohammed von Ghazna erobert wurde. Der Vater und der Bruder 'bn Sīnās waren Ismaeliten, er selbst scheint nach Corbin (239) zum

---

[59] Zit. bei *H. Corbin*, Histoire de la philosophie islamique 230.
[60] Le Livre des directives et remarques und Le Livre de Science, übers. bei *A.-M. Goichon*. Bezüglich der Übersetzungen anderer Werke von Avicenna siehe unten S. 135.

Zwölferschiismus gehört zu haben. Er starb siebenundfünfzigjährig in der Nähe von Hamadan (428/1037), wohin er seinen Fürsten begleitet hatte. Avicenna übernahm die Metaphysik der Essenz von Al-Fārābī und erweiterte sie. Die Existenz ist das Ergebnis der Schöpfung, das heißt „des göttlichen Denkens, das sich selbst dachte". Diese göttliche ewige Selbsterkenntnis ist nichts anderes als die erste Emanation, der erste *nous* oder die erste Intelligenz" (Corbin, a. a. O. 240)[61]. Die Vielgestaltigkeit des Seins geht in einer Stufenfolge der Emanationen von dieser ersten Intelligenz aus. Von der zweiten Intelligenz leitet sich die bewegende Seelenkraft des ersten Himmels ab, von der dritten der ätherische Körper dieses Himmels usw. So entstehen zehn cherubinische Intelligenzen *(Angeli intellectuales)* und die himmlischen Seelen *(Angeli caelestes)*, „die keinerlei sensitive Fähigkeiten aufweisen, aber die Vorstellungskraft im Reinzustand haben" (Corbin, a. a. O. 240).

Die zehnte Intelligenz, die als handelnde oder aktive bezeichnet wird, spielt in der Kosmologie Avicennas eine beachtliche Rolle, weil mit ihr die irdische Welt[62] und die Vielzahl der menschlichen Seelen entsteht[63]. Die Seele ist ein unteilbares, immaterielles und nicht befleckbares Wesen und kann daher den Tod des Leibes überdauern. Avicenna war stolz darauf, mit philosophischen Argumenten bewiesen zu haben, daß die Einzelseele, obwohl geschaffen, unsterblich ist. Die Hauptbedeutung der Religion bestand für ihn in der Sicherung des Glücks jedes menschlichen Wesens. Der wahre Philosoph ist aber immer auch ein Mystiker, da er sich der Liebe Gottes hingibt und die inneren Wahrheiten der Religion sucht. Wiederholt erwähnt Avicenna sein Werk über die „östliche Philosophie", von dem aber nur kurze Erwähnungen überliefert sind, die sich fast gänzlich auf das Leben nach dem Tode beziehen. Seine visionären Erlebnisse bilden den Stoff für drei *Mystische Berichte*[64]. Hierbei handelt es sich um eine ekstatische Reise nach einem mystischen Orient, die unter der Leitung des Erleuchtenden Engels steht. Dies ein Thema, das Suhrawardī (§ 281) aufgreifen sollte.

Aufgrund der Anlage dieses Werkes können wir die ersten Theosophen und Mystiker Andalusiens nur kurz behandeln. Genannt sei Ibn Massara (269/883–319/931), der während seiner Reisen in den Orient Kontakte zu esoterischen Zirkeln hatte und sich daraufhin mit einigen Schülern in einer Einsiedelei in der Nähe von Córdoba niederließ. Ibn Massara organisierte die erste mystische Geheimbruderschaft im islamischen Spanien. Aufgrund

---

[61] Der Vorgang ist von *G.-C. Anawati*, La métaphysique du Shifā IX, 6, übersetzt.
[62] Siehe *A.-M. Goichon*, Le Livre des directives 430 f.
[63] Gemäß *H. Corbin*, a. a. O. 243, lag es an dieser „handelnden Intelligenz" in der Gestalt eines Engels, daß dasjenige, was man den lateinischen Avicennismus nennt, zum Scheitern verurteilt war.
[64] Übersetzt und ausführlich kommentiert bei *H. Corbin*, Avicenne et le récit visionnaire.

langer Zitate bei Ibn Arabī konnte man die Grundzüge seiner zugleich gnostischen als auch neuplatonischen Lehre rekonstruieren.

Ebenfalls in Córdoba wurde Ibn Hazm geboren (403/1013–454/1063), ein Jurist, Denker, Dichter und Autor einer kritischen Geschichte der Religionen und philosophischen Systeme. Sein berühmtes Gedichtbuch, *Die Kette der Taube*, wurde von dem platonischen Mythos des *Gastmahls* inspiriert. Auffallend ist die Ähnlichkeit seiner Theorie der Liebe mit der „Fröhlichen Wissenschaft" des ersten Minnesängers, Wilhelms IX. von Aquitanien[65]. Weitaus wichtiger aber ist die Abhandlung über die Religionen und die philosophischen Systeme. Ibn Hazm beschrieb verschiedene Bereiche der Skeptiker und der Gläubigen, wobei er sich auf diejenigen Völker, die ein geoffenbartes Buch besaßen, berief, hierbei hauptsächlich auf die Auffassung einer göttlichen Einheit *(tawīl)* und den Originaltext der Offenbarung.

Der Denker Ibn Badscha (Avempace in der lateinischen Scholastik) lebte im 5./12. Jahrhundert und hatte einen beachtlichen Einfluß auf Averroës und Albertus Magnus. Er schrieb einen Kommentar zu verschiedenen Werken des Aristoteles, sein Hauptwerk aber blieb unvollendet. Dennoch sei gesagt, „daß die Lieblingstermini von Ibn Badscha, *Einzelgängertum und Fremdheit*, die typischen Begriffe der Gnosis des Islams sind"[66]. Ibn Tofayl aus Córdoba (5./12. Jahrhundert) war von gleicher enzyklopädischer Bildung, die diese Zeit mit sich brachte, erlangte sein Ansehen aber durch einen philosophischen Roman, *Hayy Ibn Yaqzān*, der im 12. Jahrhundert ins Hebräische übersetzt wurde, aber den lateinischen Scholastikern unbekannt blieb. Ibn Tofayl war ein Zeitgenosse des Suhrawardī und näherte die „orientalische Philosophie" den Berichten über die Einweihungen des Avicenna an. Die Handlung seines Romanes spielt sich Schritt für Schritt auf zwei Inseln ab. Die erste Insel wird von einer Gesellschaft, die eine ganz fremde gesetzesstrenge Religion ausübt, bewohnt. Ein kontemplativ lebender Mann, Absal, entschließt sich, zur gegenüberliegenden Insel auszuwandern. Dort trifft er auf den einzigen Bewohner, Hayy Ibn Yaqzān, der allein als Philosoph aus sich die Gesetze des Lebens und die Mysterien des Geistes erfahren hat. In der Absicht, den Menschen die göttliche Wahrheit zu verkünden, begeben sich Hayy und Absal auf die erste Insel. Schnell aber begreifen sie, daß der Gemeinschaft der Menschen nicht zu helfen ist, und sie begeben sich zurück in die Einsamkeit. „Bezeichnet die Rückkehr auf ihre Insel den Konflikt zwischen Philosophie und Religion, der im Islam hoffnungslos und ohne Aussicht auf eine Lösung ist?"[67]

---

[65] Siehe *A. R. Nykl*, A Book containing the Risāla.
[66] *H. Corbin*, Histoire 320.
[67] Ebd. 333.

280. Die letzten und größten Denker Andalusiens: Averroës und Ibn Arabī

Ibn Roshd (im Lateinischen Averroës) wird als der größte islamische Philosoph angesehen und spielte im Westen eine außergewöhnliche Rolle. Sein Werk ist in der Tat beachtlich. Er verfaßte vorzügliche Kommentare zu den meisten Schriften des Aristoteles, denn er wollte das authentische Denken des Meisters wiederherstellen. Hier ist nicht der Ort, die Grundzüge seines Systems darzustellen. Es genügt die Erwähnung, daß er sich im Gesetz sehr gut auskannte und daß er deshalb behauptete, jeder Gläubige sei verpflichtet, die Grundprinzipien der Religion einzuhalten, wie sie sich im Koran, in den *hadīthen* und der „Übereinstimmung" (idschmā') befänden. Diejenigen aber, die über größere Geistesgaben verfügten, sollten eine höhere Wissenschaft verfolgen, d. h. Philosophie studieren. Die Theologen hätten nicht das Recht, in diese Aktivität einzugreifen noch deren Schlüsse zu beurteilen. Die Theologie sei als Mittler-Wissenschaft nötig, sie müsse aber immer unter Kontrolle der Philosophie stehen. Indes dürften weder die Philosophen noch die Theologen dem Volk die doppelsinnigen Verse des Korans deuten. (Dies bedeutete aber in keiner Weise eine „doppelte Wahrheit", wie es manche westlichen Theologen behauptet haben.)

Ausgehend von dieser Überzeugung, kritisierte Averroës streng, aber humorvoll die *Widerlegung der Philosophen* von Al-Ghazzālī (§ 278). In seiner berühmten *Widerlegung der Widerlegung* (Tahāfot al-Tahāfot), die unter dem lateinischen Titel *Destructio Destructionis* übersetzt wurde, zeigt Averroës, daß Al-Ghazzālī die philosophischen Systeme nicht verstanden hat und daß seine Argumente Zeugnis seines Unverständnisses ablegen. Darüber hinaus zeigt er die Widersprüche zwischen diesem Werk und den anderen Schriften des berühmten „Vielschreibers" auf.

Averroës kritisierte auch Al-Fārābī und Avicenna und klagte sie an, die Tradition der alten Philosophen verlassen zu haben, um den Theologen zu gefallen. Er wollte aber eine rein aristotelische Kosmologie wiederherstellen und wahrt die Auffassung des Avicenna von den Engeln und damit auch die Welt der Bilder, die durch schöpferische Imagination wahrgenommen wird (vgl. § 279). Die Form ist nicht durch die handelnde Intelligenz geschaffen, wie es Avicenna behauptete. *Die Materie selbst besitzt in sich den Keim zu allen Formen.* Aber, da die Materie das Principium Individuationis ist, wird das Individuum mit dem Verderblichen gleichgesetzt, und folglich kann die *Unsterblichkeit* nur *unpersönlich* sein[68]. Diese letzte These provozierte bei den islamischen Theologen und Theosophen wie auch bei den christlichen Denkern Widerspruch[69].

---

[68] Siehe die kritische Analyse H. Corbins, ebd. 340 ff.
[69] Die ersten lateinischen Übersetzungen der Kommentare des Averroës zu Aristoteles entstanden um 1230–1235. Aber der lateinische Averroismus, der im westlichen Mittelalter so bedeutend wurde, stellt in der Tat eine neue, im Geiste Augustins erstellte Interpretation dar.

Averroës wünschte einen jungen Sūfi kennenzulernen, Ibn Arabī, nach dessen Zeugnis er angesichts der Erkenntnis, sein System sei unzureichend, erbleichte. Ibn al-Arabī ist eines der wirklich großen Genies des Sufismus und eine der bedeutendsten Figuren der universellen Mystik. Er wurde 560/1165 in Murcia geboren und studierte alle Wissenschaften. Dann reiste er kontinuierlich von Marokko bis in den Irak und suchte *sheikhs* und Gefährten. Er hatte schon früh einige übernatürliche Erfahrungen und gewisse Offenbarungen. Seine letzten Lehrmeister waren zwei Frauen: Shams, die zu dieser Zeit 95 Jahre alt war, und Fātima aus Córdoba[70]. Später lernte er in Mekka die sehr schöne Tochter eines *sheikhs* kennen und verfaßte unter dem Titel *Deutung der Wünsche* eine Gedichtsammlung. Von brennender mystischer Liebe inspiriert, hielt man die Gedichte für schlicht erotisch, obwohl sie eher an die Beziehungen Dantes zu Beatrice erinnern.

Ibn Arabī meditierte in der Nähe der Ka'ba und hatte eine Anzahl von ekstatischen Visionen, unter anderem die der „ewigen Jugend". Er wurde darin bestätigt, das „Siegel der Heiligkeit Mohammeds zu sein". Daher ist eine seiner bedeutendsten Schriften, ein mystisches Werk in 20 Bänden, *Offenbarung in Mekka* betitelt. Im Jahre 1205 erhielt Ibn Arabī in Mossul eine dritte Einweihung[71]. Wenig später hatte er aber in Kairo (1206) Schwierigkeiten mit der religiösen Obrigkeit und kehrte in Hast nach Mekka zurück. Nach anderen Reisen, die seine beachtliche Schaffenskraft nicht im geringsten minderten, starb Ibn Arabī in Damaskus im Jahre 638/1240 im Alter von 85 Jahren. Trotz seiner herausragenden Position in der islamischen Mystik und Metaphysik (die Sūfis bezeichneten ihn als den größten *sheikh*) ist sein Denken wenig bekannt[72]. Tatsächlich schrieb er immer sehr schnell, als wenn er von einer übernatürlichen Eingebung besessen sei. Eines seiner Hauptwerke, die *Kette der Weisheit*, das jüngst ins Englische übersetzt wurde, ist überreich an verblüffenden Beobachtungen, aber ganz ohne Aufbau und Strenge. Trotzdem ist es die überschnelle Synthese, welche uns die Ursprünglichkeit seines Denkens und die Größe seiner mystischen Theologie fühlbar macht.

Ibn Arabī erkannte: „Die Kenntnis mystischer Zustände kann nur empirisch sein. Menschliche Vernunft kann sie nicht bestimmen. Durch Unterweisung kann man nicht zu ihr gelangen."[73] Hieraus ergibt sich die Notwendigkeit der Esoterik: „Diese Art spiritueller Erfahrung sollte vor der Mehrheit der Menschen geheimgehalten werden, weil sie zu sublim ist.

---

[70] Siehe die Übersetzung seiner autobiographischen Schriften von *R. W. J. Austin*, Sufis of Andalusia.
[71] *Ebd.* 157.
[72] Seine Bücher sind in Ägypten noch immer verboten, und das umfangreiche und schwierige Werk ist unzureichend herausgegeben. Übersetzungen sind nur in kleiner Zahl vorhanden.
[73] Die mekkanischen Offenbarungen; Zitat aus: *Ibn al-Arabī*, The Bezels of Wisdom, übers. v. *Austin* 25.

Denn ihre Tiefen sind schwer zu erlangen, und die Gefahren dabei sind groß."[74]

Das grundlegende Konzept der Metaphysik und Mystik des Ibn Arabī ist die *Einheit allen Seins*. Genauer: die Einheit des Seins und der Wahrnehmung. Mit anderen Worten bildet die totale Realität das unanfängliche Wesen der Gottheit vor. Ist man durch die Liebe und den Wunsch, sich kennenzulernen angeregt, dann spaltete sich diese göttliche Realität in das Subjekt (den Erkennenden) und das Objekt (das Erkannte) auf. Ibn Arabī verwendet immer dann, wenn er von der Realität spricht, den Ausdruck al-haqq (das Reale, das Wahre). Spricht er aber von der in eine spirituelle oder intellektuelle, in eine kosmische oder existentielle Seite gespaltenen Realität, bezeichnet er die erste als *Allah* oder den Schöpfer *(al-khāli)* und die zweite als die Schöpfung *(khalq)* oder Kosmos[75].

Zur Erklärung des Schöpfungsvorganges verwendet Ibn Arabī in erster Linie die Begriffe der schöpferischen Vorstellung und der Liebe. Dank der schöpferischen Vorstellung werden die im Realen unterschwellig vorhandenen Formen auf den illusorischen und im Wandel begriffenen Vorgang projiziert, damit sich Gott selbst als Objekt erkennen kann[76]. Folglich ist die schöpferische Vorstellung die Verbindungslinie zwischen dem Realen als Subjekt und dem Realen als Objekt der Vorstellung, das Bindeglied zwischen Schöpfer und Geschöpf. Die Objekte sind, durch die schöpferische Vorstellung ins Leben gerufen, für das göttliche Subjekt erkenntlich.

Die Liebe ist der zweite Begriff, um den Schöpfungsvorgang zu verbildlichen. Liebe als Wunsch Gottes, durch die Kreatur erkannt zu werden. Zuerst beschreibt Ibn Arabī den durch die hervorbringende Realität getragenen Geburtsvorgang. Immer aber ist es die Liebe, die die Geschöpfe eint. So führt die Spaltung des Realen in ein göttliches Subjekt und ein geschaffenes Objekt zur Wiedereingliederung in die am Anfang stehende Einheit, *die aber jetzt durch die Selbsterkenntnis angereichert ist*[77].

In seiner Eigenschaft als Kreatur kann ein jeder Mensch in der eigentlichen Essenz seines Seins nichts anderes als Gott sein. Ist er aber Objekt der Erkenntnis für Gott, dann trägt er zum Erkennen Gottes bei und hat so an der göttlichen Freiheit Teil[78]. Der vollkommene Mensch ist so der „Isthmus" zwischen den beiden Polen der Realität. Er ist zugleich männlich, als Vertreter des Himmels und des Wortes Gottes und weiblich als Erde oder Kosmos. Vereinigt er in sich nun den Himmel und die Erde,

---

[74] Text nach *Austin,* ebd. 24. Im folgenden ist der Kommentar und die Übersetzung *Austins* verwendet, zit.: The Bezels of Wisdom.
[75] The Bezels of Wisdom 153. Ibn al-Arabī stellt klar, daß jeder Pol – der spirituelle wie der kosmische – den anderen bedingt.
[76] Ebd. 28, 121; s. bes. das wichtige Werk von *H. Corbin,* L'imagination créatrice dans le soufisme d'Ibn Arabī. Hier bes. die Kapitel II u. III.
[77] Siehe The Bezels of Wisdom 29.
[78] Ebd. 33, 84.

dann erlangt der vollkommene Mensch zugleich die Einheit allen Seins[79]. Der Heilige teilt mit Gott die Fähigkeit, schöpferisch sein zu können *(himmah)*, d. h. er kann seine eigenen inneren Bilder in Tat und Wahrheit in die Wirklichkeit des Lebens umsetzen[80]. Jeder Heilige kann aber seine Bilder tatsächlich nur für eine begrenzte Zeit aufrechterhalten[81]. Es sei hinzugefügt, daß der Islam für Ibn Arabī im wesentlichen Erfahrung und Wahrheit durch das Heilige ist, dessen bedeutendste Funktion der Prophet *(nabī)* und die Apostel *(rasūl)* innehaben.

Wie Origines, Joachim von Fiore und Meister Eckart konnte Ibn Arabī die offizielle Theologie weder erneuern noch befruchten, obwohl er viele treue und sachkundige Schüler hatte und von den Sūfīs bewundert wurde. Im Gegensatz zu den drei christlichen Meistern festigte der Geist des Ibn Arabī die esoterische Tradition des Islams.

281. Suhrawardi und die Mystik des Lichts

Shihāboddīn Yahyā Suhrawardī wurde 549/1155 in Suhraward, einer Stadt im Nordwesten des Iran, geboren. Er studierte in Aserbeidschan und Isfahan, hielt sich einige Jahre in Anatolien auf und begab sich dann nach Syrien. Dort wurde er in einem Prozeß, der von den Rechtsgelehrten angestrengt wurde, verurteilt und starb im Jahre 587/1191 im Alter von 36 Jahren. Von den Historikern wurde er sheik maqtūl (der „Ermordete") genannt, bei seinen Anhängern hieß er sheik shahīd („der Märtyrer").

Der Titel seines Hauptwerkes *Hikmat al-Ishrāk*, „Die orientalische Theosophie", kennzeichnet das ehrgeizige Vorhaben des Suhrawardī: die Reaktualisierung der alten inneren Weisheit und der hermetischen Gnosis. Avicenna hatte von einer „Weisheit" oder von einer „orientalischen Philosophie" gesprochen (vgl. § 279). Suhrawardī kannte die Ideen seines berühmten Vorgängers. Nach ihm konnte Avicenna aber diese orientalische Philosophie nicht in die Tat umsetzen, da er den Grund, die orientalische Quelle selbst, nicht kannte. „Bei den alten Persern", schreibt Suhrawardī, „gab es eine Gruppe von Männern, die von Gott geleitet wurden und die so auf dem rechten Weg gingen. Dies waren hervorragende weise Theosophen, die keine Ähnlichkeit mit den Magiern (majūs) hatten. Ihre kostbare Theosophie des Lichts, von der selbst Plato und seine Vorgänger Zeugnis

---

[79] H. Corbin, L'imagination, Kap. IV,2. Nach Ibn al-Arabī stellt der vollkommene Mensch ein exemplarisches Modell dar, das in einer menschlichen Existenz nur schwierig verwirklicht werden kann.
[80] Siehe H. Corbin, ebd., Kap. IV; The Bezels of Wisdom 36, 121, 158. Austin erinnert an die tibetische Meditation, die die inneren Bilder Gestalt werden läßt. Vgl. § 315.
[81] The Bezels of Wisdom 102. Ibn al-Arabī betont die großen Gefahren, denen die Besitzer dieser Macht ausgesetzt sind (vgl. ebd. 37, 158).

ablegten, habe ich in meinem Buch mit dem Titel *Die Orientalische Theosophie* wiedererweckt. Hierbei habe ich keinen Vorgänger, der dies oder ein ähnliches Anliegen gehabt hätte."[82]

Das ziemlich umfangreiche Werk (49 Titel) des Suhrawardī geht von einer persönlichen Erfahrung, einer „Verwandlung in der Jugend" aus. In einer ekstatischen Vision entdeckte er eine Vielzahl von Lichtwesen, „Wesen aus einem Licht, über das Hermes und Platon nachsannen. Und er entdeckte die himmlischen Ausstrahlungen, die Quellen des *Lichtes des Ruhmes*, sowie die *Souveränität des Lichtes (Ray wa Khorreh)*, deren Künder Zarathustra war. Zu ihnen wandte sich in geistiger Verzückung der sehr fromme und glückliche König Kay Khosraw."[83] Die Erwähnung von *ishrāq* (Glanz der aufgehenden Sonne) erinnert einerseits an die Weisheit in der Folge einer Lehre, die sich auf die Erscheinung vernunftbegabter Lichtwesen gründet, andererseits aber auch an die Theosophie der *Orientalen*, die der Weisen des alten Persiens. Dieser Glanz der Morgenröte ist das Licht des Ruhmes, das *chvarenah* des Avesta (persisch: *korrah*, vgl. die parsische Form: *farr, farrah*). Suhrawardī beschreibt es als Strahlung des Lichtes aller Lichter, aus dem der erste Erzengel entspringt, der mit dem zarathustrischen Namen *Bahman (Vohu Manah)* bezeichnet ist. Diese Bezeichnung findet sich auf allen Stufen in der Entwicklung des Seins und ordnet alle Arten der Schöpfung paarweise zusammen. „Die einen zeugen die anderen in ihrem Strahlen und der Reflektion, und so reichen die Hypostasen des Lichtes ans Unzählbare. Von da geht vom Fixsternhimmel der peripatetischen oder ptolemäischen Astronomie eine Ahnung zu zahllosen wunderbaren Welten" (*Corbin*, Histoire 293).

Die Welt des Lichtes ist zu komplex, um hier vorgestellt zu werden[84], es sei nur bemerkt, daß alle Arten geistiger Existenz und alle kosmischen Wahrheiten von den verschiedenen Erzengeln, die aus dem Licht schlechthin stammen, geschaffen und gelenkt werden. Die Kosmogonie des Suhrawardī ist zugleich eine Lehre von den Engeln (Angelologie). Seine Physik erinnert zugleich an die mazdaistische Auffassung zweier Kategorien der Wirklichkeit (*mēnōk* = himmlisch, feinsinnig, und *gētik* = irdisch, dicht) und den manichäischen Dualismus (vgl. § 215 u. 233f). Von den vier Welten der Kosmologie des Suhrawardī sei die Bedeutung von *malakūt* (Welt der himmlischen Seelen und der menschlichen Seelen) genannt und die *mundus imaginalis*, „der Mittlerwelt zwischen der Welt reiner Lichtwesen und der sichtbaren Welt. Die aktive Imagination ist es, die in der Tat

---

[82] Text in der Übersetzung von *H. Corbin*, En Islam iranien, Bd. II: Suhrawardī et les platoniciens de Perse 29. Vgl. auch Histoire de la philosophie islamique 287.
[83] Text in der Übersetzung von *ders.*, Histoire 288f. Eine andere Darstellung findet sich in: *ders.*, En Islam iranien II, 100.
[84] Siehe *ders.*, En Islam iranien II, 81 ff, *ders.*, Histoire 293 ff.

Schlüssel zu ihr ist."[85] Wie Henry Corbin bemerkt „war Suhrawardī der erste, der die Ontologie dieser Zwischenwelt beschrieben hat. Dies Thema wurde bei allen Mystikern und Gnostikern des Islams wiederaufgenommen und aufgearbeitet."[86]

Die von Suhrawardī herausgegebenen Berichte über die spirituelle Einweihung lassen sich vom Blickpunkt dieser Mittlerwelt her dechiffrieren. Es handelt sich um geistige Vorkommnisse im *malakūt*, die aber die tiefe Bedeutung paralleler äußerer Begebenheiten enthüllen. *Der Bericht vom westlichen Exil*[87] beinhaltet eine Einführung, die den Schüler zu seinem *Orient* führt. Mit anderen Worten: diese kurze und manchmal rätselhafte Erzählung hilft dem „Exilierten", *zu sich* zu finden. Für Suhrawardī und die „orientalischen Theosophen" *(Hokama Ishrāqīyūn)* geht die philosophische Reflexion mit ihrer spirituellen Umsetzung Hand in Hand. Sie verbinden die Methode derjenigen Philosophen, die eine reine Erkenntnis suchen, und die der Sūfīs, die Innere Reinigung anstrebten[88].

Die geistigen Erfahrungen des Schülers in der Zwischenwelt stellen, wie wir gesehen haben, eine Reihe von initiatorischen Prüfungen dar, welche von der schöpferischen Intelligenz hervorgerufen werden. Wenn auch auf anderem Gebiet, so kann man doch die Funktion der Einweihungsberichte mit den Gralsromanen vergleichen (§ 270). Man sollte sich auch an den magisch-religiösen Wert jeder traditionellen Geschichte, also einer „einzigartigen Begebenheit" vor Augen führen (vgl. die Chassiden, § 292). Hier sei noch bemerkt, daß bei den rumänischen Bauern die rituelle Erzählung von Geschichten während der Nacht das Haus gegen den Teufel und die bösen Geister schützen soll. Mehr noch: die Erzählung führt zur Gegenwart Gottes[89].

Diese Vergleiche erlauben uns, die Originalität des Suhrawardī und die Tradition, die er fortsetzt, besser zu verstehen. Die schöpferische Vorstellung, die die Entdeckung der Zwischenwelt möglich macht, ist der ekstatischen Vision des Schamanen und der Inspiration der alten Dichter

---

[85] *Ders.,* Histoire 296.
[86] „Seine Bedeutung ist in der Tat sehr groß. Sie liegt in erster Linie in der Schau, die sich dem menschlichen Wesen nach dem Tod bietet. Ihre Funktion ist dreigeteilt: durch ihn vollendet sich die Wiederauferstehung, denn er ist der Ort der „feinen Körper". Durch ihn werden die von den Propheten aufgezeigten Symbole wahr, wie auch alle visionären Erfahrungen wahr werden. Daher erfüllt sich durch ihn das Ta'wīl, die Auslegung, die die Gegebenheiten der Offenbarung des Korans auf ihre geistige Wahrheit zurückführt" (s. *H. Corbin,* Histoire 296 f).
[87] Übersetzt und kommentiert von *H. Corbin,* L'Archange empourpré 265 ff. Im selben Werk findet sich die Übersetzung anderer mystischer Berichte des Suhrawardī. Siehe hierzu auch *ders.,* En Islam iranien II, 266 ff.
[88] In der spirituellen Genealogie, die sich Suhrawardī gibt, spielen die antiken griechischen Philosophen ebenso eine Rolle wie die Weisheit Persiens und die großen Meister der Sūfī (vgl. *ders.,* Histoire 299.
[89] Siehe die Beispiele bei *Ovidiu Bîrlea,* Folclorul romāneș I (Bukarest 1981) 141 ff. Es handelt sich um eine archaische und ziemlich verbreitete Auffassung. Vgl. Aspects du mythe, Kap. II.

gleichzusetzen. So weiß man, daß das Epos und manche Märchen sich von ekstatischen Reisen und Abenteuern im Himmel und hauptsächlich der Hölle ableiten[90]. Dies alles hilft uns, einerseits die Rolle der erzählenden Literatur in der „geistigen Erziehung", andererseits die Folgen daraus für die westliche Welt im 20. Jahrhundert zu verstehen (Entdeckung des Unbewußten, Dialektik der Vorstellung).

Für Suhrawardī ist der Weise, der sich sowohl in Philosophie als auch in mystischer Betrachtung auszeichnet, der wahre geistige Leiter, der Pol *(qotb)*, „ohne dessen Gegenwart die Welt nicht weiterexistieren könnte, es sei denn als eine unbewußte, den Menschen gänzlich unbekannte" (Corbin, Histoire 300–301). Man erkenne hier, so bemerkt Corbin, ein Hauptthema der Schia: denn der Pol aller Pole ist der Imām. Seine *Inkognitoexistenz* deutet auf die schiitische Vorstellung der verborgenen Existenz des Imām *(ghaybat)* und auf den Zyklus der *walāyat,* der „esoterischen Prophetie", der dem Siegel des Propheten nachfolgt.

Hier ist die Übereinstimmung zwischen den *ishrāyūn*-Theosophen und denen der Schia deutlich. „Ebenso", schreibt Corbin, „täuschten sich die Rechtsgelehrten in Aleppo nicht. Die inkriminierte These beim Prozeß gegen Suhrawardī war sein Bekenntnis, daß Gott zu jeder Zeit, auch jetzt, einen Propheten schaffen kann. Selbst wenn es sich nicht um einen gesetzgebenden Propheten handelt, sondern um esoterische Prophetie, läßt dies doch auf einen verborgenen Schiismus schließen. Und so erlebte Suhrawardī im Werk seines Lebens und seinem Martyrertod aufgrund seiner prophetischen Philosophie bis zum Schluß die Tragödie des ‚westlichen Exils'" (Histoire 301). Dennoch lebt das geistige Erbe des Suhrawardī, die *Ishrāqīyūn,* zumindest im Iran bis in unsere Tage fort[91].

282. Dschelāl ad-Dīn Rūmī: Musik, Poesie und heilige Tänze

Mohammed Dschelāl, oder Dīn Rūmī, meist bekannt unter dem Namen Rūmī, wurde am 30. September 1207 in Balkh, einer Stadt in Khorassan, geboren. In der Furcht vor der mongolischen Invasion verließ sein Vater, ein Theologe und Sūfī-Meister, im Jahre 1219 die Stadt und begab sich auf eine Pilgerfahrt nach Mekka. Schließlich ließ sich die Familie in Konya nieder. Nach dem Tode seines Vaters studierte der nunmehr vierundzwanzigjährige Rūmī in Aleppo und Damaskus. Sieben Jahre später begab er sich nach Konya zurück und lehrte dort von 1240 bis 1249 Jura und Kanoni-

---

[90] Vgl. *M. Eliade,* Schamanismus 131 ff (Himmelsreise); 177 ff (Auffahrt in den Himmel, Abstieg in die Unterwelt); 441 f (Magischer Flug).
[91] Es ist das große Verdienst von H. Corbin und seiner Schüler, die Untersuchungen dieser reichen philosophischen Tradition, die im Westen noch unbekannt ist, begonnen zu haben.

sches Recht. Am 29. November 1249 kam ein herumziehender Derwisch, Shams von Tābris, als Sechzigjähriger in die Stadt. Über beider Zusammentreffen gibt es verschiedene Versionen. Jede legt in mehr oder minder dramatischer Weise die Konversion Rūmīs dar. Der berühmte Jurist und Theologe wurde einer der größten Mystiker und vielleicht der genialste religiöse Dichter des Islams.

Verfolgt von den Schülern Rūmīs, die auf seinen Einfluß auf den Meister eifersüchtig waren, brach Shams nach Damaskus auf. Er versprach zurückzukehren, verschwand aber am 3. Dezember 1247 und wurde offenbar auf mysteriöse Weise ermordet. Rūmī zeigte sich lange Zeit untröstlich. Er verfaßte eine Sammlung mystischer Oden, die den Namen seines Meisters trägt *(Diwān-e Shams-e Tabrīzī)*. Dies sind „bewundernswerte Gesänge, von Liebe und Hingabe. Es ist ein gewaltiges Werk, das ganz dieser Liebe geweiht ist, die augenscheinlich irdisch, aber doch in Wahrheit eine Hypostase der göttlichen Liebe ist."[92] Darüber hinaus initiierte Rūmī das religiöse Konzert (die *samā*) zu Ehren des Shams. Sein Sohn, Sultun Walad, bezeugt, daß er „niemals einen Augenblick lang aufhörte, Musik zu hören oder zu tanzen. Weder des Tages noch des Nachts ruhte er. Er war ein Gelehrter gewesen und wurde ein Dichter. Er war ein Asket gewesen und wurde von der Liebe berauscht, aber nicht durch Traubenwein. Denn die erleuchtete Seele trinkt nur den Wein des Lichts."[93]

Gegen Ende seines Lebens erkor Rūmī Husān ad-Dīn Tchelebi zum Leiter seiner Schüler. Zum großen Teil verdanken wir es Tchelebi, daß der Meister sein Hauptwerk, das *Mathnawi*, überarbeitete. Bis zu seinem Tode im Jahre 1273 diktierte Rūmī ihm seine Distichen. Dabei ging er manchmal in den Straßen spazieren oder befand sich im Bade. Es handelt sich um ein mystisches Epos von ungefähr 45 000 Versen, das Texte aus dem Koran und den Prophetentraditionen einschließt, aber auch Apologien, Anekdoten, Legenden und Themen der Volkserzählungen des Ostens und des Mittelmeerraumes.

Rūmī gründete eine Bruderschaft, die *Tāriqa māwlawīya*, denn er wurde von seinen Schülern und Gefährten mawlānā, „unser Meister" genannt (türkisch: *mevlāna*). Schon bald wurde die Bruderschaft im Westen unter dem Namen „Tanzende Derwische" bekannt, denn während der Samā-Zeremonie drehten sich die Tänzer immer schneller im Saal. Rūmī sagte: „In den Kadenzen der Musik ist ein Geheimnis verborgen. Würde ich es offenbaren, es würde die Welt umstürzen." Tatsächlich weckt die Musik den Geist, indem sie ihn an seine eigentliche Heimat erinnert[94]. „Alle gehörten wir einmal zum Leib Adams", schreibt Rūmī, „und hörten diese Melodie im

---

[92] *E. de Vitray-Meyerovitch*, Rūmī et le soufisme 20.
[93] Übersetzung von *E. de Vitray-Meyerovitch*, ebd. 18.
[94] Siehe die Übersetzung v. *M. Molé*, La danse extatique en Islam 208 ff.

Paradies. Obwohl Wasser und Ton Zweifel in uns gegossen haben, erinnern wir uns dennoch ein wenig."[95]

Wie sakrale Dichtung und Musik, so wurde auch der ekstatische Tanz seit dem Anfang des Sufismus praktiziert[96]. Manche Sūfis meinten, daß ihr ekstatischer Tanz den der Engel nachbilde (s. den von Malé, a.a.O. 215f, übersetzten Text). In der *Tāriqa*, die von Rūmī begründet, von seinem Sohn Sultun Walad aber hauptsächlich organisiert wurde, hat der Tanz einen zugleich kosmischen und theologischen Charakter. Die Derwische sind weiß (wie in ein Leichentuch) gekleidet, tragen darüber einen schwarzen Mantel (Symbol des Grabes) und tragen auf dem Kopf eine hohe Filzmütze, die den Grabstein darstellen soll[97]. Der *sheikh* stellt den Mittler zwischen Himmel und Erde dar. Die Musiker spielen auf einer Rosenholzflöte (der *ney*), schlagen Trommeln und Zimbeln. Der Saal, in dem sich die Derwische drehen, stellt das Universum dar. „Die Planeten drehen sich um die Sonne und um sich selbst. Die Trommeln erinnern an die Trompeten des Jüngsten Gerichts. Der Kreis der Tänzer ist in zwei Halbkreise geschieden, deren einer den absteigenden Bogen oder die Fleischwerdung der Seelen, der andere den aufsteigenden Kreisbogen der Seelen auf dem Weg zu Gott darstellt."[98] Wenn der Rhythmus schneller wird, tritt der *sheikh* unter die Tanzenden und dreht sich in der Mitte des Kreises, denn er stellt die Sonne dar. „Dies ist der höchste Moment realisierter Einheit."[99] Es sei hinzugefügt, daß der Tanz der Derwische nur selten zu psychopathischer Trance führt, und dies auch nur auf gewissen Randgebieten.

Die Rolle, die Rūmī bei der Erneuerung des Islams zukommt, ist beachtlich. Seine Werke wurden überall in der islamischen Welt gelesen, übersetzt und kommentiert. Diese außergewöhnliche Popularität legt einmal mehr Zeugnis von der Wichtigkeit künstlerischen Schaffens, hauptsächlich der Poesie, für das religiöse Leben ab. Wie andere große Mystiker, aber mit brennendem Eifer und poetischer Kraft ohnegleichen, pries Rūmī unaufhörlich die Liebe Gottes: „Ohne Liebe wäre die Welt nicht beseelt" (*Mathnawi* V, 3844). Seine mystische Dichtung fließt über von Symbolen, die aus den Bereichen des Tanzes und der Musik entlehnt sind. Trotz neuplatonischer Einflüsse ist seine Theologie in sich vollkommen geschlossen,

---

[95] Mathnawī IV, 745 f. Übersetzung v. *M. Molé*, a.a.O. 239. Die Erinnerung an den Aufenthalt im Paradies und die Erwartung der Trompete des jüngsten Gerichtes sind Themen, die sich in der ältesten Sūfi-Tradition finden.
[96] Siehe die Studie von *M. Molé* passim; vgl. die Kritik von Theologen und selbst Sūfi-Autoren, ebd. 176 ff.
[97] Diese Symbolik, die seit den Anfängen der Samā vorhanden ist, wurde vom großen türkischen Dichter Diwāne Mehmed Tchelebi verfeinert (s. die Übersetzung von *M. Molé*, a.a.O. 248 ff; bezüglich des Mawalawi-Tanzes s. auch die Texte von Rūmī und Sultun Walad in der Übersetzung von *M. Molé*, a.a.O. 238 ff).
[98] *E. de Vitray-Meyerovitch*, a.a.O. 41; vgl. *M. Molé*, a.a.O. 246 ff.
[99] *E. de Vitray-Meyerovitch*, a.a.O. 42; vgl. die Beschreibung einer Mawlavīya-Seance in: *M. Molé*, a.a.O. 229 ff.

zugleich persönlich, traditionell und kühn. Rūmī bestand auf der Wichtigkeit des Nichtseins, um das *Werden* und das *Sein* erreichen zu können. Zusätzlich machte er zahlreiche Anspielungen auf Al-Hallādsch[100].
Die menschliche Existenz entwickelt sich nach dem Willen und dem Plan des Schöpfers. Der Mensch wurde von Gott beauftragt, Mittler zwischen ihm und der Welt zu werden. So ist es nicht vergebens, wenn der Mensch „vom Samen zur Vernunft gereist ist" (*Mathnawi* III, 1975). „Von dem Moment an, in dem du auf die Welt kommst, steht eine Leiter vor dir, damit du ihr entfliehen kannst." Der Mensch war zuerst Stein, dann Pflanze, schließlich Tier. „Dann wurdest du zum Menschen gemacht, der mit Bewußtsein, mit Vernunft und mit Glauben begabt ist." Gegen Ende wird der Mensch ein Engel und wohnt im Himmel. Dies ist aber noch nicht das endgültige Stadium. „Wenn du auch die Engelexistenz durchschritten hast, dringst du in diesen Ozean (die göttliche Einheit) ein, damit dein Wassertropfen ein Meer wird."[101] In einer berühmten Passage des *Mathnawi* (II, 1157 ff) erklärt Rūmī die ursprüngliche gottesgestaltige Natur des Menschen, der nach dem Bilde Gottes geschaffen ist. „Mein Bild bleibt im Herzen des Königs. Das Herz des Königs wäre krank ohne mein Bild ... Das Licht des Geistes entspringt aus meinem Denken. Der Himmel wurde wegen meiner ursprünglichen Natur geschaffen. Ich besitze das geistige Königreich ... Ich bin nicht von gleicher Art wie Gott ... Aber von ihm erhalte ich sein Licht in einer ihm ähnlichen Gestalt ..." (übersetzt von E. de Vitray-Meyerovitch).

283. Triumph des Sufismus und Reaktion der Theologen. Die Alchemie

Nachdem der Sufismus durch den Theologen Al-Ghazzālī die Zustimmung der Rechtsgelehrten erhalten hatte, wurde er weitgehend populär, populär zuerst in den Gebieten Westasiens und Nordafrikas, sodann in allen Gebieten, in die der Islam vorgestoßen war: Indien, Zentralasien, Indonesien und Ostafrika. Mit der Zeit bildeten sich abgeschlossene Gruppen von Schülern, die um ihre *sheikhs* lebten und Orden im wahrsten Sinne des Wortes bildeten, die zahlreiche Niederlassungen und Hunderte von Mitgliedern hatten. Die Sūfīs wurden die besten Islam-Missionare. Gibb meint, der Niedergang des Schiismus sei aus der Popularität und dem missionarischen Geist der Sūfīs entstanden[102]. Ein derartiger Erfolg erklärt ihr Ansehen und den Schutz, den sie durch die bürgerlichen Machthaber genossen.

---

[100] Vgl. die von *A. M. Schimmel,* Mystical Dimensions of Islam 319 ff, zitierten Texte.
[101] Vgl. Odes mystiques II (Dīvān-e Shams-Tabrīz) in der Übersetzung v. *E. de Vitray-Meyerovitch,* a. a. O. 88 f; s. ebd. Übersetzungen aus dem Mathnawī IX, 553 ff, 3637 ff.
[102] Vgl. *Gibb,* Mohammedanism 143.

Die Toleranz seitens der *ulamā* ermutigte zur Übernahme fremder Vorstellungen und zum Gebrauch exotischer Methoden. Manche mystische Technik der Sūfīs wurde in fremder Umgebung vertieft und verändert. Hier sei nur an einen Vergleich gedacht zwischen dem von den ersten Sūfīs praktizierten *dhikr* (vgl. § 275) und demjenigen, das sich zu Beginn des 12. Jahrhunderts n. Chr. unter indischem Einfluß bildete. Einem Autor zufolge „begann man die Rezitation von der linken Seite der Brust aus, die der Winkel ist, in dem sich die Lampe des Herzens befindet, der Ort der spirituellen Helle. Man fuhr fort, indem man bis zum unteren Ende des Brustkorbes ging, dann auf die rechte Seite und bis zu deren Spitze gelangte. Dann fuhr man fort, wobei man wieder mit der Ausgangsstellung begann." Einem anderen Autor zufolge sollte sich der *dhakīr* „auf die Erde kauern, mit gekreuzten Beinen, die Arme um die Beine geschlungen, den Kopf zwischen die Knie gesenkt und mit geschlossenen Augen. Dann hob man den Kopf und sagte: ‚lā ilāh' in der Zeit, die zwischen der Ankunft des Kopfes in Herzhöhe und seiner Lage auf der rechten Schulter verstrich. Wenn der Mund auf der Höhe des Herzens ankommt, sagte man mit Nachdruck ‚illā' und noch energischer sagt man angesichts des Herzens ‚Allah' ..."[103]

Mit Leichtigkeit erkennt man Analogien zu den yogi-tantrischen Techniken, hauptsächlich zu Übungen, die auditive Phänomene hervorrufen und mit lichthaften Begleiterscheinungen verbunden sind. Diese sind aber zu komplex, um hier vorgestellt zu werden.

Solche Einflüsse veränderten aber, zumindest bei den wahren *dhakīrs*, nicht den islamischen Charakter des *dhikr*. Eher war das Gegenteil der Fall. Viele religiöse Glaubensvorstellungen und asketische Methoden wurden durch fremde Einflüsse bereichert oder aus ihnen entlehnt. Eher kann man sagen, daß ebenso wie in der Geschichte des Christentums solche Einflüsse zur Universalisierung des Islams beigetragen haben, indem sie ihm eine ökumenische Dimension gaben.

Wie dem auch sei – sicher ist, daß der Sufismus zur Erneuerung der religiösen Erfahrung im Islam beigetragen hat. Auch der kulturelle Einfluß der Sūfīs war beachtlich. In allen islamischen Ländern ist ihr Einfluß in der Musik, dem Tanz und vor allem in der Dichtung festzustellen[104].

Die siegreiche Bewegung, die ihren Einfluß noch bis in unsere Tage gewahrt hat[105], brachte aber auch zwiespältige Konsequenzen für die Geschichte des Islams mit sich. Der Irrationalismus mancher Sūfīs wurde zum Teil aggressiv, ihre Angriffe gegen die Philosophen ergötzten den Pöbel.

---

[103] Texte zit. nach *L. Gardet,* La mention du nom divin (dhikr) en mystique musulmane 654 f; bezüglich der Analogien mit yogi-tantrischen Techniken s. *M. Eliade,* Le Yoga 218 ff, 396 f.
[104] Siehe u. a. die Texte in der Übersetzung von *A. M. Schimmel,* a. a. O. 287 ff. Dank der mystischen Dichtung, genauer gesagt, der mystisch-erotischen, gelangte eine große Zahl nichtislamischer Themen und Motive in die jeweiligen Nationalliteraturen.
[105] Siehe *A. M. Schimmel,* a. a. O. 403 ff; vgl. auch die unter Fußnote 1–7 zitierte Bibliographie.

Die stark ausgeprägte Emotionalität der Trancezustände und der Ekstasen bei den öffentlichen Sitzungen nahm zu. Die Mehrheit der Sūfi-Meister stellte sich diesen maßlosen Ausschreitungen entgegen, konnte sie aber nicht immer unter Kontrolle halten. Darüber hinaus verkündeten die Mitglieder mancher Orden, wie die herumziehenden Derwische oder *Fakire* (= die Armen) ihre Fähigkeit, Wunder zu tun, und lebten außerhalb des Gesetzes.

Die *ulamā* betrachtete, obwohl sie verpflichtet war, die Sūfis zu tolerieren, die fremden Einflüsse aus dem Iran und der Gnosis mit Argwohn, die in der Unterweisung durch manche Meister den Rechtsgelehrten zufolge die Einheit des Islams bedrohten. (Für die Theologen – und nicht nur für die des Islams – war es damals wie heute schwierig, den gewaltigen Beitrag der Mystik zur Vertiefung der religiösen Erfahrung im Volk zu schätzen. Ungeachtet dessen besteht die Gefahr der Häresie für die Theologen auf allen Stufen der religiösen Erfahrung.) Die Antwort der *ulamā* war eine Vermehrung der *madrasa*, der Schulen zur theologischen Unterweisung, die einen offiziellen Status mit bezahlten Lehrern hatten. Um das 8./14. Jahrhundert kam durch Hunderte von *madrasa* die Kontrolle über die höhere Bildung in die Hände der Theologen[106].

Es ist bedauerlich, daß der klassische Sufismus im westlichen Mittelalter nicht bekannt war[107]. Gewisse indirekte Informationen mittels der erotisch-mystischen Dichtung Andalusiens waren nicht ausreichend, um eine wahre Begegnung zwischen beiden großen mystischen Traditionen zu schaffen[108]. Wie allgemein bekannt, war der wesentliche Beitrag des Islams die Übertragung philosophischer und wissenschaftlicher Werke des Altertums, vor allem denen des Aristoteles, in die arabische Sprache.

Es sei hinzugefügt, daß, auch wenn die sufitische Mystik unbekannt blieb, dank arabischer Schriften, die zum Teil Originalwerke sind, die Hermetik in die Alchemie des Westens gelangte. Nach Stapleton entwickelte sich die Alchemie des alexandrinischen Ägyptens zuerst in Harran in Mesopotamien. Diese Annahme ist nicht unstrittig, sie hat aber den Vorteil, den Ursprung der arabischen Alchemie zu erklären. In jedem Fall ist Jabīr ibn Hayyān, der berühmte Geber der Lateiner, einer der ersten und der berühmtesten Alchemisten arabischer Sprache. Homyard meint, er habe im 2./8. Jahrhundert gelebt und sei der Schüler Dscha'fars, des sechsten Imām, gewesen. Nach Paul Krause, der über ihn eine gewaltige Monographie ge-

---

[106] Siehe die Beobachtungen von *Gibb*, a. a. O. 144 ff, 153 ff, bezüglich der kulturellen Konsequenzen der Unterrichtskontrolle.
[107] Wie es auch bedauerlich ist, daß der Islam in Südosteuropa fast ausschließlich durch das Osmanische Reich, d. h. durch die türkische Besatzung, bekannt geworden ist.
[108] Andererseits lassen sich Kontakte zwischen einzelnen esoterischen Gruppen christlichen und islamischen Glaubens nicht ausschließen. Man kann aber deren Folge für die Religions- und Kulturgeschichte nicht abmessen.

schrieben hat, handelt es sich um mehrere Autoren (unter seinem Namen zirkulieren rund 3000 Titel), die um die Jahre 300/900–400/1000 lebten. Corbin hat in angemessener Weise das schiitische und esoterische Milieu, in dem sich die Alchemie des Jabīr entwickelte, ans Licht gebracht. Tatsächlich erlaubt seine „Wissenschaft des Gleichgewichts" in „jedem Körper Beziehungen zwischen dem, was offenkundig ist, und dem Verborgenen zu finden (das zāhir und das bātin, das Esoterische und das Exoterische)"[109]. Dennoch scheint es, daß die vier Schriften des Geber, die in ihrer lateinischen Übersetzung bekannt geworden sind, nicht von Jabīr stammen.

Die ersten Übersetzungen aus dem Arabischen ins Lateinische kamen in Spanien um 1150 durch Gerhard von Cremona zustande. Ein Jahrhundert später war die Alchemie hinreichend bekannt geworden, da sie in die Enzyklopädie des Vinzenz von Beauvais aufgenommen war. Eine der bekanntesten Abhandlungen, die *Tabula Smaragdina*, war ein Auszug aus einem unter dem Titel *Das Geheimbuch der Schöpfung* bekannten Werk. Die aus dem Arabischen übersetzte *Turba Philosophorum* und die *Picatrix*, im 12. Jahrhundert auf Arabisch verfaßt, erlangten ebenfalls Bedeutung. Es ist unnötig, näher darauf einzugehen, daß alle diese Bücher ungeachtet ihrer Inhalte, der Apparate und der Laboratoriumsarbeiten, die sie beschreiben, vom Esoterismus und der Gnosis durchdrungen sind[110]. Viele Mystiker und Sūfī-Meister, unter ihnen Al-Hallādsch und hauptsächlich Avicenna und Ibn Arabī, stellten die Alchemie als eine wirkliche geistige Technik dar. Noch ist man über die Entwicklung der Alchemie in den islamischen Ländern nach dem 14. Jahrhundert schlecht informiert.

Im Westen erlangte die Alchemie und die Hermetik ihre Glanzzeit nach der italienischen Renaissance. Ihr mystisches Gepräge faszinierte auch noch Newton (§ 311).

---

[109] Vgl. *H. Corbin*, Histoire 184 ff; s. hauptsächlich Le Livre du Glorieux von *Jābir ibn Hayyān*.
[110] Siehe *M. Eliade*, Schmiede und Alchemisten (Stuttgart 1980) 154 ff, 161.

SECHSUNDDREISSIGSTES KAPITEL

Das Judentum seit der Revolte von Bar Kochba bis zum Chassidismus

284. Die Kompilation der Mischna

Im Zusammenhang mit dem ersten Krieg der Juden gegen die Römer (70–71) und der Zerstörung des Tempels durch Titus sei an eine Episode erinnert, die beachtliche Konsequenzen für das Judentum hatte. Der berühmte Rabbi Jochanan ben Zakkai wurde in einem Sarg aus dem belagerten Jerusalem gebracht und erlangte wenig später vom Kaiser Vespasian die Erlaubnis, eine Schule in der Stadt Jabne (in Judäa) zu errichten. Rabbi Jochanan war der Auffassung, daß durch das Studium der Tora das militärisch am Boden liegende Volk Israel nicht verschwinden werde[1] (vgl. § 224). Daher organisierte Rabbi Jochanan unter dem Vorsitz eines Patriarchen *(nāsī)* einen Sanhedrin von 71 Mitgliedern, der zugleich unbestrittene religiöse Autorität und Gerichtshof war. Mit einer Ausnahme wurde die Patriarchenwürde über drei Jahrhunderte vom Vater auf den Sohn vererbt[2].

Indes brachte der zweite Krieg mit den Römern, der von Bar Kochba im Jahre 132 begonnen wurde und in der Katastrophe von 135 endete, die religiöse Identität, das heißt das Überleben des jüdischen Volkes von neuem in Gefahr. Kaiser Hadrian löste den Sanhedrin auf und verbot bei Todesstrafe das Studium der *Tora* und die Ausübung der kultischen Handlungen. Viele jüdische Gelehrte, unter ihnen der berühmte Rabbi Akiba, starben unter der Folter. Antoninus Pius aber, der auf Hadrian folgte, stellte die Autorität des Sanhedrin wieder her und mehrte in der Tat noch dessen Ansehen. Von da an wurden die Entscheidungen des Sanhedrin fast überall in der Diaspora anerkannt. In dieser Zeit, die mit den Schülern des Jochanan ben Zakkai beginnt und um 200 endet, entstanden die normativen „Grundlagen des Judentums". Die wesentliche Neuerung war der Ersatz der Pilgerfahrt

---

[1] In der Tat verlor die Partei der Sadduzäer nach der Zerstörung des Tempels ihre Existenzberechtigung, und die Leitung fiel wieder den Schriftgelehrten zu, d. h. den Pharisäern und deren Nachfolgern, den *Rabbinen* („Meister", „Lehrer"). Siehe u. a. *G. F. Moore,* Judaism in the First Centuries of the Christian Era I, 83 f.
[2] Siehe *H. Mantel,* Studies in the History of the Sanhedrin 140 ff. (Die Versetzung des Sanhedrin von Jabne nach Usha und anderswohin.)

und der Opfer im Tempel durch das Studium des Gesetzes, das Gebet und die Frömmigkeit, durch religiöse Handlungen also, die in den Synagogen überall in der Welt stattfinden konnten. Die Kontinuität mit der Vergangenheit wurde durch das Studium der Bibel und durch die Vorschriften, die die rituelle Reinheit betrafen, gewahrt.

Um die zahlreichen mündlichen Überlieferungen[3] zu einen und in Übereinstimmung mit den kultischen Praktiken, den Interpretationen der Schrift und den juristischen Fragen zu präzisieren, bemühte sich Rabbi Juda, der „Prinz" (Patriarch des Sanhedrin zwischen ca. 175 und ca. 220), um eine Sammlung dieser Tradition in einem einzigen Gesetzeswerk. Diese umfangreiche Sammlung wurde Mischna (Wiederholung) genannt und beinhaltete Material aus der Zeit zwischen dem ersten vorchristlichen und dem zweiten nachchristlichen Jahrhundert[4]. Das Werk umfaßt sechs Ordnungen: Ackerbau, Feste, Familienleben, Bürgerliches Recht, die Vorschriften für den Kult und die Speisegesetze sowie die Gesetze über die rituelle Reinheit.

Es finden sich gewisse Anspielungen an die Merkābā-Mystik (vgl. § 288). Im Gegensatz dazu findet sich aber kein Niederschlag der messianischen Hoffnungen und der apokalyptischen Spekulationen, die zu dieser Zeit sehr populär waren. Sie sind zum Beispiel ausführlich in den berühmten pseudepigraphischen Werken *2. Baruch* und *4. Esra* dargestellt. Man hat den Eindruck, als ignoriere die *Mischna* die jüngste Geschichte oder kehre ihr den Rücken. (Beispielsweise ist aber vom Zehnten der Ernten, der nach *Jerusalem* gebracht werden müsse, und von der Konvertierbarkeit der Währung usw. die Rede[5].) Die *Mischna* ist eine einzigartige, ahistorische Schau, deren verschiedene Akte der Heiligung des Menschen und des Lebens nach strenger Gesetzesvorlage geordnet sind. Der Ackerbau ist durch die Gegenwart Gottes und die ritualisierte Erntearbeit des Menschen geweiht. „Das Land Israel ist durch seine Beziehung zu Gott geweiht. Die Früchte, die Gott wachsen läßt, sind durch den nach der göttlichen Ordnung arbeitenden Menschen und durch die Bestimmungen und Einteilungen in die verschiedenen Opfergaben geheiligt."[6]

In ähnlicher Weise sind in der Einteilung der Feste die Zyklen der heiligen Zeit aufgeteilt und benannt. Diese sind aufs engste mit dem heiligen Raum verbunden (vgl. Neusner, a. a. O. 132 ff). Dieselbe Schau findet man in allen anderen Einteilungen. Es handelt sich immer darum, die Rituale

---

[3] Die Idee einer mündlich überlieferten *Tora*, die Josua von Moses überkommen war, hatte eine alte und ehrwürdige Tradition.
[4] Eines der großen Verdienste des jüngst erschienenen Buches von *J. Neusner*, Judaism: The Evidence of the Mishna, ist es, das Material, das sich auf die Zeit vor, während und nach den beiden Kriegen mit Rom bezieht, untersucht und dargestellt zu haben.
[5] Überliefert Maaser Sheni, zusammengefaßt bei *Neusner*, a. a. O. 128.
[6] *R. S. Sarason*, zit. bei *Neusner*, a. a. O. 130 ff.

zur Heiligung des kosmischen Werkes, des sozialen, familiären und individuellen Lebens bis ins kleinste Detail zu regeln. Ebenso geht es aber auch darum, Beschmutzung zu vermeiden und sie durch bestimmte Reinigungen unwirksam werden zu lassen.

Man gerät in Versuchung, diese religiöse Glaubensauffassung mit der der ackerbauenden Christenheit zu vergleichen, die wir das „kosmische Christentum" genannt haben (vgl. § 237). Mit dem Unterschied jedoch, daß sich in der *Mischna* das Werk der Heiligung ausschließlich durch Gott und die Handlungen der Menschen vollzieht, der Menschen, die die Befehle Gottes ausführen. Indes ist es bezeichnend, daß in der *Mischna* (und auch in ihren Ergänzungen und Kommentaren, auf die wir weiter unten zu sprechen kommen werden) Gott, der vordem in erster Linie *ein Gott der Geschichte* ist, der gegenwärtigen Geschichte seines Volkes gleichgültig gegenüberzustehen scheint. Im Augenblick ist das messianische Heil der Heiligung des Lebens durch das Gesetz untergeordnet.

In der Tat verlängert und vervollständigt die *Mischna* den priesterlichen Kodex, wie er im Buche *Levitikus* formuliert war. Es bleibt zu sagen, daß sich die Observanten in gewisser Weise wie die Priester oder die Leviten benehmen. Sie achten die Vorschriften gegen Beschmutzung und ernähren sich in ihren Häusern wie die Zelebrierenden im Tempel. Die rituelle Reinheit, die auch außerhalb der Tempelmauern eingehalten wird, trennt die Gläubigen vom Rest der Bevölkerung und sichert ihre Heiligkeit. Wenn das jüdische Volk überleben wollte, dann mußte es sich wie ein heiliges Volk in einem heiligen Land verhalten und die Heiligkeit Gottes nachahmen[7].

Die *Mischna* zielte auf die Einigung und die Stärkung des Rabbinertums ab. In letzter Instanz war es ihr Ziel, das Überleben des Judentums zu sichern und somit die Integrität des jüdischen Volkes überall dort, wo es versprengt war, zu wahren. Jakob Neusner antwortet auf die Frage: Was kann der Mensch tun?: „Die *Mischna* sagt: Wie Gott kann der Mensch die Welt in Bewegung setzen. Wenn der Mensch es will, so ist nichts unmöglich... Die *Mischna* stellt die Lage Israels dar: besiegt und machtlos, dennoch aber in seinem Land. Ohne Hilfe und dennoch heilig. Ohne Vaterland und dennoch getrennt von den anderen Völkern."[8]

285. Der Talmud. Die gegenrabbinische Bewegung: die Qaräer

Mit der Publikation der *Mischna* begann die Periode der *Amoräer* (Redner oder Interpreten). Die Summe der *Mischna* und ihrer Kommentare *(gemārā)* bildet den *Talmud* (wörtlich: Unterweisung). Die Erstausgabe, die von etwa

---

[7] *J. Neusner*, a. a. O. 226 ff.
[8] *J. Neusner*, a. a. O. 282 f.

220 bis 400 in Palästina veröffentlicht und unter dem Namen *Jerusalemischer Talmud* bekannt wurde, ist gedrängter und kürzer als der *Babylonische Talmud* (200–650), der 8744 Seiten umfaßt[9]. Der Verhaltenskodex *(halakha)* der *Mischna* wurde im *Talmud* durch die *haggada* ergänzt, eine Sammlung von ethischen und religiösen Unterweisungen, von metaphysischen und mystischen Spekulationen sowie von Folkloremateria.

Der *Babylonische Talmud* spielte in der Geschichte des jüdischen Volkes eine entscheidende Rolle. Er zeigte, wie sich das Judentum den verschiedenen soziopolitischen Strukturen in der Diaspora stellte. Schon im 3. Jahrhundert hatte ein religiöser Lehrer aus Babylon dies grundlegende Prinzip ausgedrückt: Die Gesetzgebung der rechtmäßigen Regierung stellt das einzige legitime Gesetz dar und muß von den Juden beachtet werden. So erhielt die Gesetzmäßigkeit der staatlichen Autoritäten einen religiösen Rang. Auf dem Gebiet des bürgerlichen Rechts sind die Mitglieder der Gemeinde gehalten, ihre Rechtsstreitigkeiten vor jüdischen Gerichten auszutragen.

Im großen und ganzen und auf seinen Inhalt und seine Zielsetzung hin untersucht, scheint der *Talmud* bezüglich der philosophischen Spekulation keine Rolle zu spielen. Dennoch haben einige Forscher eine zugleich einfache und scharfsinnige Theologie sowie esoterische Lehren und Praktiken der Initiation im *Talmud* gefunden[10].

Für uns sei es hinreichend, einen Überblick über die Ereignisse zu erhalten, die die Strukturen des mittelalterlichen Judentums festigen. Der Patriarch, der offiziell als ranggleich mit dem römischen Präfekten angesehen wurde, schickte seine Botschafter zu den jüdischen Gemeinden, um die Steuern einzuziehen und den Festtagskalender bekanntzugeben. Im Jahre 359 beschloß Patriarch Hillel II., den Kalender schriftlich zu fixieren, damit die Gleichzeitigkeit der Feste in Palästina und in der Diaspora gewährleistet wäre. Dies war eine Maßnahme, die ihre Bedeutung erst dann zeigte, als Rom das palästinensische Patriarchat 429 abschaffte. In der Zeit der Sassaniden (226–637) wurde dank ihrer religiösen Toleranz Babylon das bedeutsamste Zentrum der Diaspora. Diese Vorrangstellung hielt sich auch nach der islamischen Besetzung. Alle orientalischen Judengemeinden der Diaspora erkannten die Vormachtstellung des *Gaon* an, eines geistlichen Lehrers, des Schiedsrichters und politischen Leiters, der das Volk vor Gott und vor den Regierenden vertrat. Die Zeit der *Gaonim* begann 640 und endete 1038, als sich das religiöse Zentrum der Juden nach Spanien verlagerte.

---

[9] Manche Vorschriften über den Ackerbau, die Reinheit und das Opfer, die in Palästina befolgt wurden, verloren ihre Bedeutung im babylonischen *Talmud*.
[10] Siehe u. a. das alte, aber immer noch vollgültige Buch von *S. Schechter,* Aspects of Rabbinc Theology. Major concepts of the Talmud, oder von *G. A. Wewers,* Geheimnis und Geheimhaltung im rabbinischen Judentum, ebenso die zahlreichen theologischen Texte in der kommentierten Übersetzung bei *G. F. Moore,* a. a. O. I, 357–442 usw.

Zu dieser Zeit aber war der *Babylonische Talmud* überall als das autorisierte Unterweisungswerk des Rabbinertums anerkannt, das heißt, er wurde normatives Judentum.

Das Rabbinertum verbreitete sich durch die Schulen (von der Grundschule bis hin zur Akademie, *Yeshiva*) und auch durch die Synagogen und Gerichtshöfe. Der Gottesdienst in der Synagoge ersetzte das Opfer im Tempel und beinhaltete die Morgen- und Nachmittagsgebete, das Glaubensbekenntnis („Höre, Israel, der Ewige ist unser Gott, der Ewige ist einzig") und die achtzehn, später neunzehn Lobpreisungen, kurze Gebete, die die Hoffnungen der Gemeinde und der einzelnen Menschen ausdrückten. An drei Tagen in der Woche (Montag, Donnerstag und Samstag) wurde die Schrift in der Synagoge gelesen. An Samstagen und Festtagen fand die öffentliche Lesung des *Pentateuch* und der *Propheten* statt, auf die die Predigt des Rabbiners folgte.

Im 9. Jahrhundert veröffentlichte ein *Gaon* die erste Gebetssammlung, um die liturgische Ordnung festzulegen. Seit dem 8. Jahrhundert entwickelte sich in Palästina eine neue Synagogendichtung, die sehr schnell Anklang fand. In der Folge wurden bis zum 16. Jahrhundert andere liturgische Dichtungen verfaßt und dem synagogalen Gottesdienst eingegliedert.

Dennoch rief der strenge und radikale Traditionalismus, der von den *Gaonim* vertreten wurde, zuweilen antirabbinische Reaktionen hervor. Manche, die von den alten Lehren der Sekten Palästinas oder vom Islam beeinflußt waren, wurden sofort unterdrückt. Im 9. Jahrhundert wuchs aber eine Dissidentenbewegung unter der Leitung von Anan ben David heran, die sehr schnell bedrohliche Ausmaße annahm. Sie wurde bekannt unter dem Namen *Qaräer* („Anhänger der Lesung" – denn sie erkannten lediglich die Autorität der Heiligen Schrift an[11]) und verwarfen die mündliche Rechtsprechung durch den Rabbiner, die sie als bloßes Menschenwerk ansahen. Die Qaräer schlugen die gründliche und kritische Untersuchung der Bibel vor, um aus ihr Lehre und Rechtsprechung für die Gegenwart zu entnehmen. Sie forderten darüber hinaus die Rückkehr der Juden nach Palästina, um die Ankunft des Messias zu beschleunigen. Tatsächlich ließ sich eine Gruppe Qaräer unter der Leitung von Daniel al-Qumiqi 850 in Palästina nieder. Es gelang ihr, seine Lehren bis nach Nordwestafrika und nach Spanien zu tragen. Die Reaktion der *Gaonim* war ziemlich heftig. Es wurde eine Anzahl Schriften und Leitfäden verfaßt, die das Rabbinertum verteidigten. Das Proselytentum der Qaräer verlor seinen Schwung, die Sekte aber überlebte in manchen Randgebieten. Indes ermutigte die Entdeckung der griechischen Philosophie in der arabischen Tradition, wie wir gleich sehen werden, nicht nur den jüdischen philosophischen Geist, sondern spornte auch manche ausgefallene, das heißt unerhörte Lehren an. Hier

---

[11] Wie die Sadduzäer im 2. Jahrhundert.

möge es ausreichen, an Hiwī al-Balkī zu erinnern, einen skeptischen Autor des 9. Jahrhunderts, der die Moral der Bibel angriff und für ihren Gebrauch in den Schulen eine gesäuberte Version erstellte ...

286. Jüdische Theologen und Philosophen des Mittelalters

Philo von Alexandrien (ca. 13 v. C. – 54 n. C.) bemühte sich um Versöhnung zwischen der biblischen Offenbarung und der griechischen Philosophie, wurde aber von den jüdischen Denkern nicht beachtet und hatte nur einen Einfluß auf die christlichen Kirchenväter. Erst im 9. und 10. Jahrhundert entdeckten die Juden dank der arabischen Tradition das griechische Gedankengut und übernahmen die islamische Methode *(kalām),* den Glauben durch die Vernunft zu rechtfertigen. Der erste bedeutende jüdische Philosoph war der Gaon Saadja ben Joseph (882–942), der in Ägypten geboren und erzogen wurde und sich in Bagdad niederließ, wo er eine der berühmtesten babylonischen Talmudakademien leitete. Obwohl er kein System geschaffen und keine Schule gegründet hatte, stellte Saadja das Musterbeispiel jüdischer Philosophen dar[12]. In seinem apologetischen, in arabischer Sprache geschriebenen Werk *Das Buch der Glaubensweisen und Meinungen* stellte er die Beziehung zwischen der geoffenbarten Wahrheit und der Vernunft her. Alle beide kommen von Gott, die *Tora* aber ist eine nur dem jüdischen Volk überlieferte Gabe. Von einem unabhängigen Staat mißachtet, erhält sich Einheit und Integrität des Volkes einzig durch seine Gesetzestreue[13].

Zu Beginn des 11. Jahrhunderts verlagerte sich das Zentrum jüdischer Kultur in das islamische Spanien. Salomo ibn Gabriel lebte in Malaga zwischen 1021 und 1058. Berühmt wurde er hauptsächlich durch seine Gedichte, deren bekanntestes in die Liturgie des *Yom Kippur* aufgenommen wurde. In seinem unvollendeten Werk *Quelle des Lebens (Maqōr Hajim)* übernimmt er die Kosmogonie der Emanationen Plotins. Anstelle des höchsten Gedankens setzt er aber den göttlichen Willen. Mit anderen Worten: es ist immer Jahwe, der die Welt erschuf. Ibn Gabriel erklärt die Materie als eine der ersten Emanationen. Indes ist diese Materie geistiger Art, und ihre Körperlichkeit ist nur eine ihrer Eigenschaften[14]. Von den Juden wurde das Buch *Maqōr Hajim* nicht beachtet, von den christlichen Theologen in einer Übersetzung unter dem Titel *Fons Vitae* jedoch hoch geschätzt[15].

---

[12] Manche seiner Werke sind verlorengegangen, so auch die arabische Bibelübersetzung mit Kommentar.
[13] Vgl. *Saadja ben Joseph,* The Book of Beliefs and Opinions, übers. v. *S. Rosenblatt,* 21 ff, 29 ff. Die Argumente von Saadja, die zum Gottesbeweis dienten, sind dem *Kalām* entliehen (vgl. *H. A. Wolson,* Kalam Arguments for Creation in Saadia, Averroës etc. 197 ff).
[14] Fons Vitae, IV, 8 f; der Text bei *S. Munk,* Mélanges IV, I.
[15] Sie kannten Ibn Gabirol unter dem Namen Avicebron. Erst 1845 identifizierte S. Munk den Autor.

Fast gänzlich unbekannt ist Bahja ibn Paqūda, der vermutlich im 11. Jahrhundert in Spanien lebte. Ibn Paqūda besteht in seinem in arabischer Sprache geschriebenen geistlichen Moraltraktat „Einführung in die Pflichten des Herzens" hauptsächlich auf der inneren Hingabe. Sein Werk ist zugleich eine geistliche Autobiographie. „Vom Vorwort an macht der Autor deutlich, wie allein er ist und wie er unter der Einsamkeit leidet. Er schreibt sein Buch gegen die Welt, aus der er stammt, die für seinen Geschmack allzu gesetzesergeben ist. Es soll wenigstens Zeugnis davon abgelegt werden, daß ein Jude für das Leben kämpft, wie es die jüdische Tradition für das Herz und den Körper verlangt ... Hauptsächlich in der Nacht fühlt Bahja seine Seele sich öffnen. In diesen der Liebe geweihten Stunden, in denen die Paare sich in den Armen liegen, wird Bahja der Liebende Gottes. Auf Knien und gebeugten Kopfes verbringt er Stunden der Ekstase im stillen Gebet und erreicht so den Höhepunkt, zu dem die asketischen Übungen des Tages führen: die Demut und Bewußtseinserforschung, die peinlichste Frömmigkeit."[16]

Jehuda Halevi (1080–1149) ist wie Ibn Gabriel Dichter und Theologe. In seinem Werk *Verteidigung der mißachteten Religion* stellt er Dialoge zwischen einem islamischen Rechtsgelehrten, einem Christen, einem jüdischen Weisen und dem König der Khazaren dar. Gegen Ende wird letzterer zum Judentum bekehrt. Dem Beispiel Al-Ghazzālīs folgend, wählt Jehuda Halevi den philosophischen Weg, um die Gültigkeit der Philosophie zu bezweifeln. Die religiöse Gewißheit erlangt man nicht durch Vernunft, sondern durch die biblische Offenbarung, die dem jüdischen Volk geschenkt wurde. Der prohpetische Geist bezeugt, daß Israel auserwählt wurde. Kein heidnischer Philosoph wurde Prophet. Der Aufstieg des Prophetentums ist der Einhaltung der Gesetze verpflichtet und dem sakramentsmäßigen Wert des Heiligen Landes, dem „Wahren Herzen aller Völker". Die Askese spielt in der mystischen Erfahrung des Jehuda Halevi keine Rolle.

287. Maimonides zwischen Aristoteles und Tora

Moses Maimonides, 1135 in Córdoba geboren, 1204 in Kairo gestorben, war Rabbiner, Mediziner und Philosoph. Mit ihm erreicht das mittelalterliche jüdische Denken seinen Höhepunkt. Er spielte und spielt noch immer eine sehr große Rolle. Jedoch gaben sein vielseitiges Genie und der augen-

---

[16] A. *Neher*, La philosophie juive médiévale 1021. Höchstwahrscheinlich ist Bachja von der islamischen Mystik beeinflußt. Nicht zu leugnen ist aber der jüdische Charakter seines geistigen Lebens und seiner Theologie. *Neher*, a. a. O. 1022, stellt zu Recht fest, daß Bachja die chassidische jüdische Tradition wiederaufleben läßt, wie sie in der Bibel, in den Schriften von Qumran und im Talmud bezeugt ist: „Die Askese, die Nachtwache in Gebet und Meditation", zusammengefaßt also die Tradition, die „die breitgefächerte religiöse Erfahrung mit der Besonderheit der Religion Israels zu vereinen weiß."

fällige Mangel an Geschlossenheit seines Werkes Anlaß zu endlosen Auseinandersetzungen[17]. Maimonides schrieb mehrere wichtige Werke zur Exegese (deren bedeutendste die Mischna – Kommentar und Mischna-Tora – sowie eine berühmte philosophische Abhandlung, „Führer der Schwankenden", die 1195 arabisch verfaßt wurde, sind). Noch heute meinen manche jüdischen Historiker und Philosophen, daß das Denken des Maimonides durch eine unüberwindliche Dichotomie gekennzeichnet sei: einerseits die Prinzipien, die seine exegetischen und juristischen Arbeiten beeinflußten (und die den Prinzipien der *halakha* folgen), auf der anderen Seite die Metaphysik in dem „Führer der Schwankenden", die auf Aristoteles zurückgeht[18].

Zuerst sei einmal gesagt, daß Maimonides die höchste Auffassung vom „Fürsten der Philosophen" hatte, „dem feinsinnigsten Vertreter der menschlichen Intelligenz nach den Propheten Israels", und daß er eine Synthese zwischen dem traditionellen Judentum und dem Denken des Aristoteles nicht ausschloß[19]. Anstatt aber gewandt eine Übereinstimmung zwischen der Bibel und der aristotelischen Philosophie zu suchen, begann Maimonides, die beiden zu trennen. „Er wahrte so die biblische Erfahrung, ohne sie jedoch wie Al-Ghazzālī und Jehuda Halevi zu isolieren und radikal der philosophischen Erfahrung entgegenzusetzen. Die *Bibel* und die Philosophie sind bei Maimonides miteinander verbunden, sie entstammen den gleichen Quellen und sind auf das gleiche Ziel gerichtet. Aber auf diesem gemeinsamen Weg ist die Philosophie die Straße, während die *Bibel* den Menschen, der auf ihr geht, leitet."[20]

Sicherlich ist die Philosophie für Maimonides eine kühne und – sofern falsch verstanden – gefährliche Disziplin. Erst wenn man durch die Beachtung des Gesetzes eine moralische Perfektion erreicht hat, darf man sich der Perfektion des Geistes widmen[21]. Tiefere Kenntnis der Metaphysik ist nicht für alle Mitglieder der Gemeinde vonnöten, für alle aber sollte die Beachtung des Gesetzes von philosophischer Reflexion begleitet sein. Intellektuelle Bildung ist den moralischen Tugenden überlegen. Maimonides hatte in dreizehn Thesen das Essentielle der Metaphysik zusammengefaßt

---

[17] So auch *T. Twersky*, A Maimonides Reader XIV, „für manche war er anregend, für die anderen verwirrend. Er hat selten eine Haltung von Indifferenz und Lässigkeit hervorgerufen." In ihm sah man eine schillernde, aber harmonische Figur oder auch jemanden, der unter einer Spannung steht, gereizt, verletzbar und zerrissen ist und Bewußtes und Unbewußtes miteinander vereint, dabei Paradoxa und Widersprüche nicht ausschließt.
[18] Siehe hierzu einige jüngere Beispiele, hauptsächlich die Meinungen von I. Husik und L. Strauss bei *D. Hartmann*, Maimonides, Torah and Philosophic Quest 20 ff. Letzterer versucht demgegenüber die Geschlossenheit des Denkens von Maimonides zu erweisen.
[19] Bei diesem Unterfangen hatte er zwei Vorgänger, die keine Breitenwirkung erlangten.
[20] *A. Neher*, a.a.O. 1028 f.
[21] In der Einführung zum „Führer" gibt Maimonides neben anderen Vorbehalten zu, daß er willentlich gegensätzliche Positionen eingefügt habe, um den ungeschulten Leser zu verunsichern.

und meinte, daß zumindest dieses theoretische Minimum von jedem Gläubigen bedacht und aufgenommen werden müsse. So zögerte er nicht zu behaupten, daß eine Kenntnis der philosophischen Ordnung eine unabdingbare Voraussetzung zur Sicherstellung des Lebens nach dem Tode sei[22].

Maimonides beschäftigte sich wie Philo und Saadja mit der Übertragung historischer Geschehnisse der Bibel in die Sprache der Philosophen. Eine Textauslegung im *Kalām*-Stil hatte er kritisiert und verworfen. Er benutzte vielmehr den Weg des Aristoteles. Sicherlich kann man niemals die Ewigkeit der Welt, die Aristoteles behauptete und die *creatio ex nihilo* der Bibel in Einklang bringen. Für Maimonides aber hatten die beiden Thesen gemein, daß sie keine unwiderlegbaren Beweise anführen. In seiner Eigenschaft als Schriftgelehrter meinte er, daß die *Genesis* „die *Schöpfung aus dem Nichts* nicht als eine Realität behauptete, sondern sie nur nahelege. Eine allegorische Textauslegung aber könne den biblischen Text im Sinne der griechischen These deuten. Nur vom Standpunkt eines außenstehenden und zugleich biblischen Kriteriums aus kann die Frage gelöst werden. Dies Kriterium ist aber die Souveränität Gottes, seine Transzendenz im Hinblick auf die Natur."[23]

Trotz seines Genies gelang es Maimonides nicht, die Identität zwischen dem unsterblichen unbewegten Beweger des Aristoteles und dem freien allmächtigen Schöpfergott der Bibel aufzuzeigen. Andererseits behauptete er aber, daß die Wahrheit ausschließlich durch die Intelligenz gefunden werden könne und solle, das heißt durch die Philosophie des Aristoteles. Maimonides verwarf die Gültigkeit der prophetischen Offenbarung mit Ausnahme der des Mose. Er hielt sie für Hirngespinste. Die *Tora*, die Mose erhielt, ist ein einzigartiges und für alle Zeiten gültiges Werk. Für die große Mehrzahl der Gläubigen sei es hinreichend, die *Tora* zu studieren und sich an ihre Weisungen zu halten.

Die Ethik des Maimonides ist eine Synthese zwischen dem biblischen Erbe und dem aristotelischen Modell. Tatsächlich überbewertete er die intellektuelle Anstrengung und die philosophische Erkenntnis. Seine messianischen Auffassungen sind rein diesseitig. „Eine menschliche Stadt, die durch den Erwerb von Kenntnis geschaffen ist und spontane Tugendhaftigkeit fordert."[24] Anstelle der Wiederauferstehung glaubte Maimonides an eine Unsterblichkeit, die durch metaphysische Kenntnis erlangt wird. Indes

---

[22] *Maimonides,* Führer der Schwankenden III, 51, 54. Vgl. *Vajda,* Introduction à la pensée juive du moyen âge 145. Schließlich ist nur die Summe von Erkenntnissen metaphysischer Natur „unsterblich", die während der irdischen Lebenszeit gewonnen wurde. Es handelt sich um eine Auffassung, die in einer Vielzahl von esoterischen Traditionen vorhanden ist.
[23] *A. Neher,* a. a. O. 1031.
[24] *A. Neher,* a. a. O. 1032; s. auch die von *Hartmann,* Maimonides 81 ff, übersetzten und kommentierten Texte.

haben manche Kritiker das Augenmerk auf die sogenannte „negative Theologie" des Maimonides gelenkt. „Zwischen Gott und den Menschen gibt es das Nichts und den Abgrund ... Wie kann man diesen Abgrund überschreiten? Zuerst einmal, indem man das Nichts annimmt. Die Negativität der Annäherung an Gott, seine Ungreifbarkeit für die philosophische Perspektive, sind nur Bilder für die Verlassenheit des Menschen im Nichts. Indem der Mensch durch das Nichts wandert, nähert er sich Gott ... In den bemerkenswertesten Kapiteln des ‚Führers' zeigt Maimonides auf, wie jedes Gebet Stille sein und wie jede Betrachtung auf etwas gerichtet sein soll, das ganz oben steht: die Liebe. Durch die Liebe kann der Abgrund zwischen Gott und den Menschen auf positive Weise überwunden werden. Ohne irgend etwas von seiner Strenge zu verlieren, findet das Treffen zwischen Gott und den Menschen statt."[25]

Wesentlich ist aber nun die Beobachtung, daß es trotz der von außen kommenden mehr oder minder oberflächlichen Einflüsse der griechischen, hellenistischen, islamischen oder christlichen Philosophen dem jüdischen Denken weder an Kraft noch Originalität mangelte. Es handelt sich weniger um Einflüsse, sondern mehr um einen Dialog zwischen den jüdischen Denkern und den Vertretern der verschiedenen philosophischen Systeme des antiken Heidentums, des Islams oder des Christentums. Dieser Dialog führte zu gegenseitiger Bereicherung. In der Geschichte der jüdischen Mystik findet man eine ähnliche Situation vor (§§ 288 ff). In der Tat ist das jüdische religiöse Denken einerseits von der Treue zur biblischen Tradition, andererseits durch die Fähigkeit gekennzeichnet, viele von außen kommende Einflüsse aufzunehmen, ohne sich von ihnen beherrschen zu lassen.

288. Erste Ausdrucksformen jüdischer Mystik

Die Erscheinungsformen jüdisch-mystischer Erfahrung sind reich und komplex. In der Vorwegnahme der folgenden Untersuchung seien hier einige spezifische Züge aufgezeigt. Mit Ausnahme der messianischen Bewegung von Sabbatai Zwi (§ 291) wandte sich keine der anderen Schulen trotz gelegentlich mehr oder weniger starker Spannungen zur rabbinischen Tradition vom normativen Judentum ab. Die Esoterik, die seit den Anfängen die jüdische Mystik charakterisiert, gehörte seit langer Zeit zum religiösen Erbe der Juden (vgl. Bd. II, 235 ff). So gehören auch die gnostischen Elemente, die sich fast überall nachweisen lassen, in letzter Instanz zum al-

---

[25] *A. Neher*, a. a. O. 1032; s. außerdem *Hartmann*, a. a. O. 187, und die von T. Twersky in: A Maimonides Reader, 83 ff, 432 f, übersetzten Texte. Für unsere Zwecke können wir einige Philosophen der nachmaimonideischen Zeit vernachlässigen: Levi ben Gerson (1288–1344), Hasdai Crescas (1340–1410), Joseph Albo (1370–1444) u. a.

ten jüdischen Gnostizismus[26]. Es sei hinzugefügt, daß die höchste mystische Erfahrung, die Einheit mit Gott, sehr selten vorkommt. Im allgemeinen ist das Ziel der Mystik die Schau Gottes, die Betrachtung seiner Größe und der Versuch, die Geheimnisse der Schöpfung zu ergründen.

Die erste Phase der jüdischen Mystik ist charakterisiert durch die Bedeutung, die dem ekstatischen Aufstieg bis zum Throne Gottes, der *Merkābā*, zugemessen wird. Diese esoterische Tradition ist bereits für das 1. Jahrhundert vor Christus bezeugt und dauert bis ins 10. Jahrhundert unserer Zeitrechnung an[27]. Die Welt des Thrones, des Ortes, an dem sich die göttliche Gnade manifestiert, ist für den jüdischen Mystiker dasselbe wie das *Pleroma* (die Fülle) der christlichen Gnostiker und der Hermetiker. Die kurzen und oftmals dunklen Texte werden als „*Hechaloth-Bücher* Bücher der himmlischen Paläste" bezeichnet. Sie beschreiben die Säle und Paläste, die der Schauende auf seiner Reise durchquert und in deren letztem sich der Thron der göttlichen Herrlichkeit erhebt. Aus ungeklärter Ursache wurde die ekstatische Reise, die zu Anfang „Aufstieg nach *Merkābā*" hieß, ca. 500 als „Abstieg nach *Merkābā*" bezeichnet. Es ist paradox, daß die Beschreibungen des Abstiegs das Vokabular derjenigen des Aufstiegs verwendet.

Seit Beginn scheint es, daß es sich hier um gutorganisierte Geheimbünde handelte, die ihre esoterischen Lehren nur Eingeweihten mitteilten. Zusätzlich zu charakterlichen Qualitäten mußten die Novizen manche Besonderheiten der Physiognomie und Form der Hände aufweisen[28]. Die ekstatische Reise wurde durch 12 oder 40 tägliche asketische Übungen vorbereitet. Diese bestanden aus Fasten, rituellen Gesängen, der Wiederholung von Namen, einer speziellen Körperhaltung (Kopf zwischen den Knien).

Es ist bekannt, daß der Aufstieg der Seele durch den Himmel und die Gefahren, die ihr entgegenstehen, ein allgemeines Thema in Gnostik und Hermetik des 2. und 3. Jahrhunderts waren. Gershom Scholem beschreibt die *Merkābā-Mystik* als einen jüdischen Zweig der Gnosis[29]. Indes ist der Platz der Archonten, die bei den Gnostikern die sieben planetarischen Himmel verteidigten, im jüdischen Gnostizismus durch die „Türsteher", die zur Linken und zur Rechten des Eingangs zum himmlischen Saal stehen, er-

---

[26] In manchen Fällen ist es nicht ausgeschlossen, daß traditionelle gnostische Elemente in der Folge von Auseinandersetzungen direkter oder indirekter Natur mit den häretischen Bewegungen des Christentums im Mittelalter wiederbelebt wurden.
[27] Scholem unterscheidet 3 Perioden: die anonym gebliebenen geheimen Zusammenkünfte der alten Apokalyptiker, die Spekulation um den Thron bei manchen Meistern der *Mischna*, die Mystik von *Merkābā* in der späteren talmudischen und nachtalmudischen Periode (vgl. *Scholem*, Major Trends in Jewish Mysticism 43; s. außerdem: *ders.:* Jewish Mysticism, Merkabah Mysticism and Talmudic Tradition). Die älteste Beschreibung der Merkābā findet sich im 14. Kapitel des äthiopischen Henoch-Buches.
[28] *Scholem*, Major Trends 48.
[29] *Ders.*, Ursprung und Anfänge der Kabbala 36. Scholem spricht auch von dem „rabbinischen Gnostizismus", also einer Form des jüdischen Gnostizismus, der sich um Treue zur Tradition der Halāchā bemühte (vgl. *ders.*, Major Trends 65).

setzt worden. In beiden Fällen muß die Seele ein Losungswort sagen. Dies ist ein magisches Siegel, das einen geheimen Namen beinhaltet, der die Dämonen und feindlichen Engel vertreibt. Je länger die Reise andauert, desto bedrohlicher werden die Gefahren. Die letzte Prüfung erscheint ziemlich rätselhaft. In einem im *Talmud* bewahrten Fragment wendet sich Rabbi Akiba an drei Rabbiner, die die Absicht haben, ins Paradies zu gelangen. Er sagt zu ihnen: „Wenn ihr kommt zu reinen Marmorsteinen, sprecht nicht: Wasser, Wasser, denn", so führt er aus, „der, der die Lügen ausspricht, wird nicht in meiner Gegenwart sein." In der Tat erschien der blendende Glanz der Marmorsteine, mit denen der Palast gedeckt war, wie Wellen auf dem Wasser[30].

Unterwegs empfängt die Seele Offenbarungen über die Geheimnisse der Schöpfung, der Hierarchie der Engel und die Praxis der Geisterbeschwörung. Im höchsten Himmel vor dem Throne „sieht die Seele die mystische Figur der Gottheit in menschlicher Gestalt, wie sie der Prophet *Ezechiel* (1, 26) auf dem *Merkābā*-Thron sehen durfte. Dort zeigte er ihm das ‚Maß des Körpers', hebräisch: schi*ur koma, d. h. eine anthropomorphe Gotteserscheinung, die dem ersten Menschen gleicht, aber auch dem Liebenden aus dem *Canticum Canticorum*. Zugleich erfährt die Seele die mystischen Namen ihrer Glieder."[31]

Wir haben es mit der Projektion Gottes, des unsichtbaren Gottes im Judentum, in eine mystische Figur zu tun, in der sich „Der Große Ruhm" der Apokalyptik und der jüdischen Apokryphen offenbart. Aber diese bildhafte Vorstellung des Schöpfers (von seinem Mantel strahlen die Sterne und das Firmament) entwickelt sich aus „einer absolut monotheistischen Vorstellung; es geht ihr ganz und gar der häretische und gegensätzliche Charakter ab, den sie annimmt, wenn der Schöpfergott dem Wahren Gott gegenübergestellt wird"[32].

Neben den Schriften über die *Merkābā* breitete sich im Mittelalter in allen Ländern der Diaspora ein Text von nur einigen Seiten aus und wurde berühmt. Es handelt sich um das *Sefer Jezīrā* (Das Buch der Schöpfung). Seine Herkunft und das genaue Datum, an dem es geschrieben wurde, sind unbekannt (wahrscheinlich entstand es im 5. oder 6. Jahrhundert). Es beinhaltete eine gedrängte Darstellung der Kosmogonie und der Kosmologie. Der Autor will „Übereinstimmung herstellen mit den griechischen Quellen und den Talmuddisziplinen, die sich auf Schöpfung und *Merkābā* beziehen. Hier sind erstmals Reinterpretationen spekulativer Natur bezüglich der Auffassung der *Merkābā* zu finden."[33]

---

[30] *Ders.*, Major Trends 52 f. Vgl. dort (49) die Bezugsstellen zu analogen Bildern in der griechischen Literatur.
[31] *Ders.*, Ursprung 17.   [32] Ebd. 19.
[33] Ebd. 21. Eine jüngere Übersetzung findet man bei *G. Casaril*, Rabbi Simeon bar Yochai 28 ff.

Der erste Abschnitt handelt von den 32 wunderbaren „Wegen der Weisheit" (*Hochma* oder *Sophia*), durch die Gott die Welt geschaffen hat (vgl. § 200). Es sind die 22 Buchstaben des geheiligten Alphabets und die 10 Urzahlen (die *seplûrôt*). Die erste *Sephira* ist das Pneuma *(ruach)* des lebendigen Gottes. Aus der *ruach* geht die Urluft hervor, aus der Wasser und Feuer entstehen, das dritte und vierte *Sephīrōth*. Aus der Urluft schuf Gott die 22 Buchstaben; aus dem Wasser das kosmische Chaos, aus dem Feuer den Thron des Ruhmes und die Hierarchie der Engel. Die letzten sechs *Sephīrōth* bezeichnen die sechs Richtungen des Raumes[34].

Die Spekulationen über die *Sephīrōth*, die von der Zahlenmystik beeinflußt sind, sind wahrscheinlich neupythagoräisch beeinflußt. Die Idee der „Zahlen, mittels deren der Himmel und die Erde geschaffen sind", scheint sich aber aus dem Judentum zu erklären[35]. „Es gibt von dieser Kosmogonie und Kosmologie, die auf die Sprachmystik gegründet ist, welche auch einen Bezug zur astrologischen Idee hat, einen direkten Weg, der offenkundig zur magischen Vorstellung von der schöpferischen und wunderbaren Kraft der Buchstaben und der Worte führt[36]". Das *Sefer Jezīrā* wurde auch zu wunderbaren Zwecken verwendet. Es wurde das Vademecum der Kabbalisten und wurde von den größten jüdischen Denkern des Mittelalters, von Saadja bis Sabbatai Donnolo, kommentiert.

Der mittelalterliche jüdische Pietismus ist das Werk der drei „Frommen Männer aus Deutschland", *Hasside Aschkenaz*, Samuel, sein Sohn Juda und Eleazer aus Worms. Die Bewegung kam zu Beginn des 12. Jahrhunderts auf und erlebte ihre schöpferische Zeit zwischen 1150 und 1250. Wenn auch in der Mystik von *Merkābā* und dem *Sefer Jezīrā* wurzelnd, ist der rheinische Pietismus doch eine neue und eigenständige Schöpfung. Natürlich ist da eine gewisse volkstümliche Mythologie, aber die Chassidīm verwarfen die apokalyptischen Spekulationen und die Berechnungen über die Ankunft des Messias. Zudem interessierte sie weder die rabbinische Ausbildung noch die systematische Theologie. Sie dachten hauptsächlich über das Mysterium der göttlichen Einheit nach und bemühten sich um eine neue Auffassung der Frömmigkeit[37]. Im Unterschied zu den spanischen Kabbalisten (vgl. § 289) wandten sich die Chassidīm an das Volk. Das Hauptwerk der Bewegung – *Sefer Chassidīm* – verwendete hauptsächlich Anekdoten, Paradoxa und erzieherisch wirkende Geschichten. Das religiöse Leben richtet sich auf die Askese, das Gebet und die Liebe zu Gott. Denn die Furcht vor Gott zeigt sich in letzter Erscheinungsform identisch mit der Gottesliebe und der Hingabe an Gott[38].

---

[34] *Scholem*, Ursprung 22 ff; vgl. auch *ders.*, Majors Trends 76 ff.
[35] *Ders.*, Ursprung 24 f. G. *Casaril*, a. a. O. 42, besteht auf einer Parallele zu einem gewissen christlichen Gnostizismus wie dem der Clementinen.
[36] *Scholem*, Ursprung 25 f.
[37] *Ders.*, Major Trends 91 f. [38] Ebd. 95.

Die Chassidīm wollten eine vollkommene Ausgeglichenheit des Geistes erreichen. Ungerührt erduldeten sie die Angriffe und die Drohungen der anderen Mitglieder der Gemeinschaft[39]. Sie trachteten auch nicht nach der Macht, wenn sie auch dazu über geheime magische Fähigkeiten verfügten[40]. Die kultischen Verbote der Chassidīm trugen gewiß christliche Züge, abgesehen vom Gebiet der Sexualität. Bekanntlich hat ja das Judentum niemals diesen Typ der Askese angenommen. Andererseits ist aber eine starke Tendenz zum Pantheismus festzustellen. Gott ist der Welt und den Menschen näher als die Seele dem Menschen selbst[41]. Die Chassidīm in Deutschland haben keine systematische Theologie erarbeitet. Man kann jedoch drei Zentralideen erkennen, die übrigens aus verschiedenen Quellen stammen: 1. Die Auffassung von der göttlichen Glorie *(kabōd)*, 2. die Idee eines vollkommenen heiligen Cherubim, der sich in der Nähe des Thrones aufhält, 3. die Geheimnisse der göttlichen Heiligkeit und Majestät, sowie die Geheimnisse der menschlichen Natur und ihres Weges zu Gott[42].

289. Die Kabbala des Mittelalters

Die Kabbala war eine außergewöhnliche Schöpfung der jüdischen esoterischen Mystik. Der Ausdruck Kabbala bedeutet ungefähr „Tradition" und leitet sich von der Wurzel kbl her, die „empfangen" bedeutet. Wie noch darzulegen, besaß diese neue religiöse Schöpfung einerseits ein gnostisches Erbe, das manchmal zur Häresie neigte, andererseits Strukturen einer kosmischen Religiosität (die fälschlicherweise „pantheistisch" genannt wurde), wobei sie aber dem Judentum treu blieb[43]. Dies rief unvermeidlicherweise Spannungen zwischen den Anhängern der Kabbala und den rabbinischen Autoritäten hervor. Dieser Spannung zum Trotz trug die Kabbala dazu bei, den geistigen Widerstand der jüdischen Gemeinden in der Diaspora direkt oder indirekt zu festigen. Darüber hinaus spielte eine von den christlichen Autoren unzureichend oder nur halb verstandene Kabbala während und nach der Renaissance eine Rolle in dem Prozeß der „Entprovinzialisierung"

---

[39] *Scholem,* a. a. O. 96, vergleicht ihren Ernst mit der *Ataraxie* der Kyniker und Stoiker. Vgl. auch das Verhalten des Al-Hallādsch (§ 277).
[40] In den Schriften des Eleazar von Worms findet man eine erste Erwähnung des Golem, eines magischen Homunculus, der in der Ekstase seines Meisters zum Leben erweckt wurde. Vgl. *Scholem,* The Idea of the Golem 175 ff.
[41] *Ders.,* Major Trends 107 ff. Es handelt sich wahrscheinlich um einen Einfluß des Neuplatonismus, der durch Scotus Eriugena (9. Jh.) vermittelt wurde (ebd. 109).
[42] Ebd. 110 f. Es sei aber klargestellt, daß es zwischen dem jüdischen Pietismus des 13. Jahrhunderts und den Bewegungen der Chassidīm, die in Polen und der Ukraine im 18. Jahrhundert ausbrachen, keinen Zusammenhang gibt (vgl. § 292).
[43] *Scholem,* Kabbala und Myth passim.

der westlichen Christenheit. Mit andern Worten: sie gehörte zur Ideengeschichte Europas zwischen dem 14. und dem 19. Jahrhundert.

Die älteste schriftliche Darstellung der Kabbala im eigentlichen Sinne findet sich in dem Buch *Bahir*. Dieser in einem unzureichenden und fragmentarischen Zustand überlieferte Text ist mehrschichtig, dunkel und unbeholfen. Das *Bahir* wurde im 12. Jahrhundert in der Provence zusammengestellt. Man ging von sehr alten Quellen aus, wie zum Beispiel von dem *Raza Rabba* (dem großen Mysterium), in welchem manche orientalische Autoren ein bedeutendes esoterisches Werk sahen[44]. Unzweifelhaft ist der orientalische oder, genauer gesagt, gnostische Ursprung der im *Bahir* entwickelten Lehren. So findet man Spekulationen alter gnostischer Autoren, die in verschiedenen jüdischen Quellen bezeugt sind. Die männlichen und weiblichen Äonen, das Pleroma und der Baum der Seelen, die *Schechina*, die in den gleichen Worten beschrieben ist wie die doppelte Sophia (Tochter und Gattin) der Gnostiker[45].

Die Frage nach einer möglichen Beziehung zwischen „der Ausbildung der Kabbala in dem Buch *Bahir* und der Bewegung der Katharer bleibt trotzdem unentschieden. Für diese Beziehung sind nicht genügend Beweise vorhanden, wenn man auch die Möglichkeit ihrer Existenz nicht ausschließen kann. In der Geistesgeschichte stellt das Buch *Bahir* das vielleicht bewußte, in jedem Falle aber weitgehend durch die Tatsache erhärtete Nachbild eines archaischen Symbolismus dar, der im mittelalterlichen Judentum ohne Beispiel ist. Mit der Veröffentlichung des Buches *Bahir* trat unausweichlich eine Form des mystischen jüdischen Denkens mit den rabbinistischen und philosophischen Ausbildungen des Judentums in Konkurrenz."[46]

Die Kabbalisten der Provence gründeten ihre Theorien hauptsächlich auf das Buch *Bahir*. Sie ergänzten die alte gnostische Tradition orientalischen Ursprungs mit Elementen eines anderen geistigen Universums, das hauptsächlich das des mittelalterlichen Neuplatonismus war. „In der Form, in der die Kabbala in Erscheinung trat, umschloß sie diese beiden Traditionen, wobei der Akzent bald auf der einen, bald auf der anderen lag. In dieser zweifachen Gestalt kam sie nach Spanien."[47]

Trotz ihrer Betonung der mystischen Technik spielt die Ekstase keine bedeutende Rolle. Auch findet man in der sehr umfangreichen kabbalistischen Literatur wenig Anspielungen auf persönliche ekstatische Erfahrungen, wie auch solche auf die *unio mystica* selten sind. Die Einheit mit Gott wird mit dem Ausdruck *debekuth*[48] bezeichnet, der „Verbindung", „Eins-

---

[44] Vgl. *Ders.*, Major Trends 75; *ders.*, Ursprung 66 ff.
[45] *Ders.*, Ursprung 70 ff; 143 ff; passim. [46] Ebd. 43 ff.
[47] Ebd. 324 f. Bezüglich der Kabbalisten von Gerona, einer katalanischen Kleinstadt zwischen Barcelona und den Pyrenäen, vgl. die ausführliche Untersuchung von *Scholem*, ebd. 388–500.
[48] Siehe *ders.*, Devekut, or Communion with God passim.

sein mit Gott" bedeutet und einen Zustand der Gnade beschreibt, der der Ekstase überlegen ist. Dies erklärt, daß der Autor, der die Ekstase höher einschätzte, am wenigsten populär geworden ist. Es handelt sich um Abraham Abulafia. Er wurde in Saragossa im Jahre 1240 geboren und unternahm ausgedehnte Reisen in den Vorderen Orient, nach Griechenland und nach Italien. Seine zahlreichen Werke fanden durch die Rabbiner, höchstwahrscheinlich wegen ihres allzu persönlichen Charakters, nur geringe Verbreitung.

Abulafia entwickelte eine meditative Technik, die um die Gottesnamen kreiste und die Kombinatorik des hebräischen Alphabetes verwendete. Um die geistige Arbeit, die zur Befreiung der Seele aus den Ketten der Materie führt, zu erklären, verwendete er das Bild eines Knotens, den es zu lösen, nicht zu durchschneiden gilt. Abulafia berief sich auf gewisse Praktiken nach Art des Yoga: das rhythmische Atmen, spezielle Körperhaltungen, verschiedene Formen des Vortrags usw.[49]. Durch Assoziation und Umsetzung von Buchstaben erlangt der Adept mystische Versenkung und prophetische Visionen. Die Ekstase aber ist keine Trance; Abulafia beschreibt sie als eine vorweggenommene Erlösung. So ist der Adept während der Ekstase von einem übernatürlichen Licht erfüllt[50]. „Was Abulafia *Ekstase* nennt, ist die *prophetische Sehergabe* in dem Sinne, wie sie Maimonides und die jüdischen Denker des Mittelalters verstehen: das ephemere Einssein des menschlichen Geistes mit Gott und das Einfließen des *handelnden Intellekts* der Philosophen aus der Einzelseele."[51]

Sehr wahrscheinlich wurden das posthume Ansehen und der Einfluß Abulafias entscheidend begrenzt durch das Buch „*Sefer Ha-Zohar*-Buch des Glanzes", das im Jahre 1275 in Spanien erschien. Dies gewaltige Werk (es umfaßt in der aramäischen Ausgabe von Mantua fast tausend Seiten) erlebte in der Geschichte der Kabbala einen Erfolg ohnegleichen. Es war der einzige Text, der als kanonisches Buch angesehen und über Jahrhunderte hinweg der Bibel und dem Talmud gleichgestellt wurde. Der Text ist pseudepigraphisch geschrieben und beinhaltet die theologischen und didaktischen Gespräche des berühmten Rabbi Simon ben Jochai (2. Jahrhundert) mit seinen Freunden und Schülern. Über lange Zeit hielten die Gelehrten das „Buch des Glanzes" für eine Zusammenstellung von Texten verschiedenen Ursprungs, von denen manche auf Ideen von Simon ben Jochai zurück-

---

[49] *Ders.*, Major Trends 139.
[50] Scholem übersetzte die detailgetreue Beschreibung einer solchen Erfahrung eines unbekannten Schülers in Palästina 1295 (ebd. 143–155).
[51] *G. Casaril*, Rabbi Siméon Bar Yochai et la cabbale 72. „Die fast ins Häretische führende Originalität von Abulafia besteht darin, die prophetische Vision (die der Tradition zufolge immer von Gott abhängt) und die *devekûth*, die Anhängerschaft zu Gott allein durch den menschlichen Willen und allein durch die menschliche Liebe miteinander verbunden und damit behauptet zu haben, die Vision des Propheten könne durch jede fromme und ernste Mystik willentlich vorbereitet und hervorgerufen werden."

gingen. Gershom Scholem aber hat gezeigt, daß der kabbalistische Spanier Moses de León Autor dieses „mystischen Romanes" ist[52].

Nach Scholem stelle der *Zohar* die jüdische Theosophie dar, also eine mystische Lehre, deren Hauptziel die Erkenntnis und Beschreibung der geheimnisvollen Werke der Gottheit ist. Der verborgene Gott wird mit Fähigkeiten und Attributen versehen. Der *Zohar* und die Kabbalisten nennen ihn *'Ēn-Sōf*, das Unendliche. Obgleich aber der verborgene Gott überall im Universum handelt, manifestiert er sich in gewissen Attributen, die ihrerseits verschiedene Aspekte der göttlichen Natur zeigen. Den Kabbalisten zufolge gibt es zehn Potenzen Gottes, die zugleich die zehn Sphären des innergöttlichen Prozesses sind. Die Namen dieser zehn *Sephīrōth* spiegeln die unterschiedlichen göttlichen Manifestationen[53]. Zusammen bilden die *Sephīrōth* das „geistige Universum" des göttlichen Lebens. Sie werden als Baum (der mystische Baum Gottes) oder als Mensch (*adam kadmon* – der erste Mensch) vorgestellt. Neben dieser organischen Symbolik verwendet der *Zohar* auch die Sprachsymbolik, die Namen, die Gott sich selbst gegeben hat.

Die Schöpfung fand in Gott statt. Sie ist die Bewegung des verborgenen *'Ēn-Sōf*, die von der Ruhe zur Kosmogonie und zur Selbstenthüllung führt. Diese Handlung verändert *'Ēn-Sōf*, die unaussprechliche Fülle, in das mystische „Nichts", aus dem die zehn *Sephīrōth* hervorgehen. Im *Zohar* wird die Umformung des Nichts in das Sein durch das Symbol des ersten Punktes ausgedrückt[54]. Ein Absatz (I, 240 b) behauptet, die Schöpfung habe auf zwei Ebenen stattgefunden, „einer höheren und einer niedrigern", der Welt der *Sephīrōth* und der sichtbaren Welt. Die Selbstenthüllung Gottes und seine Entfaltung im Leben der *Sephīrōth* stellen eine Theogonie dar. „Theogonie und Kosmogonie sind keine unterschiedlichen Akte der Schöpfung, sondern zwei Aspekte derselben Handlung"[55]. Im Ursprung bildeten alle Dinge ein großes Alles, und das Leben des Schöpfers war Leben seiner Kreaturen. Nach dem Sündenfall wurde Gott „transzendent"[56].

Eine der bedeutendsten Neuerungen der Kabbalisten war die Idee der Einheit Gottes mit der *Schechina:* dieser *hieros gamos* bildet die wahre Einheit Gottes. Dem *Zohar* zufolge war zu Anfang die Einheit ständig und un-

---

[52] Vgl. *Scholem*, Major Trends 157–204.
[53] Die Weisheit Gottes *(hochmā)*, der Verstand Gottes *(bīnā)*, die Liebe oder das Mitleid Gottes *(hesed)* usw. Die zehnte *Sephīrā* ist *Malkūt*, das Reich Gottes, das allgemein im *Zohar* als mystischer Archetyp der Gemeinschaft Israels beschrieben wird, oder als *Schechinā* (vgl. *Scholem*, ebd. 212f). Über die *Sephiroth* in dem *Sefer Jezira* siehe weiter oben.
[54] *Hochmā*, die zehnte *Sephīrā*, wird mit der Weisheit Gottes gleichgesetzt. In der dritten *Sephīrā* wird der „Punkt" ein „Schloß" oder eine „Konstruktion". Dies bedeutet die Weltenschöpfung. *Bīnā*, der Name dieser *Sephīrā*, bedeutet nicht nur „Verstand", sondern auch „Unterscheidungsvermögen" (vgl. *Scholem*, ebd. 219ff).
[55] *Scholem*, ebd. 223. Diese Lehre wurde hauptsächlich von Mose de León erarbeitet.
[56] *Scholem*, ebd. 224. Diese Idee ist auch schon bei den „Primitiven" belegt (vgl. *M. Eliade*, Mythen, Träume und Mysterien 80ff).

unterbrochen. Die Sünde Adams aber bewirkte einen Stillstand des *hieros gamos* und folglich das „Exil der *Schechina*". „Erst wenn in der Erlösung die ursprüngliche Harmonie wiederhergestellt sein wird, wird Gott eins sein und ein Name."[57]

Wie bereits dargestellt, führte die Kabbala in das Judentum verschiedene Ideen und Mythen ein, die mit der kosmischen Religiosität in Verbindung stehen. Zur Heiligung des Lebens durch die Arbeit und zu den Riten, die der Talmud vorschreibt, fügten die Kabbalisten eine mythologische Wertung der Natur und des Menschen hinzu, ferner die Bedeutung der mystischen Erfahrung und schließlich auch Themen gnostischen Ursprungs. Hieraus läßt sich eine Öffnung ableiten und ein Mühen um Neubesetzung mit Wert – auch eine Sehnsucht nach einem religiösen Universum, in dem das Alte Testament und der Talmud mit der kosmischen Religiosität, dem Gnostizismus und der Mystik zusammenleben können. Man kann in diesem Phänomen der Öffnung eine Parallele zum unversalistischen Ideal mancher hermetischen Philosophen der italienischen Renaissance sehen.

290. Isaak Luria und die neue Kabbala

Eine der Folgen der Judenvertreibungen aus Spanien im Jahre 1492 war die Wandlung der Kabbala: aus einer esoterischen Lehre wurde eine populäre Anschauung. Bis zur Katastrophe von 1492 konzentrierten sich die Kabbalisten mehr auf die Schöpfung als auf die Erlösung, denn der, der die Weltgeschichte und die Geschichte des Menschen kennt, kann vielleicht zu der ursprünglichen Vollkommenheit zurückkehren[58]. Im Gefolge der Vertreibung erfaßte aber das Pathos des Messianismus die neue Kabbala. „Beginn" und „Ende" wurden zusammengesehen. Die Katastrophe bekam einen Erlösungswert, denn sie zeigte die Leiden auf, die zu Beginn der messianischen Ära auftreten (vgl. § 203). Von nun an wurde das Leben als Existenz im Exil aufgefaßt, und die Leiden des Exils erklärte man mittels einiger kühner Theorien über Gott und die Menschen.

In der neuen Kabbala sind der Tod, die Reue und die Auferstehung die drei bestimmenden Elemente, die in der Lage sind, den Menschen zu einer

---

[57] *Scholem,* Major Trends 232. Wie Scholem bemerkt (ebd. 235), suchten die Kabbalisten das Geheimnis der Geschlechtlichkeit in Gott selbst. Eine andere Eigentümlichkeit des *Zohar* besteht in der Interpretation des Bösen als einer Manifestation oder *Sephirā* Gottes. (*Scholem,* ebd. 237f, weist auf die Parallele mit der Konzeption Jakob Böhmes hin.) Die Idee der Seelenwanderung, die gnostischen Ursprungs ist, wird zum erstenmal im Buch *Bahir* belegt (ebd. 241f), sie wurde aber mit dem Erfolg der „neuen Kabbala" von Safed im 16. Jahrhundert volkstümlich (vgl. *ders.,* The Messianic Idea in Kabbalism, 46 ff).

[58] *Ders.,* Major Trends 244 ff. Es ist zu bemerken, daß manche Kabbalisten schon lange vor 1492 dieses Katastrophenjahr als Jahr der Erlösung proklamiert hatten. Die Vertreibung aus Spanien machte deutlich, daß die Erlösung sowohl Befreiung als auch Katastrophe bedeutete (ebd. 246).

glücklichen Einheit mit Gott zu führen. Die Menschheit ist nicht nur durch ihre eigene Verderbtheit, sondern auch durch die der Welt bedroht. Letztere entstand durch den ersten Bruch in der Schöpfung, als Subjekt und Objekt sich trennten. Die Propaganda der Kabbalisten erlangte große Verbreitung, als sie auf den Tod und die Wiedergeburt (die man sich als eine Wiederauferstehung im Fleische oder eine geistige Wiederauferstehung in Folge der Reue vorstellte) abzielte. Hierdurch war einem neuen Messianismus der Weg geebnet[59]. Etwa 40 Jahre nach der Vertreibung aus Spanien wurde Safed, eine Stadt in Galiläa, das Zentrum der neuen Kabbala. Aber schon vor dieser Zeit galt Safed als geistiges Zentrum. Unter den bedeutendsten geistigen Lehrmeistern sei hier Joseph Karo (1488–1575), der Autor des sehr bedeutenden Abrisses über die rabbinische Orthodoxie, genannt. Er schrieb auch ein eigenartiges und engagiertes *Tagebuch,* in dem er seine ekstatischen Erfahrungen niederlegte, die durch einen *Maggīd,* einen Engelsbotschafter der himmlischen Mächte, inspiriert waren. Das Beispiel Karos ist besonders instruktiv: es zeigt die Möglichkeit, rabbinische Bildung *(halacha)* und mystische Erfahrung der Kabbala miteinander zu vereinen. In der Tat fand Karo in der Kabbala sowohl die theoretischen Fundamente als auch die praktische Methode, zur Ekstase und damit zur Gegenwart des *Maggīd* zu gelangen[60].

Die bemerkenswertesten Vertreter der neuen Kabbala, die ihren Siegeszug in Safed einleitete, waren Mose Cordoveno (1522–1570) und Isaak Luria. Ersterer, ein starker und systematischer Denker, erstellte eine persönliche Interpretation der Kabbala, speziell des *Zohar.* Sein Werk ist erstaunlich, obgleich er, als er im Jahre 1572 im Alter von 38 Jahren starb, nichts Geschriebenes hinterließ. Sein System ist durch die Notizen und Bücher seiner Schüler bekannt geworden, hauptsächlich aber durch eine gewaltige Abhandlung von Chajim Vital (1543–1620). Nach den Aussagen aller Zeitgenossen war Isaak Luria ein Seher, der über eine sehr reiche und einzigartig vielfältige ekstatische Erfahrung verfügte. Seine Theologie gründet in der Lehre vom *Zimzum.* Dies bedeutet ursprünglich „Konzentration" oder „Kontraktion", die Kabbalisten aber verwendeten den Ausdruck im Sinne von „Zurückziehen". Nach Luria wurde die Existenz des Universums durch einen Kontraktionsakt Gottes möglich. Denn: wie kann es eine Welt geben, wenn Gott überall ist? „Wie kann Gott die Welt *ex nihilo* schaffen, wenn es kein Nichts gibt?" Denn: „Gott wurde gezwungen, einen Platz für die Welt zu schaffen, wobei er sozusagen einen Raum in

---

[59] Die Schrecken des Exils wurden durch die Idee der Metempsychose aufgewertet. Das traurigste Schicksal der Seele war es, verworfen oder entkleidet zu werden, in einen Zustand zu gelangen, der die Reinkarnation ausschloß und in die Hölle führte (ebd. 250).
[60] Siehe *R. J. Z. Werblowsky,* Joseph Karo, Lawyer and Mystic 165 ff; bezüglich des *Maggīd*s. ebd. 257 f; s. auch Kapitel IV: Spiritual Life in Sixteenth-century Safed: Mystical and Magical contemplation.

sich selbst aufgab, eine Art mystischen Raum, aus dem er sich zurückzog und der Offenbarung widmen konnte."[61] So war die erste Handlung des unendlichen Seins *('Ēn-Sōf)* nicht eine Bewegung *nach außen,* sondern ein *Rückzug* auf sich selbst. Gershom Scholem bemerkt (ebd. 261), daß *Zimzum* das tiefgreifende Symbol des Exils ist. Man kann es als das Exil Gottes in sich selbst auffassen. Erst in einer zweiten Bewegung sandte Gott einen Lichtstrahl aus und begann seine Schöpfungsoffenbarung[62].

Vor der Kontraktion gab es in Gott nicht nur die Liebe und das Mitleid, sondern auch die göttliche Strenge, die die Kabbalisten *Dīn* (Gericht) nennen. Indes wird *Dīn* manifest und feststellbar durch *Zimzum,* denn letzteres bedeutet nicht nur einen Akt der Negation und der Begrenzung, sondern auch ein „Gericht". Im Schöpfungsprozeß unterscheidet man zwei Richtungen, Fließen und Zurückströmen („Ausgang" und „Rückkehr" nach dem kabbalistischen Lexikon). Ganz wie der menschliche Organismus, so bildet die Schöpfung ein gigantisches System des göttlichen Ein- und Ausatmens. Der Tradition des *Zohar* folgend, faßt Luria die Kosmogonie als einen in Gott stattfindenden Akt auf. Tatsächlich bleibt eine Spur des göttlichen Lichts in dem ersten Raum, der durch das *Zimzum* geschaffen ist[63].

Diese Lehre wird von zwei sowohl tiefgreifenden als auch kühnen Theorien vervollständigt: den „Bruch der Gefäße" *(schebirath ha-kelim)* und das *Tikkun,* einen Ausdruck, der die Beseitigung eines Mangels in der Restitution bezeichnet. Das Licht, das ständig aus den Augen von 'Ēn-Sōf ausströmt, wird in den Gefäßen, die dem *Sephīrōth* entsprechen, aufgefangen und bewahrt. Wenn aber die Zeit der letzten sechs *Sephīrōth* gekommen ist, bricht das göttliche Licht in einem einzigen Blitz hervor und die Gefäße zerspringen in Scherben. So erklärt Luria einerseits die Vermischung des Lichts der *Sephīrōth* mit den „Schalen" *(kelipōth),* das heißt, den Kräften des Bösen, die „in der Tiefe des großen Abgrundes" ruhen, und andererseits die Notwendigkeit, die Bestandteile der *Sephīrōth* zu reinigen, die Schalen zu beseitigen, um ein vom Übel getrenntes Sein zu erreichen[64].

Tikkun, die Restitution, eine Neuschaffung des urzeitlichen Alls, ist das geheime Ziel der menschlichen Existenz, mit anderen Worten, das Heil. Scholem schreibt: „Diese Teile der Kabbala von Luria stellen den größten Sieg des menschlichen Denkens, der jemals in der Geschichte der jüdischen Mystik auftrat, dar" (ebd. 268). Tatsächlich stellt man sich den Menschen

---

[61] *Scholem,* Major Trends 261.
[62] Nach J. Emden (zitiert bei *Scholem,* ebd. 262) ist das Paradoxon des *Zimzum* der einzige ernsthafte Versuch, die Idee der *Creatio ex Nihilo* auszudrücken. Zudem setzte die Konzeption des *Zimzum* einen Schlußstrich unter die pantheistischen Tendenzen, die die Kabbala hauptsächlich in der Renaissance zu beeinflussen suchten.
[63] Die Idee erinnert an das System des Basilides *Scholem,* Major Trends 264; Vgl. dieses Werk. Bd. II, 320 f.
[64] *Scholem,* Major Trends 267, 280, unterstreicht die gnostischen und manichäischen Gedanken (Lichtteilchen, die auf die Erde verstreut sind) in dieser Lehre. Vgl. Bd. II, §§ 252 f.

als einen *Mikrokosmos*, den lebendigen Gott aber als einen *Makrokosmos* vor. Luria kommt so in gewisser Weise zum Mythos eines Gottes, der sich selbst das Leben gibt[65]. Mehr noch: der Mensch spielt bei der endgültigen Restitution eine bestimmte Rolle, er ist es, der die Inthronisation Gottes in seinem himmlischen Reich vollendet. *Tikkun*, das symbolisch als ein Ausströmen der Person Gottes verstanden wird, entspricht dem historischen Ablauf. Das Erscheinen des Messias ist die Erfüllung von *Tikkun* (ebd. 274). Mystische und messianische Elemente sind miteinander verschmolzen.

Die Vollendung des Menschen wird von Luria und den Kabbalisten aus Safed (hauptsächlich Chajim Vital) mit der Lehre der Seelenwanderung *(gilgūl)* verbunden. Dies unterstreicht die Bedeutung des Menschen im Universum. Jede Seele erlangt ihre Individualität wieder im Moment der geistigen Restitution. Die Seelen, die ihre Mission erfüllt haben, erwarten ihren geweihten Platz, ihre Integration in Adam, sobald die allgemeine Restitution stattfindet. So ist also die wahre Geschichte der Welt die der Wandlungen und der Wechselbeziehungen zwischen den Seelen. Die Seelenwanderung *(gilgūl)* stellt ein Element in dem Vorgang der Wiederherstellung *(tikkun)* dar. Die Dauer dieses Vorgangs kann durch gewisse religiöse Handlungen (Ritus, Buße, Gebet, Meditation) verkürzt werden[66]. Hier sei darauf hingewiesen, daß die Vorstellung von *Gilgūl* nach 1550 ein integrierter Bestandteil in den volkstümlichen Glaubensvorstellungen der religiösen Folklore der Juden wurde. „Im Judentum war die Kabbala des Luria die letzte religiöse Bewegung, die in allen jüdischen Gruppen und ausnahmslos in allen Ländern der Diaspora vorherrschend war. Es war die letzte Bewegung in der Geschichte des rabbinischen Judentums, die eine religiöse Wahrheit für das ganze jüdische Volk ausgedrückt hatte. Für einen Philosophen der jüdischen Geschichte mag es überraschend erscheinen, daß eine Lehre, die ein solches Ergebnis zeitigte, zutiefst dem Gnostizismus verwandt war. Aber so sind die dialektischen Schritte der Geschichte."[67]

Hier sei noch hinzugefügt, daß die beachtlichen Erfolge der neuen Kabbala noch einmal einen dem jüdischen religiösen Genie eigentümlichen Zug aufweist: die Fähigkeit, sich unter Annahme fremder Elemente zu erneuern, ohne aber die Grundstrukturen des rabbinischen Judentums zu verlassen. Darüber hinaus wurden in der neuen Kabbala den Nichteingeweihten viele esoterische Vorstellungen zugänglich gemacht und damit populär. Dies war der Fall bei der Seelenwanderung.

---

[65] Für Luria war *'Ēn-Sōf* von geringem Interesse: vgl. *Scholem,* Major Trends 271.
[66] Ebd. 281 f. Das mystische Gebet erwies sich als ein wesentliches Element der Erlösung. Lehre und Praxis des mystischen Gebetes stellten den esoterischen Teil der Kabbala des Luria dar (ebd. 276 ff).
[67] Ebd. 285 f.

291. Der abtrünnige Erlöser

Eine grandiose, wenn auch bald gescheiterte messianische Bewegung entstand im September 1665 in Smyrna: vor einer begeistert tobenden Menge proklamierte sich Sabbatai Zwi (1626–1676) zum Messias Israels. Gerüchte über seine Person und seine göttliche Mission kursierten schon einige Zeit zuvor, es ist aber einzig und allein seinem Jünger Nathan aus Gaza (1644–1680) zu verdanken, daß Sabbatai Zwi als Messias anerkannt wurde. Sabbatai Zwi litt zeitenweise unter exzessiven Phasen von Depressionen, auf die solche großer Freuden folgten. Als er erfuhr, daß der erleuchtete Nathan aus Gaza „alle Mysterien seines Herzens" aufdeckte, begab sich Sabbatai Zwi zu ihm in der Hoffnung, geheilt zu werden. Nathan, der in Ekstase scheinbar gesehen hatte, daß es sich um den Messias handelte, überzeugte Sabbatai Zwi schließlich davon. Es war auch immer dieser außergewöhnlich begabte Jünger, der die Theologie der Bewegung organisierte und für die Verbreitung sorgte. Sabbatai hat nichts geschrieben, man erkennt ihm auch keine eigenständige Botschaft zu und weiß um keine seiner Reden.

Die Neuigkeit der Ankunft des Messias rief in der ganzen jüdischen Welt eine überschäumende Begeisterung hervor. Sechs Monate nach seiner Proklamation begab sich Sabbatai nach Konstantinopel, vielleicht um dort die Muslime zu bekehren. Er wurde aber von Mustafa Pascha gefangengesetzt (am 6. Februar 1666). Er schwor, um dem Martyrium zu entgehen, dem Judentum ab und trat zum Islam über[68]. Aber weder die Apostasie des „Messias" noch sein Tod 11 Jahre später hielten die religiöse Bewegung auf, die er ins Leben gerufen hatte[69].

Der Sabbatianismus stellt die erste ernsthafte Abweichung im Judentum seit dem Mittelalter dar, die erste der mystischen Ideen, die direkt zu einer Aufweichung der Orthodoxie führte. Letztlich ermutigte diese Häresie eine gewisse religiöse Anarchie. Anfänglich wurde der apostatische Messias öffentlich propagiert. Als später die „triumphale Rückkehr von Sabbatai Zwi aus den Sphären des Unreinen" bekannt wurde, wurde die Propaganda geheim.

Die Verehrung des apostatischen Messias, die für das jüdische Denken ein scheußliches Sakrileg war, wurde als das tiefste und widersprüchlichste aller Mysterien gedeutet und gefeiert. Schon 1667 behauptete Nathan aus Gaza, daß „die fremdartigen Handlungen von Sabbatai Zwi gerade ein Beweis der Richtigkeit seiner messianischen Mission seien". Denn: „wenn er nicht der Messias wäre, so würden solche Verirrungen bei ihm nicht vorkommen." Die wirklichen Erlösungshandlungen sind solche, die den größ-

---
[68] Siehe ebd. 286–324; *ders.*, Sabbatai Sevi, The Mystical Messiah 103–460.
[69] Siehe *ders.*, Sabbatai Sevi 461–929.

ten Skandal bewirken[70]. Dem sabbatinischen Theologen Abraham Michael Cardoso (gest. 1706) zufolge ist einzig und allein die Seele des Messias in der Lage, ein solches Opfer zu bringen, das heißt, in den tiefsten Abgrund zu steigen[71]. Um seine Mission zu erfüllen und die letzten göttlichen Funken, die Gefangene der Mächte des Bösen sind, zu befreien, muß der Messias sich durch seine eigenen Handlungen selbst verdammen. Aus diesem Grund sind die traditionellen Werte der Tora ab jetzt nicht mehr gültig[72].

Unter den Anhängern des Sabbatianismus kann man zwei weitere Richtungen unterscheiden: die gemäßigten und die radikalen. Die ersteren zweifelten nicht an der Authentizität des Messias, denn Gott könnte sein Volk nicht so rücksichtslos täuschen. Das mystische Paradoxon des apostatischen Messias stelle aber kein Modell dar, dem man folgen könne. Die Radikalen dachten anders: genau wie der Messias müsse der Gläubige in die Hölle steigen, denn das Böse müsse mit dem Bösen bekämpft werden. In gewisser Hinsicht weist man dem Bösen eine soteriologische Funktion zu. Einige radikale Sabbatianisten meinten, daß jede sichtbar unreine und schlechte Tat den Kontakt des Geistes mit dem Heil knüpfe. Anderen zufolge ist, nachem die Sünde Adams aufgehoben wurde, derjenige, der das Böse tut, in den Augen Gottes tugendhaft. Wie der in die Erde gesäte Same muß die *Tora* verwesen, um Frucht zu tragen, das heißt, um den messianischen Ruhm hervorzubringen. Alles ist erlaubt, auch sexuelle Unmoral[73]. Der dunkelste Sabbatinist, Jakob Frank (gest. 1791) gelangt nach Scholem zu einer *Mystik des Nihilismus*. Manche seiner Schüler haben ihren Nihilismus in verschiedenen politischen Aktionen revolutionärer Natur in die Tat umgesetzt.

In der Geschichte der Kabbala, bemerkt Scholem, sei das Auftauchen von neuen Ideen und Interpretationen von der Gewißheit um das Weltende begleitet gewesen. Die tiefsten Mysterien der Gottheit, die während der Zeit des Exils verborgen waren, würden sich an der Schwelle zu diesem neuen Zeitalter enthüllen[74].

---

[70] Vgl. *ders.*, Major Trends 314; *ders.*, Sabbatai Sevi 800 ff.

[71] Zitiert bei *dems.*, Major Trends 310; s. auch *ders.*, Sabbatai Sevi 614 f. Nathan aus Gaza behauptete, daß sich die Seele des Messias seit dem Anfang der Welt gefangen in dem großen Abgrund befindet (vgl. *ders.*, Major Trends 297 f). Die Idee ist gnostischer Struktur (hauptsächlich bei den Ophiten belegt); im Kern findet sie sich auch im *Zohar* und den lurianischen Schriften (ebd.).

[72] Für Abraham Perez sind die Gesetzestreuen die Sünder (vgl. ebd. 212).

[73] Ebd. 316. Orgiastische Praktiken, die denen der Karpokratianer gleichen, die in den Jahren 1700–1760 bezeugt sind.

[74] Ebd. 320. Die notwendige Apostasie des Messias ist ein neuer Ausdruck des gnostischen Dualismus, der hauptsächlich im Gegensatz zwischen dem verborgenen, transzendenten Gott und dem Schöpfergott besteht (ebd. 322 f).

292. Der Chassidismus

Es mag vielleicht paradox erscheinen, daß die letzte mystische Bewegung, der Chassidismus, in Podolien und Wolhynien aufkam, in Gegenden, in denen der apostatische Messias einen tiefgreifenden Einfluß ausgeübt hatte. Der Gründer der Bewegung, Rabbi Baal Schem Tob (der „Meister des guten Namens", abgekürzt Bescht) war sehr wahrscheinlich mit dem gemäßigten Sabbatianismus vertraut[75]. Aber er neutralisierte die messianischen Elemente des Sabbatianismus, wie er auch auf die Exklusivität einer eingeweihten Geheimbruderschaft, die für die traditionelle Kabbala charakteristisch ist, verzichtete. Bescht (um 1700–1760) mühte sich, die geistigen Entdeckungen der Kabbala der Menge zugänglich zu machen. Eine solche Popularisierung der Kabbala – die schon Isaak Luria begonnen hatte – sicherte dem Mystizismus eine soziale Funktion zu.

Der Erfolg des Unterfangens war groß und anhaltend. Die ersten 50 Jahre nach dem Tode von Baal Schem Tob – von 1760 bis 1810 – bildeten die heroische und schöpferische Periode des Chassidismus. Eine stattliche Zahl Mystiker und Heiliger trugen dazu bei, religiöse Werte, die im offiziellen Judentum versteinert worden waren, wieder gültig zu machen[76]. Tatsächlich entstand so ein neuer Typus des religiösen Führers: an die Stelle des gebildeten Talmudisten oder des Eingeweihten der klassischen Kabbala trat der „Pneumatiker", der Erleuchtete, der Prophet. Der *Zaddīq* (der „Gerechte"), also der geistige Führer, wurde das Vorbild schlechthin. Die Auslegungen der *Tora* und die Esoterik der Kabbala verloren ihre Vorrangstellung. Die Tugenden und der Lebenswandel des *Zaddīq* inspirierten seine Schüler und Gläubigen. Hierdurch ist die soziale Bedeutung der Bewegung ersichtlich. Die *Existenz* des Heiligen bedeutete für die ganze Gemeinde den Beweis dafür, daß es möglich ist, das höchste religiöse Ziel Israels zu verwirklichen. Bedeutsam ist die *Person* des Meisters, nicht die Lehre. Ein berühmter *Zaddīq* sagte: „Ich bin nicht zum Maggīd von Meseritz (Rabbi Bär) gegangen, um die *Tora* zu lernen, sondern um zu sehen, wie er seine Schuhbänder knüpft."[77]

Trotz gewisser Erneuerungen im Ritual bewegte sich diese Erneuerungsbewegung im Rahmen des traditionellen Judentums. Aber das öffentliche Gebet der Chassidim wurde durch emotionale Elemente bereichert: Gesänge, Tänze, Enthusiasmus, Freudenausbrüche. Die ungewohnte Emotionalität, die zuweilen an das fremdartige Gebaren einiger Meister anknüpfte, verblüffte die Gegner des Chassidismus[78]. Kurz nach 1810 aber

---

[75] Siehe die Argumentation bei *Scholem*, ebd. 331 f.   [76] Ebd. 336 f.
[77] Zit. ebd. 344. In der Tat besteht der höchste Anspruch des *Zaddīq* nicht darin, die Tora möglichst streng auszulegen, sondern selbst die Tora zu werden.
[78] Der berühmteste war Rabbi Elija, *Gaon* von Wilna, der im Jahre 1772 eine systematische Verfolgung dieser Bewegung leitete (*Scholem*, ebd. 346).

verloren die emotionalen Exzesse ihre Bedeutung, und die Chassidim begannen, die Bedeutung der rabbinischen Tradition wieder anzuerkennen.

Gershom Scholem hat gezeigt, daß der Chassidismus selbst in der späten und überzogenen Form des Zaddiquismus keine neue mystische Idee gebracht hat[79]. Sein bedeutsamster Beitrag zur Geschichte des Judentums besteht in den zugleich simplen und gewagten Mitteln, mit denen die Heiligen und die Meister des Chassidismus die Erfahrung einer inneren Erneuerung populär und zugänglich machten. Die Schriften der Chassidim, die in der Übersetzung von Martin Buber bekannt geworden sind, stellen die bedeutendste Schöpfung der Bewegung dar. Die Darbietung von Handlungen und Reden, die von den Heiligen getan und gehalten wurden, besitzen rituellen Wert. Der Erzählung kam ihre ursprüngliche Funktion wieder zu, hauptsächlich mythische Zeiten wiederaufleben zu lassen und die übernatürlichen oder der Fabel entstammenden Personen gegenwärtig zu machen. Denn die Heiligenviten und die der *Zaddīqīm* quellen von legendenhaften Episoden geradezu über, in denen sich gewisse magische Praktiken spiegeln. Gegen Ende der Geschichte der jüdischen Mystik nähern sich diese beiden Tendenzen – Mystik und Magie – einander und existieren zusammen wie zu Beginn[80].

Es sei hinzugefügt, daß solche Phänomene auch anderswo anzutreffen sind, zum Beispiel im Hinduismus oder im Islam, wo das Vorlesen der Asketenlegenden und der Legenden der berühmten Yogin oder Episoden verschiedener Epen eine beachtliche Rolle spielen. Hier ist auch die religiöse Funktion der mündlichen Überlieferung, zu allererst der *Erzählung* von legendenhaften oder beispielgebenden Geschichten zu erkennen. Frappierend ist auch die Analogie zwischen dem *Zaddīq* und dem *Guru*, dem spirituellen Meister im Hinduismus, der zuweilen von seinen Anhängern vergöttlicht wird: *gurudev*. In seiner extremen Form kannte der Zaddiquismus gewisse Verirrungen, bei denen der *Zaddīq* Opfer seiner eigenen Macht wurde. Dasselbe Phänomen ist für Indien von der Zeit der Veden bis in die Gegenwart bezeugt. Erinnern wir uns also, daß die Koexistenz der beiden Tendenzen (Mystik und Magie) auch die Religionsgeschichte Indiens charakterisiert.

---

[79] Ebd. 338 ff. Die einzige Ausnahme besteht in der von Rabbi Schne'ur-Salman von Ladi (in der Ukraine) gegründeten Schule, die sich *Habad* nannte – eine Abkürzung gebildet aus: *Hochma, Bīnā, Dáath* – den ersten drei *Sephirōth* (vgl. ebd. 340 ff; s. auch die Lettre aux hassidim sur l'extase von Dow Baer aus Lubanice, dem Sohn von Rabbi Schne'ur [1773–1827]).
[80] *Scholem,* Major Trends 349.

SIEBENUNDDREISSIGSTES KAPITEL

Religiöse Bewegungen in Europa: Vom frühen Mittelalter bis zum Vorabend der Reformation

293. Die dualistische Häresie im Byzantinischen Reich: der Bogomilismus

Seit dem 10. Jahrhundert hatten weltliche und kirchliche Beobachter aus Byzanz in Bulgarien das Aufkommen einer sektiererischen Bewegung, des Bogomilismus, festgestellt. Der Gründer war ein Dorfpriester, Bogomil („der, der von Gott geliebt wird"), von dem wir nur seinen Namen kennen. Um das Jahr 930 scheint er begonnen zu haben, die Armut zu predigen, die Demut, die Buße und das Gebet, denn nach Bogomil ist diese Welt schlecht und wurde von Satan geschaffen (einem Bruder Christi und Sohn Gottes), der der „böse Gott" des Alten Testamentes sei[1]. Sakramente, Ikonen und Zeremonien der orthodoxen Kirche sind eitel, denn sie sind das Werk des Teufels. Das Kreuz sei zu verabscheuen, denn an einem Kreuz wurde Christus gefoltert und zu Tode gebracht. Das einzige gültige Gebet ist das *Vaterunser*, das er je viermal des Tags und während der Nacht sprach.

Die Bogomilen aßen kein Fleisch, tranken keinen Wein und hielten die Ehe für unerwünscht. Ihre Gemeinschaft kannte keine Hierarchie. Männer und Frauen beichteten und empfingen die Absolution untereinander. Sie kritisierten die Reichen, verdammten den Adel und ermutigten das Volk zum Ungehorsam und passivem Widerstand gegenüber seinen Herren. Der Erfolg der Bewegung erklärt sich aus der Hingabe des Volkes, das durch den Pomp der Kirche und der Unwürdigkeit der Priester enttäuscht war, aber auch aus dem Haß der bulgarischen Bauern gegen die Besitzenden und gegen die byzantinischen Beamten; denn die Bauern waren arm und zur Knechtschaft gezwungen[2].

Nach der Eroberung Bulgariens (1018) durch Basileus II. ließen sich zahlreiche bulgarische Adelige in Konstantinopel nieder. Der Bogomilis-

---

[1] Es ist wahrscheinlich, daß Bogomil einige dualistische Ideen kannte, die von den Paulicianern und den Messalianern verbreitet waren. Diese waren Häretiker Kleinasiens (6.–10. Jahrhundert). Eine knappe Darstellung findet sich bei *S. Runciman*, Le manichéisme médiéval 30ff.
[2] Siehe das jüngst erschienene Werk von *R. Browning*, Byzantium and Bulgaria 163ff. Eine

mus wurde von einigen Adelsgeschlechtern und byzantinischen Mönchen übernommen und begründete seine Theologie. Dies geschah aber vermutlich nach theologischen Auseinandersetzungen, die die Spaltung der Sekte hervorriefen. Diejenigen, welche die Autonomie Satans aufrechterhielten und behaupteten, daß es sich um einen ewigen Gott handele, der allmächtig sei, gruppierten sich um die Kirche von Dragovitsa (Name eines Ortes an der Grenze zwischen Thrakien und Mazedonien). Die ursprünglichen Bogomilen, die Satan als einen gefallenen Sohn Gottes ansahen, behielten den alten Namen der „Bulgaren". Wenngleich die Dragovitsier den absoluten Dualismus und die Bulgaren einen gemäßigten verkündigten, tolerierten sich die beiden Kirchen gegenseitig, denn zu dieser Zeit erfuhr der Bogomilismus einen neuen Aufschwung. In Byzanz, Kleinasien und in Dalmatien bildeten sich Gemeinschaften, und die Zahl der Gläubigen nahm zu. Man unterschied zwei Kategorien: die Priester und die Gläubigen. Gebet und Fastenzeit wurde verstärkt, die Zeremonien zahlreicher und länger. „Gegen Ende des 12. Jahrhunderts wurde die bäuerliche Bewegung aus dem 10. Jahrhundert eine Sekte mit mönchischen Regeln und spekulativer Unterweisung, in der das Zerwürfnis zwischen dem Dualismus und dem Christentum mehr und mehr spürbar wurde."[3]

Als sich der Widerstand seit Beginn des 12. Jahrhunderts organisierte, entfalteten sich die Bogomilen im Norden des Balkans, und ihre Missionare wandten sich nach Dalmatien, Italien und Frankreich. Indes gelang es dem Bogomilismus gelegentlich, offiziell anerkannt zu werden. So zum Beipiel in Bulgarien in der ersten Hälfte des 13. Jahrhunderts. In Bosnien wurde er Staatsreligion unter dem *Ban* (dem „Herrn") Kulin (1180–1214). Im 14. Jahrhundert aber verlor diese Sekte an Einfluß, und nach der ottomanischen Besetzung Bulgariens und Bosniens (1393) trat die Mehrzahl der Bogomilen zum Islam über[4].

Auf das Schicksal des Bogomilismus im Westen werden wir weiter unten zurückkommen. Erwähnt sei, daß in Südosteuropa manche Auffassungen des Bogomilismus durch die *Apokryphen* überliefert wurden und in der Tradition des Volkes noch fortleben. In Osteuropa waren viele apokryphe Schriften unter dem Namen des bogomilischen Priesters Jeremias im Umlauf[5], aber keiner dieser Texte wurde von ihm geschrieben. So leitet sich *Das Holz des Kreuzes,* dessen Thematik während des Mittelalters in ganz

---

Parallele besteht in dem Kreuzzug gegen die Albigenser, in dem sich das Verlangen der Herren des Nordens nach dem Reichtum der Adeligen des Mittelmeerraumes ausdrückt.

[3] *A. Borst,* Die Katharer (Stuttgart 1953) 63; s. auch die Quellen in den Fußnoten.

[4] Die Geschichte der Bewegung ist von *S. Runciman,* a.a.O. 61 ff, dargelegt. *Obolensky,* The Bogomils 120 ff. Über das Fortbestehen bogomilischer Gruppen im Balkan und in Rumänien bis zum 17. Jahrhundert s. *N. Cartojan,* Cărțile populare I, 46 ff; *R. Theodorescu,* Byzanț, Balcani, Occident 241 ff.

[5] *S. Runciman,* a.a.O. 76 ff; *E. Turdeanu,* Apocryphes bogomiles et apocryphes pseudo-bogomiles.

Europa bekannt war, vom *Evangelium des Nikodemus* her, einem Werk gnostischen Ursprungs. Das Thema eines anderen apokryphen Werkes, *Wie Christus Priester wurde,* war schon seit langem bei den Griechen bekannt. Die Bogomilen fügten jedoch diesen alten Legenden dualistische Elemente hinzu. Die slawische Version des *Holzes des Kreuzes* beginnt folgendermaßen: „Als Gott die Welt schuf, da gab es ihn allein und Satan ..."[6] Wie schon dargelegt (§ 251), ist dieses kosmogonische Motiv weit verbreitet, die südosteuropäischen und slawischen Varianten stellen aber die Rolle des Teufels stärker in den Vordergrund. Dem Vorbild einiger gnostischer Sekten folgend, verstärkten die Bogomilen den Dualismus und hoben damit das Ansehen des Teufels.

Ebenso haben die Bogomilen in der apokryphen Schrift *Adam und Eva* die Episode eines „Vertrages" zwischen Adam und Satan eingefügt, dem zufolge die Erde die Schöpfung Satans wäre, dem Adam und seine Nachkommen bis zum Erscheinen Christi angehören würden. Dieses Thema findet sich in der Folklore des Balkans wieder[7].

Die Methode der Neuinterpretation der *Apokryphen* wird durch die *Interrogatio Iohannis* deutlich, dem einzigen bogomilischen Werk, das durch die Inquisitoren Südfrankreichs ins Lateinische übersetzt worden ist. Es handelt sich um ein Zwiegespräch zwischen dem Evangelisten Johannes und Christus über die Erschaffung der Welt, den Abfall Satans und die Himmelfahrt Henochs sowie das Holz des Kreuzes. Hier findet man Passagen, die aus anderen *Apokryphen* entlehnt sind, sowie die Übersetzung eines slawischen Werkes aus dem 12. Jahrhundert, *Fragen des Evangelisten Johannes.*

„Die Theologie ist aber streng bogomilisch. Satan war vor dem Fall der erste nach Gottvater (indes sitzt Christus zur Seite Gottvaters ...). Wir können aber nicht sagen, ob es sich um ein ursprünglich bogomilisches Werk handelt oder um eines, das griechischer Tradition entstammt. Rein von der Lehre her betrachtet, handelt es sich um eine Kompilation, die einem bogomilischen oder messalianischen Autor zuzuschreiben ist, wobei ältere apokryphe Materialien verwendet wurden."[8]

Für uns ist von Interesse, daß die *Apokryphen* hauptsächlich in ihrer mündlichen Tradition viele Jahrhunderte lang in der Volksfrömmigkeit eine Rolle gespielt haben. Wie noch darzulegen ist (§ 304), war dies nicht die einzige Quelle der religiösen Folklore Europas. Die Beständigkeit häretisch-dualistischer Themata im bildhaften Universum des einfachen Volkes ist aber von Bedeutung. Um nur ein Beispiel zu nennen: In Südosteuropa hatte der Mythos von der Schöpfung mit Hilfe des Teufels (der auf den

---

[6] Zit. nach *S. Runciman*, a.a.O. 76. Über die Geschichte des Umlaufes dieser Legende s. *N. Cartojan*, a.a.O. I, 155 ff; *E. C. Quinn*, The Quest of Seth for the Oil of Life 49 ff.
[7] Bezüglich der rumänischen Legenden s. *N. Cartojan*, a.a.O. 71 ff.
[8] *S. Runciman*, a.a.O. 80; jetzt auch *E. Bozóky*, Le livre Secret des Cathares.

Grund des urzeitlichen Ozeans taucht, um Schlamm heraufzubringen) Folgen: er führte zur physischen oder geistigen Ermüdung Gottes. In einigen Varianten fällt Gott in einen tiefen Schlaf, in anderen kann er ein nach der Schöpfung auftauchendes Problem nicht lösen: er kann die Erde nicht unter das Himmelsgewölbe bringen, und es ist ein Igel, der ihm rät, die Erde ein wenig zusammenzudrücken, um so Berge und Täler zu schaffen[9].

Das Ansehen des Teufels, die Passivität Gottes und schließlich seine umfassende Erniedrigung können ein volkstümlicher Ausdruck für den *Deus otiosus* sein, der in den „primitiven" Religionen auftritt, in denen sich Gott nach der Schöpfung nicht mehr für das Geschaffene interessiert und sich in den Himmel zurückzieht. Er überläßt das Schicksal seiner Schöpfung einem übernatürlichen Wesen oder einem Demiurgen.

294. Der westliche Bogomilismus: die Katharer

In den ersten beiden Dezennien des 12. Jahrhunderts treten in Italien, in Frankreich und im westlichen Deutschland bogomilische Missionare auf. In Orléans gelang es ihnen, den Adel und auch das Priestertum zu bekehren, unter ihnen einen Ratgeber des Königs Robert und den Beichtvater der Königin. Das Wesentliche dieser Häresie ist evident: Gott hat die sichtbare Welt nicht geschaffen, das Stoffliche ist unrein, Heirat, Taufe, Eucharistie und das Glaubensbekenntnis sind unnütz, der Heilige Geist kommt auf die Gläubigen durch Handauflegen, reinige und heilige sie usw. Der König aber entdeckte die Häretiker, richtete und verurteilte sie und ließ sie am 28. Dezember 1022 verbrennen. Dies waren die ersten Häretiker im Westen, die auf dem Scheiterhaufen starben. Trotzdem aber breitete sich die Bewegung weiter aus. Die Kirche der Katharer[10], die schon in Italien errichtet worden war, schickte Missionare in die Provence, ins Languedoc, in die rheinischen Gebiete und bis zu den Pyrenäen. Oft waren es Leineweber, die die neue Lehre verkündeten. Die Gemeinschaften der Provence gliederten sich in vier Bistümer. Im Jahre 1167 soll in der Nähe von Toulouse ein Konzil stattgefunden haben. Bei dieser Gelegenheit gelang es dem bogomilischen Bischof von Konstantinopel, die Gruppen aus der Lombardei und dem Süden Frankreichs zu einem radikalen Dualismus zu bekehren.

Bei seinem Vordringen in den Westen übernahm der Bogomilismus manche Elemente aus der örtlichen widerständischen Tradition. Dies machte das Fehlen einer einheitlichen Lehre noch deutlicher[11]. Die Katharer glaubten weder an Hölle noch Fegefeuer. Die Domäne Satans ist die *Welt*. Er

---

[9] Siehe die Quellen in *M. Eliade,* Von Zalmoxis zu Dschingis-Khan 94 ff.
[10] Der Begriff „katharos – rein" wird erst seit 1163 verwendet.
[11] Es sei hinzugefügt, daß man dank der Prozeßakten, die in den Inquisitionsprozessen angelegt wurden, die Auffassungen und Zeremonien der Katharer besser kennt als die der Bogomilen.

schuf sie übrigens, um den Geist an die Materie zu binden. Satan wurde Jahwe, dem Gott des Alten Testaments, gleichgesetzt. Der wahre, gute und lichtvolle Gott findet sich weit entfernt von der Welt. Er war es, der Christus sandte, um die Erlösung kundzutun. Als reiner Geist war der Leib Christi nichts als eine Illusion[12]. Der Lebensüberdruß erinnert an manche gnostische Sekten und an den Manichäismus (vgl. §§ 232 ff). Man kann sagen, daß das Ideal des Katharers darin bestand, die Menschheit von der Erde verschwinden zu sehen, sei es durch Selbstmord, sei es durch Kinderlosigkeit, denn die Katharer zogen die Unzucht der Ehe vor.

Die Einweihungszeremonie in die Sekte, *convenza (convenientia)*, wurde erst nach einer langen Prüfungszeit des Adepten gefeiert. Der zweite Einweihungsritus, das *consolamentum*, durch das der Adept den Rang des „Vollkommenen" erlangte, wurde allgemein vor dem Tode – oder, wenn er es wünschte, früher – vollzogen; in diesem Fall waren aber die Prüfungen sehr schwer. Das *consolamentum* fand im Haus eines Gläubigen unter dem Vorsitz des ältesten der Vollkommenen statt. Der erste Teil, das *servitium*, bestand im allgemeinen Glaubensbekenntnis der Versammelten. Währenddessen hielt der Vorsitzende vor dem Prüfling ein Evangelienbuch geöffnet[13]. Dann empfing der Katechumene rituell das Vaterunser und bat den Vorsitzenden, vor dem er sich niederwarf, ihn zu weihen und für ihn, den Sünder, zu Gott zu beten. „Damit Gott dich benedeien wolle", antwortete der Vorsitzende, „tue deine Pflicht und sei ein guter Christ, finde zu einem guten Ende." In einem bestimmten Augenblick der Zeremonie verlangte der Vorsitzende von dem Katechumenen, sich von der Kirche von Rom und von dem Kreuz, das bei seiner Taufe vom römischen Priester auf seine Stirn gezeichnet wurde, loszusagen. Fiel der Prüfling nach Erhalt des *consolamentum* in die Sünde zurück, so galt das Ritual als aufgehoben. Deshalb praktizierten einige Vollendete die *endura*, wobei sie freiwillig verhungerten[14]. Jede Zeremonie endet mit dem „Frieden", einem gegenseitigen Kuß aller Anwesenden. Die Vollendeten, Männer und Frauen, galten mehr als die katholischen Priester. Sie führten ein Leben in größerer Askese als der Rest der Gläubigen und hielten drei lange Fastenzeiten im Jahr ein. Die Organisation der Katharerkirche ist immer noch wenig bekannt. Man weiß, daß jeder Bischof von einem *filius maior* und einem *filius minor* unterstützt

---

[12] Es wäre müßig, auf den Unterschieden der Lehrmeinungen zu insistieren. Manche Katharer verneinten die Göttlichkeit Christi, andere erwähnten die Trinität in ihrer Zeremonie. Wieder andere fügten eine Reihe von Äonen zwischen Gott und der Welt hinzu: jede sei von der göttlichen Essenz durchdrungen usw. (*S. Runciman*, a. a. O., 134; *A. Borst*, a. a. O. 124 ff).
[13] Augenscheinlich enthielt das *Servitium* keine häretische Behauptung. „Nur zwei Stellen zeigten, daß die Vortragenden sich zum Dualismus bekannten, einmal die Energie, mit der man von den Sünden des Fleisches sprach, zum anderen diese bezeichnende Passage: kein Mitleid für das Fleisch, das in Korruption entstanden ist, haben, wohl aber Mitleid für den Geist, der im Gefängnis gehalten wird" (*S. Runciman*, a. a. O. 139).
[14] Siehe die von *S. Runciman*, a. a. O. 139 ff, und *A. Borst*, a. a. O. 163 ff analysierten Quellen.

wurde. Wenn der Bischof starb, folgte ihm der *filius maior* automatisch nach. Ähnlichkeiten mit der römischen Zeremonie sind keine Parodie, sie erklären sich aus der liturgischen Tradition der Alten Kirche, und sie haben ihren Ursprung im 5. Jahrhundert[15].

Um den Erfolg der katharischen Propaganda und im allgemeinen der paramillenarischen Bewegungen zu verstehen, die häufig häretisch wurden, muß man sich über die Krise der römischen Kirche und darüber hinaus über den Verfall der kirchlichen Hierarchie im klaren sein. Bei der Eröffnung des vierten Laterankonzils stellte Papst Innozenz III. die Bischöfe als ausschließlich ihren „fleischlichen Vergnügungen" lebend dar, ohne geistige Disziplin und verlassen vom priesterlichen Eifer, „unfähig, das Wort Gottes zu verkünden und das Volk zu führen". Zudem verprellten die Unmoral und die Bestechlichkeit des Klerus mehr und mehr die Gläubigen. Viele Priester waren verheiratet oder lebten öffentlich mit einer Konkubine zusammen. Manche unterhielten Gasthäuser, um ihre Frauen und Kinder unterhalten zu können. Da sie ihre Herren bezahlen mußten, berechneten die Priester jeden zusätzlichen religiösen Dienst, Hochzeiten, Taufen, Messen für die Kranken und die Toten usw. Die Verweigerung, die Bibel zu übersetzen[16] (wie man es im Osten gemacht hatte), machte jede religiöse Unterweisung unmöglich. So war das Christentum nur durch die Priester und Mönche möglich.

In den ersten beiden Dezennien des 12. Jahrhunderts bemühte sich der hl. Dominikus (1170–1221), die Häresie zu bekämpfen, hatte aber nicht den geringsten Erfolg. Auf sein Verlangen hin bestätigte Innozenz III. den Predigerorden der Dominikaner. Aber wie auch den Legaten, die vom Papst früher gesandt worden waren, gelang es den Dominikanern in keiner Weise, dem Aufstieg der Katharer Einhalt zu gebieten. Im Jahre 1204 fand in Carcassonne der letzte öffentliche Disput zwischen den katholischen und katharischen Theologen statt. Im Januar 1205 wollte Pierre Castelmare, den Innozenz III. damit beauftragt hatte, die Häresie im Süden Frankreichs zu bannen, auf seinen Auftrag verzichten und sich in ein Kloster zurückziehen. Der Papst aber antwortete ihm: „Handlung kommt vor Kontemplation."

Schließlich verkündete Innozenz III. im November 1207 den Kreuzzug gegen die Albigenser, wobei er sich hauptsächlich an die großen Standesherren des Nordens wandte, an den Herzog von Burgund, die Grafen von Bar, von Nevers, der Champagne und von Blois. Verführerisch für sie war das Versprechen des Papstes, daß sie nach dem Sieg die Besitzungen der albigenser Adeligen erhalten würden. Den König von Frankreich lockte die

---

[15] *S. Runciman,* a.a.O. 147. Über Kult und Hierarchie siehe *A. Borst,* a.a.O. 162ff.
[16] *F. Heer,* Mittelalter (engl.: The Medieval World 200), erklärt aus dieser Zurückweisung den Verlust von Nordafrika, England und Deutschland für die katholische Kirche.

Möglichkeit, seine Herrschaft weiter nach dem Süden auszudehnen. Der erste Krieg dauerte von 1208/1209 bis 1229. Er sollte aber wiederaufflakkern und sich über viele Jahre hinziehen. Erst im Jahre 1330 hatte die Katharer-Kirche in Frankreich aufgehört zu existieren.

Aus verschiedenen Gründen ist der „dunkle Kreuzzug gegen die Albigenser" bedeutsam. Es ist eine Ironie der Geschichte: aber er war der *einzige* erfolgreiche Kreuzzug. Seine politischen, kulturellen und religiösen Folgen waren beachtlich. Aus ihm leitete sich die Einheit und die Vergrößerung des Königreichs Frankreich ab, wie auch der Untergang der südfranzösischen Zivilisation (hauptsächlich das Werk Aliénors und die „Liebesgerichtshöfe" mit der Feier der Frau und der Troubadourpoesie [vgl. § 269]). Auf religiöser Ebene war die schwerwiegendste Folge das Aufkommen und die immer drohender werdende Macht der Inquisition. Die in Toulouse errichtete Inquisition zwang alle Frauen über 12 Jahren und alle Männer über 14, der Häresie abzuschwören. Im Jahre 1229 verbot die Synode von Toulouse den Besitz der Vulgata oder der Bibel in einheimischer Sprache, nur das Brevier, der Psalter und das Stundenbuch der heiligen Jungfrau wurden – alle in lateinischer Sprache – zugelassen. Die letzten Albigenser, die sich in Italien niederlassen konnten, wurden schließlich von den Agenten der Inquisition entdeckt, die sich mit der Zeit über fast alle Länder West- und Zentraleuropas ausbreiteten. Hinzugefügt sei aber, daß der Kampf gegen die Häresie die Kirche zu Reformen anregte, die tiefgreifend waren und die missionarischen Orden der Dominikaner und der Franziskaner ermutigten.

Die Art, wie die Albigenser vernichtet wurden, stellt zwar eine der schwärzesten Seiten in der Geschichte der römischen Kirche dar, aber daß die katholische Kirche reagierte, war gerechtfertigt. Der Lebensüberdruß und die Verachtung des Leiblichen (z. B. das Verbot der Ehe, Verneinung der Auferstehung usw.) und der absolute Dualismus trennten das Katharertum zugleich vom Alten Testament und vom Christentum. In der Tat bekannten sich die Albigenser zu einer Religion *sui generis*, die ihre Struktur und ihrem Ursprung nach orientalisch war.

Der beispiellose Erfolg der Katharer-Missionare stellt den ersten massiven Einbruch der orientalischen religiösen Ideen in das Milieu der Bauern und Handwerker, der Geistlichen und der Adeligen dar. Erst wieder im 20. Jahrhundert trat in Westeuropa ein ähnliches Phänomen auf, nämlich die enthusiastische Übernahme eines ursprünglich orientalischen Millenarismus: des Marxismus-Leninismus.

295. Der heilige Franziskus von Assisi

Das 12. und 13. Jahrhundert kannte auf religiösem Gebiet eine außerordentliche Wertschätzung der Armut. Häretische Bewegungen, wie die *Humiliaten*, die *Waldenser* und *Katharer*, die *Beginen* und *Begharden* sahen in der Armut das erste und effektivste Mittel, das von Jesus und den Aposteln verkündigte Ideal zu verwirklichen. Um diese Bewegungen für die Kirche fruchtbar zu machen, versuchte der Papst zu Beginn des 13. Jahrhunderts, sie in die Kirche einzubinden, und hatte mit Teilen der Humiliaten auch einigen Erfolg. Alle Neuerungen im Ordensleben, die beiden großen Bettelorden Dominikaner und Franziskaner nicht ausgeschlossen, wurden von der römischen Kurie wachsam verfolgt. Doch Dominikus von Osma und Franziskus von Assisi wollten von Anfang an nur kirchliche Gemeinschaften gründen und in der Catholica wirken. Wie aber noch zu zeigen ist, entstand bei den Franziskanern aus der großen Bedeutung der Armut eine heftige Krise, die sogar die Existenz des Ordens bedrohte. Der Gründer des Ordens hatte die absolute Armut gepriesen, die für ihn zur „Herrin Armut" geworden war.

Franziskus wurde im Jahre 1181/82 als Sohn eines reichen Kaufmanns in Assisi geboren. Nachdem er im Jahre 1202/3 vom Perugia-Feldzug krank zurückgekehrt war, geriet der etwa Zwanzigjährige in eine ernste Krise. 1205 zog er zwar mit dem päpstlichen Heer noch einmal nach Süditalien aus, kehrte aber rasch wieder um und wurde zum Bettler und Büßer um Christi willen. Klarheit über seine Berufung erfuhr er, als er im Jahre 1209 die Stelle aus dem Evangelium hörte, daß die Jünger Christi nicht Gold oder Silber, noch Geld besitzen ... noch Schuhe, noch zwei Röcke tragen dürfen, sondern nur das Reich Gottes und Buße predigen sollen[17]. Von da an folgte er buchstabengetreu diesen Worten. Es schlossen sich ihm einige Jünger an. Franziskus verfaßte eine *Regel*, die kurz und knapp war. Im Jahre 1210 ging er nach Rom, um von Papst Innozenz III. die Bestätigung seiner Regel zu erlangen. Der Papst erlaubte den „Minderbrüdern" (wie sie sich selbst nannten) „nach der Form des Evangeliums" zu leben und zu wirken. Die Brüder zogen predigend durch ganz Italien und kamen einmal im Jahr zu Pfingsten wieder zusammen. Im Jahre 1217 lernte Franziskus in Florenz Kardinal Ugolino kennen, einen großen Bewunderer seines Wirkens. Der Kardinal wurde sein Freund und der Beschützer des Ordens. Der Legende nach soll der *Poverello* im folgenden Jahr dem hl. Dominikus begegnet sein, der ihm vorschlug, die beiden Orden zu vereinigen. Doch Franziskus habe dies abgelehnt.

---

[17] „Heilt Kranke, weckt Tote auf, macht Aussätzige rein, treibt Dämonen aus! Umsonst habt ihr empfangen, umsonst sollt ihr geben. Steckt nicht Gold, Silber und Kupfermünzen in eueren Gürtel. Nehmt keine Vorratstasche mit auf den Weg, kein zweites Hemd, keine Schuhe, keinen Wanderstab; denn wer arbeitet, hat ein Recht auf seinen Unterhalt" (Mt 10, 8 ff).

Die Brüderschaft des Franz von Assisi wuchs rasch und stetig. Die knappe „Lebensform" von 1209 konnte nicht auf alle Fragen des brüderlichen Lebens Antwort geben, und die ganze Entwicklung drängte auf eine Neufassung hin. Mit Hilfe anderer Brüder schrieb Franziskus die sogenannte „nichtbestätigte Regel", die vom Generalkapitel des Jahres 1221 angenommen wurde; sie offenbart in besonderer Weise Denken und Wollen des Heiligen. Während dieser Zeit dehnten die franziskanischen Missionare ihre Tätigkeit auf das Ausland aus. In Begleitung von elf Brüdern stach Franziskus nach dem Heiligen Land in See, entschlossen, vor dem Sultan zu predigen. Er gelangte bis ins Lager der Muslime, wo er gut aufgenommen wurde. Als er bald darauf hörte, daß die beiden von ihm ernannten Stellvertreter die Regel verändert und Privilegien des Papstes angenommen hätten, kehrte er nach Italien zurück. Dort erfuhr er, daß einige der Minderbrüder in Frankreich, Deutschland und Ungarn der Häresie angeklagt worden waren. Von da an ließ Franziskus sich zu einer Neubearbeitung der Regel mit klaren rechtlichen Bestimmungen bewegen. Die endgültige Fassung der Franziskanerregel wurde von Papst Honorius III. im Jahre 1223 bestätigt. Franziskus verzichtete auf die Leitung des Ordens. Im folgenden Jahr empfing er auf dem Alvernerberg (La Verna), wohin er sich in seine Einsiedelei zurückgezogen hatte, die Stigmata. Fast erblindet und schwer krank, gelang es ihm trotzdem, den *Sonnengesang,* die *Worte der Mahnung* und sein *Testament* zu verfassen.

In dieser bewegenden Schrift müht sich der hl. Franziskus ein letztesmal, die wahre Berufung seines Ordens zu verteidigen. Er stellte seine Liebe zur Handarbeit heraus und forderte die Brüder zur Arbeit auf und dazu, „sich an die Tafel des Herrn zurückzuziehen und von Tür zu Tür um Almosen zu bitten", wenn sie keinen Lohn erhielten. Er befiehlt den Brüdern, „unter keinen Umständen Kirchen, Bleiben und all das, das man für sie gebaut hat, anzunehmen, wenn es nicht der heiligen Armut entspricht, die wir in der *Regel* versprochen haben"[18]. Immer sollten sie sich wie Gäste bewegen, wie Fremde und Pilger. „Ich befehle streng im Gehorsam allen Brüdern, wo immer sie auch sind, daß sie nicht wagen sollen, irgendeinen Brief (gemeint ist ein Schutzbrief oder ein Privileg!) bei der römischen Kurie zu erbitten, weder durch sich noch durch eine Mittelsperson, weder für eine Kirche noch wegen irgendeines Ortes, weder unter dem Vorwand der Predigt noch wegen leiblicher Verfolgung; sondern wo immer man sie nicht aufnimmt, sollen sie in ein anderes Land fliehen, um mit Gottes Segen Buße zu tun" (Testament 24–26).

Franziskus starb 1226 und wurde kaum zwei Jahre später von seinem Freund Kardinal Ugolino, der Papst Gregor IX. geworden war, heiliggesprochen. Papst und Hierarchie anerkannten mit dieser Kanonisation in

---

[18] Übers. v. *I. Gobry,* Saint François d'Assise 139.

Übereinstimmung mit dem Volk die außergewöhnliche Persönlichkeit und den charismatischen Charakter des Franziskus und banden so den Franziskanerorden noch enger an die Kirche. Die Schwierigkeiten waren damit aber nicht aus der Welt geschafft. Die ersten Biographen stellen Franziskus als einen Abgesandten Gottes dar, der die Reform der Kirche einleiten sollte. Manche Minderbrüder erkannten in ihrem Ordensgründer den Repräsentanten des Dritten Zeitalters, das Joachim von Fiore verkündigt hatte[19] (vgl. § 271). Die volkstümlichen Legenden, die von den Franziskanern des 13. Jahrhunderts gesammelt worden waren und im 14. Jahrhundert unter dem Titel *Fioretti* veröffentlicht wurden, vergleichen Franziskus und seine Schüler mit Jesus und seinen Aposteln.

Papst Gregor IX., der Franziskus sehr schätzte, entband die Brüder von der Verpflichtung auf das *Testament* und fügte zur *Regel* von 1223 Erklärungen hinzu. Dagegen regte sich im Orden heftiger Widerspruch. Konservative Kreise, die das Erbe des Heiligen auf den Buchstaben genau bewahren wollten und sich einer Entwicklung des Ordens verschlossen, sahen die ursprüngliche Intention des Gründers verraten. Diese Kreise sammelten sich später in den sogenannten Spiritualen, die auf der Notwendigkeit der absoluten Armut bestanden. In einer ganzen Reihe von Bullen sahen sich Gregor und seine Nachfolger genötigt, darzulegen, daß es sich nicht um den „Besitz", sondern um die „Benutzung" von Häusern und anderen Gütern handelte. Johannes von Parma, Ordensgeneral von 1247–1257, versuchte das Erbe des hl. Franziskus zu erhalten, wobei er aber den offenen Konflikt mit dem Papst vermied. Die Intransigenz der „Spiritualen" machte seine Anstrengungen aber zunichte. Glücklicherweise wurde Johannes von Parma durch Bonaventura ersetzt, der zu Recht als der zweite Gründer des Ordens angesehen wird. Die Polemik über die absolute Armut aber setzte sich während seines Lebens und auch nach seinem Tod (1274) fort. Die Kontroverse wurde schließlich nach 1320 beendet.

Sicher darf man die aufregende Frage stellen, ob der „Sieg der Kirche" den ursprünglichen Eifer des Ordens nicht geschwächt und die Hoffnung auf eine Rückkehr zur Strenge der Apostel nicht entmutigt hat. Doch was wäre wohl ohne Kirche und Kurie aus den Brüdern des hl. Franz, den „Männern der Buße aus Assisi", geworden! Dank dieses Kompromisses aber konnte der Franziskanerorden überleben. Tatsächlich wurde das einzige exemplarische Modell des alltäglichen Lebens Jesu und der Apostel durch den hl. Franziskus gegeben, d. h. durch die Armut, die Barmherzigkeit und die Handarbeit. Hinzu kam in der Nachfolge des Gekreuzigten der selbstlose Gehorsam, den jeder Bruder dem anderen schuldet, wo selbst der Obere nur der Diener seiner Brüder ist.

---

[19] Siehe die Darstellung von *S. Ozment,* The Age of Reforme 110.

296. Der heilige Bonaventura und die mystische Theologie

Im Jahre 1217 wurde Bonaventura in der Nähe von Orvieto geboren. Er studierte in Paris Theologie und unterrichtete dort von 1253 an. Zum Zeitpunkt einer der größten Krisen des Franziskanerordens wurde er im Jahre 1257 zum Minoritengeneral gewählt. Bonaventura mühte sich, die beiden extremen Positionen zu einen, wobei er erkannte, daß neben der Armut und der Handarbeit auch das Studium und die Meditation nötig seien. Er schrieb auch eine weniger enthusiastische Biographie des hl. Franziskus (*Legenda Maior*, 1263), die drei Jahre später zur einzigen offiziellen Biographie erklärt wurde.

Während seiner Lehrtätigkeit in Paris erstellte Bonaventura einen Kommentar der *Sentenzen* des Petrus Lombardus, das *Breviloquium* und die *Quaestiones disputatae*. Nach einem kurzen Aufenthalt in Verona (1259) schrieb er sein Hauptwerk, *Itinerarium mentis in Deum*[20]. Ein Jahr vor seinem Tod im Jahre 1274 wurde Bonaventura Kardinalerzbischof von Albano. Von Papst Sixtus IV. wurde er im Jahre 1482 heiliggesprochen und von Sixtus V. 1588 zum *Doctor Seraphicus* der Kirche ernannt.

Die theologische Synthese Bonaventuras war die umfassendste des Mittelalters. Bonaventura bemühte sich um die Einbeziehung der Gedanken Platons, Aristoteles', Augustinus' und der griechischen Kirchenväter, benutzte Pseudo-Dionysius und Franziskus von Assisi[21]. Während Thomas von Aquin sein System auf Aristoteles aufbaute, bewahrte Bonaventura die augustinische Tradition des mittelalterlichen Neuplatonismus. Die tiefgreifende Bedeutung seiner Theologie wurde aber im Mittelalter infolge des Erfolges der thomistisch-aristotelischen Synthese in den Schatten gestellt, wie sie auch in der Neuzeit durch den triumphalen Erfolg des Neuthomismus übertroffen wurde.

Ein zeitgenössischer Forscher, Ewert H. Cousins, hält das Konzept der *coincidentia oppositorum* für den Generalschlüssel zum Denken Bonaventuras[22]. Es handelt sich augenscheinlich um eine Auffassung, die in mehr oder minder expliziter Form in jeder Religionsgeschichte evident ist. So im biblischen Monotheismus: Gott ist unendlich und persönlich, transzendent und in der Geschichte handelnd, ewig und in der Zeit gegenwärtig usw. Diese Gegensätze sind in der Person Christi noch deutlicher. Bonaventura erarbeitete und begründete das System der *coincidentia oppositorum*, indem er

---

[20] „Wenn ich über die Erhebung der Seele zu Gott meditierte, erinnerte ich mich unter anderem an das Wunder, welches an diesem Ort dem hl. Franziskus zugestoßen war: die Vision eines Seraphim mit Flügeln, in Form des Kreuzes. So schien es mir, als wenn diese Erscheinung die Ekstase des glücklichen Vaters darstellte und den Weg anzeige, auf dem man gehen muß, um dorthin zu gelangen" (Prolog übers. v. *H. H. Duméry*).
[21] Siehe *E. H. Cousins*, Bonaventure and the Coincidence of opposites 4 ff mit Bibliogr. 229 ff.
[22] Ebd. bes. Kap. I. III, V, VII.

die Trinität als Modell nahm, in der die dritte Person das Mittlerprinzip und die Vereinigung verkörpert.

Das Hauptwerk Bonaventuras ist zweifellos das *Itinerarium mentis in Deum*. Auch dieses Mal verwendet der Autor ein allgemein verbreitetes Symbol, das seit den Anfängen der christlichen mystischen Theologie zu finden ist, nämlich das Bild der Leiter[23]. „Die Welt ist eine Leiter, auf der wir zu Gott gelangen", schreibt Bonaventura. „Wir finden verschiedene Zeichen Gottes. Manche sind materiell, andere spirituell, einige zeitlich begrenzt, andere ewig. Manche sind außerhalb unser selbst, einige *in uns*. Um das erste Prinzip, Gott, zu verstehen, der der geistigste und ewigste über uns ist, müssen wir durch die Zeichen Gottes wandern, die materiell und zeitlich begrenzt und *außerhalb* unser selbst sind. So gelangen wir auf den Weg, der zu Gott führt. Dann müssen wir unseren eigenen Geist durchdringen, in dem sich in uns das ewige und geistige Bild Gottes findet. So gelangen wir zur Wahrheit Gottes. Schließlich müssen wir durch dasjenige dringen, das ewig ist, das am meisten vergeistigt ist und *außerhalb* unser selbst ist."[24] So findet man Gott als Einheit (d. h. das Eine, das außerhalb der Zeit steht) und als heilige Dreifaltigkeit.

In den ersten vier Kapiteln des *Itinerariums* werden die Überlegungen, die die Gegenwart Gottes in der materiellen Welt und der Seele betreffen, angestellt, sowie solche über die Annäherung Gottes. Die beiden folgenden Kapitel widmen sich der Betrachtung Gottes als Sein (Kap. V) und als das Gute (Kap. VI). Im siebten und letzten Kapitel ist die Seele von der mystischen Ekstase ergriffen und gelangt mit dem ans Kreuz geschlagenen Christus vom Tod zum Leben. Es sei hier die kühne Unterstreichung der Ekstase hervorgehoben. Im Unterschied zur mystischen Erfahrung des Bernhard von Clairvaux, die vom Symbolismus der ehelichen Liebe geprägt ist, ist für Bonaventura die *unio mystica* der *Tod mit Christus* und zusammen mit ihm die Vereinigung mit Gott-Vater.

Andererseits ermutigte Bonaventura als guter Franziskaner die genaue und disziplinierte Erforschung der Natur. Die Weisheit Gottes enthüllt sich in den kosmischen Realitäten. Je mehr man eine Sache untersucht, je weiter man in ihre Individualität eindringt, versteht man, in welcher Weise das exemplarische Sein im Geist Gottes gründet *(Itinerarium,* cap. II, sect. 4 ff). Manche Wissenschaftler haben im Interesse der Franziskaner an der Natur

---

[23] Vergleichendes Material bei *M. Eliade,* Schamanismus (³1982) 446 ff. Über die „Leiter zum Paradies in der christlichen Tradition" s. *Anselme Stolz,* Théologie de la Mystique 117 ff. Über die Leiter in der islamischen Mystik sowie der jüdischen s. *A. Altmann,* The Ladder of Ascension.

[24] Itinerarium I, 2; vgl. den Kommentar von *E. H. Cousins,* a. a. O. 69 ff. Es sei hinzugefügt, daß diese drei Stufen des Aufstiegs zu Gott außerhalb, innerhalb und über uns je zwei Phasen beinhalten, die man als die immanente und die transzendente bezeichnen kann. Es handelt sich also um sechs Etappen, die die sechs Flügel des Seraphim symbolisieren, die, als er ihn umarmte, die Stigmata des hl. Franziskus erzeugten.

eine der Quellen der exakten Wissenschaften gesehen, zum Beispiel die Entdeckungen Roger Bacons (etwa 1214–1292) und der Schüler Ockhams. Man kann diese von Bonaventura verteidigte Solidarität zwischen der mystischen Erfahrung und der Naturwissenschaft mit der entscheidenden Rolle des Taoismus für den Fortschritt der Naturwissenschaften in China vergleichen (vgl. § 134).

297. Der heilige Thomas von Aquin und die Scholastik

Allgemein versteht man unter der Scholastik verschiedene theologische Systeme, die einen Gleichklang zwischen der Offenbarung und der Vernunft, dem Glauben und dem intellektuellen Verstehen fordern. Anselm von Canterbury (1033–1109) übernahm die Formulierung des hl. Augustinus: „Ich glaube, um verstehen zu können." Mit anderen Worten: die Vernunft beginnt mit dem Glaubensbekenntnis. Petrus Lombardus (etwa 1100–1160) aber war es, der in seinem Buch *Sententiarum libri IV* die spezifische Struktur der scholastischen Theologie fand. In Frageform, in Analysen und Antworten soll der scholastische Theologe folgende Themen zur Diskussion stellen: Gott, die Schöpfung, die Inkarnation, die Erlösung und die Sakramente.

Im 12. Jahrhundert wurden die Werke des Aristoteles und der großen jüdischen und arabischen Denker (hauptsächlich Averroës, Avicenna und Maimonides) teilweise durch lateinische Übersetzungen zugänglich gemacht. Diese Entdeckungen hoben die Beziehungen zwischen Glauben und Vernunft auf eine neue Ebene. Nach Aristoteles ist die Vernunft vollständig unabhängig. Albertus Magnus (Albert von Bollstädt, 1206 oder 1207–1280) war einer der universellsten Geister des Mittelalters und nahm enthusiastisch die Wiedergewinnung „der Rechte der Vernunft, die in Vergessenheit geraten waren"[25] auf. Im Gegenzug traf eine solche Doktrin die traditionsverhafteten Theologen, die die Scholastiker anklagten, die Religion der Philosophie und Christus Aristoteles geopfert zu haben.

Das Denken des Albertus Magnus wurde von seinem Schüler Thomas von Aquin (1224–1274)[26] vertieft und systematisiert. Thomas war zugleich

---

[25] *É. Gilson*, La philosophie au moyen âge 507. „Wenn die charakteristische Auffassung der modernen Philosophie darin besteht, daß sie zwischen dem, was zu zeigen ist, und dem, was nicht zu zeigen ist, unterscheidet, so wurde die moderne Philosophie im dreizehnten Jahrhundert begründet. Mit Albertus Magnus beschränkte sie sich auf sich selber und wurde sich über ihren Wert und ihre Rechte klar" (ebd. 508).

[26] Das Leben des hl. Thomas war kurz und reich an dramatischen Ereignissen. In der Nähe von Agni wurde er gegen Ende des Jahres 1224 oder zu Anfang des Jahres 1225 geboren. Im Jahre 1244 trat er in den Dominikanerorden ein und begab sich im folgenden Jahr nach Paris, um unter der Leitung von Albertus Magnus zu studieren. Im Jahre 1256 wurde er Licenziat der Theologie und unterrichtete in Paris (1256–59). Danach lehrte er in mehreren Städten Italiens.

Theologe und Philosoph. Für ihn war aber das Zentralproblem auf beiden Gebieten das gleiche: das *Sein,* d. h. Gott. Thomas unterschied grundsätzlich zwischen Natur und Gnade, zwischen Vernunft und Glauben. Indes impliziert diese Unterscheidung im Ergebnis eine Übereinstimmung. Die Existenz Gottes ist evident, wenn sich der Mensch die Mühe macht, über die Welt, wie er sie kennt, nachzudenken. So ist diese Welt in einer oder der anderen Weise in Bewegung. Jede Bewegung aber hat ihre Ursache. Diese Ursache ist aber das Ergebnis einer anderen. Jedoch kann diese Reihe nicht unendlich sein, und man muß die Annahme eines ersten Bewegers machen, der nichts anderes sein kann als Gott. Dieses Argument ist das erste unter fünf weiteren, die von Thomas als die „fünf Wege" bezeichnet wurden. Die Überlegung ist immer die gleiche: ausgehend von einer offensichtlichen Realität, gelangt man schließlich zu Gott. (Jede Wirkursache setzt eine andere voraus, wobei man beim Durchlaufen der Reihe nach rückwärts schließlich bei der ersten Ursache, Gott, anlangt usw.)

Unendlich und einzig ist Gott, der durch die Vernunft entdeckt worden ist, und er ist weit über dem menschlichen Sprachvermögen. Gott ist der reine Akt des Existierens *(ipsum esse),* daher ist er unbegrenzt, unwandelbar und ewig. Indem man seine Existenz mit dem Prinzip der Kausalität aufzeigt, gelangt man zugleich zu dem Schluß, daß Gott der Schöpfer der Welt ist. Ohne Notwendigkeit hat er alles frei aus sich geschaffen. Thomas zufolge kann die menschliche Vernunft nicht zeigen, ob die Welt schon immer vorhanden ist oder ob sie – im Gegensatz dazu – in der Zeitlichkeit geschaffen wurde. Der Glaube, der auf den Offenbarungen Gottes gründet, fordert von uns, daran zu glauben, daß die Welt in der Zeit begonnen habe. Es handelt sich um eine geoffenbarte Wahrheit, wie es auch die anderen Glaubensartikel sind (Erbsünde, heiligste Dreifaltigkeit, Inkarnation Gottes in Jesus Christus usw.). Dies sind Gegenstände der theologischen, nicht mehr der philosophischen Untersuchung.

Jede Erkenntnis impliziert den zentralen Begriff des *Seins,* mit anderen Worten: den Besitz oder die Gegenwart der Realität, die man erkennen will. Der Mensch wurde geschaffen, auf daß er sich der vollständigen Erkenntnis Gottes erfreue. Jedoch ist er wegen der Erbsünde nicht mehr in der Lage, ohne Hilfe der Gnade dieses Ziel zu erreichen. Der Glaube hilft dem Gläubigen, unterstützt durch die Gnade, zur Erkenntnis Gottes, wie sie sich in der Geschichte offenbart, zu gelangen.

„Obwohl sie auf Widerstand stieß, gewann die Lehre des hl. Thomas bald zahlreiche Anhänger, nicht nur im Orden der Dominikaner, sondern

---

Im Jahre 1269 kam er nach Paris zurück, verließ es aber 1272 wieder und unterrichtete in Neapel im Jahre 1273. Von Gregor X. wurde er zum zweiten Generalkonzil nach Lyon berufen, wohin er 1274 aufbrach. Als er krank wurde, machte er in Fossanova Station, wo er am 7. März starb. Unter seinen zahlreichen Schriften, in denen Thomas sein wahres Genie zeigte, sind die Summa Theologica und die Summa contra gentiles die bekanntesten.

auch in anderen schulischen und religiösen Bereichen ... Die thomistische Reform umfaßte das gesamte Feld der Philosophie und der Theologie. Nicht eine einzige Frage taucht aus diesen Gebieten auf, in denen die Geschichte nicht seinen Einfluß aufzeigen und seiner Spur folgen kann. Seine Lehre scheint aber besonders auf die fundamentalen Probleme der Ontologie eingewirkt zu haben, deren Lösung sie vor allen anderen anführte."[27]

Für É. Gilson ist es das große Verdienst des hl. Thomas, daß er den „Theologismus", der in Selbstgenügsamkeit des Glaubens verhaftet ist, ebenso wie den „Rationalismus" vermieden hat. Der Niedergang der Scholastik begann – dem gleichen Autor zufolge – mit der Verdammung einiger Thesen des Aristoteles (hauptsächlich in seinen arabischen Kommentaren) durch den Erzbischof von Paris, Étienne Tempier im Jahre 1270 und 1277[28]. Seit dieser Zeit ist die strukturbedingte Zusammengehörigkeit von Theologie und Philosophie tiefgreifend gestört. Die Kritiken von Duns Scotus (etwa 1265–1308) und Wilhelm von Ockham (ungefähr 1285–1347) trugen zur Zerstörung der thomistischen Synthese bei. So nahm die anwachsende Distanz zwischen der Philosophie und der Theologie die Trennung zwischen dem Heiligen und Profanen, die in den modernen Gesellschaften evident ist, vorweg[29].

Es sei aber hinzugefügt, daß die Gesamtauffassung Gilsons nicht mehr akzeptiert wird. Thomas von Aquin war nicht der einzige geniale Scholastiker. Im 13. und 14. Jahrhundert genossen Duns Scotus und Ockham und andere Denker den gleichen, wenn nicht einen größeren Ruf. Die Bedeutung des Thomismus rührt aber von der Tatsache her, daß dieser im 19. Jahrhundert als offizielle Lehre der römischen Kirche anerkannt wurde. Mehr noch: die Renaissance des Thomismus im ersten Viertel des 20. Jahrhunderts stellt ein bezeichnendes Moment in der Geschichte der westlichen Kultur dar.

Duns Scotus, der *doctor subtilis* genannt wurde, kritisierte das System des Thomas, in dem er es an der Basis angriff, d. h., er verneinte die Bedeutung, die der Vernunft zugewiesen wurde. Für Duns Scotus ist jede religiöse Erkenntnis mit Ausnahme derjenigen, daß Gott die erste Ursache sei, die man logisch erschließen könne, eine Sache des Glaubens.

Ockham, der *doctor plusquam subtilis*, ging in seiner Kritik der rationalistischen Theologen noch viel weiter. Da der Mensch die Fakten nur in Teilen erkennen kann, die er beobachtet, sind die Gesetze der Logik wie alle Metaphysik unmöglich. Ockham verneinte entschieden die Existenz aller „Universalien". Es handle sich um Gedankengebilde, ohne eigenständige Realität. Da Gott nicht intuitiv erkannt werden könne und da die Vernunft

---

[27] *É. Gilson*, La philosophie au moyen âge 541.
[28] Siehe die Diskussion dieser Verdammungen ebd. 558 ff ... eine Vielzahl der Thesen waren solche, die von Averroës beeinflußt waren, manche aber bezogen sich auf Thomas v. Aquin.
[29] Vgl. *S. Ozment*, The Age of Reform 16.

nicht in der Lage sei, seine Existenz zu beweisen, sei der Mensch dazu verpflichtet, sich auf das zu beschränken, was der Glaube und die Offenbarung lehre[30].

Originalität und Tiefe des religiösen Denkens Ockhams lassen sich hauptsächlich an seinem Gottesbegriff ersehen. Da Gott absolut frei und allmächtig ist, kann er alles tun, kann sich auch widersprechen. So kann er beispielsweise einen Verbrecher erlösen und einen Heiligen verdammen. Man kann die Freiheit Gottes nicht durch die Grenzen der Vernunft beschränken oder durch die Vorstellung und Sprache der Menschen einzwängen. Ein Glaubensartikel lehrt uns, daß Gott menschliche Natur angenommen hat – er hätte sich aber auch in der natürlichen Form eines Esels, eines Steines oder als Holz zeigen können[31].

Diese paradoxen Beispiele der göttlichen Freiheit haben die theologische Vorstellungskraft der folgenden Jahrhunderte nicht inspiriert. Seit dem Beginn des 18. Jahrhunderts aber, d. h. nach der Entdeckung der „Primitiven", hätte die Theologie Ockhams eine adäquate Verständnismöglichkeit dessen zugelassen, was der Mensch den „Götzendienst der Wilden" genannt hat. Denn das Heilige zeigt sich in welcher Form auch immer, sei es auch auf die ausgefallenste Weise. In der offenen Perspektive Ockhams könnte das theologische Denken die Hierophanien, die für fast alle archaischen und traditionellen Religionen bezeugt sind, rechtfertigen. So weiß man jetzt, daß man nicht die Naturobjekte (Steine, Bäume, Quellen usw.) verehrte, sondern die übernatürlichen Kräfte, die in diesen Gegenständen inkarniert seien.

298. Meister Eckhart: von Gott zur Gottheit

Meister Eckhart wurde 1260 geboren und studierte bei den Dominikanern in Köln und Paris. In Paris übte er die Berufe eines Professors, Administrators und Predigers aus (1311–1313), desgleichen in Straßburg (1313–1323) und Köln (1323–1327). In den letzten beiden Orten predigte er den Mönchen ebenso wie den Beginen und leitete sie. Zu den bedeutendsten seiner zahlreichen Werke gehört der *Kommentar* zu den *Sentenzen* des Petrus Lombardus und das *Opus tripartitum,* eine beachtliche theologische Summa, die unglücklicherweise in großen Teilen verlorenging. Im Gegensatz dazu sind viele seiner in Deutsch verfaßten Schriften erhalten, wie das

---

[30] Nach *É. Gilson,* a. a. O. 640, kann man durch das Studium Ockhams eine historische Tatsache von großer Tragweite erkennen, die aber wenig bekannt ist. Die interne Kritik gegen sie ist dafür verantwortlich, daß man sie mit einem ziemlich schwammigen Begriff die „scholastische Philosophie" nennt. Das hat ihren Untergang vor dem Aufkommen der modernen Philosophie heraufbeschworen.

[31] Est articulus fidei quod Deus assumpsit naturam humanam. Non includit contradictionem, Deus assumere naturam asinam. Pari ratione potest assumere lapidem aut lignum. Siehe die Diskussion in: *M. Eliade,* Die Religionen und das Heilige §9.

Buch von den göttlichen Tröstungen und einige Abhandlungen sowie viele Predigten und Schriften. Die Authenzität der Predigten ist aber nicht gesichert. Meister Eckhart ist ein origineller, tiefgründiger und schwieriger Autor[32]. Man hält ihn für den bedeutendsten Theologen der westlichen Mystik. Wenn er auch die Tradition fortführt, so leitet er doch eine neue Epoche in der Geschichte der christlichen Mystik ein. Erinnern wir uns: seit dem 4. bis zum 12. Jahrhundert bedingte das kontemplative Leben die Aufgabe der Welt, d.h. das Mönchsdasein. In der Wüste oder in der Klostereinsamkeit bemühte sich der Mönch, seine Annäherung an Gott zu erreichen und sich der göttlichen Gegenwart zu erfreuen. Diese Nähe zu Gott entsprach einer Rückkehr ins Paradies. In gewisser Weise erreichte der kontemplativ Lebende den Zustand Adams vor dem Sündenfall.

Als erstes Beispiel einer christlich-mystischen Erfahrung ist der hl. Paulus zu nennen, der eine Anspielung an seinen ekstatischen Aufstieg in den dritten Himmel macht: „Ich kenne jemand, einen Diener Christi, der vor vierzehn Jahren bis in den dritten Himmel entrückt wurde; ich weiß allerdings nicht, ob es mit dem Leib oder ohne den Leib geschah, nur Gott weiß es. Und ich weiß, daß dieser Mensch in das Paradies entrückt wurde; ob es mit dem Leib oder ohne den Leib geschah, weiß nicht nicht, nur Gott weiß es. Er hörte unsagbare Worte, die ein Mensch nicht aussprechen kann" (2 Kor 12, 2–4).

Das sehnsüchtige Verlangen nach Rückkehr ins Paradies findet sich seit den Anfängen der Christenheit. Während des Gebetes wandte man sich nach Osten, wo sich das irdische Paradies befand. Der Symbolismus des Paradieses findet sich in den Kirchen und Gärten der Klöster. Den Vätern des Mönchtums (wie später auch Franz von Assisi) gehorchten die Tiere, denn das erste Anzeichen der Wiederherstellung des paradiesischen Zustandes ist die wiedergewonnene Herrschaft über die Tiere[33].

In der mystischen Theologie des Evagrius Ponticus (4. Jahrhundert) ist der wahre Christ der Mönch. Er stellt das Modell des Menschen dar, der zu seinem Ursprung zurückgefunden hat. Endziel des kontemplativen Einzelgängers war die Einheit mit Gott. Indes sind – wie es der hl. Bernhard von Clairvaux und andere darlegen – „Gott und der Mensch voneinander getrennt. Ein jeder hat seine eigene Substanz und seinen eigenen Willen. Eine solche Übereinstimmung ist für sie eine Einheit der Willensinhalte und eine liebende Übereinkunft."[34]

Diese fast eheliche Wertschätzung der *unio mystica* ist in der Geschichte der Mystik hinreichend bezeugt. Sie findet sich auch in der außerchristlichen Mystik. Hier sei sofort bemerkt, daß sie Meister Eckhart völlig fremd

---
[32] Erst in unserer Zeit werden seine Werke, teils lateinisch, teils in der Volkssprache geschrieben, sorgfältig herausgegeben.
[33] Vgl. *M. Eliade*, Mythen, Träume und Mysterien 90 ff; *Anselme Stolz*, a.a.O. 18 ff u. passim.
[34] Sermones in Canticum Canticorum, Nr. 70 in: *Migne*, Pat. Lat., Bd. 183, 1126.

war. Dies ist um so interessanter, als der Dominikaner sich in seinen Predigten nicht nur an Mönche und Nonnen wandte, sondern auch an die Menge der Gläubigen. Im 13. Jahrhundert wurde die geistliche Vollkommenheit nicht nur in den Klöstern gesucht. Man hat von der „Demokratisierung" und der „Säkularisation" der mystischen Erfahrung gesprochen, von Phänomenen, die die Epoche zwischen 1200 und 1600 charakterisierten. Meister Eckhart ist der Theologe schlechthin, der diese neue Zeit in der Geschichte der christlichen Mystik vertritt. Er verkündete, rechtfertigte theologisch, daß es möglich sei, die ontologische Einheit mit Gott wiederherzustellen, auch wenn man in der Welt lebe[35]. Auch für ihn stellte die mystische Erfahrung eine „Rückkehr zum Ursprung" dar. Rückkehr zu einem Ursprung aber, der Adam und der Schöpfung der Welt vorausging.

Meister Eckhart erarbeitete diese kühne Theologie mit Hilfe einer Unterscheidung, die er in dem Wesen der Gottheit selbst sah. Mit dem Wort *Gott* bezeichnete er den Schöpfergott, während er den Begriff *Gottheit* benutzte, um die göttliche Wesenheit zu bezeichnen. Die *Gottheit* ist der Grund, das Prinzip und die Matrix Gottes. Sicherlich handelt es sich nicht um ein Frühersein oder eine ontologische Veränderung, die in der Zeit läge und der Schöpfung gefolgt wäre. Aufgrund der Mehrdeutigkeit und Begrenztheit menschlicher Sprache konnte eine solche Unterscheidung aber unangenehme Mißverständnisse hervorrufen. In einer seiner Predigten behauptete Meister Eckhart: „Gott und die Gottheit sind so verschieden von einander wie der Himmel und die Erde ... Gott handelt, die Gottheit nicht, denn für sie gibt es nichts zu handeln ... Gott und die Gottheit unterscheiden sich durch das Handeln und das Nichthandeln ..."[36] Pseudo-Dionysius Areopagita (vgl. § 257) hatte Gott als „ein reines Nichtsein" definiert. Meister Eckhart setzte diese negative Theologie fort und vertiefte sie: „Gott hat keinen Namen, denn niemand kann etwas von ihm sagen oder verstehen ... Wenn ich also sage, Gott ist gut, dann ist das nicht wahr – ich bin gut, aber Gott ist nicht gut ... Wenn ich aber sage: Gott ist weise, dann ist das nicht wahr – ich bin klüger als er. Wenn ich schließlich sage: Gott ist ein Lebewesen, dann ist das nicht wahr, er ist ein Wesen über allem Seienden und eine überessentielle Negation."[37]

---

[35] Man kann diese Auffassung mit der Botschaft der Bhagavadgītā vergleichen (vgl. §§ 193 f).
[36] In der Übersetzung von *J. Ancelet-Hustache,* Maître Eckhart 55. Eine Vielzahl der Texte unterstreicht indes die absolute Einheit zwischen dem Gott der Trinität und der *Gottheit* (s. die Bezugsstellen bei *B. McGinn,* Theological Summary, in: Meister Eckhart, The Essential Sermons, Commentaires, Treatises and Defense, übers. v. *E. Colledge* u. *B. McGinn,* 36, Anm. 71 f, wo sich die Auffassung Meister Eckharts findet, daß der Vater das *unum* sei, welches den Sohn, das *verum,* schaffe und zusammen mit ihm den Heiligen Geist, das *bonum,* zeuge. Diese Interpretation gründet auf dem hl. Augustinus.
[37] In der Übersetzung von *J. Ancelet-Hustache,* Maître Eckhart 55. Nichtsdestoweniger präzisiert Meister Eckhart in einer anderen Predigt: „Wenn ich sagte, Gott sei kein Wesen, sei oberhalb der Wesenhaftigkeit, so habe ich nicht behauptet, er sei nicht, sondern ich habe ihm im Gegenteil ein höheres Sein zugewiesen" (ebd.).

Andererseits besteht Meister Eckhart aber auf der Tatsache, daß der Mensch „nach dem Bilde Gottes geschaffen sei", und er verlangt vom Gläubigen, das Göttliche Prinzip (die *Gottheit*) zu erkennen, die über dem trinitarischen Gott steht. Denn aufgrund seiner Natur selbst enthält der *Grund* der Seele nichts anderes als das göttliche Wesen, direkt und ohne Mittler. In seiner Totalität dringt Gott in die Menschenseele ein. Eckhart sieht in der mystischen Erfahrung nicht die *unio mystica*, die vom hl. Bernhard und anderen berühmten Autoren gepriesen wurde, sondern die Rückkehr zu der *Gottheit*, die nicht manifest ist. So entdeckt der Gläubige also seine ontologische Indentität mit dem göttlichen *Grund*. „Zuerst hatte ich keinen Gott, und ich war einfach ich selber ... Ich war reines Dasein und ich erkannte nicht die göttliche Wahrheit ... Ich bin mein Urgrund und mein ewiges Leben und mein zeitliches Leben ... Wegen meiner ewigen Geburt werde ich nicht sterben ... Ich war der Grund meiner selbst und aller anderen Dinge."[38]

Für Meister Eckhart wird dieser Zustand vor der Schöpfung auch der des Endes. Die mystische Erfahrung antizipiert die Reintegration der Seele in die ununterschiedene Gottheit. Es handelt sich trotzdem nicht um einen Pantheismus, noch um einen Monismus vom Typ des Veda. Meister Eckhart vergleicht die Einheit mit Gott mit dem Wassertropfen, der in den Ozean fällt, und er identifiziert sich mit ihm. Der Ozean aber ist nicht dem Wassertropfen gleich. „So wird die Seele göttlich, aber Gott wird nicht die Seele." Trotzdem ist in der *unio mystica* „die Seele in Gott, wie Gott in ihr ist"[39].

Im Festhalten an der Trennung zwischen Seele und Gott hat Meister Eckhart aber das große Verdienst, aufgezeigt zu haben, daß dieser Unterschied nicht definitiv ist. Für ihn ist die Prädestination des Menschen, *in Gott zu sein* und nicht als Geschöpf Gottes auf Erden zu leben. Denn der *wirkliche Mensch*, die Seele also, ist ewig. Das Heil des Menschen beginnt mit seinem Rückzug aus der Zeit[40]. Meister Eckhart bleibt nicht bei der *Abgeschiedenheit* stehen, die eine religiös absolut notwendige Praxis war, um Gott zu finden[41]. Das Heil ist ein ontologischer Vorgang, der durch die *wahre Erkenntnis* möglich wird. Der Mensch wird in dem Maße erlöst, in dem er sein wahres *Sein* findet. Er kann aber sein *Sein* nicht finden, ehe er

---

[38] Textedition von *F. Pfeiffer*, übers. v. *S. Ozment*, The Age of Reform 128.
[39] *S. Ozment*, ebd. 131; Textausgabe bei *I. Quint*, Deutsche Predigten u. Traktate, Nr. 55, 410. – *McGinn*, a. a. O. 45 ff.
[40] Die Zeit ist Meister Eckhart zufolge das größte Hindernis bei der Annäherung an Gott. Nicht nur die Zeit, sondern auch „die zeitlichen Dinge, die zeitlichen Gefühlsregungen, sogar der Geschmack der Zeit" (übers. v. *C. de B. Evans*, Meister Eckhart I, 237).
[41] In seiner Abhandlung über die Entsagung erachtet Meister Eckhart diese Praxis sogar höher als die der Erniedrigung oder die des Mitleidens (vgl. On detachment, übers. v. *E. Colledge*, 285 ff.) Er präzisiert aber, daß das Mitleid einer der Wege sei, der zur Entsagung führe (ebd. 292.)

Gott, die Quelle allen Seins erkannt hat[42]. Die fundamentale religiöse Erfahrung, die das Heil gewährleistet, besteht im Aufkeimen des Logos in der Seele des Gläubigen. Da der Vater den Sohn in Ewigkeit gezeugt hat und da der *Grund* des Vaters der gleiche ist wie der der Seele, zeugt Gott den Sohn im *Grund* der Seele. Mehr noch: „Er zeugt mich, seinen Sohn, (welcher selbst) *der* Sohn ist." „Er zeugt nicht einfach mich, seinen Sohn, sondern zeugt mich wie Ihn selbst und Ihn selbst wie mich."[43]

Nichts hat die Gegner Meister Eckharts mehr gestört als die Auffassung von der Geburt des Sohnes in der Seele des Gläubigen, die die Einheit des „guten und gerechten" Christen mit Christus impliziert. Es ist wahr, daß die durch den Dominikaner dargelegten Analogien nicht immer glücklich waren. Zu Ende der *Predigt Nr. 6* spricht Meister Eckhart von dem Menschen, der ganz in Gott verwandelt worden ist, wie auch das Brot durch die Transsubstantiation zum Leib Christi wird. „Ich bin so sehr in ihn verwandelt, daß sein Wesen in meinem wirkt, es ist dasselbe Wesen, und es ist nichts, das nur ähnlich wäre."[44] In seiner *defensio* aber spricht Meister Eckhart davon, daß er *in quantum* spreche, d. h. also im formalen und abstrakten Sinne[45].

Die entscheidende Bedeutung, die Meister Eckhart der *Abgeschiedenheit* von allem, was nicht Gott (d. h. die *Gottheit*) ist, zuweist, vermindert in den Augen mancher Menschen die Schlagkraft und Aktualität seiner mystischen Theologie. Man warf ihm zu Unrecht vor, er interessiere sich zu wenig für das sakramentale Leben der Kirche und für die Ereignisse der Heilsgeschichte. Wahr ist, daß der Dominikaner nicht auf der Rolle Gottes in der Geschichte und auf der Inkarnation Christi in der Zeit bestand. Er lobte aber denjenigen, der seine Kontemplation unterbrach, um einem Kranken Suppe zu geben, und er wiederholte, daß man Gott auf der Straße genauso finden könne wie in der Kirche. Andererseits konnte das tatsächliche Ziel der Kontemplation nach Meister Eckhart, also die Rückkehr zu der nicht differenzierten Gottheit, diejenigen Gläubigen, die auf der Suche nach gefühlsbetonten religiösen Erfahrungen sind, nicht befriedigen. Für

---

[42] Diese gegenseitige Abhängigkeit zwischen Ontologie und Bewußtsein *(intellegere)* stellt in gewisser Weise einen paradoxen, wenn nicht gegensätzlichen Aspekt in der Theologie Meister Eckharts dar. In der Tat beginnt er sein systematisches Werk Opus propositionum mit einer Analyse der Voraussetzung *Esse Deus est*, während er in seinen Pariser Quaestiones behauptet, daß Gott im strengen Sinne als *intellegere* zu verstehen sei. Der Akt des Begreifens ist also über dem *esse* (vgl. *B. McGinn*, Meister Eckhart 32 u. Anm. 4). Zahlreiche andere Passagen stellen die Priorität Gottes als reinen Intellekt oder als Begreifen dar (vgl. ebd. 300, Anm. 45).

[43] Sermo Nr. 6 in der Übersetzung von *E. Colledge*, Meister Eckhart 187; s. andere Passagen bei *B. McGinn*, a. a. O. 51 ff, u. *G. F. Kelley*, Meister Eckhart on Divine Knowledge 126 ff. Diese These wurde in Avignon nicht als Häresie, sondern als „der Häresie verdächtig" verworfen.

[44] *E. Colledge*, a. a. O. 180; vgl. auch In agro dominico, Art. 10, übers. v. *B. McGinn*, a. a. O. 78.

[45] *B. McGinn*, a. a. O. 53 ff. In Sermo Nr. 53 erklärt er, daß es sich um die Einheit mit der *Gottheit* handele, nicht um die mit dem Schöpfergott.

ihn lag die wahre Glückseligkeit nicht in dem *raptus*, sondern in der intellektuellen Einheit mit Gott, die durch die Kontemplation erlangt wurde.

Im Jahre 1321 wurde Meister Eckhart der Häresie angeklagt. Er mußte in seinen letzten Jahren seine Thesen verteidigen. Im Jahre 1329 (ein oder zwei Jahre nach seinem Tod) verdammte Papst Johannes XXII. 28 Artikel, wobei er 17 für häretisch, die anderen für „mißliebig, sehr kühn und der Häresie verdächtig"[46] erklärte. Wahrscheinlich ist, daß die Zweideutigkeiten seiner Sprache und die Eifersucht mancher Theologen zu dieser Verdammung beigetragen haben. Wie dem auch sei: die Konsequenzen waren beachtlich. Trotz der Anstrengungen seiner Schüler Heinrich Seuse und Johannes Tauler (vgl. § 299) und der Treue mancher Dominikaner wurde das Werk Meister Eckharts lange Zeit verborgen gehalten. Theologie und Metaphysik des christlichen Westens haben aus seinen Intuitionen und seinen genialen Interpretationen keinen Gewinn gezogen. Sein Einfluß beschränkte sich auf die germanischen Länder. Die Verbreitung seiner Schriften im geheimen ermutigte die Erstellung von apokryphen Texten. Indes befruchtete das kühne Denken Meister Eckharts manche schöpferischen Geister. Zu den größten unter ihnen gehört Nikolaus von Cues (vgl. § 301).

299. Volksfrömmigkeit und Risiken der Frömmelei

Seit dem Ende des 12. Jahrhunderts wurde die geistliche Perfektion nicht allein in Klöstern gesucht. Eine wachsende Anzahl von weltlichen Frommen suchte eine Nachahmung des Lebens der Apostel und der Heilsgeschichte auch in dieser Welt. So die Waldenser aus Lyon, Schüler eines reichen Kaufmanns, Petrus Waldes, der sein Gut den Armen gab (1173) und freiwillige Armut predigte, oder auch die *Humiliaten* in Norditalien[47]. Der größte Teil blieb der Kirche treu. Manche aber, die ihre direkte Beziehung zu Gott übersteigerten, trennten sich vom Gottesdienst und von den Sakramenten.

In den nördlichen Gebieten – in Flandern, den Niederlanden und in Deutschland – bildeten sich kleine Gemeinschaften weiblicher Laien, die unter dem Namen der Beginen bekannt wurden[48]. Sie teilten ihr Leben in Arbeit, Gebet und Verkündigung. Wenn auch weniger zahlreich, so aber ebenfalls dem Ideal der christlichen Armut geweiht, gab es Männerbünde, die Begharden[49].

---

[46] Über den Prozeß und die Verurteilung von Meister Eckhart s. *J. Ancelet-Hustache*, Maitre Eckhart 120 ff; *B. McGinn*, a. a. O. 13 ff.
[47] Diese beiden Gruppen wurden von Papst Lucius III. im Jahre 1184 mit dem Bannfluch belegt.
[48] Manchen Autoren zufolge scheint sich dieser Name von „Albigenser" abzuleiten (vgl. *S. Ozment*, a. a. O. 91, Nr. 58; *G. Leff*, Heresy in Later Middle Ages I, 18 ff).
[49] *G. E. W. McDonnell*, The Beguines and Begards in Mediaeval Culture, passim.

Diese Bewegungen einer Volksfrömmigkeit, die durch die Erinnerungen an ein *Leben der Apostel* hervorgerufen wurden, erinnern an das religiöse Ideal der Waldenser. Dies ist evident sowohl durch die Verachtung der Welt als auch durch die Unzufriedenheit gegenüber dem Klerus. Wahrscheinlich ist, daß manche Beginen ein Klosterleben vorgezogen hätten oder zumindest der geistlichen Richtung der Dominikaner nahestanden. So lag der Fall bei Mechthild von Magdeburg (1207–1282), der ersten Mystikerin, die deutsch schrieb. Sie nannte den hl. Dominikus „meinen vielgeliebten Vater". In ihrem Buch *Das fließende Licht der Gottheit* verwendet Mechthild die mystisch-erotische Sprache, wenn sie von der Vereinigung des Gatten mit der Gattin spricht. „Du bist in mir, und ich in dir."[50] Die Einheit mit Gott macht den Menschen von der Sünde frei, schreibt Mechthild von Magdeburg. Für ehrenhafte Geister beinhaltete diese Behauptung keine Häresie. Zudem legten zahlreiche Päpste und viele Theologen Zeugnis ab für die Rechtgläubigkeit der Beginen[51]. Hauptsächlich aber zu Beginn des 14. Jahrhunderts haben andere Päpste und Theologen die Beginen und Begharden der Häresie angeklagt[52] und sie nach bekanntem Muster verdächtigt, Orgien zu vollziehen, die vom Teufel eingegeben worden seien. Der wahre Grund der Verfolgung war der Neid des Klerus und des Mönchtums. Sie sahen im *apostolischen Leben* der Beginen und der Begharden nur eine Heuchelei und klagten sie des unbotmäßigen religiösen Eifers an[53].

Hier sei aber hinzugefügt, daß die Frömmigkeit in vielen Fällen zur Heterodoxie führte, und – in den Augen der kirchlichen Autoritäten – auch zur Häresie. Zudem waren im 13. und 14. Jahrhundert die Grenzen zwischen der Orthodoxie und der Heterodoxie weitgehend fließend. Zudem forderten manche Gruppen der Laien eine religiöse Reinheit, die das menschliche Vermögen überstieg. Die Kirche, die die Gefahr einer solchen idealistischen Übersteigerung nicht tolerieren konnte, reagierte heftig. Sie verlor so die Möglichkeit, das Bedürfnis einer christlichen Spiritualität, die authentischer und tiefergehend wäre, zu befriedigen[54].

Im Jahre 1310 wurde in Paris Marguerite Poret verbrannt, die erste, die man als Mitglied der Bewegung der Brüder und Schwestern vom freien

---

[50] Christus sagte ihm: „Du bist so in meiner Natur, daß sich nichts zwischen uns stellen kann" (zit. nach *R. E. Lerner,* The Heresies of the „Free Spirit" in the Later Middle Ages 19). Dieselbe Erfahrung der Liebe (minne) hatte das Werk der flämischen Begine Hadewijch inspiriert, die eine der größten Dichterinnen und Mystikerinnen des 13. Jahrhunderts war (vgl. *Hadewijch,* Complete Works 127 ff).

[51] Vgl. *R. E. Lerner,* a. a. O. 38 ff.

[52] Dennoch ist es so, daß einige Gruppen auch Lehren der Katharer annahmen (vgl. Denziger bei *S. Ozment,* a. a. O. 93, Nr. 63.

[53] Diese ungerechte Kritik erklärt sich durch die Tatsache, daß gegen Ausgang des 13. Jahrhunderts die Mönche von ihrem ursprünglichen Eifer verloren hatten und die Privilegien der Kirche genossen (vgl. *R. E. Lerner,* a. a. O. 44 ff.

[54] *S. Ozment,* a. a. O. 96; vgl. *G. Leff,* a. a. O. 29 ff.

Geist ausmachen konnte. (Trotz mancher Ähnlichkeiten muß diese Bewegung von den Gemeinschaften der Beginen und Begharden unterschieden werden.) Die Anhänger des freien Geistes hatten total mit der Kirche gebrochen[55]. Sie praktizierten einen radikalen Mystizismus, der die Einheit mit dem Göttlichen suchte. Ihren Anhängern zufolge meinten die Brüder und Schwestern des freien Geistes, daß der Mensch in seiner irdischen Existenz einen solchen Grad von Perfektion erreichen könnte, daß es ihm unmöglich sei, zu sündigen. Diese Häretiker lösten sich von der Mittlerfunktion der Kirche ab, denn „wo der Geist des Herrn wirkt, da ist Freiheit" (2 Kor 3, 17). Indes ist durch nichts zu beweisen, daß sie den Antinomismus propagierten – im Gegenteil – im Gegenteil: durch die Sittenstrenge und Askese bereiteten sie die *unio mystica* vor. Schlußendlich sahen sie sich nicht mehr von Gott und Jesus Christus getrennt. Manche behaupteten: „Ich bin Christus, und ich bin noch mehr."[56]

Wenngleich auch als Häretikerin verbrannt, wurde das Werk von Marguerite Poret *Le Mirour des simples âmes* oft kopiert und in viele Sprachen übersetzt. In der Tat kannte man die Autorin über lange Zeit nicht (Identifikation 1946); dies aber bewies, daß die Häresie nicht augenfällig war. Der *Mirour* beinhaltet einen Dialog zwischen der Liebe und der Vernunft, der eine Wendung der Seele zu Gott impliziert. Die Autorin beschreibt sieben „Zustände der Gnade", die zur Einheit mit Gott führen. Im fünften und sechsten „Zustand" wird die Seele „vernichtet" oder „befreit", und sie wird den Engeln gleich. Der siebte Zustand, der der *Einheit*, wird erst nach dem Tode, im Paradies, vollzogen[57].

Andere Werke von Autoren, die zu der Bewegung des freien Geistes gehören, zirkulierten unter dem Namen Meister Eckharts. Die bekanntesten sind im *Opus Sermonum* die Predigten Nr. 17, 18 und 37[58]. Der Traktat *Schwester Katrei* behandelt die Beziehungen zwischen einer Begine und ihrem Beichtvater, Meister Eckhart. Gegen Ende gesteht ihm die Schwester Katrei: „Herr, erfreut euch an mir, denn ich bin Gott geworden!" Ihr Beichtvater befiehlt ihr, drei Tage lang in der Abgeschiedenheit einer Kirche zu leben. Wie auch im *Mirour* hat die Einheit der Seele mit Gott keine anarchischen Folgen. Die große Eroberung, die durch die Bewegung des freien Geistes gemacht wurde, ist die Gewißheit, daß die *unio mystica hier*, auf der Erde, erreicht werden kann[59].

---

[55] *G. Leff*, a. a. O. I, 310 ff; *R. E. Lerner*, passim.
[56] Texte in der Übersetzung bei *R. E. Lerner*, a. a. O. 116 ff.
[57] M. Poret ist eine „Häretikerin" aus Passivität. Messe, Predigten, Fasten, Gebete seien unnütz, weil „Gott schon hier ist". Der Mirour aber ist ein esoterischer Text. Er richtet sich nur an Menschen, die „verstehen" (s. die Analyse der Texte bei *R. E. Lerner*, a. a. O. 200 ff).
[58] In letzterem kann man lesen: „Derjenige, der auf die sichtbare Schöpfung verzichtete, in der Gott seinen Willen zur Gänze darlegt ... ist zugleich Mensch und Gott ... Sein Körper ist so vollständig vom göttlichen Licht durchdrungen ..., daß er ein göttlicher Mensch genannt werden kann."
[59] Vgl. *R. E. Lerner*, a. a. O. 215 ff, 241 ff.

300. Unheil und Hoffnung: von den Flagellanten zur devotio moderna

Außer durch die großen Krisen, die die westliche Kirche im 14. Jahrhundert erschütterten[60], wurde das Jahrhundert durch eine Reihe von unglücklichen Ereignissen und kosmischen Katastrophen heimgesucht: Kometen, Sonnenfinsternisse, Überschwemmungen und hauptsächlich von 1347 an die schreckliche Pestepidemie, der „schwarze Tod". Um Gott zu erweichen, vermehrten sich die Prozessionen der Flagellanten[61]. Es handelte sich um eine volkstümliche Bewegung, die nach einem charakteristischen Modell agierte: von der Frömmigkeit zur Heterodoxie. Tatsächlich waren die Flagellanten auf ihre Selbstquälerei stolz und glaubten trotz ihrer theologischen Ignoranz, die charismatischen und thaumaturgischen Kräfte der Kirche ersetzen zu können. Aus diesem Grunde wurden sie von 1349 an durch Papst Clemens VI. verboten.

Um ihre Sünden und hauptsächlich die Sünden der Welt ungeschehen zu machen, durchstreiften herumziehende Gruppen von Laien das Land unter der Leitung eines „Meisters". Wenn sie in einer Stadt ankamen, so begaben sie sich zum Teil in großer Zahl (mehrere tausend Personen) zur Kathedrale, sangen Hymnen und bildeten verschiedene Zirkel. Stöhnend und weinend riefen die Büßer Gott, Christus und die Heilige Jungfrau an und begannen, sich mit solcher Kraft zu peitschen, daß ihre Körper eine aufgedunsene Masse blaugeschlagenen Fleisches waren[62].

Zudem schien diese ganze Epoche vom Tod besessen zu sein und vom Leiden, das die Verstorbenen im Jenseits erwartet. Der Tod beschäftigte die Vorstellungskraft mehr als die Hoffnung auf die Auferstehung[63]. Die Kunstwerke (Grabmonumente, Statuen, hauptsächlich aber Bilder) stellen mit krankhafter Präzision die einzelnen Stationen der Auflösung des Körpers dar[64]. „Der Kadaver ist überall, selbst auf dem Grab."[65] Der Totentanz, in dem ein Tänzer den Tod darstellt, beschäftigte Männer und Frauen

---

[60] Der Aufenthalt der Päpste in Avignon (1309–1377), das Große Schisma 1378–1417, während dessen zwei (oder sogar drei) Päpste gleichzeitig im Amt waren.
[61] Dies Phänomen war nicht neu. Die Flagellanten traten in Perugia im Jahre 1260 auf, in dem Jahr, in dem der Prophet Joachim von Fiore den Beginn des siebten Zeitalters der Kirche vorausgesagt hatte. In den folgenden Dezennien breitet sich die Bewegung in Zentraleuropa aus, verschwindet aber, einige periphere Einbrüche ausgenommen, um dann mit außergewöhnlicher Gewalt 1349 wieder einzusetzen.
[62] Siehe die Analyse der Dokumente bei *G. Leff*, Heresy II, 485 ff. Jedes Mitglied der Gruppe mußte sich zweimal täglich in der Öffentlichkeit und einmal während der Nacht alleine peitschen.
[63] *F. Oakley*, The Western Church in the Later Middle Age 117.
[64] Siehe die außerordentlich gut illustrierte Dokumentation in: *T. S. R. Boase*, Death in the Middle Ages.
[65] *J. Baltrušaitis*, Le Moyen Age fantastique 236 ff. „Das Ende des Mittelalters ist voll von Visionen der Skelette und der zerstückelten Körper. Das Hohngelächter der Schädel und das Klappern der Knochen durchtönen es mit ihrem Gerassel" (ebd.).

jeden Alters und aller sozialen Schichtungen (Könige, Bettler, Bischöfe, Bürger usw.). Er wurde ein Lieblingsobjekt der Literatur und der Malerei[66].

Es ist dies auch die Zeit der blutenden Hostien, der Handbücher über die *ars moriendi*, der Darstellung der *Pietà* und der Bedeutung, die man dem Purgatorium beimaß. Wenn auch die päpstliche Definition des Purgatoriums aus dem Jahre 1259 stammt[67], so vermehrte sich dessen Bedeutung schlagartig, hauptsächlich aufgrund der Messen, die man für die Toten las[68].

In dieser Zeit der Krise und der Hoffnungslosigkeit entwickelte sich der Wunsch nach einem glaubwürdigeren religiösen Leben, der sich schnell verbreitete, und die Suche nach mystischer Erfahrung wurde zuweilen zur Besessenheit. In Bayern, im Elsaß und in der Schweiz versammelten sich glühende Anhänger und bezeichneten sich als „Freunde Gottes". Ihr Einfluß wurde in manchen Kreisen der Laien spürbar, aber auch in verschiedenen Klöstern. Tauler und Seuse bemühten sich als Schüler Meister Eckharts, dessen Lehre in einer vereinfachten Form darzulegen, um sie zugänglich zu machen und vor Argwohn zu schützen.

Über das Leben Johannes Taulers (geboren gegen 1300, gestorben 1362) weiß man recht wenig, und die Texte, die ihm zugeschrieben wurden, sind nicht von ihm[69]. Tauler besteht auf der Geburt Gottes in der Seele des Gläubigen: man muß „jeden Willen, jedes Verlangen, alles eigene Handeln vernichten. Nichts als die einfache und reine Erwartung Gottes darf bestehen bleiben." Der Geist wird „in das dunkle Geheimnis Gottes geführt und schließlich in die einfache Einheit ohne Modalität, wo er jede Unterscheidungsfähigkeit verliert, wo er ohne Objekt und ohne Gefühle ist" (nach d. Übers. von J. Ancelet-Hustache). Aber Tauler ermutigt nicht zur Suche nach der Gnade, die in der mystischen Erfahrung liegt.

Über das Leben und Werk von Heinrich Seuse (1296–1366) hat man genauere Angaben. In sehr jungen Jahren trat er dem Dominikanerkonvent von Konstanz bei und erfuhr um sein achtzehntes Lebensjahr die erste mystische Erleuchtung. Im Unterschied zu Meister Eckhart, zu dem er im Jahre 1320 geschickt wurde, sprach Seuse über seine einzelnen ekstatischen Erfahrungen[70]. So faßt er die einzelnen Stufen der Versenkung auf dem

---

[66] Ebd. 235 ff. Wenn auch aus Griechenland stammend, sind diese Auffassungen und Bilder im Mittelalter aus Asien gekommen, wahrscheinlich aus Tibet (vgl. ebd. 244 ff; *T. S. R. Boase*, a. a. O. 104 ff, und hauptsächlich *N. Cohn*, The Pursuit of the Millenium 130 ff).
[67] Vgl. *J. Le Goff*, La naissance du purgatoire 177 ff, 381 ff.
[68] Siehe die Beispiele bei *Oakley*, a. a. O. 117 ff. Man mehrte die Zahl der Messen zu Ehren der heilenden Heiligen: des hl. Blasius für die Halskrankheiten, des hl. Rochus zur Verhütung der Pest usw.
[69] Erst 1910 konnte man eine Anzahl Predigten, fragmentarisch oder komplett, für authentisch erklären.
[70] „Ich kenne einen Predigerbruder, der im allgemeinen zweimal täglich, morgens und abends zwei Gnadeneingebungen erhielt, die während zweier Nachtwachen anhielten. Während dieser Zeit war er so von Gott, von der ewigen Weisheit absorbiert, daß er nicht sprechen konnte.

Weg zur mystischen Erfahrung zusammen: „Der, der auf sich selbst verzichtet, muß sich von den geschaffenen Formen trennen und wird mit Christus geformt und in die Göttlichkeit umgebildet."

Vielleicht infolge seines *Büchleins der ewigen Weisheit*, in dem er die Unterweisung durch Meister Eckhart rechtfertigt, mußte Seuse seine Stelle als Lektor aufgeben. Er reiste in die Schweiz, ins Elsaß und anderswohin. So traf er Tauler und zahlreiche „Freunde Gottes". Da seine Verkündigung ihn bei Laien und Geistlichen populär gemacht hatte, erregte Seuse Eifersucht und wurde sogar haßerfüllt verleumdet. Nach seinem Tod aber gewannen seine Lehren weite Verbreitung.

Obgleich er die Beginen und die Anhänger des freien Geistes heftig kritisiert hatte, entging auch der große flämische Mystiker Ruysbroek (1293–1381) nicht dem Argwohn der Behörden[71]. Der Großteil seiner elf nachweisbaren Schriften befaßt sich mit der geistlichen Leitung. Ruysbroek besteht auf dem Irrtum der „Häretiker" und der „falschen Mystiker", die die geistige Leere mit der Einheit mit Gott gleichsetzen: man kann die wahre Kontemplation ohne christliche Praxis und Gehorsam gegenüber der Kirche nicht erreichen. Die *unio mystica* entsteht nicht auf „natürlichem Wege", sondern sie ist ein Geschenk der himmlischen Gnade.

Ruysbroek verkannte das Risiko nicht, falsch beurteilt zu werden. Daher förderte er die Verbreitung einer Anzahl von Schriften, die ausschließlich für die in der Praxis der Kontemplation fortgeschrittenen Leser geschrieben waren, nicht[72]. Trotzdem wurde er von Johannes Gerson, dem Rektor der Universität von Paris, mißverstanden und angegriffen. Selbst sein treuer Anhänger Gerhart Groote erkannte, daß das Denken von Ruysbroek zur Verwirrung beitragen konnte. Tatsächlich unterstrich Ruysbroek die Notwendigkeit des Handelns, behauptete aber, daß sich die kontemplative Erfahrung auf einem höheren Niveau abspiele. Er stellte klar, daß man auch während dieser Erfahrung für Eingeweihte nicht „total Gott werden kann und die Modalität eines geschaffenen Wesens verlieren kann" *(Der Funkenstein* oder: „Der funkelnde Stein")[73]. Trotzdem bedingt diese Erfahrung „eine Vereinigung mit der existentiellen Einheit Gottes", die Seele des Kontemplativen wird „von der Heiligen Trinität umfaßt" (*Zierde der geistlichen Hochzeit,* III, Prol.; III, 6). Ruysbroek erinnert daran, daß Gott den

---

Es schien ihm oftmals selbst so, daß er durch die Luft flöge, zwischen Ewigkeit und Zeitlichkeit oszilliere und auf dem tiefen Grund der göttlichen Unergründlichkeit sei" (übers. v. *J. Ancelet-Hustache*).

[71] Nachdem er 1317 zum Priester geweiht worden war, zog er sich im Jahre 1343 zusammen mit einer Gruppe von Kontemplativen in eine Einsiedelei zurück. Die Einsiedelei wurde bald zu einem Kloster nach der Augustinerregel. Dort starb er im Alter von 88 Jahren.

[72] Später schrieb er das Petit Livre de l'illumination, um das *Königreich der Liebe* zugänglich zu machen. Die Essenz der Lehre findet man in der langen Abhandlung Mariages Spirituelles, seinem Hauptwerk, und in dem kleinen Text La Pierre étincellante.

[73] Vgl. auch *Oakley*, a.a.O. 279.

Menschen nach seinem Bilde schuf „wie einen lebenden Spiegel, dem er den Stempel seiner Natur aufprägte". Er fügt hinzu, daß, um diese tiefe und mystische Wahrheit zu verstehen, „der Mensch in seinem Selbst sterben und in Gott leben muß" (ebd., III, Prol.).

Schließlich traf das Risiko einer kirchlichen Zensur die in der Theologie bewanderten Kontemplativen genauso wie die Enthusiasten aller Spielarten, die auf der Suche nach mystischer Erfahrung waren. Manche Spirituellen hatten das nutzlose Risiko eines solchen Tuns schnell eingesehen. Gerhart Groote (1340–1384), Gründer einer neuen Askesebewegung, der „Brüder des gemeinsamen Lebens", interessierte sich überhaupt nicht für mystische Spekulation und Erfahrung. Die Mitglieder der Gemeinschaft praktizierten, was man die *devotio moderna* genannt hat, ein einfaches Christentum, großmütig und tolerant, und entfernten sich nicht von der Orthodoxie. Der Gläubige war dazu aufgerufen, über das Mysterium der Inkarnation nachzudenken, so wie es die Eucharistie erneuert, und sich nicht mystischen Spekulationen hinzugeben. Gegen Ende des 14. und während des 15. Jahrhunderts zog die Bewegung der „Brüder des gemeinsamen Lebens" viele Laien an. Dies besondere und tiefe Bedürfnis einer Hingabe, die jedermann zugänglich ist, erklärt den außergewöhnlichen Erfolg der *Imitatio Christi*, die von Thomas von Kempen (1380–1471) verfaßt wurde.

Bis heute diskutiert man über die Bedeutung und den Wert dieser pietistischen Bewegung. Manche Autoren halten sie für eine Quelle der Reformen verschiedenster Art: humanistischer, katholischer oder protestantischer[74]. Steven Ozment erkennt an, daß die *devotio moderna* die Bewegung der Reformation des 16. Jahrhunderts in gewisser Weise vorweggenommen und ihr den Weg geebnet hat, bemerkt aber zu Recht, daß „die Hauptbedeutung der *devotio moderna* in der Erneuerung des traditionellen Mönchtums am Vorabend der Reformation liegt. Die *devotio moderna* zeigte, daß das Verlangen, in einer einfachen Gemeinschaft und in Selbstlosigkeit zu leben, Christus und die Apostel nachzuleben, gegen Ende des Mittelalters genauso lebendig war wie in der Zeit der Urkirche."[75]

301. Nikolaus von Cues und der Untergang des Mittelalters

Auch Nikolaus Krebs, der im Jahre 1401 in Cues (Cusa) geboren wurde, begann seine Studien in einem Internat, das unter Leitung der „Brüder des gemeinsamen Lebens" stand. Manche Autoren erkennen Züge dieser ersten Erfahrung in der geistigen Entwicklung des späteren Kardinals[76]. Nikolaus

---

[74] Im Gegensatz dazu besteht R. R. Post, The Modern Devotion 675 ff, auf der Diskontinuität zwischen der devotio moderna und dem Geist der Reformation.
[75] S. Ozment, a. a. O. 98.
[76] E. Cassirer, The Individual and the Cosmos in Renaissance Philosophy 33, 41.

von Cues fand sehr früh zu den Werken von Meister Eckhart und des Pseudo-Areopagiten. Diese beiden mystischen Theologen haben sein Denken ausgerichtet und geleitet. Seine universelle Bildung (er befaßte sich mit Mathematik, Rechtskunde, Geschichte, Theologie und Philosophie) und die tiefgreifende Originalität seiner Metaphysik sowie seine außergewöhnliche kirchliche Karriere machten Nikolaus von Cues zu einer der vielschichtigsten und anziehendsten Gestalten in der Geschichte des Christentums[77].

Es wäre vergeblich, eine gedrängte Übersicht über sein System geben zu wollen. Für uns sei es hinreichend, die universalistische Schau seiner religiösen Metaphysik hervorzuheben, wie sie in seinem ersten Buch *De concordantia catholica* (1433) und in *De docta ignorantia* (1440) sowie in *De pace fidei* (1453) dargestellt ist. Nikolaus von Cues war der erste, der die *concordantia* als universelles Thema erkannte, das sowohl im Leben der Kirche als auch in der geschichtlichen Entwicklung und der Struktur der Welt sowie schließlich in der Natur Gottes vorhanden ist[78]. Für ihn konnte sich die *concordantia* nicht nur zwischen dem Papst und dem Konzil, den Kirchen im Osten und im Westen, sondern auch zwischen dem Christentum und den historischen Religionen entwickeln. Zu diesem kühnen Schluß kam er durch die negative Theologie des Pseudo-Areopagiten. Und so schuf er sein Hauptwerk über die „Gelehrte Unwissenheit", in dem er die *via negativa* verfolgte.

Nikolaus von Cues hatte die Idee zu der *docta ignorantia*, als er im November 1437 über das Mittelmeer nach Konstantinopel reiste. Da es sich um ein schwieriges Werk handelt, seien hier lediglich einige der Kernthemata genannt. Der Cusaner erinnert daran, daß das Bewußtsein (das relativ, komplex und begrenzt ist) nicht in der Lage ist, die Wahrheit zu ergreifen (die einfach und unbegrenzt ist). Da jede Wissenschaft auf der Vermutung fußt, kann der Mensch Gott nicht erkennen (I, 1, 3). Die Wahrheit, das absolute „*Maximum*", ist außerhalb der Vernunft, denn die Vernunft ist nicht in der Lage, Widersprüche aufzulösen (I, 4). Man muß daher die diskursive Rationalität und die Imagination überschreiten, um das „*Maximum*" durch Intuition ergreifen zu können. In der Tat kann der Intellekt

---

[77] Nachdem er viele berühmte Universitäten besucht hatte (unter anderen von 1417 bis 1423 die von Padua), wurde er zum Priester geweiht. 1430 wurde er Dechant der Kathedrale von St. Florentin in Koblenz. Dem Konzilskolleg von Basel trat er 1432 bei. Indes vertrat er die Partei Papstes Eugens IV. Dieser schickte ihn als Legaten nach Konstantinopel, um den Patriarchen des Ostens und Kaiser Johannes Palaiologos zum Konzil nach Florenz einzuladen, damit die Einheit der Kirche so wiederhergestellt werde. In der Zeit zwischen den beiden bedeutendsten seiner Werke (De docta Ignorantia, 1440, und De Visione Dei, 1450) wurde Nikolaus von Cues zum Kardinal und Erzbischof von Brixen berufen. Hier kam es zum Konflikt mit Herzog Sigismund von Tirol (1457). So zog er sich nach Rom zurück und widmete sich in seinen letzten Lebensjahren seinen Werken. Er starb 1464 in Todi.
[78] Vgl. *J. Pelikan*, Negative Theology and Positive Religion 68.

sich über die Differenzen und Diversifikationen durch einfache Intuition erheben (I, 10). Da sich aber der Intellekt nicht in einer rationalen Sprache ausdrücken kann, zieht sich der Cusaner auf die Symbolik und zuerst auf die geometrischen Figuren zurück (I, 1, 12). In Gott[79] fällt das unendlich Große *(maximum)* mit dem unendlich Kleinen *(minimum)* zusammen, und das virtuelle Bild ist mit der Tat deckungsgleich. Gott ist weder eins, noch ist er die Trinität, aber die Einheit ist er, die mit der Trinität zusammenfällt (I, 19). In seiner unendlichen Einfachheit umfaßt Gott *(complicatio)* alle Dinge, zur gleichen Zeit ist er aber auch in allen Dingen *(explicatio)*. Mit anderen Worten, die *complicatio* fällt mit der *explicatio* zusammen (II, 3). Sobald man das Prinzip der *coincidentia oppositorum* verstanden hat, wird unsere Ignoranz „weise". Die *coincidentia oppositorum* aber darf nicht wie eine Synthese, die durch Vernunft erlangt wurde, aufgefaßt werden, denn sie kann sich auf dem Gebiet einer begrenzten Welt nicht realisieren, sondern sie muß in vermutender Weise auf dem Gebiet des Unendlichen gesehen werden[80].

Nikolaus von Cues zweifelte nicht an dem Prinzip der *via negationis,* die den Zusammenfall der Gegensätzlichkeiten und für die Theologie und die christliche Philosophie einen gänzlich anderen Horizont ermöglichte und so einen fruchtbaren Dialog mit den anderen Religionen einleitete. Zum Unglück für das Christentum des Westens hatten seine Intuitionen und Entdeckungen keine Folgen. Nikolaus von Cues schrieb *De pace fidei* im Jahre 1453, als die Türken gerade Konstantinopel erobert hatten und das Byzantinische Reich nicht mehr existierte. In der Tat veranschaulicht der Fall des „zweiten Roms" in pathetischer Weise die Unfähigkeit Europas, eine Einheit auf politischer oder religiöser Basis zu erzielen oder zu bewahren. Trotz dieser Katastrophe, deren er sich schmerzlich bewußt war, nahm der Cusaner in *De pace fidei* seine Argumente zugunsten einer fundamentalen Einheit der Religionen wieder auf. Er ist nicht ratlos gegenüber den „Besonderheiten": Polytheismus, Judentum, Christentum, Islam. Der Cusaner folgte der *via negativa* und beleuchtete nicht nur die Diskontinuität, sondern auch die Kontinuität zwischen den Ritualen der Polytheisten und dem „wahren" Gottesdienst. Denn die Polytheisten „verehren die Gottheit in allen Göttern"[81]. Bezüglich des reinen Monotheismus der Juden und der Muslime und des trinitarischen Monotheismus der Christen ruft Nikolaus von Cues in Erinnerung, daß „Gott als Schöpfer dreieinig

---

[79] Nikolaus von Cues erkannte, daß die negative Theologie der positiven überlegen ist, sich mit dieser aber in einer verbindenden treffe.
[80] Zu beachten ist der Unterschied in dieser Konzeption, d. h. der *coincidentia oppositorum* auf dem Gebiet des Unendlichen, und der archaischen traditionellen Auffassungen, die sich auf die Einigung aller Gegensätze in der Wirklichkeit berufen, z. B. *saṃsāra* und *nirvāna* (vgl. § 189, § 296).
[81] De pace fidei VI, 17 (nach *J.* Pelikan, a. a. O. 74).

und eins ist, als die Unendlichkeit aber weder dreieinig noch eins, noch eine andere Sache, welche man aussprechen könnte. Denn die Namen, die Gott gegeben werden, sind von den Kreaturen abgeleitet. In sich selbst ist Gott unaussprechlich und jenseits alles dessen, was man benennen oder sagen kann."[82] Mehr noch: die Nichtchristen, die an die Unsterblichkeit der Seele glauben, nehmen unwissentlich Christus vorweg, der getötet wurde und der wiederauferstanden ist.

Dieses kühne und glänzende Buch wurde fast zur Gänze vergessen. Wie Pelikan in Erinnerung ruft, wurde *De pace fidei* im ausgehenden 18. Jahrhundert durch Lessing wiederentdeckt. *Nathan der Weise* ist von der universalistischen Vision des Nikolaus von Cues inspiriert. Leider wird *De pace fidei* von den verschiedenen ökumenischen Bewegungen unserer Tage noch immer ignoriert.

Nikolaus von Cues war der letzte bedeutende Theologe und Philosoph der ungeteilten und einigen römischen Kirche. Fünfzig Jahre nach seinem Tod im Jahre 1517, proklamierte Martin Luther seine berühmten 95 Thesen (vgl. § 309), und einige Jahre später war die Einheit der westlichen Kirche auf immer verloren. Indes war aber seit den Waldensern und Franziskanern im 12. Jahrhundert bis zu Johannes Hus[83] und den Anhängern der *devotio moderna* im 15. Jahrhundert die Zahl der Bemühungen um eine „Reform" oder Reinigung mancher Praktiken und Institutionen groß, wenngleich diese sich auch nicht von der Kirche zu lösen gedachten. Mit wenigen seltenen Ausnahmen blieben diese Anstrengungen ohne Erfolg. Der Dominikaner Girolamo Savonarola (1452–1498) unternahm den letzten Versuch einer „Reform" innerhalb der römischen Kirche. Er wurde der Häresie angeklagt und gehenkt, sein Körper auf dem Scheiterhaufen verbrannt. Von da an wurden die Reformen *gegen* die katholische Kirche oder *außerhalb* ihrer selbst vollzogen.

Sicherlich sind die geistigen Bewegungen, die manchmal an der Grenze der Orthodoxie stattfanden, ebenso wie die durch sie hervorgerufenen Reaktionen mehr oder weniger direkt von politischen, ökonomischen und sozialen Veränderungen beeinflußt. Die feindlichen Reaktionen der Kirche und hauptsächlich die Exzesse der Inquisition trugen aber zu Verarmung bzw. Verhärtung der christlichen Erfahrung bei. Was die Veränderungen auf dem für Europa so bedeutsamen politischen Sektor anbelangt, so sei hier an den Sieg der Monarchien erinnert und an das Aufkeimen einer neuen geistigen Kraft, die sie stützte, des Nationalismus. Für uns ist aber

---

[82] De pace fidei VII, 21 (nach *J. Pelikan,* a. a. O. 74).
[83] Der tschechische Prediger Johannes Hus (1369–1415), der im Jahre 1400 zum Rektor der Universität von Prag ernannt wurde, kritisierte in seinen Predigten das Papsttum, die Bischöfe und den Klerus. Unter dem Einfluß von John Wicliff (1325–1384) schrieb er sein bedeutendstes Werk: De ecclesia (1413). Er wurde nach Konstanz gerufen, um sich zu verteidigen (1414), wurde der Häresie angeklagt und zum Tod auf dem Scheiterhaufen verurteilt.

interessanter, daß am Vorabend der Reformation die säkulare Wirklichkeit sowohl des Staates als auch der Natur vom Einflußbereich des Glaubens unabhängig wurde.

Es mag sein, daß sich die Zeitgenossen dieser Sache noch nicht bewußt waren, aber die Theologie und die Politik Ockhams wurden durch den Lauf der Geschichte bestätigt.

302. Byzanz und Rom: das Problem des filioque

Die Differenzen zwischen der Kirche des Westens und der Ostkirche, die schon im 4. Jahrhundert evident waren (vgl. § 251), stellten sich in den folgenden Jahrhunderten klar heraus. Die Gründe waren zahlreich: verschiedene kulturelle Traditionen (griechisch-orientalische auf der einen, römisch-germanische auf der anderen Seite); die wechselseitige Unkenntnis nicht nur der Sprachen, sondern auch der theologischen Literatur; die Unterschiede im Gottesdienst und in der kirchlichen Ordnung (Heirat der Priester, die im Westen verboten war, der Gebrauch des Matzens im Westen und des Brotes mit Sauerteig im Osten; im Westen das Wasser im Wein der Eucharistie usw.). Papst Nikolaus I. protestierte gegen die übereilte Erhebung des Laien Photius zum Patriarchen, wobei er den Fall des Ambrosius „vergaß", der direkt zum Bischof von Mailand geweiht wurde. Manche Initiativen Roms mißfielen den Byzantinern, so zum Beispiel, als im 6. Jahrhundert der Papst proklamierte, daß die Kirche über der weltlichen Herrschaft stehe; oder als im Jahre 800 Karl der Große zum römischen Kaiser gekrönt wurde, während dieser Titel stets dem Kaiser von Byzanz zukam.

Manche Entwicklungen des Gottesdienstes und der kirchlichen Institutionen gaben dem orientalischen Christentum ein eigenes Gesicht. Wir haben schon die Verehrung der Ikonen im byzantinischen Reich behandelt (vgl. § 258) und das „kosmische Christentum", wie es von der bäuerlichen Bevölkerung in Südosteuropa gelebt wurde (§ 236). Die Gewißheit, daß die ganze Natur durch das Kreuz und durch die Auferstehung erlöst und geheiligt sei, zeitigte ein Vertrauen in dieses Leben und ermutigte zu einem gewissen religiösen Optimismus. Es sei hier an die erhebliche Bedeutung des Sakraments der Salbung mit dem Chrisam seitens der Ostkirche erinnert, „einem Siegel des Heiligen Geistes". Dieser Ritus folgt unmittelbar auf die Taufe und formt jeden Laien (d. h. ein Mitglied des laós, des „Volkes") in einen Träger des Heiligen Geistes um. Dies erklärt zugleich die Verantwortlichkeit aller Mitglieder einer Gemeinschaft und die Autonomie dieser Gemeinschaften, die von einem Bischof geleitet werden und um eine Metropole gruppiert sind. Hier sei ein charakteristischer Zug angemerkt: die Gewißheit, daß der wahre Christ von hier aus die Vergöttlichung (*theosis*, vgl. § 303) erreichen kann.

Der Bruch wurde durch die Hinzufügung des *filioque* zum Nicaeno-Constantinopolitanum hervorgerufen. Es heißt nun: „Der Geist geht vom Vater *und* vom Sohn aus." Das erste Beispiel des *filioque* datiert vom zweiten Konzil in Toledo, das 589 einberufen wurde, um die Bekehrung des Königs Rekkared vom Arianismus zum Katholizismus zu bestätigen[84]. Genau gesprochen drückten diese beiden Formen zwei Auffassungen der Gottheit aus. Im westlichen Trinitarismus ist der Heilige Geist der Garant der göttlichen Einheit. Im Gegensatz dazu unterstreicht die Ostkirche die Tatsache, daß Gottvater die Quelle, das Prinzip und die Ursache der Trinität ist[85].

Manchen Autoren zufolge waren es germanische Herrscher, die die neue Formulierung des Credo durchsetzten. „Es ist die Verfassung des karolingischen Reiches, die im Westen generell das *filioque* und damit eine Theologie des Sohnes im eigentlichen Sinne einführte. Es ging darum, gegenüber Byzanz, das bislang als Träger des christlichen Reiches fungierte, einzig und allein durch die Formulierung die Gründung eines neuen Staates mit universalistischem Anspruch zu legitimieren."[86] Erst im Jahre 1014 wurde aber auf Verlangen des Kaisers Heinrich II. das Credo mit dem *filioque* in Rom gesungen[87]. (Dieses Datum kann man als Markstein für den Beginn des Schismas auffassen.)

Indessen wurden die Beziehungen zwischen den beiden Kirchen nicht definitiv abgebrochen. Im Jahre 1053 schickte Papst Leo IX. eine Gesandtschaft nach Konstantinopel, die von seinem ersten Legaten, dem Kardinal Humbert, geleitet wurde, um die Beziehungen von ehedem neu zu knüpfen und eine Allianz gegen die Normannen, die das südliche Italien besetzt hielten, zu schaffen. Aber der Patriarch von Byzanz, Michael Cerularius, zeigte sich sehr zurückhaltend und wies jede Konzession ab. Am 15. Juli 1054 legten die Legaten daher auf den Altar der Hagia Sophia den Bannfluch nieder, der die Exkommunizierung von Cerularius zum Inhalt hatte. Er klagte ihn zehnfacher Häresie an, unter anderem, das *filioque* nicht ins Credo aufgenommen zu haben und die Ehe der Priester zuzulassen.

Seit diesem Bruch hat sich die Animosität der Westkirche gegen die Griechen stetig erhöht. Aber erst 1204 entstand ein irreparabler Bruch, als die Armeen des vierten Kreuzzuges Konstantinopel angriffen und ausplünderten. Sie zerbrachen die Ikonen und warfen die Reliquien auf den Abfall. Dem byzantinischen Christen Niketas Choniates zufolge sang eine Prostituierte auf dem Thron des Patriarchen obszöne Lieder. Der Chronist erin-

---

[84] Höchstwahrscheinlich wurde der Begriff *filioque* angehängt, um den Unterschied zwischen den Arianern und den Katholiken deutlich zu machen, der sich auf die zweite Person der Trinität bezog.
[85] Vgl. *J. Pelikan*, The Spirit of Eastern Christianity 196f.
[86] *O. Clément*, L'essor du christianisme oriental 14.
[87] Auf dem Konzil von Lyon (1274) wurde diese neue Formulierung bestätigt.

nert, daß „die Muslime unsere Frauen nicht schändeten ... die Bewohner nicht ins Elend brachten, sie nicht entkleideten, um sie nackt durch die Straßen laufen zu lassen, sie nicht Hungers sterben ließen oder verbrannten ... Und so haben uns diese christlichen Völker behandelt, die sich im Namen des Herrn bekreuzigen und unsere Religion teilen."[88] Wie wir weiter oben gezeigt haben (S. 97f), wurde Balduin von Flandern als lateinischer Kaiser von Byzanz eingesetzt, und der Venezier Thomas Morosini wurde Patriarch von Konstantinopel.

Die Griechen haben diese tragische Episode niemals vergessen. Trotzdem nahm die orthodoxe Kirche wegen der türkischen Bedrohung im Jahre 1261 wieder kirchliche Beziehungen mit Rom auf. Sie forderte nachdrücklich, ein ökumenisches Konzil einzuberufen, um die Kontroverse über das *filioque* zu regeln und die Einheit vorzubereiten. Ihrerseits waren die byzantinischen Kaiser, die auf die militärische Hilfe des Westens hofften, ungeduldig, die Einheit mit Rom realisiert zu sehen. Die Verhandlungen dauerten mehr als ein Jahrhundert. Schließlich nahmen die Vertreter der Orthodoxie, die durch den Kaiser unter Druck gesetzt wurden, auf dem Konzil von Florenz (1438–1439) die Bedingungen Roms an; aber durch das Volk und den Klerus wurde diese Einheit bald wertlos. Überdies wurde Konstantinopel vier Jahre später, im Jahre 1453, von den Türken besetzt, und das Byzantinische Reich hatte aufgehört zu existieren. Seine spirituelle Struktur aber überlebte in Osteuropa und Rußland zumindest drei Jahrhunderte lang. Es war „Byzanz nach Byzanz", schreibt der rumänische Historiker N. Iorga[89]. Dieses östliche Erbe erlaubte den Aufstieg eines Volkschristentums, das nicht nur dem endlosen Schrecken der Geschichte widerstand, sondern das auch ein Universum von künstlerischen und religiösen Werten schuf, deren Wurzeln bis ins Neolithikum hinabreichen (vgl. § 304).

303. Die hesychastischen Mönche. Der heilige Gregor Palamas

Die Gottwerdung *(theosis)*[90] und die großen Lehrmeister Gregor von Nyssa und Maximus Confessor, die diese Lehre der Einheit mit Gott (§ 257) systematisiert haben, wurden bereits erwähnt. In dem Werk *Das Leben des Mose* spricht Gregor von Nyssa von der „lichthaften Dunkelheit", in der Mose „erklärt, er sehe Gott" (II, 163–164). Für Maximus Confessor bewirkt die

---

[88] *Nicétas Choniatès*, Histoire, übers. von O. *Clément*, a. a. O. 81; s. die anderen Quellen, die von D. J. *Geanakoplos*, Interaction of the „Sibling" Byzantine and Western Cultures 10ff, 307ff, in den Fußnoten 17–22 angegeben sind. Konstantinopel wurde 1261 von Michael Palaiologos zurückerobert.
[89] Siehe hauptsächlich sein Buch Byzance après Byzance, Bukarest 1933, ²1971.
[90] Diese Idee gründet sich auf die Worte Christi selbst: „Ich habe ihnen die Herrlichkeit gegeben, die du mir gegeben hast; denn sie sollen eins sein, wie wir eins sind, ich in ihnen und du in mir. So sollen sie vollendet sein in der Einheit" (Joh 17,22f).

Sicht Gottes in der Dunkelheit die *theosis*, mit anderen Worten: der Gläubige hat Teil an Gott. Die Gottwerdung ist also ein Geschenk, „eine Handlung des allmächtigen Gottes, der freiwillig aus der Transzendenz geht und dabei in seiner Essenz immer unkenntlich bleibt"[91]. In ähnlicher Weise spricht Symeon, der neue Theologe (942–1022), der einzige Mystiker der Ostkirche, von seinen eigenen Erfahrungen. Er beschreibt mit folgenden Worten das Mysterium der Gottwerdung: „Herr, du hast mich gewählt, daß dieser verwesliche Tempel – mein menschliches Fleisch – sich mit deinem, dem heiligen Fleisch, vereinige, daß mein Blut sich mische mit deinem. Und von nun an bin ich Teil deiner selbst, lucid und durchscheinend."[92]

Wie bereits dargelegt (S. 64 f), stellt die *theosis* die Zentrallehre in der orthodoxen Theologie dar. Es sei hinzugefügt, daß sie mit den spirituellen Disziplinen der Hesychasten (von hesychía = Ruhe) eng zusammenhängt. Die Hesychasten waren Zönobiten, die die Klöster des Berges Sinai bewohnten. Die bevorzugte Praxis dieser Mönche war das „Herzensgebet" oder „Jesusgebet". Dieser kurze Text („Herr Jesus Christus, Sohn Gottes, habe Mitleid mit mir") mußte unaufhörlich wiederholt, meditiert und internalisiert werden. Seit dem Beginn des 6. Jahrhunderts verbreitete sich der Hesychasmus vom Berg Sinai in die byzantinische Welt. Johannes Klimakos (6. und 7. Jahrhundert), der bedeutendste Theologe vom Berg Sinai, bestand bereits auf der Bedeutung der *hesychía*[93]. Aber erst mit Nikephoros dem Einsiedler (13. Jahrhundert) ließ sich diese mystische Bewegung auf dem Berg Athos und in anderen Mönchsgemeinschaften nieder. Nikephoros erinnert daran, daß es das Ziel des spirituellen Lebens sei, durch die Sakramente Bewußtsein zu erlangen vom „Schatz, der verborgen im Herzen liege", mit anderen Worten, den Verstand (den *nous*) mit dem Herzen, „dem Ort Gottes", zu vereinen. Diese Vereinigung findet man, wenn man den Geist über den Atem ins Herz hinabsteigen läßt.

Nikephoros ist „der erste Zeuge, der das Gebet Jesu mit einer Atemtechnik verband"[94]. In seiner Schrift *Peri phylakēs kardías* erklärt Nikephoros diese Methode in Einzelheiten. „Wie ich dir gesagt habe: setz dich hin, sammle deinen Geist, führe ihn, ich meine deinen Geist, in deine Nasenflügel, dies ist der Weg, den der Atem nimmt, um zum Herzen zu gelangen. Stoß ihn, zwing ihn, hinabzusteigen in dein Herz zur gleichen Zeit, in der du einatmest. Ist er angelangt, so wirst du die Freude fühlen, die folgt ... Wie der Mann, der nach einer Zeit der Abwesenheit zu sich nach Hause zurückkehrt, die Freude, seine Frau und seine Kinder wiederzusehen, nicht verbergen kann, so schäumt der Geist, wenn er in der Seele ist, über vor Freude und unauslöschlichem Glück ... Dann wisse, daß während sich dein

---

[91] *J. Meyendorff*, Saint Grégoire Palamas et la mystique orthodoxe 45.
[92] Übers. nach *J. Meyendorff*, ebd. 57.
[93] Vgl. *K. Ware*, Introduction à John Climacus: The Ladder of Divine Ascent 48.
[94] *J. Gouillard*, Petite Philocalie 185.

Geist dort befindet, du weder schweigen noch müßig sein sollst. Aber du sollst keine anderen Dinge tun, keine Meditation, als den Schrei: Herr Jesus Christus, Sohn Gottes, habe Mitleid mit mir! Keine Unterbrechung, zu keinem Preis."[95]

Mehr von Bedeutung für den Aufstieg des Hesychasmus auf dem Berg Athos hatte Gregor Sinaita (1255–1346). Er bestand auf der zentralen Rolle der „Erinnerungen an Gott", („Denk an den Herrn, deinen Gott" [Dtn 8,18]), um sich der Gnade, die durch die Taufe auf den Menschen gekommen sei, bald aber infolge der Sünden verdeckt sei, zu erinnern. Gregor zog das Eremitendasein der mönchischen Gemeinschaft vor, denn das liturgische Gebet schien ihm zu sehr von außen zu kommen, als daß es die „Erinnerung an Gott" ermöglichte. Aber er zog die Aufmerksamkeit des Mönchtums auf sich, als er auf die Gefahr von Visionen, die durch Einbildungen hervorgerufen werden, hinwies[96].

Zum Großteil ist es den Kontroversen, die durch die Hesychasten ausgelöst wurden, zu verdanken, daß die byzantinische Theologie nicht länger eine „Theologie der Wiederholung" blieb, die sie seit dem 9. Jahrhundert war. Um 1330 kam ein Grieche aus Kalabrien, Barlaam, in Konstantinopel an, gewann das Vertrauen des Kaisers und widmete sich der Einheit der Kirchen[97]. Nachdem er einigen hesychastischen Mönchen begegnet war, kritisierte Barlaam ihre Methode heftig und klagte sie der Häresie an, genauer des Messalianismus[98]. Denn die Hesychasten behaupteten, Gott selbst zu sehen; aber die direkte Schau Gottes mit den Augen des Körpers ist unmöglich. Unter den Verteidigern der Hesychasten war Gregor Palamas der bedeutendste. Gregor, im Jahre 1296 geboren, wurde Priester und brachte 20 Jahre in den Mönchsgemeinschaften des Berges Athos zu, ehe er zum Erzbischof von Thessalonike geweiht wurde. Er antwortete Barlaam in seinen *Triaden zur Verteidigung der heiligen Hesychasten*. Palamas erneuerte zum großen Teil die orthodoxe Theologie. Sein Hauptbeitrag besteht in der Unterscheidung zwischen der göttlichen Essenz und den „Energien", mittels deren Gott sich mitteile und offenbare. „Die göttliche Essenz ist unerkennbar; wenn sie nicht eine von ihr selbst verschiedene Energie besäße, wäre sie völlig inexistent und wäre nur eine Ansicht des Geistes gewesen."[99] Die Essenz ist der „Grund" der Energien, jede von ihnen zeigt tatsächlich ein besonderes göttliches Besitztum an, aber sie bilden keine geschiedenen

---

[95] Übers. nach *J. Gouillard*, ebd. 204.
[96] *J. Meyendorff*, a. a. O. 71, erinnert daran, daß es sich „um einen wesentlichen Zug in der orthodoxen Mystik handelt: die Vorstellung ist in allen ihren Formen, willentlichen oder unbewußten, der größte Feind der Einheit mit Gott".
[97] Im Jahre 1339 sandte man ihn in vertraulicher Mission zu Papst Benedikt XII. nach Avignon. Siehe den Brief von Barlaam in: *D. J. Geanakoplos*, Byzantine East and Latin West 90ff.
[98] Für die Messalianer war es das letzte Ziel eines Gläubigen, die ekstatische Einheit mit dem Lichtleib Christi zu erlangen.
[99] Übers. nach *J. Meyendorff*, Introduction à l'Étude de Grégoire Palamas 297.

Realitäten, denn sie sind alle Verwirklichungen eines einzigen lebenden Gottes"[100]. (Die Lehre der Energien wurde durch die Konzile von Byzanz 1341, 1347 und 1351 bestätigt.)

Was das göttliche Licht betrifft, das von den Hesychasten gesehen wurde, so bezieht sich Palamas auf das Licht der Transfiguration. Auf dem Berg Tabor gab es keine Verwandlung in Jesus, aber eine Verwandlung „an" den Aposteln: diese haben durch die göttliche Gnade die Fähigkeit besessen, Jesus zu sehen, wie er war, blind in seinem Licht. Diese Fähigkeit hatte Adam vor dem Sündenfall, und sie wird den Menschen gegeben sein, wenn das Eschaton gekommen ist[101]. Andererseits behauptet Palamas, indem er die Tradition der ägyptischen Mönche fortsetzt, daß die Vision des ungeschaffenen Lichts mit einer objektiven Erhellung des Heiligen einhergehe. „Derjenige, der an der göttlichen Energie teilhat, ... wird auf eine gewisse Weise selbst leuchtend; er ist geeint mit dem Licht, und mit dem Licht sieht er bei vollem Bewußtsein alles das, was denen, die diese Gnade nicht erlangt haben, verborgen bleibt."[102]

In der Tat ist unser Leib infolge der Inkarnation „Tempel des Heiligen Geistes, der in uns wohnt" (1 Kor 6, 19). Durch das Sakrament der Eucharistie findet sich Christus in uns. „Wir tragen das Licht des Vaters in der Person Jesu Christi" (*Triaden* I, 2, § 2). Diese göttliche Gegenwart im Inneren unseres Leibes „formt den Leib und macht ihn geistig ... so daß er, der Mensch, ganz Geist wird ..."[103]. Aber diese „Vergeistigung" des Leibes bedingt in keiner Weise ein Aufgeben der Materie. Im Gegenteil, der Kontemplative geht, „ohne sich von der Materie, die ihn seit seiner Geburt begleitet, zu trennen oder getrennt zu werden, ‚zu Gott' und durch ihn zur Gemeinsamkeit mit der Schöpfung"[104]. Der große Theologe wandte sich gegen den Platonismus, der im 14. Jahrhundert während der „Renaissance der Palaiologen" die byzantinische Intelligenz begeisterte und auch manche Mitglieder der Kirche hinriß[105]. Indem er sich auf die biblische Tradition berief, insistierte Palamas auf der Bedeutung der Sakramente, durch die die Materie transsubstantialisiert wird, ohne vernichtet zu werden.

Der Triumph des Hesychasmus in der Theologie des Palamas rief eine Erneuerung des sakramentalen Lebens hervor und provozierte die Regene-

---

[100] Vgl. ebd. 295.
[101] Dies heißt, daß die Wahrnehmung Gottes in seinem ungeschaffenen Licht der Perfektion, dem Anfang aller Dinge gleich ist und dem Paradies vor der Geschichte, sowie dem Eschaton, das der Geschichte ein Ende setzen wird. Diejenigen aber, die des Reiches Gottes würdig sind, werden von jetzt an sich auch der Vision des göttlichen Lichtes erfreuen können, wie es die Apostel auf dem Berg Tabor taten (vgl. *M. Eliade*, Méphistophélès et l'Androgyne 74 ff).
[102] Predigt, übers. v. *V. Lossky*, La Théologie de la Lumière 110.
[103] Triaden II, 2, 9, übers. v. *J. Meyendorff*.
[104] Palamas griff dies Thema mindestens dreimal auf (vgl. *J. Meyendorff*, Introduction 218).
[105] *D. J. Geanakoplos*, Interaction 53, Anm. 45. „Indem sie sich dem Denken des Hesychastenlehrers anschloß, wandte sich die byzantinische Kirche abrupt gegen den Geist der Renaissance" (*J. Meyendorff*, Introduction 326).

ration einiger kirchlicher Institutionen. Der Hesychasmus breitete sich sehr schnell in Osteuropa, den Fürstentümern Rumäniens und in Rußland bis nach Nowgorod aus. Die „Renaissance" des Hellenismus in Verbindung mit der Hochschätzung der platonischen Philosophie hatte keine Folgen. Mit anderen Worten, Byzanz und die orthodoxen Länder lernten den Humanismus nicht kennen. Manche Autoren meinen, daß dank dieses Doppelsieges des Palamas gegen den Ockhamismus des Barlaam und gegen die griechische Philosophie die Orthodoxie keiner Reformbewegung Raum gelassen hat.

Es sei hinzugefügt, daß einer der kühnsten Theologen nach Palamas ein Laie war, Nikolaus Kabasilas (1320/25–1371), ein hoher Funktionär der byzantinischen Verwaltung. Kabasilas begründete nicht nur auf brillante Weise eine Tradition, die in alle Völker der Orthodoxie eindrang, sondern er meinte auch, daß der Laie über dem Mönch stehe. Das Modell des letzteren sei das engelsgleiche Leben, während der Laie ein vollkommener Mensch sei. Außerdem sei es Sache des Laien, schrieb Kabasilas, daß man sich der tiefer gehenden Dimension der christlichen Erfahrung bewußt würde und sich des Mysteriums der Sakramente bewußt sei[106].

---

[106] Seine Bücher, La vie de Jésus-Christ und l'Explication de la divine liturgie, wurden noch in den orthodoxen zeitgenössischen Gemeinden gelesen.

ACHTUNDDREISSIGSTES KAPITEL

Religion, Magie und hermetische Traditionen vor und nach den Reformen

304. Das Überleben vorchristlicher religiöser Traditionen

Wie schon des öfteren erwähnt, gelang es der Christianisierung der europäischen Völker nicht, die unterschiedlichen Traditionen auszulöschen. Die Konversion zum Christentum erzeugte Symbiosen und Synkretismen religiöser Natur, die oftmals die den „volkstümlichen", den bäuerlichen und den Hirtenkulturen eigene Kreativität deutlich ans Licht brachte. Wir haben schon einige Beispiele des „kosmischen Christentums" genannt (vgl. § 237). An anderer Stelle[1] zeigten wir die vom Neolithikum bis ins 19. Jahrhundert reichende Kontinuität mancher Kulte, Mythen und Symbole, die im Zusammenhang mit Steinen, Gewässern und der Vegetation stehen. Es sei hinzugefügt, daß zahlreiche ethnisch-religiöse Traditionen und Lokalmythen nach der Konversion, sei sie auch nur halbherzig erfolgt, angepaßt wurden. Dies bedeutet, daß sie in die gleiche „Heilsgeschichte" integriert wurden und in der gleichen Sprache des christlichen Glaubens und der christlichen Mythologie ausgedrückt wurden. So überlebte beispielsweise die Erinnerung an die Sturmgottheiten in der Legende des hl. Elias, und eine große Zahl von Drachentötern wurde dem hl. Georg gleichgesetzt. Manche Mythen und Kulte, die Göttinnen betrafen, wurden im volkstümlichen Glauben auf die Jungfrau Maria bezogen. Zusammenfassend kann man sagen, daß unzählige Formen und Varianten des heidnischen Erbes in demselben mythisch-rituellen Komplex ausgedrückt wurden, der äußerlich christianisiert war.

Es wäre müßig, alle die Kategorien heidnischen Erbes aufzählen zu wollen. Es genügt, einige besonders einleuchtende Fälle zu nennen, so zum Beispiel die *Kallikantzari*, Monster, die in griechischen Städten während der zwölf Tage zwischen Weihnachten und Epiphanie spuken und die das mythisch-rituelle Szenarium der Kentauern der klassischen Antike fortsetzen[2], oder die archaische Zeremonie des Ganges durch das Feuer, die im

---

[1] Hauptsächlich in: *M. Eliade,* Die Religionen und das Heilige, Kap. VI, VIII u. IX.
[2] Siehe *J. C. Lawson,* Modern Greek Folklore and Ancient Greek Religion 190 ff. Ihr Name leitet sich von *kentauroi* ab (vgl. ebd. 233 ff; s. auch *G. Dumézil,* Le problème des Centaures 165 ff).

Ritual der *Anastenarien* in Thrakien fortlebt[3]. Schließlich findet sich, wiederum in Thrakien, ein Karnevalsfest, dessen Struktur an die Dionysien auf den Feldern erinnert und an die *Anthesteria*, die in Athen im 1. Jahrtausend v. Chr. gefeiert wurden[4] (vgl. § 123). Außerdem ist bemerkenswert, daß sich wiederum eine gewisse Anzahl von Themen und erzählerischen Motiven der homerischen Dichtung noch heute in der Folklore des Balkans und Rumäniens findet[5]. Mehr noch: bei der Analyse der bäuerlichen Zeremonien in Zentral- und Osteuropa konnte Leopold Schmidt aufweisen, daß sie einem mythisch-rituellen Szenario ähnlich sind, das in Griechenland bereits in vorhomerischer Zeit verschwand[6].

Für uns genügt es, einige Beispiele des Synkretismus von Heidentum und Christentum aufzuzeigen, die zugleich die Beständigkeit des traditionellen Erbes und den Prozeß der Christianisierung erläutern. Für den Anfang haben wir den rituellen Komplex der zwölf Tage gewählt; denn dessen Wurzeln reichen bis in prähistorische Zeiten. Da es hier nicht darum geht, ihn vollständig darzustellen (Zeremonien, Spiele, Gesänge, Tänze, Umzüge mit Tiermasken), werden wir uns auf die rituellen Gesänge zu Weihnachten konzentrieren. Diese finden sich in ganz Osteuropa bis hin nach Polen. Der rumänische und slawische Name *colinde* leitet sich von *calendae Januarii* ab. Über Jahrhunderte hinweg mühten sich die kirchlichen Autoritäten vergeblich, ihn auszurotten. (Im Jahre 692 erneuerte das Konzil von Konstantinopel drakonische Verbote.) Schließlich wurden manche *colinde* christianisiert, indem sie die Personen und mythologischen Themen des Volkschristentums übernahmen[7].

Das Ritual beginnt für gewöhnlich am 24. Dezember und dauert bis zum Morgen des nächsten Tages. Eine Gruppe von 6–30 Personen, jungen Leuten *(colindători)*, wählt einen Chef, der die traditionellen Sitten kennt, und sie versammeln sich 18 oder 40 Tage lang, vier-, fünfmal in der Woche in einem Haus, um die notwendige Unterweisung zu empfangen. Am Abend des 24. Dezembers singen die *colindători*, mit neuer Kleidung angetan und mit Blumen und Glöckchen geschmückt, zuerst im Haus ihres Gastgebers, dann besuchen sie alle Bewohner des Ortes. Auf den Straßen schreien sie, spielen Trompete und schlagen die Trommel, damit der Lärm die bösen Geister vertreibe und dem Hausherrn ihr Kommen ankündige. Die ersten *colinda* singen sie unter dem Fenster und setzen ihr Repertoire im Haus fort, wenn sie die Erlaubnis erhalten haben einzutreten. Sie tanzen mit den

---

[3] Vgl. *C. A. Romaios*, Cultes populaires de la Thrace 17 ff.
[4] Ebd. 125 ff.
[5] Vgl. *C. Poghirc*, Homère et la ballade populaire roumaine; *M. Eliade*, History of Religions and „Popular" Cultures 7.
[6] Siehe *L. Schmidt*, Gestaltheiligkeit im bäuerlichen Arbeitsmythos.
[7] Wir verwenden hauptsächlich die folkloristischen Dokumente Rumäniens. Mit Varianten findet sich aber das gleiche Szenarium überall in Osteuropa (s. *M. Eliade*, History 11 ff).

jungen Mädchen und sagen die traditionellen Lobpreisungen auf. Die *colindători* bringen Gesundheit und Reichtümer mit sich, die durch einen kleinen grünen Tannenzweig, der in einer Vase voll Äpfel und grünen Erbsen steht, symbolisiert wird. Außer bei den armen Familien erhalten sie Geschenke: Kränze, Kuchen, Früchte, Fleisch, Getränke usw. Nachdem sie den Ort durchzogen haben, organisieren sie ein Fest, an dem die Jugend teilnimmt.

Das Ritual der *colinde* ist komplex und verzweigt. Die Lobpreisungen *(oratio)* und das rituelle Festessen stellen die ältesten Elemente dar: sie sind vergleichbar denen der Neujahrsfeste[8]. Der Chef, gefolgt von den anderen *colindători,* hält Preisreden *(urare)* auf den Adel, die Großzügigkeit und den Reichtum des Hausherrn. Manchmal stellen die *colindători* auch eine Gruppe von Heiligen dar: den hl. Johannes, den hl. Petrus, den hl. Georg und den hl. Nikolaus. Bei den Bulgaren haben manche *colinde* den Besuch Gottes, in Begleitung des Jesuskindes oder einer Gruppe von Heiligen, zum Thema. Anderswo sind die *colindători* „Eingeladene" *(oaspeti buni),* die von Gott gesandt sind, um Glück und Gesundheit zu bringen[9]. In einer ukrainischen Variante weckt Gott selbst den Hausherrn, um ihm das Kommen der *colindători* anzukündigen. Bei den Rumänen Transsylvaniens steigt Gott auf einer wächsernen Leiter vom Himmel herab, angetan mit einem prachtvollen Kleid, das mit Sternen geschmückt ist und auf dem auch die *colindători* aufgemalt sind[10].

Eine gewisse Zahl der *colinde* spiegelt das „kosmische Christentum" wieder, das den südosteuropäischen Völkern eigentümlich ist. Man findet dort Bezüge auf die Schöpfung der Welt, die aber nicht mit der biblischen Tradition in Zusammenhang stehen. Gott oder Jesus hat die Welt in drei Tagen geschaffen. Als er aber bemerkte, daß die Erde zu groß war, um vom Himmel zugedeckt werden zu können, warf Jesus drei Ringe herab, die sich in Engel verwandelten, und diese schufen die Berge[11]. Anderen *colinde* zufolge stellte Gott die Erde, nachdem er sie gemacht hatte, auf vier silberne Pfeiler, um sie zu stützen[12]. Ein Großteil der Lieder stellt Gott als einen flötenspielenden Hirten dar, mit einer großen Schafherde, die vom hl. Petrus geleitet wird.

Am zahlreichsten und ältesten sind diejenigen *colinde,* die uns in eine andere, erdachte Welt führen. Die Handlung spielt auf der ganzen Welt, zwischen Zenit und den tiefen Tälern oder zwischen den Bergen und dem Schwarzen Meer. Sehr weit entfernt findet sich inmitten des Meeres eine Insel mit einem riesigen Baum, um den eine Gruppe von jungen Mädchen

---

[8] Vgl. *M. Eliade,* Der Mythos der ewigen Wiederkehr (Düsseldorf 1953) 67 ff.
[9] Bei den Bewohnern der Ukraine werden sie die „kleinen Diener Gottes" genannt.
[10] Vgl. *M. Brătulescu,* Colinda românească 62 ff.
[11] Über dies folkloristische Motiv s. *M. Eliade,* Von Zalmoxis zu Dschingis-Khan 94 ff.
[12] *A. Rosetti,* Colindele religioase la Români 68 ff; *M. Brătulescu,* a. a. O. 48.

tanzt¹³. Die Personen dieser archaischen *colinde* sind schön und unbesiegbar, sie tragen die Sonne und den Mond auf ihren Kleidern (wie Gott in den christlichen *colinde*). Ein junger Jäger steigt auf einem Pferd sehr weit in den Himmel bis ganz in die Nähe der Sonne. Das Haus des Hausherrn und seiner Familie ist mythologisiert: der Hausherr und die Seinen finden sich in einem paradiesischen Land und ähneln den Königen. Die Helden der schönsten *colinde* sind Jäger oder Hirten, was vom Archaismus der *colinde* zeugt. Auf Verlangen des Herrschers kämpft der junge Held mit einem Löwen, zähmt ihn und kettet ihn an. Fünfzig Reiter versuchen, das (schwarze) Meer zu überwinden, aber nur einer erreicht die Insel, wo er das schönste der jungen Mädchen heiratet. Andere Helden verfolgen wilde Tiere, die mit magischen Fähigkeiten begabt sind, und siegen über sie.

Das Szenario mancher *colinde* erinnert an Einweihungsriten. Man findet auch Züge der Einweihung junger Mädchen¹⁴. In den von Mädchen oder jungen Frauen gesungenen *colinde* und auch in anderen mündlichen Vorträgen findet man die Drangsal einer Jungfrau, die sich verloren oder isoliert fühlt, sich in einer wüsten Landschaft befindet und durch ihre sexuelle Metamorphose und die Drohungen eines nahen Todes Leiden erduldet. Im Unterschied zu den männlichen Einweihungsriten ist hier aber kein einziges Ritual überliefert. Die Prüfungen der weiblichen Einweihungen überlebten einzig und allein in der imaginären Welt der *colinde* und anderen zeremoniellen Gesängen. Trotzdem tragen diese mündlichen Überlieferungen indirekt zur Kenntnis der archaischen Spiritualität der Frau bei.

305. Symbole und Riten eines kathartischen Tanzes

Die einweihende Unterweisung der *colindători*¹⁵ wird durch die Einweihung in die Gruppe der kathartischen Tänzer vervollständigt, die *căluşari* genannt werden¹⁶. Diesmal übernehmen die jungen Leute nicht die Traditionen und Gesänge, die mit Weihnachten in Verbindung stehen, sondern eine Serie spezifischer Tänze und besonderer Mythologie. Der Name des Tanzes, *căluş*, leitet sich vom rumänischen Wort *cal* ab, das „Pferd" (lat. *caballus*) heißt. Die Gruppe wird aus sieben, neun oder elf jungen Leuten gebildet, die von einem viel älteren Leiter ausgewählt und unterwiesen werden. Sie sind mit Keulen und Säbeln bewaffnet und darüber hinaus mit

---

¹³ In manchen Varianten findet sich der Weltenbaum inmitten des Meeres oder am gegenüberliegenden Ufer.
¹⁴ Es sei hinzugefügt, daß sich unter der Leitung einer alten Frau die Gruppe der feiernden jungen Mädchen *(ceata)* in gewissen Abständen trifft, um die traditionelle Unterweisung über die Sexualität, die Hochzeit, Begräbnisriten und die Geheimnisse der Heilpflanzen usw. zu erhalten (vgl. *M. Brătulescu*, Ceata feminina, passim).
¹⁵ Vgl. *M. Eliade*, History 17.
¹⁶ Vgl. *M. Eliade*, Notes on the Căluşari, passim; *G. Kligman*, Căluş.

einem hölzernen Pferdekopf und einer Fahne ausgestattet, wobei sie Heilkräuter an der Lanzenspitze tragen. Wie noch darzulegen ist, spielt einer der *căluşari*, der der „Stumme" oder der „Markierte" genannt wird, eine von den anderen unterschiedene Rolle.

Die Unterweisung findet über zwei oder drei Wochen in den Wäldern oder in isolierten Gegenden statt. Einmal von dem Führer angenommen, versammeln sich die *căluşari* am Vorabend von Pfingsten an einem geheimen Ort. Sie schwören aber der Fahne, die Regeln und Gebräuche der Gruppe zu respektieren, sich als Brüder anzusehen und über neun, zwölf oder vierzehn Tage lang keusch zu leben, nichts von dem, was sie sehen werden, weiterzuerzählen sowie dem Führer zu gehorchen. Im Gebet bitten die *căluşari* um den Schutz der Feengöttin (Herodiade = Irodiada), heben ihre Keulen in die Luft und schlagen sie gegeneinander. Aus Angst schweigen sie, damit ihnen von den Feen *(zîne)* kein Schaden zugefügt wird. Nach dem Gebet bleiben die *căluşari* bis zur rituellen Auflösung der Gruppe zusammen.

Mehrere Elemente erinnern an die Aufnahme in eine Gemeinschaft der Männer (Männerbund): die Isolation im Wald, die Geheimhaltung, die Rolle der Fahne, der Keule, des Schwertes, schließlich der Symbolgehalt des Pferdekopfes[17]. Das zentrale und spezifische Element der *căluşari* ist ihre akrobatische Geschicklichkeit, im besonderen aber ihre Fähigkeit, den Eindruck zu erwecken, als würden sie sich in die Luft erheben. Ganz augenscheinlich rufen Sprünge, Hopsen, Luftsprünge und Bocksprünge die Assoziation zum Galopp des Pferdes hervor und zugleich auch die an den Flug und Tanz der Feen *(zîne)*. Die, die meinen, von den Feen krank gemacht worden zu sein, springen und schreien „wie die *căluşari* und scheinen den Boden nicht zu berühren". Die Beziehungen zwischen den *căluşari* und den *zîne* sind auf bizarre Weise ambivalent. Die Tänzer bitten um den Schutz von *Herodiade* und hoffen auf ihn, wobei sie das Risiko auf sich nehmen, Opfer ihres Gefolges, der Feen, zu werden. Sie ahmen den Flug der *zîne* nach, betonen aber zur gleichen Zeit ihre Solidarität mit dem Pferd, dem männlichen und heroischen Symbol schlechthin. Diese zwiegespaltenen Aktivitäten manifestieren sich auch in ihren Handlungen und ihrer Lebensweise. Etwa vierzehn Tage lang ziehen die *căluşari* in Begleitung von zwei oder drei Violinspielern durch die Orte und die Weiler der Umgebung und versuchen, tanzend die Opfer der Feen zu heilen. Man glaubt, daß in dieser Zeit, das heißt in der dritten Woche nach Ostern bis zum

---

[17] Prinz Dimitrie Cantemir fügt gewisse Informationen von Bedeutung hinzu, die aber im 19. Jahrhundert teilweise nicht mehr bestätigt werden. Diesem Autor zufolge sprechen die *căluşari* mit Frauenstimmen, bedecken ihr Gesicht mit Leintüchern, um nicht erkannt zu werden, und kennen mehr als hundert verschiedene Tänze, von denen manche so außergewöhnlich sind, daß die Tänzer die Erde nicht mehr zu berühren scheinen, „wie wenn sie in der Luft flögen". Die *căluşari* schlafen nur in der Kirche, um von den Feen *(zîne)* nicht gequält zu werden (vgl. D. *Cantemir,* Descriptio Moldaviae, krit. Ausgabe [Bukarest 1973] 314).

Pfingstsonntag, die *zîne* fliegen und singen und tanzen, und dies hauptsächlich in der Nacht. Man kann ihre Glocken, Trommeln und andere Musikinstrumente hören, denn die Feen haben viele Geigenspieler in ihren Diensten, Hornbläser und auch einen Bannerträger. Der beste Schutz gegen die Feen ist Knoblauch und Beifuß, dieselben magischen Heilpflanzen, die die *căluşari* in einem Beutel an der Spitze ihrer Fahnenstange tragen. Sie kauen soviel Knoblauch wie möglich. Die Heilung besteht in einer Reihe von Tänzen, die von anderen rituellen Handlungen[18] begleitet werden. In manchen Gegenden wird der Patient aus dem Ort getragen und in der Nähe eines Waldes in die Mitte des Kreises der *căluşari* gelegt. Während des Tanzes berührt der Leiter mit der Fahne einen der Tänzer, der zu Boden fällt. Die tatsächliche oder gespielte Bewußtlosigkeit dauert drei bis fünf Minuten. Im Moment des Falles wird der Patient aufgefordert, sich zu erheben und zu fliehen. In jedem Falle aber nehmen ihn zwei *căluşari* am Arm und entfernen ihn so schnell wie möglich. Die therapeutische Absicht des Zusammenbruchs ist deutlich, da die Krankheit den Patienten verläßt und einen der *căluşari* befällt, der auf der Stelle „stirbt". Er kehrt aber schnell wieder zum Leben zurück, denn er ist „eingeweiht".

Eine ganze Reihe von burlesken Szenen spielt sich zwischen den Tänzen und dem Ende der Zeremonie ab. Die bedeutendste Rolle kommt dem „Stummen" zu. So heben ihn die *căluşari* beispielsweise in die Luft und lassen ihn abrupt fallen. Da man den „Stummen" für tot hält, wird er von der ganzen Gruppe beweint. Man bereitet sich darauf vor, ihn zu begraben, aber erst, nachdem man ihn zerkratzt hat. Die komischsten und ausgetüfteltsten Episoden spielen sich am letzten Tage ab, wenn die Gruppe in die Stadt zurückkehrt. Vier *căluşari* stellen in grotesker Manier bekannte Personen dar, den Priester, den Türken (oder den Kosaken), den Arzt und die Frau. Jeder versucht, die Frau zu lieben. Diese Pantomime ist manchmal ziemlich anstößig. Der „Stumme", der einen hölzernen Phallus trägt, verursacht durch seine ziemlich grotesken und exzentrischen Gebärden allgemeine Heiterkeit. Schließlich wird einer der Schauspieler getötet und steht wieder auf, die „Frau" wird geschwängert[19].

Der *căluş*[20] ist, welchen Ursprungs er auch sei, in denjenigen Formen, die aus den letzten Jahrhunderten bezeugt sind, lediglich in Rumänien bekannt und kann als eine Schöpfung der rumänischen Volkskultur angesehen werden. Er ist durch seinen Archaismus und seine offene Struktur charakterisiert. Hierdurch erklärt sich, daß Elemente aus anderen Szenerien, beispielsweise die grotesken Episoden, übernommen werden. Eventuelle Einflüsse einer Feudalkultur (die Fahne, der Säbel, seltener die Sporen)

---

[18] Der Kranke wird mit Kräutern berührt, man spuckt ihm Knoblauch ins Gesicht, zerbricht einen Topf mit Wasser, opfert ein junges, schwarzes Huhn usw.
[19] Vgl. *M. Eliade*, Notes, *ders.*, History 17 ff.
[20] Andererseits bleibt der Ursprung dunkel, vgl. *M. Eliade*, Notes 120 ff.

sind durch eine sehr alte bäuerliche Kultur überlagert. Hier zum Beispiel die rituelle Rolle der Maske, eines Mastes, der in Form einer Fichte gestaltet ist (ein Baum, der speziell bei vorchristlichen Zeremonien vorkommt), und schließlich die Choreographie selbst. Obgleich sich das Gebet an Gott richtet, hat das Szenarium nichts mit dem Christentum zu tun. Die kirchlichen Autoritäten wiesen es heftig zurück und hatten auch einigen Erfolg, da die archaischen Züge, die für das 17. Jahrhundert bezeugt werden (vgl. Anm. 17), verschwanden. Gegen Ende des 19. Jahrhunderts war dem *călușari* über eine Zeit von drei Jahren die Teilnahme an der Kommunion untersagt. Schließlich aber entschloß sich die Kirche, sie zu tolerieren.

So konnte man, sechzehn Jahrhunderten Christentum und anderen kulturellen Einflüssen zum Trotz, noch vor kaum einer Generation Züge von Initiationsriten in den bäuerlichen Kulturen Südosteuropas nachweisen. Diese Szenerien fanden sich in den mythischen Systemen der Neujahrsriten und denen des Frühlingszyklus. So ist manchmal, wie bei den *călușari*, das archaische Erbe hauptsächlich in den *Tänzen* und den *melodischen Strukturen* evident, die ihnen eigen sind. Im Gegensatz dazu sind es bei den *colinde* die Texte, die die initiatorischen Riten besser bewahrt haben. Man kann sagen, daß infolge verschiedener religiöser und kultureller Einflüsse, eine Vielzahl von Riten, die den traditionellen initiatorischen ähnlich sind, verschwanden oder radikal unterdrückt wurden, wenngleich die Ablaufstrukturen und mythologischen Hintergründe (d.h. die Erzählungen) überlebt haben.

In jedem Falle aber ist die religiöse Funktion der *Tänze* und der *mythologischen Texte* evident. Daher ist eine korrekte Analyse der imaginären Welt der *colinde* in der Lage, einen Typus religiöser Erfahrung und mythologischer Kreativität aufzudecken, der für die Bauern in Zentral- und Osteuropa typisch ist. Unglücklicherweise gibt es keine adäquate Deutung der bäuerlichen Traditionen, mit anderen Worten: keine Analyse der *mündlich überlieferten mythisch-religiösen Texte,* die der Deutung der *schriftlichen* Überlieferungen vergleichbar wäre. Eine solche Untersuchung würde den tieferen Sinn der Anhänglichkeit an das traditionelle Erbe und auch die charakteristischen Neuinterpretationen der christlichen Botschaft ans Licht bringen. In einer „totalen" Geschichte des Christentums müßte man auch auf die spezifisch bäuerlichen Schöpfungen eingehen. Neben den verschiedenen Theologien, die, vom Alten Testament und der griechischen Philosophie ausgehend, geschaffen wurden, muß man auch die Entwürfe der „Volkstheologie" beachten: so findet man eine Vielzahl von archaischen Strukturen, die reinterpretiert und christianisiert worden sind. Sie reichen vom Neolithikum bis zu den orientalischen und griechischen Religionen[21].

---

[21] Vgl. *ders., History* 24 ff.

306. Die „Hexenjagd" und die Wandlungen der Volksreligion

Die berühmte und unheilvolle „Hexenjagd", die im 16. und 17. Jahrhundert von der Inquisition und den reformierten Kirchen unternommen wurde, verfolgte das Ziel der Vernichtung eines satanischen und kriminellen Kultes, der – den Theologen zufolge – die ureigensten Grundlagen des christlichen Glaubens bedrohte. Jüngste Forschungen[22] haben die Absurdität der Hauptanklagen ans Licht gebracht: intime Beziehungen mit dem Teufel, Orgien, Kindermord, Kannibalismus, Praxis der *maleficia*. Unter der Folter gab eine beachtliche Zahl Hexenmeister und Hexen zu, solche scheußlichen Handlungen vollführt zu haben, und wurde zum Tode auf dem Scheiterhaufen verdammt. Dies scheint die Auffassung der zeitgenössischen Autoren zu rechtfertigen, denen zufolge das mythisch-rituelle Szenarium der Hexerei lediglich die Erfindung der Theologen und der Inquisitoren war.

Diese Meinung muß man aber abgestuft sehen. Wenn die Opfer in der Tat auch nicht in der Lage waren, die Verbrechen und Häresien, deren man sie anklagte, begangen zu haben, so gab aber eine gewisse Zahl von ihnen zu, magisch-religiöse Zeremonien vollführt zu haben, die „heidnischen" Charakters waren. Es waren Zeremonien, die seit langer Zeit durch die Kirche verboten waren, wenn sie auch zum Teil christlich überdeckt waren. Dies mythisch-religiöse Erbe gehörte zur Volksreligion Europas. Die hier darzulegenden Beispiele machen den Prozeß deutlich, in dessen Folge manche Vertreter dieser Volksreligion tatsächlich bekannten und glaubten, daß sie dem Satanskult angehörig seien.

In der Tat verfolgte die „Hexenjagd" die Liquidation der letzten Überreste des „Heidentums", d. h. im wesentlichen die der Fruchtbarkeitskulte und der Einweihungsriten. Das Ergebnis war eine Verarmung der Volksreligiosität und – in manchen Gegenden – die Dekadenz der ländlichen Bevölkerung[23].

Im Laufe der Inquisitionsprozesse in Mailand im Jahre 1384 und 1390 bekannten sich zwei Frauen zu einer von Diana Herodias geleiteten Gesellschaft, deren Mitglieder sowohl Lebende als auch Tote waren. Die Tiere, die im Laufe ihrer zeremoniellen Mahlzeiten gegessen wurden, waren durch die Göttin wiedererweckt worden (aus den Knochen). Diana *(signora Oriente)* lehrte ihren Gläubigen den Gebrauch von Heilkräutern gegen die diversen Krankheiten, lehrte, Diebe aufzufinden und Hexenmeister zu ent-

---

[22] Die Bibliographie ist unüberschaubar. Siehe manche Beispiele in: *M. Eliade*, Occultisme, sorcellerie et modes culturelles 93 f, Fußnote 1 f, sowie die von *R. A. Horsley*, Further reflections on Witchcraft and European Folk Culture, zitierte Bibliographie. Die jüngsten Schriften sind in der kritischen Bibliographie des vorliegenden Bandes aufgelistet (§ 306).
[23] Um die Komplexität des Phänomens besser zur Geltung zu bringen, untersuche ich nur einige Beispiele, die zum Teil (rumänische Dokumente der Folklore) wenig bekannt sind.

decken[24]. Offenkundig hatten die Gläubigen der Diana nichts mit den Urhebern der satanischen *maleficia* zu tun. Höchstwahrscheinlich lehnten sich ihr Kult und ihre Visionen an archaische Fruchtbarkeitsriten an. Wie aber noch darzulegen ist, verändern die Verhöre der Inquisititon die Situation radikal. In Lothringen gaben die Magier im 16. und 17. Jahrhundert vor der Obrigkeit sofort zu, daß sie „göttliche Heiler" wären, aber keine Zauberer. Unter der Folter aber gestanden sie schließlich ein, Sklaven Satans zu sein[25].

Der Fall der *benandanti* (die Reisenden, Vagabunden) erläutert in pathetischer Weise die Umformung, in deren Verlaufe unter Druck der Inquisition aus einem geheimen Fruchtbarkeitsritus schwarze Magie wurde. Am 31. März 1575 erfuhren der *Generalvikar* und Inquisitor von Aquileja und Concordia aus manchen Dörfern von der Gegenwart von Magiern, die sich als „gute" Magier hinstellten und unter den Namen der *benandanti* behaupteten, sie kämpften gegen die Hexenmeister *(stregoni)*. Die Untersuchung über die ersten *benandanti* ließ folgende Tatsachen ans Tageslicht kommen: sie trafen sich im geheimen während der Nacht, und dies viermal im Jahr (d. h. in den Quatemberwochen). Sie erreichten den Ort ihrer Zusammenkünfte auf dem Rücken eines Hasen, einer Katze oder eines anderen Tieres. Diese Vereinigungen hatten keinen „satanischen" Charakter wohlgemerkt, der den Treffen der Zauberer eigen sei. Es gab dort kein Abschwören, keine Verletzung der Sakramente oder des Kreuzes und keinen Teufelskult. Der Sinn dieses Ritus bleibt im dunkeln. Mit Fenchelzweigen bewaffnet, griffen die *benandanti* die Hexenmeister *(strighe* oder *stregoni)* an, die ihrerseits mit Binsenbesen bewaffnet waren. Die *benandanti* behaupteten, die Missetaten der Hexenmeister zu bekämpfen und ihre Opfer zu heilen. Wenn die *benandanti* siegreich aus den Quatemberkämpfen hervorgegangen waren, war die Ernte in diesem Jahr gut, wenn nicht, dann kam eine Hungersnot auf[26].

Jüngste Untersuchungen haben Details über die Rekrutierung der *benandanti* und die Struktur ihrer nächtlichen Treffen an den Tag gebracht. Sie behaupteten, daß ein „Engel des Himmels" ihnen empfohlen habe, sich der Gruppe anzuschließen, und daß sie in deren Geheimnisse im Alter von 20 bis 28 Jahren eingeweiht seien. Die Gruppe, die militärisch unter der Leitung eines Hauptmannes organisiert war, traf sich auf dessen Anordnung durch Trommelschlag. Ihre Mitglieder waren durch Eid zur Geheimhaltung verpfichtet. Ihre Versammlungen zählten manchmal bis zu 5000 *benandanti*, die sicherlich aus der gleichen Gegend kamen, wenngleich sie sich

---

[24] *R. Bonomo,* Caccia alle streghe (Palermo 1959) 15 ff, 59 f; *R. A. Horsley,* a. a. O. 89.
[25] *E. Delcambre,* zit. nach *R. A. Horsley,* a. a. O. 93.
[26] *C. Ginzburg,* I Benandanti 8 f.

auch untereinander nicht kannten. Sie hatten eine weiße, vergoldete, aus Hermelin bestehende Fahne, während die Zauberer eine gelbe, mit vier Teufeln besetzte hatten. Alle *benandanti* hatten eine Gemeinsamkeit, sie waren „mit dem Hemd geboren", d. h. mit bedecktem Haupt, mit dem Häutchen, das man die „Glückshaube" nennt.

Wenn die Inquisition sie – getreu der Stereotypie der Hexensabbate – fragte, ob der „Engel" ihnen raffinierte Speisen, Frauen und andere Objekte der Lüsternheit versprochen hatte, so verneinten sie diese Unterstellungen heftig. Nur die Hexenmeister *(stregoni)*, sagten sie, tanzten und amüsierten sich während ihrer Zusammenkünfte. Der rätselhafteste Punkt der *benandanti* war ihre Reise nach dem Ort der Treffen. Sie begaben sich *in spiritu* dorthin, während sie träumten, behaupteten sie. Sie fielen während ihrer „Reise" in einen Zustand des Vornübergeneigtseins, einer fast kataleptischen Haltung, einer Lethargie, in deren Verlaufe ihre Seele beinahe den Körper verließ. Sie benutzten keine Salben, um ihre Reise vorzubereiten, die wenngleich im Geiste, so doch real vor ihren Augen war.

Im Jahre 1581 wurden zwei *benandanti* wegen Häresie zu sechs Monaten Gefängnis verurteilt und zum Abschwören ihrer Irrtümer. In den folgenden sechzig Jahren fanden andere Prozesse statt, deren Konsequenzen wir bald sehen werden. Versuchen wir jetzt, aufgrund der Dokumente dieser Zeit die Struktur des populären Geheimkultes aufzuzeigen. Der Zentralritus bestand augenscheinlich in einem zeremoniellen Kampf gegen die Hexenmeister, um den Reichtum der Ernte sicherzustellen sowie den Reichtum der Weinberge und „aller Früchte der Erde zu gewährleisten"[27]. Die Tatsache, daß der Kampf in den vier kritischen Nächten des Ackerbaukalenders stattfand, läßt keinen Zweifel an seinem Ziel. Es ist wahrscheinlich, daß das Gegeneinander zwischen den *benandanti* und den *stregoni* das Szenarium eines archaischen Ritus von Prüfungen und Wettkämpfen zwischen zwei rivalisierenden Gruppen fortsetzte in der Absicht, die schöpferischen Kräfte der Natur zu stärken und die menschliche Gesellschaft zu regenerieren[28]. Wenngleich die *benandanti* behaupteten, ihr Kampf sei für das Kreuz und „für den Glauben an Christus", so waren ihre zeremoniellen Kämpfe doch nur oberflächlich christianisiert[29]. Andererseits waren die *stregoni* nicht der gewöhnlichen Verbrechen gegen die Kirche angeklagt, man warf ihnen nur die Vernichtung der Ernten vor und die Verzauberung der Kinder. Erst im Jahre 1643 (nach 850 Prozessen und Denunziationen durch die Inquisitoren von Aquileja und Condordia) erkannte das erstemal eine Anklage an, die die *stregoni* verdächtigte, den traditionellen Hexensabbat begangen zu

---

[27] Ebd. 28.
[28] Über das mythisch-rituelle Szenarium s. *M. Eliade*, La Nostalgie des Origines 320 ff.
[29] C. Ginzburg, a. a. O. 34.

haben. Auch im folgenden sprachen die in Norditalien erhobenen Anklagen nicht von der Teufelsverehrung, sondern von einem Dianakult[30].

Indes glichen sich die *benandanti* in der Folge zahlreicher Prozesse einem dämonologischen Modell an, das ihnen die Inquisition beständig zuschrieb. Zu einem gewissen Zeitpunkt war es nicht mehr die Kardinalfrage, um die es ging: der *Fruchtbarkeitsritus*. Nach 1600 erkannten die *benandanti*, daß sie nur die Heilung der Opfer von Zauberern versuchten. Dies Bekenntnis war nicht ungefährlich, denn die Inquisition hielt die Jagd auf das Unglück als eine Grundprüfung der Hexerei[31]. Mit der Zeit vervielfältigten die *benandanti*, die sich ihrer Bedeutung bewußt geworden waren, die Denunziation gegen diejenigen Leute, die sie für Hexenmeister hielten. Trotz dieses wachsenden Antagonismus fühlten sie sich unbewußt zu den *strighe* und den *stregoni* hingezogen. Im Jahre 1618 gab es *benandanti*, die eingestanden, sich zu einem nächtlichen Sabbat unter Vorsitz des Teufels begeben zu haben, immer aber, um von diesem die Macht zur Heilung zu erlangen[32].

Schließlich gaben die *benandanti* im Jahre 1634 nach fünfzig Inquisitionsprozessen zu, daß sie gemeinsame Sache mit den *strighe* oder den *stregoni* machten[33]. Einer der Angeklagten bekannte, daß er, nachdem er sich den Körper mit einem speziellen Öl eingerieben habe, zu einem Sabbat gegangen sei, wo er vier Zauberer gesehen habe, die Tanzriten vollführt und sich hemmungslosen sexuellen Handlungen ausgeliefert hätten, wobei er aber erklärte, daß die *benandanti* nicht an der Orgie teilgenommen hätten. Einige Jahre später erklärte ein *benandante*, einen Pakt mit dem Teufel unterzeichnet, Christus und dem christlichen Glauben abgeschworen und drei Kinder getötet zu haben. Spätere Prozesse ließen die unvermeidlichen Elemente der nun klassisch gewordenen Hexensabbate ans Tageslicht kommen. Die *benandanti* bekannten sich dazu, daß sie an Tanzveranstaltungen teilnahmen, den Teufel verehrten und ihm das Gesäß küssen würden. Eines der dramatischsten Bekenntnisse fand 1644 statt. Der Angeklagte legte eine minutiöse Beschreibung des Teufels dar, erzählte, wie er ihm seine Seele gegeben habe, und bekannte sich dazu, vier Kinder getötet zu haben, als er ihnen ein schlechtes Schicksal auferlegte. Als er aber Auge in Auge mit dem bischöflichen Vikar in seiner Zelle war, gestand er, daß sein Bekenntnis falsch und er weder *benandante* noch *stregone* sei. Die Richter waren der Meinung, daß der Angeklagte „all das bekenne, was man ihm einrede". Wir wissen nicht, welche Strafe er erhielt, denn der Angeklagte erhängte sich in

---

[30] Erst im Jahre 1532 gaben manche Anhänger des Dianakultes unter der Folter zu, das Kreuz und die Sakramente profaniert zu haben (s. die Dokumentation bei C. *Ginzburg*, a. a. O. 36).
[31] Vgl. ebd. 87f.
[32] Ebd. 110.
[33] Ebd. 115ff.

seiner Zelle. Es war dies übrigens der letzte große Prozeß, der den *benandanti* gemacht wurde[34].

Es sei an den militärischen Charakter dieser Gruppe, der vor den Inquisitionsprozessen von großer Bedeutung war, erinnert. Es handelt sich nicht um ein einzelnes Beispiel. Weiter oben haben wir den Fall eines litauischen Greises erwähnt (S. 38 f), der im 17. Jahrhundert mit seinen Genossen, die alle in Wölfe verwandelt worden waren, in die Hölle hinabstieg, sich mit dem Teufel und seinen Hexenmeistern eine Schlacht lieferte, um gestohlene Güter (Vieh, Korn und andere Früchte der Erde) wiederzuerlangen. C. Ginzburg vergleicht zu Recht die *benandanti* und die litauischen Werwölfe mit den Schamanen, die in Ekstase in die unterirdische Welt steigen, um den Schutz ihrer Gemeinde sicherzustellen[35]. Andererseits darf man den allgemein in Nordeuropa vorhandenen Glauben nicht vergessen, dem zufolge die toten Krieger und die Götter Schlachten gegen die Dämonen schlugen[36].

Die rumänische Volkstradition erlaubt uns, den Ursprung und die Funktion dieses mythisch-rituellen Szenariums besser zu verstehen. Es sei daran erinnert, daß die rumänische Kirche – wie die anderen orthodoxen Kirchen – auch keine Inquisition kennt. Obwohl Häresie hier nicht unbekannt war, war die Verfolgung der Hexenmeister weder massiv noch systematisch. Ich werde meine Untersuchung auf zwei für unser Problem entscheidende Faktoren begrenzen: *striga*, ein lateinisches Wort, das Zauberer bedeutet, und Diana, eine römische Göttin, die die Schutzpatronin der Hexenmeister in Westeuropa geworden ist.

Striga wurde im Rumänischen *strigoï*, Zauberer, ob lebend oder tot (im letzten Falle Vampire). Die *strigoï* wurden mit dem „Helm" geboren. Sobald sie erwachsen waren, bekleideten sie sich damit und wurden unsichtbar. Man behauptet, sie seien mit übernatürlichen Kräften ausgestattet. So könnten sie zum Beispiel in verschlossene Häuser eintreten, könnten ohne Verletzung mit Wölfen und Bären spielen. Alle geben sie sich den üblen Taten der Hexenmeister hin. Sie rufen Epidemien bei Mensch und Tier hervor, unterwerfen und entpersonalisieren die Leute, rufen Trockenheiten hervor, indem sie den Regen verbrennen, saugen die Milch der Kühe und bringen hauptsächlich Unglück. Sie können sich in Hunde, Katzen, Wölfe, Pferde, Schweine, Kröten und andere Tiere verwandeln. Man meint, daß sie in manchen Nächten, besonders um den St.-Georgs- und den St.-An-

---

[34] Ebd., 148 ff. Ebenso zögernd (1661) hatten die *benandanti* dennoch den Mut zuzugeben, daß sie für den Glauben der Christen gegen die *stregoni* kämpften (ebd., 155). J. B. *Russel*, Witchcraft in the Middle Ages 212. Der Autor fand in zwei Fällen des *Maleficiums* in Mailand zwischen 1384 und 1390 Züge von Glaubensvorstellungen, die denen der *benandanti* analog waren.
[35] C. *Ginzburg*, a. a. O. 40.
[36] Vgl. u. a. O. *Höfler*, Verwandlungskulte, Volkssagen und Mythen (Wien 1973) 15, 234 u. passim.

dreas-Tag, ausströmen. Sobald sie zu Hause sind, drehen sie sich dreimal um die eigene Achse und nehmen wieder Menschengestalt an. Wenn sie ihren Körper verlassen, nimmt ihre Seele Besitz von einem Pferd, einem Besen oder einer Tonne. Die *strigoï* versammeln sich außerhalb der Dörfer auf einem Feld, von dem es heißt, „daß es am Ende der Welt liege, wo kein Kraut wachse". Sind sie einmal dort angelangt, so nehmen sie die Menschengestalt wieder an und fangen an, sich untereinander mit einem Knüppel, einer Hacke oder einer Sense zu streiten, um schließlich unter Tränen und in einer allgemeinen Versöhnung zu endigen. Überanstrengt, bleich und unwissend, was ihnen widerfahren ist, kehren sie zurück und fallen in einen tiefen Schlaf[37]. Unglücklicherweise weiß man nichts über den Sinn und das Ziel dieser nächtlichen Kämpfe. Man denkt an die *benandanti*, an das *Wilde Heer* und an den Zug der Toten, der in Zentral- und Osteuropa allgemein verbreitet war. Die *benandanti* aber unterschieden sich sehr genau von den rumänischen *strigoï*, die sich untereinander bekämpfen und ihre Kämpfe immer in Tränen und allgemeiner Versöhnung beenden. Bezüglich der Analogie zum *Wilden Heer:* hier fehlt es an dem charakteristischen Zug, dem schrecklichen Lärm, der die Ortsbewohner schreckt. In jedem Falle aber illustriert das Beispiel der rumänischen Hexenmeister die Authentizität eines vorchristlichen Schemas, das auf den Traumreisen und einem ekstatischen rituellen Kampf fußt. Dies ist ein Schema, das sich in allen Religionen Europas findet.

Die Geschichte der Diana, der Göttin des alten Dazien, ist genauso bezeichnend. Sicher ist es wahrscheinlich, daß der Name Diana den Namen einer autochthonen geto-thrakischen Lokalgottheit verdrängt hat. Der Archaismus der Vorstellungen und der Riten, die sich auf Diana in Rumänien beziehen, ist aber unzweifelhaft. In der Tat kann man annehmen, daß bei den Völkern romanischer Sprache – Italienern, Franzosen, Spaniern, Portugiesen – die Anspielungen in mittelalterlichen Werken auf den Kult und die Mythologie der Diana im großen und ganzen die Meinung der gebildeten Mönche widerspiegeln, die in den lateinischen Texten bewandert waren. Man kann diese Hypothese über die Geschichte der Diana nicht bei den Rumänen nachweisen. Der Name der Gottheit wurde im Rumänischen

---

[37] Bezüglich der *strigoi* s. die reiche Dokumentation, die *I. Mușela* u. *O. Bîrlea*, Tipologia folclorului: Din răspunsurile la chestionarele lui B. P. Hasdeu (Bukarest 1970) 224 ff, sammelten. Weniger verbreitet ist die Vorstellung, daß die *strigoi* sich mit einer speziellen Salbe einrieben und durch den Schornstein flogen (ebd. 248, 256). Die toten *strigoi* trafen sich immer um Mitternacht und bekämpften sich mit den gleichen Waffen, die auch die Lebenden verwendeten (ebd., 267 ff). Wie in vielen anderen volkstümlichen Glaubensvorstellungen Europas sieht man auch hier den Knoblauch als das beste Mittel gegen die lebenden und die toten *strigoi* an (ebd., 254 ff, 268 ff). In dem Corrector des Burkhard von Worms (11. Jahrhundert) wird die Glaubensvorstellung bestritten, daß manche Frauen vorgaben, „nachts durch geschlossene Türen gehen zu können und sich in Wolken zu hüllen, um sich eine Schlacht zu liefern" (vgl. *J. B. Russel*, Witchcraft 82). Man weiß aber nicht, gegen was diese Frauen kämpften.

zu *zîna* (< *dziana),* was Fee bedeutet. Darüber hinaus läßt sich aus der gleichen Wurzel auch ein anderes Wort ableiten: *zînatec,* das denjenigen bezeichnet, „der unbesonnen, besessen oder verrückt ist", das heißt „gefangen", besessen von Diana oder den Feen[38]. Wir haben auch die oftmals ambivalenten Beziehungen (§ 304) zwischen den *zîne* und den *caluşari* gesehen. Die *zîne* können grausam sein, und es ist unklug, ihren Namen zu nennen. Man sagt: die „Heiligen" oder die „Freigebigen", oder die „Rosalien", oder einfach „sie" *(iele).* Die Feen, die unsterblich sind, haben schöne junge Mädchen, die ihnen ergeben sind. Sie sind in Weiß gekleidet, mit blankem Busen und am Tage unsichtbar. Da sie Flügel haben, können sie in die Luft aufsteigen, was sie hauptsächlich in der Nacht tun. Sie singen und tanzen gerne. An der Stelle, an der sie getanzt haben, ist das Gras wie vom Feuer verbrannt. Diejenigen, die sie tanzen sehen oder die gewissen Verboten zuwiderhandeln, schlagen sie mit Krankheiten, die nur durch die *caluşari* geheilt werden können[39].

Dank ihres Alters sind die rumänischen Dokumente für das Verständnis des europäischen Hexenwesens von großer Bedeutung. Zuerst einmal gibt es keinen Zweifel an der Kontinuität mancher Riten und Glaubensvorstellungen archaischer Natur, die sich hauptsächlich auf Fruchtbarkeit und Natur beziehen. Zweitens implizieren diese mythisch-rituellen Szenarien einen Kampf zwischen zwei sich manchmal ergänzenden Gruppen, die von jungen Männern und jungen Mädchen gestellt werden *(benendanti, striga, caluşari).* Drittens folgt dem zeremoniellen Kampf manchmal die Einigung zwischen einander entgegenstehenden Gruppen. Viertens stellt diese Zweiteilung der Gemeinschaft eine gewisse Ambivalenz dar. Wenn sie den Lebensprozeß und den Prozeß der kosmischen Fruchtbarkeit ausdrücken, stellt die eine der rivalisierenden Gruppen immer den negativen Aspekt dar. Mehr noch: die Personifikation des negativen Prinzips kann je nach den historischen Umständen als eine Manifestation des Bösen gesehen werden[40]. Das scheint sich im Falle der *strigoï* in Rumänien und, in abgemindertem Maße im Falle der *zîne,* der Feen, die dem Gefolge der Diana angehören, manifestiert zu haben.

Unter der Verfolgung durch die Inquisition entstand eine ähnliche Auf-

---

[38] Der Name einer speziellen Gruppe der *zine,* der *sinziene,* stammt vielleicht vom Lateinischen Sanctae Dianae. Die *sînziene,* eher wohlgesinnte Feen, gaben ihren Namen dem bedeutenden Fest des hl. Johannes des Täufers.
[39] In letzter Analyse bedeutet das Szenarium, das von den *călușari aktualisiert wurde, die Fusion magisch-religiöser Ideen und Techniken, die zugleich gegensätzlich und einander ergänzend sind.* Die erstaunliche Beständigkeit dieses urtümlichen Szenariums findet ihren augenfälligen Ausdruck in der Tatsache, daß die antagonistischen Prinzipien (Krankheit und Tod, Gesundheit und Fruchtbarkeit) – einander nähergebracht und befriedet – in einem der schillerndsten Bilder des urtümlichen Paarverhältnisses Frau – Mann personifiziert sind: Fee und heilender Heros auf dem Pferd.
[40] Bezüglich der Umformung der Dichotomien und Polaritäten in einen religiösen Dualismus, der die Idee des *Übels* in sich trägt (s. *M. Eliade,* La Nostalgie des Origines 345 ff).

fassung bezüglich der *benandanti*. Dieser Prozeß, der infolge der Idendifikation des mythisch-rituellen Erbes aus vorchristlicher Zeit mit den Satansmessen und schließlich mit der Häresie entstand, war in Westeuropa noch viel komplexer.

307. Martin Luther und die Reformation in Deutschland

In der Religionsgeschichte und der Geschichte der Kultur Westeuropas gehört das Jahrhundert der Hexenjagd zu den schöpferischsten. Dies ist es nicht nur wegen der Reformen, die – vielen Widerständen zum Trotz – von Martin Luther und Johann Calvin durchgeführt wurden, sondern diese Epoche – die etwa von Marsilio Ficino (1433–1499) bis Giordano Bruno (1548–1600) dauert – ist auch durch eine Reihe von Entdeckungen auf kulturellem, wissenschaftlichem, technologischem und geographischem Gebiet gekennzeichnet, die ausnahmslos religiöse Bedeutung hatten. Man kann die Werte oder Funktionen religiöser Natur des Neuplatonismus, der von den italienischen Humanisten reaktualisiert wurde, der neuen Alchimie, der alchimistischen Medizin des Paracelsus und dem Heliozentrismus des Kopernikus und Giordano Bruno diskutieren. Aber auch eine technische Erfindung wie die der Buchdruckerkunst hatte bedeutende religiöse Folgen: sie spielte eine wesentliche Rolle in der Propaganda und dem Triumph der Reformation. Das Luthertum war „seit seinen Anfängen ein Kind des gedruckten Buches", durch das Luther seine Botschaft mit Nachdruck und genau von einem Ende Europas zum anderen verbreiten konnte[41].

Es gab auch Kontroversen theologischer Natur durch die Entdeckung Amerikas. Christoph Columbus war sich über den eschatologischen Charakter seiner Reise im klaren. Unter „wunderbaren Umständen" (die wir nicht kennen) „hat mir Gott seine Hand hingehalten". Kolumbus hielt seine Reise für ein „augenfälliges Wunder". Denn es handelte sich nicht nur um die Entdeckung „Indiens", „sondern um die einer verklärten Welt". „Mich hat Gott als seinen Boten auserkoren, und er zeigte mir, wo sich der neue Himmel und die neue Erde finden, von denen der Herr durch den Mund des hl. Johannes in seiner Apokalypse gesprochen hat, und von der Jesaja schon früher spricht."[42] Nach den Berechnungen Kolumbus' mußte das Weltende in 155 Jahren eintreten. Bis dahin aber könnte dank des Goldes

---

[41] *A. G. Dickens,* Reformation and Society in Sixteenth Century Europe 51. „Zum ersten Mal erkannte eine große Zahl von Lesern den Wert der revolutionären Ideen durch ein Massenmedium, das die ortsübliche Sprache in Verbindung mit dem Journalismus und der Kunst des Karikierens benutzte" (ebd.).

[42] Lettre à la Nourrice, zit. nach *C. Kappler,* Monstres, Démons et merveilles à la fin du Moyen Age 108.

aus „Indien" Jerusalem wiedererobert und das „Heilige Haus" der „heiligen Kirche" zurückgegeben werden[43].

Wie alle seine Zeitgenossen teilte Martin Luther viele der Ideen und Glaubensvorstellungen seiner Epoche. Zum Beispiel zweifelte er nicht an der schrecklichen Macht des Teufels oder an der Notwendigkeit, die Hexen zu verbrennen, und akzeptierte auch die religiöse Funktion der Alchimie[44]. Wie eine Vielzahl von Theologen, Ordensleuten und Laien, die sich einer geistigen Disziplin unterwarfen (vgl. §§ 299–300), fand Martin Luther seine „mystische" Tröstung in der *Theologia deutsch,* die er unmittelbar nach der Bibel und dem hl. Augustinus ansetzte[45]. Er hatte viele Bücher gelesen und war sehr früh Anhänger Ockhams geworden. Sein religiöses Genie läßt sich aber nicht durch den Zeitgeist erklären. Im Gegenteil: es sind die persönlichen Erfahrungen Martin Luthers, die zum großen Teil dazu beigetragen haben, die geistige Orientierung der Epoche radikal zu modifizieren. Wie auch bei Mohammed hilft uns hier seine Biographie, um die Quellen seiner religiösen Kreativität zu erkennen.

Martin Luther wurde am 10. November 1483 in Eisleben in Thüringen geboren und immatrikulierte sich 1501 an der Universität Erfurt, wo er 1505 Magister artium wurde. Einige Monate später wurde er bei einem schrecklichen Gewitter beinahe vom Blitz erschlagen und legte das Gelübde ab, Mönch zu werden. Im selben Jahr trat er in das Augustinerkloster in Erfurt ein. Trotz des Widerstandes seines Vaters hielt Luther an dem Entschluß fest. Im April 1507 wurde er zum Priester geweiht und unterrichtete Moralphilosophie an den Universitäten von Wittenberg und Erfurt. Im November 1510 wurde er anläßlich einer Romreise vom Verfall der Kirche erschüttert. Zwei Jahre später – nach seiner Promotion in Theologie – erhielt er den Lehrstuhl für Heilige Schrift an der Universität von Wittenberg und begann seine Vorlesungen mit einer *Erklärung der Genesis.*

Seine religiöse Unruhe vermehrte sich aber in dem Maße, in dem er über

---

[43] Brief an Papst Alexander VI., geschrieben im Februar 1502, in der Übersetzung von *C. Kappler,* ebd., 109.
[44] Bezüglich des Teufels, s. die Fragmente von Luthers Kommentar zum Galaterbrief aus der Anthologie von *A. C. Kors* u. *E. Peters,* Witchcraft in Europe 195 ff (vgl. ebd. 202–212) einige Passagen aus *Calvin,* Institution de la religion chrétienne. In einer der Tischreden (Colloquia Doctoris Martini Lutheri) sagte Luther: „Mit diesen Zauberern habe ich keinerlei Mitleid. Ich würde sie alle verbrennen!" Bezüglich der Alchemie sagte Luther im gleichen Werk, daß „sie ihm sehr gefiele". „Sie gefällt mir nicht nur wegen der zahlreichen Möglichkeiten für den Absud von Metallen, der Destillation und Sublimation von Kräutern und Flüssigkeiten, sondern auch wegen der Allegorie und geheimnisvollen Bedeutung bezüglich der Auferstehung der Toten am jüngsten Tag, die äußerst anziehend ist. Denn so wie Gott am Tag des Gerichtes mit Feuer Gerechte und Ungerechte voneinander scheiden wird, so trennt das Feuer im Herd eine Substanz von der anderen. Es trägt den Geist, das Leben, die Säfte, die Kraft mit sich, während die unreine Materie wie ein wertloser Leichnam liegen bleibt" (Tischreden, zit. nach *Montgomery,* L'astrologie et l'alchimie luthérienne à l'époque de La Réforme 337).
[45] Dieses anonyme Werk, um 1400 auf deutsch verfaßt, war übrigens sein erstes Buch, das er im Druck herausgab.

den Zorn und die Gerechtigkeit Gottvaters nachdachte, des Jahwe des Alten Testaments. Erst 1513 oder 1514 entdeckte er den wahren Sinn des Ausdruckes „die Gerechtigkeit Gottes": dies ist der Akt, durch den Gott den Menschen gerecht macht. Mit anderen Worten: der Akt, durch den der Gläubige dank seines Glaubens die Gerechtigkeit erhält, die durch das Opfer Christi in die Welt gekommen ist. Diese Interpretation des hl. Paulus – „der aus Glauben Gerechte wird leben" (Röm 1, 17) – stellte das Fundament der Theologie Martin Luthers dar. „Ich glaube, neugeboren zu sein", sagte er später, „und ich trat in das Paradies durch seine offenen Türen ein." Bei der Meditation über den *Römerbrief,* der – ihm zufolge – „das wichtigste Dokument des Neuen Testaments ist", erfuhr Luther die Unmöglichkeit, die Gerechtwerdung (d. h., eine adäquate Beziehung zu Gott zu finden) aus eigener Kraft zu erlangen. Im Gegenteil: der Mensch wird gerecht und gerettet einzig und allein durch den Glauben an Christus. Wie der Glaube, so ist auch das Heil ohne eigenes Verdienst von Gott zu erlangen. Luther arbeitete diese Entdeckung in einer Vorlesung von 1515 aus und nannte sie die „Theologie des Kreuzes".

Seine Aktivität als Reformator begann am 31. Oktober 1517. An diesem Tag schlug Luther an das Tor der Schloßkirche in Wittenberg seine 95 Thesen gegen den Ablaß an[46]. Er griff die Irrwege der Doktrin und der Kultur der Kirche an. Im April 1518 schrieb er einen höflichen Brief an Papst Leo X., wurde aber nach Rom geladen, um sich zu entschuldigen. Luther forderte von Friedrich dem Weisen von Sachsen, in Deutschland abgeurteilt zu werden. Die Konfrontation fand in Augsburg im Oktober 1518 vor dem Kardinal Cajetan statt. Der Augustinermönch weigerte sich aber, eine Entschuldigung abzugeben, denn die Frage des Ablasses hatte für ihn wie übrigens für eine große Zahl von Prälaten und Theologen[47] keinerlei dogmatische Rechtfertigung. In den folgenden Monaten uferte der Konflikt gefährlich aus. Im Jahre 1519 bestritt Luther in Leipzig die Vorrangstellung des Papstes, denn auch dieser müsse sich der Autorität der Bibel beugen. Die Antwort kam am 15. Juni 1520 durch die Bulle *Exsurge domine.* Luther wurde aufgefordert, sich binnen zweier Monate von seiner Position zurückzuziehen, wenn er nicht exkommuniziert werden wolle. Der Angeklagte warf öffentlich die Bulle ins Feuer und veröffentlichte in kurzer Folge vier Bücher, die zu den besten und bedeutendsten seines Werkes gehören. In dem Manifest *An den christlichen Adel deutscher Nation* (August

---

[46] Die Kirche konnte dieser Nachsicht hinsichtlich des „Schatzes der Verdienste", der von Christus, der Heiligen Jungfrau und den Heiligen angesammelt wurde, zustimmen. Die Praxis wurde zu Beginn des ersten Kreuzzuges gebräuchlich, als Papst Urban II. 1095 verkündete, daß die Sünden der Kreuzfahrer durch Ablaß vergeben wären. Erst zu Zeiten Luthers aber trieben manche Kleriker skrupellos Mißbrauch mit dieser Praxis, indem sie den Glauben zuließen, daß man mit dem Ablaß die Möglichkeit zu sündigen erkaufe.
[47] Schon Innozenz III. hatte ernsthaft versucht, diese Praxis einzudämmen. Pius V. machte im Jahre 1567 Schluß mit dem Mißbrauch des Ablasses.

1520) verwarf er die Vorrangstellung des Papstes vor den Konzilien, die Unterscheidung zwischen Klerikern und Laien und die Monopolstellung des Klerus beim Studium der Heiligen Schrift. In diesem Zusammenhang legte er dar, daß alle Christen aufgrund ihrer Taufe Priester seien. Zwei Monate später schrieb er *De captivitate Babylonica ecclesiae praeludium,* womit er sich an die Theologen wandte und den Klerus des Mißbrauchs der Sakramente anklagte. Luther erkannte nur drei Sakramente an: Taufe, Eucharistie und Buße, später verzichtete er auch auf die Buße. Dank des Schutzes durch den Kurfürsten von Sachsen blieb er auf der Wartburg versteckt (1521) und kehrte erst im folgenden Jahr nach Wittenberg zurück[48].

Der definitive Bruch mit Rom war vollzogen. Es war ein Bruch, der hätte vermieden werden können, wenn Kaiser Karl V. bei der Kurie darauf bestanden hätte, daß die verlangten Reformen in allen Teilen durchgeführt worden wären. In der Tat teilten die Laien wie auch viele Mönche, wie Steven Ozment formuliert, „das gleiche Gefühl einer ungelösten religiösen Bedrückung". Die 1521 erschienene Denkschrift *„An den christlichen Adel deutscher Nation und von des christlichen Standes Besserung"* drückte die Ressentiments des Adels und des Bürgertums aus und wiederholte die Kritiken Luthers am Papst und an den hohen kirchlichen Würdenträgern, an der Kirche und am Klerus im allgemeinen[49].

Nach seiner Rückkehr nach Wittenberg mußte der Reformator gegen eine gewisse „prophetische" Bewegung und manche Neuerungen, die während seiner Abwesenheit verwirklicht worden waren, predigen. In den folgenden Jahren sah er sich anderen Schwierigkeiten gegenüber. Gegen die Bauernaufstände, die 1524 in Mitteldeutschland und ein Jahr später in ganz Deutschland ausgebrochen waren, schrieb er 1525 unter dem Titel *„Wider die mörderischen und räuberischen Horden der Bauern"* ein Pamphlet, das sehr kritisch war und ist[50]. Während dieser Bauernaufstände heiratete Luther eine ehemalige Nonne, Katharina von Bora, die ihm sechs Kinder schenkte. In dieser Zeit fand auch die Auseinandersetzung mit Erasmus von Rotterdam statt (vgl. § 308). Die Organisation der Reformation vollzog sich mit Hilfe Melanchthons (1497–1560) und anderer Mitarbeiter. Luther bestand auf der Wichtigkeit des Gesanges während des Gottesdienstes und schrieb selbst eine Anzahl geistlicher Lieder. Infolge seiner Interpretation der Messe, in der er die tatsächliche Gegenwart Christi sah, entstand ein Streit

---

[48] Während dieses Aufenthaltes übersetzte er das Neue Testament ins Deutsche (die komplette Bibelübersetzung folgte 1534) und schrieb das Werk über das mönchische Gelübde, in dem er die Heirat der Priester und die Freiheit der Mönche, auf ihr Gelübde zu verzichten, forderte.
[49] S. Ozment, The Age of Reform 223.
[50] Die Bauernaufstände wurden von der Gemeinschaft der Adeligen mit größter Grausamkeit unterdrückt.

mit dem Schweizer Reformator Zwingli, der nur eine symbolische Gegenwart anerkennen wollte.

Luthers letzte Jahre waren sehr schwer, und dies hauptsächlich wegen der politischen Geschehnisse. Luther mußte den Schutz der weltlichen Macht annehmen, die er der Anarchie und dem Chaos vorzog. Er griff unaufhörlich die Vertreter der radikalen Reformation an. Zuletzt erarbeitete er in immer dogmatischerer Weise die Theologie und den Kultus seiner evangelischen Bewegung, die die Lutherische Kirche geworden war. Er starb am 18. Februar 1546.

308. Die Theologie Luthers. Auseinandersetzung mit Erasmus

Im Juni 1522 schrieb Luther in einem Brief: „Ich lasse es nicht zu, daß meine Lehre von irgendeinem Menschen, nicht einmal von den Engeln beurteilt wird. Der, der sich meiner Lehre nicht anschließt, kann nicht das Heil erlangen." Jacques Maritain zitiert diesen Text[51] als ein Beweisstück des Hochmutes und des Egozentrismus. Jedoch handelt es sich um eine spezifische Reaktion desjenigen, der nicht wagt, an seiner göttlichen Erwählung und seiner prophetischen Mission zu zweifeln. Nachdem Luther die Erkenntnis erlangt hatte, daß es die absolute Freiheit Gottvaters ist, zu urteilen, zu verdammen und zu erlösen nach seiner eigenen Entscheidung, konnte er keine andere Interpretation mehr zulassen. Seine ausgeprägte Intoleranz spiegelt den Eifer Jahwes im Hinblick auf die Menschen wider. Die Offenbarung, die Luther zuteil geworden war – Rechtfertigung und Heil allein durch den Glauben, *sola fide* –, ist definitiv und unabänderlich; selbst die Engel können daran nichts ändern.

Luther hat diese Offenbarung, die sein Leben änderte, in seiner Theologie kontinuierlich dargelegt und erklärt. Denn er war ein brillanter und gebildeter Theologe[52]. Kurz vor seinen Thesen gegen den Ablaß griff Luther die Theologie des ausgehenden Mittelalters in der Schrift *„Disputation gegen die scholastische Theologie"* (4. September 1517) an. Der Lehrmeinung der mittelalterlichen Kirche zufolge, die hauptsächlich von Thomas von Aquin dargelegt wurde, trug der Gläubige, der Gutes tat, zu seinem eigenen Heil bei. Andererseits glaubten zahlreiche Schüler Ockhams, daß die Vernunft und das Gewissen als Gaben Gottes nicht durch die Erbsünde zunichte werden könnten. Demzufolge erlangt derjenige, der nach seiner

---

[51] Sämtliche Werke (Erlangen 1826–1857), Bd. 26, 144; *J. Maritain*, Trois Réformateurs (1925) 20. Siehe dort ein Fragment von *J. A. Moehler*, dem zufolge „das Ich Luthers das Zentrum war, um das sich seiner Meinung nach die gesamte Menschheit drehen mußte. Er sah sich als einen universellen Menschen an, in dem alle anderen ihr Lebensvorbild sehen sollten".
[52] Zwischen 1509 und 1517 studierte er neben Aristoteles und Augustinus die Kirchenväter und die Werke der großen Theologen des Mittelalters.

natürlichen Moral das Gute tut, die Gnade als Gegenleistung. Für die Anhänger Ockhams bedeutet diese Glaubensvorstellung in keiner Weise, Anhänger des Pelagius zu sein (vgl. S. 56 ff), denn es ist schließlich Gott, der das Heil des Menschen will.

In der *Disputation gegen die scholastische Theologie* griff Luther diese Lehre heftig an. Der Mensch ist aus sich nicht frei, das Gute zu tun. Nach dem Sündenfall kann man nicht mehr vom „freien Willen„ sprechen, denn was den Menschen von da an bestimmt, ist ein Egoismus und die bedingungslose Verfolgung seiner eigenen Befriedigung. Nicht immer sind es aber unmoralische Absichten der Handlungen, manchmal sucht der Mensch auch das Gute und Edle, wenn er die Religionsausübung praktiziert und versucht, sich Gott zu nähern. Dennoch sind auch diese Handlungen verdammenswert, weil ihre Quelle die gleiche Egolatrie ist, die Luther als Auslöser jeder menschlichen Handlung außerhalb der Gnade sieht[53].

Luther verurteilte auch die *Ethik* des Aristoteles, der zufolge die moralischen Tugenden durch Erziehung erlangt werden können. Schließlich sah er in der Theologie der Scholastik eine Bewegung, die dem Denken des Pelagius folgte. Für ihn trug das Gute, das in oder außerhalb des Zustandes der Gnade verwirklicht worden war, niemals zum Seelenheil bei. Seit dem Herbst 1517, in welchem die *Disputation* erschien, erklärte Luther wiederholt die Idee des *sola fide*. Er bestand weniger auf dem dogmatischen Zusammenhang des Glaubens, denn es sei die *Glaubenserfahrung*, die zu einer *fiducia* führte, die naiv und total ist wie der Kinderglaube.

Luther meinte, daß der berühmte Zusammenhang zwischen Glauben und Vernunft nicht möglich sei und zählte diejenigen, die ihn annahmen, zu den Heiden. Die Vernunft habe nichts mit dem Glauben zu tun. Die Glaubensartikel, schrieb er später, „sind nicht gegen die dialektische Wahrheit gestellt (d. h. gegen die aristotelische Logik), sondern sie stehen außerhalb, darunter, darüber, um sie herum und entfernt von ihnen"[54].

Luther kam dann auf das fundamentale Thema seiner Theologie – die Rechtfertigung durch den Glauben – zurück und antwortete auf die Kritik, die Erasmus in seinem Werk *De libero arbitrio* formuliert hatte. Die Auseinandersetzung zwischen diesen beiden großen Geistern ist zugleich signifikant, betrüblich und exemplarisch. Erasmus (1466–1536) hatte lange Zeit die Mißstände und die Korruption der Kirche kritisiert und bestand auf der Notwendigkeit von Reformen. Mehr noch: er hatte zustimmend auf die ersten Manifestationen Luthers reagiert[55]. Als guter Christ und ernster Humanist weigerte er sich aber, zur Spaltung der christlichen Gemeinschaft

---

[53] Siehe die Textsammlung bei *B. A. Gerrish,* De Libero Arbitrio 188, u. Fußnote 10.
[54] Zit. nach *S. Ozment,* a. a. O. 238.
[55] Siehe die Bezugsstellen bei *R. H. Bainton,* Erasmus of Christendom 153 ff. Erasmus bekannte seine Orthodoxie in seinen Briefen wie auch den Werken, die sich in Vorbereitung oder in Vorbereitung einer Neuauflage befanden.

beizutragen. Er verabscheute den Krieg, Gewalt und religiöse Intoleranz. Er forderte eine radikale Reform des westlichen Christentums und sprach sich nicht nur gegen den Ablaß, die Unwürdigkeit der Priester, die Unmoral der Bischöfe und der Kardinäle und die Heuchelei der Mönche aus, sondern auch gegen die scholastische Methode und die Verschleierungstechniken der Theologen. Erasmus glaubte an die Notwendigkeit einer rationaleren Erziehung und erinnerte unaufhörlich an den großen Nutzen, den das Christentum aus einer Assimilation der klassischen Kultur ziehen könne[56]. Sein Ideal war der Friede, den Christus verkündete: er allein würde das Zusammenleben zwischen den europäischen Nationen sicherstellen.

Am 31. August 1523 schrieb Erasmus an Ulrich Zwingli: „Ich glaube, fast all das, was Luther lehrt, gelehrt zu haben, wenn auch nicht in dieser Schärfe, und ich habe mich einiger Paradoxien und Rätsel enthalten."[57] Wenngleich er auch manche Ideen Luthers nicht akzeptierte, so schrieb er doch Briefe zu dessen Gunsten und wußte, daß diese Briefe veröffentlicht werden würden[58]. Als die Thesen Luthers als Häresie erklärt wurden, entgegnete Erasmus, daß ein Irrtum nicht notwendigerweise eine Häresie sei[59], und forderte die katholischen Theologen auf, auf die Thesen Luthers zu antworten, anstatt sie zu verdammen. Da Erasmus die Notwendigkeit eines Dialogs proklamierte, wurde er erst von Luther, dann von Rom des „Neutralismus" angeklagt, das heißt des Mangels an Mut. Dies war eine Anklage, die am Vorabend eines schrecklichen Religionskrieges wahr sein konnte, als die Ernsthaftigkeit des Bekenntnisses zu einem Glaubensartikel unter der Folter öffentlich erprobt wurde. Aber das Ideal des Erasmus – die gegenseitige Toleranz und der Dialog im Hinblick auf ein Sichverstehen und dahingehend, eine gemeinsame christliche Basis zu finden – erlangt eine fast pathetisch anmutende Bedeutung in der ökumenischen Bewegung des letzten Viertels des 20. Jahrhunderts.

Nach manchen Ausflüchten wich Erasmus dem Druck Roms und griff Luther an. Außerdem hatte er sich gedanklich mehr und mehr von der neuen Theologie aus Wittenberg entfernt. Zudem zeigte er sich nicht allzusehr unter Druck gesetzt. Im Jahre 1523 hatte er *De libero arbitrio* fertiggestellt, gab es aber erst im August 1524 in Druck (die ersten Exemplare erschienen im September). Die Kritik war sehr gemäßigt. Erasmus konzentriert sich auf die Behauptung Luthers, daß der freie Wille eine Fiktion sei.

---

[56] Siehe die von *R. H. Bainton*, ebd. 113f, zusammengefaßten und kommentierten Texte.
[57] *B. A. Gerrish*, a.a.O. 191. Die „Rätsel" waren die berühmten Aussprüche Luthers, daß die Werke der Heiligen zur Sphäre des Bösen gehörten, daß die Freiheit der Wahl ein leeres Wort sei, daß der Mensch allein durch den Glauben gerechtfertigt werden könne (ebd.).
[58] Siehe die von *R. H. Bainton*, a.a.O. 156ff, zitierten Texte. Erasmus ließ auch Passagen, die manche Kritik Luthers betrafen, in die Neuauflagen seines Neuen Testamentes und seiner *Ratio* einfließen (vgl. ebd.).
[59] Vgl. *B. A. Gerrish*, a.a.O. 191, Nr. 39.

In der Tat schrieb Luther zur Verteidigung seiner Thesen gegen die Bulle *Exsurge Domini:* „Ich habe mich schlecht ausgedrückt, als ich sagte, daß der Wille, vor der Erlangung der Gnade nur ein leeres Wort sei. Man hätte deutlicher sagen müssen, daß der freie Wille in der Tat nur eine Fiktion ist oder ein Name ohne Gehalt, denn es liegt nicht in der Kraft des Menschen, das Gute oder das Böse zu erlangen. So erklärt es korrekt der Satz Wycliffs, der in Konstanz verdammt wurde: alles geschieht nach einer absoluten Notwendigkeit."[60]

Erasmus stellt seine Position klar dar: „Unter freier Wahl verstehen wir die menschliche Willenskraft, durch die er sich Dingen zuwenden kann, die zum ewigen Heil führen oder durch die er sich von ihnen abwenden kann."[61] Für Erasmus war die Freiheit, zwischen dem Guten und dem Bösen zu wählen, eine *conditio sine qua non* der menschlichen Verantwortlichkeit. „Wenn der Wille nicht frei wäre, dann könnte dem Menschen keine Sünde auferlegt werden, denn die Sünde ist nur als willentlich vorhanden."[62] Mehr noch: „Wenn der Mensch nicht in seiner Wahl frei wäre, dann wäre Gott für die schlechten wie die guten Handlungen verantwortlich."[63] Mehrmals besteht Erasmus auf der entscheidenden Bedeutung der göttlichen Gnade. Der Mensch trägt zu seinem Heil nichts bei, aber wie ein kleines Kind mit Hilfe des Vaters laufen lernt, so lernt der Gläubige das Gute zu wählen und das Böse zu vermeiden.

Luther antwortete ihm mit seinem *De servo arbitrio* (1525), einem Werk, das er zeitlebens besonders hoch einschätzte. Von vornherein stellte er „das Mißfallen, die Wut und die Verachtung" fest, die das Werk des Erasmus bei ihm hervorgerufen hätten[64]. Die Antwort, die viermal so lang ist, wie *De libero arbitrio* von Erasmus ist schwungvoll und mit Emphase geschrieben und überschreitet theologisch den Horizont des Erasmus. Luther wirft ihm seine Voreingenommenheit bezüglich des universellen Friedens vor. „Als eine Art Pazifist sollen sie *unserem* Streit ein Ende machen." Für Luther handelt es sich aber um eine „ernste, lebenswichtige und ewige Wahrheit, die so fundamental ist, daß sie selbst auf Kosten des Lebens und auch dann, wenn die ganze Welt in Aufruhr gerät, selbst, wenn sie in einen Krieg verfällt, in Stücke gerissen und vernichtet wird, aufrechterhalten und verteidigt werden muß"[65]. So nahm er in großer Hast, aber mit Humor und Sarkasmus die Verteidigung seiner Theologie auf.

---

[60] Zitiert nach *Erasmus,* De Libero Arbitrio (Über die Willensfreiheit 64). Wir verwendeten die jüngste, kommentierte Übersetzung von *E. Gordon Rupp* in: Luther and Erasmus: Free Will and Salvation.
[61] On the Freedom of the Will 47.
[62] Ebd. 50.
[63] Ebd. 53.
[64] De Servo Arbitrio, übers. u. kommentiert v. *P. S. Watson* in: Luther and Erasmus: Free Will and Salvation 103.
[65] Ebd. 112 ff.

Erasmus antwortete ihm mit seinem großen Werk *Hyperaspites*, in dem er seine Bissigkeit und Vorbehalte nicht verschleiert. Der Reformator machte sich aber nicht die Mühe, eine Zurückweisung zu schreiben. Er hatte sich nicht getäuscht, der Tumult um ihn mehrte sich, in der Tat hatten die Religionskriege begonnen.

309. Zwingli, Calvin und die katholische Reform

Am 11. Oktober 1531 fiel der Schweizer Reformator Ulrich Zwingli[66] mit zahlreichen seiner Freunde in der Schlacht von Kappel. Seit einigen Jahren hatte er die Reformation in Zürich und in anderen Städten eingeführt. Dank Zwingli genoß Zürich ein ähnliches Ansehen wie Wittenberg. Aus der Angst, vollkommen isoliert zu werden, schlossen sich die katholischen Kantone zu einem Feldzug gegen Zürich zusammen, und ihre Anzahl und militärische Überlegenheit sicherten den Sieg. Der Tod Zwinglis stoppte die Ausbreitung der Reformation in der Schweiz und legte die konfessionellen Grenzen des Landes bis zum Anfang des 19. Jahrhunderts fest. Dank seinem Nachfolger, Heinrich Bullinger, blieb das Werk Zwinglis aber erhalten und festigte sich.

Zwingli ist der Autor verschiedener Abhandlungen, unter anderem über die Vorsehung, die Taufe und die Eucharistie. Hauptsächlich die Interpretation der Eucharistie zeigt die Originalität des Schweizer Reformators. Wegen dieser Interpretation konnte eine Vereinigung mit der Bewegung Luthers nicht realisiert werden[67]. Zwingli insistiert auf der *geistigen Gegenwart* Christi im Herzen des Gläubigen, der das Sakrament empfängt. Ohne den Glauben hat die Eucharistie keinen Wert. Die Formel: „Dies ist mein Leib" ist symbolisch zu verstehen wie eine Erinnerung an das Opfer Christi, das den Glauben an die Erlösung festigt.

Luther beneidete zu Recht die politischen Freiheiten der Schweiz. Indes mußte auch in der Schweiz die religiöse Reformation auf die politische Autorität Rücksicht nehmen. Zwingli hielt sich mit Recht für „radikaler" als Luther. In Zürich wie in Wittenberg aber ermutigte die religiöse Freiheit die radikalen und extremistischen Tendenzen. Die härteste und leidenschaft-

---

[66] Zwingli wurde 1489 in der Nähe von Zürich geboren und studierte in Basel, Bern und Wien, bevor er im Jahre 1506 zum Priester geweiht wurde. Er bewunderte Luther, fühlte sich aber nicht als Lutheraner, denn er zielte auf eine radikalere Reform ab. Insgeheim heiratete er 1522 eine Witwe, die ihm vier Kinder schenkte. Im folgenden Jahr veröffentlichte Zwingli seine 67 Thesen *(Schlußreden)*, in denen er das Evangelium als die einzige Quelle, die theologisch von Wert ist, propagierte. Im Jahre 1525 erschien das erste protestantische Manifest: Commentarius de vera ac falsa religione. Das Konzil von Zürich nahm die Reform an, die lateinische Messe wich der deutschen Eucharistiefeier, Bilder verschwanden aus den Kirchen, Klöster wurden säkularisiert.

[67] Siehe bezüglich dieser Kontroverse S. *Ozment*, a. a. O. 334 ff.

lichste Auseinandersetzung für Zwingli war diejenige mit Conrad Grebel, dem Gründer derjenigen Bewegung, die seine Gegner die *Anabaptisten* genannt hatten. Grebel verneinte den Wert der Kindertaufe[68]. Ihm zufolge konnte dieses Sakrament nur Erwachsenen erteilt werden, genau denjenigen, die aus freien Stücken das Leben Christi nachvollziehen wollten. Deshalb mußten die Konvertiten nochmals getauft werden[69]. Zwingli griff diese Lehre in vier Schriften an, hatte aber keinen großen Erfolg. Die erste Wiedertaufe fand am 21. Januar 1528 statt. Im März untersagten die weltlichen Autoritäten diese Häresie, und vier Anabaptisten wurden hingerichtet. Greben starb nach seiner Inhaftierung 1526 im folgenden Jahr.

Trotz der Verfolgung[70] verbreitete sich der Anabaptismus in der Schweiz und in Süddeutschland nach 1530. Mit der Zeit teilte sich diese „radikale Reform" in mehrere Gruppen auf, unter denen Spiritualisten wie Paracelsus, Sebastian Frank und Valentin Weigel waren.

Wie Luther mußte Johannes Calvin seine Theologie gegen die Anabaptisten verteidigen[71]. Er wurde 1509 in Noyon geboren, studierte in Paris am Collège Montaigu (1523–1528) und veröffentlichte 1532 sein erstes Buch (einen Kommentar über *De clementia* von Seneca). Nach der Lektüre der Werke Luthers trat die Theologie an die Stelle seiner Neigung für den Humanismus. Wahrscheinlich konvertierte Calvin 1533 und zog sich 1536 nach Genf zurück. Zum Pfarrer ernannt, kümmerte er sich eifrig um die Organisation der Reformation. Indes wurde er nach zwei Jahren vom Stadtrat ausgewiesen und ließ sich in Straßburg nieder, wohin ihn der große Humanist und Theologe Martin Bucer (1491–1551) eingeladen hatte. In Straßburg erlebte Calvin die beste Zeit seines Lebens. Durch die Freundschaft zu Bucer lernte er viel und veröffentlichte 1539 als umfassende Darstellung seine *Institutio religionis Christianae*[72] und 1540 einen Kommentar zum Römerbrief. Ebenfalls im Jahre 1540 heiratete er Idelette von Bure, die Witwe eines übergetretenen Anabaptisten. Indessen verschärfte sich in Genf die Lage, und der Rat bat ihn zurückzukommen. Calvin zögerte zehn Monate und nahm dann im September 1541 an. Er kehrte nach Genf zurück und blieb dort bis zu seinem Tod im Mai des Jahres 1564.

Trotz mancher Widerstände gelang es Calvin, in Genf seine Auffassung

---

[68] Übrigens war diese Art der Taufe nicht im Evangelium bezeugt. Der Respekt vor der absoluten und einzigen Autorität der Bibel war allgemein in den reformierten Gemeinden vorhanden.
[69] Hiervon leitet sich der Name der Anabaptisten ab, der aber nicht sauber gebraucht ist, weil die Konvertiten den sakramentalen Wert ihrer ersten Taufe nicht anerkannten.
[70] Die Geschichte kennt zwischen 850 und 5000 Anabaptisten, die zwischen 1525 und 1618 hingerichtet wurden. Sie wurden entweder verbrannt oder enthauptet oder ertränkt (vgl. *S. Ozment*, a. a. O. 332).
[71] Zuerst wurde das gesamte Material von *W. Blake,* Calvin and the Anabaptist Radicals, durchsehen und analysiert.
[72] Die „Institutio" wurde in Frankreich im Jahre 1535 fertiggestellt und kontinuierlich in zahlreichen Neuauflagen von Calvin durchgesehen und erweitert.

der Reformation durchzusetzen. Die Bibel als die einzige Autorität, die in allen Problemen entscheidend ist, in solchen des Glaubens wie auch der Organisation der Kirche. Obgleich Calvin ständig in politische, kirchliche und theologische Kontroversen verstrickt war, ist sein literarisches Schaffen äußerst reich. Zusätzlich zu einer gewaltigen Korrespondenz erarbeitete er Kommentare zum Alten und zum Neuen Testament, eine große Zahl von Abhandlungen und kleineren Werken, die mit den verschiedenen Aspekten der Reformation im Zusammenhang stehen, Predigten über die Episteln des hl. Paulus usw. Sein Hauptwerk bleibt aber die *Institutio religionis Christianae*, das auch wegen seiner literarischen Qualität beachtlich ist. Die definitive lateinische Ausgabe erschien 1559[73].

Die Theologie Calvins bildet kein System. Es handelt sich eher um eine Summa aus dem biblischen Denken. Calvin erforschte und überdachte die beiden Testamente, die er mehrfach im Blickwinkel des hl. Augustinus las und verstand. Auch der Einfluß Luthers ist spürbar, obgleich er ihn nicht zitierte. Calvin diskutierte in persönlicher Weise die essentiellen Probleme seiner Theologie: die Erkenntnis Gottes als Schöpfers und Herrn, den Dekalog und den Glauben aufgrund des apostolischen Glaubensbekenntnisses, die Rechtfertigung durch den Glauben und die Verdienste der Werke, die Prädestination und Vorsehung Gottes, die gültigen Sakramente (Taufe und Eucharistie), aber auch das Gebet, die kirchlichen Machtbefugnisse, die weltliche Regierung usw. Für Calvin ist der Mensch immer Sünder, seine „guten" Werke werden lediglich durch die göttliche Gnade annehmbar. Der Abstand zwischen dem transzendenten Gott und der Schöpfung kann durch die Verkündigung, die in der Schrift steht, überwunden werden. Indessen kann der Mensch Gott selbst nicht erkennen, sondern nur insofern der Herr sich *dem Menschen zeigt.* Die beiden Sakramente stellen das Mittel dar, durch das sich Christus dem Gläubigen mitteilt.

Allgemein sieht man unter den drei großen Theologen der Reformation Calvin als den am wenigsten originellen an. Aber schon seit der dogmatischen Verhärtung des späten Luther, verlor die theologische Kreativität ihre Vorrangstellung in der reformierten Kirche. Luther hatte aufgezeigt, daß es wesentlich sei, die Organisation der individuellen Freiheit und der Reform der sozialen Einrichtungen sowie allgemeiner Unterweisung öffentlich zu betreiben. Er hatte dies durch sein eigenes Leben bewiesen. Mehr als die „Würde des Menschen", die von den Humanisten hervorgehoben wurde, ist die Freiheit des Individuums, jede andere Autorität außer Gott verwerfen zu können, in einem langsamen Prozeß der Desakralisa-

---

[73] Peinlich war die Hinrichtung von Michael Servet, einem spanischen Mediziner, der eher als Amateurtheologe anzusehen ist und der Calvin heftig kritisiert hatte (vgl. *Williams,* The Radical Reformation 605 ff). „Für viele prägte die Rolle Calvins in der Verurteilung des Servet dem Protestantismus ein reaktionäres Siegel auf, so wie es der katholischen Kirche durch die Behandlung Galileis seitens der Inquisition anhaftete" *(S. Ozment,* a. a. O. 369).

tion zur modernen Welt möglich geworden, so wie sie sich in der Zeit der Aufklärung zeigte und, von der Französischen Revolution präzisiert, schließlich im Triumph der Wissenschaft und der Technik vorhanden war.

Calvin hatte nicht nur mehr zum sozialen und politischen Fortschritt beigetragen als Luther, sondern er hatte auch am eigenen Beispiel die theologische Wichtigkeit der politischen Aktivität aufgezeigt. In der Tat hat er die Reihe von politischen Theologen in der zweiten Hälfte des 20. Jahrhunderts vorweggenommen: die Theologie der Arbeit, die Theologie der Befreiung, die Theologie des Antikolonialismus usw. Unter diesem Blickwinkel läßt sich die Religionsgeschichte des westlichen Europa nach dem 16. Jahrhundert gut in die politische, soziale, wirtschaftliche und kulturelle Geschichte des Kontinents eingliedern.

Die letzte Reform von Bedeutung war die des Konzils von Trient (1545–1563)[74], die aber zwiespältig erscheint. Sie begann zu spät und stand unter dem Druck der sich ausbreitenden evangelischen Bewegung. Zudem entwickelte sie sich unter dem Zwang der zeitgeschichtlichen Situation und verfolgte in der Hauptsache die Konsolidierung der politischen Macht und des Heiligen Stuhles. Indes forderten aber viele Theologen und hohen Würdenträger schon seit einiger Zeit wirkliche Reformen und vornehmlich eine Begrenzung der Macht des Papstes sowie die Wiedereinsetzung der Machtbefugnisse der Bischöfe. Vor einigen Jahren schon, im April 1541, hatten auf Drängen Kaiser Karls V. in Regensburg Diskussionen zwischen protestantischen (unter ihnen Bucer und Melanchthon) und katholischen (Johann Eck, Johann Gropper usw.) Theologen stattgefunden. In einigen Wochen waren sich die beiden Gruppen über wesentliche Fragen einig geworden (z. B. die Natur des Heils als doppelte Rechtfertigung).

Unglücklicherweise machte das Konzil diese Annäherung unnütz. Der Papst und seine jesuitischen Ratgeber wollten Reformen, die in den katholischen Ländern das Auftreten eines weiteren Luther, Zwingli oder Calvin unmöglich machen würden. Das Konzil lief so ab, daß nur die Vorschläge des Papstes angenommen wurden. Wie zu erwarten, triumphierte die Reaktion. Indessen setzte das Konzil die Autorität der Bischöfe wieder ein (unter der Bedingung, daß sie in ihren Diözesen lebten), reagierte heftig auf die Unmoral und das Konkubinat der Priester, faßte Entschlüsse über die theologische Unterweisung des Klerus usw. Darüber hinaus ermutigte das Konzil Korrekturen kultischer Art, die geeignet waren, das Verlangen der Laien nach einer authentischen Religion zu stillen.

Was man den nachtridentinischen Katholizismus nennt, ist teilweise das Ergebnis von Maßnahmen zur Gesundung, aber auch das Werk mancher

---

[74] Das erste Treffen dauerte vom März 1545 bis zum Herbst 1547, das zweite vom Mai 1551 bis zum Mai 1552, das dritte vom April 1561 bis zum Dezember 1563.

Mystiker und Apostel. Die Traditionen der mittelalterlichen Mystik und der *devotio moderna* erfuhren mit der hl. Teresa von Ávila (1515–1582) und dem hl. Johannes vom Kreuz (1542–1591) einen neuen Aufschwung. Die Erfahrung der *unio mystica* der hl. Teresa, die sie als Ehe zwischen der Seele und Jesus ausdrückte, stand hoch im Ansehen[75], obgleich sie von der Inquisition beargwöhnt wurden. Hauptsächlich ist es aber Ignatius von Loyola (1491–1556), der Gründer der Societas Jesu, der zum moralischen, religiösen und politischen Erfolg der Gegenreformation beitrug[76]. Obgleich er mystische Erfahrungen hatte, von denen er sprach, wählte Ignatius von Loyola das Apostolat, die „Kontemplation in der Aktion", nach einem berühmten Ausspruch des Ignatius. Er wurde hauptsächlich wegen seiner Werke (Waisenhäuser, Heime für alte Prostituierte, Sekundarschulen und Kollegien, Missionsstationen auf den drei Kontinenten usw.) bewundert.

Im folgenden sei das Wesentliche der Lehre des Ignatius von Loyola dargelegt: absoluter Gehorsam gegenüber Gott und von daher gegenüber seinem Stellvertreter auf Erden, dem Papst und dem Ordensgeneral; Gewißheit, daß die Gebete, die Meditationen und die daraus resultierenden Einsichten die conditio humana ändern können, das Vertrauen, daß Gott jede Anstrengung, die Menschen zu bekehren, unterstützt, und von da ausgehend der Versuch, sich selbst zu bessern, sowie die Gewißheit, daß die guten Taten – hauptsächlich diejenigen für Menschen, die in Not sind – von Gott gutgeheißen werden.

Im Vergleich mit den Theologien Luthers und Calvins ist die des Ignatius von Loyola optimistischer. Dies kann aus den mystischen Erfahrungen des Ignatius erklärt werden, Erfahrungen, die auch seine kontemplative Methode und die Funktion des Wertes, welcher der Arbeit zugemessen wird, erklären. Der blinde Gehorsam gegenüber dem Vertreter Gottes auf Erden verrät mystischen Ursprung. Man kann ihn mit der Verehrung des Imâm vergleichen (§ 273) und derjenigen des spirituellen Meisters *(guru-dev)* im

---

[75] Auf diese Problemstellung werden wir in einem Schlußkapitel, das der Morphologie und dem Vergleich mystischer, archaischer, orientalischer und westlicher Erfahrungen gewidmet ist, zurückkommen.

[76] Ignatius wurde 1491 in Loyola geboren und hatte eine romantische und abenteuerliche Jugend. Im Französisch-Spanischen Krieg wurde er schwer verwundet (1521). Auf dem Krankenlager las er einige religiöse Bücher, unter anderem die Imitatio Jesu Christi und die Biographien des hl. Franziskus und des hl. Dominikus. Er beschloß, ihnen nachzueifern. Bei seiner ersten Wallfahrt zum Montserrat im März des Jahres 1522 legte er ein Gelübde auf dem Altar der Heiligen Jungfrau ab, in Zukunft Gott dienen zu wollen. Von da an führte Ignatius ein sehr asketisches Leben, fastete manchmal eine ganze Woche lang, ging immer in Lumpen gehüllt zu Fuß und widmete sieben Stunden am Tag dem Gebet. In der Elementarschule von Barcelona hatte er Latein gelernt. Im Februar 1528 kam er nach Paris, wo er sich im Collège Montaigu einschrieb und 1534 Magister Artium wurde. Ignatius erhielt die Erlaubnis, mit neun anderen zusammen einen neuen Orden zu gründen, der von der Kurie 1540 bestätigt wurde. Die Societas Jesu war anfangs auf sechzig Mitglieder beschränkt, beim Tode ihres Gründers im Jahre 1556 war sie mehr als tausend Mitgliedern angewachsen.

Hinduismus. Diese Verehrung rechtfertigt sich aus einer mystischen Theologie.

Das religiöse Genie des Ignatius von Loyola kommt hauptsächlich in seinen *Exercitia spiritualia* zum Ausdruck, einem kurzen Traktat, mit dessen Niederschrift er nach einer ersten mystischen Vision begann, die er in Manresa in der Nähe des Montserrat hatte. Es handelt sich um ein praktisches Handbuch, das die täglichen Gebets- und Meditationsanleitungen für jene enthält – es ist nicht nur an Mitglieder des Ordens gedacht –, die sich den vier Wochen dauernden Übungen unterziehen wollen. Das Werk steht in einer langen christlich-kontemplativen Tradition. Auch das berühmte Exercitium der zweiten Woche, die Bemühung um die konkrete und lebendige Vorstellung einer Landschaft oder einer historischen Begebenheit hat Vorläufer bereits im 12. Jahrhundert. Ignatius entwickelte aber diese Methode der visuellen Vorstellung mit einer Strenge, die an gewisse Meditationstechniken Indiens erinnert. Der Meditierende lernt den Zeitraum, in dem er sich befindet, sakral zu sehen, indem er ihn durch seine Vorstellungskraft in die Zeit projiziert, in der sich die heilige Geschichte *gegenwärtig* abspielt. Er soll das Jerusalem der Zeit Jesu *sehen,* mit seinen *eigenen Augen* der hl. Jungfrau und Joseph auf dem Weg nach Bethlehem folgen usw. Auch beim Essen soll er sich zusammen mit den Aposteln sehen.

Zu unterstreichen sind die Genauigkeit und die Strenge der *Exercitia spiritualia*. Jede fromme Begeisterung ist sorgfältig zu kontrollieren. Die fortschreitende Reinigung des Übenden bedingt in keiner Weise eine *unio mystica*. Ziel der Übungen ist es, geistliche Kämpfer auszubilden und sie dann in die Welt zurückzusenden.

310. Humanismus, Neuplatonismus und Hermetik in der Renaissance

Cosimo de Medici vertraute dem großen florentinischen Humanisten Marsilio Ficino (1433–1499) die Übersetzung von Manuskripten des Platon und des Plotin an, die er während vieler Jahre gesammelt hatte. Um das Jahr 1460 hatte Cosimo ein Manuskript des *Corpus Hermeticum* gekauft und verlangte von Ficino eine sorgfältige Übersetzung ins Lateinische. Zu dieser Zeit war Ficino mit seiner Platon-Übersetzung noch nicht fertig. Gleichwohl legte er die *Dialoge* beiseite, um sich in aller Hast der Übersetzung der hermetischen Traktate zu widmen. Im Jahre 1463, ein Jahr vor dem Tod Cosimos, waren diese Übersetzungen fertiggestellt. Das *Corpus Hermeticum* war so der erste griechische Text, der von Marsilio Ficino übersetzt und herausgegeben worden ist[77]. Dies zeugt vom Ansehen des Hermes Trismegistos, der als Autor der hermetischen Traktate angesehen wurde (§ 209).

---

[77] F. A. Yates, Giordano Bruno and the Hermetic Tradition 12 f. Bis zu diesem Zeitpunkt war nur die hermetische Abhandlung Asclepius in lateinischer Übersetzung zugänglich.

Die lateinischen Übersetzungen des Ficino – hauptsächlich die des *Corpus Hermeticum*, Platons und Plotins – spielten in der Religionsgeschichte der Renaissance eine beachtliche Rolle: sie ließen in Florenz den Neuplatonismus triumphieren und weckten fast überall in Europa begeistertes Interesse für die Hermetik. Die ersten italienischen Humanisten – von Petrarca (1304–1374) zu Lorenzo Valla (1405–1457) – hatten bereits eine neue religiöse Orientierung eingeleitet, die die scholastische Theologie verwarf und zu den Kirchenvätern zurückkehrte. Als christliche Laien und gute Kenner der Klassiker meinten die Humanisten eher als der Klerus in der Lage zu sein, die Beziehungen zwischen dem Christentum auf der einen und den vorchristlichen Vorstellungen von der Gottheit und der menschlichen Natur auf der anderen Seite zu verstehen. Wie Charles Trinkaus darlegt, ist diese Neubewertung des *Homo Triumphans*[78] nicht notwendigerweise heidnischen Ursprungs, sondern ist eher von der Patristik beeinflußt.

Mit dem Neuplatonismus, der durch Marsilio Ficino, Giovanni Pico della Mirandola (1463–1494) und Egidio de Viterbo (1469–1532) populär gemacht wurde, erlangte die Erhöhung der conditio humana eine neue Dimension, verzichtete aber nicht auf den christlichen Kontext. Als Gott die Welt schuf, übertrug er dem Menschen die Herrschaft über die Erde und „durch die Handlungen des Menschen als Gott auf Erden wurde das Schöpfungswerk der Geschichte und der Zivilisation bewerkstelligt".[79] Von da an aber inspirierte mehr und mehr der nichtchristliche Neuplatonismus und die Hermetik die Tendenz der Apotheose des Menschen, die für den Humanismus charakteristisch war.

Augenscheinlich hatten Ficino und Pico della Mirandola keine Zweifel an der Orthodoxie ihres Glaubens. Schon im 2. Jahrhundert hatte Lactanz, ein christlicher Schriftsteller und Rhetor, Hermes Trismegistos als einen von Gott begnadeten Weisen bezeichnet und manche Hermetismen als durch die Geburt Jesu Christi verwirklicht bezeichnet. Marsilio Ficino erneuerte diese Harmonie zwischen der Hermetik und der hermetischen Magie einerseits und dem Christentum andererseits[80]. Pico della Mirandola meinte, daß *Magie* und *Kabbala* die Göttlichkeit Christi bestätigten[81]. Einen beachtlichen Aufschwung erfuhr der universelle Glaube an eine vereh-

---

[78] Vgl. *C. Trinkaus*, In our Image and Luikeness I, 19 ff, 41 ff (Petrarca), 150 ff (L. Valla). Siehe hauptsächlich die Texte, die auf den Seiten 341 ff, 381 ff wiedergegeben sind. Die vollständige Realisierung der Persönlichkeit stellt nicht immer ein dem Heidentum entlehntes Ideal dar, sie erklärt sich hauptsächlich durch die Erneuerung der Theologie der Gnade (vgl. ebd. 20, 46 ff).
[79] Ebd. 22.
[80] Siehe unter anderem *D. P. Walker*, Spiritual and Demonic Magic. From Ficino to Campanella 30 ff.
[81] Unter den durch Innozenz VII. verdammten Thesen Picos findet sich der berühmte Ausspruch: *Nulla est scientia quaenon magis certificet de divinitate Christi quam magia et cabala* (vgl. *F. A. Yates*, a. a. O. 84 ff).

rungswürdige *prisca theologia*⁸² und an die berühmten „alten Theologen": Zarathustra, Mose, Hermes Trismegistos, David, Orpheus, Pythagoras, Platon.

Hieraus kann man die tiefgreifende Unzufriedenheit ableiten, die durch die Scholastik und die mittelalterlichen Vorstellungen über den Menschen und das Universum hervorgerufen wurden, und man kann eine Reaktion erkennen gegen das, was ein „provinzielles" Christentum genannt werden könnte, also ein rein westliches. Ebenso ist der Anspruch einer universalistischen Religion, die jenseits der Geschichte steht und „ursprünglich" ist, fühlbar. Pico lernte Hebräisch, um sich der Kabbala zu widmen, die – nach seiner Ansicht – das Alte Testament erklärt und ihm vorangeht. Papst Alexander VI. ließ im Vatikan ein Fresko malen, das symbolische Bilder und hermetische, d. h. „ägyptische", Darstellungen umfaßte. Das alte Ägypten, das mythische Persien des Zarathustra, die Geheimlehre des Orpheus, deckten Mysterien auf, die die Grenzen des jüdisch-christlichen Denkens hinter sich ließen und auch diejenigen der klassischen Welt, die jüngst von den Humanisten entdeckt worden war. In der Tat handelte es sich um die Gewißheit, daß man urtümliche Offenbarungen Ägyptens und Asiens wiederfinden und ihre Übereinstimmungen und gemeinsame Quelle aufdecken könne. (Die gleiche Begeisterung und die gleiche Hoffnung findet man in gemäßigterer Weise im 19. Jahrhundert nach der Entdeckung des Sanskrit und der „Ursprünglichkeit" der Texte der Veden und Upanishaden.)

Zahlreiche Theologen und Philosophen, Christen und Nichtchristen, waren über zwei Jahrhunderte lang von der Hermetik besessen. Wenn Giordano Bruno (1548–1600) mit Begeisterung die Entdeckung des Kopernikus begrüßte, dann deshalb, weil er meinte, daß der Heliozentrismus eine tiefe religiöse und magische Bedeutung habe. Als er in England war, prophezeite Bruno die bevorstehende Renaissance der magischen Religion des alten Ägyptens, wie sie von *Äskulap* beschrieben worden war. Giordano Bruno meinte, daß er über Kopernikus stehe, da dieser seine Theorie nur als mathematisch auffaßte, während Bruno dieses kopernikanische Schema als eine Hieroglyphe der göttlichen Geheimnisse auffaßte⁸³.

Giordano Bruno verfolgte aber ein anderes Ziel. Er setzte Hermes mit der ägyptischen Religion gleich, die als die älteste galt, und in der Folge stützte er seinen religiösen Universalismus auf die Rolle der ägyptischen Magie. Im Gegensatz dazu zögerten zahlreiche Autoren des 16. Jahrhunderts, sich auf die hermetische Magie zu beziehen, die in der Zwischenzeit

---

⁸² *D. P. Walker*, The Ancient Theology, hier bes. 22 ff (Orpheus the Theologian).
⁸³ Siehe *F. A. Yates*, a. a. O. 154 ff u. passim. Ein gelehrter Grieche, Isaac Casubon, zeigte im Jahre 1614 auf, daß das Corpus Hermeticum, eine ziemlich späte Anthologie war, die nicht vor dem 2. oder dem 3. Jahrhundert n. Chr. entstanden wäre (vgl. § 209). Das Ansehen und die Fabelgestalt der „ägyptischen Mysterien" spukte aber weiterhin in den Köpfen der europäischen Intelligenz in neuer Gestalt: „Mysterium der Hieroglyphen".

zur Häresie erklärt worden war. Dies ist der Fall bei Lefèvre d'Étaples (Faber Stapulensis, 1460–1537), der die Hermetik in Frankreich eingeführt hatte. Er trennte das Gros des *Corpus Hermeticum* vom *Äskulap*-Traktat. Der Neuplatoniker Symphorien Champier (1472–1539) versuchte sogar zu zeigen, daß der Autor der magischen Passagen des *Äskulap* nicht Hermes, sondern Apuleius war [84]. Im 16. Jahrhundert erlangte der exemplarische Wert der Hermetik in Frankreich wie auch in anderen Ländern eine Stellung, die wegen ihres religiösen Universalismus als fähig angesehen wurde, den Frieden und die Eintracht wiederherzustellen. Ein protestantischer Autor, Philipp de Morney, suchte in der Hermetik ein Mittel, um dem Schrekken der Religionskriege zu entgehen. In seinem Werk *„Über die Wahrheit der christlichen Religion"* (1581) erinnert Morney daran, daß Hermes zufolge „Gott einer ist, dem allein der Name des Vaters und des Guten zukommt ... Allein ist er und alles, namenlos, besser als jeder Name." [85]

Wie J. Dagbes schreibt, „hat die Hermetik Protestanten wie Katholiken beeinflußt und auf beiden Seiten die versöhnlichen Tendenzen verstärkt" [86]. Die verehrenswerte Religion des Hermes wurde zu Anfang von der Gesamtheit der Menschheit geteilt, und sie könnte bis in unsere Tage den universellen Frieden und die Übereinstimmung der verschiedenen Konfessionen mit sich bringen. Im Zentrum dieser Verkündigung findet sich die „Göttlichkeit" des Menschen, des Mikrokosmos, der die Synthese der ganzen Schöpfung ist. „Der Mikrokosmos ist das letzte Ziel des Makrokosmos, wie der Makrokosmos die Bleibe des Mikrokosmos ist ... Makrokosmos und Mikrokosmos sind so miteinander verbunden, daß der eine immer in dem anderen vertreten ist." [87]

Die Entsprechung zwischen Mikrokosmos und Makrokosmos war schon in China bekannt, bekannt auch in Indien und in Griechenland, aber erst bei Paracelsus und seinen Schülern gewann sie eine neue Stärke [88]. Der Mensch machte die Verbindung zwischen der himmlischen Region und der Welt unter dem Mond möglich. Im 16. Jahrhundert stellt das Interesse für die *magia naturalis* eine neue Anstrengung dar, Natur und Religion zu einen. Die Naturwissenschaft war in der Tat etwas, was Gott besser verstehen helfen sollte. Das grandiose Konzept dieser Entwicklung werden wir noch aufzeigen.

---

[84] *F. A. Yates*, a. a. O. 172 ff. Über die Hermetik im Frankreich des 16. Jahrhunderts s. auch *D. P. Walker*, The Ancient Theology, Kap. III.
[85] Zitiert nach *F. A. Yates*, a. a. O. 177; s. auch *D. P. Walker*, a. a. O. 31 ff, 64 ff usw. Der Katholik Francesco Patrizi glaubte, daß die Lektüre des Corpus Hermeticum selbst die Protestanten überzeugen könne, zur Kirche zurückzukehren (vgl. *F. A. Yates*, a. a. O. 182 ff).
[86] „Hermétisme et cabale en France, de Lefèvre d'Étaples à Bousset" 8; *F. A. Yates*, a. a. O. 180.
[87] Charles de Bouelles, zitiert nach *E. Garin*, Note sull'ermetismo del Rinascimento 14.
[88] Vgl. u. a. *A. Wayman*, The Human Body as Microcosm in India, Greek Cosmology and Sixteenth Century Europe; *A. G. Debus*, Man and Nature in the Renaissance 12 ff, 26 ff.

311. Neue Wertschätzung der Alchemie: von Paracelsus bis Newton

Wie schon dargelegt, stammten die ersten lateinischen Übersetzungen der alchemistischen Werke (vgl. S. 149), die arabisch geschrieben waren, aus dem 12. Jahrhundert. Unter den berühmtesten spielte die *Tabula Smaragdina*, die Hermes zugeschrieben wurde, eine besondere Rolle. In diesem Werk findet man die berühmte Formulierung, die die Solidarität zwischen Hermetik und Alchemie deutlich macht: „Alles das, was oben ist, ist wie alles, was unten ist, und all das, was unten ist, ist wie das, was oben ist, auf daß sich das Geheimnis der Einheit erfülle."

Die Alchemisten im Westen folgten dem schon in griechischer Zeit bekannten Szenarium (vgl. § 211) der vier Stadien im Prozeß der Umwandlung, d. h. der Erlangung des Steins der Weisen. Die erste Stufe *(nigredo)*, stellt eine Regression zum flüssigen Stadium der Materie dar und entspricht dem „Tode" des Alchemisten. Nach Paracelsus „muß der, der in das Reich Gottes eintreten will, zuerst mit seinem Leib in seine Mutter eindringen, um dort zu sterben". Die „Mutter" ist die *prima materia*, die *massa confusa* der *Abgrund*[89]. Manche Werke unterstreichen die Beziehung zwischen dem *opus alchymicum* und der inneren Erfahrung des Adepten. „Die Dinge werden durch ihn gleich perfekt gemacht, und deshalb muß der Mensch an seinem Werk teilhaben."[90] „Formt euch um von toten Steinen zu lebenden Steinen der Philosophie", schreibt Dorn. Nach Gichtel „empfangen wir nicht allein eine neue Seele mit dieser Regeneration, sondern auch einen neuen Körper. Dieser Körper ist Extrakt aus dem göttlichen Wort und der himmlischen Sophia." Daß es sich nicht einfach um Laboratoriumsarbeit handelt, erklärt sich aus den Tugenden und Qualitäten, die der Alchemist haben soll: er muß gesund sein, bescheiden, geduldig und keusch; er muß einen freien Geist haben und in Harmonie mit dem Werk leben; zugleich muß er Arbeiter und Denker sein usw.

Es erübrigt sich für uns, die anderen Stufen des Werkes zu beschreiben. Nur sei daran erinnert, daß die *prima materia* und der Stein der Weisen einen paradoxen Charakter haben. Den Alchemisten zufolge trifft man sie überall und in allen Formen und bezeichnet sie mit Hunderten von Ausdrücken. Wenn wir nur einen Text aus dem Jahre 1526 zitieren, so „ist der Stein allen Menschen vertraut, allen, den alten wie den jungen, er findet sich auf dem Feld, in Ortschaften, in der Stadt, in allen von Gott geschaffe-

---

[89] Vgl. *M. Eliade*, Schmiede und Alchemisten 157 f. Siehe auch 211 f andere Zitationen des „philosophischen Inzests". Das durch Basilius Valentin gebildete Akrostichon mit dem Wort *vitriol* unterstreicht die Notwendigkeit einer Rückkehr *ad inferos*: „ *Visita Interiora Terrae Rectificando Invenies Occultum Lapidem* – Sieh ins Innere der Erde, und du wirst durch Reinigung den Stein der Weisen finden." = *Eliade*, Schmiede 173.
[90] Liber Platonis quatorum (dessen arabisches Original nicht nach dem 10. Jahrhundert entstanden sein kann), zit. nach *M. Eliade*, Schmiede 169 f. Dieselbe Lehre findet man bei den chinesischen Alchemisten (s. dieses Werk, Bd. II, 42 f).

nen Dingen und wird dennoch von allen übergangen. Reiche und Arme haben ihn täglich in der Hand. Von den Dienern wird er auf die Straße geworfen. Die Kinder spielen mit ihm. Und dennoch erkennt niemand, wer auch immer es sei, die nach der menschlichen Seele wunderbarste Sache auf Erden" (Schmiede und Alchemisten, 174 f.). Es handelt sich im wahrsten Sinne des Wortes um eine „Geheimsprache", die zugleich der Ausdruck der anderweitig in der Alltagssprache nicht mitteilbaren Erfahrungen und eine kryptische Kommunikation im verschleierten Sinne der Symbolik ist.

Der Stein macht die Gleichsetzung des Gegensätzlichen möglich[91]. Er reinigt und „perfektioniert" Metalle. Die Alchimisten Arabiens meinten, daß der Stein von therapeutischem Wert sei; und durch die Mittlerfunktion der arabischen Alchimie kam das Konzept eines *Lebenselixiers* nach dem Westen[92]. Roger Bacon spricht von einer „Medizin, die die Unsauberkeiten und alle Fehler des häßlichsten Metalls verschwinden läßt", das das menschliche Leben um viele Jahrhunderte verlängern kann. Nach Arnold de Villanova heilt der Stein alle Leiden und macht aus Greisen junge Menschen.

Die Umformung von Metallen in Gold, die schon in der chinesischen Alchemie bezeugt ist (§ 134), beschleunigt den zeitlichen Rhythmus und trägt so zum Werk der Natur bei. In der *Summa Perfectionis,* einem alchemistischen Werk des 14. Jahrhunderts steht: „Das, was die Natur nur in sehr langer Zeit erreichen kann, können wir in kurzer Zeit vollenden durch unsere Kunst." Dieselbe Idee formulierte Ben Johnson in seinem Stück: *Der Alchemist* (II, 2). Der Alchemist behauptet, daß „Blei und andere Metalle Gold wären, wenn sie die Zeit dazu hätten, es zu werden". Eine andre Person fügt hinzu: „Und hier verwirklicht sich unsere Kunst."[93] Mit anderen Worten: die Alchemie setzt sich an die Stelle der Zeit[94].

Die Prinzipien der traditionellen Alchemie, das Wachstum von Mineralien, die Umformung von Metallen, das Elixier des Lebens, die Pflicht der Geheimhaltung zu kennen, wurden in der Zeit der Renaissance nicht bezweifelt[95]. Indessen wurde der Horizont der Alchemie des Mittelalters un-

---

[91] Nach Basilius Valentin muß das Übel das gleiche wie das Gute werden. *Starkey* beschreibt den Stein als „die Versöhnung der Gegensätze, die Freundschaft unter Feinden schafft" (vgl. *M. Eliade,* Schmiede 177).
[92] Vgl. *R. P. Multhauf,* The Origins of Chemistry 135 ff.
[93] Vgl. *M. Eliade,* Schmiede 57, Anm. 23.
[94] Zu den Folgen dieser prometheischen Geste s. *M. Eliade,* Schmiede 178 ff.
[95] Selbst im 18. Jahrhundert wurde das Wachstum der Mineralien von den Wissenschaftlern nicht in Zweifel gezogen. Indes fragten sie sich, ob die Alchemie helfend in diesen Naturprozeß eingreifen könne, und hauptsächlich, ob „diejenigen, die behaupteten, dies schon getan zu haben, anständige Leute, Narren oder Hochstapler wären" (*B. J. T. Dobbs,* The Foundations of Newton's Alchemy 44). *H. Boerhaave,* (1664–1739), den man für den größten „rationalistischen" Chemiker seiner Zeit hielt, der für seine strikt empirischen Experimente berühmt wurde, glaubte auch an die Verwandlung der Metalle. Wir werden die Bedeutung der Alchemie in der wissenschaftlichen Revolution, die von Newton eingeleitet wurde, sehen.

ter der Einwirkung des Neuplatonismus und der Hermetik verändert. Die Gewißheit, daß die Alchemie in der Lage wäre, die Natur zu unterstützen, gewann eine christologische Bedeutung. Die Alchemisten behaupteten von da an, daß, wie Christus die Menschheit durch seinen Tod und seine Auferstehung gerettet habe, das *opus alchymicum* in der Lage sei, die Natur zu erlösen. Ein berühmter Alchemist des 16. Jahrhunderts, Heinrich Khunrath, idendifizierte den Stein der Weisen mit Jesus Christus, dem „Sohn des Makrokosmos". Er dachte darüber hinaus, daß die Entdeckung des Steins die wahre Natur des Makrokosmos darlegen werde, wie Christus dem Menschen als Mikrokosmos die Fülle des Glaubens gegeben habe. Die Überzeugung, daß das *opus alchymicum* zugleich Mensch und Natur retten könne, verlängerte eine Rückbesinnung auf eine radikale *renovatio*, die das westliche Christentum seit Joachim von Fiore beschäftigte.

John Dee (geb. 1527), der berühmte Alchemist, Mathematiker und Enzyklopädist, versicherte König Rudolf II., daß er das Geheimnis der Transmutation besäße, und meinte, daß eine spirituelle Reformation von Weltgeltung dank der Kräfte, die sich aus den geheimen Handlungen ableiteten, möglich wäre, dies aber in erster Linie durch die Alchemie[96]. So sah auch der englische Alchemist Elias Ashmole in der Alchemie, der Astrologie und der *magia naturalis* den „Erlöser" aller Wissenschaften. In der Tat konnte die Natur für die Parteigänger des Paracelsus und des van Helmont nur durch die Untersuchung der chemischen Philosophie, also der neuen Alchemie, oder der „wahren" Medizin verstanden werden[97]. *Chemie*, nicht *Astronomie* war es, die den Schlüssel zu den Geheimnissen des Himmels und der Erde in sich trug. Da die Schöpfung als chemischer Vorgang erklärt wurde, konnten die himmlischen und irdischen Phänomene mit chemischen Ausdrücken erklärt werden. Wenn sich der Chemiker-Philosoph auf die Beziehungen zwischen Makrokosmos und Mikrokosmos konzentrierte, so konnte er die Geschehnisse der Erde ebenso begreifen wie die der Himmelskörper. So stellte Robert Fludd eine chemische Beschreibung der nachgebildeten Zirkulation des Blutes im Sonnenlauf vor[98].

Wie eine große Zahl ihrer Zeitgenossen erwarteten die Chemiker-Philosophen eine allgemeine und radikale Reform aller religiösen, sozialen und kulturellen Institutionen. Manche bereiteten sie fieberhaft vor. Die erste unentbehrliche Stufe der universellen *renovatio* war die Reform des Wissens. Ein kleiner, anonym erschienener Band, *Fama Fraternitatis*, stellte 1614 ein neues Erziehungsmodell vor. Der Autor enthüllte die Existenz einer neuen Geheimgesellschaft, diejenige der Rosenkreuzer. Ihr Gründer,

---

[96] Vgl. P. *French*, John Dee: The World of an Elizabethan Magus; R. J. W. *Evans*, Rudolf II and his World: A Study of Intellectual History 218 ff. Bezüglich des Einflusses von John Dee auf Kunrath s. F. A. *Yates*, The Rosicrucian Enlightment 37 f.
[97] A. C. *Debus*, Alchemy and the Historian of Science 134.
[98] Ders., The Chemical Dream of Renaissance 7, 14 f.

der sagenumwobene Christian Rosenkreutz, beherrschte die „wahren Geheimnisse der Medizin" und von da aus aller anderen Wissenschaften. Nach und nach hatte er eine gewisse Anzahl Bücher geschrieben, die aber nur den Mitgliedern des Ordens der Rosenkreutzer zugänglich waren[99]. Der Autor der *Fama Fraternitatis* wandte sich an alle Wissenschaftler Europas und bat sie, der Bruderschaft beizutreten, damit die Reform des Wissens vollzogen werden könne, mit anderen Worten, um die *renovatio* der westlichen Welt einzuleiten. Dieser Appell fand eine Rezeption ohnegleichen. In weniger als zehn Jahren wurde das Programm, das durch die Geheimgesellschaft der Rosenkreutzer vorgeschlagen worden war, in mehreren hundert Bänden und kleinen Schriften diskutiert.

Johann Valentin Andreä, der von manchen Historikern als der Autor der *Fama Fraternitatis* angesehen wird, veröffentlichte im Jahre 1619 ein Werk mit dem Titel *Rei publicae Christianopolitanae descriptio*, ein Buch, das vielleicht das *„Neue Atlantis"* von Bacon beeinflußte[100]. Andreä schlug die Bildung einer Gesellschaft der Weisen vor, um eine neue Erziehung zu erarbeiten, die auf der chemischen Philosophie gründen würde. In der Utopie *Christianopolis* war das Zentrum der Studien ein Laboratorium: „Dort werden Himmel und Erde vereint" und „werden die göttlichen Geheimnisse, entdeckt".[101] Zu den zahlreichen Bewunderern der Reform des Wissens, die in der *Fama Fraternitatis* ausgearbeitet war, zählte Robert Fludd, ein Mitglied des Royal College Physicians. Fludd war auch ein glühender Anhänger der mythischen Alchemie. Er behauptete, es sei möglich, die Naturphilosophie zu beherrschen, ohne weitergehende okkulte Studien zu betreiben. Für Fludd war die „wahre Medizin" das Fundament der Naturphilosophie. Die Kenntnis des Mikrokosmos – also des menschlichen Körpers – enthülle uns die Struktur des Universums und führe uns schließlich zum Schöpfer. Zudem gelange man desto schneller zur Kenntnis seiner selbst, je besser man das Universum kenne[102].

Bis vor kurzem sah man noch nicht die Rolle Newtons in dieser allgemeinen Bewegung, die auf eine *renovatio* der Religion und der europäischen Kultur auf der Grundlage einer kühnen Synthese der okkulten Traditionen und der Naturwissenschaften abzielte. Tatsächlich veröffentlichte Newton

---

[99] Siehe u. a. *ders.*, The Chemical Dream 17 f. Nebenbei sei bemerkt, daß man zu Anfang des 17. Jahrhunderts dieses alte kostbare Szenarium in den chinesischen, den tantrischen und griechischen Texten fand: eine urtümliche Offenbarung, die jüngst entdeckt, nur den Eingeweihten zugänglich ist.
[100] Vgl. *J. V. Andreä*, Christianopolis, an Ideal State of the Seventeenth Century, übers. v. *F. E. Held* (New York – London 1916)., s. auch *F. A. Yates*, The Rosicrucian Enlightment 145 f; *A. C. Debus*, The Chemical Dream 19 f.
[101] *J. V. Andreä*, Christianopolis, a. a. O. 196 f.
[102] *R. Fludd*, Apologia Compendiaris Fraternitatem de Rosea Cruce Suspicionis et Infamiae Maculis Aspersam, Veritatis quasi Fluctibus abluens et abstergens (Leiden 1916) 88 ff, 100 ff, zit. v. *A. C. Debus*, The Chemical Dream 22 f.

niemals Ergebnisse seiner alchemistischen Erfahrungen, obgleich er erklärte, daß manche von Erfolg gekrönt seien. Seine unzähligen alchemistischen Manuskripte, die bis 1940 ignoriert wurden, wurden jüngst sorgfältig von Prof. B. T. Dobbs in ihrem Buch *The Foundations of Newton Alchemy* analysiert (1975). Prof. Dobbs behauptet, daß Newton in seinem Laboratorium die Ergebnisse der unüberschaubaren alchemistischen Literatur nachvollzog „in einem Maße, das niemals vor oder nach ihm erreicht wurde" (a. a. O. 88). Mit Hilfe der Alchemie hoffte Newton, die Struktur des Mikrouniversums zu erforschen, um es seinem kosmischen System anzugleichen. Die Entdeckung der Schwerkraft, der Kraft, die die Planeten auf ihren Umlaufbahnen hält, befriedigte ihn nicht vollständig. Obgleich er unermüdlich zwischen 1669 und 1696 experimentierte, gelang es ihm nicht, die Kräfte, die die Elementarteilchen zusammenhielten, zu entdecken. Trotzdem begann er in der Zeit von 1679 bis 1680 die Dynamik der Umlaufbewegungen zu untersuchen und wandte die „chemischen" Vorstellungen der Anziehungen auf sein Universum an[103].

Nach der Darstellung von McGuire und Rattasani war Newton überzeugt, daß „Gott zu Beginn einige Privilegierte in die Geheimnisse der Naturphilosophie und der Religion eingeweiht habe. Diese Kenntnis ging aber in der Folge verloren, sie wurde später wiedererlangt und in den Fabeln und mythischen Formulierungen eingebettet, die den Uneingeweihten unzugänglich blieben. In unserer Zeit aber kann diese Kenntnis durch das Experiment in einer sehr zielstrebigen Weise wiedererlangt werden."[104] Deshalb untersuchte Newton hauptsächlich die esoterischen Teile der alchemistischen Literatur und hoffte, daß sie die wahren Geheimnisse offenkundig werden ließen. Bezeichnend ist, daß der Gründer der modernen Mechanik die Auffassung einer geheimen Uroffenbarung nicht verwarf, wie er auch nicht das Prinzip der Transmutation aufgab. In *Optics* schrieb er: „Der Übergang der Körper in Licht und des Lichtes in Körper ist mit den Naturgesetzen konform, denn die Natur scheint auf die Transmutation stolz zu sein." Nach Dobbs war das „alchemistische Denken Newtons so weitgehend ausgebildet, daß er seinen Allgemeinwert nicht leugnete. Im gewissen Sinne kann man sagen, daß jedes Streben Newtons nach 1675 als eine Anstrengung aufgefaßt werden kann, Alchemie, Philosophie und Mechanik zu einen" (a. a. O. 230).

Nach der Veröffentlichung der *Philosophiae naturalis principia mathematica* erklärten die Gegner, daß die Kräfte, die Newton aufgezeigt hätte, in Wahrheit nichts anderes als okkulte Qualitäten wären. Prof. Dobbs erkannte, daß die Kritiker in einem gewissen Sinne recht hatten: „Die Kräfte

---

[103] *R. S. Westfall*, Newton and the Hermetic Tradition, bes. 193f; *Dobbs*, a. a. O. 211.
[104] *Dobbs*, a. a. O. 90, hier das Zitat eines Artikels von *E. McGuire* u. *P. M. Rattansi*, Newton and the Pipes of Pan 108ff.

Newtons ähnelten sehr vielen verborgenen Sympathien und Antipathien, von denen die okkulte Literatur der Renaissance sprach. Indessen hatte Newton den Kräften eine ontologische Ordnung gegeben, die derjenigen der Materie und der Bewegung entsprach. Dieser Äquivalenz ist es zu verdanken, daß sie – in der Quantifizierung der Kräfte – den mechanischen Philosophen die Möglichkeit gaben, sich oberhalb der Auffassung des impact mechanism zu stellen" (211). Richard Westfall kam bei der Analyse der Newtonschen Auffassung zu dem Schluß, daß die moderne Wissenschaft das *Resultat des Zusammenschlusses zwischen der hermetischen Tradition und der mechanistischen Philosophie ist*[105].

In ihrem gewaltigen Aufschwung hat die moderne Wissenschaft ihre Ableitung aus der Hermetik verneint oder zurückgewiesen. Mit anderen Worten: der Triumph der Mechanik Newtons vernichtete schließlich sein eigenes wissenschaftliches Ideal. In der Tat erwarteten Newton und seine Zeitgenossen einen ganz anderen Typ der wissenschaftlichen Reform. Unterschiedliche Geister wie Paracelsus, John Dee, Comenius, J. V. Andreä und Newton sahen in der Verlängerung und Entwicklung der Hoffnungen und der Ziele der neuen Alchemie der Renaissance zuerst die Rückgewinnung der Natur; sie sahen in der Alchemie das Modell eines nicht weniger ambitiösen Unterfangens, vor allem aber die Perfektion des Menschen durch eine neue Wissensmethode. In ihrer Sichtweise müßte eine solche Methode die hermetische Tradition und ein nichtkonfessionelles Christentum einbinden wie auch die Naturwissenschaften – also Medizin, Astronomie und Mechanik – diesem kompatibel wären. Diese Synthese wäre wirklich eine neue menschliche Schöpfung gewesen, vergleichbar den großartigen Ergebnissen des Platonismus, des Aristotelismus und des Neuplatonismus. Dieser Typus eines erträumten „Wissens", das teilweise im 18. Jahrhundert erarbeitet worden war, stellte das letzte Unterfangen des christianisierten Europas dar, ein „totales Wissen" zu erhalten.

---

[105] *R. S. Westfall,* Force in Newton's Physics. The Science of Dynamics in the Seventeenth Century 377 ff; *Dobbs,* a.a.O. 211.

NEUNUNDDREISSIGSTES KAPITEL

Die tibetischen Religionen

312. Die „Religionen der Menschen"

Wie der Hinduismus und das Christentum des Altertums und des Mittelalters stellt die tibetische Religion auf ihrem Höhepunkt eine beachtliche Synthese dar, die das Ergebnis eines langen Assimilationsprozesses und synkretistischer Strömungen ist. Bis vor einigen Jahren interpretierten die westlichen Gelehrten die Religionsgeschichte Tibets in Übereinstimmung mit den tibetischen Autoren als einen Konflikt zwischen der autochthonen Religion, dem *Bon,* und dem indischen Buddhismus, der schließlich in der Form des Lamaismus triumphierte. Jüngste Forschungen, vor allem die Analyse der in der Grotte von Tun-huang (8.–10. Jahrhundert) gefundenen Dokumente, brachten einen weit komplexeren Prozeß zutage. Mittlerweile ist man sich der Bedeutung der autochthonen Religion, die dem *Bon* und den ersten Verkündigungen des Buddhismus voranging, im klaren, denn diese traditionelle Religion, die die „Religion der Menschen" genannt wird, wurde von den Bon-Autoren und den Buddhisten stillschweigend übergangen.

Zum anderen beginnt man den exotischen und synkretistischen Charakter des *Bon* besser zu erkennen, hauptsächlich aber seine iranischen und indischen Quellen. Sicherlich sind die Quellen, die uns zur Verfügung stehen, später geschrieben worden – das tibetische Alphabet wurde im 7. Jahrhundert geschaffen – und spiegeln den Konflikt und die gegenseitigen Anleihen zwischen Buddhismus und *Bon* wieder. Indes kann man unter dem lamaistischen Mantel oder unter dem des *Bon* die spezifischen Züge einer traditionellen Religion erkennen. Die tibetischen Historiker unterschieden die „Religion der Götter" *(lha-chos)* von der „Religion der Menschen" *(mi-chos);* die erstere bezeichnet bald *Bon,* bald den Buddhismus, die letztere die traditionelle Religion.

Eine bedeutende Quelle für die Kenntnis der „Religion der Menschen" – die *gcug* oder *chos* („Sitte") genannt wird – bilden die „Erzählungen", d. h. die kosmogonischen und genealogischen Mythen. Diese „Erzählungen" wurden rituell bei Hochzeiten, Neujahrsfesten, Feiern zu Ehren des Sonnengottes usw. vorgetragen. Wie in vielen archaischen Religionen reaktualisierte dieser Vortrag der Mythen über den Ursprung eines Volkes, einer Institution oder eines Rituals den kontinuierlichen Zusammenhang mit der mythischen Zeit der „Anfänge" und sicherte so den Erfolg eines Vorhabens[1]. Die rituelle Erzählung der Ursprungsmythen war „ein notwendiger religiöser Akt, um die Weltordnung und die Ordnung der Gesellschaft aufrechtzuerhalten"[2].

Wie überall sonst beginnen die Ursprungsmythen mit der Erinnerung an die Kosmogonie. Die Welt wurde von den himmlischen Göttern *Phya* geschaffen, die man sich als Berge des Himmels vorstellt. (Wir werden später auf die religiöse Bedeutung und den Symbolgehalt der Berge zu sprechen kommen.) Manche dieser Berggötter kamen auf die Erde und brachten die Tiere, Pflanzen und wahrscheinlich den ersten Menschen mit. Diese paradiesische Epoche, in der die Menschen bei den Göttern wohnten, dauerte 10 000 Jahre. Ein Dämon, der im neunten unterirdischen Bezirk eingesperrt war, konnte sich befreien und brachte das Übel auf die Erde. Die Götter zogen sich in den Himmel zurück, und die Erde wurde über Hunderttausende von Jahren immer schlechter. Indessen praktizierten einige Menschen immer noch *gcug*, wobei sie das „Alter der Gottlosigkeit" erwarteten, nach dem eine neue Welt erscheinen wird, die Götter wieder auf die Erde kommen werden und die Toten auferstehen.

Es handelt sich sicherlich um einen Mythos, der als „Perfektion der Anfänge" wohlbekannt ist, die von einem fortschreitenden universellen Verfall gefolgt werden. Man kann aber auch indische (die kosmischen Zyklen umfassen einige tausend Jahre) und iranische Einflüsse (der Dämon, der die Schöpfung korrumpiert) vermuten.

Die Welt ist dreigeteilt: die Götter *Phya* wohnen oben, die Wassergottheiten und unterirdischen Gottheiten *(Klu)* unten, die Menschen in der Mitte. Der erste König war ein vom Himmel gestiegener Gott, der sich mit einer Berggöttin vereinigte. Er war das Modell für sieben mythische Herrscher, die folgten. Die Mythen über den Ursprung der bewohnten Gegenden – es sind kleinere Varianten des kosmogonischen Mythos – sprechen entweder von einem besiegten Dämon bzw. einem in Stücke gerissenen Tier oder der heiligen Ehe zwischen einem Gott (Berg, Felsen oder Baum) und einer Göttin (See, Quelle oder Fluß). Dieses göttliche Paar wird manchmal mit den übernatürlichen Eltern des Königs oder des Heros

---

[1] Siehe *M. Eliade*, Aspects du mythe, bes. 33 ff.
[2] *R. A. Stein*, La civilisation tibétaine 163, 165. Um die Verbindung zwischen den Göttern und den Ahnen nachzuweisen, muß man jedes Schriftstück, das von dieser oder jener Institution stammt, einsehen. Diese Berichte müssen aber authentisch und wahr sein. Dies ist der Fall bei den lamaistischen Ritualen, die immer auf den Ursprung zurückgehen, auf die mythische Vergangenheit, die diesen Ritus rechtfertigt (a. a. O. 165; s. auch *G. Tucci*, Les religions du Tibet 296 ff).

gleichgesetzt. „So erkennt sich jede Gemeinschaft, die ein bestimmtes Gebiet bewohnt, in ihrem Ahn an ihrem heiligen Ort wieder." [3] In der traditionellen Religion war die Rolle des Königs von großer Bedeutung[4]. Die göttliche Natur des Herrschers manifestierte sich in seinem „Glanz" und seinen magischen Fähigkeiten. Die ersten Könige blieben nur am Tage auf der Erde, nachts kehrten sie in den Himmel zurück. Sie kannten den Tod im eigentlichen Sinne nicht, kehrten aber zu einem gewissen Zeitpunkt auf ihrer magischen Schnur *(mu* oder *dmu)* auf Dauer in den Himmel zurück. Die ersten Könige, berichtet eine *Bon-po*-Chronik, „hatten alle an ihrem Vorderhaupt eine *Mu*-Schnur, eine hängende oder gespannte Schnur von fahlgelber oder brauner Farbe. Im Augenblick ihres Todes lösten sie sich wie ein Regenbogen auf, an den Füßen beginnend und verschmolzen mit der Schnur ihres Vorderhauptes. Die *Mu*-Schnur des Lichtes löste sich ihrerseits im Himmel auf."[5] Aus diesem Grunde gibt es keine Königsgräber vor dem letzten himmlischen Herrscher, Digun, der hochmütig und launisch war und anläßlich eines Duells aus Unachtsamkeit seine eigene *Mu*-Schnur durchschnitt. Seit dieser Zeit wurden die Leichen der Könige in der Erde vergraben. Man entdeckte ihre Gräber und kennt manche Zeremonien, die während des Begräbnisses vollführt werden[6]. Indes konnten manche Privilegierte, zuvörderst die Heiligen und die Zauberer, dank ihrer *Mu*-Schnur immer noch in den Himmel gelangen.

313. *Traditionelle Auffassungen: Kosmos, Menschen, Götter*

Der Mythos der von Digun durchschnittenen *Mu*-Schnur kehrt wieder in einem anderen Zusammenhang, der Geschichte von der Trennung der Menschen und der *Phya*-Götter infolge des Einbruchs des Bösen in die Welt. Seine Bedeutung für die Geschichte des religiösen Denkens in Tibet ist aber viel größer. Denn andererseits erfüllt die *Mu*-Schnur eine kosmologische Funktion, sie verbindet Erde und Himmel wie eine *axis mundi*. Andererseits spielt sie die zentrale Rolle in dem Gefüge: Kosmos-Wohnung–menschlicher Körper. Schließlich findet man von einem gewissen, schwer zu nennenden Zeitpunkt an die *Mu*-Schnur in der subtilen Physiologie und in den Ritualen, die die Befreiung und den himmlischen Aufstieg der Seele des Toten sicherstellen.

Sicher sind die indischen Einflüsse und die des *Bon* evident, aber der ur-

---

[3] R. A. *Stein,* a. a. O. 176.
[4] Siehe hauptsächlich A. *Macdonald,* Une lecture des Pelliot tibétains ... 339 ff.
[5] Übers. v. R. A. *Stein,* a. a. O. 189 ff; vgl. G. *Tucci,* a. a. O. 286 ff, 301 ff; s. die vergleichende Analyse dieses mythischen Motivs in: M. *Eliade,* Cordes et marionettes (abgedruckt in: *ders.,* Méphistophélès et l'Androgyne 200 ff))
[6] Siehe G. *Tucci,* The Tombs of the Tibetan Kings; vgl. R. A. *Stein,* a. a. O. 108 ff.

sprüngliche Charakter dieses mythisch-rituellen Komplexes und sein Symbolismus können nicht bezweifelt werden. Die Gleichsetzung von Kosmos, Haus, menschlichem Körper ist eine archaische Auffassung, die in Asien weit verbreitet ist. Der Buddhismus maß dieser Gleichsetzung, wenngleich er sie kannte, keinen heilbringenden Wert bei (vgl. § 160).

Die Berge werden der Leiter oder der *Mu*-Schnur gleichgesetzt, mittels deren der erste Ahn auf die Erde herabstieg. Die Königsgräber werden „Berge" genannt[7]. Andererseits hielt man die heiligen Berge – wahre „Götter des Landes" oder „Meister des Ortes" – für die „Himmelspfeiler" oder die „Nägel der Erde", und „die gleiche Funktion konnte auch den Pfählen, die man nahe von Gräbern oder Tempeln errichtete, zugewiesen werden"[8]. Der Gott des Hausbodens wurde auch als „Himmelspfeiler" bezeichnet oder als „Nagel, an dem die Erde befestigt ist". Himmel und Unterwelt stellen zwei Etagen dar, in die man durch eine „Himmelstüre" oder eine „Erdtüre" gelangen kann. Im Haus verband man die Etagen mit einer Leiter, die aus einem Baumstamm gearbeitet war. Der „Himmelspforte" entsprach das Loch im Dach, durch das das Licht eindringen und der Rauch abziehen konnte. Der „Erdtüre" entsprach die Feuerstelle[9].

Wie der heilige Berg, der „Gott des Landes" mit der *Mu*-Leiter verschmilzt, die Himmel und Erde vereint, so findet sich im menschlichen Körper eine der himmlischen Schutzgottheiten, derjenige, den man den „Gott des Landes" nennt, auf dem Schädeldach, von dem die *Mu*-Schnur ausgeht. (Auf den Schultern wohnten die „Kriegsgötter" und der „Gott des Menschen".) Die *Mu*-Leiter wird auch die Leiter des Windes genannt. Denn das „Windpferd" stellt die Lebenskraft des Menschen dar. Der Wind ist das Prinzip des Lebens analog dem *prāṇa* der Inder. „Zugleich ist es die Luft, die man atmet und ein subtiles Fluidum im Körper."[10] Das „Nach-oben-Wachsen" wird durch die *Mu*-Schnur bewerkstelligt. Es ist sehr wahrscheinlich, daß sich diese Vorstellungen durch den lamaistischen Synkretismus gebildet haben. In jedem Falle aber erinnert die Art, in der die Lamas die endgültige Befreiung der Seele durchführten, an das Verhalten der mythischen Könige, die sich in der *Mu*-Schnur auflösten[11]. Mit anderen Worten: Der Heilige ist im Moment seines Todes in der Lage, *im Geiste* das zu wiederholen, was die mythischen Könige *in concreto* vor dem Unglück

---

[7] Die Gräber und Paläste der alten Könige sollen „nach *mu*-Art" erbaut worden sein, auch nach dem Durchschneiden der Schnur durch Digun ... (*R. A. Stein*, ebd. 169).
[8] Ebd. 170. Die heiligen Berge sind auch die Kriegsgötter: man nennt sie „Chefs" oder „Könige", und sie sind mit dem Ursprung des Klans verbunden ... (ebd. 174).
[9] Auf dem Dach des Hauses finden sich die „Gipfelgottheiten" (die durch zwei Steinaltäre und eine Fahne dargestellt werden). Ihr Kult ist dem der Berge identisch (ebd. 188).
[10] Ebd. 189.
[11] Der Synkretismus wird bereits im 11. Jahrhundert bezeugt. Milarepa spricht von dem „Durchschneiden des Seiles des Aufstiegs zur Befreiung (des Heiligen)" (ebd. 189).

des Digun vollführten. (Dies ist eine Vorstellung, die an die nordasiatischen Mythen über den Verfall des gegenwärtigen Schamanismus erinnern: die ersten Schamanen stiegen mit Fleisch und Blut in den Himmel [vgl. § 246]).

Kommen wir auf die Rolle des Lichtes in den religiösen Traditionen Tibets zurück. Es sei hier bemerkt, daß neben der Stellung Kosmos–Haus–Mensch, von der wir gerade sprachen, die traditionelle Religion darüber hinaus eine gewisse Symmetrie zwischen Menschen und Göttern implizierte. So unterschieden sich beispielsweise manchmal die Seelen *(bla)* nicht von den Göttern *(lha)*. Da diese beiden Begriffe auf die gleiche Weise ausgesprochen werden, vertauschen die Tibeter zuweilen die Termini. Man kennt mehrere äußere „Seelen" oder „Leben", die in den Bäumen wohnen, in Felsen oder in Gegenständen, die von den Göttern bewohnt werden[12]. Andererseits haben wir gesehen, daß die „Götter des Landes" und die Kriegsgötter ebenso in natürlichen Behausungen wie auch im Körper eines Menschen wohnen können.

Mit anderen Worten: Der Mensch nimmt in seiner Eigenschaft als spirituelles Wesen an der göttlichen Gegebenheit teil, vor allem an der Funktion des Schicksals der Götter von kosmischer Struktur. Dies erklärt die Bedeutung der zahllosen rituellen Wettkämpfe, angefangen bei den Pferderennen, den athletischen Spielen und verschiedenen Kämpfen bis zu den Schönheitswettbewerben, dem Bogenschießen, Kälbertreiben und Rededuellen. Diese Wettkämpfe finden hauptsächlich zu Neujahr statt. Das Grundthema der Feier des Neuen Jahres ist der Kampf zwischen den Himmelsgöttern und den Dämonen, die durch zwei Berge dargestellt werden. Wie in anderen analogen Kultdramen stellt der Sieg der Götter den Sieg des neuen Lebens im beginnenden Jahr sicher. „Die Götter wohnen dem Schauspiel bei und lachen zusammen mit den Menschen. Das Rätselturnier und die Erzählung von Geschichten wie von Epen haben Auswirkung auf die Ernte und den Viehbestand. Götter und Menschen werden gelegentlich großer Feste vereint, die sozialen Unterschiede werden fühlbar aber zugleich eingedämmt. Die Gesellschaft, die sich an ihre Vergangenheit (Ursprung der Welt und Ahnen) und an ihre Wohnstatt (heilige Berge) erinnert, sammelt neue Kräfte."[13]

Die iranischen Einflüsse auf das tibetische Neujahrsfest sind augenfällig, das mythisch-rituelle Szenario ist aber archaischer Natur: man findet es in zahlreichen traditionellen Religionen. Zusammengefaßt kann man sagen, daß es sich um eine auf der ganzen Welt verbreitete Auffassung handelt[14], der zufolge der Kosmos und das Leben, die Funktion der Götter und die

---

[12] Ebd. 193.
[13] *R. A. Stein*, Recherches sur l'épopée et le barde au Tibet 440 f.
[14] Vgl. *M. Eliade*, Remarques sur le dualisme religieux: dyades et polarités, (wiederveröffentlicht in: La nostalgie des origines 231 ff.).

conditio humana vom gleichen zyklischen Rhythmus bestimmt werden, der aus wechselnden Polaritäten und sich stillschweigend ergänzenden Komplementäreffekten besteht, zuzeiten aber in einer totalen Einheit vom Typ einer *coincidentia oppositorum* zusammenfällt.

Die tibetische Auffassung kann man mit der Opposition der Prinzipien *yang* und *yin* gleichsetzen und mit ihrer rhythmischen Neuinterpretation im *tao* (vgl. § 132). Sicherlich war die traditionelle Religion, die die ersten Buddhisten in Tibet antrafen, nicht „ein Amalgam von versprengten magisch-religiösen Bestandteilen aus der Urzeit ..., sondern eine Religion, deren Praktiken und Riten in einem strukturierten System eingewurzelt waren, das auf einer Basis fußte, welche der des Buddhismus diametral entgegengesetzt war"[15].

314. Bon: Konfrontation und Synkretismus

Man hat sich zu Recht gefragt, „wo denn die Gründe liegen, die die tibetischen Historiker späterer Zeit dazu brachten, die alte Religion, deren Name selbst *(gcug)* verschwunden war, zu verschweigen und sie durch eine andere Religion, das *Bon*, zu ersetzen, dessen Formation als durchstrukturierte religiöse Bewegungen aus dem 11. Jahrhundert stammt. Von seiten der *bon-po* ist die Sache verständlich: sicherlich waren sie bereit, dieser Religion eine Form zu geben, die ihr Prestige erhöhte und ihr hohes Alter bezeugte."[16] Den buddhistischen Historikern widerstrebten die blutigen Opfer und die eschatologischen Vorstellungen der autochthonen Religion. Deshalb assimilierten sie sie mit den Glaubensvorstellungen und den „magischen" Praktiken des *Bon*.

Es ist schwer, das Bon zu beschreiben, wenn man nicht zuvor die buddhistische Missionierung Tibets dargelegt hat. Diese beiden Religionen waren von Beginn an gegensätzlich, wobei sie sich aber gegenseitig beeinflußten. Jede wurde von den Herrschenden propagiert oder verstoßen. Schließlich hat das veränderte *Bon (agyur Bon)* vom 11. Jahrhundert an das Vokabular und die Institutionen des Lamaismus übernommen. Indessen ist es sicher,

---

[15] Vgl. *A. Macdonald*, a. a. O. 367.
[16] *A.-M. Blondeau*, Les religions du Tibet 245. In der Tat „konnte der Buddhismus die Tieropfer nicht dulden, *a fortiori* die Menschenopfer. Hauptsächlich aber ließen die Auffassung eines Gottkönigs, der die Ordnung des Universums aufrechterhält, der Glaube an die Unsterblichkeit, an ein glückliches Leben nach dem Tod, das dem Bilde des irdischen Lebens entsprach und es aufwertete, keinen Platz für die fundamentalen Prinzipien des Buddhismus: die Vergänglichkeit einer jeden Existenz, einschließlich der des Universums, das an das Sein geknüpfte Leid, die Metempsychose (samsāra), die unvermeidliche Vergeltung für das Handeln in diesem oder einem anderen Leben *(karma)*. Anderseits ist das durch den *gcug* dargestellte Ideal das einer sozialen Gerechtigkeit, des menschlichen Glücks und nicht das einer perfekten Moral."

daß die Ritualisten, die Seher und „Zauberer" der *bon-po* in Tibet tätig waren, ehe buddhistische Missionare kamen. Andererseits erlaubt die Darstellung des *Bon* an dieser Stelle unserer Ausführungen eine Würdigung der Vielgestaltigkeit und der Bedeutung der fremdländischen Einflüsse, die zu dem religiösen Synkretismus in Tibet beigetragen haben. Zumindest zeugen manche Kategorien der *bon-po* von exotischem Ursprung. Nach der Tradition kam das „fremde *Bon*" aus Zhangshung (Südwesttibet) oder Tazig (Iran). Diese Tatsache erklärt einerseits die feststellbaren iranischen Elemente, die in manchen Vorstellungen des *Bon* vorhanden sind, macht aber andererseits die indischen (hauptsächlich shivaitischen) Elemente vor dem Eindringen des Buddhismus wahrscheinlich.

Die ältesten Dokumente stellen verschiedene Klassen der *bon-po* dar: Ritualisten, Opferpriester, Wahrsager, Exorzisten, Magier usw. Vor dem 11. Jahrhundert kann von einer einheitlichen und straffen Organisation dieser „Spezialisten des Heiligen" nicht die Rede sein. Unter den rituellen Instrumenten seien hier die Gerüste genannt, die zum Einfangen der Dämonen dienten, und hauptsächlich die nach Schamanenart gefertigte Trommel, die den Magiern erlaubte, in den Himmel zu kommen. Der Wollturban, ein spezifisches Zeichen der *bon-po*, diente der Tradition gemäß dazu, die Eselsohren des legendären Gründers des *Bon* zu verbergen, des Shenrab ni bo, ein wertvolles Detail, weil es westlichen Ursprungs ist. In der Tat handelt es sich um das Midas-Thema[17]. Mit anderen Spezialisten des Heiligen zusammen protegierten die *bon-po* die Herrschenden und die Sippenoberhäupter. Bei den Begräbnissen spielten sie eine bedeutende Rolle (vor allem bei den Königsbestattungen). Sie behüteten die Seelen der ins Jenseits Gegangenen und waren in der Lage, die Toten herbeizurufen und sie von den Dämonen zu befreien.

Andere Dokumente, die später entstanden, stellen darüber hinaus verschiedene Kosmogonien und Theologien, also metaphysische Spekulationen in mehr oder minder systematisierter Form dar. Die indischen Einflüsse, im besonderen die buddhistischen, sind manifest. Dies bedingt aber nicht einen Mangel an „Theorie" – vielmehr koexistieren die „spekulativen" *bon-po* (Genealogisten, Mythographen und Theologen) seit langem mit den Ritualisten und den „Zauberern".

Die späteren Autoren der *bon-po* erzählen ihre „Heilige Geschichte" wie folgt: Der Gründer des *Bon* ist Shenrab ni bo (der priesterliche Mensch, der Vorzügliche). Seine Geburt und seine Biographie lehnen sich an die des Shakyamuni und des Padmasambhava (von dem später noch die Rede sein wird, 263, Anm. 35; 318 f) an. Shenrab entschloß sich, in einem westlichen Land geboren zu werden (Zhangshung oder Iran). Ein weißer Lichtstrahl in Form eines Pfeiles (Bild des *semen virile*) drang durch die Schädeldecke des

---

[17] Vgl. *R. A. Stein*, Recherches 381 ff.

Vaters, während ein roter Lichtstrahl (als Vertreter des weiblichen Elements, des Blutes) in den Kopf der Mutter eindrang. In einer älteren Version stieg Shenrab selbst vom himmlischen Palast in Form von fünf Farben (d. h. wie ein Regenbogen) herab. Er wurde in einen Vogel verwandelt und stellte sich auf den Kopf seiner Mutter. Aus seinen Genitalien gelangten zwei Strahlen, der eine weiß, der andere rot, durch den Schädel in den Körper der Frau[18]. Einmal auf der Erde angelangt, stellte sich Shenrab dem Herrscher der Dämonen entgegen, verfolgte ihn und erlangte dank seiner magischen Fähigkeiten die Oberhand über die Dämonen, denen er begegnete. Um ihre Unterwerfung sicherzustellen, gaben diese ihm Gegenstände und Formeln, die das Wesen ihrer Macht beinhalteten. Die Dämonen wurden also Wächter der Lehre und der Techniken des *Bon*[19]. Dazu kommt, daß Shenrab den *bon-po* die Gebete, die sich an die Götter richten sollten, und die magischen Mittel zur Austreibung der Dämonen offenbarte. Nachdem er das *Bon* in Tibet und in China etabliert hatte, zog sich Shenrab von der Welt zurück, lebte in Askese und erlangte wie Buddha das Nirvāna. Er ließ aber einen Sohn zurück, der während dreier Jahre die Gesamtheit der Lehre verkündete.

Allgemein ist man der Auffassung, daß die legendäre Person, die sich unter dem Namen von Shenrab verbirgt, als Schöpfer des Lehrsystems des *Bon* anzusehen ist; dies in dem Sinne, daß er eine beachtliche und widersprüchliche Masse von Sitten, Ritualen und mythologischen Traditionen, Verzauberungen und magischen Formeln in ein System gebracht hat, „nicht aber literarische Texte, denn zu dieser Zeit waren wenige vorhanden"[20]. Der Kanon des *Bon* bildete sich vom 11. Jahrhundert an und vereinigte Texte, die angeblich zur Zeit der Verfolgung durch die buddhistischen Könige versteckt gewesen waren und später „wiederaufgefunden" worden seien[21]. Seine definitive Form stammt aus dem 15. Jahrhundert, als die Shenrab zugeschriebenen Texte gesammelt wurden. (Sie sollen aus der Sprache von Zhangshung übersetzt sein.) Die 75 Bände des *Kanjur* bilden mit den Kommentaren die 131 Bände des *Tanjur*. Die Bezeichnung und die Titel seiner Texte sind augenscheinlich aus dem lamaistischen Kanon übernommen. Die Lehre lehnt sich eng an die des Buddhismus an: „Das Gesetz

---

[18] *Stein,* Civilisation 205 f. Den Tibetern zufolge tritt die Seele des Kindes im Moment der Zeugung durch die *sutura frontalis* in den Schädel der Mutter ein. Durch die gleiche Öffnung verläßt die Seele den Leib im Moment des Todes. Vgl. das Kap. Esprit, lumière, semence, in: *M. Eliade,* Occultisme, sorcellerie et modes culturelles 125–166, hier 137.
[19] Siehe die von *G. Tucci,* Les religions 304, zusammengefaßten Texte. Das gleiche Motiv findet sich in der legendären Biographie des Padmasambhava. Diesmal unterwirft der buddhistische Meister die Bon-Gottheiten.
[20] Ebd. 305.
[21] Ein mythisches Thema, das sich im Vorderen Orient, der griechisch-römischen Welt zu hellenistischer Zeit, in Indien und in China oftmals findet. Dies schließt aber nicht aus, daß eine gewisse Anzahl von Texten in der Tat verborgen waren und nach den Verfolgungen gefunden wurden.

der Unbeständigkeit, der Verkettung der Handlungen, die der Zyklus des *samsāra* bedingt. Auch für das *Bon* ist das Ziel, die Erleuchtung zu erreichen, den Zustand des Buddha, oder mehr in der Mahāyāna-Form: die Leere."[22] Wie bei den „alten" buddhistischen Mönchen, also den Schülern von Padmasambhava (vgl. § 315), manifestiert sich die Lehre des *Bon* in neun Fahrzeugen (oder Wegen). Die letzten drei Fahrzeuge sind identisch in beiden Religionen. Die ersten sechs stellen mehr allgemein zugängliche Elemente dar, bei *bon-po* weisen sie darüber hinaus eine Zahl von Glaubensvorstellungen und magischen Praktiken auf, die ihnen eigentümlich ist[23].

In den Schriften des *Bon* sind verschiedene Kosmogonien bezeugt. Zu den bedeutendsten zählen die Schöpfung aus einem urzeitlichen Ei oder die aus den Gliedern eines anthropomorphen Urzeitriesen nach der Art der *purusha* – ein Thema, das im Gesar-Epos beibehalten wurde. Schließlich kommt das Werk eines *deus otiosus* hinzu, der die direkt gegeneinanderstehenden Prinzipien gebar. In den beiden erstgenannten Kosmogonien ist der indische Einfluß evident. Der dritten zufolge war zu Anfang nichts als eine reine Möglichkeit des Seins, die, zwischen Sein und Nichtsein schwebend, sich den Namen des „Geschaffenen, Meisters des Seins, gab". Von diesem Meister gingen zwei Lichtstrahlen aus, schwarz der eine, weiß der andere, die zwei „Menschen" zeugten, der eine weiß, der andere schwarz. Der letztere, die „schwarze Hölle" ist einer Lanze gleich, ist Bild des Nichtseins, das Prinzip der Negation, ist Urheber allen Unglücks und aller Schwierigkeiten. Der weiße Mensch, der sich „als Meister, der liebend dem Sein gegenübersteht" bezeichnet, ist die Inkarnation des Seins und das Prinzip allen Guten sowie Schöpfer der Welt. Seinetwegen werden die Götter verehrt und bekämpfen diese die Dämonen und die Vertreter des Bösen[24].

Diese Auffassung erinnert an diejenige der zurvanitischen Theologie (vgl. § 213), die wahrscheinlich durch die Manichäer Zentralasiens überliefert wurde.

Hier sei noch einmal der synkretistische Charakter des *Bon* unterstrichen, der des traditionellen und der des modifizierten. Wie noch darzulegen ist, übernimmt der Lamaismus denselben Prozeß und weitet ihn aus. Zu geschichtlicher Zeit scheint der Synkretismus das religiöse Schaffen und den Geist der Tibeter zu bestimmen.

---

[22] *A.-M. Blondeau*, a. a. O. 310. Übrigens übernahm das *Bon* die Theorie der Boddhisattvas und der drei Körper Buddhas. In dem Pantheon sind trotz der unterschiedlichen Namen „eine Vielzahl von Göttern und Dämonen beiden Religionen gemein".
[23] Die vollständigste Untersuchung findet sich bei *D. L. Snellgrove*, The Nine Ways of Bon. Siehe auch *G. Tucci*, a. a. O. 291 ff; *A.-M. Blondeau*, a. a. O. 310 ff.
[24] Siehe die Quellenzusammenfassung bei *R. A. Stein*, Civilisation 209; *G. Tucci*, a. a. O. 273; vgl. auch ebd. 280 ff.

315. Entstehung und Entwicklung des Lamaismus

Der Tradition zufolge soll der Buddhismus in Tibet durch den König Srong-bstan-sgam-po (620[?]–641) eingeführt worden sein, der später als eine Inkarnation des Buddha Avalokiteshvara angesehen wurde. Der eventuelle Beitrag dieses Herrschers zur Verkündigung des buddhistischen Gesetzes ist aber schwer nachzuweisen. Man weiß nur, daß er, zumindest zum Teil, den alten religiösen Praktiken anhing. Andererseits scheint aber gesichert, daß die buddhistische Botschaft in manchen Gebieten Tibets vor dem 7. Jahrhundert bekannt war.

Unter König Khri-ston-lde-bcan (755–797[?]) wird der Buddhismus erstmals in den offiziellen Dokumenten als Staatsreligion bekundet. Dieser Herrscher, der als Inkarnation von Manjushrī bezeichnet wurde, lud die großen indischen Meister Shāntirakshita, Kamalashīla und Padmasambhava nach Tibet ein[25]. Zwei Richtungen stritten sich um die Gunst des Königs: die „indische" Schule, die einen stufenweisen Weg zur Erlösung propagierte und die chinesische, die Techniken vorschlug, deren Ziel die augenblickliche Erleuchtung war *(chang, japanich zen)*. Der König wohnte dem Vortrag über die Verteidigung ihrer gegenseitigen Thesen bei (792–794) und entschied sich für die indische These. Diese berühmte Auseinandersetzung fand im Kloster Bsam-Yas statt, das von Khri-ston zu Beginn seiner Herrschaft gegründet worden war. Dieses Kloster war das erste einer langen Gründungsreihe, die sich über verschiedene Jahrhunderte hinzog. Auch war es Khri-ston, der den Klöstern Besitz zuwies und so den Prozeß einleitete, der zur lamaistischen Theokratie führen sollte.

Seine Nachfolger verstärkten die Stellung des Buddhismus als Staatsreligion. Im 9. Jahrhundert hatten die Mönche in der politischen Hierarchie eine privilegierte Stellung und erhielten immer bedeutendere Besitztümer. Der König Ral-pa-čan (815–838) erweckte durch seine einseitige Bevorzugung der Mönche den Zorn der Adeligen. Er wurde ermordet, sein Bruder, der ihm nachfolgte (838–842), leitete eine blutige Verfolgung der Buddhisten ein. Späteren Chroniken zufolge unterstützte er aktiv das *Bon*. Aber auch er wurde ermordet, und nach seinem Tod verfiel das Land, das in feindliche Fürstentümer aufgeteilt war, der Anarchie. Über mehr als ein Jahrhundert hinweg wurde der Buddhismus verboten. Die Tempel wurden profaniert, die Mönche mit dem Tode bedroht und gezwungen, sich zu verheiraten oder das *Bon* anzunehmen. Die kirchlichen Ordnungen lösten sich auf, und die Bibliotheken wurden zerstört. Indes überlebte aber eine ge-

---

[25] Um diesen entwickelte sich eine ganze Mythologie. Man schrieb ihm die Bekehrung Tibets zu, und manche hielten ihn für einen zweiten Buddha. Vgl. die Biographie in der Übersetzung von *C. Ch. Toussaint*, Le dict de Padma.

wisse Zahl von Eremitenmönchen, hauptsächlich in den Randprovinzen. Diese Zeit der Verfolgung und der Anarchie begünstigte die Verbreitung der Magie und tantristischer Riten von orgiastischem Charakter.

Um 970 sandte Ye-çes'od, ein buddhistischer König Westtibets, Rin-c'en-bzan-po (958–1055) nach Kaschmir, um nach indischen Meistern zu suchen. Mit ihm beginnt die zweite Verbreitungswelle des Buddhismus. Rin-c'en organisierte eine Schule und nahm sich der Übersetzung kanonischer Texte und der Durchsicht der alten Überlieferungen an[26]. Im Jahre 1042 kam ein großer tantristischer Meister, Atīsha, in Westtibet an. Er weihte Rin-c'en, der bereits bejahrt war, und seine Schüler ein. Unter letzteren wurde Brom-ston der angesehenste Vertreter der von Atīsha gelehrten Überlieferung. Es handelte sich um eine Reform im wahrsten Sinne des Wortes, die auf die Restaurierung der ursprünglichen Tendenzen des Buddhismus abzielte: eine strikte Befolgung der mönchischen Moral, des Zölibates, der Askese, der traditionellen Meditationsmethoden usw. Die Figur des *Guru*, tibetisch Lama *(bla-ma)*, erfuhr eine beachtliche Bedeutung. Diese Reform des Atīsha und seiner Nachfolger legte den Grundstein für das, was später die Schule der „Tugendhaften", *gelugpa (dge-lugs-pa)*, werden sollte. Eine gewisse Zahl von Mönchen, die sich auf *Padmasambhava* beriefen, nahmen aber diese Reform nicht an. Im Laufe der Zeit bezeichneten sie sich als die „Alten", die *nyingmapa (rnin-ma-pa)*.

Zwischen dem 11. und dem 14. Jahrhundert traten viele geistliche Meister auf, die neue Schulen und berühmt gewordene Klöster gründeten. Die tibetischen Mönche reisten nach Indien, nach Kaschmir und Nepal, um renommierte *Gurus* aufzusuchen, in der Hoffnung, von diesen in Mysterien eingeweiht zu werden, die hauptsächlich tantristischer Natur waren und sich auf die Erlösung bezogen. Dies ist die Zeit der berühmten Yogin, Mystiker und Magier, Naropa, Marpa und Milarepa. Sie inspirierten und organisierten verschiedene Schulen, von denen manche sich im Laufe der Zeit in mehrere Richtungen aufspalteten. Es wäre unnütz, sie alle aufzuzählen. Ausreichend ist es, den Namen von Tsong-kha-pa (1359–1419) zu nennen, den Namen eines energischen Reformers im Sinne des Atīsha, der eine zukunftsreiche Schule gründete, deren Anhänger den Namen der „Neuen" oder der „Tugendhaften" *(gelugpa)* erhielten. Der dritte Nachfolger des Tsong-kha-pa nahm den Titel *Dalai Lama* an (1578). Unter dem fünften Dalai Lama (1617–1682) gelang den Gelugpa der endgültige Durchbruch. Seit dieser Zeit und bis in unsere Tage wird der Dalai Lama als der einzige religiöse und politische Leiter des Landes angesehen. Die Besitzungen der Klöster und die große Zahl der teilweise gebildeten und zum religiösen

---

[26] Er legte auch den Grundstein des großen Werkes der 100 Bände des *Kanjur* (die die Reden Buddhas enthalten) und der 225 Bände des *Tanjur* (die die Traditionen und Kommentar der systematischen Abhandlungen von indischen Autoren enthalten).

Führer befähigten Mönche sicherten Stärke und Stabilität der lamaistischen Theokratie.

Die „Alten", die *nyingmapa*, erkannten neben der unterbrochenen mündlichen Überlieferung die Enthüllungen durch ekstatische Erfahrungen eines großen Religiösen an, und sie bewahrten sie in Büchern, die in der Verfolgungszeit als verborgen galten, später wieder „entdeckt" worden sein sollten. Wie bei den *bon-po* so erstreckte sich auch bei den „Alten" die große Zeit der Entdeckungen von Texten vom 11. bis zum 14. Jahrhundert. Ein sehr fähiger und unternehmungslustiger Mönch, Klon-'chen (14. Jahrhundert), organisierte die Zusamenfassung der Traditionen der *nyingmapa* in einem wohlformulierten theoretischen System. Es ist paradox, daß die tatsächliche Renaissance der „Alten" zu Beginn des 17. Jahrhunderts anfängt. Indes gab es trotz der Unterschiede in der philosophischen Schau und hauptsächlich in den diversen Ritualen keinen Bruch im eigentlichen Sinne zwischen den „Alten" und den „Neuen". Im 19. Jahrhundert kam eine ekklektizistische Bewegung auf, die die Integration aller traditionellen buddhistischen Schulen zum Ziel hatte.

316. Lamaistische Lehren und Praktiken

Die Tibeter verstanden sich nicht als Erneuerer der Lehre. Man muß sich aber im klaren sein, daß der Buddhismus „in dem Maße, in dem er in Indien zu Beginn des 13. Jahrhunderts verschwand und nichts als die Texte zurückließ, er sich in Tibet in einer lebendigen Tradition auszudehnen begann"[27]. Die ersten buddhistischen Missionare kamen nach dem Erfolg des Großen Fahrzeuges (*mahāyāna*, vgl. §§ 187 ff) in Indien nach Tibet. Die beherrschenden Schulrichtungen waren das *mādhyamika*, der „Mittlere Weg", der von Nāgārjuna im 3. Jahrhundert gegründet worden war, das *yogācāra* oder *vijñānavāda*, das auf Asanga (4.–5. Jahrhundert) zurückgeht, und schließlich das *tantra* oder *vajrayāna*, das „Diamantfahrzeug". In den folgenden fünf Jahrhunderten sandten alle diese Schulen ihre Vertreter nach Tibet und wirkten mit an der Ausbildung des Lamaismus.

Vereinfacht kann man sagen, daß die „Reformierten" (*gelugpa*) der Unterweisung des Nāgārjuna folgten, wobei sie die Logik und Dialektik als Mittel zur Realisierung der Leere und damit zur Erlangung des Heils verwendeten (vgl. Bd. II, 195 f), während die „Alten" in erster Linie der von Asanga begründeten Tradition folgten, die den Yogi-Techniken in der Meditation eine große Rolle zuwies. Es sei aber klargestellt, daß diese Unterscheidung weder eine Verachtung der Dialektik bei den „Alten" noch ein Fehlen des Yoga in der Unterweisung bei den „Reformierten" mit sich

---

[27] *A.-M. Blondeau*, a. a. O. 271.

brachte. Was die tantristischen Rituale betrifft, so wurden diese, wenn sie auch hauptsächlich von den *nyingmapa* praktiziert wurden, doch von den *gelugpa* nicht unberücksichtigt gelassen.

Somit hatten die Mönche die Wahl zwischen einem unmittelbaren und einem allmählich fortschreitenden Weg. Beide aber nahmen an, daß das Absolute (die Leere) nur in der Aufhebung der „Dualitäten' Subjekt (Denkender)-Objekt (Gedachtes), Vorgestellte Welt-letztendliche Realität, *saṃsāra-nirvāṇa* begriffen werden kann. Nāgārjuna zufolge gibt es zwei Arten der Wahrheit: die relative, konventionelle *(saṃvṛitti)* und die absolute *(paramārtha)*. In der Schau der ersten *existiert* die Welt der Vorstellung wenn auch objektiv irreal, in einer absolut überzeugenden Weise in der Erfahrung des Normalmenschen. In der Schau der absoluten Wahrheit entdeckt der Geist die Irrealität allen scheinbaren Seins – diese Erfahrung ist aber mit Worten nicht auszudrücken. Diese Unterscheidung zwischen beiden Wahrheiten – der konventionellen und der absoluten – erlaubt eine Aufrechterhaltung des Wertes der moralischen Führung und religiösen Aktivität der Laien.

Die beiden Wahrheitsgattungen stehen mit verschiedenen Kategorien von Menschen in Verbindung. Mit Sicherheit besitzt jeder Mensch das virtuelle Bild der Natur Buddhas; die Realisierung der *Buddhaschaft* hängt aber von dem angesammelten Karma jedes Individuums in seinen unzähligen vorausgegangenen Existenzen ab. Die Laien, die zu der konventionellen Wahrheit verdammt sind, mühen sich um Verdienste, die sie durch Gaben für Mönche und die Armen erlangen sowie durch häufiges Ritual, durch Pilgerfahrt und die Rezitation der Formel *oṃ maṇi padme hūṃ*. Für sie ist es „hauptsächlich ein Glaubensakt, der in der Rezitation besteht, ein Glaube, der eine Art Konzentration und Auslöschung des Ichs bewirkt"[28]. Die Lage der Mönche unterscheidet sich nach dem Grad ihrer spirituellen Perfektion. Eine gewisse Anzahl von Mönchen haben noch teil an der konventionellen Wahrheit. Andere, die die schnellere Methode der Erleuchtung erwählten, mühen sich um die Identifikation des Relativen mit dem Absoluten, des *saṃsāra* mit dem *nirvāṇa*, also um die Erfahrung der letzten Wahrheit, der Leere. Manche tun durch ihr exzentrisches, zuweilen irrsinniges Gehabe kund, daß die trügerischen „Dualitäten" konventioneller Wahrheit überwunden sind.

Wie in Indien (s. Bd. III/2, § 332) sind es hauptsächlich verschiedene tantristische Schulen, die unter dem Siegel größter Verschwiegenheit Meditationstechniken und Rituale, die auf die *coincidentia oppositorum* auf allen Gebieten der Existenz hinzielen, anwenden und überliefern. Alle tibetischen Schulen aber übernahmen die Grundprinzipien des Mahāyāna-

---

[28] R. A. Stein, La civilisation 143. Dank der Verdienste, die sie sich in diesem Leben erworben hatten, hofften die Laien auf eine Reinkarnation in einer höheren Stufe der Existenz.

Buddhismus, in erster Linie die Idee der höheren Erkenntnis *(prajñā)*, des femininen und passiven Prinzips, das aufs engste mit der Praxis, dem „Mittel" *(upāya)*, dem maskulinen und handelnden Prinzip verknüpft ist. Aufgrund der „Praxis" kann die „Erkenntnis" erlangt werden. Die Einheit der Prinzipien, die vom Mönch durch rituelle Meditationstechniken in besonderer Art erreicht wird, führt zur seligen Wonne *(mahāsukha)* des Absoluten.

Ein charakteristischer Zug des Lamaismus ist die bedeutende Rolle des *Guru*. Sicherlich wird auch im brahmanistischen und hinduistischen Indien wie im frühen Buddhismus der Meister als geistiger Vater des Schülers angesehen. Der tibetische Buddhismus aber erhob den Guru zu einer fast göttlichen Stellung. Er ist es, der den Schüler unterrichtet, der ihm den esoterischen Sinn der Texte erläutert, ihm ein *mantra* gibt, das geheim und allmächtig ist. Der Meister erforscht auch, was das „Hauptleiden" des Neophyten ist, um seine verdeckte Göttlichkeit und von da aus das *tantra*, das ihm zukommt, ausfindig zu machen.

Für den Schüler muß der Glaube an seinen Guru absolut sein. „Ein einziges Haar des Meisters zu verehren ist ein größeres Verdienst, als alle *Buddhas* aller Zeiten zu verehren, die der Vergangenheit, der Gegenwart und der Zukunft."[29] Während der Meditation identifiziert sich der Schüler mit seinem Guru, während dieser sich mit der höchsten Gottheit identifiziert. Der Meister unterwirft den Schüler den verschiedenen Prüfungen, um ihm die Qualität und die Grenzen seines Glaubens aufzuzeigen. Marpa trieb seinen Schüler Milarepa zur Verzweiflung, erniedrigte ihn, beleidigte und schlug ihn. Aber er erschütterte damit seinen Glauben nicht. Obwohl er zornig, ungerecht und brutal war, wurde Marpa so von dem Glauben seines Schülers bewegt, daß er häufig im geheimen weinte[30].

Die religiöse Aktivität der Mönche besteht im wesentlichen in einer Reihe spiritueller Übungen von yogi-tantristischem Gepräge, deren bedeutendste die Meditation ist[31]. Der Mönch kann gewisse äußere Objekte zur Unterstützung der Meditation verwenden: Bildnisse der Gottheiten, Mandala usw. Wie auch in Indien und hauptsächlich im Tantrismus (vgl. § 333) müssen die dargestellten Gottheiten aber durch den Mönch verinnerlicht werden, d. h. geschaffen und projiziert wie auf eine Leinwand. So erlangt man das „Leere", von wo aus eine magische Silbe die Gottheit offenkundig werden läßt. Sogleich identifiziert sich der Mönch mit dieser Gottheit. „Man hat dann einen göttlichen Körper, lichtvoll und leer, der untrennbar mit der Gottheit verbunden ist. Mit ihr nimmt man an der Leere teil." In diesem Moment ist die Gottheit tatsächlich gegenwärtig. „Zuweilen erzählt

---

[29] Zitiert nach *R. A. Stein*, ebd. 145.
[30] Siehe die Biographie in der Übersetzung von *J. Bacot*, Le poète tibétain Milarepa.
[31] In jedem Kloster fanden sich spezielle Zellen, in die sich die Mönche zurückziehen und in denen sie meditieren konnten.

man dann, um den Beweis einer solchen meditativen Evokation anzutreten, davon, daß die im Bilde festgehaltenen Gottheiten aus diesem getreten sind, einen Kreis gegangen und wieder in das Bild gestiegen sind. Man könne dann feststellen, daß ihre Kleidung und ihre Attribute auf dem Bild nicht in Ordnung sind. Die Kontemplation des Boddhisattva in Samye war so intensiv, daß sie die göttlichen Objekte existent machte vor den Augen aller Welt. Die Statuen gingen aus dem Tempel und kehrten nach einer Runde wieder auf ihren Platz zurück."[32]

Manche Meditationen verlangen auch die Beherrschung der Techniken des Hathayoga (vgl. § 143), zum Beispiel solche, die den Asketen Erzeugung von Wärme (gtum-mo) erlaubt, wenn sie auf ihrem nackten, im Schnee liegenden Körper eine große Anzahl von Tüchern benötigten, um die Schweißtropfen zu trocknen[33]. Andere Meditationstechniken der Mönche haben ähnliche Geltung wie die Erlangung von Yogi-Fähigkeiten (siddhī, vgl. § 195) oder entsprechen denen eines Fakirs, so zum Beispiel die Übertragung seines „Geistes" in den Körper eines Toten, mit anderen Worten, die Wiederbelebung einer Leiche. Die schrecklichste Meditation, das *gčod* (Abschneiden), besteht darin, sein eigenes Fleisch den Dämonen zum Verschlingen anzubieten. „Die Macht dieser Meditation läßt eine Säbelgöttin erscheinen, die auf den Kopf dessen, der das Opfer darstellt, springt. Sie köpft ihn und reißt ihn auseinander, während sich Dämonen und wilde Tiere über die zuckenden Teile stürzen, das Fleisch fressen und das Blut trinken. Die Worte, die gesprochen werden, spielen auf gewisse *jātakas* an, die erzählen, wie Buddha im Verlauf früherer Erdenleben sein eigenes Fleisch den hungrigen Tieren und den menschenfressenden Dämonen auslieferte."[34] Diese Meditation erinnert an die einweihende Zerstückelung des zukünftigen Schamanen durch die Dämonen und die Seelen der Vorväter. Im Lamaismus findet sich so auch ein Bild der Glaubensvorstellungen und der schamanistischen Techniken. Manche Lama-Zauberer kämpfen untereinander mit magischen Mitteln, wie es auch die Schamanen Sibiriens tun. Die Lamas befehlen über die Wetterbedingungen, wie es auch die Schamanen tun, sie fliegen in der Luft[35] usw. Indes sind aber die fürchterlichen Meditationen der tibetischen Mönche hinsichtlich ihres spirituellen Wertes auf einem anderen Niveau als die der Schamanen. „Die Betrachtung

---

[32] R. A. Stein, a. a. O. 151.
[33] Es handelt sich um uralte Techniken, die bereits in Altindien bezeugt (vgl. *tapas*, § 78) und speziell schamanistischer Natur sind; vgl. *M. Eliade*, Schamanismus 392 ff, 438 ff; ders., Mythen, Träume und Mysterien 124 ff, 196 ff.
[34] R. *Bleichsteiner*, L'Église Jaune 194 f; *M. Eliade*, Schamanismus 402 f. „Die Praxis des *gčod* kann nur das Ergebnis einer langen geistigen Vorbereitung sein. Es bleibt den im psychischen Sinne starken Schülern vorbehalten; wenn nicht, erliegen sie Halluzinationen, die sie selbst hervorgerufen haben. Schließlich werden sie wahnsinnig. Trotz der Vorkehrungen, die der Meister getroffen hat, kommt dies manchmal vor" (*A.-M. Blondeau*, a. a. O. 284).
[35] Siehe R. *Bleichsteiner*, a. a. O. 187 ff, 224 ff; *M. Eliade*, Schamanismus 402 ff. Die Biographie des Padmasambhava weist umfangreiche schamanistische Züge auf (vgl. ebd. 406).

seines eigenen Skeletts", eine spezifisch schamanistische Praxis, zielt im Lamaismus auf die ekstatische Erfahrung der Irrealität der Welt und des eigenen Ichs. Um nur ein Beispiel zu nennen: der Mönch sieht sich als „ein weißes Skelett, lichtvoll und gewaltig, von dem Flammen ausgehen, die so groß sind, daß sie die Leere des Universums ausfüllen"[36].

317. Ontologie und mystische Physiologie des Lichtes

Die Fähigkeit, verschiedene Traditionen, seien sie autochthon, frühzeitlich oder fremd und jüngeren Ursprungs, zu assimilieren charakterisiert den religiösen Geist Tibets. Zu einer Wertschätzung dieser Resultate des Synkretismus kommt man, wenn man einige Auffassungen über das Licht betrachtet. Die Rolle des Lichtes wurde bei der Darstellung der *Mu*-Schnur und bei der mancher autochthoner Kosmogonien oder solcher des *Bon* bereits vermerkt. Giuseppe Tucci bezeichnet die Bedeutung, die dem Licht zugewiesen wird, als charakteristisches Fundament der religiösen Erfahrung Tibets („sei es als schaffendes Prinzip, sei es als Symbol einer überlegenen Realität oder einer begreifbaren Offenbarung dieses Lichtes im Sichtbaren, aus dem alles kommt und das in uns selbst gegenwärtig ist"[37]). Für alle lamaistischen Schulen ist der Geist *(sems)* das Licht, und diese Identität bildet die Basis der tibetischen Heilslehre[38].

Es sei daran erinnert, daß das Licht in Indien als eine Epiphanie des Geistes und der schöpferischen Energie angesehen wurde, die auf allen Stufen des Kosmos vorhanden war. Dies seit dem *Rig Veda* (vgl. § 81). Die Gleichsetzung der Gottheit, des Geistes, des Lichtes und des semen virile ist in den *Brāhmanas* und den *Upanishaden* deutlich zum Ausdruck gebracht[39]. Die Ankunft der Götter wie auch die Geburt oder Erleuchtung eines Heilands (Buddha, Mahāvīra) wird durch das Ausströmen des übernatürlichen Lichtes deutlich. Im Mahāyāna-Buddhismus ist der Geist (das Denken) „von sich aus lichthaft". Andererseits ist die Rolle des Lichtes in den iranischen Religionen bekannt (vgl. § 215). So kann man sagen, daß die Identität zwischen Geist *(sems)* und Licht, die im Lamaismus so sehr bedeutungsvoll ist, die Folge der aus Indien oder indirekt aus dem Iran eingedrungenen Ideen sei. Trotzdem sollte der Prozeß der Neuinterpretation und der Neubewertung innerhalb des Lamaismus untersucht werden, der einen vorbuddhistischen Mythos über den Ursprung des Menschen aus dem Licht betrifft.

Einer alten Tradition zufolge entstand aus dem weißen Licht ein Ei, aus dem der erste Mensch schlüpfte. Eine zweite Version erzählt, daß das erste

---

[36] *Lama Kasi Dawa Samdup* u. *W. Y. Evans-Wentz*, Le Yoga tibétain et les doctrines secrètes 315 ff.
[37] *G. Tucci*, Les religions 97.   [38] Ebd. 98, 110 ff, 125 ff.
[39] Siehe *M. Eliade*, Expérience de la lumière mystique, wiederveröffentlicht in: Méphistophélès et l'Androgyne 27 ff.

Wesen aus der Leere geboren wurde und mit einem Lichtschein umgeben war. Schließlich erklärt eine andere Tradition, wie sich der Übergang von den Lichtmenschen zu den gegenwärtigen Menschen vollzog. Zu Anfang waren die Menschen asexuelle Wesen, die keine geschlechtlichen Leidenschaften kannten. Sie hatten das Licht in sich selber und strahlten, Sonne und Mond gab es nicht. Als aber das Sexuelle aufkam, da erschienen die Sexualorgane, und Sonne und Mond traten an das Firmament. Zu Beginn vermehrten sich die Menschen in folgender Weise: Das Licht, das aus dem Körper des Mannes austrat, erleuchtete und befruchtete die Gebärmutter der Frau. Das Sexualverlangen wurde einzig durch den Anblick befriedigt. Die Menschen aber degenerierten und begannen, sich mit den Händen zu berühren und entdeckten schließlich die sexuelle Vereinigung[40].

Nach diesen Vorstellungen sind Licht und Sexualität zwei antagonistische Prinzipien. Herrscht das eine, kann das andere nicht herrschend werden. Das bedeutet, daß das Licht im semen virile gefangen bzw. darin enthalten ist. Wie noch darzulegen, ist die Konsubstantialität des göttlichen Geistes des Lichtes und des *semen virile* mit Sicherheit eine aus dem indoiranischen Raum stammende Vorstellung. Die Bedeutung des Lichtes in der tibetischen Theologie und Mythologie (die *Mu*-Schnur usw.) legt aber einen autochthonen Ursprung dieses anthropogonischen Themas nahe. Dies schließt aber eine spätere Reinterpretation aufgrund wahrscheinlich manichäischer Einflüsse nicht aus.

In der Tat wurde nach dem Manichäismus der erste Mensch aus fünf Lichtquellen gebildet. Er wurde von den Dämonen der Dunkelheit besiegt und zerrissen. Seit dieser Zeit finden sich die fünf Lichter in den Menschen, die eine Schöpfung der Dämonen sind, gefangen, besonders aber im Sperma (vgl. § 233). Das fünffache Licht findet sich in einer indisch-tibetischen Interpretation des *maithuna,* einer rituellen Vereinigung, die das göttliche „Spiel" nachvollzieht, denn es braucht sich nicht in einer Ejakulation zu erschöpfen (vgl. § 334). In ihrem Kommentar des *Guhyasamāja Tantra* bestehen Candrakīrti und Tsong-kha-pa auf folgender Tatsache: während des *maithuna* vollzieht sich eine mythische Einheit, in deren Verlauf das Paar das Nirvāna-Bewußtsein erlangt. Beim Manne manifestiert sich dieses Nirvāna-Bewußtsein *(bodhicitta)* in einem Tropfen *(bindu),* der aus dem Scheitel austritt und die Sexualorgane mit einem Strahl des fünffachen Lichtes erfüllt. Candrakīrti schreibt vor: „Während der Vereinigung muß man über den *vajra* (membrum virile) und die *padma* (Gebärmutter) meditieren, als wären sie mit dem fünffachen Licht erfüllt."[41] Der Einfluß des Manichäismus scheint in dem Bild des fünffachen Lichtes evident zu sein.

---

[40] Ebd. 47 ff.
[41] Text nach *G. Tucci,* „some glosses upon Guhyasamāja" 349. Es sei daran erinnert, daß für den Mahāyāna-Buddhismus die kosmischen Elemente *skandha* oder *dhātu* den *Tathāgatas* gleichgesetzt sind. Denn die letzte Realität der *Tathāgatas* ist das verschiedenfarbige Licht.

Eine andere Analogie (die aber nicht notwendigerweise eine Übernahme impliziert) findet sich zwischen dem tantrischen Befehl, es nicht zur Ejakulation kommen zu lassen, und dem manichäischen Verbot, eine Frau zu schwängern.

Im Moment des Todes steigt die Seele der Heiligen und der Yogin aus dem Vorderhaupt wie ein Blitz auf und verschwindet in den „Rauchfängen des Himmels"[42]. Beim gewöhnlichen Sterblichen öffnet der Lama eine Stelle am Kopf des Hinscheidenden, um den Wegflug der „Seele" zu erleichtern. In der letzten Sterbephase und einige Tage nach dem Tod liest ein Lama im Interesse des Verstorbenen das *Bardo Thödol* (das tibetische Totenbuch). Der Lama bereitet den Sterbenden oder den Verstorbenen darauf vor, daß er plötzlich durch ein blendendes Licht geweckt werden wird: dies ist das Zusammentreffen mit seinem eigentlichen Ich, das zugleich die letzte Realität ist. Der Text befiehlt dem Toten: „Sei nicht furchtsam noch erschreckt, dies ist der Glanz deiner eigenen Natur." Zugleich fährt der Text fort, daß die Donnerschläge und die anderen schrecklichen Phänomene „nicht in der Lage seien, dir zu schaden. Du kannst gar nicht sterben. Es genügt, wenn du erkennst, daß diese Erscheinungen Formen deiner eigenen Gedanken sind. Erkenne all dies als *bardo*, als Zwischenzustand."[43] Da der Verstorbene aber durch sein *karma* bestimmt wird, kann er diese Ratschläge nicht in die Tat umsetzen. Obgleich er nach und nach die reinen Lichter erkennt, die die Befreiung, die Identifikation mit der Essenz des Buddha bedeuten, läßt sich der Verstorbene durch die unreinen Lichter anziehen, die eine Art Postexistenz spiegeln und kehrt, mit anderen Worten, auf die Erde zurück[44].

Jeder hat die Möglichkeit, die Befreiung im Moment seines Todes zu erlangen. Es ist hinreichend, sich in dem klaren Licht, das er in diesem Moment erfährt, wiederzuerkennen. Die laute Lesung des Totenbuches stellt einen letzten Appell dar. Immer aber entscheidet der Tote selbst über sein Schicksal. Er ist es, der den Willen dazu haben muß, das helle Licht zu wählen, und die Kraft, den Versuchungen einer späteren Existenz zu widerstehen. Mit anderen Worten: Der Tod stellt eine neue Möglichkeit dar, eingeweiht zu werden, diese Einweihung enthält aber wie jede andere eine Reihe von Prüfungen, die der Neophyt auf sich nehmen und bestehen muß.

„Alle Tathāgatas sind die fünf Lichter", schreibt Candrakīrti (*G. Tucci*, a.a.O. 348). Zu diesem Problem vgl. *M. Eliade,* Méphistophélès et l'Androgyne 45 ff; *ders.,* Occultisme, sorcellerie et modes culturels 133 ff.

[42] Dieses Ritual des Hinaustretens der „Seele" durch das Vorderhaupt erinnert darüber hinaus an die „Öffnung der Himmelspforte" (*R. A. Stein,* Architecture et pensée religieuse en Extrême-Orient 184; *M. Eliade,* Briser le Toit de Maison 136).

[43] *Evans-Wentz,* The Tibetan Book of the Dead 106.

[44] Nach dem weißen und blauen Licht wird er gelbe, rote und grüne Lichter sehen, schließlich alle Lichter zusammen (ebd. 110 ff; vgl. auch ebd. 173 ff und *Dawa-Samdup/Evans-Wentz,* Tibetan Yoga and Secret Doctrines 237 ff).

Die Erfahrung des Lichtes *post mortem* stellt die letzte und wahrscheinlich die schwierigste Initationsprüfung dar.

318. Die Aktualität bestimmter religiöser Schöpfungen Tibets

Bardo Thödol ist sicherlich das in der westlichen Welt bekannteste magische Buch Tibets. 1928 erschien es in englischer Sprache. Hauptsächlich nach 1960 wurde es das Lieblingsbuch einer beachtlichen Zahl Jugendlicher. Dieses Phänomen ist für die Geschichte der gegenwärtigen westlichen Geistesentwicklung bezeichnend. Es handelt sich um einen tiefgehenden und schwierigen Text, der in keiner anderen religiösen Literatur seinesgleichen findet. Das Interesse, das er nicht nur bei den Psychologen, den Historikern und Künstlern, hauptsächlich aber bei der Jugend hervorrief, ist symptomatisch: er zeigt die fast totale Entsakralisierung des Todes in den westlichen Gesellschaften der Gegenwart an und zugleich das Verlangen, auf religiösem oder philosophischem Gebiet einen Akt, der alles beendet und in der menschlichen Existenz alles in Frage stellt, neu zu bewerten[45].

In bescheidenerem Maße von Bedeutung ist aber auch die wachsende Popularität von *Shambala,* dem mysteriösen Land, in dem die Texte des *Kālacakra* aufbewahrt sein sollen[46]. Es gibt verschiedene *Führer* nach Shambala, die von den Lamas geschrieben wurden, aber es handelt sich eher um eine mythische Geographie. In der Tat erinnern die Hindernisse (Berge, Flüsse, Seen, Wüsten, verschiedene Monster), die in den Führern beschrieben werden, an die Wegbeschreibungen nach den sagenhaften Ländern, von denen in der folkloristischen Mythologie soviel die Rede ist. Mehr noch: manche tibetische Autoren behaupten, daß man Shambala auf einer Traumreise oder in der Ekstase erreichen kann[47]. Auch diesmal enthüllt die Faszination eines alten Mythos vom *Paradies,* das dennoch *realiter* vorhanden ist, einen charakteristischen Zug von Nostalgie in den säkularisierten westlichen Gesellschaften. Hier sollte man sich an den spektakulären Erfolg des mittelmäßigen Romans *Lost Horizon* erinnern und vor allem daran, welchen Erfolg der Film hatte, der nach ihm gedreht wurde.

Nach dem *Bardo Thödol* war das einzige tibetische Werk, das im Westen ein gewisses Interesse wachrief, das *Leben des Milarepa,* das zu Ende des 12. Jahrhunderts geschrieben und von J. Bacot (1925) ins Franzö-

---

[45] Dieser Erfolg einer „Todeskunde" in der zeitgenössischen westlichen Welt kann mit der raschen Verbreitung der Totentänze gleichgesetzt werden, die nach *B. Laufer* tibetischen Ursprungs sein sollen.
[46] Diese tantristische Schule, die noch unzureichend untersucht ist, gelangte um 960 aus Zentralasien nach Bengalen und nach Kaschmir. Sechzig Jahre später kam das „kālacakra – Rad der Zeit" nach Tibet zusammen mit seinem speziellen System der Zeitmessung und seinen astronomischen Verbindungen; vgl. *H. Hoffmann,* The Religions of Tibet 126 ff; *ders.,* Kālacakra Studies I, passim.
[47] Vgl. *E. Bernbaum,* The Way to Shambala 205 ff.

sische übersetzt wurde. Die englische Übersetzung von Ewans-Wentz erschien 1938.

Leider wurde das poetische Werk des Milarepa (1052–1135) kaum bekannt, die erste Gesamtübersetzung wurde 1962 erstellt[48]. Das Leben und die Gedichte des Milarepa sind von hohem Interesse. Dieser Dichter, Magier und Mystiker zeugt auf bewundernswerte Weise vom religiösen Geist Tibets. Milarepa begann, sich mit Magie zu beschäftigen, um sich an seinem Onkel zu rächen. Nach einer harten Lehrzeit bei Marpa zog er sich in eine Grotte zurück, erreichte die Heiligkeit und lernte die Segnungen eines in diesem Leben Erlösten kennen. In seinen Gedichten, die berühmt würden, wären sie von Dichtern übersetzt worden, erneuert er die Technik der Gesänge *(doha)* der indischen Tantristen und überträgt sie auf die einheimischen Gesänge. „Er tat dies sicherlich aus Neigung, aber auch in der Absicht, das buddhistische Denken dem Volk nahezubringen und es familiärer zu machen, wenn er es in Volkslieder einfließen ließe." [49]

Das *Gesar-Epos* dürfte wohl demnächst nicht nur von den vergleichenden Literaturhistorikern, sondern auch vom gebildeten Publikum entdeckt werden. Die Endredaktion dieses Werkes soll zwar gegen Ende des 14. Jahrhunderts stattgefunden haben, doch der älteste epische Zyklus ist schon 300 Jahre früher bezeugt. Das Zentralthema besteht in der Umformung des Heros. Nach zahlreichen Prüfungen wird der häßliche und böse Junge ein unbesiegbarer Krieger und schließlich der ruhmreiche König Gesar, der Sieger über die Dämonen und die Könige der vier Himmelsrichtungen[50].

Wenn hier vom westlichen Echo auf manche tibetische Religionsschöpfungen die Rede ist, dann deshalb, weil nach der chinesischen Okkupation viele Mönche und Gelehrte aus Tibet in alle Welt versprengt wurden. Diese Diaspora könnte im Laufe der Zeit die religiöse Tradition Tibets verändern oder sogar auflösen. Andererseits aber könnte es sein, daß die mündliche Unterweisung durch die Lamas im Westen einen Erfolg zeitigt, der demjenigen der byzantinischen Gelehrten vergleichbar wäre, die Konstantinopel nach der Eroberung durch die Türken mit kostbaren Manuskripten verlassen hatten.

Die religiöse Synthese Tibets hat eine gewisse Ähnlichkeit mit dem mittelalterlichen Hinduismus und dem Christentum. In allen drei Fällen handelt es sich um das Zusammentreffen einer *traditionellen Religion* (d. h. einer kosmischen Sakralstruktur) und einer *Heilsreligion* (des Buddhismus, der christlichen Botschaft, des Vishnuismus) sowie einer *esoterischen* Tradition (des Tantrismus, der Gnosis, der magischen Techniken). Die Parallelen zwischen dem mittelalterlichen Westen, der von der römischen Kirche beherrscht wurde, und der lamaistischen Theokratie sind noch frappanter.

---

[48] The Hundred Thousand Songs of Milarepa, übers. und kommentiert v. *C. C. Chang.*
[49] R. A. Stein, Civilisation 223.
[50] Vgl. ebd. 239 ff; *ders.,* L'Épopée et le barde, 543 ff u. passim.

FORSCHUNGSSTAND
KRITISCHE BIBLIOGRAPHIE

241.

K. Jettmar hat eine gute allgemeine Einführung in die Vor- und Frühgeschichte der Religionen des nördlichen Eurasiens gegeben. *K. Jettmar* in: *I. Paulson, Å. Hultkrantz, K. Jettmar*, Les religions arctiques et finnoises (franz. Übers. Paris 1965; dt. Stuttgart 1962) 289–340.

Eine historische Darstellung der Kulturen Zentralasiens findet sich bei *M. Bussagli*, Culture e civiltà dell'Asia Centrale (Rom 1970) 27 ff (Ursprung der Nomadenkulturen), 64 ff (Ursprung und Charakter der seßhaften Kulturen), 86 ff (Synthese in der hunno-sarmatischen Periode). Dieses Werk verfügt über eine exzellente kritische Bibliographie.

Siehe auch *K. Jettmar*, Die frühen Steppenvölker. Kunst der Welt (Baden-Baden 1964); *ders.*, Mittelasien und Sibirien in vortürkischer Zeit, in: Handbuch der Orientalistik, I. Abt V, Bd. 5 (Leiden – Köln 1966) 1–105; *S. I. Rudenko*, Frozen Tombs of Siberia: The Pazyryk Burial of Iron Age Horseman (Los Angeles 1970; russische Ausg. 1953 erschienen); *E. Tryjarski*, On the archeological traces of Old Turks in Mongolia, in: East and West (Rom 1971) 121–135; *L. I. Albaum* und *R. Brentjes*, Wächter des Goldes. Zur Geschichte und Kultur mittelasiatischer Völker vor dem Islam (Berlin 1972). Unerreicht ist die Synthese von *R. Grousset*, L'Empire des Steppes: Attila, Gengis Khan, Tamerlan (Paris 1948); siehe auch *F. Altheim* und *R. Stiehl*, Geschichte Mittelasiens im Altertum (Berlin 1970); *F. Altheim*, Attila und die Hunnen (Baden-Baden 1951, franz. Übers. 1953); *ders.*, Geschichte der Hunnen I–IV (Berlin 1959–1962); *E. A. Thompson*, A History of Attila and the Huns (Oxford 1948); *O. J. Maenchen-Helfen*, The World of the Huns. Studies in their History and Culture (Berkeley 1973). Dieses Werk ist hauptsächlich wegen seiner archäologischen Darstellung und der erschöpfenden Bibliographie von Bedeutung, 486–578.

Bezüglich der religiösen Symbolik und der mythisch-rituellen Wolfsszenen (rituelle Verwandlung in Wild, Mythos der Abstammung eines Nomadenvolkes von einem Fleischfresser usw.) s. *M. Eliade*, Les Daces et les Loups (1959), auch in: Von Zalmoxis zu Dschingis-Khan (1982) 11–29. „Der Urahn Dschingis Khans war ein grauer Wolf, der, vom Schicksal auserwählt, vom Himmel gesandt wurde. Seine Gemahlin war eine weiße Hirschkuh …" So beginnt die „Geheime Geschichte" der Mongolen. Die T'ou Kiue und die Uiguren behaupten, ihre Ahnen seien eine Wölfin (T'ou Kiue) oder ein Wolf gewesen. Nach chinesischen Quellen stammen die Hsiung-nü von einer Prinzessin und einem übernatürlichen Wolf ab. Ein ähnlicher

Mythos findet sich bei den Kara-Kirgisen. Andere Varianten – tungusisch-altaische – sprechen von der Vereinigung einer Prinzessin mit einem Hund (s. die Quellen bei *F. Kretschmar,* Hundestammvater und Kerberos I [Stuttgart 1938] 3 ff, 192 ff; vgl. auch *Sir G. Clauson,* Turks and Wolfes, in: Studia Orientalia [Helsinki 1964] 1–22; *J. P. Roux,* Faune et Flore sacrées dans les sociétés altaïques [Paris 1966] 310 f).

Es scheint paradox, daß sich ein Wolf und eine Hirschkuh vereinigen, die ja das Jagdwild par excellence dieser Fleischfresser ist, aber die Mythen über die Gründung eines Volkes, eines Staates oder einer Dynastie verwenden die Symbolik der coincidentia oppositorum (also einer Totalität, die an eine urtümliche Einheit gemahnt), um deutlich zu machen, daß es sich um eine Neuschöpfung handelt.

242.

Das Buch des finnischen Wissenschaftlers *U. Harva,* Die religiösen Vorstellungen der altaischen Völker (FF Communication Nr. 125) (Helsinki 1928, franz. Übers. 1959), ist auf diesem Gebiet die beste Gesamtdarstellung; bezüglich der Himmelsgötter s. 140–153; vgl. auch *M. Eliade,* Die Religionen und das Heilige §§ 17 und 18. Eine beachtliche ethnographische Dokumentation wurde zusammengestellt von *W. Schmidt* in den letzten vier Bänden seines Werkes „Der Ursprung der Gottesidee": Bd. IX: Türken und Tataren (1949), Bd. X: Mongolen, Tungusen, Jukagiren (1952), Bd. XI: Jakuten, usw. (1954), Bd. XII: Synthese der Religionen der zentralasiatischen Hirten, 1–613; Vergleich mit den Hirtenvölkern Afrikas 761–899 (1955). Wenn man diese Dokumente verwendet, muß man immer die Zentralidee von W. Schmidt – den Urmonotheismus – berücksichtigen. Siehe vom selben Autor: „Das Himmelsopfer bei den asiatischen Pferdezüchtern", in: Ethnos 7 (1942) 127–148. Über Tängri s. die Monographie von *J.-P. Roux,* Tängri. Essai sur le Ciel-Dieu des peuples altaïques, in: RHR Bd. 149 (1956) 49–82, 197–230; Bd. 150 (1957) 27–54, 173–212; Notes additionelles à Tängri, le Dieu-Ciel des peuples altaïques, a. a. O., Bd. 154 (1958) 32–66; *ders.,* „La religion des Turcs de l'Orkhon des VIIe et VIIIe siècles", in: ebd., Bd. 160 (Januar–März 1962) 1–24.

Zur mongolischen Religion s. vor allem *N. Palisen,* Die alte Religion der mongolischen Völker (Diss. Marburg 1949), (= „Micro-Bibliotheca Anthropos", Nr. 7 [Freiburg 1953]); *W. Heissig,* La religion de la Mongolie, in: *G. Tucci* und *W. Heissig,* Les religions du Tibet et de la Mongolie (franz. Übers. 1973) 340–490, stellt die Volksreligion und den Lamaismus bei den Mongolen dar. Der Autor zitiert ausführlich Texte aus seinem bedeutenden Werk: Mongolische volksreligiöse und folkloristische Texte (Wiesbaden 1966).

Zur Religion der Hunnen siehe neuestens *O. J. Maenchen-Helfen,* The World of the Huns 259–296, teilweise 267 ff (Schamanen und Seher), 280 ff (Masken und Amulette).

243.

Zur Kosmologie s. *U. Harva,* Die religiösen Vorstellungen 20–88; *M. Eliade,* Schamanismus und archaische Ekstasetechniken (^{2}1968) 211–222; *I. Paulson* in: Les religions arctiques et finnoises 37–46, 202, 229; *J. P. Roux,* Les astres chez les Turcs et les Mongols, in: RHR (1979) 153–192 (Sonnenanbetungen 163 ff.)

Die Erde scheint als Gottheit keine besondere Rolle gespielt zu haben. Man stellte sie weder figürlich dar, noch brachte man ihr Opfer (vgl. *U. Harva*, a. a. O. 243 ff). Bei den Mongolen bedeutete Ötügen, die Göttin der Erde, ursprünglich das Herkunftsland der Mongolen (ebd. 243); s. auch *E. Lot-Falck*, A propos d'Atüngän, déesse mongole de la terre, in: RHR, Bd. 149 (1956) 157–196; *W. Heissig*, Les religions de la Mongolie 470 ff (Culte de la Terre et culte des hauteurs).

244.

Über den weltenschaffenden Tauchvorgang s. *M. Eliade*, „Le Diable et le Bon Dieu: la préhistoire de la cosmogonie populaire roumaine", in: Von Zalmoxis zu Dschingis-Khan 85–138. *W. Schmidt*, Ursprung der Gottesidee, stellt in den Bänden IX–XII die euroasiatischen Versionen vor und kommentiert sie; vgl. L'essai de synthèse Bd. XII (1955) 115–173. (Es sei hinzugefügt, daß wir mit der historischen Analyse und den Schlußfolgerungen des Autors nicht immer einer Meinung sind!)

Über Erlik, den Todesgott auf den alttürkischen Inschriften s. *A. v. Gabain*, Inhalt und magische Bedeutung der alttürkischen Inschriften, in: Anthropos 48 (1953) 537–556, bes. 540 ff.

245.

Bezüglich der unterschiedlichen Erscheinungsformen des Schamanismus in Nord- und Zentralasien, in Süd- und Nordamerika, in Südwestasien und Ozeanien, in Tibet, China und bei den Indoeuropäern, s. *M. Eliade*, Schamanismus und archaische Ekstasetechniken (3. durchges. Aufl., Frankfurt a. M. 1982). Die ersten sechs Kapitel behandeln den Schamanismus in Zentralasien und Sibirien (22–258). Folgende bedeutende Werke, die *nach* dem Erscheinen unseres Buches veröffentlicht wurden, seien hier aufgeführt: *V. Dioszegi* (Hrsg.), Glaubenswelt und Folklore der sibirischen Völker (Budapest 1963) (neue Studien über den Schamanismus); *C. M. Edsman* (Hrsg.), Studies in Shamanism (Stockholm 1967); *A. L. Siikala*, The Rite Technique of the Sibirian Shaman (FF Communication, Nr. 220) (Helsinki 1978).

Eine Gesamtdarstellung findet sich bei *U. Harva*, Religiöse Vorstellung 449–561. *W. Schmidt* hat seine Auffassungen über den Schamanismus der Hirten Zentralasiens in „Ursprung der Gottesidee", Bd. XII (1955) 615–759 zusammengefaßt. Vgl. auch *J. P. Roux*, Le nom du chaman dans les textes turco-mongols, in: Anthropos 53 (1958) 133 ff; *ders.*, Elements chamaniques dans les textes pré-mongols, in: ebd. 440–456; *W. Heissig*, Zur Frage der Homogenität des ostmongolischen Schamanismus (Collectanea Mongolica) (Wiesbaden 1966); *ders.*, Chamanisme des Mongols, in: Les religions de la Mongolie 351–372; *ders.*, La répression lamaïque du chamanisme, in: ebd. 387–400.

Über die Krankheiten und Initiationsträume der zukünftigen Schamanen siehe *M. Eliade*, Schamanismus 43 ff; *ders.*, Mythen, Träume und Mysterien (Paris 1957) 101 ff. Weit vom Neurotischen entfernt (wie das eine Vielzahl von Forschern seit Krivushapkin im Jahre 1861 bis zu Ohlmarks im Jahre 1939) behauptet haben, scheinen die Schamanen, intellektuell gesehen, ihrer Umgebung weit überlegen zu sein. „Sie sind die hauptsächlichen Bewahrer der mündlichen Überlieferung. Das poetische Vokabular eines Schamanen umfaßt 12000 Wörter, während die Umgangssprache, die allein der Gemeinschaft bekannt ist, etwa 4000 Wörter umfaßt. Die Schamanen legen Zeugnis von einer Selbstkontrolle und einer Erinnerung ab, das weit über dem Durchschnitt liegt. Sie sind in der Lage, ihren ekstatischen Tanz im Inneren einer Jurte, umgeben von Helfern, aufzuführen, wobei sie sich auf einem abgezirkelten Raum und mit Kostümen, Reifen und anderen Ausrüstungen, die mehr als 15 kg wiegen, bewegen, ohne jemanden zu berühren oder zu verletzen" (Mythen, Träume und Mysterien 105.) Das Buch von *G. V. Ksenofontov*, Schamanengeschichten aus Sibirien, ist von A. Friedrich und G. Buddruss ins Deutsche übersetzt (München 1956). Über die öffentliche Einweihung der burjätischen Schamanen s. die Quellen in: *M. Eliade*, Schamanismus 120–127 (Bibliographie 120, Nr. 5); 52 f.

246.

Die Mythen über den Ursprung der Schamanen s. bei *L. Steinberg*, Divine Election in Primitive Religions (Congrès International des Américanistes. Compte Rendu de la XXIe Session. Pt. 2 [1924]) (Göteborg 1925) 472–512, bes. 474 ff; *M. Eliade*, Schamanismus 77 ff.

Über das altaïsche Pferdeopfer s. *W. Radlov*, Aus Sibirien. Lose Blätter aus dem Tagebuch eines reisenden Linguisten II (Leipzig 1884) 20–50; Zusammenfassung in: *M. Eliade*, Schamanismus 185 ff; ebd. die historische Analyse der Beziehungen zwischen Tengere Kaira kan, Bai Ulgän und dem schamanistischen Pferdeopfer.

Über den ekstatischen Abstieg in die Hölle: *M. Eliade*, Schamanismus 177 ff, 195 ff; vgl. *J. P. Roux*, La mort chez les peuples altaïques anciens et médiévaux (Paris 1963); *ders.*, Les chiffres symboliques 7 et 9 chez les Turcs non muselmans, in: RHR, Bd. 168 (1965) 29–53.

Bei manchen Völkern findet eine Unterscheidung in weiße und schwarze Schamanen statt. Bei den Burjäten unterteilt man die sehr große Zahl der Halbgötter in weiße und schwarze. Den schwarzen dienen die schwarzen Schamanen, während die weißen die Schutzgötter der weißen Schamanen sind. Dennoch ist diese Situation nicht die ursprüngliche. Den Mythen zufolge war der erste Schamane „weiß". Der „Schwarze" erschien später (vgl. *G. Sandschejew*, Weltanschauung und Schamanismus der Alaren-Burjäten, in: Anthropos XXVII [1927/28] 933–955; XXVIII [1928] 538–560, 967–986). Über Morphologie und Ursprung dieser dualistischen Teilung s. *M. Eliade*, Schamanismus 180 ff; vgl. auch *J. P. Roux*, Les Êtres intermédiaires chez les peuples altaïques, in: Génies, Anges et Démons (Sources Orientales VIII) (Paris 1971) 215–256; *ders.*, La danse chamanique de l'Asie centrale in: Les Danses sacrées (Sources Orientales VI) (Paris 1963) 281–314.

247.

Über die Symbolik des Gewandes und der Trommel s. *M. Eliade*, Schamanismus 150 f; 168 ff; über den nordischen Schamanismus ebd. 276 ff; 213 ff; über die Rolle des Schamanismus in der Religion und der Kultur ebd. 402 ff.

248.

Zu der linguistischen Gruppe der altsibirischen Völker gehören: die Jukagiren, die Tschuktschen, die Korjaken und die Giljaken. Uralische Sprachen werden von den Samojeden, den Ostjaken und den Wogulen gesprochen.

Das Finnisch-Ugrische verstehen die Finnen, die Tscheremissen, die Votiaken, die Ungarn usw.

Das Buch von *U. Harva,* Die Religion der Tscheremissen (FF Communication, Nr. 61) (Poorvo 1926), verdient besondere Erwähnung. Eine allgemeine Darstellung der „Les religions des Asiates Septentrionaux (Tribus de Sibérie)" und der „Religions des peuples finnois" findet sich bei *I. Paulson* in: Les religions arctiques et finnois 15–136, 147–261 (hervorragend hinsichtlich der Bibliographie).

Über den Himmelsgott Num s. *M. Castrén,* Reiseerinnerungen aus den Jahren 1838–44, I (Sankt Petersburg 1853) 250 ff; *I. Paulson,* Les religions des Asiates septentrionaux 61 ff; *R. Pettazoni,* L'onniscienza di Dio (Turin 1955) 379 ff; bezüglich des weltschaffenden Tauchvorganges s. *M. Eliade,* Von Zalmoxis zu Dschingis-Khan 85.

Über den Schamanismus der Ugrier s. *M. Eliade,* Schamanismus 213 ff, bei den Esten vgl. *O. Loorits,* Grundzüge des estnischen Volksglaubens I (Lund 1949) 259 ff, II (1951) 459 ff. Über den Schamanismus der Lappen s. *L. Bäckman/Åke Hultkrantz,* Studies in Lapp Shamanism (Stockholm 1978).

Über den „schamanistischen" Ursprung des Väinämoinen und anderer Helden des Kalevala s. *M. Haavio,* Väinämöinen, Eternal Sage (FF Communication, Nr. 144) (Helsinki 1952).

Über den Herrn der Tiere, die Schutzgenien und Beschützer des Wildes s. *I. Paulson,* Schutzgeister und Gottheiten des Wildes (der Jagdtiere und der Fische) in Nordeurasien. Eine religionsethnographische und religionsphänomenologische Untersuchung jägerischer Glaubensvorstellungen (Stockholm 1961); vgl. *ders.,* Les religions des Asiates Septentrionaux (Tribus de Sibérie) 70–102; *ders.,* Les religions des peuples finnois 170 ff; *ders.,* The Animal Guardian: A critical and synthetic Review, in HR III (1964) 202 ff. Man findet dieselben Grundgedanken bei den primitiven Jägern Nord- und Südamerikas, Afrikas, des Kaukasus und anderswo; vgl. die Bibliographie bei *I. Paulson,* The Animal Guardian 1–12.

249.

Die schriftlichen Quellen wurden von *C. Clemen* herausgegeben: Fontes historiae religionum primitivarum, praeindogermanicarum, indogermanicarum minus notarum (Bonn 1936) 92–114; s. auch *W. Mannhardt,* Letto-Prussische Götterlehre (Riga 1936); *M. Mierzynski,* Mythologiae lituanicae monumenta I–II (Warschau 1892–95) ist eine Darstellung und Untersuchung der Quellen bis zur Mitte des 15. Jahrhunderts. Zum Stand der Forschung bis 1952 s. *H. Biezais,* Die Religionsquellen der baltischen Völker und die Ergebnisse der bisherigen Forschungen, in: Arv 9 (1953) 65–128.

Es existiert keine Gesamtdarstellung der Religion der Balten. Allgemeine Ausführungen findet man unter verschiedenen Aspekten zusammengestellt bei *V. Pisani,*

La religione dei Balti, in: *Tacci Venturi*, Storia della religioni II (Turin ⁶1971) 407–461; *M. Gimbutas*, The Balts (London – New York 1963) 179–204; *J. Balys* und *H. Biezais*, Baltische Mythologie, in: W. d. M. I (1965) 375–454. Eine beachtliche und hauptsächlich folkloristische und ethnographische Darstellung mit ausführlicher Bibliographie findet sich in den Werken von *H. Biezais*, Die Gottesgestalt der lettischen Volksreligion (Stockholm 1961); *ders.*, Die Himmlische Götterfamilie der Alten Letten (Uppsala 1972); s. auch *H. Usener*, Götternamen (Frankfurt ³1948) 79–122, 280 ff; *W. C. Jaskiewicz*, A Study in Lithuanian Mythology. Juan Lasicki's Samogitian Gods, in: Studi Baltici 9 (1952) 65–106.

Über Dievs vgl. *H. Biezais* in: W. d. M. I (1965) 403 ff; *ders.*, Gott der Götter, in: Acta Academia Aboensis, Ser. A. Humanoria, Bd. 40, Nr. 2 (Åbo 1971). Perkūnas, lettisch Pērkons, altpruzzisch Percunis leitet sich ab von einer baltisch-slawischen Form *perqŭnos (vgl. das altslawische perunŭ) und nähert sich dem vedischen Parjanya, dem albanischen Perën-di und dem germanischen Fjorgyn. Über Perkūnas s. *J. Balys* in: W. d. M. I (1965) 431 ff, und die dort zitierte Bibliographie 434. Über Pērkons s. auch *H. Biezais*, Die himmlische Götterfamilie der alten Letten 92–179 (169 ff findet sich ein Vergleich der indoeuropäischen Gewittergötter). Die kosmogonischen Mythen der alten Balten kennt man nicht. Es gibt einen Sonnenbaum (= kosmischen Baum), der sich inmitten des Ozeans findet oder Richtung Westen liegt; die untergehende Sonne legt dort ihren Gürtel ab, bevor sie sich schlafen legt.

Über die Saule, die Sonnengöttin, und über ihre Söhne und Töchter sowie die himmlischen Hochzeiten s. *H. Biezais*, Die himmlische Götterfamilie der alten Letten 183–538. Die Töchter Saules sind den indoeuropäischen Göttinnen der Morgenröte vergleichbar.

Über Laima s. *H. Biezais*, Die Hauptgöttinnen der alten Letten (Uppsala 1955) 119 ff (hier auch ihre Beziehung zu Glück und Unglück), 139 ff (Bezug zu Gott), 158 ff (Beziehung zur Sonne). In ihrer Eigenschaft als Schicksalsgöttin beherrscht Laima die Geburt, die Hochzeit, den Reichtum der Ernte, das Wohlergehen des Viehs (179–275). Die Interpretation von *Biezais* wurde von vielen Baltenforschern gebilligt (vgl. den Bericht von *A. Gaters* in: Deutsche Literaturzeitung 78, 9 (Sept. 1957); aber abgelehnt vom estnischen Wissenschaftler *O. Loorits;* vgl. „Zum Problem der lettischen Schicksalsgöttinnen", in: Zeitschrift für slavische Philologie 26 (1957) 78–103. Das Zentralproblem ist folgendes: In welchem Maße stellen die Volkslieder (daina) authentische Dokumente des alten lettischen Heidentums dar? Nach Peteris Smits hätten die *dainas* ihre Hochblüte zwischen dem 12. und 16. Jahrhundert gehabt. *Biezais*, a. a. O. 31, 48 ff, zufolge hätten die *dainas* religiöse Traditionen, die viel älter sind, bewahrt; die Blüte im 16. Jahrhundert spiegele lediglich eine neue Epoche der Volksdichtung wider. Andere Wissenschaftler bestanden ebenfalls auf der Tatsache, daß die *dainas* sich beständig erneuern können (vgl. *A. Maceina* in: Commentationes Balticae II [1955]). *O. Loorits*, a. a. O. 82, aber meint, daß die *dainas* relativ jungen Ursprungs sind, zu jung, als daß Laima eine alte Göttin originär indoeuropäischen Ursprungs sein könne. Ihre Rolle als Schicksalsgöttin ist sekundär. Nach ihm beschränke sie sich darauf, die Geburt und das Neugeborene zu behüten (93), kurz gesagt: Laima ist eine zweitrangige Manifestation synkretistischer Art, wie auch die Gestalt der Jungfrau Maria in der religiösen Folklore der Letten (90 ff).

Es ist aber zu beachten, daß das chronologische Kriterium dann wertlos ist, wenn es nicht um die Schätzung des Alters einer religiösen Vorstellung in der mündlichen Überlieferung, sondern um ihren religiösen Gehalt geht. Die Schutzgöttinnen der Entbindung und des Neugeborenen haben eine archaische Struktur (s. u. a. *M. Marconi*, Riflessi mediterranei nella più antica religione laziale [Mailand 1939]; *G. Rank*, Lappe Female Deities of the Madder-akka Group, in: Studia Septentrionalia 6 [Oslo 1955] 7–79).

Es ist schwer vorstellbar, daß die weiblichen Gottheiten oder Halbgöttinnen der baltischen Volksreligion – Laima usw. – nach dem Vorbild der Jungfrau Maria entstanden seien. Wahrscheinlicher ist es, daß Maria den alten heidnischen Göttinnen angeglichen wurde oder diese nach der Christianisierung Züge der Mythologie und des Marienkultes übernommen haben.

Über den Werwolf mit positiven Zügen vgl. das Zeugnis eines alten Letten im 18. Jahrhundert; siehe den Prozeßtext bei *O. Höfler*, Kultische Geheimbünde der Germanen I (Frankfurt a. M. 1934) 345 ff; zusammengefaßt in *M. Eliade*, Occultisme, sorcellerie et modes culturelles (Paris 1978) 103 f; vgl. ebd., 99 f, 105 ff, die Analyse einiger ähnlich gelagerter Phänomene (die benandanti, die rumänischen strigoi usw.).

Bezüglich des Archaismus der baltischen Folklore s. auch *M. Gimbutas*, The Ancient Religion of the Balts, in: Lituanus 4 (1962) 97–108. Andere Reste indoeuropäischer Natur sind ebenfalls beleuchtet worden; vgl. *J. Puhvel*, Indo-European Structure of the Baltic Pantheon, in: Myth in Indo-Europea Antiquity (Berkeley 1974) 75–85; *M. Gimbutas*, The Lithuanian God Velnias, ebd. 87 ff; s. auch *R. L. Fischer jr.*, Indo-European Elements in Baltic and Slavic Chronicles, in: Myth and Law among the Indo-Europeans, hrsg. v. J. Puhvel (Berkeley 1970) 147–158.

250.

Das Buch von *M. Gimbutas*, The Slavs (London – New York 1971), gibt eine klare und knappe Zusammenfassung über Ursprung und frühe Geschichte der Slawen; vgl. auch *V. Pisani*, Baltico, slavo, iranico, in: Ricerche Slavistiche 15 (1967) 3–24.

Die griechischen und lateinischen Texte über diese Religion sind herausgegeben von *C. H. Meyer*, Fontes historiae religionis slavicae (Berlin 1931). Im gleichen Band finden sich der isländische Text und die lateinische Übersetzung der Knytlingasaga sowie arabische Dokumente in deutscher Übersetzung.

Die bedeutendsten Quellen sind übersetzt von *A. Brückner*, Die Slaven (Religionsgeschichtliches Lesebuch, Heft 3) (Tübingen 1926) 1–17. Quellen zu den Ostlawen sind ediert und erläutert von *V. J. Mansikka*, Die Religion der Ostslaven I (Helsinki 1922). Es gibt keine Gesamtdarstellung der Religionsgeschichte der Slawen. Eine allgemeine Darstellung s. bei *L. Niederle*, Manuel de l'antiquité slave II (Paris 1926) 126–168; *B. O. Unbegaun*, La religion des anciens Slaves (Mana, Bd. III) (Paris 1948) 389–445 (mit umfassender Bibliographie); *M. Gimbutas*, a. a. O. 151–170.

Zur Mythologie siehe *A. Brückner*, La mitologia slava, aus dem Polnischen übers. v. J. Dicksteinowa (Bologna 1923); *R. Jakobson*, Slavic Mythology, in: Funk/Wagnalls, Dictionary of Folklore, Mythology and Legend II (New York 1950) 1025 ff; *N. Reiter*, Mythologie der alten Slaven, in: W. d. M. I, 6 (Stuttgart 1964) 165–208 (mit Bibliographie).

Zur Religion der Westslawen s. *Th. Palm,* Wendische Kultstätten (Lund 1937); *E. Wienecke,* Untersuchungen zur Religion der Westslaven (Leipzig 1940); *R. Pettazoni,* L'onniscienza di Dio 334–372 (Divinità policefale).

Zum Gottesbegriff der Slawen s. *B. Merriggi,* Il concetto del Dio nelle religioni dei popoli slavi, in: Ricerche Slavistiche I (1952) 148–176; vgl. auch *A. Schmaus,* Zur altslawischen Religionsgeschichte, in: Saeculum 4 (1953) 206–230.

E. Gasparini, Il Matriarcato Slavo. Antropologia dei Proto-slavi (Florenz 1973), hat eine gut fundierte und vergleichende Studie über Ethnologie und Folklore der Slawen veröffentlicht, die über eine umfangreiche Bibliographie verfügt (710–746). Manche Schlüsse des Autors sollten mit Vorsicht aufgenommen werden, aber seine Dokumentation ist unschätzbar; vgl. M. Eliade in: HR 14 (1974) 74 ff. Sehr nützlich ist auch das Buch von *F. Haase,* Volksglaube und Brauchtum der Ostslawen (Breslau 1939).

Die Chronia Slavorum von *Helmold* (ca. 1108–1177) ist in den Monumenta Germaniae historica, Bd. XXI (Hannover 1869), herausgegeben. Die die Religion betreffenden Passagen sind erneut veröffentlicht in *V. J. Mansikka,* Die Religion der Ostslawen I, und in *A. Brückner,* Mitologia Slava 250 ff. In deutscher Übertragung liegt sie vor bei *A. Brückner,* Die Slawen 4 ff.

Über die Nestorchronik siehe *A. Brückner,* Mitologia Slava 242 f; *ders.,* Die Slawen 16 f. Aus der reichen Literatur über Perun sei hier *A. Brückner,* Mitologia Slava 58–80, erwähnt, die überkritisch ist, sowie *R. Jakobson,* Slavic Mythology 1026; *E. Gasparini,* Matriarcato Slavo, a. a. O. 537 ff. – Manche Autoren sahen in Perun den höchsten Gott, den „Herrn des Blitzes", von dem der byzantinische Historiker Prokop spricht. Der Himmelsgott aber, wie ihn Helmold herausstellt, ist entfernt und indifferent, ist aber durch seine Beschaffenheit von den Gewittergottheiten unterschieden. Zur Bewertung des Zeugnisses von Prokop s. *R. Benedicty,* Prokopios Bericht über die slavische Vorzeit, in: Jahrbuch der Österreichischen Byzantinischen Gesellschaft (1965) 51–78.

Zu Volos/Velos s. *A. Brückner,* a. a. O. 119–140; *R. Jakobson,* Slavic Mythology 1027; *ders.,* The Slavic God „Veles" and his Indo-European cognates, in: Studi Linguistici in Onore di Vittore Pisani (Brescia 1969) 579–599; *J. Puhvel,* Indo-European Structures of the Baltic Pantheon, in: Myth and Indo-European Antiquity, hrsg. v. G. I. Larson (Berkeley – Los Angeles 1974) 75–89, bes. 88 f; *M. Gimbutas,* The Lithuanian God Veles, a. a. O. 87 ff.

Zu Simargl s. *R. Jakobson,* Slavic Mythology 1027; zu Mokosh s. *A. Brückner,* Mitologia Slava 141 ff; über Dazhbog s. ebd. 96 ff; *R. Jakobson,* Slavic Mythology 1027 (beide Arbeiten mit reicher Bibliographie).

Bezüglich Rod und *rozhenitsa* s. A. Brückner, a. a. O. 166 ff. Über *Matisyrazemlja* s. *M. Gimbutas,* a. a. O. 169. Dessen Hauptfest, *Kupala* (von „*kupati* – sich baden"), fand an der Sommersonnenwende statt und beinhaltete das rituelle Entfachen der Feuer und ein kollektives Bad. Aus Stroh fertigte man ein Bildnis, das wie eine Frau gekleidet war, und plazierte es unter einem Baumstamm, der geschnitten, von Ästen befreit und in die Erde gerammt war. Bei den Slawen im Baltikum schnitten und bereiteten die Frauen allein den heiligen Baum vor, bei dem es sich um eine Birke handelte. Man brachte ihm Opfer dar. Die Birke symbolisierte den kosmischen Baum, der Himmel und Erde verband (*M. Gimbutas,* a. a. O. 169). Über die Götter des Baltikums siehe die Werke von *Th. Palm* und *E. Wienecke,* die weiter oben angegeben sind, ebenso die kritischen Anmerkungen bei *Pettazoni*, a. a. O. 562 ff.

Germanische Quellen und die Knytlingasaga (die in Alt-Isländisch im 13. Jahrhundert verfaßt wurde) geben bedeutende Informationen über die Heiligtümer und den Kult auf Rügen. Die Götzenbilder aus Holz, die mit Metall geschmückt waren, hatten drei, vier oder mehr Köpfe. In Stettin war ein Tempel dem Triglav, dem „höchsten Gott", geweiht, der dreiköpfig war. Die Statue des Svantevit in Arkona hatte vier Köpfe. Andere Götzenbilder hatten noch mehr. Rugevit besaß sieben Gesichter an einem einzigen Kopf.

Über Svantevit s. *N. Reiter,* a.a.O. 195 f; *V. Machek,* Die Stellung des Gottes Svantevit in der altslavischen Religion, in: Orbis Scriptus (München 1966) 491 ff.

251.

Über Waldgeister (*leshy* usw.) s. die Darstellung bei *E. Gasparini,* Il Matriarcato Slavo 494 ff. Über die *demovoi* s. ebd. 503 ff.

Über die unterschiedlichen Varianten des weltenschaffenden Tauchvorgangs s. *M. Eliade,* Von Zalmoxis zu Dschingis-Khan, Kap. III, 85–138.

Über den Bogomilismus s. weiter oben § 293 und die Bibliographie auf Seite 303 f.

Über slawischen „Dualismus" s. die Bibliographie in: Von Zalmoxis zu Dschingis-Khan 98 f, Anm. 23–43.

252.

Hier seien einige neuere Thesen über das Ende des Altertums genannt: *S. Mazzarino,* The End of the Ancient World (London 1966) (dieses Werk stellt eine Analyse der Hypothesen anderer moderner Historiker dar); *P. Brown,* The World of Late Antiquity (London 1971) (hierbei handelt es sich um die bis heute beste Einführung in dieses Gebiet); *H. Trevor-Roper,* The Rise of Christian Europe (New York 1965) 9–70. Das Buch von *J. Geffken,* Der Ausgang des griechisch-römischen Heidentums (Heidelberg ²1929), ist unübertroffen. Unter den stärker ausgearbeiteten Werken seien genannt: *F. Lot,* La fin du monde antique et le début du Moyen Age (Paris 1951); *M. Rostovtzeff,* Social and Economic History of the Roman Empire I–II (Oxford ²1957); *E. Stein,* Histoire du Bas Empire I–II (Brüssel 1949 u. 1959); *L. Musset,* Les invasions: les vagues germaniques (Paris 1965, ²1969); *ders.,* Les invasions: le second assaut contre l'Europe chrétienne: VII–XI siècles (1966). Siehe auch die Studien verschiedener Wissenschaftler, die in dem Band „The Conflict between Paganism and Christianity in the Fourth Century" zusammengefaßt sind (hrsg. v. *A. Momigliano* [1963]). Hierbei hauptsächlich *ders.,* Pagan and Christian Historiography in the Fourth Century, a. a. O. 79–99; vgl. *P. Brown,* The Making of the Late Antiquity (Cambridge, Mass. 1978). Über die Reaktion der heidnischen Eliten s. *P. de Labriolle,* La réaction païenne: étude sur la polémique anti-chrétienne du Ier au VIe siècle (Neuaufl. 1950), und hauptsächlich *W. E. Kaegi,* Byzantium and Decline of Rome (Princeton 1968) 59–145. Die neueste und beste Ausgabe mit kommentierter Übersetzung von „De civitate Dei" ist die der Études Augustiennes in fünf Bänden (Paris 1959–60).

Über Struktur und Vorarbeit zu „De civitate Dei" s. *P. Brown,* Augustine of

Hippo. A Biography (Berkeley – Los Angeles 1967) 299–329; s. auch *J. C. Guy*, Unité et structure logique de La „Cité de Dieu" de saint Augustin (Paris 1961). Es scheint paradox zu sein, daß der hl. Augustinus nicht die Erscheinungsformen der Religion seiner Zeit betrachtet (Mysterien, orientalische Religionen, Mithraskult usw.), wohl aber ein urtümliches Heidentum, das nach einer Formulierung von P. Brown „nur in Bibliotheken existierte". Im 5. Jahrhundert waren aber die Eliten des Heidentums begeistert von einer litterata vetusta, einer unvergeßlichen Tradition, die von den klassischen Autoren überliefert worden war (*P. Brown*, a. a. O. 305).

253.

Aus der zahlreichen kritischen Literatur über den hl. Augustinus sei hier aufgeführt: *H.-I. Marrou*, S. Augustin et la fin de la culture antique (1938, ²1949); *P. Brown*, Augustine of Hippo (beide Werke mit reicher Bibliographie); siehe auch *É. Gilson*, Introduction à l'étude de saint Augustin (²1943); *ders.*, La philosophie au Moyen Âge (Paris 1944) 125 ff; *P. Borgomes*, L'Église de ce Temps dans la prédication de saint Augustin (Paris 1972); *E. Lamirande*, L'Église céleste selon saint Augustin (1963); *R. Battenhouse* (Hrsg.), A Companion to the Study of St. Augustin (Grand Rapids House 1955).

254.

Über die Kirchenväter s. *J. Quasten*, The Golden Age of Greek Patristic Literature from the Council of Nicaea to the Council of Chalcedon (Utrecht 1960); *H. A. Wolfson*, The Philosophy of the Church Fathers I–II (Cambridge, Mass. 1956); *J. Plegnieux*, Saint Grégoire de Nazianze théologien (Paris 1952); *J. Daniélou*, Platonisme et théologie mystique, essai sur la doctrine spirituelle de saint Grégoire de Nysse (Paris ²1954); *O. Chadwick*, John Cassian, a Study in primitive Monasticism (Cambridge, Mass. 1950); *J. R. Palanque*, Saint Ambroise et l'Empire romain (Paris, Mass. 1933); *P. Autin*, Essai sur saint Jérôme (Paris 1951).

Über Origenes s. *E. de Faye*, Origène, sa vie, son œuvre, sa pensée I–III (Paris 1923–28); bes. *P. Nautin*, Origène. Sa vie et son œuvre (Paris 1977) (der Autor legt eine gründliche Untersuchung aller Quellen vor, die zumindest in großen Zügen das Denken des Origenes nachzeichnen). Bezüglich seiner Biographie in der Kirchengeschichte des Eusebius (Nautin 19–98) s. auch *R. Grant*, Eusebius as a Church Historian (Oxford 1980) 77 ff. Zu Recht bemerkt Nautin, daß „Origenes seinen Tod versäumte. Wäre er in seiner Zelle gestorben, er wäre Märtyrer geworden und hätte so seinen Nachruhm vor den Angriffen, die während mehrerer Jahrhunderte gegen ihn geführt worden sind, bewahrt. Indes ersehnte er sein ganzes Leben lang das Martyrium. Er wollte sich ihm wie sein Vater unter Septimius Severus unterwerfen; er war dazu schon unter Maximinus Thrax bereit, als er seine Exhortatio schrieb (Ermunterung zum Martyrium); unter Decius litt er Qualen, aber der Nachruhm blieb ihm versagt" (441).

Eine englische Übersetzung des Textes von „De principiis", einer Schrift, die vollständig nur in der lateinischen Version des Rufinus vorliegt, findet sich bei *G. W. Butterworth* (London 1936), eine französische bei *H. Crouzel/M. Simonetti*, Traité des Principes, in: Sources chrétiennes, 4 Bde. (Paris 1978–1980). Von *R. A. Greer*,

Origen (New York 1979), wurden das vierte Buch von „De principiis" zusammen mit der „Exhortatio" und „De oratione" und dem Prolog zum Canticum Canticorum und der Homilie XXVII „Über die Märtyrer" übersetzt; s. auch: Commentaire sur Saint Jean, in: Sources Chrétiennes, 3 Bd.,übers. und hrsg. v. *C. Blanc* (Paris 1966–1975); „Contra Celsum", 5 Bde, übers. und hrsg. v. *M. Borret* (1967–1976); Commentariorum in Matthaeum series, übers. und hrsg. v. *M. Girot* (1970); Les Homélies sur les Nombres, übers. von *A. Méhat* (1951); Les Homélies sur Jérémie, übers. u. hrsg. v. *P. Nautin* (Paris 1976–1977).

Über die Entstehung der Hexapla s. *P. Nautin*, Origène 333–361. Zur Theologie des Origenes s. *H. de Lubac*, Histoire et esprit. L'intelligence de l'Écriture d'après Origène (Paris 1950); *H. Crouzel*, Théologie de l'image de Dieu chez Origène (Paris 1956); *B. Drewery*, Origen on the Doctrine of Grace (London 1960); *M. Harl*, Origène et la fonction révélatrice du Verbe Incarné (Paris 1958). Die Gegner des Origenes haben ihm häufig vorgeworfen, in seiner Schrift „De principiis" an der Seelenwanderung festzuhalten (Peri Archōn). Siehe die kritische Untersuchung von *C. Tresmontant*, La métaphysique du christianisme et la naissance de la philosophie chrétienne (Paris 1961) 395–518. *P. Nautin*, a.a.O. 126, merkt aber an, daß Origenes „diesen Vorwurf immer zurückgewiesen habe. Seine Auffassung bedingte nur eine Inkarnation der Seele in einer jeden Welt: es gab keine Metensomatose (Metempsychose), sondern eine einfache Ensomatose".

255.

Die beste Übersetzung der Confessiones ist die von *A. Solignac/E. Tréhord/G. Bouisson*, Œuvres de Saint Augustin, Bd. 13–14 (1961–1962); s. auch *P. Courcelle*, Les „Confessions" de Saint Augustin dans la tradition littéraire antécédents et postérité (Paris 1963).

Über den Manichäismus im römischen Afrika und den hl. Augustinus s. *F. Decret*, L'Afrique manichéenne (IV–Ve siècles). Étude histoire et doctrinale, 2 Bde. (1978); *ders.*, Aspects du manichéisme dans l'Afrique romain. Les controverses de Fortunatus, Faustus et Felix avec saint Augustin (1970).

Fragmente der antimanichäischen Schriften des hl. Augustinus (hauptsächlich „Acta contra Fortunatum Manichaeum" [392], „De Genesi contra Manichaeos" [388] und „De natura boni contra Manichaeos" [398–399]) sind bei *C. Tresmontant*, La métaphysique du Christianisme 528–549, abgedruckt und kommentiert.

Über Donatus und den Donatismus s. *W. H. C. Frend*, The Donatist Church (Oxford 1952); *G. Willis*, Saint Augustin and the Donatist Controversy (London 1950).

Über Pelagius und den Pelagianismus s. *G. de Plinval*, Pélage, ses écrits, sa vie et sa réforme (Lausanne 1943); *J. Fergusson*, Pelagius (Cambridge, Mass. 1956); *S. Prese*, Pelagio e Pelageanesimo (1961); vgl. außerdem *P. Brown*, a.a.O. 340–375.

Texte des hl. Augustinus über den Ursprung der Seele, die Erbsünde und die Prädestination sind zitiert und kommentiert bei *C. Tresmontant*, a.a.O. 588–612.

Über die Theologie der Natur und Gnade, hauptsächlich beim hl. Augustinus, s. *A. Mandouze*, Saint Augustin. L'aventure de la raison et de la grâce (Paris 1968) und jüngst *J. Pelikan*, The Emergence of the Catholic Tradition (100–600) (Chicago 1971) 278–331.

256.

Über die Entwicklung der Meinung des hl. Augustinus den Märtyrerkult betreffend s. als jüngste Publikation V. Saxer, Morts, martyrs, reliques en Afrique chrétienne aux premiers siècles (Paris 1980) 191–280.

Von H. Delahaye liegen über die Heiligenverehrung und die religiöse Übersteigerung der Reliquienverehrung in der westlichen Kirche fundamentale Werke vor: „Sanctus", essai sur le culte des saints dans l'antiquité (Brüssel 1927); ders., Les origines du culte des martyrs (Brüssel ²1933); ders., Les légendes hagiographiques (Brüssel ⁴1955). Das kleine Buch von P. Brown, The Cult of the Saints. Its Rise and Function in Latin Christianity (Chicago 1980), vermittelt von neuem einen Zugang zu dem Problem und reflektiert zum großen Teil die vorhergehende Literatur. Bezüglich der Martyrien bleibt das Werk von A. Grabar, Martyrium, recherches sur le culte des reliques et l'art chrétien antique I–II (Paris 1946), unersetzlich. Vgl. auch E. B. Smith, The Dome. A Study in the History of Ideas (Princeton 1950). Über den Handel mit Reliquien im Hochmittelalter siehe als jüngste Darstellung P. J. Geary, The Ninth-Century Relic Trade. A Response to popular Piety?, in: J. Obelkevich (Hrsg.), Religion and the People (800–1700) (Chapel Hill 1979) 8–19.

Über die Pilgerfahrt s. W. Kötting, Peregrinatio religiosa. Wallfahrten in der Antike und das Pilgerwesen in der Alten Kirche (Münster i. W. 1950).

Eine beispielhafte Monographie über das Werden und die Entwicklung der Legenden um den heiligen Nikolaus, dem vielleicht volkstümlichsten aller Heiligen, stammt von Ch. W. Jones, Saint Nicolaus of Myra, Bari and Manhattan. Biography of a Legend (Chicago 1978).

257.

Als allgemeine Einführung empfiehlt sich J. Daniélou, Message évangelique et culture hellénistique (Paris 1961); J. Pelikan, The Spirit of Eastern Christendom (Chikago 1974); H. G. Beck, Kirche und theologische Literatur im byzantinischen Reich (München 1959); D. Obolensky, The Byzantine Commonwealth, in: Eastern Europe, 500–1454 (London 1971); F. Dvornik, The Idea of Apostolicity, in: Byzantinum and the Legend of the Apostle Andrew (Cambridge, Mass. 1958).

Geschichte und Folgen des Konzils von Chalcedon sind dargestellt bei R. V. Sellers, The Council of Chalcedon (London 1953), und – detaillierter – in dem Gemeinschaftswerk von A. Grillmeier und H. Bacht, Das Konzil von Chalkedon. Geschichte und Gegenwart, 3 Bde. (Würzburg 1951–1954).

Über den Monophysitismus s. W. H. C. Frend, The Rise of the Monophysite Movement, Chapters in the History of the Church in the Fifth and Sixth Centuries (Cambridge, Mass. 1972).

Über die byzantinische Liturgie s. N. M. D. R. Boulet, Eucharistie ou la Messe dans ses variétés, son histoire et ses origines (Paris 1953); J. Hassi, La divine liturgie. Aperçus sur la Messe (Paris 1981). Über Romanus den Meloden s. E. Wellecz, A History of Byzantine Music and Hymnography (Oxford 1949).

Über die *theosis* (Gottwerdung) s. J. Cross, La Divinisation du chrétien d'après les Pères grecs: Contribution historique à la doctrine de la grâce (Paris 1938); J. Pelikan, The Spirit in Eastern Christendom 10–36.

Über Maximus Confessor s. *H. Urs v. Balthasar,* Kosmische Liturgie (Freiburg i. Br. 1941); *L. Thunberg,* Microcosm and Mediator, The Theological Anthropology of Maximus the Confessor (Lund 1965); *I. Hausherr,* Philantie, De la tendresse pour soi à la charité, selon saint Maxime le Confesseur (Rom 1952).

Die beste französische Übersetzung von Dionysius Areopagita ist die von *M. de Gandillac* (Paris 1942). Über den Einfluß von Maximus Confessor im Westen durch die lateinische Übersetzung von Dionysius s. *D. J. Geanakoplos,* Interaction of the „Sibling" Byzantine and Western Culture in the Middle Ages and Italian Renaissance, 330–1600 (Yale 1976) 133 ff.

258.

Die ikonoklastische Bewegung hatte zwei Abschnitte: der erste dauerte von 726 bis 787, der zweite lag zwischen 813 und 843. Im Jahre 726 erließ Kaiser Leo III. ein Edikt gegen die Verwendung von Ikonen; sein Sohn, Constantin V. (745–775), verfolgte die gleiche Politik. Constantin V. verwarf auch den Heiligenkult und sogar den Marienkult. Er ächtete die Ausdrücke „Heilige" und „*Gottesgebärerin*". „Der, der ein Bildnis Christi macht", behauptete der Kaiser, „zeigt, daß er nicht in die Tiefe der Lehre von der untrennbaren Einheit der beiden Naturen Christi vorgedrungen ist" (nach *J. Pelikan,* The Spirit of Eastern Christendom 117).

Das Konzil von Hierea (754) verdammte einstimmig den Bilderkult. Indessen beriefen im Jahre 787 die Witwe Leos IV. und der Patriarch von Konstantinopel das siebte ökumenische Konzil nach Nikaia. Der Ikonoklasmus wurde verworfen, im Jahre 815 durch Kaiser Leo V. aber wieder eingeführt. Erst im Jahre 843 setzte die Synode, die von Kaiserin Theodora einberufen wurde, den Ikonenkult wieder ein.

Es sei bemerkt, daß die Bilderstürmer alle Ikonen, die ihnen in die Hände fielen, zerstörten. Die zweite Synode von Nikaia (783) befahl, alle bilderstürmerische Literatur zu konfiszieren. So gelangte kein Originaltext bis in unsere Zeit.

Über die Ursprünge des Ikonenkultes s. *A. Grabar,* L'iconoclasme byzantin, dossier archéologique (Paris 1957) 13–91; *E. Kitzinger,* The Cult of Images in the Age before Iconoclasm, in: Dumbarton Oaks Papers (1954) 83 ff. Vergleichende Studien siehe bei *E. Bevan,* Holy Images: An Inquiry into Idolatry and Image-Workship in Ancient Paganism and Christianity (London 1940).

Bezüglich der Geschichte dieser Auseinandersetzung s. *N. Iorga,* Histoire de la vie byzantine: Empire et civilisation d'après les sources, Bd. II (Bukarest 1934) 30 ff, 65 ff; *E. I. Matin,* A History of the Iconoclastic Controversy (New York o. J.); *S. Gero,* Byzantine Iconoclasm during the Reign of Constantine V. of Constantinople (Löwen 1977); *P. J. Alexander,* The Patriarch Nicephoros of Constantinople: Ecclesiastical Policy and Image-Workship in the Byzantine Empire (Oxford 1958); *N. Baynes,* The Icons before Iconoclasm, in: Harvard Theological Review 44 (1955) 93 ff; *ders.,* Idolatry and the Early Church, in: Byzantine Studies and Other Essays (London 1960) 116 ff; *G. B. Ladner,* The Concept of the Image in the Greek Fathers and the Byzantine Iconoclastic Controversy, in: Dumbarton Oak Papers 7 (1953) 35 ff; *M. Anastos,* „The Argument for Iconoclasm as presented by the Iconoclasts in 754 and 815"; s. auch *G. Florovsky,* Origen, Eusebius and the Iconoclastic Controversy, in: Church History 19 (1956) 77 ff; *P. Brown,* A Dark-Age Crisis: Aspects of the Iconoclastic Controversy, in: English Historical Review 88 (1973) 1 ff.

Über die Ästhetik der Ikonen und ihre theologischen Voraussetzungen s. *G. Mathew*, Byzantine Aesthetics (New York) 1963, bes. 98 ff; *E. Kissinger*, Byzantine Art in the Period between Justinian and Iconoclasm, in: Berichte zum XI. Internationalen Byzantinisten-Kongreß (München 1958 ff); *C. Mango*, The Art of Byzantine Empire, 312–1453 (Englewood Cliffs 1972) 21 ff.

Die Hypothese eines islamischen Einflusses wurde von *G. E. von Grunebaum*, Byzantine Iconoclasm and the Influence of the Islamic Environment, in: H. R. 2 (1962) 1 ff, neu überprüft.

259.

Über Geschichte und Kultur Arabiens in vorismalischer Zeit liegt eine kurze und klare Zusammenfassung von *I. Shahîd* vor in: The Cambridge History of Islam I (1970) 3 ff; s. auch *H. Lammens*, Le berceau de l'Islam (Rom 1914); *ders.*, L'Arabie occidentale avant l'Hégire (Beirut 1928); *W. Caskel*, Die Bedeutung der Beduinen in der Geschichte der Araber (Köln 1963); *F. Gabrielli* (Hrsg.), L'antica società beduina (Rom 1959); *F. Altheim/R. Stiehl*, die Araber in der alten Welt I–V (Berlin 1964–68); *M. Guidi*, Storia e cultura degli Arabi fino alla morte di Maometto (Florenz 1951); *J. Ryckmans*, L'institution monarchique en Arabie méridionale avant l'Islam (Löwen 1951).

Über die Religionen des vorislamischen Arabiens s. *J. Wellhausen*, Reste arabischen Heidentums (Berlin ³1961); *G. Ryckmans*, Les religions arabes préislamiques (Löwen ²1951); *A. Jamme*, Le panthéon sud-arabe préislamique d'après les sources épigraphiques, in: Le Muséon 60 (1947) 57 ff; *J. Henninger*, La religion bédouine préislamique, in: L'antica società beduina 115 ff; *M. Höfner*, Die vorislamischen Religionen Arabiens, in: *H. Gese / M. Höfner / K. Rudolph*, Die Religionen Altsyriens, Altarabiens und der Mandäer (Stuttgart 1970) 233 ff. Inschriften und Monumente Südarabiens sind herausgegeben und analysiert im „Corpus des inscriptions et antiquités sud-arabes" von der Académie des Inscriptions et des Belles Lettres (Louvain 1977).

Über den Geisterglauben s. *J. Henninger*, Geisterglaube bei den vorislamischen Arabern, in: Festschr. für P. J. Schebesta (Fribourg 1963) 279 ff.

Über die drei Göttinnen Allāt, Manāt und al'Uzzā s. *M. Höfner*, Die vorislamischen Religionen 361 ff; *J. Henninger*, Über Sternkunde und Sternkult in Nord- und Zentralarabien, in: Zeitschr. für Ethnologie 79 (1954) 82 ff, bes. 99 ff.

Über die Struktur und den vorislamischen Kult Allahs s. *H. A. R. Gibb / J. H. Kramers* (Hrsg.), Shorter Encyclopaedia of Islam (Leiden 1961) 33; *M. Höfner*, a. a. O. 357 ff; *ders.* in: W. d. M. I, 420 ff. *J. Chelhoud* hat zwei bedeutende Beiträge über die Religion der Araber vor und nach dem Islam vorgelegt: Le sacrifice chez les Arabes (Paris 1955) und Les structures du sacrés chez les Arabes (1965).

Über die Erstlingsopfer s. *J. Henninger*, Les fêtes de printemps chez les Sémites et la Pâque israélite (Paris 1975) 37 ff (mit umfassender Bibliographie); *ders.*, Zum Verbot des Knochenzerbrechens bei den Semiten, in: Studi Giorgio de la Vida (Rom 1956) 448 ff; *ders.*, Menschenopfer bei den Arabern, in: Anthropos, 53 (1958) 721 ff. Die allgemeine Theorie des Opfers bei den alten Semiten wurde von W. Robertson Smith erarbeitet und durch einen Bericht des hl. Nilus erläutert, der die vorislamischen Araber betraf. Dieser wurde diskutiert von *K. Heussi*, Das

Nilusproblem (Leipzig 1921); *J. Henninger,* Ist der sogenannte Nilus-Bericht eine brauchbare religionswissenschaftliche Quelle?, in: Anthropos 50 (1955) 81–148.
Zum Mondkult im alten Arabien und im Islam s. *M. Rodinson* in: La Lune. Mythes et Rites, in: Sources Orientales 5 (Paris 1962) 153 ff (mit reicher Bibliographie).
Über die Pilgerfahrt nach Mekka in der vorislamischen Zeit und im Islam s. *J. Gaudefroy-Demombynes,* Le pèlerinage à la Mecque (Paris 1923); *Muhammed Hamidullah* in: Les Pèlerinages, in: Sources Orientales 3 (Paris 1960) 87 ff; *J. Henninger,* Pèlerinages dans l'ancient Orient. Zusatz zum Dictionnarie de La Bible, Bd. VII, H. 38 (Paris 1963) 567 ff.

Über die Ka'ba s. den knappen Abriß von *M. Höfner,* Die vorislamischen Religionen 360 ff, und den Artikel in: Shorter Encyclopaedia of Islam 192 ff; s. auch die Bibliographie unter § 263 in diesem Band.

Das Interesse an diesen Kulten, Symbolen und Mythologien des alten Arabiens rührt sicherlich von ihrer späteren Neubewertung durch die Volksfrömmigkeit und die volkstümliche mythologische Vorstellung her.

Quellen über das Leben und Wirken Mohammeds sind zunächst der Koran und die ältesten Biographien, die auf der Grundlage der mündlichen Überlieferung beruhen: *Ibn Isḥāq* (gest. 768), Shīrah (Das Leben), gekürzt hrsg. v. *Ibn Hisham* (gest. 822); ders., Maghāzi (Reisen), hrsg. v. *al-Wāqidī* (gest. 822). Die erstere und bedeutendere wurde von *A. Guillaume* übersetzt: The Life of Mohammed: Translation of *Ibn Isḥāq*'s Sīrat Rasūl Allāh (London 1955).

Unter den jüngsten und besten Biographien Mohammeds verdient die von *T. Andrae,* Mohammed, the Man and his Faith (London 1936, Neudruck New York 1960) besondere Erwähnung. Sie insistiert besonders auf dem eschatologischen Element der Verkündigung Mohammeds; *R. Blachère,* Le problème de Mahomet. Essai de biographie critique du fondateur de l'Islam (1952). Sie weist aber unserer Information nach Lücken auf; *W. Montgomery Watt,* Muhammed at Mecca (Oxford 1953); ders., Muhammead at Medina (1956). Dies Buch ist eine genaue Untersuchung der soziopolitischen Gegebenheiten und der Verkündigung Mohammeds und eine Wertung seines politischen Genies. Ders; Muhamad, Prophet and Statesman (Oxford 1961) (eine Zusammenfassung der beiden zuvor genannten Werke). *M. Gaudefroy-Demombynes,* Mahomet (Paris 1957) ist ein gelehrtes Werk im Geiste der positivistischen Geschichtsschreibung zu Ende des 19. Jahrhunderts; *M. Rodinson,* Mahomet (1965, zweite erweiterte und durchgesehene Auflage 1969); ders., The Life of Muhammed and the Sociological Problems of the Beginnings of Islam, in: Diogenes, Nr. 20 (1957) 28 ff (Versuch einer soziologischen Deutung). Die beiden Werke von *Muhammed Hamidullah,* Le Prophète de l'Islam, I. Sa vie, II. Son œuvre (Paris 1959), sind trotz ihrer umfangreichen Dokumentation unbrauchbar.

Der Koran wurde mehrere Male in die bedeutendsten Sprachen Europas übersetzt. Wir benutzen *A. J. Arberry,* The Koran Interpreted, 2 Bde. (London 1955); die vom literarischen Standpunkt aus – wenngleich mit Archaismen überhäuft – gelungenste Ausgabe ist die von *R. Bell,* The Qur'ân, 2 Bde. (Edinburgh); eine sehr genaue, wenn auch schwer lesbare Version ist die von *R. Blanchère,* Le Coran, traduction selon un essai de reclassement des sourates, 2 Bde. (Paris 1947–1950). Der erste Band wurde unter dem Titel: Introduction au Coran 1959 nachgedruckt. Die Übersetzung wurde durchgesehen und die Zahl der Fußnoten reduziert: 1957 Le Coran. Das Gesamtwerk wurde sehr beifällig von einer großen Zahl französischer und ausländischer Orientalisten begrüßt. Unsere Zitate aus dem Koran stammen aus der Übersetzung von *D. Masson* (Bibliothèque de la Pléiade, 1957). Wir haben aber immer die Versionen von *R. Blanchère, Bell und Arberry* zu Rate gezogen.

Zu Lebzeiten Mohammeds wurden die von den ersten Gläubigen auswendig gelernten Offenbarungen schriftlich niedergelegt. Die Zusammenfassung der Suren in einem Buch geschah unter dem dritten Kalifen, Othmān, dem Schwiegersohn Mohammeds (644–655). Die Anordnung der Suren ist nicht chronologisch, die längsten stehen am Anfang, die kürzesten am Schluß.

Über die Entstehung des Korans s. *R. Blanchère*, Introduction au Coran, passim; *J. Burton*, The Collection of the Quran (Cambridge 1977); *J. Wansbrough*, Quranic Studies: Sources and Methods of Scriptural Interpretation (Oxford 1977); *A. Jeffrey*, Materials for the History of the Text of the Qur'ân (Leiden 1937).

Bezüglich der ersten ekstatischen Erfahrungen Mohammeds s. die von *T. Andrae* aufgeführten und untersuchten Texte: Mohammed 34 ff; *Watts*, Muhammad at Mecca 39 ff; *A. Jeffrey*, Islam. Muhammed and his Religion (New York 1958) 15–21.

Der Engel Gabriel wird in den Suren der vormedinensischen Zeit nicht erwähnt. Es ist möglich, daß Mohammed zu Beginn glaubte, eine Vision Gottes selbst gehabt zu haben (vgl. *Watts*, a. a. O. 42). Die ekstatischen Erfahrungen Mohammeds waren anders als die der „Seher" (*kāhin*). Indes bedeckte Mohammed wie die Kāhin seinen Kopf mit seinem Mantel, wenn er eine Verkündigung erwartete (vgl. Koran 73, 1–74). Es handelt sich hierbei übrigens um ein für die orientalische und mediterrane Mantik charakteristisches Ritual.

Über die Hanifen s. *T. Andrae*, Les Origines de l'Islam et le Christianisme (Paris 1955) 39 ff; *N. A. Faris / H. W. Glidden*, The Development of the Meaning of the Koranic Hânîf, in: Journal of the Palestine Oriental Society 19 (1930) 1 ff; *Watts*, Muhammed at Mecca 28 ff, 96, 162 ff.

260.

Über die monotheistischen Tendenzen der Araber s. *J. Wellhausen*, Reste arabischen Heidentums 215 ff.

Über die unterschiedlichen Phasen im Monotheismus Mohammeds s. *C. Brockelmann*, Allah und die Götzen, der Ursprung des islamischen Monotheismus, in: ARW 21 (1922) 99 ff; *W. Montgomery Watt*, Muhammed at Mecca 63 ff.

Bezüglich der Art, wie Mohammed seine Offenbarungen der Öffentlichkeit zugänglich machte, s. die von *Watts*, Mohammed at Mecca 48 ff, zitierten und kommentierten Suren.

Über das arabische Christentum und seine eventuellen Einflüsse auf Mohammed s. *R. Bell*, The Origin of Islam in its Christian Environment (London 1926); *T. Andrae*, Les Origines de l'Islam et le Christianisme 15 ff, 105 ff, 201 ff; *J. Henninger*, Spuren christlicher Glaubenswahrheiten im Koran (Schöneck 1951); *J. Ryckmann*, Le Christianisme en Arabie du Sud préislamique, in: Atti del Covegno Internazionale sul tema: l'Oriente christiano nella storia della civiltà (Rom 1964).

Zur eschatologischen Verkündigung Mohammeds s. *P. Casanova*, Mohamed et la Fin du Monde. Étude critique sur l'Islam primitiv (Paris 1911–1921). Dieses Buch ist wegen seiner reichhaltigen Dokumentation wertvoll. Die These des Autors ist aber nicht anerkannt. *T. Andrae,* Mohammed, bes. 53 ff. Über die Todesauffassung, das Leben nach dem Tode und die Wiederauferstehung s. *T. O'Shaughnessy,* Muhammed's Thoughts on Death: A Thematic Study of the Qur'anic Data (Leiden 1969); *R. Eklund,* Life between Death and Resurrection according to Islam (Diss. Uppsala 1941). *M. Gaudefroy-Demombynes,* Mahomet 443 ff; *A. T. Welch,* Death and Dying in the Qu'ran; *F. E. Reynolds / E. H. Waugh* (Hrsg.), Religious Encounters with Death (London 1977) 183 ff.

Zur Eliminierung der Verse über die drei Göttinnen vgl. *Watt,* Muhammad at Mecca 103 ff. Die Aufhebung führte später zu einer speziellen Lehre der dogmatischen Theologie (s. hierzu einige Texte in *Jeffery,* Islam 66 ff).

261.

Über die mythisch-rituelle Szene des Aufstiegs eines Boten (Apostels) in den Himmel, um von dort das „Heilige Buch" zu holen, s. *G. Widengren,* The Ascension of the Apostle and the Heavenly Book (Uppsala 1950); *ders.,* Muhammad, the Apostle of God and his Ascension (Uppsala 1955).

Über mi'rādsch (ein Wort, das zuerst „Leiter", später „Aufstieg", speziell „Aufstieg Mohammeds" bedeutete) vgl. s. v. in: Shorter Encyclopaedia of Islam 381 ff; *G. Widengren,* Muhammed, The Apostle of God 76 ff; *A. Altmann,* Studies in Religious Philosophy and Mysticism Ithaca – New York 1969) 41 ff (Die Leiter des Aufstiegs).

Über die islamische Eschatologie und ihre eventuellen Einflüsse auf Dante s. *M. Asin Placiós,* La escatologia musulmana e la Divina Commedia (Madrid ²1941); *E. Cerulli,* Il „Libro della Scala" e la questione delle fonte arabo-spagnole della Divina Commedia, Studi e Teste 150 (Vatikanstadt 1949); *ders.,* Nuove ricerche sul „Libro della Scala" e la conocenza dell'Islam in Occidente, Studi e Teste 171 (Vatikanstadt 1872).

Nach *G. Widengren* hat *A. Bausani,* Persia Religiosa (Mailand 1959) 136 ff, andere iranische Elemente im Koran nachgewiesen. Hier seien das wesentlichsten aufgeführt: die beiden Engel der Magie im Koran, Hārūt und Mārūt (Koran 2, 96), die von den beiden Amesha Spenta des Mazdaismus, Haurvatāt und Ameretāt, abgeleitet werden können; eine Hypothese, die *Lagarde* aufstellte und die von *G. Dumézil,* Naissance d'Archanges (Paris 1945) 158 ff, bekräftigt wurde. Die Behauptung der Wiederauferstehung im Fleische (29, 19–20) findet sich in den Pehlevi-Texten wieder (z. B. zātspaam, Kap. XXXIV); das Bild der aufgereihten Sterne, die gegen die Dämonen geworfen werden, die versuchen, den Himmel zu überwältigen (Koran 15, 17–18; 37, 79 usw.), hat Parallelen im Mēnōkē Khrat, Kap. XLIX. Der Ausdruck „Salbung (Färbung) Gottes" (2, 138) erinnert an eine Stelle im Dēnkart: „Der Schöpfer Ohrmazd färbte die Zeit mit Farbe usw."". Diese iranischen Elemente wurden durch die Gnosis, synkretistische Mythologien des Judentums, des frühen Christentums und den Manichäismus verbreitet (ebd. 144).

262. – 263.

Über die Verfolgung der Gläubigen in Mekka s. *Watt*, Muhammad at Mecca 117 ff; Zur Emigration einer Gruppe von Muslimen nach Abessinien s. *Watt*, ebd. 115 ff. Über die Beziehung des Propheten zu den Juden in Medina s. *Gaudefroy-Demombynes*, a. a. O. 119 ff, 152 ff; *Watt*, Muhammad at Medina 192 ff (mit Bibliographie); ders., Muhammad, Prophet and Statesman 166 ff; bezüglich der jüdischen Einflüsse s. *A. J. Wensinck*, Mohammed en de Joden te Medina (Leiden 1928); Teilübersetzung von *G. H. Bousquet / G. W. Bousquet-Mirandolle*, „L'influence juive sur les origines du culte muselman",in: Revue Africaine 98 (1954) 85–112; *T. Andrae*, Les origines de l'Islam 100 ff; *A. I. Katsh*, Judaism in Islam (New York 1954).

Über die Tätigkeit Mohammeds in Medina s. *Gaudefroy-Demombynes*, a. a. O. 110–226; *Watt*, Muhammad at Medina, a. a. O., passim, Shorter Encyclopaedia of Islam, s. v. al-Madina 291–298. Über die Umma s. Shorter Encyclopaedia of Islam 603 f; *M. Hodgson*, The Venture of Islam I, 172–193; *F. M. Denny*, The Meaning of Ummah in the Qur'ân, in: HR 15 (1975) 34–70. Über Abraham im Koran s. Shorter Encyclopaedia of Islam, s. v. Ibrahim 254 f (mit Bibliographie); *Y. Moubarac*, Abraham dans le Coran, L'histoire d'Abraham dans le Coran et la naissance de l'Islam (Paris 1957).

Die Ka'ba war ein sehr altes Kultzentrum. Mohammed behauptete, sie sei von Abraham und seinem Sohn Ismael errichtet worden (s. Shorter Encyclopaedia of Islam s. v. 181 ff [reichhaltige Bibliographie]).

Der symbolische Charakter eines „Zentrums der Welt", den jedes archaische Zentrum trägt, entwickelte sich später nach dem jüdischen Modell Jerusalems; vgl. *A. J. Wensinck*, The Ideas of Western Semites Concerning the Navel of the Earth (Amsterdam 1916, Neuausgabe New York 1978) 11 ff, 48 ff. Die Ka'ba sei 2000 Jahre vor der Erschaffung der Welt entstanden. Adam habe sie in der Nähe Mekkas erstellt. Mohammeds Körper sei aus dem „Omphalos der Erde" gemacht worden, der sich in Mekka befand, usw. (ebd. 18 ff). Der Symbolgehalt der Ka'ba wurde von den Mystikern und den Theosophen ausführlich interpretiert (s. u. a. *H. Corbin*, La configuration du temple de la Ka'ba comme secret de la vie spirituelle, in: Eranos Jahrbuch 34 [1965] 79–166).

264.

Über lange Zeit zeigte Mohammed eine gewisse Sympathie gegenüber den Christen: „Du wirst finden, daß den Gläubigen diejenigen, welche sprechen: ‚Wir sind Nazarener', am freundlichsten gegenüberstehen. Solches, dieweil unter ihnen Priester und Mönche sind, und weil sie nicht hoffärtig sind.

Und wenn sie hören, was herabgesandt worden ward zum Gesandten, siehst du ihre Augen von Tränen überfließen infolge der Wahrheit, die sie darin erkennen, indem sie sprechen: ‚Unser Herr, wir glauben; so schreib uns ein unter jene, die es bezeugen'" (5: 85–86). Erst nach der Eroberung Mekkas stieß er sich an dem Widerstand der Christen aus Syrien und änderte seine Haltung (vgl. 9, 29–35): „Sie nehmen ihre Rabbinen und Mönche neben Allah und dem Messias, dem Sohn der Maria, zu Herren an" (9, 31). Über die Beziehungen zwischen dem Glauben der Christen, hauptsächlich der Nestorianer und mancher gnostischer Sekten im jüdisch-christlichen Raum, und der Theologie Mohammeds s. *T. Andrae*, Les origines de l'Islam et le Christianisme, bes. 105 ff; *D. Masson*, Le Coran et la révélation judéo-chrétienne. Études Comparées (Paris 1958), und die Bibliographie zu § 260.

Bezeichnend ist es, daß manche gnostische Lehren, vor allem die, daß Jesus nicht ans Kreuz geschlagen worden sei und den Tod nicht gekannt habe, Lehren also, die infolge der Polemik und der Bekämpfung durch die Großkirche kaum das 7. Jahrhundert überdauerten, dank Mohammed und den Aufstieg des Islams neu an Bedeutung gewannen. Andererseits wurden wahrscheinlich manche christliche Gruppen, die antitrinitarisch eingestellt waren, durch den absoluten Monotheismus, den Mohammed verkündete, angezogen und sind unter die ersten Bekenner des Islams zu rechnen.

Zur Theologie des Korans existiert eine immense Literatur. Die besten Einführungen sind die Artikel über Allah von *D. B. Macdonald* in: Shorter Encyclopaedia of Islam, und von *L. Gardet* in: „Encyclopédia de l'Islam" (Neuauflage 1956); s. auch *A. J. Wensinck*, The Muslim Creed (Cambridge 1932); *A. S. Triton*, Muslim Theology (London 1947); *L. Gardet / M. M. Anawati*, Introduction à la Théologie musulmane (Paris 1948); *Gaudefroy-Demombynes*, Mahomet 261–497; *F. Rahman*, Islam (London – New York 1966) 30–66, 85–116; *F. M. Pareja*, Islamologia 374–391, 445–492 (mit Bibliographie).

Über die Entwicklung der Legende Mohammeds und die Verehrung des Propheten als ein übermenschliches Wesen s. *Pareja*, a. a. O. 533 ff (554 Bibliographie).

Zur analytischen Übersicht über einige Islam-Interpretationen durch westliche Orientalisten – hauptsächlich *I. Goldziher, C. Snouck Hurgronje, C. H. Becker, D. B. Macdonald, L. Massignon* – s. bei *J. J. Waardenburg*, L'Islam dans le miroir de L'Occident (Paris – La Haye 1963) (mit bedeutender Bibliographie, 331–351).

265.

Die Geschichte der ersten 40 Jahre nach der Hedschra findet sich in genauer Beschreibung bei *L. Caetani*, Annali dell'Islam, 10 Bde. (Mailand – Rom 1905–1926) mit Übersetzung der wesentlichen Quellen. Die Interpretationen des Autors sollten aber in vielen Fällen mit Vorsicht behandelt werden.

Von *M. G. S. Hodgson* ist eine allgemeine Geschichte des Islam posthum veröffentlicht: The Venture of Islam. Conscience and History of a world Civilization, Bd. I: The Classical Age of Islam, II: The Expansion of Islam in the Middle Periods; III: The Gunpowder Empire in the Modern Times (Chicago 1974). Nur der erste Band bezieht sich auf die hier genannten Probleme (s. vor allem 146–280).

Das enzyklopädische Werk Islamologia von *F. M. Pareja*, unter Mitarbeit von *A. Bausani / L. Hertling* (Rom 1951), beinhaltet mehrere Kapitel über die religiösen Institutionen und über das Kalifat (33 ff, 392 ff).

Über die Geschichte der ersten Kalifen und die Dynastie der Omayyaden s. den Abriß von *L. Veccia Vagliere / D. Sourdel* in: Cambridge History of Islam, Bd. I (1970); ebenso *F. Gabrielli*, Muhammad and the Conquests of Islam (London 1968); *H. Lammens*, Études sur le siècle des Omayyades (Beirut 1930); *A. A. Vasiliev*, Byzance et les Arabs I–III (Brüssel 1935–1968); *B. Spuler*, The Muslim World, A Historical Survey, I: The Age of the Caliphs (Leiden 1960).

Über die Dynastie der Abbasiden ist zuletzt erschienen: *M. A. Shaban*, The Abbasid Revolution (Cambridge, Mass. 1978).
Über die Beziehungen zwischen Mu'āwija und Alī s. *E. L. Peterson*, Ali and Mu'awija in the Early Arabic Tradition (Kopenhagen 1964).
Über den Schiismus und den Ismaelismus s. Kap. XXXV des vorliegenden Bandes und die unter den §§ 273–274 zusammengefaßte Bibliographie.
Über die religiösen Gedenkzeremonien zur Ermordung von Husain s. zuletzt *Earle H. Waugh*, Muharran Rites: Community Death and Rebirth, in: *F. Reynolds et Earl Waugh* (Hrsg.), Religious Encounters with Death (London 1977) 200 ff; Über die Einflüsse der religiösen christlichen Architektur s. *E. B. Smith*, The Dome: A Study in History of Ideas (Princeton 1950) 41 ff, passim.
Über die Kontinuität der Ideen und der künstlerischen Techniken orientalischer und mediterraner Herkunft in der islamischen Kultur s. *U. M. de Villard*, Introduzione allo studio dell'archaeologia islamica (Venedig 1960) 89, passim. Über die Gründung der Stadt Bagdad durch den Kalifen al-Mansūr sowie ihre kosmologische und imperiale Symbolik (sassanidischen Ursprungs) s. *Ch. Wendell*, Baghdād: Imago Mundi, and other foundation-lore, in: International Journal of Middle East Studies 2 (1971) 99–128.

266.

Universalgeschichte des Mittelalters, die auch den Vorderen Orient und Asien einschließt: *E. Perroy*, Le Moyen Age, l'expansion de l'Orient et la naissance de la civilisation occidentale (Paris 1955, 5., durchgesehene Aufl. 1967). Eine anregende, eigenwillige Geschichte der westlichen Kultur im Mittelalter stammt von *F. Heer*, The Medieval World, Europe 1100–1350 (London 1962); Originalausgabe: Mittelalter (Kindlers Kulturgeschichte) (Zürich 1961); s. auch *R. Morghen*, Medioevo cristiano (Bari ²1958). Zum Übergang der Antike ins Mittelalter s. *H. Trevor-Roper*, The Rise of Christian Europe (London – New York 1965); *W. C. Park*, Origins of the Medieval World (Stanford 1958); *H. L. Marrou*, Décadence romaine ou antiquité tardive? III-VI siècles (Paris 1977), sowie das Sammelwerk Il passaggio dell'antichità al medioevo in Occidente (Spoleto 1962).
Die kritische Bibliographie zu *H. Pirenne*, Mahomet et Charlemagne (1937), findet sich bei *Park*, a. a. O. 114 ff.
Über das Christentum in karolingischer Zeit s. *K. F. Morrison*, The Two Kingdoms: Ecclesiology in Carolingian Political Thought (Princeton 1964); *E. Patzelt*, Die karolingische Renaissance (Graz 1965). Über Papst Gregor VII. und seine Kirchenreform s. *A. Fliche*, La réforme grégorienne I–III (Paris 1924–1937).
Ein Jahr nach seiner Wahl verkündete Papst Gregor VII. im Jahre 1074 die Aberkennung der Priesterwürde für diejenigen Priester, die ihr Amt käuflich erworben hatten (Simonie), verheiratet waren oder mit einer Frau zusammenlebten. 1075 veröffentlichte er ein Schreiben mit 27 Thesen, die „Dictatus Papae", in dem er die Unabhängigkeit des Papsttums und der Kirche – im Hinblick auf alle Laien – verkündete. Diese Thesen tendierten auf eine „pontifikale Theokratie" *(J. Le Goff* in: Histoire des Religions II [1972] 813). Zu den kühnsten Thesen zählten: I. Die römische Kirche wurde vom Herrn allein gegründet. II. Allein der römische Papst ist gerechterweise universell. XII. Ihm ist es erlaubt, Herrscher abzusetzen.

XIX: Ihn kann niemand verurteilen (ebd. 814). Die hohen kirchlichen Würdenträger, die Fürsten und hauptsächlich Kaiser Heinrich IV. haben die „Dictatus Papae" schlecht aufgenommen. Aber im Jahre 1076 „exkommunizierte Gregor VII. den Kaiser und entband seine Untertanen vom Treueid. Der Kaiser entzog sich diesem Bann durch den Bußgang nach Canossa (1077), der den Papst entwaffnete" (ebd.). Canossa „enthielt zugleich Elemente der Säkularisierung und der Schwächung eines gedemütigten Reiches, auch zeigte sich die fundamentale Unmöglichkeit, eine pontifikale Theokratie zu errichten" (*J. Chelini*, zit. nach *Le Goff*, ebd. 814).

Siehe auch *R. Folz*, L'Idée d'Empire en occident du Ve au XIVe siècles (Paris 1963); *M.-D. Chenu*, La théologie au douzième siècle (Paris 1957).

Über die apokalyptischen Themen im Mittelalter s. *N. Cohn*, The Pursuit of Millenium (vermehrte Neuaufl. Oxford 1970) 29 ff, passim; *B. MacGinn*, Visions of the End. Apocalyptic Traditions in Middle Ages (New York 1979). Über den endzeitlichen Kaiser s. *M Reeves*, The Influence of Prophecy in the Later Middle Age (Oxford 1969) 293 ff. *G. Duby* hat in seinem Werk L'An Mil (Paris 1980) eine Anzahl von Texten über die Schrecken und die Vorzeichen des Jahres 1000 gesammelt und glänzend kommentiert.

267.

Über das Sakralkönigtum bei den alten Germanen s. die in Bd. II, 446 f verzeichnete Bibliographie. Über das Fortleben dieser Vorstellung nach der Christianisierung s. *M. Bloch*, Les rois thaumaturges (Straßburg 1922); *W. A. Chaney*, The Cult of Kingship in Anglo-Saxon England. The Transition from Paganism to Christianity (Berkeley – Los Angeles 1970).

Über Rittertum und Feudalismus s. *C. Stephenson*, Medieval Feudalism (Cornell Univ. Press 1942); s. vor allem die Einleitung 40 ff; *G. Cohen*, Histoire de la chevalerie en France au Moyen Age (Paris 1949). Die Zeremonie des Ritterschlages ist von *Ph. du Puy de Clinchamps*, La Chevalerie (Paris 1961) 37 ff, sorgfältig untersucht worden.

268.

Aus dem reichhaltig vorliegenden Schrifttum über die Kreuzzüge s. vor allem: *R. Grousset*, L'Épopée des Croisades (Paris 1939); *St. Runciman*, History of the Crusades I–III (Cambridge, Mass. 1951–1954); *A. Waas*, Geschichte der Kreuzzüge I–II (Freiburg i. Br. 1956); *P. Alphandéry / A. Dupront*, La chrétienté et l'idée de Croisade I–II (Paris 1958–1959); *K. Sotton*, A History of the Crusades I–II (Philadelphia 1958, 1962); *J. A. Brundage*, The Crusades (Milwaukee 1962); s. auch die in dem Band L'Idée de Croisade = X Congresso Internazionale di Scienze storiche (Rom 1955), Relazzioni III (Florenz 1955), gesammelten Studien, bes. *P. Lemerle*, Byzance et la Croisade, und *A. Cahen*, L'Islam de la Croisade.

Eine Auswahl von arabischen Quellen wurde von *F. Gabrielli* ins Italienische übersetzt: Storici Arabi delle Crociate (Turin 1957), englische Übersetzung: Arab Historians of the Crusades (Berkeley – Los Angeles 1969).

Über die eschatologischen und chiliastischen Erwartungen s. *A. Dupront*, Croisades et eschatologie, in: *E. Castelli* (Hrsg.), Umanesimo e esoterismo (Padua 1960)

175–198; N. Cohn, The Pursuit of Millenium (Oxford, [durchgesehene u. erweiterte Auf. 1970] 61 ff, 98 ff; s. auch F. Cardini, Le Crociate fra il mito e la storia (Rom 1971).

269.

Über die ersten, gegen Ende des 11. Jahrhunderts gegründeten Mönchsorden s. J. B. Mahn, L'ordre cisterien (Paris ²1951); J. Leclercq, Saint Bernard et l'esprit cisterien (Paris 1966). Über das Dreiklassensystem der mittelalterlichen Gesellschaft s. J. Le Goff, Pour un autre Moyen Age. Travail et culture en Occident. 18 essais (Paris 1977) 80–90; G. Duby, Le trois ordres ou l'imaginaire du féodalisme (Paris 1978).

Über die Symbolik der Kathedralen s. H. Sedlmayr, Die Entstehung der Kathedrale (Zürich 1950); O. von Simpson, The Gothic Cathedral (New York 1956); M.-M. Davy, Initiation à la symbolique romaine (Paris 1964); A. Stappert, L'Ange roman dans la pensée et dans l'art (Paris 1975) bes. 149 ff, 440 ff (reiche Bibliographie, hervorragend bez. der Ikonographie); E. Panofsky, Gothic Architecture and Scholasticism (New York 1976). Über E. von Aquitanien und ihren Einfluß s. A. Heer, The Medieval World 157 ff; vgl. auch A. Kelly, Eleanor of Aquitaine and the Two Kings (Cambridge, Mass. 1952).

Zur höfischen Literatur s. A. Jeanroy, La poésie lyrique des troubadours (Toulouse – Paris 1934); R. R. Bezzola, Les origines et la formation de la littérature courtoise en Occident, 500–1200 (Paris 1944); P. Zumthor, Histoire littéraire de la France médiévale VIe – XIVe siècles (Paris 1954); J. Lafite-Houssat, Troubadours et Cours d'Amour (Paris 1950), hervorragende Gesamtschau mit einer Übersetzung der „Urteile", die von den Damengerichtshöfen gefällt wurden (49 ff); M. Lazar, Amour courtois et „Fin Amors" dans la littérature du XIIe siècle (Paris 1964).

270.

Über die religiöse Wertschätzung des weiblichen Prinzips s. die von E. Pagels, The Gnostic Gospels (New York 1979) 57 ff, zitierten Texte. Der Traktat Le Tonnere, Esprit Parfait, wurde von George MacRae übersetzt in: The Nag Hammadi Library, hrsg. v. J. W. Robinson (New York – San Francisco 1977) 271 ff; vgl. auch ebd. 461 ff: hier die Übersetzung eines anderen bedeutenden Traktats von J. Turner, Trimorphic Protennoia.

Das Problem eines etwaigen Einflusses lyrischer Dichtung des arabischen Spaniens auf die spanische und provenzalische Dichtung ist oft behandelt worden: s. M. Pidal, Poesía árabe y poesía europea (Madrid 1950); E. G. Gomez, Poemas arábigoandaluces (Madrid, Neuaufl. 1940); ders., La Lirica hispano-arabe y la aparición de la lirica romanca, in: Al Andalus 21 (1956) 310 ff; C. Sanchez Albornoz, El Islam de España y el Occidente, in: L'Occidente et l'Islam, Atti della XII^a settimana di studio di Spoleto, 2–8 April 1964 (Spoleto 1965) 149 ff, 177 ff; s. M. Stern, Esistono dei rapporti letterari tra il mondo islamico e l'Europa occidentale nell'alto medio evo?, ebd. II, 631 ff.

Über die Geheimsprache der Fedeli d'Amore s. R. Ricolfi, Studi su i „Fedeli d'Amore", Bd. I. (Mailand 1933); vgl. M. Eliade, Initiation, rites, sociétés secrètes (Naissances mystiques) (Paris 1959) 267 ff.

In der unüberschaubaren Literatur, die sich kritisch mit dem Artus-Zyklus auseinandersetzte, s. *R. S. Loomis*, (Hrsg.), Arthurian Literature in the Middle Ages (Oxford 1959); *ders.*, The Development of Arthurian Romance (London 1963); *J. Marx*, La Légende arthurienne et le Graal (Paris 1952); *ders.*, Nouvelles recherches sur la légende arthurienne (Paris 1965); *R. W. Barber*, Arthur of Albion. An Introduction to the Arthurian Literature and Legends in England (London 1961); s. auch das Sammelwerk Lumière du Graal, Cahiers du Sud (1951), bes. den Artikel von *J. Vendryès*, Le Graal dans le cycle breton 73 ff, sowie die Arbeiten des internationalen Kolloquiums: Les Romans du Graal aux XIIe et XIIIe siècles (Paris 1956) (Édition du C. N. R. S.).

Bezüglich der einweihenden Elemente in den Romanen des Arthur-Zyklus s. *M. Eliade*, Initiation a. a. O. 264 ff; vgl. auch *A. Fierz-Monnier*, Initiation und Wandlung. Zur Geschichte des altfranzösischen Romans im XII. Jahrhundert (Studiorum Romanorum, Bd. V) (Bern 1951).

Über die orientalischen Elemente im Parzival s. *H. Goetz*, Der Orient der Kreuzzüge in Wolframs Parzival, Archiv für Kulturgeschichte II, 1 ff; vgl. auch das gelehrte und anregende Werk von *H. Adolf*, Visio Pacis: Holy City and Grail (Pensylvania State University Press 1960), hervorragende Belege finden sich 179 ff.

Über hermetische Einflüsse auf den Parzival des Wolfram von Eschenbach s. *H. u. R. Kahane*, The Krater and the Grail. Hermetic Sources of the Parzival (Urbana 1965). Diese Auslegung wurde von *H. Corbin*, En Islam iranien II (1971) 143 ff, akzeptiert. Die Etymologie der drei rätselhaften Figuren ist bezeichnend: Kyot scheint der sehr kultivierte Graf Guillaume de Tudèle zu sein, Flégétanis scheint sich auf ein kabbalistisches Werk des 12. Jahrhunderts zu beziehen, Falak-ath Thani, „der zweite Himmel", scheint dem Namen nach an einen Philosophen anzuklingen (*H. Kolb*, zit. nach *Goetz*, 2 ff). Trevrizent, der nach *H. u. R. Kahane*, The Krater and the Grail 59 ff, von Trible Escient (dreifache Weisheit) abgeleitet ist, heißt wohl Hermes Trismegistos.

Über die Beziehungen zwischen dem Rittertum und dem mythisch-religiösen Entwurf des Grals s. *J. Frappier*, Le Graal et la Chevalerie, in: Romania 75 (1954) 165 ff.

Über die Beziehungen zum Iran s. *Sir J. C. Coyajee*, The Legend of the Holy Grail its Iranian and Indian Analogous, in: Journal of the K. R. Cama Oriental Institute (Bombay 1939) 37 ff, „The Round Table of King Kai Khusrau", ebd. 127 ff; *H. Corbin*, En Islam iranien II, 155 ff.

271.

Zu den unter Fußnote 70 zitierten drei Werken von Joachim von Fiore sei hier der Tractatus super Quatuor Evangelia hinzugefügt, der von *E. Bounaiuti* (Rom 1930) herausgegeben worden ist, sowie das Liber Figurarum, hrsg. v. *L. Tondelli*, Il Libro delle Figure dell'Abate Giochino da Fiore (Turin ²1954); über dieses Werk s. auch *M. Reeves / B. Hirsch-Reich*, The Figurae of Joachim of Fiore (Oxford 1972). Die pseudo-joachimitischen Texte sind verzeichnet bei *M. Reeves*, The Influence of Prophecy in the Later Middle Ages: A Study in Joachimism (Oxford 1969) 512 ff, 541 f. Eine Auswahl übersetzter und kommentierter Texte Joachims findet sich bei *B. McGinn*, Apocalyptic and Spirituality (New York 1979) 97 ff, 289 ff.

Über Joachim von Fiore s. bes. *H. Grundmann*, Studien über Joachim von Floris (Leipzig 1927); *ders;* Neue Forschungen über Joachim von Floris (Freiburg i. Br. 1950); *ders;* Zur Biographie Joachims von Fiore und Rainers von Ponza (Deutsches Archiv für Erforschung des Mittelalters 16 [1960] 437 ff); *E. Buonaiuti*, Giacchino da Fiore, i tempi, la vita, il messaggio (Rom 1981); *A. Crocco*, Gioacchino da Fiore (Neapel 1960); *M Reeves,* The Influence of Prophecy; *H. J. Mottu*, La manifestation de l'Esprit selon Joachim de Fiore (Neuchâtel – Paris 1977); *B. McGinn*, Visions of the End. Apocalyptic Traditions in the Middle Ages (New York 1979) 126 ff, 313 ff. *McGinn*, Apocalyptism in the Middle Ages, an Historiographical Approach (Medieval Studies XXXVII [1975] 252 ff), hat eine hervorragende kritische Übersicht der vorliegenden Untersuchungen über Joachim und den Joachimismus gegeben.

Über das Haus von Corazzo s. *F. Ruzzo*, Giacchino da Fiore e le fondazioni florensi in Calabria (Neapel 1958).

Über den biblischen Ursprung des Symbolismus Joachims von Fiore s. *McGinn*, Symbolism in the Thought of Joachim of Fiore, in: Prophecy and Millerianism, Essays in Honour of Majorie Reeves (London 1980) 143 ff.

272.

Gesamtdarstellungen: *H. A. R. Gibb*, Mohammedanism: An Historical Survey (Oxford 1949, ²1961); *F. Rahman*, Islam (Chikago 1966, ²1979); *T. Fahd*, L'Islam et les sectes islamiques, in: Histoire des Religions (unter Leitung von H. C. Puech), Bd. III (Paris 1977) 3, 177; *A. Bausani*, L'Islam (Mailand 1960); s. auch die weiter unten aufgeführte Bibliographie (§§ 264–265).

Unentbehrlich zur allgemeinen Einführung und als Nachschlagewerk *H. Laoust*, Les schismes dans l'Islam (Paris 1965).

G. von Grunebaum, Medieval Islam (Chikago 1946, 2., durchgesehene und erweiterte Auflage 1953), hat eine Darstellung der Kultur und des geistigen Lebens im Mittelalter veröffentlicht; s. auch das Sammelwerk Islam and Cultural Change in the Middle Age (Wiesbaden 1953) und die Artikel von *A. H. Hourani, S. M. Stern, S. A. El-Ali und N. Elissée* in: The Islamic City, hrsg. v. *E. A. H. Hourani / S. M. Stern* (Oxford 1970).

Über Kalām in der Sunna s. den klaren Abriß von *H. Corbin*, Histoire de la philosophie Islamique (Paris 1964) 125 ff; *L. Gardet / M. M. Anawati*, Introduction à la théologie musulmane (Paris 1948); *A. N. Nader,* Le système philosophique des Mo'tazilites (Beirut 1956); *A. J. Arberry*, Revelation and Reason in Islam (London 1957); *H. A. Wolfson*, The Philosophy of the Kalām (Harvard 1976), ein grundlegendes Werk; s. auch *F. Rahman*, Prophecy in Islam: Philosophy and Orthodoxy (London 1958); *S. H. Nasr,* An Introduction to Muslim Cosmological Doctrines (Cambridge, Mass. 1964); *D. Gimaret*, Théories de l'acte humain en théologie muselmane (Löwen 1980).

Über Al-Asch'arī und den Ascharismus s. *W. C. Klein,* The Eludication of Islam's Foundation (New Haven 1940), engl. Übersetzung des Kitāb al-Ibāna von Al-Asch-'arī; *W. W. Watt*, Free Will and Predestination in Early Islam (London 1948).

273.

Über die Geschichte des Schiismus s. *H. Laoust,* Les schismes dans l'Islam 25 ff, 98 ff, 181 ff. Eine erschöpfende Interpretation des Denkens und der spirituellen Techniken im Schiismus wurde zum ersten Male von *H. Corbin* in einer großen Anzahl von Veröffentlichungen in den Eranos-Jahrbüchern gegeben, auch in mehreren Büchern finden sich Darlegungen. Eine brauchbare Zusammenfassung findet man in seinem Werk Histoire de la Philosophie islamique 41 ff (vgl. auch 350 ff, wo sich die Bibliographie seiner Artikel bis zum Jahre 1964 findet); s. auch: Terre céleste et corps de résurrection: de l'Iran mazdéen à l'Iran shï'ite (Paris 1961) (mit Übersetzung von 11 Autoren), vgl. s. v. shi'isme, shï'ite.

274.

Über den Ismaelismus *W. Iwanov,* Studies in Early Persian Ismaelism (Bombay 1955); *H. Corbin,* Epiphanie divine et naissance spirituelle dans la Gnose ismaélienne, in: Eranos-Jahrbuch XXIII (1925); *ders.,* Trilogie ismaélienne (kommentierte Übersetzung von drei Abhandlungen) (Paris 1961); *ders.,* Histoire de la philosophie islamique 110 ff, 351 (Bibliographie).

In dem ältesten Werk des Ismaelismus, das erhalten ist, findet man Anklänge an das apokryphe Kindheitsevangelium sowie gewisse Themen der Zahlenmystik (gnostischen Ursprungs), und Fünferreihen, die in der Kosmologie eine Rolle spielen und von manichäischem Einfluß zeugen (vgl. *H. Corbin,* a. a. O. 111).

Über den Mythos des Mahdī s. Shorter Encyclopaedia of Islam 310 ff; *Ibn Khaldûn,* The Muquaddimah, An Introduction to History, Bd. I–III, übers. v. *F. Rosenthal* (New York 1958) 156 ff, 186 ff (Zusammenfassung der Meinungen der Sufis über den Mahdī).

Über den durch Alamūt reformierten Ismaelismus s. *G. S. Hodgson,* The Order of Assassins: The Struggle of the Early Ismāʾīlīs against the Islamic World (Den Haag 1955).

Über den Alten vom Berge s. *C. E. Nowell,* The Old Man of the Mountain, in: Speculum, Bd. 22 (1947) 497 ff; *ders.,* The Sources of the History of Syrian Assassins, a. a. O., Bd. 27 (1952) 875 ff; *W. Fleischhauer,* The Old Man of the Mountain: The Growth of a Legend, in: Symposion 9 (1955) 79 ff. Über den Bericht von Marco Polo s. *L. Olschki,* Marco Polo's Asia (Berkeley – Los Angeles 1960) 362 ff.

275.

In den europäischen Hauptsprachen gibt es eine reiche Literatur zum Sufismus; einige bedeutende Werke: *R. A. Nicholson,* Studies in Islamic Mysticism (Cambridge, Mass. 1921, Neuaufl. 1967); *A. J. Arberry,* Sufism: An Account of the Mystics of Islam (London 1950); *M. Molé,* Les mystiques musulmans (Paris 1965) (hervorragende Einführung); *G. C. Anawati / L. Gardet,* Mystique musulmane. Aspects et tendances, expériences et techniques (Paris 1961) (viele übersetzte und kommentierte Texte); *F. Meier,* Vom Wesen der islamischen Mystik (Basel 1943) (behandelt hauptsächlich die Einweihungsriten der Adepten); *S. H. Nasr,* Sufi Essais (London 1972); *A. M. Schimmel,* Mystical dimensions of Islam (Chapel Hill 1975) (eines der besten Werke über den Sufismus mit reicher Bibliographie).

Bezüglich der europäischen Studien zum Sufismus s. *A. J. Arberry*, An Introduction to the History of Sufism (London 1942). Anthologien der übersetzten Texte: *M. Smith*, Readings from Mystics of Islam (London 1950); *ders.*, The Sufi Path of Love (London 1954); *M. M. Moreno*, Antologia della Mistica Araba-Persiana (Bari 1951).

Zur Sūfisprache s. *L. Massignon*, Essai sur les origines du lexique technique de la mystique musulmane (Paris 1922, Neuaufl. 1968); *P. Nwyia*, Exégèse coranique et langage mystique (Beirut 1970).

Über die ersten Mystiker s. *L. Massignon*, Salmân Pâk et les prémices spirituelles de l'Islam iranien (Société des Etudes Iraniennes 7 [1934]); *M. Smith*, Râbiʿa, the Mystic and her Fellow Saints in Islam (Cambridge, Mass. 1928).

Über Beziehungen zwischen Schiismus und Sufismus s. *H. Corbin*, Histoire de la philosophie islamique 262 ff; *S. H. Nasri*, Sufi Essais 97 ff; *J. B. Taylor*, Ja' far al Sâdiq. Spiritual Forebear of the Sufis, in: Islamic Culture, Bd. 40, Nr. 2, 97 ff; *Nasri*, a. a. O. 104 ff.

Hier sei der Abschnitt von al-Qushari über die wesentlichen Unterschiede zwischen dem Gesetz und der göttlichen Realität, die von den Sūfis aufgespürt wurden, zitiert: „Die shaṛʿā beschäftigt sich mit der Beachtung devoter Riten und frommer Handlungen, während sich die Realität *(haquīqa)* mit der inneren Schau der göttlichen Macht beschäftigt. Jeder Ritus, der nicht vom Geist der Realität getragen ist, ist wertlos, und jeder Geist, der Realität, der nicht durch das Gesetz geformt ist, ist unvollständig. Das Gesetz ist da, um die Menschen zu lenken, während die Realität die göttlichen Pläne sichtbar macht. Das Gesetz ist da, um Gott zu dienen, während die Realität zu seiner Schau da ist. Das Gesetz ist da, um seinen Vorschriften zu gehorchen, während die Realität da ist, um seine Herrschaft deutlich zu begreifen. Das eine ist das Äußere, das andere ist das Innere" (Risālat, übers. v. *E. de Vitray-Meyerovitch*, Rūmī et le soufism [Paris 1977] 80).

276.

Über Dhū'n Nūn s. *M. Smith*, Readings from the Mystics of Islam, Nr. 20; *A. Schimmel*, Mystical Dimensions 42 ff. Über die Bistāmī s. *M. Molé*, Les mystiques musulmanes 53 ff; *A. Schimmel*, a. a. O. 47 ff; vgl. die Hinweise in den Anm. 32–34.

Über Junayd s. *A. H. Abdel Kader*, The Life, Personality and Writings of al-Junayd (London 1962); *Zaehner*, Hindu and Muslim Mysticism 135–161; *M. Molé*, a. a. O. 61 ff; *A. Schimmel*, a. a. O. 57 ff. Über Tirmidhī s. *ders.*, a. a. O. 56 f, und die in den Fußnoten 35–36 angegebene Bibliographie; *H. Corbin*, a. a. O. 273 ff.

Über die Sūfi von qutb s. *Molé*, a. a. O. 79 ff.

277.

Über al-Hallādsch seien hier nur die Werke von *L. Massignon* erwähnt, bes. La Passion d'al-Husayn-ibn-Mansûr al Hallâj, martyr mystique de l'Islam, exécuté à Baddad le 26 mars 922, 2 Bde. (Paris 1922), neue, verbesserte u. erweiterte Aufl., 4 Bde. (Paris 1975). Die Arbeiten von *Massignon*, die sich mit al-Hallādsch befassen, sind in der Bibliographie Bd. IV, 101–108 verzeichnet.

Das Leben und das Martyrium von al-Hallādsch sind von *Massignon* im ersten

Band von La Passion hervorragend beschrieben und interpretiert. Über die Werke von al-Hallādsch, deren Zusammenstellung erst 60 Jahre nach seinem Tode erfolgte und 46 Titel umfaßt, vgl. a. a. O., Bd. III, 286 ff. *Massignon* zeigt, daß mehr als 350 Zitate aus den Werken von al-Hallādsch in das klassische Repertoire der islamischen Mystik des 4.–9. Jahrhunderts eingegangen sind (vgl. a. a. O. 294). Über den Dīwan, Gedichte und ekstatische Gebete vgl. a. a. O. 296 ff; vgl. die Übersetzung S. 300–334 und die Übersetzung der Rīwāyāt 344–352; s. auch die neue Übersetzung des Dīwan von *Massignon*, Documents Spirituels, Bd. 10 (Paris 1955).

Über die Malāmtīya s. *A. Bausani*, Note sul „Pazzo sacro" nell'Islam, in: SMSR 29 (1958) 93–107; *M. Molé*, a. a. O. 72 ff und die Bibliographie bei *A. Schimmel*, a. a. O. 86, Nr. 59. Über die Narren in Christo, die den Malāmatīya entsprechen, s. *V. Roshcau*, Saint Siméon Salos, ermite palestinien et prototype des „Fous-pour-le-Christ", in: Proche Orient Chrétien, Bd. 28 (1978) 209–219; *ders.*, Que savons-nous des Fous-pour-le-Christ?, in: Irénikon, Bd. 53 (1980) 341–353, 501–512.

278.

Über Shiblī und Niffarī s. *A. Schimmel*, a. a. O. 77 f und die Anm. 46 (Bibliographie).

Über Theorien und Praxis des klassischen Sufismus s. *G. C. Anawati / L. Gardet*, Mystique musulmane 41 ff, 77 ff, 147 ff; *A. Schimmel*, a. a. O. 89 ff (mit Bibliographie).

Über Ghazzālī s. *M. Asin y Palacios*, Espiritualidad de Algazel y su sentido Christiano I–IV (Madrid – Granada 1934–1941); *W. Montgomery Watt*, Muslim Intellectual: A Study of Al-Ghazzālī (Edinburgh 1963) und die von *A. Schimmel*, a. a. O. 92, Nr. 66, zusammengestellte Bibliographie.

Zur Übersetzung von Werken Ghazzālīs s. die Bibliographie bei *Schimmel*, a. a. O. 92–95, Nr. 67, 71, 72.

Hier sei aufgeführt, was unsere Arbeit in direkter Weise betrifft: *W. H. Temple Gairdner*, Al-Ghazzâlî's The Niche for Lights (London 1915); *W. H. Watt*, The Faith and Practice of Al-Ghazzâlî (London 1952) (Übersetzung der Abhandlung „Le Libérateur des Erreurs"); *G. H. Bousque*, Ih'yâ 'oulum al-dîn ou Vivification des Sciences de la Foi (Paris 1955) (enthält die Zusammenfassung von 40 Kapiteln).

279.

Die beste Gesamtdarstellung befindet bei *H. Corbin*, Histoire de la philosophie islamique (Paris 1964), s. a.a.O. 348 ff (Bibliographie).

Über al-Kindī s. *H. Corbin*, a.a.O. 217 ff, 355 (Bibliographie).

Über al-Fārābī s. *ders.*, a.a.O. 222 ff; *D. M. Dunlop*, The Fusul al-Madanī. Aphorisms of the Statesman of al-Fārābī, Text und Übersetzung (Cambridge, Mass. 1961); *M. Mahdi* (Übers.), Alfarabi's Philosophy of Plato and Aristotle (Glencoe, Ill. 1962).

Über die Lehre von der Prophetie bei al-Fārābī s. *F. Rahman*, Prophecy in Islam. Philosophy and Orthodoxy (London 1958) 11–29.

Über Avicenna s. *A. M. Goichon*, La distinction de l'essence et de l'existence d'après Ibn Sina (Paris 1937); *L. Gardet*, La pensée religieuse d'Avicenne (Paris

1951); *F. Rahman*, Avicenna's Psychology (London 1952); *S. M. Afnan*, Avicenna, his Life and Works (London 1958); *H. Corbin*, Avicenne et récit visionnaire. Étude sur le cycle des récits avicenniens (Paris – Teheran 1954, Paris ²1979); *S. H. Nasr*, Three Muslim Sages (Harvard 1963) 9–51.

Neuere Übersetzungen: Livre des Directives et Remarques, übers. v. *A. M. Goichon* (Paris 1952); La Métaphysique du Shifâ, übers. v. *M. Anawati* (Quebec 1952); Le Livre de Science, 2 Bde., übers. v. *M. Achena/M. Massé* (Paris 1955); s. auch *H. Corbin*, a.a.O. 357 ff (Bibliographie).

Über die islamische Philosophie und Theosophie in Spanien s. Gesamtdarstellung von *H. Corbin*, a.a.O. 305–342, 361 ff (Bibliographie).

Über Ibn Massara: *M. Asin Palacios*, Ibn Massara y su escuela; origines de la filosofia hispano-musulmana (Madrid ²1946).

Über Ibn Hazm s. *A. R. Nykl*, A Book Containing the Risâla Known as „The Dove's Neck-Ring about Love and Lovers" (Paris 1932); *ders.*, Hispano-arabic Poetry and its Relations with the Old Provencal Troubadours (Baltimore 1946).

Über Avempace siehe *M. Asin Palacios*, Avempace, El régimen del solitario (Madrid – Granada 1946) (Textausgabe mit Übers.).

Über Ibn Tofayl s. *L. Gauthier*, Ibn Thofail, sa vie, ses œuvres (Paris 1909); *ders.*, Hayy ibn Yaqdhan, roman philosophique d'Ibn Thofail (Paris ²1936) (Textausgabe mit Übers.).

280.

Neuere Übersetzungen von Averroës: *L. Gauthier*, Traité décisif (Facî al-maqâl) sur l'accord de la religion et de la philosophie (Algier ³1948); *S. Van der Bergh*, Averroes' Tahafût al-Tahafût (The Incoherence of the Incoherence), 2 Bde. (Oxford 1954). *G. F. Hourani*, On the Harmony of Religion and Philosophy (London 1954).

Die kritische Literatur ist beachtlich; hier seien genannt: *L. Gauthier*, Ibn Rochd (Averroés) (Paris 1948); *M. Horten*, Die Metaphysik des Averroës (Halle 1912); s. auch die zusammenfassende Darstellung bei *É. Gilson/H. Corbin/J. R. Weinberg*, Histoire de la philophie médiévale.

Übersetzte Werke von Ibn Arabī: *R. W. J. Austin*, Ibn al'Arabi: The Bezels of Wisdom (New York 1980) 12; des weiteren: *T. Burckardt*, La Sagesse des Prophètes (Paris 1956) (mit Teilübers. der „Kette der Weisheit"); *Austin*, The Bezels of Wisdom, Übers. mit ausführlichem Kommentar. Die autobiographischen Schriften Ibn Arabīs sind übersetzt v. *Austin*, Sufis of Andalusia (London 1971). Das Wesentliche an kritischer Bibliographie ist von *Austin*, The Bezels 13 ff, erfaßt. Eine spezielle Erwähnung verdient *Izutzu*, Comparative Study of Key Philosophical Concepts in Sufism and Taoism (Teil I (Tokio 1966); *H. Corbin*, L'imagination créatrice dans le soufisme d'Ibn Arabî (Paris 1958); *S. A. Q. Husaini*, The Pantheistic Monism of Ibn al-Arabiī (Lahore 1970).

281.

H. Corbin hat die beiden ersten Bände der „Œuvres philosophiques et mystiques" von Suhrawardī herausgegeben (Īstambul – Leipzig 1945, Teheran – Paris 1952). Er hat auch die tiefgehendste Untersuchung des Denkens von Suhrawardī erarbeitet: s.

bes. En Islam iranien, Bd. II: Suhrawardī et les Platoniciens de Perse (Paris 1971); *ders.*, Histoire de la philosophie islamique 285–304; *ders.*, L'Archange empourpré. Quinze traités et récits mystiques traduits du persan et de l'arabe (Paris 1976).

Genaue Angaben darüber, inwieweit Suhrawardī die mündlichen und schriftlichen Quellen der mazdaistischen Tradition kannte, sind schwer zu machen. (Außer den Beiträgen von *H. Corbin* sei hingewiesen auf *A. Bausani*, Persia Religiosa 181 ff, und *J. Duchesne-Guillemin*, La Religion de l'Iran Ancien 363 ff). In jedem Falle stützte sich Suhrawardī sowohl auf die persische als auch auf die neuplatonische Theosophie. Es sei hier in Erinnerung gerufen, daß unter der Herrschaft der Sassaniden (226–635) der Mazdaismus die offizielle Religion des Reiches war, wenngleich der Zervanismus (§ 213) seine Anhänger nicht verlor. Der große Priester Kartēr, dem die Verurteilung Manis gelang (§ 231), war Begründer der mazdaistischen Orthodoxie. Ebenso erlangten Mythologie und Ideologie des Königtums unter der Herrschaft der Sassaniden erneute Bedeutung (vgl. *G. Widengren*, Les religions de l'Iran 343 ff).

Auf religiösem und politischem Gebiet war bis zur muslimischen Eroberung das einzig bedeutende Ereignis die Revolution des Mazdak, die von König Kavād (488–531) begünstigt wurde. Mazdak behauptete, die soziale Ungleichheit sei der Grund des Bösen und des Leidens, deshalb schlug er die Aufteilung des Besitzes und der Frauen vor. Der weltlichen und geistlichen Aristokratie gelang es aber, den König Kavād zu überzeugen, der sodann unter den Mazdakiten ein großes Massaker anrichten ließ (528–529). Bezeichnend ist es, daß die Wirren, die durch die Revolution Mazdaks entstanden, „die Endredaktion des Avesta und den Sieg der zoroastrischen Staatskirche herbeiführten" (*Widengren*, a.a.O. 343). Kurze Zeit später (im Jahre 635) wurde Persien von den Muslimen besetzt. Doch erlebte der Mazadaismus, der auf den Süden des Landes beschränkt blieb, im 9. Jahrhundert eine wirkliche Renaissance. Dies war die Zeit, in der die Hauptwerke in Pehlevi redigiert wurden, Bundahishn, Dēnkart usw. (vgl. *Duchesne – Guillemin*, a.a.O. 356 ff).

Indes wurde die Hoffnung, den Druck der Kalifen abzuschütteln, durch die Türken der ghaznavidischen und der seldschukischen Dynastie zerstört, die die eingeschworenen Feinde der religiösen Tradition und der politischen Autonomie des iranischen Volkes waren.

In diesem ideologischen Zusammenhang, der unglücklicherweise wenig bekannt ist, sollte man die Hinwendung zur Tradition des alten Persien bei Suhrawadī und so vielen anderen iranischen Mystikern und Dichtern sehen.

282.

Das Mathnawī ist herausgegeben und ins Englische übersetzt von *R. A. Nicholson*, 8 Bde. (London 1925–1940); s. die Liste der anderen Teilübersetzungen bei *A. Schimmel*, Mystical Dimensions of Islam 311, Nr. 24.

Auswahl aus dem Dīvān-i Shams-e Tabriz in engl. Übersetzung s. *R. A. Nicholson* (1898, Neuaufl. Cambridge, Mass. 1961), in franz. Übersetzung unter dem Titel „Odes mystiques" von *E. de Vitray-Meyerovitch* (Paris 1973), zu Übersetzungen in andere europäische Sprachen s. *A. Schimmel*, a.a.O. 310, Nr. 25.

Über Rūmī s. *A. Schimmel*, The Triumphal Sun. A. Study of Newlana Rumia's Life and Work (London – Den Haag 1978); *ders.*, Mystical Dimensions 309–328; *E.*

De Vitray-Meyerovitch, Rûmî et le soufisme (1977); *ders.,* Mystique et poésie en Islam: Djalâl-ud-Dîn Rûmî et les derviches tourneurs (Paris ²1973); *R. A. Nicholson,* Rûmî, Poet und Mystic (London 1950); vgl. auch die Bibliographien bei *E. de Vitray-Meyerovitch,* Rûmî 188, und *A. Schimmel,* Mystical Dimensions 311, Nr. 25, 26; 316, Nr. 28–31.

Über Musik und religiösen Tanz s. *M. Molé,* La Danse extatique en Islam, in: Les Danses Sacrées (Sources Orientales, Bd. 4) (Paris 1963) 145–280. Über den Tanz der Derwische s. *F. Meier,* Der Derwischtanz: Versuch eines Überblicks, in: Asiatische Studien 8 (1954) 107–136. Über den Mawlawie-Tanz s. *H. Ritter,* Der Reigen der tanzenden Derwische, in: Zeitschr. für vergleichende Musikwissenschaft 1 (1933) 28–42.

283.

Über *dhikr* s. *L. Gardet,* La mention du nom divin (dhikr) en mystique musulmane, in: Revue Thomiste (1952) 642–679; (1953) 197–216; *ders.,* Mystique Musulmane 187–258; *M. Eliade,* Le Yoga 218 ff, 392 ff (Bibliographie).

Über den Ursprung der Alchemie s. die im Band II verzeichnete Literatur 431 f; vgl. auch *M. Eliade,* Schmiede und Alchemisten (2., erw. u. überarb. Aufl. Stuttgart 1980) 181 ff; 211.

Zur Geschichte der arabischen Alchemie vgl. die Bibliographie in *ders.,* Schmiede und Alchemisten 213 ff. Siehe hauptsächlich *P. Kraus,* Jabîr ibn Hayyân, contribution à l'histoire des idées scientifiques dans l'Islam I–II (Kairo 1942–1943); *H. Corbin,* Le Livre du Glorieux de Jabîr ibn Hayyân, Alchimie et Archétypes, in: Eranos-Jahrbuch 18 (Zürich 1950) 47–114. Vgl. auch die Übersetzung einer kleinen Schrift Ibn Arabīs von *S. Ruspoli,* L'alchimie du bonheur parfait (Paris 1981).

284.

Über Jochanaan ben Zakkai und die Konsequenzen der Zerstörung des Tempels s. die unter § 224 (Bd. II, 442 f) verzeichnete Bibliographie.

Die Geschichte des jüdischen Volkes vom Ende des Altertums bis zum Mittelalter ist von *S. W. Baron,* A Social and Religious History of the Jews, Bd. III–IV (Neuaufl. New York 1950–1958), meisterhaft dargestellt.

Über den Sanhedrin s. *H. Mantel,* Studies in History of Sanhedrin (Cambridge, Mass. 1961). Das Buch von *G. Foot Moore,* Judaism in the First Centuries of the Christian Era. The Age of the Tannaim I–II (Cambridge, Mass. 1927), ist noch immer von Wert. (Man muß allerdings die Beobachtungen von *Porter* in Betracht ziehen, die von *J. Neusner,* Judaism 5–14, zusammengefaßt und kommentiert wurden).

Über die Mischna liegt nun die klare und eindrucksvolle Arbeit von *J. Neusner,* Judaism. The Evidence of the Mishnah (Chicago 1981), vor (eine Synthese zahlreicher früherer Publikationen des Autors; hier seien die wichtigeren zum Verständnis der Mischna angeführt: *ders.,* The Idea of Purity in Ancient Judaism (Leiden 1973); *ders.,* A History of the Mishnaic Law of Purities, Bde. 1–22 (Leiden 1974–1977); *ders.,* The Modern Study of the Mishnah (Leiden 1973); *ders.,* A History of the Mishnaic Law of Holy Things, Bd. 1–6 (Leiden 1978/79); *ders.,* Form-Analysis and Exegesis: A Fresh Approach to the Interpretation of Mishnah (Minneapolis 1980); wichtige Bibliographie in: *ders.,* Judaism 381–403.

285.

Zu den Übersetzungen des babylonischen Talmud ist eine neue, durchgesehene und korrigierte Übersetzung von *I. M. Weiss* (Boston 1918) nach der Version von *M. L. Rodkinson*, 10 Bde. (New York 1896–1910), hinzugekommen.

Die von mehreren Wissenschaftlern unter der Leitung von *I. Epstein* und *J. H. Hertz* erstellte Übersetzung erschien 1935 in London in 35 Bänden. Anthologien: *A. Cohen*, Everyman's Talmud (London 1932, Neudruck 1949); *C. Montfiore/C. G. Loewe*, Rabbinic Anthology, selected and arranged with comments and introduction (London 1938, Neudruck New York 1960); *G. Goldin*, The Living Talmud (Chicago – London 1958).

Unter der zahlreichen kritischen Literatur s. *S. Schechter*, Aspects of Rabbinic Theology (New York 1909, Neudruck 1961), mit einer Einführung von *L. Finkelstein*; *G. F. Moore*, Judaism in the First Centuries of the Christian Era, Bd. I, 173 ff; *D. Goodblatt*, The Babylonian Talmud, in: Aufstieg und Niedergang der römischen Welt (Berlin 1972) I, 257–336; *J. Neusner* (Hrsg.), Understanding Rabbinic Judaism: From Talmudic to the Modern Times (New York 1974); vgl. *D. Goodblatt*, Bibliography on Rabbinic Judaism, a.a.O. 383–402; *J. Heinemann*, Prayer in Talmud: Forms and Patterns, übers. v. R. S. Sarason (Berlin 1977); *J. Neusner*, The Formation of the Babylonian Talmud (Leiden 1970); *G. A. Wewers*, Geheimnis und Geheimhaltung im rabbinischen Judentum (Berlin – New York 1975).

Über die Qaräer s. *L. Nemoy*, Karaite Anthology (New Haven 1952); *D. Sidersky*, Le Caraisme et ses doctrines, in: RHR, Bd. 114 (1936) 197–221; *Z. Cahn*, The Rise of the Karaite Sect. A New Light on the Halakah and Origin of the Karaites (Philadelphia 1937); *A. Paul*, Recherches sur l'origine du Qaraisme (Paris 1970).

Über die Beziehungen zu der Sekte von Qumran s. *N. Wieder*, The Judaean Scrolls and Karaites (London 1962).

286.

Über die jüdische Philosophie des Mittelalters s. *G. Vadja*, Introduction à la pensée juive du Moyen Age (Paris 1947); *I. Husik*, A History of Medieval Jewish Philosophy (New York 1916, Neuaufl. 1958); *J. Guttmann*, Die Philosophie des Judentums (München 1933), engl.: Philosophies of Judaism (New York 1964); *A. Neher* hat eine brillante Gesamtdarstellung gegeben: Philosophie Juive médiévale, in: Histoire de la Philosophie (Encyclopédie de la Pléiade, Bd. I [Paris 1969]) 1006–1047.

Kritische Auswahl aus den Texten Philos: *N. Glatzer*, The Essential Philo (1971); *D. Winston*, Philo of Alexandria: The Contemplative Life, The Giants and Selections (New York 1981). Die gesamten Werke werden übersetzt von *R. Arnaldez, J. Pouilloux* u. *Mondésert* (Paris 1961 ff), 36 Bände sind bis 1980 erschienen.

Über den direkten und indirekten Einfluß Philos auf das christliche Denken des Mittelalters s. *H. A. Wolfson*, Philo I–II (Cambridge, Mass. 1947), vgl. ebd. II, 158 ff den damaligen Forschungsstand.

Der erste Philosoph des Judentums ist Isaak Israeli (ca. 855–955). Er wurde in Ägypten geboren, wo er auch starb. Seine Schriften sind aus verschiedenen Quellen zusammengestellt. Sie wurden aber in lateinischer Übersetzung von christlichen Scholastikern des 13. Jahrhunderts benutzt. Einige Fragmente finden sich übersetzt und kommentiert in: *A. Altmann/S. Stern*, Isaac Israeli (London 1959).

S. *Rosenblatt,* The Book of Beliefs and Opinions (New Haven 1948) hat die vollständige Übersetzung des Werkes von Saadja besorgt; s. auch M. *Ventura,* La Philosophie de Saadia Gaon (Paris 1934); *H. A. Wolfson,* Kalam Arguments for Creation in Saadia, Averroës, Maimonides and Thomas (Saadia Anniversary volume) (New York 1943) 197 ff.

Die hebräische Kurzfassung der „Quelle des Lebens" liegt vor in der Übersetzung von *S. Munk,* Mélanges de philosophie juive et arabe (Paris 1859, Neudruck 1927) 3–148; es liegt auch eine Gesamtübersetzung des dritten Buches vor: *F. Brunner,* La source de vie, Buch III (Paris 1950), engl. Gesamtübersetzung von *H. E. Wedeck,* The Fountain of Life (New York 1962).

Über Ibn Gabirol s. hauptsächlich *S. Munk,* Mélanges 151–306; *J. Guttmann,* Die Philosophie des Judentums 102–119; *I. Husik,* A History of Medieval Jewish Philosophy (New York 1916) 59–80; *J. R. Weinberg,* A Short History of Medieval Philosophy (Princeton 1964) 146 ff.

Die Abhandlung „Pflichten des Herzens" von Bahya ibn Paqūda wurde von *A. Chouraqui* übersetzt (Paris 1950), englische Übersetzunq von *E. Collins,* The duties of the Heart 1904.

Das Werk von Jehuda Halevi wurde übersetzt und erläutert von *H. Hirschfeld,* The Kuzari (1946); s. auch *I. Husik,* Three Jewish Philosophers: Philo, Saadia Gaon, Jehuda Halevi, aus dem Hebräischen von H. Lewy, A. Altmann u. I. Heinemann (1965) (kommentierte Auswahl).

287.

I. Twenski hat eine hervorragende Anthologie der Texte des Maimonides herausgegeben: A Maimonides Reader. Edited with introduction and notes (New York 1972). Sie umfaßt lange Auszüge aus dem Traktat der „Mishna Thora" (35 ff) sowie eine bedeutende Auswahl von Texten aus dem „Führer der Schwankenden" (231 ff), mehrere kleinere Schriften sowie Briefe, die selten übersetzt wurden (231 ff); s. auch *A. Cohen,* Teachings of Maimonides mit einer Einführung von *M. Fox* (New York 1968). Unter den Übersetzungen des Moreh Nevukim haben wir die letzte: The Guide of the Perplexed, übers. v. *S. Pines* (Chikago 1963), benutzt. Übersetzungen von „Mishneh Thora", in: Maimonides Reader 484, und bei *D. Hartmann,* Maimonides: Torah and Philosophic Quest (Philadelphia 1976) 269 ff. Beide Bücher verfügen über eine reichhaltige Bibliographie: *S. Pines,* 484 ff; *D. Hartmann,* 272 ff.

Unter den ausführlichsten Darstellungen seien hier genannt: *S. W. Baron,* A Social and Religious History of the Jews VIII (New York 1958) 55 ff; *J. Sarachek,* Faith and Reason: The Conflict over the Rationalism of Maimonides (New York 1970); s. auch *D. Y. Silver,* Maimonidean Criticism and the Maimonidean Controversy 1180–1240 (Leiden 1965); *H. A. Wolfson,* Maimonides on the Unity and Incorporeality of God in: Jewish Quarterly Review 56 (1965) 112 ff; *A. Altmann,* Essence and existence in Maimonides, in: Studies in Religious Philosophy and Mysticism (Ithaka 1969) 108 ff; *ders.,* Free Will and Predestination in Saadia, Bahaya and Maimonides (Essay in: Jewish Intellectual History [Hannover – Londen 1981] 35 ff); *ders.,* Maimonides' Four Perfections, ebd. 65 ff; Maimonides and Thomas Aquinas: Natural or Divine Prophecy? ebd. 76 ff. Die Arbeit *D. Hartmanns* ist wegen der vielen Texte, die einen Zusammenhang zwischen der Mischna Thora und dem More Nebuchim aufzeigen, wertvoll (s. 102 ff). Unterschiedliche Auffassungen haben *I. Husik,* A History of Medieval Jewish Philosophy (Neudruck, New York 1958) 5, und *L. Strauss,* Persecution and the Art of Writing (Chikago 1952) 38 ff, vertreten; s. hierzu auch *ders.,* The Literary Character of the Guide for the Perplex; *ders.,* Notes on Maimonides' Book of Knowledge, in: Studies presented to Gershom Scholem (Jerusalem 1967) 269 ff.

288.

Das einzige wesentliche und instruktive Werk über die Geschichte der jüdischen Mystik von den Anfängen bis zum Chassidismus ist das Buch von *G. Scholem,* Major Trends in Jewish Mysticism (New York 1946) – wir verwendeten die vierte durchgesehene Auflage, die mit erweiterter Bibliographie 1960 erschien; s. auch die deutsche Übersetzung: Die jüdische Mystik in ihren Hauptströmungen (Frankfurt a. M. 1957; Neudruck 1967). Vom gleichen Autor seien genannt: Ursprung und Anfänge der Kabbala (Berlin 1962); Zur Kabbala und ihrer Symbolik (Zürich 1960) (engl. New York 1965); The Messianic Idea in Judaism and other Essays on Jewish Spirituality (New York 1971) (Sammlung der Artikel, die zwischen 1937 und 1970 erschienen).

Kurze allgemeine Einführung mit Übersetzung einiger bedeutender Texte: *G. Casaril,* Rabbi Siméon bar Yochaï et la Kabbale (Sammlung „Maîtres Spirituels") (Paris 1961); *P. Vulliaud,* La Kabbale Juive. Histoire et Doctrine. Essai Critique, 2 Bde. (Paris 1923), von G. Scholem heftig kritisiert. Über christliche Kabbalisten der Nach-Renanaissance: *A. E. Waite,* The Holy Kabbalah. A Study of the Secret Tradition of Israel (London 1929). Über den jüdischen Esoterismus und die Kabbala s. *G. Vadja,* Recherches récentes sur l'ésotérisme juif, in: RHR, Bd. 147 (1955) 62 ff; *ders.,* Recherches récentes ... (1954–1962), a.a.O., Bd. 164 (1963) 39 ff, 191 ff; a.a.O., Bd. 165 (1964) 49 ff; *ders.,* L'amour de Dieu dans la théologie juive du Moyen Age (Paris 1957); *ders.,* Recherches sur la philosophie et la Kabbale dans la pensée juive du Moyen Age (Paris – Den Haag 1962); *C. Sirat,* Les théories des visions surnaturelles dans la pensée juive du Moyen Age (Leiden 1969).

Über die Merkābā s. *G. Scholem,* Major Trends 40 ff; *ders.,* Jewish Gnosticism, Merkabah Mysticism and Talmudic Tradition (New York 1960) passim; *ders.,* Ursprung und Anfänge der Kabbala 27 ff, 118 ff, 128 ff, 153 ff usw. Über Schi'ur Koma s. auch *A. Altmann,* Moses Narboni's Epistle on Shi'ur Qoma', in: Studies in Religious Philosophy and Mysticism (Ithaca 1969) 180 ff.

Über das Sefer Jezīrā s. *G. Scholem,* Major Trends 84 ff, 126 ff, 367 ff; *ders.,* Ursprung und Anfänge der Kabbala 31 ff. Die neueste Übersetzung stammt von *G. Casaril,* a.a.O.41 ff; s. auch *G. Vadja,* Le Commentaire de Saadia sur le Sepher Yetsira, in: Revue des Études Juives, Bd. 56 (1945) 64 ff.

Über die Chassidīm in Deutschland s. *G. Scholem,* Major Trends 80 ff. Über die Golem-Mythologie und ihre Ursprünge s. *ders.,* The Idea of the Golem, in: Zur Kabbala und ihrer Symbolik 158 ff.

289.

Über die Reaktualisierung bestimmter mythologischer Themen in der Kabbala s. *G. Scholem*, Kabbalah and Myth, in: Zur Kabbala und ihrer Symbolik 87 ff.

Das Buch Bahir ist ins Deutsche übersetzt und kommentiert worden von *G. Scholem*, Das Buch Bahir (Leipzig 1923); s. auch *ders.*, Major Trends 74 ff, 229 ff; *ders.*, Ursprung und Anfänge der Kabbala 78 ff, 164 ff, 211 ff.

Über *devekut* s. *G. Scholem*, Devekut, or Communion with God, in: The Messianic Idea in Judaism 203 ff (veröffentlicht 1950).

Über Abraham Abulafia s. *G. Scholem*, Major Trends 119 ff (Bibliographie 389 ff); vgl. *G. Casaril*, a.a.O. 66 ff. Von *Sperling* und *M. Simon* stammt eine nahezu vollständige Übersetzung des Zohar: The Zohar, 5 Bde. (London 1931–1934, Neuaufl. 1955); s. hauptsächlich *G. Scholem*, Die Geheimnisse der Schöpfung. Ein Kapitel aus dem Zohar (Berlin 1935); *ders.*, Zohar, the Book of Splendor (New York 1949) (Auswahl und Kommentar). Die beste Darstellung bleibt immer noch die von *G. Scholem*, Major Trends 156 ff (mit kritischen Anmerkungen 385 ff); s. auch *A. Bension*, The Zohar in Moslem and Christian Spain (London 1932); *F. Secret*, Le Zohar chez les kabbalistes chrétiens de la Renaissance (Paris – Den Haag 1958).

Über die Entwicklungsgeschichte der Schechina s. *G. Scholem*, Zur Entwicklungsgeschichte der kabbalistischen Konzeption der Schekinah, in: Eranos-Jahrbuch XXI (Zürich 1952) 45 ff. Über die Seelenwanderung s. *ders.*, Major Trends 241 ff; *ders.*, The Messianic Idea in Kabbalism (The Messianic Idea in Judaism 37 ff, 46 ff); *ders.*, Seelenwanderung und Sympathie der Seelen in der jüdischen Mystik, in: Eranos-Jahrbuch XXIV (Zürich 1955) 55 ff.

290.

Eine herausragende Darstellung des spirituellen Lebens in Safed im 16. Jahrhundert bei *R. J. Zwi Werblowsky*, Joseph Karo, Lawyer and Mystic (Oxford 1962, Neudruck Philadelphia 1977) 38 ff, 84 ff, Biographie von Joseph Karo 169 ff, Analyse der mystischen Erfahrungen und der Theologie von Karo.

Über Isaak Luria und seine Schule siehe *G. Scholem*, Major Trends 244 ff, 407 ff.

Auf die Frage eines seiner Schüler, warum er seine Erfahrungen nicht in einem Buch niederschreibe, antwortete Luria: „Das ist unmöglich, weil die Dinge immer miteinander in Verbindung stehen. Kaum habe ich den Mund geöffnet, um zu reden, schon habe ich den Eindruck, daß das Meer die Deiche bricht und über die Ufer tritt. Wie soll ich da ausdrücken, was meine Seele empfangen hat, und wie könnte ich dies in einem Buch niederschreiben?" (nach *G. Scholem*, Major Trends 254).

Isaak Luria behauptete, nach Nachmanides der einzige Kabbalist zu sein, der seine Lehre direkt vom Propheten Elias erfahren habe.

Der Hauptverbreiter seiner Ideen war Israel Sarug, der sie zwischen 1592 und 1598 unter den Kabbalisten Italiens propagierte. Indes kannte Sarug die Ideen Lurias nur durch die Vermittlung der Schriften von Vital. In gewissen Punkten interpretierte er die Lehre des Meisters vollständig neu. Er unterstellte ihm eine halbphilosophische Basis, indem er ihm eine Art Platonismus unterlegte, was letztlich seinen Erfolg begründete (s. *G. Scholem*, a.a.O. 257 ff).

291.

Über Sabbatai Zwi und den Sabbatianismus s. *G. Scholem*, Major Trends 286 ff; *ders.*, Redemption through Sin, in: The Messianic Idea in Judaism 78 ff (dieser Artikel erschien zuerst in hebräischer Sprache im Jahre 1937); *ders.*, The Crypto-Jewish Sect of the Donmeh; Sabbatianism in Turkey, a.a.O. 142 ff; s. hauptsächlich sein Hauptwerk Sabbatai Sevi, the Mystical Messiah, aus dem Hebräischen übers. v. *R. J. Zwi Werblowsky* (Princeton 1973, erweiterte Neubearb. Tel Aviv 1957); s. auch *Y. H. Yerushalmi*, From Spanish Court to Italian Ghetto (New York 1971, Neudr. Seattle – London 1981) 313 ff.

Die theologischen und historischen Dokumente wurden zum größten Teil zerstört. Die gemäßigten Formen des Sabbatianismus, in denen die orthodoxe Frömmigkeit und die häretische Auffassung miteinander koexistierten, überlebten aber ziemlich lange (vgl. *G. Scholem*, Major Trends 299 ff).

292.

Über den Chassidismus s. *G. Scholem*, Major Trends 325 ff, vgl. auch die Bibliographie 436 ff, 445 ff; *ders.*, The Neutralization of the Messianic Element in Early Hassidism, in: The Messianism 176 ff; *M. Buber*, Die chassidischen Bücher (Hellerau 1928) (zahlreiche Neudrucke); *ders.*, Jewish Mysticism and the Legend of Baal Shem (London 1931); *ders.*, Deutung des Chassidismus (Berlin 1935); *ders.*, Hassidism (New York 1948); *ders.*, The Origin and Meaning of Hassidism, hrsg. v. M. Friedmann (New York 1960); *A. Mandel*, La Voie du Hassidisme (Paris 1963); *E. Wiesel*, Célébration hassidique (Paris 1972); *ders.*, Les récits hassidiques, übers. v. A. Guerne (Paris 1962).

Über Schne'ur Salman von Ladi s. *G. Scholem*, Major Trends 340 ff; *G. Casaril*, Rabbi Simon bar Yochai 166 ff. Über Chabad s. auch *D. Baer de Loubavitch*, Lettre aux hassidim sur l'extase (Paris 1975) (franz. Ausgabe von *G. Levitte*) engl. Übers. und Kommentar von *L. Jacobs*.

293.

Über den Bogomilismus s. die reiche Bibliographie von *D. Obolensky*, The Bogomils. A Study in Balkan Neo-Manicheism (Cambridge, Mass. 1948) 290 ff, zusammen mit den Werken, die bei *M. Eliade*, Le Diable et le bon Dieu (Von Zalmoxis zu Dshingis-Khan) (1970) 85 ff, 98 f, Fußnoten 25 und 26 erwähnt sind. Vgl. auch *A. Borst*, Die Katharer (Stuttgart 1953) (franz. Übers. Paris 1974, 55 ff) hauptsächlich wegen der bibliographischen Anmerkungen. Über die Monographie von *Obolensky* hinaus ist die beste Gesamtdarstellung *S. Runciman*, Le manichéisme médiéval (Paris 1949, engl. Cambridge, Mass. 1947) 61 ff.

Die bedeutendsten Quellen sind: *Cosmas le Prêtre*, Le Traité contre les Bogomiles, übers. und kommentiert v. *H. Ch. Puech* und *A. Vaillant* (Paris 1945), und *E. Zigabène*, „Panoplie dogmatique", in: *Migne*, Patrologia Graeca, Bd. CXXX; s. auch die Analyse dieser beiden Texte bei *S. Runciman*, a.a.O. 69 ff.

Das Buch von *J. Ivanov*, Bogomilski nigi i legendy (Sofia 1925) wurde von *M. Rebeyrol* übersetzt: Livres et légendes bogomiles (Paris 1976) 381 ff. Die Bibliographie, die sich auf dem neuesten Stand befindet, wurde von *D. Angel* erstellt.

Unter den jüngsten Beiträgen über die Geschichte der Häresie und der Folgen des Bogomilismus auf der Balkanhalbinsel und in Rumänien s. *R. Browning*, Byzantium and Bulgaria. A Comparative Study across the Early Medieval Frontier (London – Berkeley – Los Angeles 1975) 163 ff; *R. Theodorescu*, Bizanţ, Balcani, Occident la începuturile culturii medievale româneşti secolele X–XIV (Bukarest 1974) 341 ff.

Über die Apokryphen und ihre Neuinterpretation im bogomilischen Sinne s. *E. Tundeanu*, Apocryphes bogomiles et apocryphes pseudo-bogomiles, in: RHR 138 (1950) 22 ff, 176 ff. Über die Verbreitungsgeschichte der apokryphen Schrift „Das Holz des Kreuzes" s. *N. Cartojan*, Cărţile populare in literatura româneasca I (Bukarest ²1974) 155 ff; *E. Casier Quinn*, The Quest of Seth for the Oil of Life (Chikago 1962) 49 ff. Über die *Interrogatio Johannis* s. *E. Bozóky*, Le Livre secret des Cathares Interrogatio Johannis, Apocryphe d'origine bogomile (Paris 1980).

294.

Über die Katharer s. die Allgemeindarstellung bei *S. Runciman*, Le manichéisme médiéval 106 ff, und *A. Borst*, Les Cathares bes. 79 ff (mit reicher Bibliographie); vgl. auch *H. Ch. Puech*, Catharisme médiéval et bogomilisme, in: Oriente et Occidente nel Medio Evo (Rom 1957) 56 ff, Neuausgabe in: Sur le manichéisme et autres essais (Paris 1978) 395 ff.

Die wenigen Texte der Katharer wurden übersetzt und herausgegeben von *A. Dondaine*, Le „Liber de duobus principiis" suivi d'un fragment de rituel cathare (Rom 1932); *C. Thouzallier*, Un traité cathare inédit du début du 13ᵉ siècle (Louvain 1961); *ders.*, Une somme ant-cathare (Louvain 1964), und *R. Nelli*, Écritures Cathares (Paris 1968; s. auch das Le Livre secret des Cathares: Interrogatio Iohannis, Apokryphe d'origine Bogomile, hrsg., übers. u. kommentiert v. *E. Bozóky* (Paris 1980).

Über den Kreuzzug gegen die Albigenser s. *P. Belperron*, La croisade contre les Albigeois et l'union de Languedoc à la France (Paris 1943, ²1948).

Über die Inquisition s. *J. Guiraud*, Histoire de l'Inquisition au Moyen Age, I. Cathares et vaudois. II. L'Inquisition au XIIIᵉ siècle en France, en Espagne et en Italie (Paris 1935) 1938. Die Bibliographie wurde auf den neuesten Stand gebracht und zusammengestellt von *H. Grundmann* in: *Jaques Le Goff* (Hrsg.), Hérésies et sociétés dans l'Europe pré-industrielle (Paris – Den Haag 1968) 425 ff.

Zum historischen Kontext s. *F. Heer*, The Medieval World (London – New York 1962) 197 ff.

295.

Zur religiösen Wertschätzung der Armut s. *J. B. Russel*, Religious Dissent in the Middle Age (New York 1971) 41 ff.

Eine gute Biographie des hl. Franziskus ist die von *O. Englebert*, Vie de Saint François d'Assise (Paris 1947) (mit reichhaltiger Bibliographie, 396 ff) (dt. Übers.: Das Leben des Heiligen Franziskus [Speyer 1952]). Das Wesentliche findet sich bei *I. Gobry*, Saint François et l'esprit franciscain (Paris 1957) (dt. Übers.: Franz von Assisi. In Selbstzeugnissen und Bilddokumenten [Hamburg 1958]), dieser Band enthält auch eine Auswahl der Schriften des hl. Franziskus, 119 ff; s. auch Brother Francis, An Anthology of Writings by and about St. Francis of Assisi, hrsg. v.

L. Cunningham (New York 1972); *I. Frank,* Franz von Assisi. Frage auf eine Antwort (Düsseldorf 1982); *L. Hardick – E. Grau,* Die Schriften des hl. Franziskus von Assisi (Werl ⁶1980).
Über den Orden der Franziskaner s. *J. Moorman,* A History of the Franciscan Order (Oxford 1968); *C. Esser,* Anfänge und ursprüngliche Zielsetzung des Ordens der Minderbrüder (Leiden 1960); *M. D. Lambert,* Franciscan Poverty: The Doctrine of the Absolute Poverty of Christ and the Apostels in the Franciscan Order 1210–1323 (London 1961); vgl. S. Francesco nella ricerca storica degli ultimi ottanta anni (Convegni del Centro di Studi sulla spiritualità medioevale 9 [Todi 1971]). Vgl. auch die Publikationen der „Società Internazionale di Studi Francescani" (Assisi 1974 ff).

296.

Die einzige Gesamtausgabe der Werke des hl. Bonaventura ist die neunbändige Folioausgabe, die von den Franziskanern in Quaracchi herausgegeben worden ist. Die französischen Übersetzungen wurden von *J. G. Bougerol* gesammelt: Saint Bonaventure et la sagesse chrétienne (Paris 1963) 180 ff.

Unter den jüngsten Monographien, die sich dem Denken des hl. Bonaventura widmen, seien genannt: *É. Gilson,* La philosophie de Saint Bonaventure (²1963); *J. G. Bougerol,* Introduction à l'étude de Saint Bonaventure (1961) *J. Quinn,* The Historical Constitution of St. Bonaventure's Philosophy (Toronto 1973); *E. H. Cousins,* Bonaventure and the Coincidence of Opposites (Chikago 1978).

Über die Symbolik der Leiter und den mystischen Aufstieg s. *Anselme Stolz,* Théologie de la mystique (Chevetogne ²1947) 117 ff; *A. Altmann,* Studies in Religious Philosophy and Mysticism (Ithaca 1949) 41 ff; vgl. die Bibliographie in M. Eliade, Schamanismus (³1982) 143 ff; 314 ff; 446 ff.

297.

Die Ausgaben der Werke von Albertus Magnus, Thomas von Aquin und anderen Scholastikern finden sich bei *É. Gilson,* Philosophie au Moyen Age (Paris 1947), das gleiche Werk enthält eine kritische Bibliographie zu anderen Autoren; s. auch *ders.,* Le thomisme (Paris ²1952); *F. Copleston,* Aquinas (Harmondsworth 1955) 265 (Verzeichnis der englischen Übersetzungen der Werke des hl. Thomas); *M.-D. Chenu,* Introduction à l'étude de Saint Thomas d'Aquin (Montréal 1950); *ders.,* La Théologie comme science au XIIIe siècle (Paris 1957); *ders.,* Toward Understanding Saint Thomas (Chikago 1964).

Bezüglich einer andersartigen Interpretation der Scholastik s. *S. Ozment,* The Age of Reform 1250–1550: An Intellectual and Religious History of Late Medieval and Reformation Europe (New Haven 1980), über Thomas von Aquin vgl. 9 ff, 60 ff, über Ockham 35 ff usw. *Ozment* bietet auch die neueste kritische Bibliographie.

Über Duns Scotus s. *E. Bettoni,* Duns Scotus: The Basic Principles of his Philosophy (Washington 1961). Über Ockham s. *G. Leff,* William of Ockham: The Metamorphosis of Scholastic Discourse (Manchester 1975); *ders.,* The Dissolution of Medieval Outlook: An Essay on Intellectual and Spiritual Change in the Fourteenth Century (New York 1976).

Über die Scholastik s. auch *F. van Steenberghen,* Aristotle in the West: The Origins of Latin Aristotelianism (Louvain 1955). Eine synthetische Schau findet sich bei *H. A. Obermann,* The Harvest of Medieval Theology (Cambridge, Mass. 1963); *ders.,* The Philosophical Movement in the Thirteenth Century (Edinburgh 1955); *G. Left,* Medieval Thought, St. Augustine to Ockham (Baltimore 1962).

298.

Die kritische Ausgabe der Werke Meister Eckharts ist im Erscheinen begriffen: Die deutschen Werke, Bd. I–V (Stuttgart 1938 ff), und die lateinischen Werke, Bd. I–V (Stuttgart 1938 ff). Man findet eine kurze Geschichte der verschiedenen Ausgaben, die diesem Unternehmen der Deutschen Forschungsgemeinschaft vorangingen, in: A Note on Eckharts works bei *E. Colledge/B. McGinn,* Meister Eckhart: The Essential Sermons, Commentaries, Treatises and Defense (New York 1981) 62 ff. Die Übersetzungen in die verschiedenen europäischen Sprachen, die vor der kritischen Ausgabe erstellt wurden, sind mit Vorsicht zu genießen. Dies ist z. B. der Fall bei *C. de B. Evans,* Meister Eckhart (I–II) (London 1924–1931). Unter den englischen Übersetzungen sind am nützlichsten: *A. Maurer,* Master Eckhart, Parisian Questions and Prologues (Toronto 1974); *R. Schurmann,* Meister Eckhart: Mystic and Philosopher (Bloomington 1978), das Werk enthält die Übersetzung von acht deutschen Predigten und einer bedeutenden Studie über das Denken Meister Eckharts. Erwähnenswert sind auch die Übersetzungen von *E. Collendge* und *B. McGinn.* Die beste deutsche Übersetzung stammt von *J. Quint,* Deutsche Predigten und Traktate (München 1955). Diese Ausgabe gibt auch die Originaltexte in Mittelhochdeutsch wieder. Zwei französische Ausgaben des deutschen Werkes sind *P. Petit,* Œuvres de Maître Eckhart, Sermons-Traités (Paris 1942), und *J. Molitor/F. Aubier,* Taités et Sermons (Paris 1942); s. auch die Übersetzung von *J. Ancelet-Hustache,* Maître Eckhart et la mystique rhénane (Paris 1956).

Aus der reichen kritischen Bibliographie seien genannt *V. Lossky,* Théologie négative et connaissance de Dieu chez Maître Eckhart (Paris 1960). Es handelt sich um ein bedeutendes Werk. *C. F. Kelley,* Meister Eckhart on Divine Knowledge (New Haven – London 1977); *B. Welte,* Meister Eckhart, Gedanken zu seinen Gedanken (Freiburg i. Br. 1979). Es handelt sich um eine neue Interpretation. Ferner *M. de Gandillac,* La „dialectique" de Maître Eckhart, in: La mystique rhénane. Colloquium in Strassburg, 1961 (Paris 1961) 59 ff; s. auch die Bibliographie bei *Collendge/McGinn,* a.a.O. 349 ff.

Die beste Gesamtdarstellung der mittelalterlichen Mystik findet sich in: La spiritualité du Moyen Age, hrsg. v. *J. Leclercq/V. Vandenbroucke/L. Bouyer* (Paris 1961); s. auch L'attesa dell'età nuova nella spiritualità della fine del Medi Evo (Convegni del Centro di Studi sulla spiritualità medioevale 3 [Todi 1963]).

299.

Über die häretischen oder der Häresie angeklagten Bewegungen des Mittelalters s. *M. D. Lambert,* Medieval Heresy. Popular Movements from Bogomils to Hus (London 1977). *J. Le Goff* (Hrsg.), Hérésies et sociétés dans l'Europe pré-industrielle, XI–XVIIe siècles. Colloquium von Royaumont (Paris 1968); Movimenti religiosi populari et eresie del medioevo in X. Congresso Internazionale di Scienze Storiche, Relazioni III (Rom 1955); *G. Leff,* Heresy in the Later Middle Ages, I–II (Manchester – New York 1967).

Eine mit ausführlicher Dokumentation versehene Analyse mancher radikal asketischer Haltungen hauptsächlich bei Petrus Damiani und Anselm von Canterbury stammt von *R. Bultot,* La doctrine du mépris du monde. Le XIe siècle, I–II, (Löwen – Paris 1963–1964).

Über die Beginen und Begharden s. *E. W. McDonnell,* The Beguines and Beghards in Medieval Culture (New Brunswick 1954) (reichhaltige Dokumentation); *G. Leff,* Heresy in the Later Middle Ages I (Mancher – New York 1967) 195 ff; *S. Ozment,* The Age of Reform 91 ff.

Über Mechthilde von Magdeburg s. *L. Menzies,* The Revelations of Mechthilde of Magdeburg (London 1953). Über die flämische Begine Hadewich s. The Complete Works, Übersetzung und Einführung von *C. Hart* (New York 1980).

Über die Bewegung des freien Geistes s. *G. Leff,* a.a.O. I, 310 ff; *Robert E. Lerner,* The Heresy of the Free Spirit in the Later Middle Ages (Berkeley 1972); *H. Grundmann,* Religiöse Bewegungen im Mittelalter (Darmstadt ²1961) 355 ff.

300.

Über die Krise der Kirche im 14. Jahrhundert s. die jüngst erschienenen Analysen und den Forschungsstand in den Werken von *S. Ozment,* The Age of Reform: 1250–1550, 135 ff; und *F. Oakley,* The Western Church in the Later Middle Ages (Ithaca – London 1979) 25 ff, 131 ff.

Über die Flagellanten s. *G. Leff,* Heresy in the Later Middle Ages II (Manchester – New York 1967) 485 ff (mit reichhaltiger Dokumentation).

Über die Todesbesessenheit im Mittelalter s. *T. S. R. Boase,* Death in the Middle Ages (New York 1972), exzellente Ikonographie; *E. Dubruck,* The Theme of Death in French Poetry of the Middle Ages and the Renaissance (Den Haag 1964); *F. Oakley,* a.a.O. 116 ff; vgl. Il dolore e la morte nella spiritualità dei secoli XII–XIII (Convegni del Centro di Studi della spiritualità medioevale 5 [Todi 1967]).

Über den Totentanz s. *J. M. Clark,* The Dance of Death in the Middle Ages and the Renaissance (1950); *J. Baltrušaitis,* Le Moyen Age fantastique (Paris 1955) 235 ff (mit reichhaltiger Bibliographie, 258 ff, bes. in Fußnote 15); *N. Cohn,* The Pursuit of the Millenium (durchgesehene Ausgabe, London 1970) 130 ff.

Über die Geschichte der Lehre vom Fegefeuer s. das entscheidende Werk von *J. Le Goff,* La naissance du Purgatoire (Paris 1982) bes. 177 ff, 236 ff, 357 ff, 383 ff.

Die französischen Ausgaben von Tauler und Seuse sind verzeichnet bei *J. Ancelet – Hustache,* Maître Eckhart et la mystique rhénane 190 f.

Bezüglich der Übersetzungen der bedeutendsten Werke von Ruysbroek verwendeten wir *E. Colledge,* The Spiritual Espousals (London 1952), und *C. A. Wynschenk/E. Underhill,* John of Ruysbroeck; The Adornement of the Spiritual Marriage; The Sparkling Stone; The Book of Supreme Truth (London 1951); s. auch *K. C. Petry* (Hrsg.), Late Medieval Mysticism (Philadelphia 1957) 285 ff.

Wahrscheinlich greift Gerson Ruysbroek auf der Grundlage einer äußerst fehlerhaften Übersetzung seiner flämischen Schriften an; s. *A. Combes,* Essai sur la critique de Ruysbroeck par Gerson, 3 Bde. (Paris 1945–1959).

Über G. Groote und die *devotio moderna* s. das reich dokumentierte Werk von R. R. *Post,* The Moderne Devotion Confrontation with Reformation and Humanism (Leiden 1968).

301.

Eine kritische Ausgabe der Werke von Nikolaus von Cues – Nicolai de Cusa Opera Omnia – erscheint unter Leitung der Akademie der Wissenschaften in Heidelberg, Leipzig 1932 ff.

Unter den französischen Übersetzungen seien genannt: Œuvres choisis, übers. v. *M. de Gandillac* (Paris 1942); De la Docta Ignorantia, übers. v. *L. Moulinier* (Paris 1930); Traité de la vision de Dieu, übers. v. *E. Vansteenberghe* (Löwen 1925). Eine Allgemeindarstellung findet sich bei *E. Vansteenberghe,* Le cardinal de Cues (Paris 1920), *P. Rotta,* Il cardinale Nicola da Cusa (Mailand 1928).

Die beste Monographie ist immer noch von *M. de Gandillac,* La philosophie de Nicolas de Cues (Paris 1941); s. auch *E. Cassirer,* Individuum und Kosmos in der Philosophie der Renaissance (Studien der Bibliothek Warburg X) (Leipzig – Berlin 1927) s. hier Kapitel I u. II; *P. E. Sigmund,* Nicholas of Cusa and Mediaeval Political Thought (Cambridge, Mass. 1963); *E. Hoffmann,* Das Universum des Nikolaus von Cues (Heidelberg 1930); *ders.,* Die Vorgeschichte der cusanischen Coincidentia oppositorum – eine Einführung zur Übersetzung des Traktates De Beryllo (Leipzig 1933); *G. Saitta,* Nicola da Cusa e l'umanesimo italiano (Bologna 1957); *J. Pelikan,* Negative theology and positive religion. A study of Nicholas Cusanus De Pace Fidei, in: Prudentia, Supplementary Number 1981: The Via Negativa 61 ff.

Über die Theologie von Johannes Hus s. *M. Spinka,* John Hus at the Council of Constance (New York 1966).

Über die Geschichte des Konfliktes zwischen dem Sacerdotium und dem Regnum und die einzelnen Stufen der politischen Theologie über den Ursprung und die Struktur des Reiches s. *E. H. Kantorowitz,* The King's Two Bodies: A Study of Mediaval Political Theology (Princeton 1957) 193 ff.

302.

Zur schnellen Einführung empfiehlt sich *O. Clément,* L'essor du christianisme oriental (Paris 1954); *ders.,* Byzance et le christianisme (Paris 1964)., vgl. auch *S. Runciman,* The Eastern Schism (Oxford 1955); *P. Sherrard,* The Greak East and the Latin West (New York 1959), und hauptsächlich *D. Obolensky,* The Byzantine Commonwealth, Eastern Europe 500–1453 (New York 1971), *A. Toynbee,* Constantine Porphyrogenitus and his World (London 1973).

Eine scharfe und hellsichtige Darstellung stammt von *J. Pelikan,* The Spirit of the Eastern Christendom 600–1700 (Chikago 1974) 146 ff, die kritische Bibliographie findet sich 208 ff; s. auch *F. Dvornik,* The Photian Schism History and Legend (Cambridge, Mass. 1948); *ders.,* Byzantinum and the Roman Primacy (New York 1966); *ders.,* Byzantine Mission among the Slaves: SS Constantine – Cyril and Methodius (New Brunswick 1970).

Die Beziehungen zwischen beiden Kirchen und den beiden Kulturen wurden auf beachtliche Weise von *D. J. Geanakoplos,* Byzantine East and Latin West (New York 1966), untersucht; *ders.,* Interaction of „Sibling" Byzantine and Western Cultures in the Middle Ages and Italian Renaissance (New Haven – London 1976) bes. 3 ff.

303.

Hier seien zunächst die jüngsten Arbeiten über die orientalische Theologie genannt: *V. Lossky,* Essay sur la théologie mystique de l'Église de l'Orient (Paris ²1960); *ders.,* A l'image et à la ressemblance de Dieu (Paris 1967); *M. Lot-Borodine,* La déification de l'homme (Paris 1970); *J. Meyendorff,* Le Christ dans la théologie byzantine (Paris 1969); *L. Ouspensky,* Essai sur la théologie de l'icône dans l'Église orthodoxe (Paris 1960).

Über Siméon s. Siméon le nouveau théologien, chapitres théologiques, gnostiques et pratiques, übers. von *J. Darrouzès,* in: Sources Chrétiennes, Bd. 51 (Paris 1951), vgl. auch *H. M. Biedermann,* Das Menschenbild bei Symeon dem Jüngeren, dem Theologen (Würzburg 1949).

Über das „Gebet des Herzens" vgl. *J. Gouillard,* Petite Philocalie de la Prière par Cœur (Paris 1953; Neuaufl. 1968).

Zu Johannes Climacus vgl. die ausführliche Einleitung von Kallistos Ware zu: *John Climacus,* The Ladder of Divine Ascent, übers. v. C. Luibheid/N. Russel (New York 1982).

Über den Hesychasmus s. *I. Hausherr,* La Méthode d'oraison hésychaste, in: Orientalia Christiana IX (Rom 1927) 2; *ders.,* L'Hésychasme, étude de spiritualité, in: Orientalia Christiana Periodica 22 (1956) 5 ff, 247 ff.

J. Meyendorff trug viel zur Wiederentdeckung von Gregor Palamas bei. Hier seien genannt Triades pour la défense des saints hésychastes, übers. u. hrsg. v. *J. Meyendorff* (Louvain 1959); *ders.,* Introduction à l'étude de Grégoire Palamas (Paris 1959), die eine komplette zusammenfassende Darstellung des Werkes von Palamas enthält, sowohl der publizierten als auch der unveröffentlichten Werke, 331 ff., *ders.,* St. Grégoire Palamas et la mystique orthodoxe (Paris 1959); s. auch *L. C. Coutos,* The Concept of Theosis in Saint Gregory Palamas. With critical Text of the „Contra Akindyum" I–II (Los Angeles 1963); *J. Pelikan,* The Spirit of Eastern Christendom (Chikago 1974) 261 ff; *V. Lossky,* La Théologie de la Lumière chez Grégoire Palamas de Thessalonique, in: Dieu Vivant I (1945) 99 ff.

Bezüglich einer vergleichenden Darstellung der Erfahrung des mystischen Lichtes s. *M. Eliade,* Méphistophélès et l'Androgyne (Paris 1960, Neuaufl. 1981) 17 ff.

Eine klare und kurze Darstellung über Nikolaus Kabasilas gab *O. Clément,* Byzance et le christianisme oriental (Paris 1964) 50 ff.

304.

R. Manselli, La religion populaire au Moyen Age. Problèmes de méthode et d'histoire (Montreal – Paris 1975) 20, legt das Problem „der Osmose, die zu einer gegenseitigen Beziehung zweier Kulturen führte" klar. Diese beiden Kulturen sind das Heidentum und das Christentum.

Die Angleichung der örtlich verschiedenen Mythen an die christliche Heilsgeschichte stellt nicht ein Nacheinander dar, wie es *P. Saintyves,* Les Saints successeurs des dieux (Paris 1907), interpretiert; s. die Betrachtungen von *E. Vacandart,* Études de critique et d'histoire religieuse (Paris ³1912) 59 ff: Origines du culte des saints. Les saints sont-ils successeurs des dieux?

Es ist unnötig, hier an das Überleben zahlreicher mythisch-religiöser Vorstellungskomplexe in mehr oder minder christianisierter Form überall auf der Welt zu erinnern. So zum Beispiel an den Weltenbaum, die Brücke, die Leiter, die Hölle und das Paradies usw. Es genügt, hier an die Beständigkeit des uralten Szenariums der eschatologischen Brücke zu erinnern (vgl. M. Eliade, Schamanismus [³1982] 378 ff; 445 ff), die im Mittelalter (vgl. P. Dinzelbacher, Die Jenseitsbrücke im Mittelalter [Wien 1973]) und bis in unsere Tage (vgl. L. M. Lombardi Satriani / M. Meligrana, Il Ponte di San Giacomo. L'ideologia della morte nella società contandina del Sud [Mailand 1982] 121 ff) bezeugt ist.

Diejenigen Zeremonien und Gebräuche, die mit dem Marktplatz und dem Rathausplatz des Ortes in Verbindung standen, haben wir nicht berücksichtigt. Es sind folgende: das Fest der Verrückten, das einmal im Jahr gefeiert wird, wenn die kostümierten und maskierten Gläubigen unter der Leitung eines Bischofs der Verrückten in die Kathedrale einziehen und sich alle Freiheiten erlauben. In der Normandie spielen die Diakone auf dem Altar Würfel und Karten und essen dazu Würstchen (s. auch die Untersuchungen von M. Bakhtine, L'œuvre de François Rabelais et la culture populaire au Moyen Age et sous la Renaissance [franz. Übers., Paris 1970]).

Über die heidnischen Reste in Griechenland s. J. C. Lawson, Modern Greek Folklore and Ancient Greek Religion (Cambridge, Mass. 1910, Neuaufl. New York 1964); G. Dumézil, Le problème des Centaures (Paris 1929) 155 ff; C. A. Romaios, Cultes populaires de Thrace: les Anasténaria; la cérémonie du lundi pur (Athen 1949). Für P. Friedrich, The Meaning of Aphrodite (Chikago, 1978) 55, ist die Analyse mancher ländlicher Gruppen Griechenlands in der Lage, die Strukturen der homerischen Gesellschaft aufzuklären, und der Kult der Heiligen Jungfrau sei in der Lage, uns den Demeterkult zu erhellen. Vgl. auch C. Poghirc, Homère et la ballade populaire roumaine, in: Actes du IIIe Congrès international du Sud-Est européen (Bukarest 1974); L. Schmidt, Gestaltheiligkeit im bäuerlichen Arbeitsmythos. Studien zu den Ernteschnittgeräten in ihrer Stellung im europäischen Volksglauben und Volksbrauch (Wien 1952); M. Eliade, History of Religions and „Popular" Cultures, in: HR, Bd. 20 (1980) 1 ff, bes. 5 ff.

Über die Colinde gibt es eine beachtliche Literatur, vgl. M. Eliade, History of Religions and „Popular" Cultures 11, Nr. 29. Hier sei nur an die in diesem Werk zitierte Literatur erinnert: A. Rossetti, Colindele religiosae la Români (Bukarest 1920); P. Caraman, Substratul mitologic al sarbătorilor de iarnă la Români și Slavi in Arhiva 38 (Iasi 1931) 358 ff; O. Bîrles, Colindatul in Transilvania in Anuarul Muzeului Etnografic al Transilvaniei pe anii 1965–67 (Cluj 1969) 247 ff; M. Bratulescu, Colinda Românesca (Bukarest 1981); ders., Ceata feminina – intercare de reconstituire a unei instotutii tradiționale românești, in: Revista de Etnografie și Folclor, Bd. 23 (Bukarest 1978) 37 ff; P. Caraman, Descolindatul în sud-estul Europei (Bd. I), in: Anuarul de Folclor II (Cluj - Napoca 1981) 57 ff.

Bezüglich der einweihenden Strukturen, die noch immer in der Organisation und der Unterweisung der colindători abzulesen sind, s. T. Herseni, Forme skăvechi de cultură populară românească (Cluj – Napoca 1977) 160 ff.

305.

Siehe *M. Eliade,* Notes on the *Călușari,* in: Gaster Festschrift: Journal of the Ancient Near Eastern Society of Columbia University 5 (1973) 115 ff; *ders.,* Occultisme, sorcellerie et modes culturelles (Paris 1976) 109 ff; *ders.,* History of Religions and „Popular" Cultures 17 ff.

Die bedeutendsten Quellen über die Organisation der *Calusari* findet sich bei *T. Pamfile,* Sărbătorile de vară la Români (Bukarest 1910) 54 ff; *T. R. Burada,* Istoria teatrului în Moldova, 2 Bde. (Jassy 1905) I, 62 ff. *M. Pop* hat neues Material vorgelegt: Considerații etnografice și medicale asupra *călușului* oltenesc, Despre medicina populară românească (Bukarest 1970) 213 ff; *G. Vrabie,* Folclorul (Bukarest 1970) 511 ff; *H. B. Oprișan,* Călușarii (Bukarest 1960), und vor allem *G. Kligman,* Căluș (Chikago 1981); vgl. auch *R. Vuia,* Originea joculi de călușari in Dacoromania II (Cluj 1922) 215 ff; *M. Eliade,* Notes 120 ff.

Über die Einweihung in den Männerbund s. *M. Eliade,* Initiation, rites, sociétés secrètes (= Naissances mystiques) 185 ff, sowie die dort verzeichnete Bibliographie, Fußnoten 6, 11.

306.

Aus der unüberschaubaren Bibliographie über das europäische Hexenwesen seien genannt: *H. R. Trevor-Roper,* The European Witch-Craze of the Sixteenth and Seventeenth Centuries (New York 1969) – eine Neuauflage der Kapitel I–IV von The Crisis of the Seventeenth Century: Religion, the Reformation and Social Change (1968); *A. Macfarlane,* Witchcraft in Tudor and Stuart England (New York 1970); *J. Burton Russell,* Witchcraft in the Middle Ages (Ithaca, N. Y. 1972), mit reicher Bibliographie (350 ff); *K. Thomas,* Religion and the Decline of Magic (New York 1971); *N. Cohen,* Europe's Inner Demons (New York 1975), franz. Übers. Démonolâtrie et sorcellerie au Moyen Age (Paris 1982); *F. E. Lorint / J. Bernabé,* La sorcellerie paysanne (Brüssel 1977); *R. Mandrou,* Possession et Sorcellerie au XVIIe siècle (Paris 1979) (unveröffentlichte Texte).

Quellenauszüge finden sich bei *E. W. Monter,* European Witchcraft (New York 1969); *B. Rosen,* Witchcraft (London 1970); *M. Marwick* (Hrsg.), Witchcraft and Society (Baltimore 1970) und hauptsächlich *A. Kors / E. Peters,* Witchcraft in Europe – 1100–1700 ff. A Documentary History (Philadelphia 1972); vgl. *H. C. E. Midelfort,* Witch Hunting in Southwestern Germany, 1562–1684. The Social and Intellectual Foundations (Standfort 1972), hier bes. 30 ff, 193 ff. Dieses Werk hat den Vorteil, die Unterschiede in der Hexenjagd bei Katholiken und Protestanten aufzuzeigen. Siehe auch die Werke, die aus der Sicht der Medizingeschichte geschrieben wurden. *G. Zilbourg,* The Medieval Man and the Witch in the Renaissance (Baltimore 1935); *T. R. Forbes,* The Midwife and the Witch (New York 1966); vgl. *E. W. Monter,* The Historiography of European Witchcraft: Progress and Prospects, in: Journal of Interdisciplinary History 2 (1972) 435 ff; *M. Eliade,* Some Observations on European Witchcraft, in: HR 14 (1975) 149 ff (Occultisme, sorcellerie et modes culturelles, übers. v. *J. Malaquais* [Paris 1978] 93 ff); *R. A. Horsley,* Further Reflections on Witchcraft and European Folk Religion, in: HR 19 (1979) 71 ff.

Über die benandanti bietet *C. Ginzburg,* I benandanti, Ricerche sulla stregoneria e sui culti agrari tra cinquecento e seicento (Turin 1966), die beste Information.

Eine reiche Bibliographie über die Glaubensvorstellungen und die Riten rund um die Haube findet sich bei *T. R. Forbes*, The Social History of the Caul, in: Yale Journal of Biology and Medicine 25 (1953) 495 ff.

Über das Wilde Heer s. *V. Waschnitius*, Perht, Holda und verwandte Gestalten: Ein Beitrag zur deutschen Religionsgeschichte (Wien 1914) bes. 173 ff; *O. Höfler*, Kultische Geheimbünde der Germanen I, 68 ff; *ders.*, Verwandlungskult 78 ff; *W. Lungmann*, Traditionswanderungen: Euphrat-Rhein, in: Folklore Fellows Communication 118 (Helsinki 1937) 596 ff; *R. Bernheimer*, Wild Men in the Middle Ages (Cambridge, Mass. 1952) 79 ff, 132; *C. Ginzburg*, I Benandanti 48 ff.

Über die Etymologie von *zîna* (< Diana) und *zînatec* (< lat. dianaticus) s. die kritische Bibliographie bei *A. Cioranescu*, Dictionario etimologico Rumano (Laguna 1961) 915; *A. Rosetti*, Istoria limbii române (Bukarest 1968) 367, 395.

Über *zîne* und *iele* s. u. a. *I. Aurel Candrea*, Folclorul românesc comparat (Bukarest 1944) 156 ff; *I. Muşela / O. Bîrlea*, Tipologia folclorului 206 ff.

307.

Aus der beachtlichen Zahl von Biographien über Martin Luther und Werken über seine Zeit seien hier genannt: *R. H. Bainton*, Here I Stand (New York – Nashville 1950); *E. Erikson*, Young Man Luther (eine brillante, aber umstrittene Interpretation, s. die Kritik bei *S. Ozment*, The Age of Reform 223 ff); *E. G. Schwiebert*, Luther and his Times: The Reformation from New Perspective (St. Louis 1950); *R. H. Fife*, The Revolt of Martin Luther (New York 1957); *R. Stauffer*, La Réforme 1517–1564 (Paris 1970); *J. Pelikan*, Luther the Expositor (St. Louis 1959); *H. G. Haile*, Luther. An Experiment in Biography (New York 1980). Dies Werk ist hauptsächlich wegen der Darstellung der letzten Jahre Luthers von Bedeutung.

Über die Geschichte des Ablasses s. *J. E. Campbell*, Indulgences (Ottawa 1953); *P. F. Palmer* (Hrsg.), Sacraments and Forgiveness (Westminster 1960).

Siehe auch *A. Rühl*, Der Einfluß der Mystik auf Denken und Entwicklung des jungen Luthers 1960); *J. Pelikan* (Hrsg.), Interpretors of Luther: Essays in honor of Wilhelm Pauck (Philadelphia 1968); *S. Ozment*, Homo Spiritualis. A Comparative Study of the Anthropology of Johannes Tauler, Jean Gerson and Martin Luther in the Context of Their Theological Thought (Leiden 1968); *F. E. Cranz*, An Essay on the Development of Luther's Thought on Justice, Law and Society (Cambridge, Mass. 1959); *S. Ozment* (Hrsg.), The Reformation in Medieval Perspective (Chikago 1971); s. auch die Bibliographie unter § 308.

308.

Wir benutzten die Übersetzung der Werke Martin Luthers, die unter der Leitung von *J. Pelikan* und *H. T. Lehman* herausgegeben wurde, 58 Bde. (Saint Louis 1955 ff); s. bes. Bd. 25 (Vorlesungen über den Römerbrief), Bd. 38 (Wort und Sakrament), Bde. 42 f *(Erbauungsschriften)*. Wir benutzten auch die Reformation Writings, übers. u. kommentiert v. *B. L. Woolf* (London 1959); s. auch The Theologia Germanica of Martin Luther, übers. u. kommentiert v. *B. Hoffman* (New York 1980).

Unter den Arbeiten über die Theologie Martin Luthers s. bes. *J. Dillenberger*,

God Hidden and Revealed: The Interpretation of Luther's deus absconditus and its Significance for Religious Thought (Philadelphia 1953); R. Prentor, Spiritus Creator (Philadelphia 1953); B. Hägglund, Theologie und Philosophie bei Luther und in der occamistischen Tradition (Lund 1955); B. A. Gerrish, Grace and Reason: A Study in the Theology of Luther (Oxford 1962), ein bedeutendes Werk; H. A. Oberman (Hrsg.), Luther and the Dawn of Modern Era (Leiden 1974).

Die Biographie von J. Huizinga, Erasmus of Rotterdam (engl. Übers. 1924), ist noch immer aktuell. Das Buch von R. H. Bainton, Erasmus of Christendom (New York 1969), ist wegen der zahlreichen Brieffragmente und der unbekannteren Texte von Erasmus von Bedeutung. Hier findet sich eine exzellente Bibliographie (285 ff); s. auch J. C. Olin (Hrsg.), Erasmus. Christian Humanism and the Reformation, Selected Writings (New York 1965).

Über Werk und Denken des Erasmus s. L. Bouyer, Autour d'Erasme (Paris 1955); P. G.Bietenholz, History and Biography in the Work of Erasmus (Genf 1966); E. W. Kohls, Die Theologie des Erasmus I–II (Basel 1966); J. C. Margolin, Erasme par lui-même (Paris 1965); M. M. Phillips, Erasmus and the Northern Renaissance (London 1949); A. Renaudet, Erasme et l'Italie (Genf 1954); s. auch R. L. De Molen (Hrsg.), Essays on the Works of Erasmus (New Haven – London 1978), hauptsächlich ders., Opera Omnia Desiderii Erasmi 1 ff, und B. A. Gerrish, De Libero Arbitrio (1524): Erasmus on Piety, Theology and the Lutheran Dogma 187 ff.

Es sind zahlreiche Ausgaben und Übersetzungen von De Libero Arbitrio und De Servo Arbitrio vorhanden. Wir verwendeten die letzte, die am umfangreichsten ist: Luther and Erasmus: Free Will and Salvation, übers. u. kommentiert v. E. Gordon Rupp / P. S. Watson (Philadelphia 1969).

309.

Über Leben und Denken Zwinglis s. das jüngst erschienene Werk von F. Büsser, Huldrych Zwingli: Reformation als prophetischer Auftrag (Zürich 1973); G. H. Potter, Zwingli (Cambridge, Mass. 1976); W. H. Neuser, Die reformatorische Wende bei Zwingli (Neukirchen-Vluyn 1976). Eine hervorragende Auswahl der Schriften Zwinglis und Bullingers findet sich bei G. W. Bromiley, Zwingli and Bullinger: Selected Translations with Introduction and Notes (Philadelphia 1953).

Über die Anabaptisten und die anderen Bewegungen einer radikalen Reformation s. hauptsächlich G. H. Williams, The Radical Reformation (Philadelphia 1962), hier (118 ff) die Geschichte der ersten Anabaptisten in der Schweiz, in Mitteldeutschland und in Österreich; s. auch G. H. Williams / A. Mergal (Hrsg.), Spiritual and Anabaptist Writers (Philadelphia 1957); G. Hershberger (Hrsg.), The Recovery of the Anabaptist Vision (Scottdale, Pa. 1957). Eine der besten Einführungen in das Denken und das Werk Calvins ist das Buch von A. M. Schmidt, Jean Calvin et la tradition calvinienne (Paris 1956). Die erste Biographie, die von seinem Zeitgenossen Theodor von Beza unter dem Titel „La Vie de Calvin" verfaßt wurde (engl. Übers. Philadelphia 1836), ist eine Grundquelle für alle anderen später folgenden Biographien; s. vor allem A. Ganoczy, Le jeune Calvin: Genèse et évolution de sa vocation réformatrice (Wiesbaden 1966).

Wir verwendeten die Texte der ersten französischen Ausgabe (1541) der Institutions de la religion chrétienne, hrsg. v. A. Lefranc / J. Pannier / H. Chantelain (Paris

1911 ff, Neuaufl. 1978), sowie die kommentierte Übersetzung der letzen lateinischen Ausgabe (1559) von *J. T. McNeill / F. L. Battles:* Institutes of the Christian Religion, 2 Bde. (Philadelphia 1960). Dieses Werk hat den Vorteil, allen lateinischen und französischen Übersetzungen der Institutiones Rechnung zu tragen.

Über die Theologie von Calvin s. *J. T. McNeille,* The History and Character of Calvinism (New York 1957); *Q. Breen,* John Calvin: A Study in French Humanism (Grand Rapids ²1968); *E. W. Monter,* Calvin's Geneva (New York 1967); *R. Pfister,* Kirchengeschichte der Schweiz, Bd. II (Zürich 1974); *E. G. Léonard,* Histoire générale du protestantisme I–II (Paris 1961).

Über Servet s. *R. H. Bainton,* Hunted Heretic: The Life and Death of Michael Servetus, 1511–1553 (Boston 1960).

Über den Konflikt mit den Anabaptisten s. *W. Balke,* Calvin and the Anabaptist Radicals, übers. v. *W. J. Heynen* (Grand Rapids 1981).

Über die katholische Reformation s. *L. Christiani,* L'Église à l'époque du concile de Trente (Paris 1948); *H. Jedin,* Geschichte des Konzils von Trient, Bde. I–IV (Freiburg i. Br. 1949–1975, engl. Übers. St. Louis 1957 ff); *H. Tüchler / C. A. Bouman / J. Le Brun,* Réforme et Contre-Réforme (Paris 1968); *M. R. O'Connell,* The Counter Reformation 1559–1610 (New York 1974).

Über Ignatius von Loyola s. *A. Guillermou,* Saint Ignace de Loyola et la Compagnie de Jésus (Paris 1960). Es handelt sich um eine klare und lebendige Einführung, die über eine exzellente Ikonographie verfügt, vgl. ebd. 187, wo sich die Bibliographie der Texte des Ignatius von Loyola findet, die ins Französische übersetzt wurden. Siehe auch *H. D. Sedgwick,* Ignatius Loyola. An Attempt of an Impartial Biography (New York 1923). Dies ist das Werk eines informierten Laien. Ferner *A. Brou,* Ignatius' Methods of Prayer (Milwaukee 1947). Ein Buch, das hauptsächlich wegen der Vielzahl der zitierten und kommentierten Texte, welche die Exerzitien in die Geschichte der christlichen Geistigkeit einbinden, von Bedeutung ist. Vgl. ferner *J. Broderick,* The Origin of the Jesuits (London – New York 1940). Hier findet sich die Biographie des hl. Ignatius aus dem Blickwinkel des Ordens.

310.

Über das Christentum der italienischen Humanisten s. *C. Trinkaus,* In Our Image and Likeness. Humanity and Divinity in Italian Humanist Thought, 2 Bde. (Chikago 1970). Ein unentbehrliches Werk, und dies hauptsächlich wegen der Textwiedergaben (325 ff, 778 ff); s. auch *G. Paparelli,* Feritas, Humanitas, Divinitas: Le componenti dell'umanesimo (Messina – Florenz 1960); *P. O. Kristeller,* Renaissance Thought: The Classic, Scholastic and Humanistic Strains (New York 1961); *W. K. Ferguson* (Hrsg.), Renaissance Studies (New York 1963); *J. W. O'Malley,* Giles of Viterbo on Church and Reform. A Study in Renaissance Thought (Leiden 1968); *F. Gaeta,* Lorenzo Valla: Filologia e storia nell'umanesimo italiano (Neapel 1955).

Zur Interpretation der Religion s. *C. Angeleri,* Il problema religioso del Rinascimento. Storia della critica e bibliografia (Florenz 1952); s. auch *G. di Napoli,* Studi sul Rinascimento (Neapel 1973) 1 ff.

Über Marsilio Ficino s. hauptsächlich *P. O. Kristaller,* Il pensiero filosofico di Marsilio Ficino (Florenz 1953). Eine erweiterte Übersetzung des Originals findet sich englisch im Jahre 1943. Vgl. ferner *G. Saitta,* Marsilio Ficino e la filosofia dell'umanesimo (3. erweiterte Aufl., Bologna 1954); *E. Garin*, L'umanesimo italiano (Bari ²1958); *R. Marcel*, Marsile Ficin (Paris 1958).

Über Pico von Mirandola s. *E. Garin*, Giovanni Pico della Mirandola (Florenz 1937); *E. Monnerjahn*, Giovanni Pico della Mirandola. Ein Beitrag zur philosophischen Theologie des italienischen Humanismus (Wiesbaden 1960); *G. di Napoli*, Giovanni Pico della Mirandola e la problematica dottrinale del suo tempo (Rom 1963).

Über die Hermetik der Renaissance s. hauptsächlich *F. Yates*, Giordano Bruno and the Hermetic Tradition (London – Chikago 1964). Über die *prisca theologia* s. *D. P. Walker*, The Ancient Theology (London 1972). Über die Magie zur Zeit der Renaissance s. *D. P. Walker*, Spiritual and Demonic Magic from Ficino to Campanella (London 1958, Neuaufl. Notre Dame – London 1975); *E. Wind*, Pagan Mysteries in the Renaissance (erweiterte Aufl. London 1967), hier bes. 1ff, 218ff; ferner *I. P. Culiano*, Eros et Magie (im Druck).

Über die Esoterik s. *E. Garin*, Note sull'ermetismo del Rinascimento, in: *E. Castelli* (Hrsg.), Testi umanistici dell'Ermetismo (Rom 1955) 8ff; *E. Castelli* (Hrsg.), Umanesimo e esoterismo (Padua 1969), s. hier hauptsächlich die Untersuchungen von *M. de Gandillac / C. Vasoli / F. Secret*); s. auch *J. Dagens*, Hermétisme et cabale en France de Lefèvre d'Etaples à Bossuet, in: Revue de Littérature Comparée (Januar–März 1961) 3ff.

Über die christliche Kabbala s. *F. Secret*, Les Kabbalistes chrétiens de la Renaissance (Paris 1964), und die gesammelten Untersuchungen in: Kabbalistes chrétiens (Cahiers de l'Hermétisme V [Paris 1979]).

Über die Gleichsetzung des Makrokosmos mit dem Mikrokosmos s. *L. Barkan*, Nature's Work of Art: The Human Body as Image of the World (New Haven 1977); *A. Wayman*, The Human Body as Microcosm in India, Greek Cosmology and Sixteenth Century Europe, in: HR 32 (1982) 172ff; *A. G. Debus*, Man and Nature in the Renaissance (Cambridge, Mass. 1978) 26ff.

311.

Zur kurzen Einführung in die Alchemie und ihre Beziehungen zu dem Mythos der Metallurgie s. *M. Eliade*, Schmiede und Alchemisten (2., erw. u. überarb. Auflage, Stuttgart 1980). Vgl. auch *R. P. Multhauf*, The Origins of Chemistry (London 1966); *A. G. Debus*, The Significance of the History of Early Chemistry, in: Cahiers d'histoire mondiale IX, Nr. II (1965) 37ff; *J. Read*, Through Alchemy to Chemistry (New York 1956).

Bezüglich der mittelalterlichen Alchemie s. die Literaturangaben in *M. Eliade*, Schmiede und Alchemisten 168ff. Über die Alchemie zur Zeit der Renaissance und der Reformation s. die Bibliographie ebd. 211. Vgl. vor allem *W. Pagel*, Paracelsus: An Introduction to philosophical Medicine in the Era of the Renaissance (Basel – New York 1958, franz. Übers. 1963); *A. G. Debus*, The English Paracelsians (London 1965); *ders.*, The Chemical Dream of the Renaissance (Cambridge, Mass. 1968); *ders.*, The Chemical Philosophers: Chemical Medicine from Paracelsus to van Helmond, in: History of Science II (1974) 235ff; *ders.*, Man and Nature in the Renaissance (Cambridge, Mass. 1978); *P. French*, John Dee, The World of an Elizabetan Magus (London 1972); *R. J. W. Evans*, Rudolf II and his World (Oxford 1973).

Über die Neubewertung der Alchemie zur Zeit Newtons s. *B. I. Teeter Dobbs*, The Foundations of Newton's Alchemy (Cambridge, Mass. 1975); *F. Yates*, The Rosicrucian Enlightment (London 1972); *R. S. Westfall*, Newton and the Hermetic Tradition, in: Science, Medicine and Society in the Renaissance. Essays in honor Walter Pagel, Bd. II (New York 1972) 183 ff; *R. S. Westfall*, Force in Newton's Physicy (London – New York 1971).

Über J. V. Andreae (1586–1654) s. *J. W. Montgomery*, Cross and Crucible Johann Valentin Andreae (1586–1654), Phoenix of the theologians I–II (Den Haag 1973).

Die Fama Fraternitatis wurde in dem Werk von *F. Yates*, The Rosicrucian Enlightment 238 ff, wiedergegeben. In der Bibel der Rosenkreuzer (Paris 1970) übersetzte B. Gorceix die „Fama" und die „Confessio Fraternitatis R. C." (1615) sowie die „Noces Chimiques" von Christian Rosenkreutz.

J. J. Mathé veröffentlichte eine kritische Bibliographie der französischen Werke, die in der Zeit von 1954 bis 1977 erschienen, in: Alchimie, Cahiers de l'Hermetisme (Paris 1978) 191 ff; s. im gleichen Werk die Beiträge von *A. Faivre* und *B. Husson*.

312.

Über Geschichte und Kultur Tibets s. *R. A. Stein*, La civilisation tibétaine (Paris 1962); *G. Tucci*, Tibet, Land of Snow (London 1967); *D. Snellgrove / H. Richardson*, A Cultural History of Tibet (New York 1968).

Unter den Hauptwerken über die Religion seien genannt: *Ch. Bell*, The Religion of Tibet (Oxford 1931), veraltet, aber immer noch nützlich wegen der Informationen des Autors aus erster Hand; *R. B. Ekvall*, Religious Observations in Tibet: Patterns and Functions (Chikago 1964), dies Werk stellt die Beobachtungen des Autors in Westtibet dar; *H. Hoffmann*, Die Religionen Tibets (Freiburg i. Br. 1956), engl. Übers. The Religions of Tibet (London 1961); *M. Lalou*, Les religions du Tibet (Paris 1957); *G. Tucci / W. Heissig*, Die Religionen Tibets und der Mongolei (Stuttgart 1970), franz. Übers. Les religions du Tibet et de la Mongolie (Paris 1973) 13 ff, hier handelt es sich um die komplexeste Darstellung der Gesamtheit der tibetischen Religionen. Eine herausragende Darstellung über die Grundzüge findet sich bei *R. A. Stein*, La civilisation tibétaine 134 ff; *A. M. Blondeau*, Religions du Tibet, in: Histoire des Religions, hrsg. unter der Leitung von *H. C. Puech*, Bd. III (1976) 233 ff.

Die Vorgeschichte ist noch wenig bekannt. Vgl. *F. Aufschneiter*, Prehistoric religions discovered in inhabited regions of Tibet, in: East and West 7 (1956) 74 ff. Man hat einige Megalithmonumente gefunden und versucht, die Spuren einer Megalithkultur in manchen Bauwerken und Sitten nachzuweisen. Vgl. *A. W. Macdonald*, Une note sur les mégalithes tibétaines, in: JA (1963) 63 ff; *S. Hummel*, Die Steinreihen des tibetischen Megalithikums und die Ge-sar-sage, in: Anthropos 60 (1965) 933 ff. Hier findet sich ein Bezug zu den älteren Arbeiten des Autors über dieses Problem.

Bezüglich der traditionellen Religion s. *A. Macdonald*, Une lecture des Pelliot tibétains 1286, 1287, 1038, 1047 und 1290. Ein Essai über die Bildung und den Gebrauch der politischen Mythen in der königlichen Religion von Sron-bcan-rgampo, in: Études tibétaines dédiées à la mémoire de Marcelle Lalou (Paris 1971) 190 ff. Dies ist eine tiefgehende Analyse der Manuskripte von Tun-huang, die die Deutung der vorbuddhistischen Tradition neu aufleben läßt. Die Ergebnisse werden in knapper Form dargeboten von *A. M. Blondeau*, a. a. O. 236 ff; *R. A. Stein*, Du récit au rituel dans les manuscrits tibétains de Touen-houang, in: Études tibétaines ... a. a. O. 479 ff; *ders.*, Civilisation tibétaine 159 ff. Das Werk von *F. W. Thomas*, Ancient Folk-literature from North-Eastern Tibet (Berlin 1957), beinhaltet manche Handschriften über die Gottwerdung und ihre Übersetzung sowie ihren mythischen Ursprung, die man in Tun-huang fand. Den Grund, dessentwegen eine beachtliche Zahl von Manuskripten in der gemauerten Grotte von Tun-huang (Provinz Kanschu) zwischen dem 7. und dem 10. Jahrhundert verborgen war, weiß man nicht.

Über die Phyva-Götter s. *A. Macdonald*, Une lecture ... 291 ff, 339 ff; über die „gute Gcug-Religion" ebd. 341 ff; über die Zeitzyklen ebd. 364 ff. *Macdonald* übersetzte einige Fragmente der kosmogonischen Mythen in L'origine du Monde (Sources Orientales I [Paris 1959] 422 ff); s. auch den Beginn der Ursprungsmythen in der Übersetzung von *E. Haarh*, The Yar-lun Dynasty (Kopenhagen 1969) 134 ff. Der Mythos, der den Beginn der Welt aus einem Ei beschreibt, stammt vermutlich aus einer *Bon*-Tradition, die von Indien beeinflußt wurde, vgl. *Stein*, Civilisation tibétaine 162.

Die Mythen über den Ursprung der ersten Könige finden sich in der Darstellung von *E. Haarh*, a. a. O. 126 ff, passim; *A. Macdonald*, Une lecture ..., a. a. O. 202 ff; *J. Russell Kirkland*, The Spirit of the Mountain: Myth and State in Pre-buddhist Tibet, in: HR 21 (1982) 257–271.

Der Mythos des Abstieges der ersten Könige vom Himmel und ihres Aufstieges nach dem Tod ist schon bei den Sumerern bezeugt (s. § 17 und die in Bd. I, 404 zitierten Bibliographien). Über die Lichtgestalt der babylonischen Götter vgl. die Bibliographie in Bd. I, 406 f. Die Gräber der tibetischen Könige wurden durch *Tucci*, The Tombs of the Tibetan Kings (Rom 1950), identifiziert. Sie waren nach dem Zerfall der Monarchie geschändet worden. Mühsam beginnt der Prozeß der Kenntnisnahme der Bestattungsriten und der Opfer bei den Königsgräbern. Die Erdbestattung war allgemein üblich, da man an die Auferstehung des Leibes glaubte: die Seelen der Verstorbenen erwarteten das Ereignis in zwei verschiedenen Regionen, einer Art Paradies und einer Art Hölle (vgl. *A. Macdonald*, Une lecture 365 ff; *R. A. Stein*, Civilisation tibétaine 167 ff; *A. M. Blondeau*, a. a. O. 243 ff.

Über die *Mu*- Schnur der ersten mythischen Könige *s. G. Tucci*, Les religions du Tibet 286 ff, 301 ff (das Sakralkönigtum); *E. Haarh*, a. a. O. 28 ff, 177 ff; *M. Eliade*, Méphistophélès et l'Androgyne (1962) 207 ff.

Über die bedeutende Rolle der Herrscher in der traditionellen Religion s. *A. Macdonald*, Une lecture 376 ff, passim.

313.

Über die Entsprechung Kosmos – Haus – menschlicher Körper s. *M. Eliade*, Centre du Monde, Temple, Maison, in: Le Symbolisme cosmique des monuments religieux (Rom 1957) 57 ff; *ders.*, Briser le toit de la maison: Symbolisme architectonique et physiologie subtile, in: Studies in Mysticism and Religion, presented to G. Scholem (Jerusalem 1967) 131 ff; *R. A. Stein*, Architecture et pensée religieuse en Extrême-Orient, in: Arts Asiatiques 4 (1957) 163 ff; *ders.*, L'habitat, le monde et le corps humain en Extrême-Orient et en Haute-Asie, in: JA (1957) 37 ff.

Der kriegerische Charakter der heiligen Berge wird durch die Feste, die ihnen geweiht waren, deutlich: verschiedene Wettkämpfe, Tänze zweier Kriegergruppen, die Wechselgesänge aufführten, usw. (vgl. *R. A. Stein*, Civilisation tibétaine 176.

Der „Kriegsgott" und der „Gott des Menschen", die auf den Schultern sitzen, „verbinden den Menschen mit seiner Sippe durch Raum und Zeit, im Raum, weil sie identisch mit denen sind, die den bewohnten Ort, das Haus oder das Land beherrschen; in der Zeit, weil sie über das Schicksal der Sippe bestimmen, das von den Urahnen bis zu den Nachkommen reicht. Für den Menschen kreuzen sich diese Linien, und die Götter garantieren das Glück, seine Vitalität, seine Kraft, sein langes Leben und seinen Erfolg (s. *R. A. Stein*, Civilisation tibétaine 187.

Über die Vielheit der Seelen s. *R. A. Stein*, a.a.O. 189 ff. Über die Ritualkämpfe s. *ders.*, Recherches sur l'épopée et le barde au Tibet (Paris 1959) 437 ff; *ders.*, Civilisation tibétaine 131 ff. Über die iranischen Einflüsse vgl. *ders.*, Recherches 296.

Wir haben den mythisch-religiösen Komplex der Antagonismen und Kämpfe in der Studie Remarques sur le dualisme religieux (1967), die in: La Nostalgie des Origines (1971) 231 ff, vor allem 284 ff, neu aufgelegt worden ist, untersucht. (Hier hauptsächlich die indonesischen Mythen und Rituale.)

314.

Über *Bon* s. *G. Tucci*, Les religions du Tibet 271 ff; *H. Hoffmann*, Quellen zur Geschichte der tibetischen Bon-Religion (Wiesbaden 1950). Dieser Autor verwendet hauptsächlich buddhistische Quellen. Siehe auch *M. Lalou*, Tibétain ancien Bod/ Bon, in: JA 246 (1958) 157 ff; *D. L. Snellgrove*, The Nine Ways of Bon (London 1967); *S. G. Karmay*, The Treasury of Good Sayings: a Tibetan History of Bon (London 1972); *P. Kvaerne*, Bonpo Studies. The A-Khnid System of Meditation, in: Kailash I (1973) 19 ff, 248 ff; *ders.*, The Canon of Tibetan Bonpos, II J, 16 (1974) 18 ff, 96 ff.

Über die Analogien mancher *Bon*-Praktiken mit dem Schamanismus s. *M. Eliade*, Schamanismus und archaische Ekstasetechniken (Frankfurt a. M. ³1982) 404 ff. Vgl. auch *H. Hoffmann*, Symbolik der tibetischen Religionen und des Schamanismus (Stuttgart 1967) 67 ff.

Über die Begräbnisse der Bon-Po s. *M. Lalou*, Rituel Bon-Po des funérailles royales, in: JA, 249 (1952) 339 ff; *ders.*, Le chemin des morts dans les croyances des Haute Asie, in: RHR 135 (1949) 42 ff; *R. A. Stein*, Du récit au rituel dans les manuscrits tibétains de Touen-houang, in: Études tibétaines... a.a.O. 478 ff. (Hier findet sich die Rolle der Rezitation von Ursprungsmythen in den Begräbniszeremonien.)

Über die Beziehungen zwischen dem Geist, dem Licht und dem semen virile s. *M. Eliade*, Occultisme, Sorcellerie et modes culturelles (1978) 125 ff.

315.

Über die Geschichte des Buddhismus in Tibet s. *H. Hoffmann*, The Religions of Tibet 28 ff, III–180; *G. Tucci*, Les religions du Tibet 29 ff; *P. Demiéville*, Le Concile de Lhasa (1952). (Hier findet sich die Kontroverse zwischen den Vertretern des indischen und chinesischen Buddhismus.) Siehe ferner *D. S. Ruegg*, Sur les rapports entre la bouddhisme et le „substrat religieux" indien et tibétain, in: J.A. (1964) 77 ff.

Über Atisha s. *A. Chattopadhyaya*, Atiśa and Tibet (Kalkutta 1967); über Padmasambhava s. *G. Ch. Toussaint*, Le dict de Padma (1933); *A. M. Blondeau*, Le Lha-'dre bka'than, in: Études tibétaines dédiées à la mémoire de Marcelle Lalou 29 ff. (Dies ist die Übersetzung eines Textes, der verborgen war und wiederaufgefunden wurde. Er betrifft die Unterwerfung der Götter und Dämonen durch Padmasambhava.) Über Naropa s. *G. Guenther,* The Life and Teachings of Naropa (Oxford 1963). Über Marpa s. *J. Bacot,* La vie de Marpa le „traducteur" (1937). Über Milarepa s. weiter unten § 317.

Über Tsong-kha-pa s. *E. Obermiller,* Con-kha-pa le Pandit, in: Mélanges Chinois buddhiques 3 (1934–1935) 319 ff; *R. Kaschewsky,* Das Leben des lamaistischen Heiligen Tsongkhapa (Wiesbaden 1971); s. auch *C. Schulemann,* Die Geschichte der Dalai-Lamas (Heidelberg 1911).

316.

Über die Lehren und Praktiken des Lamaismus s. *R. A. Stein,* La civilisation tibétaine 135 ff; *G. Tucci,* Les religions du Tibet 55 ff; *R. Bleichsteiner,* Die gelbe Kirche (1936), franz. Übers. L'Église Jaune (1937); *H. V. Guenther,* sGampopa, The Jewel Ornament of Liberation (London 1959); *ders.,* Buddhist Philosophy in Theory and Practice (London 1972); *F. Lessing / A. Wayman,* Mkhas grub rje's Fundamentals of Buddhist Tantras (Den Haag) 1968. (Es handelt sich um einen tibetischen Text und eine kommentierte Übersetzung). Siehe ferner *E. M. Dargyay,* The Rise of the Esoteric Buddhism in Tibet (Delhi 1977).

Man sollte ebenso die Werke von *Tucci* heranziehen: Indo-Tibetica, 7 Bde. (Rom 1932–1941); Tibetan Painted Scrolls, 2 Bde. (Rom 1949); The Theory and Practice of the Mandala (London 1961). Über manche volkstümlichen Aspekte des Lamaismus s. *R. Nebesky-Wojkowitz,* Oracles and Demons of Tibet (Den Haag 1956); *St. Beyer,* The Cult of Tārā. Magic and Ritual in Tibet (Berkeley – Los Angeles 1973).

Über die Ikonographie s. *W. E. Clark,* Two Lamaistic Pantheons (New York 1937); *A. K. Gordon,* The Iconography of Tibetan Lamaism (Tokio 1959). Über die Ikonographie der „Magier" (siddhas) s. *T. Schmidt,* The Eighty-Five Siddhas (Stockholm 1958).

Über gčod s. *R. Bleichsteiner,* L'Église Jaune 194 ff; *A. David-Neel,* Mystiques et magiciens du Thibet (Paris 1929) 129 ff; *M. Eliade,* Schamanismus 404 ff. Über den Schamanismus in Tibet und bei den Mo-so s. ebd. 405–411; bes. die Anm. 10–18.

317.

Über Morphologie und Bedeutung des Lichtes s. *M. Eliade,* Expériences de la lumière mystique (1957), Neuaufl. in: Méphistophélès et l'Androgyne 17 ff; Esprit, lumière, semence (1971), Neuaufl. in: Occultisme, sorcellerie et modes culturelles 125 ff.

Über den Symbolismus der Lichtseele, die in den menschlichen Leib eindringt und ihn wieder in Form eines Blitzes oder Lichtstrahles verläßt, s. *M. Eliade,* Briser le toit de la maison, sowie die beiden Studien von *R. A. Stein,* Architecture et pensée religieuses; *ders.,* L'habitat, le monde et le corps humain a. a. O. (Bibliographie § 2).

Die Texte von Candrakirti und Tsong-kha-pa wurden von *G. Tucci,* Some Glosses upon Guhyasamāja, in: Mélanges chinois et bouddhiques 3 (1934–1935) 339 ff, übersetzt; s. auch *A. Wayman,* Yoga of the Guhyasamājatantra (Delhi-Benares 1977).

Das *Bardo-Thödol* wurde übersetzt von *Lama Kazi Dawa-Samdup / W. Y. Evans-Wetz*, The Tibetan Book of the Dead (Oxford 1927). Das Buch erlebte zahlreiche Neuauflagen, die französische Ausgabe erfolgte 1958. Eine weitere Übersetzung liegt von *G. Tucci*, Il Libro Tibetano dei morti (Mailand 1949), vor; s. auch *Lama Dawa-Samdup/Evans-Wetz*, Tibetan Yoga and Secret Doctrines (Oxford 1935) 223 ff.

318.

Das tantristische Kālacakra-System wurde in Tibet im ersten Viertel des 11. Jahrhunderts eingeführt. Es stellte unter anderen Neuerungen eine astrologische Interpretation der Zeitzyklen vor. Der tibetische Kalender beginnt mit dem Jahr 1026, dem offiziellen Datum der Übernahme des Kālacakra. Leben und Geschichte dieses letzten Ausdrucks des Mahāyāna sind noch wenig untersucht. Siehe *G. Roerich*, Studies in the Kālacakra, in: Journal of Urusvati. Himalayan Research Institute of Roerich Museum 2 (1931) 11–22 ff; *H. Hoffmann*, Kālacakra Studies I: Manichaeism, Christianity and Islam in the Kālacakra Tantra, in: Central Asiatic Journal 13 (1969) 52 ff; *ders.*, The Religions of Tibet 126 ff.

Der tibetischen Tradition zufolge wurde das Kālacakra in einem mysteriösen Land, Shambala, ausgearbeitet und aufbewahrt, das im Norden Tibets liegen soll. Die Wissenschaftler (Lauto, Pelliot) lokalisieren es in der Nähe von Khotan oder in Baktrien (Sarat Chandra Das), oder in Zentralasien. Man findet in der Geschichte dieser Kontroversen in bezug auf die Geographie ebenso viele verschiedene symbolische Interpretationen von Shambala wie in dem Buch von *E. Bernbaum*, The Way to Shambala. A Search for the Mythical Kingdom beyond the Himalayas (New York 1980). Vgl. die Bibliographie 269 ff.

Über die Teilübersetzungen des Milarepa seien folgende verwertbare genannt *B. Laufer*, Milaraspa. Tibetische Texte in Auswahl übertragen (Hagen i. W. – Darmstadt 1922); *H. Hoffmann*, Mi-la-ras-pa. Sieben Legenden (München-Planegg 1950); *Sir H. Clarke*, The Message of Milarepa (London 1958); vgl. auch die neue Übersetzung von *Lobsang P. Lhalungpa*, The Life of Milarepa (New York 1977).

Die erste Gesamtübersetzung stammt von *G. C. C. Chang*, The Hundred Thousands Songs of Milarepa, 2 Bde. (New York 1962). Siehe auch die ernst zu nehmende Nacherzählung von *D. Snellgrove*, Asia Major 10 (1963) 302 ff; vgl. auch: *de Jong*, IIJ, 10 (1967) 204 ff, der sich bemüht, „die gute Seite der Arbeit hervorzuheben" (205). Hier findet sich auch (211 f) die gesamte Liste der Übersetzungen.

Über die Ikonographie s. *T. Schmidt*, The Cottonclad Mila: The Tibetan Poet-Saint's Life in Picture (Stockholm 1958).

Über das Gesar-Epos s. *A. David-Neel*, La vie surhumaine de Guésar de Ling (Paris 1931). Es handelt sich um eine Allgemeindarstellung des Epos und eine teilweise Übersetzung. Siehe ferner *R. A. Stein*, L'épopée tibétaine de Gesar dans sa version lamaïque de Ling (1956); *ders.*, Peintures tibétaines de la vie de Gesar, in: Arts Asiatiques 5 (1958) 243 ff; *ders.*, Recherches sur l'épopée et le barde au Tibet (1959). Es handelt sich um ein abschließendes Werk. Siehe ferner *ders.*, Une source ancienne pour l'histoire de l'épopée tibétaine, in: JA (1963) 77 ff; *M. Hermanns*, Das National-Epos der Tibeter: Gling König Gesar (Regensburg 1965). Dies ist eine fast tausend Seiten starke, gelehrte Monographie, die aber mit Vorsicht genossen werden sollte.

Register

Abbasiden 88 ff
Abgeschiedenheit, nach dem Denken Meister Eckharts 193 f
Abu Bakr 86 f
Abulafia, Abraham 165 f
Abu Talib 69 78
Adler, nach den schamanistischen Mythologien 27
ahwāl 131 f
Ainus 35
Ā'ischa 82 f 86 f
Ajy Tojon 27
Akiba, Rabbi 150 f
Alamūt 121
Alarich 47 f
Al-Asch'ari 116 f
Albertus Magnus 187 f
Alchemie, arabische 148 f
– im Abendland 243 ff
Alī, Schiismus 117 f 119 f
Allah, deus otiosus der Araber 69 ff
Allāt 71 75
Al-Mansūr 88 f
Altaier, Kosmogonie, Kosmologie 17 ff
Al'Uzzā 71 75
Ambrosius 50 f
Anastenarien 213 f
Anselm von Canterbury 197
Antichrist 92 f 111
Apokalyptik 92 ff 111 ff
Apokatastasis 53 f
Apokryphen, bogomilische 176 f
Apostel (= der Bote) 76 f
Aquitanien, Eleanor von siehe Eleanor von Aquitanien
Areopagita, siehe Pseudo-Dionysius Areopagita
Aristoteles 157 185 187 f
Arius 51 63 ff
Athos 209 f
Atīsa 259 f
Attila 13

Augustinus 47 ff
„Auferstehungskörper" nach Origenes 53
Averroës 137 ff
Avicenna 133 ff

Baal Shem Tob 173
Bagdad 89
Bahir, Buch 164 ff
Bahja ibn Paqūda 156
Bai Ülgän 17 19 f 28
Balten, Religion 35 ff
Bardo Thödol, „Tibetisches Totenbuch" 266 f
Barlaam 209 f
Basilius der Große 53 f
batin 118 f
Beatrice 105 f
Begarden 195 ff
Beginen 195 ff
Behausung, Symbolismus der, in Asien 18 f
benandanti, Glaubensvorstellungen und Gebräuche der 220 f
Benedikt, hl. 91 f
Berge, in den Religionen Tibets 253 f
Bernhard von Clairvaux 66
Bestattung, zweifache bei Slawen 43
Bilderstrum 66 ff
Birke, rituelle Besteigung der 28 ff
Bistami, Abu Yasid 126
bog 43 f
Bogomilismus 175 ff
Bon, tibetische Religion 251 ff
Bon, Kanon des 256 f
Bonaventura 185 f
Bruno, Giordano 241
Buddhismus, Vordringen nach Tibert 254 ff
Burjäten, Religion der 19 ff
Buga, Himmelsgott der Tungusen 17 f
Bulgaren 176 f
Burkan, Gott der Burjäten 20
Buße 93
Byzanz und Rom 205 ff

Register

Călusari 215 ff
Calvin, Johannes 235 ff
Chadidscha 70 f
Chajim Vital 168
Charidschiten 87 f
Chassidismus 173 ff
– in Deutschland 162 f
Chors 40
Chrétien de Troyes 107 f
civitas Dei 48 f
civitas terrena 48 f
Coincidentia oppositorum 185 203 f
colinde, bei den Rumänen 213 f
consolamentum 179 f
Cordovero, Mose 168
Corpus hermeticum 239 f
Credo 206

Dante 105 f
Dazhbog 40 ff
Dee, John 245 f
deivas 36 f 43
deus otiosus 45 f
debekuth nach der Kabbala 164 f
devotio moderna 201 f
dhikr 125 f
Dhun-Nun 125
Diana 224 f
dievas 36 f
dievs 36 f
Din 169
djinn 71 f
domovoi, Waldgeister bei den Slawen 44 f
Donatus, Schisma des 55 f
Dragovitsier, Zweig des Bogomilismus 176 f
Dschafar al-Sadiq 119
dschihad 83 f 97
Dschingis Khan 13 f
Dualismus, siehe Bogomilismus
–, siehe Katharer
Dualismus, slawischer 44 f
Duns Scotus 189

Eckhart, siehe Meister Eckhart
Einheit Gottes nach der islamischen Theologie 116 f
Ekstase, siehe Schamanismus
Eleanor von Aquitanien 103 107
En-sof 169 f
Erasmus 231 f
Erbsünde 55
Erlik Khan 21 29 f
Esoterik und literarische Schöpfungen im MA 105 ff
Esoterik im Islam 123 ff
– Schiismus 117 ff
Esten, Religion der 34 f

Eucharistie 67 f
Eurasien 14 f
Evagrius von Pontikus 51 191

Farabi, al- 134 f
Fatima 70
Fedeli d' Amore 105 ff
Feen, siehe: zīne
Fegefeuer, siehe: Purgatorium
Feudalismus 91 f
Ficino, Marsilio 240 f
filioque, Problem des 205 f
Finnen, Religion der 34 ff
Finno-Ugrier, Religion der 33 ff
Fioretti 184
Flagellanten 198 ff
Franz von Assisi 182 ff
Frau, religiöse Bedeutung der 103 106 f
Freiheit, Erlösungsfunktion der 53

Gabriel, Erzengel, Erscheinung vor Mohammed 77 f 85 f
Gaon 153 f
„Gaste Pays", siehe Ödland
gcug 250 254 ff
Geist, freier, Bewegung des 197 f
Gelugpa 259 f
gemara, Kommentare u. Mischna 152
Gericht, Jüngstes (Mohammed) 72 f
Gesar 257 268 f
ghajb, das Mysterium des Übersinnlichen 117
Ghazzali, Abu Hamide al- 130 ff
Gilgul, Lehre von der Metempsychose nach der Kabbala des Luria 170
Giljaken, Religion der 35
Gnosis, nach der jüdischen Tradition 160 f
Golden, Religion der 26
Gottheit, nach Meister Eckhart 192 ff
Gral, Roman-Zyklus des 105 f 108 f
Gregor von Nazianz 51 f
Gregor von Nyssa 51 f 65 207
Gregor Palamas 207 ff
Gregor Sinaita 209
Groote, Gerhard 200
gtum-mo, magische Hitze 263

haddsch 71 81
Hadith, mündliche Überlieferungen 85 134
Halladsch, Husain Mansur, al 128 ff 149
hanif, zeitgenössische Dichter und Visionäre des Mohammed 71
haqiqat 118 f
Harun ar-Rashid 89
Hechaloth-Bücher 160
Heer, Wildes 224 f
Hegire 78 ff

322

Heilige, Kult 54 ff
Heiliges Land u. Kreuzzüge 97 ff
Helmold 40
Hermetik in der Renaissance 239 ff
Herr(en) der Tiere 35
Hesychasmus 207 ff
hulul 131
Humanisten, Religiosität der 239 ff
Hunnen 13
Hus, Johannes 204
Husain, der Immam 87
Hvarena 110

Ibn Arabi 138 ff
Ibn Badscha 136
Ibn Gabriel 156
Ibn Hazm 136
Ibn Ishaq 75
Ibn Massara 135
Ibn Roshd, siehe Averroës
Ibn Tofayl 136
Ibrahim ibn Adham 124
idschma 115 137
idschtihad 115
Ignatius von Loyola u. die Societas Jesu 238 f
Ikonen, Verehrung 66 ff
Ilmarinen 34
Imame, religiöser Status 115 ff 117 ff
imitatio Christi 201
Initiation, Gründe 106 f
–, schamanistische 22 f
–, Rumänien 215 ff
Initiationskrankheiten 24 f
Innozenz III. 180 f
Inquisition 181 f
Interrogatio Johannis 177 f
Iran, Einfluß auf Tibet 255 f
Islam 69 ff
–, Theologie und Mystik 150 ff
Ismail 119
Ismaeliten 121 ff
ittihad 131 f
ittisal 131 f

Jabir, ibn Hajyan 148
Jahrtausendwende 92 ff 97 f
Jakuten 16 24
Jarovit 42 (Anm. 69)
Jehuda Halevi 156
Jenisseier, Himmelsgott der 33 f
Jerusalem 97 ff
Jesuiten, siehe Ignatius v. Loyola
Jesus, aus der Sicht des Koran 83 f
– Jesus-Gebet 208
Joachim von Fiore 111 ff
Johannes Climacus 208
Johannes von Damaskus 67

Jochanan ben Zakkai 150 f
Johanniter, Ritterorden 97
Juden, in Medina 78 ff 80 ff
Jukagiren 33
Junayd, Abu Qasim, al 127 f
Jungfrau, hl., Verehrung 105 ff

Ka'ba 70 78 ff
Kabbala, mittelalterliche 156 ff 163 ff
–, die neue 167 ff
Kabod, die göttliche Glorie 163
Kaghan 16
Kahin 71
Kalam 117 ff 130 ff
Kalevala 34 f
Kalifen, die ersten 83 ff
Kallikantzari 212 ff
Kam 28
Kamil 131
Karl der Große 205 f
Karo, Joseph 168 f
Katharer 178 ff
Kathedrale als imago mundi 102 f
Kinderkreuzzug 99 f
Kirche des Ostens 62 ff
Kirchenväter (Kappadozier) 51 ff
König, Rolle Tibet 250 f
– Artus 110 f
– der Toten 29 f
Königtum, sakrales bei den Germanen 94 ff
Konstantinopel, Einnahme durch die Kreuzfahrer 207
Koran 69 ff
–, Botschaft 83 ff
Korjaken, Religion der 33
Kormös 28
Kosmogonie, zentral-asiatische 19 ff
– des bon-po 257
Kosmologie, altaische 17 ff
–, tibetische 251 ff
Kreuzzüge 97 ff
Kreuzzug gegen die Albigenser 181 f
Kubaiko 32
Kunst, romanische, religiöse Bedeutung 101 ff
Kurbystan (= Ohrmazd) 20 f

Laima 37 f
Lamaismus, Bildung und Entwicklung 258 ff
–, Lehren und Praktiken 260 ff
Letten, Religion der 35 ff
Licht, göttliches 210
–, mystisches 64 f
–, Mystik des 140 ff
–, Tibet 264 ff
Liebe, höfische, religiöse Bedeutung 106 f
„Liebesgerichtshöfe" 105 f

Register

Litauer, Religion der 35 ff
Liturgie, byzantinische 63 f
Lohengrin 110
Lombardus, Petrus 187 190
Luria, Isaac 167 ff
Luther, Martin 226 ff 230 ff
–, Biographie 227 f
–, definitiver Bruch mit Rom 229 f
–, Theologie 230 f
–, Kritik des Erasmus 230 f

Madonna Intelligenza 106
Mahayana in Tibet 260 ff
Mahdi 121 ff
Maimonides 156 ff
Manat 71 75
Mandschus 26
Manichäismus 50 f
maqāmat 131 f
Marguerite Poret 196 f
Marie de Champagne 107
Märtyrer, Kult 54 ff
Martyria 54 ff
Maximus Confessor 207 f
Mechthild von Magdeburg 196 f
Medina, Emigration 78 ff
Meister (guru) in Tibet 262 f
Meister Eckhart 190 ff
Mekka 69 ff
Meness 37
Mensch, vollkommener nach Ibn Arabi 140
Merkaba 161 f
Meru 19
Messias, der falsche 171 f
Meza mate 37
Milarepa 268 f
mir 44
Mirandola, Pico della 240 f
mi'rādsch 77
Mischna 150 ff
Mokosch 40
Mongolen 15 ff
Monophysitismus 63 f
Mordwimen 34
Motaziliten 115 ff
mu, die magische Schnur in der tibetischen Glaubensvorstellung 251 ff
Mu'awiya 87 f
Mu-monto 32
mundus imaginalis 122 141
murīd 131
„Mutter Erde" bei den Balten 37
„Mütter" Erde bei den Balten 37 ff
Mystik, christliche 191 ff
–, jüdische, erste Ausdrucksformen 156 ff
Mythen, kosmogonische 44 f
– des Ursprungs in Tibet 250 f

Nathan von Gaza 171
Neujahrsfest, Tibet 253 f
Newton und die neue Alchemie 247 f
Nikephoros der Einsiedler 208
Nikolaus von Cabasilas 211
Nikolaus von Cues 66 201 ff
Nord-Asiaten, Religion der 33 ff
Num, Schöpfergott der Samojeden 34 f
nyingmapa 260

Ocirvani (= Vajrapani) 21
Ockham, Wilhelm von 189 f 205
„Ödland" 108
Omayyaden, Dynastie 87 f
Origenes 50 ff
Orkhon 16
Othman 87

Padmasambha 257 ff
Parzival 108
Patriarch, Leiter des Sanhedrin 150 f 152 ff
Paulus 191
Pelagius und Pelagianismus 56 ff
Perceval 107
Perkunas 36 f
Perun 40
Philo von Alexandria 155 f
Phya, tibetische Götter 250 f
Picatrix 149
Polarstern 18
Porovit 42
Preußen, Religion der alten 35 ff
Privatio boni 55
Purgatorium 199
Pseudo-Dionysius-Areopagita 54 63 f 202

Qaräer 154 f
qotb 143
Quaraschiten 75 f 78

Rābi'a 124
rasul Allah 76 f
Raubtier, Mythos 13
Religionen der Menschen, Tibet 249 ff 251 ff
Reliquien, Kult 54 ff
Ritterschlag, Zeremonie 96
Rittertum 94 ff
Rod 41
Rosenkreutzer, Gesellschaft der 246 f
Rujevit 42
Rūmī, Djalāl-od-Din 143 ff
Ruysbroek 200 f

Saadja, ben Joseph 155 158 f
Safed 168 f
Salik 131
Salman al-Farisi 123

Samojeden, Religion der 33
Sanhedrin 150 ff
Satan bei den Bogomilen und Katharern 175 ff 178 ff
Saule, baltische Sonnengöttin 37 f
Savonarola, Girolamo 204
Schamane, der „erste" 27 ff
Schamanen, Mythen über den Ursprung 27 ff
Schamanentrommel 26 28 f
Schamanismus, zentralasiatischer 22 ff 30 ff
Schechina 166 f
Schisma, zwischen den beiden christlichen Kirchen 206 f [117 ff
Schiismus, esoterischer, Hermeneutik des
Schöpfungsvorstellung 141
Sclavini 39
Scotus Eriugena 65
semen virile 265 f
Sepher ha-Zohar 165 f
Sepher Jesīrā 161 f
Sephiroth 162 ff 169 f
Seuse, Heinrich 195 199 f
Shambala, Führen nach 267 ff
Sharī'at, das „Gesetz" 115 f
Shenrab, legendärer Begründer des Bon 255 f
Simarglu 40
Slawen, Religion der 35 ff 39 ff
snochačestvo 43
Sohrawardi 140 ff
Sola fide, Rechtfertigung aus dem Glauben nach Luther 228 f
Sombol-Burkan, siehe Burkan
Sonne, Gottheiten bei den Slawen 41 f
Sprache, geheime 106 f
Stribog 40
strigoi, rumänische Zauberer 223
Sufismus 123 ff
–, Triumph des 146 ff
Šulmus 21
Sumbur (= Meru) 19
Sünder, königlicher 109
Sunna, Sunniten 87
Sunnismus 117 ff
Svantevit 42
Symeon, der Neue Theologe 208
Synkretismus, tibetischer 254 f

Tabula Smaragdina 243
Tafelrunde, Roman der 107 f
Tafurs 100
Talmud 152 ff
Tamerlan 13
Tängere 15 f
Tängri, der „Himmelsgott" 15 ff
–, Tendenz zum deus otiosus 16 f
Tanz, ekstatischer im Islam 143 ff
tanzīl 118

tarīq 131
Tāriqa māwlawīya 144
Tataren 32
– des Altai 16
Tauler, Johannes 195 199 f
tawhīd 116
ta'wil 118
Templer, Orden der 97 110
Tengere Kaira Khan 17
Tengeri 16
Tengri 15 ff
Teufel im europäischen Zauberer- und Hexenwesen 22 222
Theodor von Studion 67
Theologie, byzantinische 59 ff
–, mystische 65
–, negative 65 192 f
theosis, „Vergöttlichung" nach der byzantinischen Theologie 64 207 ff
Thomas von Aquin 66 187 ff
Tibet, Religionen 249–268
tikkun 169 ff
Tingir 15
Tirmidhi, Husayn 127
Tod, 14. Jh. 198 f
Tongusen 17 26
Traditionen, vorchristliche religiöse 212 ff
Trient, Konzil 237
Triglav 42
Troubadour 105 ff
Tsagan-Sukurty 21
Tsong-kha-pa 259
Turba philosophorum 149
Turko-Mongolen, Religion 14 ff

ulāma 89 125
umma, die Organisation der 79 ff 83 f 85 87
unio mystica, nach der christlichen Theologie 186 193 f
„Untertauchen", Zentral- u. Nordasien 34 ff
Unterwelt, schamanistischer Abstieg in die 25 ff

Väinämoinen 34
vanitas 48
Vergöttlichung, siehe theosis
veritas 48
via negativa 203
Vielköpfigkeit 42 f
Volksfrömmigkeit im MA 195 ff
Volos 41 f

walāyat 119
Waldenser 195
Waldgeister der Slawen 44
Wallfahrten 59 ff
Weihnachten, rituelle Gesänge siehe colinde

Welt, Mittelpunkt der 17 ff
Weltenachse (-pfeiler) 17 ff
Weltenbaum 17 ff
Weltende, Bezug auf das Jahr 1000 92 f
Weltzeitalter nach Joachim von Fiore 111 ff
Wiederkehr, die große 121 ff
Wille, freier 56
Wodan (Wotan) 94 f
Wogulen 34
Wolfram von Eschenbach 108
Yathrib 78

zaddīq 173 f
Zāhir 119

Zeiten, heilige, Zyklus der 151 f
Zelt, Symbolismus des 18 f
Zemen mate 37 f
Zemepatis 37
Zemyna 37
„Zerbrechen der Gefäße" nach der Kabbala des Luria 169
Zhangshung 255
zimzum 168 ff
zīna 225 f
zīne, gute und böse 215 ff
Zohar 168 ff
Zwi, Sabbatai 171 f
Zwingli, Ulrich 234 f
Zwölferschia 122

Die faszinierende Welt der Religionen

Peter L. Berger
Auf den Spuren der Engel
Die moderne Gesellschaft und die Wiederentdeckung der Transzendenz
Band 4001
Spuren des Transzendenten heute: „Ein ausgesprochenes Lesevergnügen" (Süddeutsche Zeitung).

Eugen Drewermann
Die Spirale der Angst
Der Krieg und das Christentum
Mit vier Reden gegen den Krieg am Golf
Band 4003
Ein Buch für eine neue Qualität des Zusammenlebens in Politik, Gesellschaft und Religion.

Die fünf großen Weltreligionen
Islam, Judentum, Buddhismus, Hinduismus, Christentum
Herausgegeben von Emma Brunner-Traut
Band 4006
Über die Grenzen der Kontinente hinweg erschließt dieses Buch den Kosmos der Religionen.

Karlfried Graf Dürckheim
Mein Weg zur Mitte
Gespräche mit Alphonse Goettmann
Band 4014
Neue Wege zur meditativen Selbstfindung, die für den modernen Menschen gangbar sind.

Tanz der göttlichen Liebe
Das Hohelied im Karmel
Band 4023
Karmeliter-Mystik aus fünf Jahrhunderten, bewegende Zeugnisse einer innigen Beziehung vom Menschen zum absoluten Du.

HERDER / SPEKTRUM

Karlfried Graf Dürckheim
Das Tor zum Geheimen öffnen
Ausgewählt und eingeleitet von Gerhard Wehr
Band 4027
Die Kerngedanken eines Meisters der Meditation, der die Weisheitslehren des Ostens und des Westens schöpferisch vereint hat.

Eugen Drewermann
Der tödliche Fortschritt
Von der Zerstörung der Erde und des Menschen im Erbe des Christentums
Band 4032
Eine erschreckende Bilanz – zugleich ein Plädoyer für ein neues Menschenbild.

A. Th. Khoury/L. Hagemann/P. Heine
Islam-Lexikon
Geschichte – Ideen – Gestalten
Drei Bände in Kassette
Band 4036
„Ein echter, wertvoller Gewinn, gleichsam eine Gebrauchsanleitung für das Gespräch von morgen" (Rheinischer Merkur).

Walter Jens/HAP Grieshaber
Am Anfang der Stall, am Ende der Galgen
Das Matthäus-Evangelium
Band 4042
„Die Übersetzung eines Meisters der deutschen Sprache, die das ursprüngliche Wort unvergleichlich leuchten läßt" (Hans Küng).

Hugo M. Enomiya-Lassalle
Erleuchtung ist erst der Anfang
Texte zum Nachdenken
Herausgegeben von Gerhard Wehr
Band 4048
Enomiya-Lassalle, der große Meditationsmeister und Vermittler östlicher Weisheit, weist hier den Weg zum meditativen Leben.

HERDER / SPEKTRUM

Karlfried Graf Dürckheim
Vom doppelten Ursprung des Menschen
Band 4053
„Menschliche Reife ist kein Privileg für wenige. Praktische Übungen, die jeder vollziehen kann" (Lehrer und Schule heute).

Leszek Kolakowski
Falls es keinen Gott gibt
Band 4067
„Wissenschaftliche Rationalität und ethisches Denken in einem faszinierenden und spannenden Dialog" (Aufbruch).

Edward Schillebeeckx
Jesus
Die Geschichte von einem Lebenden
Band 4070
„Schillebeeckx überblickt souverän biblische Quellen, kirchliche Lehren und philosophische Rezeption" (Rheinischer Merkur).

Das Neue Testament
Einführung von Heinz Zahrnt
Mit Zeichnungen von Rembrandt
Band 4087
„Jesus-Nachlese vom Feinsten" (Salzburger Nachrichten).
In lesefreundlicher Großdruckausgabe.

Lexikon der Religionen
Phänomene – Geschichte – Ideen
Herausgegeben von Hans Waldenfels
Begründet von Franz König
Band 4090
„In Fachkompetenz, Klarheit und Aktualität einzigartig" (Süddeutscher Rundfunk).

HERDER / SPEKTRUM

Jakob J. Petuchowski
Mein Judesein
Wege und Erfahrungen eines deutschen Rabbiners
Band 4092

Die Einführung in die geistige Welt des modernen Judentums.
Ein notwendiges Buch: für Juden, Christen und für Deutsche.
„Ein Vermächtnis" (FAZ).

Peter L. Berger
Der Zwang zur Häresie
Religion in der pluralistischen Gesellschaft
Band 4098

Religion ist kein Schicksal. Man muß sich dafür entscheiden.
Ein kontroverses Buch, das keine Auseinandersetzung scheut.

Die Bhagavadgita
In der Übertragung von Sri Aurobindo
Mit einer Einführung von Anand Nayak
Band 4106

Die älteste heilige Schrift der Menschheit in der tiefschürfenden
Übertragung eines der bedeutendsten indischen Yogis.

Scientology – der Griff nach Macht und Geld
Selbstbefreiung als Geschäft
Herausgegeben von Friederike Valentin und Horand Knaup
Band 4109

Praktiken und Programm eines weltweit vernetzten Wirtschaftsgiganten,
der sich als Heilsbringer tarnt.

Die Reden des Buddha
Lehre, Verse, Erzählungen
Band 4112

Texte voll denkerischer Tiefe und Poesie – ein Kompendium des
Weisheitswissens von unvergleichlicher Aktualität.

HERDER / SPEKTRUM

Eugen Drewermann
Dein Name ist wie der Geschmack des Lebens
Tiefenpsychologische Deutung der Kindheitsgeschichte nach dem Lukasevangelium
Band 4113

Die geheimnisvolle Botschaft von der Ankunft Gottes in der Welt wird in dieser poetischen Meditation der Liebe lebendig.

Johann Maier
Geschichte der jüdischen Religion
Band 4116

Die aufregende und wechselvolle Biographie einer der ältesten Menschheitsreligionen der Welt.

Hugo M. Enomiya-Lassalle
Zen – Weg zur Erleuchtung
Einführung und Anleitung
Band 4121

Die klassisch gewordene Einführung. Eine unwiderstehliche Einladung zu einem neuen Leben aus der Kraft der Meditation.

Hartmut Stegemann
Die Essener, Qumran, Johannes der Täufer und Jesus
Ein Sachbuch
Band 4128

Das Geheimnis der Höhlen von Qumran und einer der einflußreichsten religiösen Vereinigungen zur Zeit Jesu.

Hugo M. Enomiya-Lassalle
Der Versenkungsweg
Zen-Meditation und christliche Mystik
Band 4142

In jedem Menschen steckt ein Mystiker – hier vermittelt der große Lehrer fernöstlicher Weisheit die Essenz seiner Erfahrung.

HERDER / SPEKTRUM

Georg Fohrer
Geschichte der israelitischen Religion
Band 4144
Von Macht und Ohnmacht, phantastischen Aufbrüchen und verheerenden Niederlagen: ein Meisterwerk lebendiger Geschichtsschreibung.

Georg Denzler
Die Geschichte des Zölibats
Band 4146
Das Zölibat – fast schon ein Existenzproblem für die katholische Kirche. Kritische Bestandsaufnahme und leidenschaftliches Plädoyer des streitbaren Theologen.

Dalai Lama
Einführung in den Buddhismus
Die Harvard-Vorlesungen
Band 4148
Ein faszinierendes Dokument östlicher Geisteskultur, wie es außer dem Friedensnobelpreisträger wohl kaum ein buddhistischer Lehrer hätte verfassen können.

Imam Abd ar-Rahim ibn Ahmad al-Qadi
Das Totenbuch des Islam
Die Lehren des Propheten Mohammed über das Leben nach dem Tode
Band 4150
Die faszinierende Vision eines großen Religionsstifters über die lange Reise der Seele nach dem Tod.

Aufrichtige Erzählungen eines russischen Pilgers
Herausgegeben und eingeleitet von Emmanuel Jungclaussen
Band 4156
Eine Kostbarkeit aus dem Schatz der Weltliteratur. Der Klassiker russisch-orthodoxer Spiritualität in der vollständigen Ausgabe.

HERDER / SPEKTRUM

Eugen Drewermann
Der gefahrvolle Weg der Erlösung
Die Tobitlegende tiefenpsychologisch gedeutet
Band 4165

Die Botschaft vom Urvertrauen und von der Überwindung der Angst.
Ein zentraler Zugang zum Denken Drewermanns.

Das Ethos der Weltreligionen
Hinduismus, Buddhismus, Konfuzianismus, Daoismus,
Judentum, Christentum, Islam
Herausgegeben von Adel Theodor Khoury
Band 4166

Die Herausforderungen der Gegenwart können nur im
Zusammenwirken aller Religionen gemeistert werden.
Eine realistische Vision.

Adel Theodor Khoury
Der Islam
Sein Glaube, seine Lebensordnung, sein Anspruch
Band 4167

Zwei Millionen Muslime leben mitten unter uns. Weltweit ist der Islam
im Vormarsch. Was wissen wir über diese vielschichtige Religion?

Albert Champdor
Das Ägyptische Totenbuch
Vom Geheimnis des Jenseits im Reich der Pharaonen
Band 4183

Faszinierende Einblicke in Denken, Psyche, Todesvorstellungen und
Götterwelt der alten Ägypter. Mit zahlreichen Abbildungen.

Frithjof Schuon
Den Islam verstehen
Innere Lehre und mystische Erfahrung
Band 4189

Was macht den Kern des Islam aus? Weit entfernt von Zerrbildern und
Vorurteilen beschreibt Schuon, warum und woran Muslime glauben.

HERDER / SPEKTRUM

Karlfried Graf Dürckheim
Von der Erfahrung der Transzendenz
Band 4196
„Für Leser, die auf ihrem Lebensweg spirituell vertiefte Weiterentwicklung suchen" (Das neue Buch).

Daisetz T. Suzuki
Wesen und Sinn des Buddhismus
Ur-Erfahrung und Ur-Wissen
Band 4197
Die Quintessenz des Buddhismus: Grundideen des Zen, seine Spiritualität und Philosophie in überzeugend klarer Darstellung.

Eugen Drewermann/Eugen Biser
Welches Credo?
Ein Disput
Herausgegeben von Michael Albus
Band 4202
Kann man heute noch sagen: Credo – ich glaube? Und wofür steht die Kirche? Ein kontroverses Buch, das zuspitzt, was am Christentum wesentlich bleibt.

Dorothee Sölle
Leiden
Band 4215
Ist es möglich, im Schmerz einen Sinn zu entdecken, Würde zu bewahren und zu reifen? „Dorothee Sölles edelstes und wichtigstes Buch" (Basler Nachrichten).

Friedrich-Wilhelm Haack
Europas neue Religion
Sekten – Gurus – Satanskult
Band 4221
Haben Kirchen und Gesellschaft versagt? Zunehmend bedienen sich neue Gruppierungen raffinierter psychologischer Methoden, um Menschen in ihren Bann zu ziehen.

HERDER / SPEKTRUM